椙山女学園高等学校

〈収録内容〉

JN108062

便利な DL コンテンツは右の QR コードから

解答用紙　過去年度　非対応 リスニング ⇒

※データのダウンロードは 2025 年 3 月末日まで。
※データへのアクセスには、右記のパスワードの入力が必要となります。 ⇒ 167005

〈受験者平均点〉

	数学	英語	理科	社会	国語	全体
2024年度	56.3点	68.0点	64.9点	76.0点	74.8点	340.1点
2023年度	68.4点	73.8点	64.1点	72.1点	68.5点	347.0点
2022年度	53.1点	60.8点	68.9点	74.8点	67.9点	325.5点
2021年度	71.0点	71.1点	71.2点	76.5点	68.0点	357.8点
2020年度	57.6点	61.3点	55.0点	65.2点	68.8点	307.9点
2019年度	49.2点	58.2点	65.2点	45.1点	64.0点	281.7点
2018年度	63.8点	58.9点	—	—	59.0点	181.2点

本書の特長

実戦力がつく入試過去問題集

▶ 問題 …………… 実際の入試問題を見やすく再編集。

▶ 解答用紙 …… 実戦対応仕様で収録。

▶ 解答解説 …… 詳しくわかりやすい解説には、難易度の目安がわかる「基本・重要・やや難」の分類マークつき（下記参照）。各科末尾には合格へと導く「ワンポイントアドバイス」を配置。採点に便利な配点つき。

入試に役立つ分類マーク

基本 確実な得点源！
受験生の90%以上が正解できるような基礎的、かつ平易な問題。
何度もくり返して学習し、ケアレスミスも防げるようにしておこう。

重要 受験生なら何としても正解したい！
入試では典型的な問題で、長年にわたり、多くの学校でよく出題される問題。
各単元の内容理解を深めるのにも役立てよう。

やや難 これが解ければ合格に近づく！
受験生にとっては、かなり手ごたえのある問題。
合格者の正解率が低い場合もあるので、あきらめずにじっくりと取り組んでみよう。

合格への対策、実力錬成のための内容が充実

▶ 各科目の出題傾向の分析、合否を分けた問題の確認で、入試対策を強化！

▶ その他、学校紹介、過去問の効果的な使い方など、学習意欲を高める要素が満載！

解答用紙ダウンロード 解答用紙はプリントアウトしてご利用いただけます。弊社ＨＰの商品詳細ページよりダウンロードしてください。トビラのＱＲコードからアクセス可。

UD FONT 見やすく読みまちがえにくいユニバーサルデザインフォントを採用しています。

椙山女学園高等学校

▶交通　地下鉄東山線「覚王山」駅下車
　　　　4番出口より徒歩7分

〒464-0832　名古屋市千種区山添町2-2
☎052-751-8131㈹

沿　革

1905年,創立者椙山正弌が新時代の女子教育・人間教育の理想を掲げて開校。2015年には創立110周年を迎えた。こども園，保育園，幼稚園，小学校，中学校，高等学校，大学，大学院を併せもつ当地方唯一の女子総合学園に発展した。

建学の精神

「人間になろう」

教育目標

1．体力の増強(健康で鍛えられた身体)
2．学力の増進(「生きる力」につながる確かな基礎学力)
3．モラルの確立(社会的認識の上に立つモラル)
4．情操の育成(豊かな情操と創造力)

この4つの目標は，より豊かに生きてゆくために欠くことのできないものである。

本学園では，充実した教育環境のもとで，この目標達成に向けて，教師と生徒が心を一つにして努力を続けている。

教育課程

各自の能力を引き出す授業内容と，より自発的に授業に取り組む姿勢を重視している。

各人の進路や興味に合わせて，2年生・3年生では25科目以上の中から授業を選択できる。また，県下屈指の蔵書数を誇る図書館を活用した学びや，芸術鑑賞・校外学習・修学旅行などの学校行事，文化祭・球技大会などの生徒会行事により豊かな学園生活を送りながら，人間性を確立していく。

クラブ活動

放課後のキャンパスは多種多様なクラブの熱気に包まれる。体育系クラブでは水泳，テニス，卓球などが全国で活躍するほか，文化系クラブも放送などが全国大会に出場している。

●体育系

水泳，陸上，テニス，バスケットボール，卓球，ソフトボール，器械体操，新体操，バドミントン，スキー，ハンドボール，バレーボール，アウトドア，ゴルフ，サッカー，チアリーディング，剣道

チアリーディング

●文化系

ＥＳＳ，演劇，絵画，華道，茶道，社会福祉，写真，書道，箏曲，フィルハーモニー，ペン習字，合唱，ギター，調理，天文，放送，ジャズダンス，ユネスコ国際ボランティア，日本舞踊，まんが，ストリートダンス，ソーイング

フィルハーモニー

年間行事

４月／遠足（１，２年）
６月／創立記念日，京都・奈良校外学習（３年）
７月／球技大会（１，２年），芸術鑑賞，語学研修（希望者）
９月／文化祭，スポーツデー
10月／球技大会（３年）
11月／修学旅行（２年），校外学習（１年），クラブ発表会
２月／読書会
３月／スキー教室（希望者），海外研修（希望者）

文化祭

進　路

卒業生のほとんどが大学進学をめざし，希望する進路へ進んでいる。椙山女学園大学への推薦入学制度が確立されているほか，国公立大学をはじめとする他大学への進学もバックアップしている。

椙山女学園大学

◎2024年度入試状況◎

学　科	普　通
募集数	約200
志願者数	446
受験者数	443
合格者数	非公表

※募集数は併設中学からの進学者を除く。

過去問の効果的な使い方

① **はじめに**　入学試験対策に的を絞った学習をする場合に効果的に活用したいのが「過去問」です。なぜならば，志望校別の出題傾向や出題構成，出題数などを知ることによって学習計画が立てやすくなるからです。入学試験に合格するという目的を達成するためには，各教科ともに「何を」「いつまでに」やるかを決めて計画的に学習することが必要です。目標を定めて効率よく学習を進めるために過去問を大いに活用してください。また，塾に通われていたり，家庭教師のもとで学習されていたりする場合は，それぞれのカリキュラムによって，どの段階で，どのように過去問を活用するのかが異なるので，その先生方の指示にしたがって「過去問」を活用してください。

② **目的**　過去問学習の目的は，言うまでもなく，志望校に合格することです。どのような分野の問題が出題されているか，どのレベルか，出題の数は多めか，といった概要をまず把握し，それを基に学習計画を立ててください。また，近年の出題傾向を把握することによって，入学試験に対する自分なりの感触をつかむこともできます。

過去問に取り組むことで，実際の試験をイメージすることもできます。制限時間内にどの程度までできるか，今の段階でどのくらいの得点を得られるかということも確かめられます。それによって必要な学習量も見えてきますし，過去問に取り組む体験は試験当日の緊張を和らげることにも役立つでしょう。

③ **開始時期**　過去問への取り組みは，全分野の学習に目安のつく時期，つまり，9月以降に始めるのが一般的です。しかし，全体的な傾向をつかみたい場合や，学習進度が早くて，夏前におおよその学習を終えている場合には，7月，8月頃から始めてもかまいません。もちろん，受験間際に模擬テストのつもりでやってみるのもよいでしょう。ただ，どの時期に行うにせよ，取り組むときには，集中的に徹底して取り組むようにしましょう。

④ **活用法**　各年度の入試問題を全問マスターしようと思う必要はありません。できる限り多くの問題にあたって自信をつけることは必要ですが，重要なのは，志望校に合格するためには，どの問題が解けなければいけないのかを知ることです。問題を制限時間内にやってみる。解答で答え合わせをしてみる。間違えたりできなかったりしたところについては，解説をじっくり読んでみる。そうすることによって，本校の入試問題に取り組むことが今の自分にとって適当かどうかが，はっきりします。出題傾向を研究し，合否のポイントとなる重要な部分を見極めて，入学試験に必要な力を効率よく身につけてください。

数学

各都道府県の公立高校の入学試験問題は，中学数学のすべての分野から幅広く出題されます。内容的にも，基本的・典型的なものから思考力・応用力を必要とするものまでバランスよく構成されています。私立・国立高校では，中学数学のすべての分野から出題されることには変わりはありませんが，出題形式，難易度などに差があり，また，年度によっての出題分野の偏りもあります。公立高校を含め，ほとんどの学校で，前半は広い範囲からの基本的な小問群，後半はあるテーマに沿っての数問の小問を集めた大問という形での出題となっています。

まずは，単年度の問題を制限時間内にやってみてください。その後で，解答の答え合わせ，解説での研究に時間をかけて取り組んでください。前半の小問群，後半の大問の一部を合わせて50%以上の正解が得られそうなら多年度のものにも順次挑戦してみるとよいでしょう。

英語

英語の志望校対策としては，まず志望校の出題形式をしっかり把握しておくことが重要です。英語の問題は，大きく分けて，リスニング，発音・アクセント，文法，読解，英作文の5種類に分けられます。リスニング問題の有無(出題されるならば，どのような形式で出題されるか)，発音・アクセント問題の形式，文法問題の形式(語句補充，語句整序，正誤問題など)，英作文の有無(出題されるならば，和文英訳か，条件作文か，自由作文か）など，細かく具体的につかみましょう。読解問題では，物語文，エッセイ，論理的な文章，会話文などのジャンルのほかに，文章の長さも知っておきましょう。また，読解問題でも，文法を問う問題が多いか，内容を問う問題が多く出題されるか，といった傾向をおさえておくことも重要です。志望校で出題される問題の形式に慣れておけば，本番ですんなり問題に対応することができますし，読解問題で出題される文章の内容や量をつかんでおけば，読解問題対策の勉強として，どのような読解問題を多くこなせばよいかの指針になります。

最後に，英語の入試問題では，なんと言っても読解問題でどれだけ得点できるかが最大のポイントとなります。初めて見る長い文章をすらすらと読み解くのはたいへんなことですが，そのような力を身につけるには，リスニングも含めて，総合的に英語に慣れていくことが必要です。「急がば回れ」ということわざの通り，志望校対策を進める一方で，英語という言語の基本的な学習を地道に続けることも忘れないでください。

国語

国語は，出題文の種類，解答形式をまず確認しましょう。論理的な文章と文学的な文章のどちらが中心となっているか，あるいは，どちらも同じ比重で出題されているか，韻文(和歌・短歌・俳句・詩・漢詩)は出題されているか，独立問題として古文の出題はあるか，といった，文章の種類を確認し，学習の方向性を決めましょう。また，解答形式は，記号選択のみか，記述解答はどの程度あるか，記述は書き抜き程度か，要約や説明はあるか，といった点を確認し，記述力重視の傾向にある場合は，文章力に磨きをかけることを意識するとよいでしょう。さらに，知識問題はどの程度出題されているか，語句(ことわざ・慣用句など)，文法，文学史など，特に出題頻度の高い分野はないか，といったことを確認しましょう。出題頻度の高い分野については，集中的に学習することが必要です。読解問題の出題傾向については，脱語補充問題が多い，書き抜きで解答する言い換えの問題が多い，自分の言葉で説明する問題が多い，選択肢がよく練られている，といった傾向を把握したうえで，これらを意識して取り組むと解答力を高めることができます。「漢字」「語句・文法」「文学史」「現代文の読解問題」「古文」「韻文」と，出題ジャンルを分類して取り組むとよいでしょう。毎年出題されているジャンルがあるとわかった場合は，必ず正解できる力をつけられるよう意識して取り組み，得点力を高めましょう。

数学 出題傾向の分析と合格への対策

●出題傾向と内容

本年度の出題数は大問6題，小問数にして19題と昨年同様の出題数であった。ここ数年，年度毎に問題数の増減があるので注意しておきたい。

出題内容は①が数式，連立方程式，2次方程式などの計算主体の小問群と，1次関数，資料の整理などの基礎知識主体の小問群，②は確率，③は方程式の文章題，④は三角形の等積変形，⑤は2次関数と図形の融合問題，⑥は時計の針が作る角度の問題で，各分野から出題されている。また，マーク式のみの出題となった。

全体的に基本問題と標準問題とがバランスよく散りばめられている。

学習のポイント

小問群でミスしない計算力を身につけるとともに，数学的な思考力を鍛える問題にも取り組んで準備しよう。

●2025年度の予想と対策

年度によって問題難度にばらつきが生じることもあるが，計算等の小問群では標準レベルの出題が続いているので，できるだけ速く正確に解き，他の問題に取り組む時間を確保したい。

また，方程式の文章題，平方根の定義，等積変形，関数のグラフ，資料の整理など，考え方の根本を問われることもあるので，きちんと内容把握しておくことが必要。通常の問題集とは一線を画した出題があると考え，過去問題に何度も接し，感覚をつかんでおこう。

そして，全体的に問題数が多めなので，過去問題を解くときには時間を計り，およその時間配分を自分なりにつかんでおこう。

▼年度別出題内容分類表 ……

分野		出題内容	2020年	2021年	2022年	2023年	2024年
数と式		数の性質	○	○	○		
		数・式の計算	○	○	○	○	○
		因数分解			○		
		平方根	○	○	○	○	○
方程式・不等式		一次方程式	○		○		
		二次方程式		○	○		○
		不等式					
		方程式・不等式の応用		○	○	○	○
関数		一次関数	○	○	○	○	○
		二乗に比例する関数	○		○	○	○
		比例関数		○		○	
		関数とグラフ	○	○	○	○	○
		グラフの作成					
図形	平面図形	角度		○	○		○
		合同・相似	○	○	○		○
		三平方の定理			○	○	
		円の性質		○	○		
	空間図形	合同・相似			○		
		三平方の定理					
		切断					
	計量	長さ				○	○
		面積		○		○	○
		体積	○		○	○	○
		証明					
		作図					
		動点					
統計		場合の数					
		確率	○	○	○	○	○
		統計・標本調査	○	○	○	○	○
融合問題		図形と関数・グラフ		○	○		○
		図形と確率					
		関数・グラフと確率					
		その他					
その他				○		○	○

椙山女学園高等学校

英語 出題傾向の分析と合格への対策

●出題傾向と内容

本年度の出題数は，長文読解問題が2題，対話文完成，文整序，適語補充，語句整序，正誤問題，書き換え，図や表を読み取る問題，会話文が各1題とリスニング問題が2題の計12題であった。

長文読解問題は2題とも難易度は高く，適語補充，語句整序，内容吟味など設問が多様であるため，英文をすばやく正確に読み，内容をつかむ力とともに，文法的な力も問われる。

全体的に設問数が非常に多く，広範囲にわたる文法知識が問われている。

学習のポイント

問題数が多いので，文法問題を迅速かつ確実に解けるように，十分な量の問題演習を積んでおこう。

●2025年度の予想と対策

来年度も本年度とほぼ同じ傾向の出題が予想されるので，十分な対策が必要だろう。

長文読解の対策としては，多くの長文を読んで，すばやく内容を把握する練習をしておくとよい。空欄補充問題はオーソドックスなものが多いため，問題集などでの対策が効果的だ。

文法問題，語彙問題は，基本的な事項を完全に理解しておきたい。教科書を中心に学習し，参考書や問題集などを使って，実践力を養うことが大切である。

リスニング対策は，音声の活用により英文に慣れ，聞きながらポイントをメモする練習もしておくとよい。

▼年度別出題内容分類表・・・・・・

	出題内容	2020年	2021年	2022年	2023年	2024年
話し方・聞き方	単語の発音					
	アクセント					
	くぎり・強勢・抑揚					
	聞き取り・書き取り			○	○	○
語い	単語・熟語・慣用句	○	○	○	○	○
	同意語・反意語	○				
	同音異義語					
読解	英文和訳(記述・選択)					
	内容吟味	○	○	○	○	○
	要旨把握	○	○	○		○
	語句解釈	○				
	語句補充・選択	○	○	○	○	○
	段落・文整序	○	○	○	○	○
	指示語					
	会話文	○	○	○	○	○
文法・作文	和文英訳					
	語句補充・選択	○	○	○	○	○
	語句整序	○	○	○	○	○
	正誤問題	○	○	○	○	○
	言い換え・書き換え	○	○	○	○	○
	英問英答	○	○			
	自由・条件英作文	○				
文法事項	間接疑問文	○	○	○	○	○
	進行形	○			○	○
	助動詞	○	○	○		○
	付加疑問文		○		○	
	感嘆文		○			
	不定詞	○	○	○	○	○
	分詞・動名詞	○	○	○	○	○
	比較	○	○	○	○	○
	受動態	○	○	○	○	○
	現在完了	○	○	○	○	○
	前置詞	○	○	○	○	○
	接続詞	○	○	○	○	○
	関係代名詞	○	○	○		○

椙山女学園高等学校

理科 出題傾向の分析と合格への対策

●出題傾向と内容

解答の形式はマークシート形式である。大問数は4～5問，マーク数は20～25個程度であり，試験時間に対する分量は標準的である。マークの内容は，文選択，図選択，計算問題の数値選択など多様であり，単純な語句選択は少ない。選択肢の数はやや多めである。

出題分野は，特定の分野に偏らず，幅広い単元から少しずつ出題されている。レベルは標準的であり難問は少ない。実験や観察をもとにした図表の読み取りも多い。

なお，数年前までは，文記述や描図の出題もあった。

学習のポイント

思考を必要とする問題も出題される。現象や法則，原理の理解を含めた学習をしよう。

●2025年度の予想と対策

基本～標準レベルの問題を中心に思考力を問う問題が続くと考えられる。

理科の各分野の偏りのない学習が必要である。実験に関する問題や，計算が必要な問題の出題も少なくない。

どの単元でも丸暗記は避け，図表を利用しながら内容をしっかり理解することが必要である。そのうえで，実験や観察を主体とした標準レベルの練習問題を数多くこなし，思考力を鍛えておきたい。

マークシート方式だとしても，記述や作図の学習は役に立つので，積極的に取り組みたい。

▼年度別出題内容分類表 ……

	出題内容	2020年	2021年	2022年	2023年	2024年
第一分野	物質とその変化	○			○	
	気体の発生とその性質	○	○	○	○	○
	光と音の性質	○			○	
	熱と温度					
	力・圧力				○	○
	化学変化と質量		○			○
	原子と分子		○		○	
	電流と電圧			○		○
	電力と熱			○		
	溶液とその性質	○				
	電気分解とイオン				○	
	酸とアルカリ・中和			○		
	仕事					
	磁界とその変化				○	
	運動とエネルギー		○		○	○
	その他			○		
第二分野	植物の種類とその生活		○			○
	動物の種類とその生活	○				
	植物の体のしくみ		○		○	○
	動物の体のしくみ	○				
	ヒトの体のしくみ	○		○		
	生殖と遺伝				○	
	生物の類縁関係と進化	○			○	○
	生物どうしのつながり					
	地球と太陽系			○		
	天気の変化		○		○	○
	地層と岩石				○	
	大地の動き・地震	○				
	その他					○

椙山女学園高等学校

社会 出題傾向の分析と合格への対策

●出題傾向と内容

本年度は大問が5ですべてマーク式の小問が解答欄で35あり，前年よりは問題数は減り，試験時間に対しては妥当なところであろう。すべて記号選択であるが，その分，読み込まなければいけないものが多いので，情報処理能力が問われている。分野別では今年度は公民的分野がやや多く，歴史的分野単独の設問はない。ただ地理と歴史，公民と歴史といった内容は多い。地理の内容は日本の気候，各都道府県の地誌，過疎化，時差，世界の地形，気候，移民などで，公民は単独のものでは憲法，人権，裁判，三権，経済，時事に関する内容で，歴史は比較的広い時代のさまざまな内容のものとなっている。本校は愛知県に関連する歴史や地理の事柄が問われることも多い。

✔学習のポイント

地理：地図や統計になれ，用語の意味を正確に覚える。

歴史：各時代の様子，主要な史実の因果関係に注意。

公民：用語の意味や手順を正確に覚える。

●2025年度の予想と対策

来年度も本年通りの出題ならば，まずはそれぞれの用語の意味を正確に把握することが重要。教科書や参考書などの記述をていねいに読み込み，因果関係は周辺知識とのつながりを把握することが重要。

地理では，教科書の基礎事項を中心に内容を学習し，地図や統計資料にも目を配っておこう。

歴史では，各時代の特色，事件の因果関係に注意が必要。

公民では，教科書に出てくる用語を意味まで正確に覚え，図表にも目を通しておきたい。

時事的な題材を取り扱った問題が数多く出題されるので，普段から新聞やテレビのニュースに気をつけて少し深く掘り下げて見ておくことが大切である。

▼年度別出題内容分類表 ••••••

出題内容			2020年	2021年	2022年	2023年	2024年
地理的分野	(日本)	地形図			○		
		地形・気候・人口	○	○	○	○	○
		諸地域の特色		○	○	○	○
		産業			○		
		交通・貿易			○		
	(世界)	人々の生活と環境	○		○		
		地形・気候・人口	○		○		○
		諸地域の特色	○	○		○	○
		産業					○
		交通・貿易				○	
	地理総合						○
歴史的分野	(日本史)	各時代の特色	○	○	○	○	○
		政治・外交史	○	○	○	○	○
		社会・経済史	○	○	○	○	○
		文化史			○		
		日本史総合	○	○		○	
	(世界史)	政治・社会・経済史	○	○	○	○	○
		文化史		○	○		○
		世界史総合					
	日本史と世界史の関連					○	
	歴史総合						
公民的分野	家族と社会生活						
	経済生活		○		○	○	
	日本経済				○	○	
	憲法(日本)		○	○		○	○
	政治のしくみ		○	○	○	○	○
	国際経済						
	国際政治		○	○	○	○	○
	その他		○	○	○	○	○
	公民総合			○	○	○	○
各分野総合問題			○	○			○

椙山女学園高等学校

国語 出題傾向の分析と合格への対策

●出題傾向と内容

本年度は，論理的文章の読解問題が1題，文学的文章の読解問題が1題，古文の読解問題が1題の計3題の大問構成であった。

論理的文章は俳句の知識も含む内容で，文脈把握や脱文・脱語補充を中心に出題された。

文学的文章も比較的読みやすく，登場人物の心情が中心に問われている。

現代文では，漢字や用法，語句の意味など知識問題も大問に含まれている。

古文の読解問題は『宇治拾遺物語』からの出題で，知識と口語訳，文脈把握の他，和歌に関する問題も出題された。

解答形式は，全問記号選択式である。

✔学習のポイント

長文読解力をつけるとともに，現代文・古文どちらも国語の知識について幅広くつけておこう。論理的文章では，要約する練習もしておこう。

●2025年度の予想と対策

今後も論理的文章・文学的文章・古文については出題されると思われるが，過去には国語の知識が独立問題として出題されることや，作文を求められることもあったため，傾向にこだわらず幅広く学習しておきたい。

論理的文章の読解問題では，指示語や接続語といった読解の基本をおさえ，筆者による定義や主張を正しくとらえる力をつけておこう。

文学的文章の読解問題では，心情や情景に関する描写および登場人物の置かれている状況をもとに，発言や行動，使われている表現の背景を読み取れるようにしよう。

古文の読解問題では，文法や古語の知識，和歌についてもおさえておこう。問題集を活用し，様々な文章で読解の練習を積んでおきたい。

漢字問題はやや難易度の高いものも出題される。普段から曖昧な言葉やわからない言葉は辞書を引く習慣をつけ，語彙力を養っておこう。

▼年度別出題内容分類表……

出題内容			2020年	2021年	2022年	2023年	2024年
内容の分類	読解	主題・表題	○				
		大意・要旨	○		○	○	○
		情景・心情		○	○	○	○
		内容吟味	○	○	○	○	○
		文脈把握	○	○	○	○	○
		段落・文章構成		○			
		指示語の問題		○	○	○	○
		接続語の問題		○	○	○	○
		脱文・脱語補充	○	○	○	○	○
	漢字・語句	漢字の読み書き	○	○	○	○	○
		筆順・画数・部首					
		語句の意味	○	○	○	○	○
		同義語・対義語					
		熟語	○	○	○	○	
		ことわざ・慣用句					○
	表現	短文作成					
		作文(自由・課題)	○				
		その他					
	文法	文と文節					
		品詞・用法		○	○	○	○
		仮名遣い			○		
		敬語・その他					
	古文の口語訳		○	○	○	○	○
	表現技法						○
	文学史		○	○	○	○	○
問題文の種類	散文	論説文・説明文	○	○	○	○	○
		記録文・報告文					
		小説・物語・伝記		○	○	○	○
		随筆・紀行・日記	○				
	韻文	詩					
		和歌(短歌)	○			○	
		俳句・川柳					○
	古文		○	○	○	○	○
	漢文・漢詩						

相山女学園高等学校

2024年度 合否の鍵はこの問題だ!!

数学 6

6は「時計の針」に関する問題で，[1]で「1分間に短針・長針が進む角度」，[2]で「指定の時間に短針と長針が作る角度」，[3]で「指定の角度になる時刻」，[4]で「短針と長針が一直線になる時刻」などを求める。

時計の長針と短針の動きには「一定の速さで動く」「両方動く」いうルールがあるので，それらを活用して解くことになる。まず[1]で1分間に動く角度を確認し，[2]で時計の針どうしがなす角度は切りのよい時間から指定された時間までに動いた角度の差になる解法の確認をし，[3]と[4]で2つの針がなす角度から時間を逆算する。また，[4]では解答が帯分数になる指定がある。

「時計の針」は，中学受験などで取り上げられることも多く，数学的にも興味深い内容の題材だが，本問ではいわゆる切りのよくない数の時間や角度を使ったり，整数だけでなく分数で答える解答を採用したり，中学生として数量を自由に扱う力を要求する独自の味付けがなされている。いずれの問題も，ルールを適切に活用していく中で，筋道を明らかにしながら結論を導いていくことが必要で，方程式などの数学技術の活用ができるかどうかも考えて解くことになる。

この傾向は他の年度の問題でも見られ，数学的思考を繰り広げることで，与えられた情報を分類整理したり，数学的表現で表したりという，数学の活用を実感させられる内容が出題されている。

そして，生活の中で数学を活用できそうな題材は，例えば確率や資料の整理なども含め，まだまだ存在する。「数学に対して高い関心を持って欲しい」というメッセージの込められた出題ととらえることもできるので，それに応じた取り組みを受験準備の中に取り入れるとよいだろう。

英語 【G】

【G】は正誤問題である。正誤問題は文法問題の中でも難易度が高いので，配点も高くなると予想される。試験全体の問題数が多いので，この問題で時間をかけずに正答を求められるか否かが合否を分ける。

中学で学習する範囲内の文法ではあるが，幅広く正確な文法知識が求められており難易度は高い。過去問などで正誤問題の練習をしておく必要がある。日本語の意味だけを考えて解こうとすると間違えやすい問題が出題されているので，英文をよく見て，学習してきた文法や表現を思い出して正解を考えていこう。

（ア） ③仮定法の文に注意。仮定法過去は「現在の事実に反する仮定」なので，現在時制が使われるように思われがちだが，〈主語＋過去形…，主語＋助動詞の過去形＋動詞の原形…〉と過去形が使われることに注意。 日本語の意味である「もし水がもっときれいなら…」に惑わされないようにしよう。

（ウ） ① （ア）③の仮定法では現在時制ではなく過去形になったが，同じifを使うこの文の条件節は tomorrow という未来を表す語があるにもかかわらず現在形になることに注意。tomorrow に惑わされ①の rains を will rain と未来形にする文だと勘違いしないようにしよう。条件や時を表す副詞節では未来のことも現在時制で表すというルールがあるので，If it rains tomorrow は正しい文となる。一方で②は yesterday という過去を表す語に注目。現在完了形は明確な過去を表す語である yesterday, last week，two months ago などと共に使うことはできないことを思い出そう。これら過去を表す語句が現在完了形で使われる場合は，since yesterday，since last week，since two months ago など前置詞 since を置き，過去のある一時点から現在までという意味にする。③も注意。「東から昇る」という日本語から from を使いたくなるが，東という方角を表すので前置詞は in で正しい。

各問題にある①で間違いを見つけた場合でも必ず全問1文1文をよく見て，それぞれ文法事項を確認してから正誤を判断しよう。

理科　第2問　問2，問3

大問が5題で，各分野からの出題であった。問題レベルは全般的には標準的なレベルである。今回合否を分ける鍵となった問題として，第2問の問2，問3の等加速度運動の問題を取り上げる。

時間とともに速度が一定の割合で変化する運動を等加速度運動という。速度の変化量をかかった時間で割ると加速度が求まる。図3より，加速度は20÷4.0＝5.0(m/s²)である。これは1秒あたりの速度変化ということもできる。

問2　等加速度運動では，移動距離は経過時間の2乗に比例する。そこで，移動距離を縦軸に，時間を横軸に取ると，グラフは放物線を描く。

問3　物体には真下に向かって重力が働いている。この重力によって物体の落下運動は等加速度運動になる。物体を真上に投げ上げると速度は徐々に減少し，最高点で停止する。その後下向きに落下しはじめ，速度が徐々に増加する。この間，常に一定の大きさの重力が下向きに働いている。

今回の試験では，第1問の問3でも水溶液中のイオンの数の変化に関するグラフを選択する問題が出題されていた。実験結果がどのようなグラフになるかや，グラフからどのような法則性を読み取れるかを知っておくことも大切なことである。

全体的に標準的なレベルの問題で難問はなく，いかに基礎的な知識が身についているかが鍵となる。また，実験や観察を題材にした出題が多く，実験操作なども理解しておく必要がある。教科書を中心に学習し偏りのない理科全般の基本的な知識を身につけるようにしよう。

社会　【1】，【2】

【1】と【2】はそれぞれ世界地理と世界と日本の歴史，日本地理と日本史の融合問題。【1】は世界のいくつかの国々の地理とそこに関連する歴史の内容，【2】は過去の日本の大地震に関連した日本地理と日本史の内容が問われている。今年度は単独の地理や歴史の大問はなく，世界地理と世界史，日本地理と日本史を絡めたものになっている。また，公民分野の中に一部歴史の要素も含んでいる。ただ，いずれの問題も歴史の内容としてはやや細かいところまで求めているもので，難度は比較的高い。世界史や世界地理の内容で，一応は中学でも勉強するあたりだが，細かいところまで勉強していないと正しい答えをだすのが難しいものもある。公立高校のものよりはレベルが高く，そのつもりの対策が必要である。

残りの大問は公民や時事問題が中心で，学校で勉強したことで得点できるものが多い。こちらで確実に得点したうえで，前の2つの大問でどこまで得点できるかという形で差がついてくるのではないだろうか。

国語　二　問9

★ なぜこの問題が合否を分けたのか

本文を精読する力が問われる設問である。細部にとらわれず，文脈を把握して丁寧に解答しよう。

★ こう答えると「合格できない」！

「叔父」については，「任期満了後も島に残った」理由について，「先端医療に関しては大学にいたほうが有利だが，ここでしかできない学びもある。……こちらはこちらで，都会より多くみられるシッカンもあるんだ。……地域住民の食の傾向をはじめ，生活全般と健康の関わりの基礎を学び直すこともできる。ここでは多少浅くても広い知識が必要だ」とあることから，「離島で実地経験を積もうとした」とする①を選ばないようにしよう。「浅くて広い医学的知識を身につけた」とある④を選ばないようにしよう。①は「大学での転地治療のため」，④は「島民に慕われ尊敬されるため」という部分が合致しない。

★ これで「合格」！

「島に残った」理由について，「叔父」の言葉に「『島に残ったのは，島民を気の毒に思ったからとか……ではないんだ。気の毒なんてとんでもない，彼らは強いよ。俺は自分で考えて，自分の意思で残った。……理解を求めないというのは，そういうことだ。俺一人で決めて今ここにいることに，島民たちにはなんの責任もないからなんだ。俺が好きで残ったように，彼らも彼らのやりかたで診療所や俺を利用すればいいんだよ』」とあることから，自らの意思で島民に尽くそうとする姿勢が読み取れるので，「離島の地域医療に全力を注ぎ，医師として島民のために尽くした」とする②を選ぼう！

2024年度

★★★★★★★★★★★★★★★★★★★★★★★★★

入　試　問　題

2024年度

椙山女学園高等学校入試問題

【数　学】（45分）　　＜満点：100点＞

【注意】［1］　問題の文中の $\boxed{(1)}$，$\boxed{(2)(3)(4)}$ などには，数字（0～9）または符号（±，－）が入ります。

例えば，$\boxed{(1)}$ に5，$\boxed{(2)(3)(4)}$ に－83と答えたいときは右の図のようにマークします。

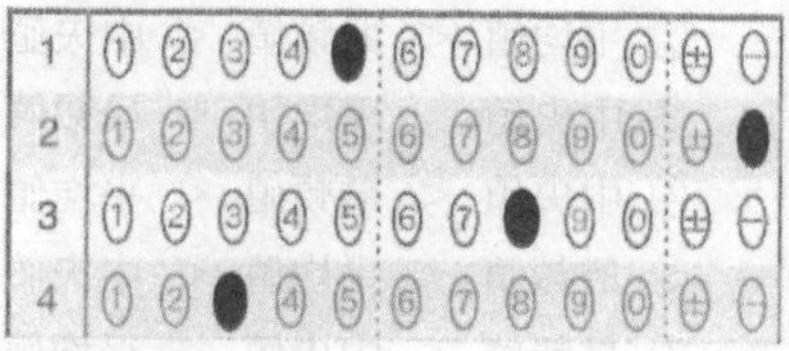

原則，⑴，⑵，…には，数字または符号を一つずつマークしますが，マークの数が指定されている問題は指定の数をマークしてください。

［2］　分数の形で解答する場合，符号は分子につけ，分母につけてはいけません。例えば $\dfrac{\boxed{(5)(6)}}{\boxed{(7)}}$ に $-\dfrac{4}{5}$ と答えたいときは，$\dfrac{-4}{5}$ として答えてください。

また，分数はそれ以上約分できない形で答えてください。例えば $\dfrac{3}{4}$，$\dfrac{2a+1}{3}$ と答えるところを $\dfrac{6}{8}$，$\dfrac{4a+2}{6}$ のように答えてはいけません。

［3］　小数の形で解答する場合，指定された桁（けた）数の一つ下の桁（けた）の数を四捨五入して答えてください。また，必要に応じて，指定された桁（けた）まで ⓪ にマークしてください。

例えば，$\boxed{(8).(9)(10)}$ に2.5と答えたいときは2.50として答えてください。

［4］　根号を含む形で解答する場合，根号の中の自然数が最小となる形で答えてください。

例えば $4\sqrt{2}$，$\dfrac{\sqrt{13}}{2}$ と答えるところを $2\sqrt{8}$，$\dfrac{\sqrt{52}}{4}$ のように答えてはいけません。

［5］　特に指定がない場合は，円周率は π とします。

$\boxed{1}$　次の問いについて $\boxed{(1)}$ ～ $\boxed{(20)}$ に適する符号や数をマークしなさい。

［1］　$(3ab)^2 \div 3ab^2 \times a^5$ を計算すると，$\boxed{(1)}\,a^{\boxed{(2)}}$ である。

［2］　$\dfrac{x+3y}{xy}=\dfrac{2}{3}$ のとき，$\dfrac{15}{x}+\dfrac{5}{y}$ の値は $\dfrac{\boxed{(3)(4)}}{\boxed{(5)}}$ である。

［3］　連立方程式 $\begin{cases} \dfrac{1}{3}x+\dfrac{1}{6}y=\dfrac{1}{2} \\ x=3y+5 \end{cases}$ の解は，$x=\boxed{(6)}$，$y=\boxed{(7)(8)}$ である。

［4］　二次方程式 $2(x-2)^2=(x-2)(x-7)+14$ の解は，$x=\boxed{(9)(10)}$，$\boxed{(11)}$ である。

［5］　$a=\sqrt{2}+\sqrt{3}+\sqrt{5}$，$b=\sqrt{2}+\sqrt{3}-\sqrt{5}$ のとき，a^2-ab+b^2 の値は $\boxed{(12)(13)}+\boxed{(14)}\sqrt{\boxed{(15)}}$ である。

［6］　関数 $y=-2x+1$ で，y の変域が $-19 \leqq y \leqq 5$ となるような，x の変域は $\boxed{(16)(17)} \leqq x \leqq \boxed{(18)(19)}$ である。

［7］ 右のヒストグラムは，20人に対して行った小テストの得点をまとめたものである。得点の代表値について，このヒストグラムからよみとれることとして正しいものを次の①～⑥から選び，(20) にマークしなさい。

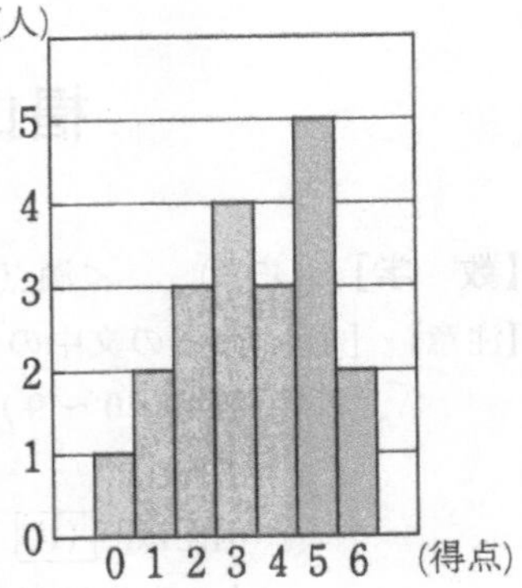

① 平均値 ＜ 中央値 ＜ 最頻値
② 平均値 ＜ 最頻値 ＜ 中央値
③ 中央値 ＜ 平均値 ＜ 最頻値
④ 中央値 ＜ 最頻値 ＜ 平均値
⑤ 最頻値 ＜ 平均値 ＜ 中央値
⑥ 最頻値 ＜ 中央値 ＜ 平均値

2 右の図のように，五角形ABCDEがある。はじめに駒が頂点Aの位置にあり，となりの頂点へ駒を動かすこととする。このとき次の問いについて，(21) ～ (25) に適する数をマークしなさい。

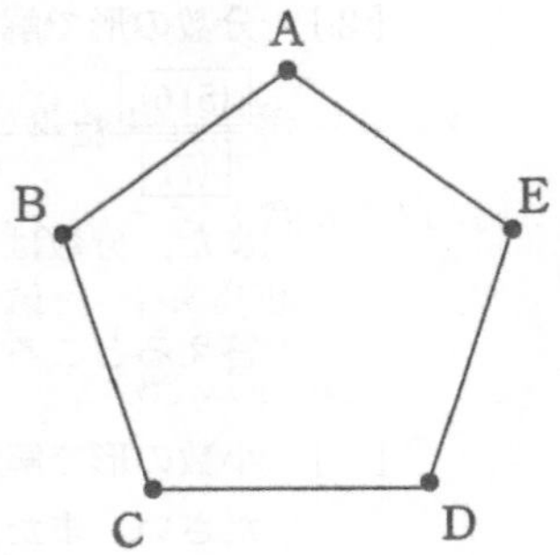

［1］ 1つのさいころを2回ふって出た目の数の合計数だけ反時計回りに駒を動かすとき，駒が頂点Cの位置にある確率は $\dfrac{(21)}{(22)}$ である。

［2］ 1つのさいころを1回目にふって出た目の数だけ反時計回りに駒を動かし，さらに2回目にふって出た目の数だけ時計回りに駒を動かすとき，駒が頂点Cの位置にある確率は $\dfrac{(23)}{(24)(25)}$ である。

3 1個100円の値段で売ると1日300個売れる商品がある。この商品の値段を1円値下げするごとに売り上げ個数が5個ずつ増える。このとき次の問いについて，(26) ～ (32) に適する数をマークしなさい。ただし，消費税は考えないものとする。

［1］ この商品を10円値下げすると，この商品の1日の売り上げ金額は (26)(27)(28)(29)(30) 円になる。

［2］ この商品を (31)(32) 円値下げすると，この商品の1日の売り上げ金額は32000円になる。

4 右の図の平行四辺形ABCDで，AD上にAE：ED＝2：1となる点Eをとり，DC上に点Fをとる。AC // EFのとき，△FBCと面積が等しい三角形を次の①～⑨から3つ選び，(33) にマークしなさい。

① △ABC　② △ABE　③ △ABF
④ △ACE　⑤ △ACF　⑥ △AFE
⑦ △BCE　⑧ △BFE　⑨ △CDE

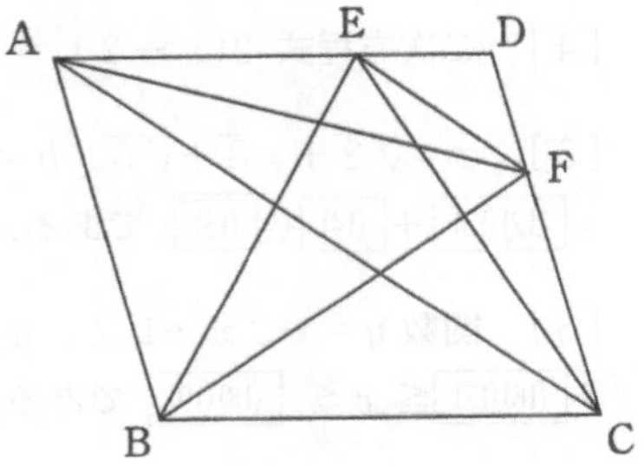

5 右の図のように，関数 $y=ax^2(a>0)$ のグラフ上に２点A，Bがあり，x 座標はそれぞれ－２，４である。また，関数 $y=ax^2$ について，x の値が－２から４まで増加するときの変化の割合は $\dfrac{5}{2}$ である。

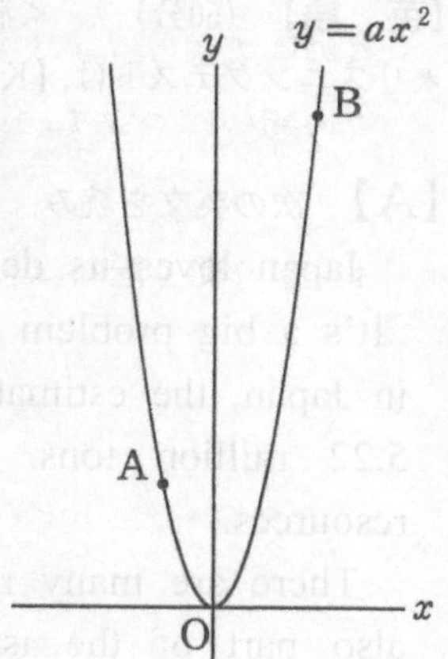

このとき次の問いについて，$\boxed{(34)}$ ～ $\boxed{(46)}$ に適する数をマークしなさい。

［１］ x の値が－２から４まで増加するときの変化の割合を a を使って表すと，

$\dfrac{\boxed{(34)(35)}\,a-\boxed{(36)}\,a}{\boxed{(37)}-(\boxed{(38)(39)})}$ より $\boxed{(40)}\,a$ である。

［２］ a の値は $\dfrac{\boxed{(41)}}{\boxed{(42)}}$ である。

［３］ 直線ABと x 軸の交点をCとするとき，CA：ABを最も簡単な整数の比で表すと CA：AB＝ $\boxed{(43)}$ ： $\boxed{(44)}$ である。

また，△OACを y 軸を中心に１回転させてできる立体の体積は $\boxed{(45)(46)}\,\pi$ である。

6 右の図のようなアナログ時計の短針と長針について考える。

次の問いについて，$\boxed{(47)}$ ～ $\boxed{(58)}$ に適する数をマークしなさい。

［１］ １分間で短針は $\boxed{(47).(48)}$°，長針は $\boxed{(49)}$° 進む。

［２］ ０時12分のとき，短針と長針の間の角の大きさは $\boxed{(50)(51)}$° である。

ただし，0°≦ $\boxed{(50)(51)}$° ≦180°とする。

［３］ ４時30分から５時00分の間で，短針と長針の間の角の大きさが78°になるのは

４時 $\boxed{(52)(53)}$ 分のときである。

［４］ ６時の次に時計の短針と長針が反対向きに一直線になるのは

$\boxed{(54)}$ 時 $\boxed{(55)\dfrac{(56)}{(57)(58)}}$ 分のときである。

ただし，$\boxed{(55)\dfrac{(56)}{(57)(58)}}$ は帯分数である。

【英　語】(50分)　　<満点：100点>
＊リスニングテストは,【K】～【L】です。

【A】 次の英文を読み，あとの問いに答えなさい。

Japan loves its delicious food, but did you know that a lot of it goes to waste? It's a big problem in the country. According to the Ministry of the Environment in Japan, the estimated amount of Japan's food loss and waste in 2020 was about 5.22 million tons. This waste harms our environment and wastes valuable resources.

There are many reasons why food gets wasted in Japan. The food industry is also part of the issue. Restaurants, stores, and factories sometimes make too much food, and when it doesn't get sold, they throw it away.

For example, a huge amount of prepared food was wasted during the Tokyo Summer Olympic Games. The organizers prepared approximately 175 tons of food for the athletes and around 300,000 bento boxes for the volunteers and staff. Some of these bento boxes were thrown away as trash. The organizers had to provide many different types of food to suit various ways of eating and religious beliefs. As a result, they had around 700 different meals available in the main dining halls. Despite these efforts, a large amount of food was left untouched by the athletes and ended up going to waste. ⓐ<u>"Mottainai"</u> - What a waste!"

Thanks to this cultural belief, people in Japan are working hard to solve this problem. The government, along with groups and businesses, is taking action to reduce food waste and protect our environment. At home, we can also make a difference. Fukuoka City is doing something called the Fukuoka Eco Campaign to reduce the amount of food that is wasted. It teaches us how to plan meals better, store food properly, and use leftovers in creative ways.

When you dine out, many of you may have ordered too much food to eat and then left it uneaten. It is important to order just the right amount and enjoy our meals without excess. When we have gatherings or parties, let's try to stay at our seats and enjoy the food for the first 30 minutes. After that, we can talk and have fun, but let's not forget about the food on our plates. We should remind each other to finish our meals and return to our seats to eat the food until the end.

Fukuoka City asks people who use restaurants, accommodations, and food retailers to help reduce food loss by actively promoting the Fukuoka Eco Campaign. Schools are teaching about reducing food waste, and many kids are learning to be more careful about how they use food.

Let's unite against food waste and say no more to "Mottainai!"

注) estimated　おおよその　　harm　～を傷つける　　valuable　貴重な　　approximately　おおよそ
religious　宗教の　　belief　信条　　despite　～にもかかわらず　　left untouched　手つかずで

reduce　～を減らす

properly　適切に

leftover　残り物

dine out　外で食事をする

excess　超過量

accommodation　宿泊設備

retailer　小売商人

promoting　促進すること

unite　団結する

図１

「in moderation」…意味：「節度をもって」

問１　この文章につけるタイトルとして最も適切なものを次の①～④から１つ選び，その番号をマークしなさい。［マーク番号１］

① Food waste in Japan

② Careless planning of meals in Fukuoka City

③ Not enough food choices during the Tokyo Summer Games

④ Religious beliefs and food in Japan

問２　夏季東京オリンピックで膨大な量の食べ物が無駄になった理由として，最も適切なものを次の①～④から１つ選び，その番号をマークしなさい。［マーク番号２］

① Athletes had strict dietary restrictions.

② Organizers prepared too much food for the athletes and staff.

③ The main dining halls offered limited food options.

④ Volunteers and staff brought their own meals which resulted in leftover food.

問３　下線部ⓐの言葉は具体的にどのような行動を推奨していると考えられるか。最も適切なものを次の①～④から１つ選び，その番号をマークしなさい。［マーク番号３］

① Enjoying your meal.

② Reducing food waste.

③ Ordering more than the right amount of food.

④ Finishing your meal and returning to your seat.

問４　図１は the Fukuoka Eco Campaign について表している。①～③のロゴの中で，本文中に説明がないものを１つ選び，その番号をマークしなさい。［マーク番号４］

問５　次の①～⑥の英文の中で，本文の内容と一致しないものを２つ選び，その番号をマークしなさい。［マーク番号５］［マーク番号６］

① A large amount of food was wasted during the Tokyo Summer Olympic Games, including bento boxes for volunteers and staff.

② In 2020, Japan wasted about 5.22 million tons of food, according to the Ministry of the Environment.

③ In Japan, restaurants, stores, and factories sometimes make excess food, and if it doesn't get sold, they throw it away.

④ Schools in Japan don't teach about reducing food waste and ask students to be more careful of the use of food.

⑤ The Fukuoka Eco Campaign does not encourage people to reduce food waste and protect the environment.

⑥ The food industry in Japan is also part of the issue and causing food waste.

【B】 次の英文を読み，あとの問いに答えなさい。

Social media is a popular way for people in Japan to connect with each other and share information. Many people in Japan use it to communicate with their friends and family. They can send messages, pictures, and even play games together. ［ ① ］

One reason people in Japan enjoy using social media is because it is easy to use. People can make an account and start posting quickly. They can also join groups and follow their favorite people or companies. They can (1) catch up with the latest news and topics. ［ ② ］

[A] reason why people in Japan like social media is because they can show their identity. They can share their opinions, ideas, and even create their own content such as videos and blogs.

However, there are [B] some worry about social media. Some people think it can be addictive. Others worry about privacy and cyberbullying. (2)(① to / ② important / ③ it's / ④ people / ⑤ use / ⑥ for) social media in a good way and be careful about the risks. ［ ③ ］

In Japan, social media is [B] important for businesses and famous people. Many companies use social media to advertise their things. They can reach many people and connect with customers. Famous people can use social media to talk about brands and make money from ad posts.

(3) But we should remember that not everything on social media is true. We need to be careful and check information before we believe it and share it. It's also important to spend time doing other things like being with friends and family, studying, and doing hobbies.

In summary, social media is a big part of life in Japan. If we use it in a good and careful way, social media can be a good way to talk and connect with others. ［ ④ ］

注） connect with ～とつながる posting 投稿すること addictive 中毒性がある
cyberbullying ネットいじめ advertise 広告を出す ad post 広告付きの投稿
being with ～と一緒にいること in summary まとめると

問１ 次の英文を本文中に入れるのに最も適切な場所を①～④から１つ選び，その番号をマークしなさい。［マーク番号７］

Young people especially enjoy posting about their daily lives and hobbies.

問２　本文の内容に合うように，文中に［A］，［B］に当てはまる語の組み合わせとして最も適切なものを次の①～④から１つ選び，その番号をマークしなさい。［B］には，共通した語が入ります。［マーク番号８］

①　A：Others　B：but　　②　A：Another　B：also

③　A：Others　B：also　　④　A：Another　B：but

問３　下線部(1)の語句の意味として最も適切なものを次の①～④より１つ選び，その番号をマークしなさい。［マーク番号９］

①　～に相談する　②　～と競争する　③　～と協力する　④　～に追いつく

問４　下線部(2)が「人々がソーシャルメディアを良い方法で使うことが重要です」という意味になるように（　）内の語（句）を並べかえたとき，（　）内で３番目と５番目にくるものをそれぞれ選び，その番号をマークしなさい。ただし，文頭に用いるものも小文字で示しています。

３番目［マーク番号10］　５番目［マーク番号11］

問５　下線部(3)の意味として最も適切なものを次の①～④から１つ選び，その番号をマークしなさい。［マーク番号12］

①　ソーシャルメディアは成人になってから利用するものだ。

②　ソーシャルメディアが生活を豊かにする。

③　ソーシャルメディアの情報をよく調べることなく信じるのは危険だ。

④　ソーシャルメディアが日本の一部地域で規制されている。

問６　本文の内容に関して次の質問に答えたとき，下線部に入る最も適切な答えを次の①～④から１つ選び，その番号をマークしなさい。［マーク番号13］

Question : Why do many Japanese people use social media?

Answer : ________________________.

①　To connect with friends and family

②　To study and do hobbies

③　To travel and look for new places

④　Not to talk to anyone

【C】　次の３つの対話文を完成させるとき，（X），（Y）に入る最も適切なものをそれぞれ①～④から１つずつ選び，その番号をマークしなさい。

対話１

A：Have you heard the announcement about the art event today?

B：(　X　)

A：Well, the art event will finish at 4 instead of 5.

B：How come?

A：Because the huge typhoon is coming earlier.

B：Oh, no. I have seen only half of the event.

A：(　Y　) You can enjoy the art works online.

B：That's good news!

X［マーク番号14］

① No.　I missed it.　② Who is it?

③ No.　Why is it?　④ You look well.

Y［マーク番号15］

① Don't worry.　② Give me an example.

③ How nice!　④ I'm happy for you.

対話 2

A：Korean idols and music are very popular here in Japan.

B：That's true!　But do you know why people like them so much?

A：Well, I think young Japanese people like the catchy songs and cool dances.

B：(　X　) Korean music is fun to listen to and dance along.

A：And the idols sing, dance, and even act in shows.

B：Yes, that's right!　Their ability to do many things attracts more and more fans.

A：I also heard that Korean idols are very cool, and (　Y　).

B：Yes, of course!　Their fashion sense is unique, and young fans love to dress like them.

X［マーク番号16］

① I don't know about it.　② I love Japanese catchy songs.

③ That's not a good idea.　④ You're right!

Y［マーク番号17］

① I like Korean foods

② young people admire their style

③ it's a little difficult

④ young Korean people love Japanese

対話 3

A：Have you seen the new movie, "The Girls in the Future"?

B：No, I haven't.　Have you?

A：Yes, it was very interesting.　The girls in the future are ....

B：No!　Stop!　(　X　)

A：Why not?

B：I am looking forward to it.　Don't take the fun away.

A：I'm sorry.　Then, (　Y　)

B：Great idea!　But it will be the second time for you.

A：No problem!

X［マーク番号18］

① Do you want to watch the movie?

② Tell me how to get to the theater.

③ You are so kind to tell me the story.

④ You should not talk about the movie.

Y [マーク番号19]

① let's watch it tomorrow.　② let's talk about it after you watch it.

③ let's talk about another movie.　④ let's buy tickets for another movie.

【D】 次のそれぞれの英文中の[　]にあとの(ア)~(エ)を並べ替えると意味の通る文章が完成する。このときの(ア)~(エ)の順序として最も適切なものを次の①~④から1つ選び，その番号をマークしなさい。

問1 [マーク番号20]

Do you remember the dodo? This big, quiet bird, lived only in Mauritius, in the Indian Ocean. [　] And some of them hunted dodos — not for food, but because they liked hunting. By about 1680s, the last dodo was dead. This happened a long time ago, but we cannot forget the dodo — and we are never going to see a dodo alive again.

注） dodo　ドードー（鳥類）　Mauritius　モーリシャス島　the Indian Ocean　インド洋

(ア) Then the humans cut down trees and destroyed the birds' homes.

(イ) It did not fly, but it was not in danger from other animals there.

(ウ) So it was not afraid of other living things. Then humans came to Mauritius.

(エ) They brought new animals, like dogs, on their ship and these animals killed dodos.

① (イ) → (エ) → (ア) → (ウ)　② (エ) → (ウ) → (ア) → (イ)

③ (イ) → (ウ) → (エ) → (ア)　④ (ア) → (ウ) → (イ) → (エ)

問2 [マーク番号21]

Cat cafes are very popular in Japan. Many people live in houses where they cannot keep pets. [　] So, cat cafes are also important places for cats.

(ア) For these people, cat cafes are places where they can spend time with cats and relax.

(イ) Many of the cats are saved from local animal shelters.

(ウ) Many people are too busy to keep cats at home.

(エ) Sometimes, they even meet their new owners at cat cafes.

① (ア) → (ウ) → (イ) → (エ)　② (ウ) → (ア) → (イ) → (エ)

③ (イ) → (ウ) → (エ) → (ア)　④ (エ) → (イ) → (ア) → (ウ)

【E】 日本語の意味になるように，次の各英文の（　）に入る最も適切な語（句）を①~④から1つ選び，その番号をマークしなさい。

問1　わたしは2匹の犬を飼っています。1匹は黒色で，もう1匹は茶色です。[マーク番号22]

I have two dogs. One is black, (　) is brown.

① some　② other　③ the other　④ another

問2　わたしはあまりに疲れていたので，昨夜勉強できませんでした。[マーク番号23]

I was (　) tired to study last night.

① so　② very　③ enough　④ too

問３　息子は美術の教師になりたがっていて，高校に入学してからたくさんの絵を描いています。［マーク番号24］

My son wants to become an art teacher and has (　) many pictures since he entered high school.

① draw　② drawing　③ drawn　④ drew

問４　隣人が夜中によく騒ぐので迷惑している。［マーク番号25］

I (　　) my neighbors because they often make noise at midnight.

① am annoyed for　② am annoyed with

③ annoyed with　④ am annoying about

問５　あなたは外出しても良いけれど，８時までには戻ってこないといけません。［マーク番号26］

You may go out, but you (　) come home by eight.

① are able to　② have to　③ need not　④ won't to

問６　エマはたった今教室を出ていきました。［マーク番号27］

Emma has (　) left the classroom.

① just before　② just　③ some time ago　④ before

【F】 次のそれぞれの対話が成り立つように（　）内の語（句）を並べかえたとき，空所(a)，(b)に入る語（句）の番号を選び，その番号をマークしなさい．ただし，文頭に用いる語も小文字で示しています。

問１　A：(① been / ② times / ③ have / ④ how / ⑤ you / ⑥ many) to Russia?

⇒ (　　)(a)(　　)(　　)(b)(　　)to Russia?

B：Three times.

(a)［マーク番号28］　(b)［マーク番号29］

問２　A：(① school / ② about / ③ how / ④ baseball / ⑤ after / ⑥ playing)?

⇒ (　　)(a)(　　)(　　)(b)(　　)?

B：That sounds fantastic!

(a)［マーク番号30］　(b)［マーク番号31］

問３　A：Where is your brother?

B：Look.　The (① Kate is / ② boy / ③ is / ④ my brother / ⑤ talking / ⑥ with).

⇒ Look.　The (　　)(a)(　　)(　　)(b)(　　).

(a)［マーク番号32］　(b)［マーク番号33］

問４　A：It (① for / ② get / ③ good scores / ④ us / ⑤ is / ⑥ to / ⑦ difficult) on the test.

⇒ It (　　)(　　)(a)(　　)(b)(　　)(　　) on the test.

B：Really?　Let's do our best.

(a)［マーク番号34］　(b)［マーク番号35］

問5　A：Can you read this book?　I think this is easy for you.
B：No.　This book is（①it / ②difficult / ③read / ④so / ⑤I / ⑥can't / ⑦that）.
⇒ No.　This book is（　a　）（　　）（　b　）（　　）（　　）（　　）.
(a)［マーク番号36］　(b)［マーク番号37］

【G】　次の(ア)～(オ)の各組の英文のうち，文法・語法的に誤りを含む文を①～④から１つ選び，その番号をマークしなさい。

(ア)　［マーク番号38］
① Almost all the students have video games, so I want one, too
② English is a language spoken in many countries.
③ If the water is cleaner, more fish would live in this pond.
④ My father told us to be quiet.

(イ)　［マーク番号39］
① I had little money to spend on my hobby when I was a teenager.
② It's getting hotter and hotter.
③ My best friend gave this book for me.
④ Your house is twice as big as mine.

(ウ)　［マーク番号40］
① If it rains tomorrow, I won't go to the park.
② I have finished my homework with my friends yesterday.
③ The sun rises in the east.
④ How often do you go to Okinawa?

(エ)　［マーク番号41］
① I want something cold to drink.
② Do you remember who is she?
③ How did you get here today?
④ My father can speak not only Japanese but also French.

(オ)　［マーク番号42］
① She plays the piano beautifully.
② Did you call your parents yesterday?
③ They don't be happy with that gift.
④ The cat chased the mouse around the house.

【H】　次の(ア)～(エ)の各組の文がほぼ同じ意味になるように（　）に入る最も適切な語（句）をそれぞれ①～④から１つ選び，その番号をマークしなさい。

(ア)　Please sing a sweet song for me.
＝（　　　）sing a sweet song for me?　［マーク番号43］
① What you　② How you　③ Will you　④ Are you

(イ) His smartphone is better than mine.
= My smartphone is (　　) his. [マーク番号44]
① as good as　② better than　③ no better than　④ not as good as

(ウ) Show me the pencil. Toshi bought it for you.
= Show me the pencil (　　) Toshi bought for you. [マーク番号45]
① who　② which　③ what　④ when

(エ) Can you take care of my dog while I am on a business trip?
⇒Can you (　　)my dog while I am on a business trip? [マーク番号46]
① look after　② look at　③ look to　④ look for

【I】 次の掲示板 (bulletin board) に貼られたお知らせ (notice) を読みなさい。その内容に関するそれぞれの英語の問いに答えるとき，最も適切なものを①～④から1つずつ選び，その番号をマークしなさい。

Notice to Swimming Club Members
Practice times for club activities will change from next week because of the weather conditions. Please read carefully and make sure not to make any mistakes. This notice will only be posted on this bulletin board and will not be communicated by e-mail. Please tell the other members of the club. **This week (until the end of July)** **PLACE:Large Pool** **TIME:9－12, from Monday to Friday (no practice in the afternoon)** **BREAK:10:30 to 11:00 by the pool outside** **From 1st of August** **PLACE:Small Pool** **TIME:9－12, from Monday to Wednesday; 13－16 only on Thursday; no practice on Friday** **BREAK:10:30 to 11:00 in the changing rooms** Since it is now hot, other club activities that are held on the playground such as soccer or tennis club will use Large Pool for cool downs during the weekdays from 1st of August. Those who want to do self-practice after practice can use Large Pool from 12:00 to 13:00 in both July and August. Let's work hard for the tournament at the end of August.

問1 How will students know about this change? [マーク番号47]
① Only from this bulletin board.　② By this bulletin board and e-mail.
③ Only by e-mail.　④ By asking other club members.

問2 What time do you start the swimming practice on Thursday, 10th of August?

Where do you have to go? [マーク番号48]
① You will start at 9 o'clock in Large Pool.
② You will start at 9 o'clock in Small Pool.
③ You will start at 13 o'clock in Small Pool.
④ You will have no practice on that day.

問 3 People who want to do self-practice can use Large Pool on Monday, 21st of August. Who else can use it on the same day? [マーク番号49]
① Swimming club members doing regular practice.
② Other club members who practice outside and want to practice swimming.
③ Other club members who practice on the playground and want to cool down.
④ Any students who want to practice swimming.

問 4 Where can you do self-practice on 30th of July? [マーク番号50]
① No self-practice is allowed. ② By the pool outside.
③ In the changing rooms. ④ In Large Pool.

【 J 】 次のBruceとSteveの会話の内容に関するそれぞれの英語の問いに答えるとき，最も適切なものをそれぞれ①～④から１つ選び，番号をマークしなさい。

Bruce: Hi, Steve! This summer in Japan is too hot!
Steve: Oh yeah, it's like the sun decided to stay here all the time.
Bruce: It's really, really hot! How are you dealing with the heat? Do you have any ideas?
Steve: Yeah! I drink lots of water! And I always carry a little handy fan with me.
Bruce: Good idea! I have lots of ice pops and cold drinks. But I feel even hotter because of the humidity.
Steve: Oh, yes! It's like walking into a hot steam room as soon as you step outside. But do you know what is good? Eating shaved ice or kakigori.
Bruce: Of course! Japanese summer treats are great. I also stay inside when it's hottest and go to the beach on weekends for some fresh and cool air.
Steve: That sounds great! Unfortunately, I can't go to the beach because of work. But I can enjoy summer festivals and fireworks at night.
Bruce: Those festivals are amazing! The colorful yukata, the cool dances, and the fireworks in the sky make it all good.
Steve: Certainly! And the food at the festivals is delicious too. Takoyaki, yakitori, and other delicious street food.
Bruce: I will get hungry if I think about it! But do not forget to take care of yourself in this heat. It is dangerous sometimes. Check the WBGT every day.
Steve: You're right, Bruce. Safety first! We should rest when we need to and

remind our friends to stay safe too.

Bruce: Yes! Let's survive this hot summer together and keep sharing our ideas with everyone online!

Steve: Of course! Knowing how to survive the Japanese summer is important. Take care, my friend. See you later!

Bruce: You too, Steve! Drink lots of water. Talk to you soon!

注） deal with ～に対処する　ice pop アイスキャンディー　humidity 湿度　treat ごちそう
unfortunately 残念ですが　WBGT 暑さ指数

問１ How does Steve deal with the heat? ［マーク番号51］
① He eats ice cream. ② He drinks lots of water.
③ He stays indoors. ④ He wears a hat.

問２ What do they say about Japanese summer festivals? ［マーク番号52］
① They are boring and dull.
② The colorful yukata and cool dances are not interesting.
③ There are no fireworks at the festivals.
④ They have delicious food, dances, and fireworks.

問３ During the hot summer, what is the way that Bruce survives? ［マーク番号53］
① Visiting the beach on weekdays to enjoy some fresh and cool air.
② Having lots of ice pops and hot drinks.
③ Checking the WBGT.
④ Going for a jog during the hottest hours.

【放送問題】

【K】 放送されるアメリアとジャックの会話を聞き(1)，(2)の質問に対する答えをそれぞれ①～④から最も適切なものを１つ選び，その番号をマークしなさい。会話と質問は１度のみ読まれます。

(1) ［マーク番号54］
① To make their pictures look nicer.
② To show their photo skills.
③ To change how they think about themselves.
④ To accept themselves.

(2) ［マーク番号55］
① We should always use expensive programs for improving.
② We should have fun with it, but love ourselves too.
③ We should only use it for special events.
④ We should check our pictures with friends.

【L】 これから放送される英文はクラスの担任のMs. Smithが実施した「好きなスポーツ」についてのquestionnaire（アンケート）の結果についてです。(1)～(3)の質問に対する答えをそれでれ①～④から１つ選び，その番号をマークしなさい。英文と質問は１度のみ読まれます。

(1) [マーク番号56]

① 15%　② 35%　③ 50%　④ 85%

(2) [マーク番号57]

① ＜A：volleyball＞ and ＜B：table tennis＞
② ＜A：kendo＞ and ＜B：soccer＞
③ ＜A：volleyball＞ and ＜B：tennis＞
④ ＜A：tennis＞ and ＜B：swimming＞

(3) [マーク番号58]

① Students' parents.　② The P.E. teachers and the student council.
③ All the students.　④ They will not be shared.

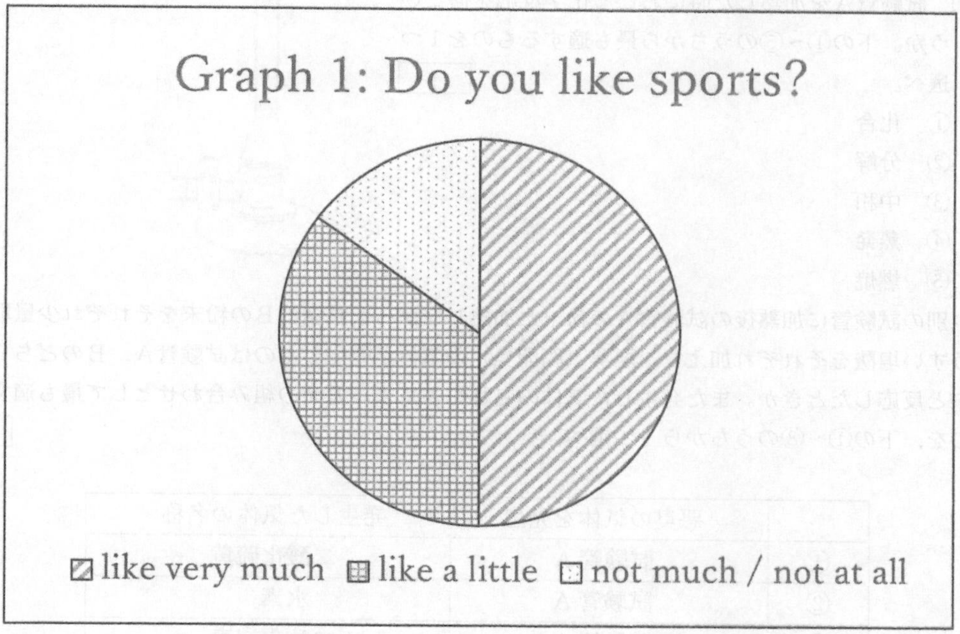

<Table 1>

Ranks: What sports do students like?

First	30 %	basketball
First	30 %	<A>
Second	20 %	<B>
Others	20 %	<C>
		<D>
		<E>
		table tennis

※リスニングテストの放送台本は非公表です。

【理　科】（45分）　＜満点：100点＞

第１問　次の文章を読み，あとの問いに答えなさい。

問１　鉄粉3.5ｇと硫黄の粉末2.0ｇをよく混ぜ合わせた後，それを２等分し，２本の試験管にそれぞれ入れた。入れた２本の試験管をＡ，Ｂとする。試験管Ａは右の図のように加熱した。加熱部分が赤くなり，反応が起こり始めたところで加熱をやめたが，反応はそのまま続き，鉄と硫黄は全て反応した。試験管Ｂは加熱しなかった。

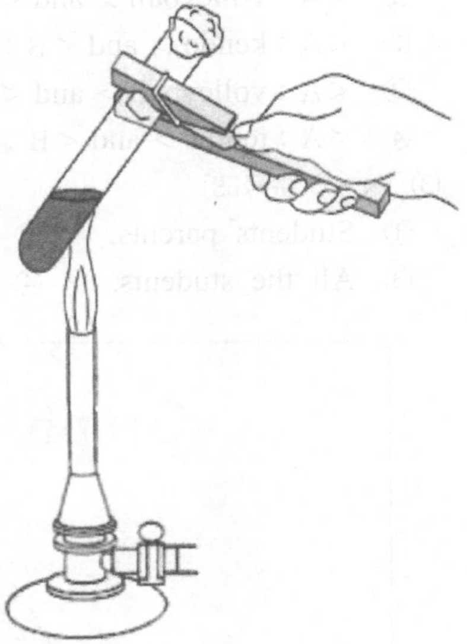

(1)　試験管Ａを加熱した時におこる化学反応を何というか。下の①～⑤のうちから最も適するものを１つ選べ。　1

①　化合
②　分解
③　中和
④　蒸発
⑤　燃焼

(2)　別の試験管に加熱後の試験管Ａの粉末と加熱しなかった試験管Ｂの粉末をそれぞれ少量取り，うすい塩酸をそれぞれ加えた。悪臭（腐卵臭）の気体が発生したのは試験管Ａ，Ｂのどちらの粉末と反応したときか。また発生した気体の名称を答えよ。答えの組み合わせとして最も適するものを，下の①～⑧のうちから１つ選べ。　2

	悪臭の気体を発生	発生した気体の名称
①	試験管Ａ	二酸化硫黄
②	試験管Ａ	水素
③	試験管Ａ	二酸化炭素
④	試験管Ａ	硫化水素
⑤	試験管Ｂ	二酸化硫黄
⑥	試験管Ｂ	水素
⑦	試験管Ｂ	二酸化炭素
⑧	試験管Ｂ	硫化水素

(3)　鉄粉11ｇと硫黄粉末6.0ｇをよく混合して加熱したとき，反応しないで残る物質は何か。また，何ｇ残るか。答えの組み合わせとして最も適するものを次のページの①～⑧のうちから１つ選べ。

3

	残った物質	残る質量
①	鉄	0.5 g
②	鉄	1.0 g
③	鉄	1.5 g
④	鉄	2.0 g
⑤	硫黄	0.5 g
⑥	硫黄	1.0 g
⑦	硫黄	1.5 g
⑧	硫黄	2.0 g

問２　４種類の気体Ａ～Ｄについて，その発生方法を読み，次の(1)～(3)の答えに最も適するものを，下の選択肢①～⑨のうちからそれぞれ１つずつ選べ。

気体の発生方法

気体Ａ　ベーキングパウダー（ふくらし粉）に酢を加える。

気体Ｂ　二酸化マンガンにオキシドールを加える。

気体Ｃ　水酸化ナトリウムと塩化アンモニウムを混合して，少量の水を加える。

気体Ｄ　亜鉛にうすい塩酸を加える。

(1)　空気より軽い（密度が小さい）気体はどれか。　4

(2)　空気中に約20％含まれ，物質を燃やすはたらきがある気体はどれか。　5

(3)　気体を溶かした水溶液にフェノールフタレイン液を2，3滴加えると赤色になった。この気体はどれか。　6

選択肢

①　気体Ａ　②　気体Ｂ　③　気体Ｃ　④　気体Ｄ

⑤　気体Ａ，気体Ｂ　⑥　気体Ａ，気体Ｃ　⑦　気体Ａ，気体Ｄ

⑧　気体Ｂ，気体Ｃ　⑨　気体Ｃ，気体Ｄ

問３　うすい塩酸10mLにBTB溶液を数滴加え，これにうすい水酸化ナトリウム水溶液を少しずつ加えた。加えるたびによく混ぜ，混合液の色を調べたら，うすい水酸化ナトリウム水溶液を20mL加えたところで，混合液の色が緑色になった。うすい水酸化ナトリウム水溶液を少しずつ加えていったときの，混合液中の水素イオンの数，塩化物イオンの数の変化を表すグラフとして最も適するものを，それぞれ下の①～⑥のうちから１つ選べ。

水素イオン　7

塩化物イオン　8

①
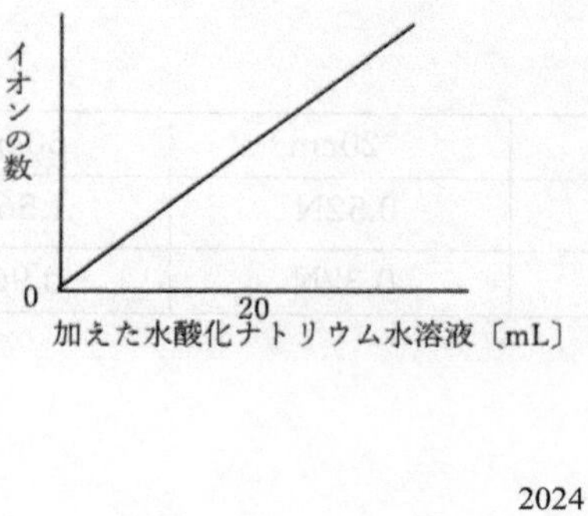

②
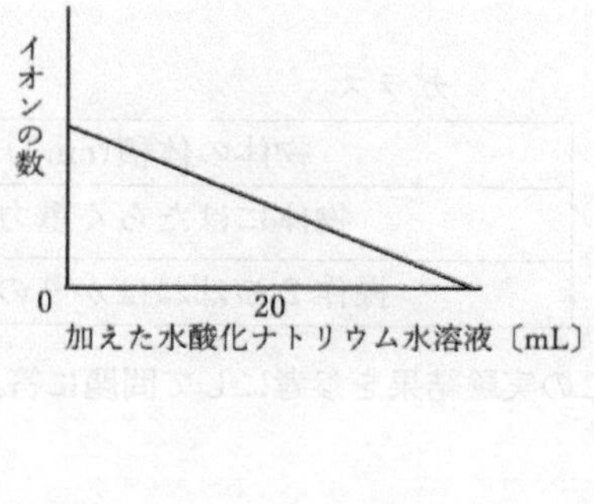

③
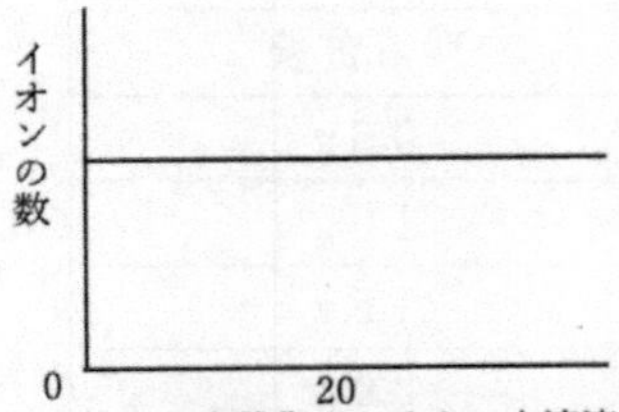

④
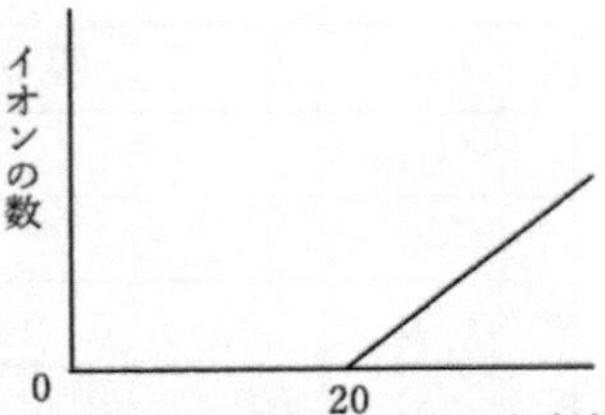

⑤
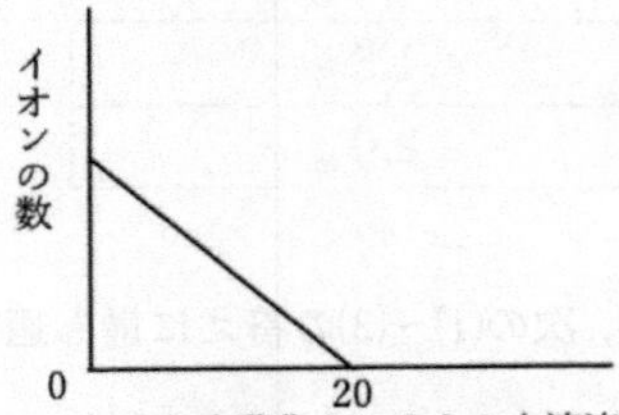

⑥
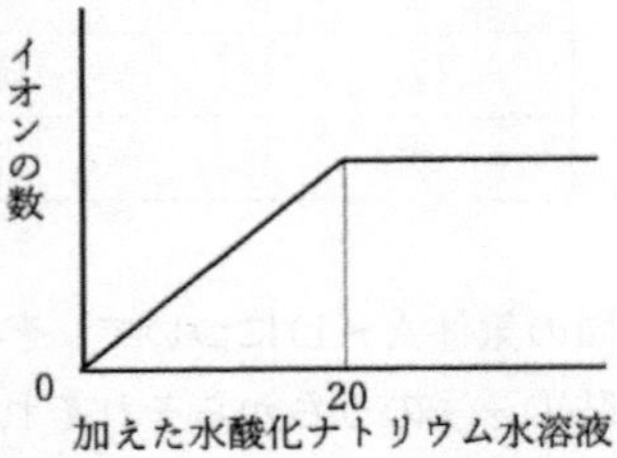

第２問　次の文章を読み，あとの問いに答えなさい。

問１　ポリ塩化ビニルとガラスの物体を使って，水中の物体にはたらく力の大きさを調べる実験をした。

操作１　図１のように物体にはたらく重力の大きさを調べる。

操作２　図２のように物体を水に入れ，ばねばかりの値を読む。

操作３　物体の材質や体積を変え，操作１，操作２を行う。

図１

図２
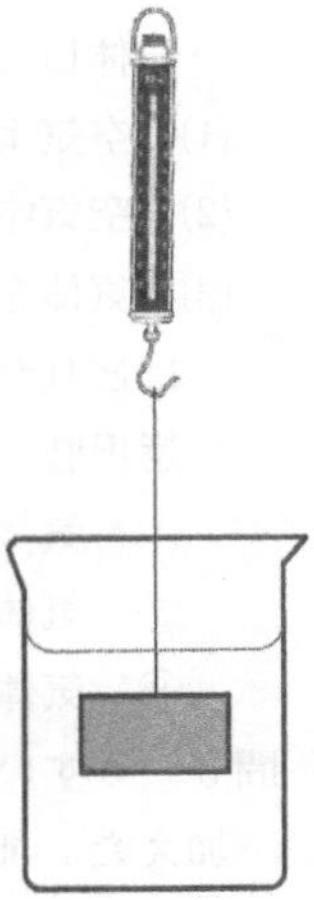

結果　　ポリ塩化ビニル

物体の体積(cm^3)	20cm^3	60cm^3
物体にはたらく重力(N)	0.30N	0.90N
操作２のばねばかりの値(N)	0.10N	0.30N

ガラス

物体の体積(cm^3)	20cm^3	60cm^3
物体にはたらく重力(N)	0.52N	1.56N
操作２のばねばかりの値(N)	0.32N	0.96N

この実験結果を参考にして問題に答えなさい。

ポリ塩化ビニル，ガラスとは違う別の材質の物体を物体Aとする。体積30㎤の物体Aをばねばかりにつるして，操作1のように測定したところ，ばねばかりの値は0.90Nであった。

次の問いに答えなさい。ただし，水1㎤の質量を1g，100gの物体にはたらく重力を1Nとする。

(1) この物体Aの密度はいくつか。下の①～⑧のうちから1つ選べ。 9

① 2.7g/㎤　② 3.0g/㎤　③ 6.0g/㎤　④ 9.0g/㎤
⑤ 27g/㎤　⑥ 30g/㎤　⑦ 60g/㎤　⑧ 90g/㎤

(2) 操作2のように物体Aを水の中に入れて測定した。このときのばねばかりは何Nを示すか。下の①～⑨のうちから1つ選べ。 10

① 0.10N　② 0.20N　③ 0.30N　④ 0.40N　⑤ 0.50N
⑥ 0.60N　⑦ 0.70N　⑧ 0.80N　⑨ 0.90N

問2　物体が直線上を速さが速くなる運動をしている。図3は，物体の速さv〔m/s〕と経過時間t〔s〕との関係を示したものである。

図3

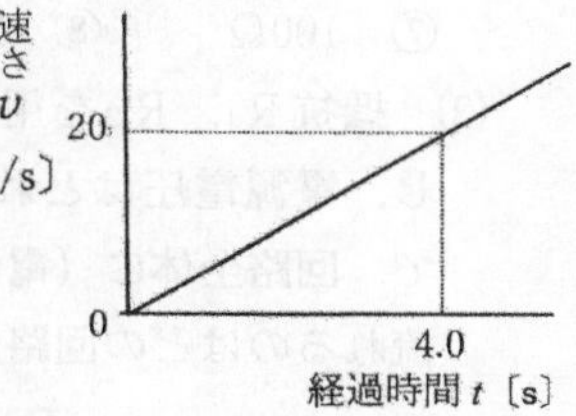

(1) 物体は1秒ごとに何m／sずつ速くなっているか。下の①～⑧のうちから1つ選べ。 11

① 2.0m/s　② 4.0m/s　③ 5.0m/s
④ 6.0m/s　⑤ 8.0m/s　⑥ 10m/s
⑦ 20m/s　⑧ 80m/s

(2) 物体の移動距離x〔m〕と経過時間t〔s〕との関係を表す$x-t$グラフを①～⑤のうちから1つ選べ。 12

①
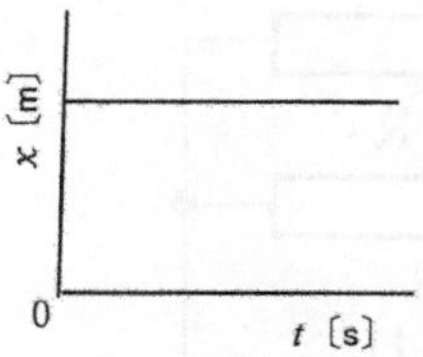

②
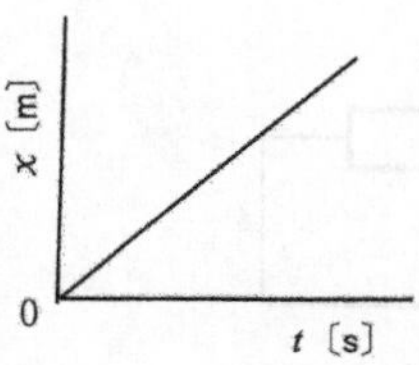

③
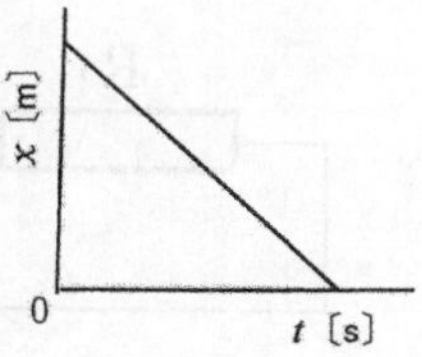

④
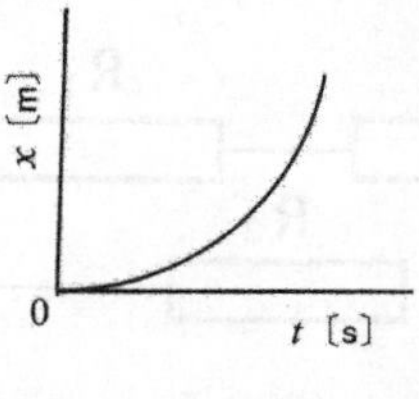

⑤
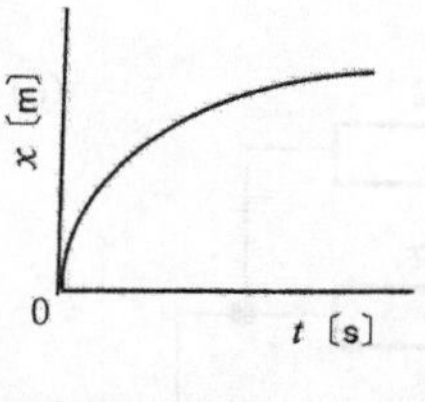

問3　ボールを真上に投げ上げ，ボールが手をはなれてから，もとの地点に戻るまでの運動の説明として，下の①～⑦のうちから最も適するものを2つ選べ。 13

① 真上（上向き）に運動するときには加速し，その後真下（下向き）に加速する。
② 真上（上向き）に運動するときには加速し，その後真下（下向き）に減速する。
③ 真上（上向き）に運動するときには減速し，速さが0になり，その後真下（下向き）に加速する。

④　真上（上向き）に運動するときには減速し，速さが0になり，その後真下（下向き）に減速する。

⑤　ボールの運動中には力がはたらいていない。

⑥　ボールの運動中には常に同じ向き，同じ大きさの力がはたらいている。

⑦　真上（上向き）に運動中には上向きに力がはたらき，真下（下向き）に運動中には下向きに力がはたらく。

問4　図4は2種類の抵抗R_1，R_2のそれぞれについて，両端にかかる電圧と流れる電流の関係を表している。

図4

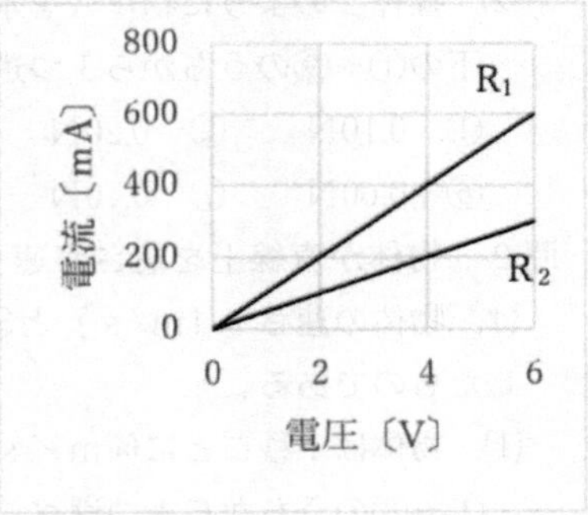

(1)　抵抗R_1の値はいくつか。下の①～⑨のうちから1つ選べ。 14

①　1.0Ω　　②　2.0Ω　　③　3.0Ω

④　10Ω　　⑤　20Ω　　⑥　30Ω

⑦　100Ω　　⑧　200Ω　　⑨　300Ω

(2)　抵抗R_1，R_2を用いて回路①～⑦を作った。ただし，電源電圧はどれも同じである。回路①～⑦の中で，回路全体に（電源の＋極から流れる）電流が多く流れるのはどの回路か。下の①～⑦のうちから1つ選べ。 15

①

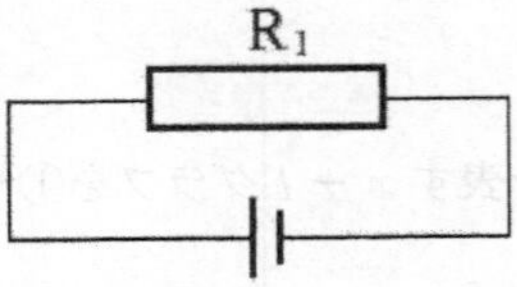

②

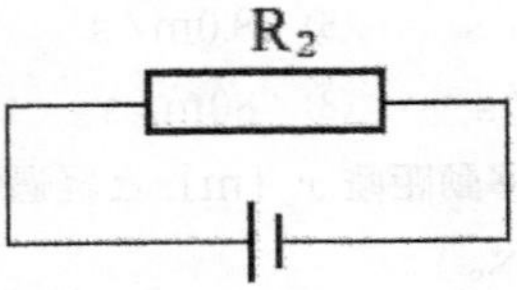

③

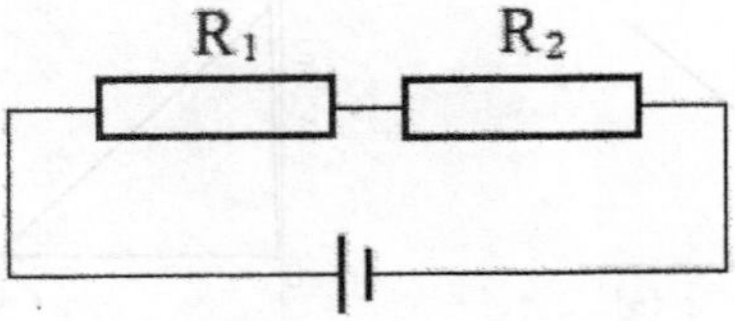

④

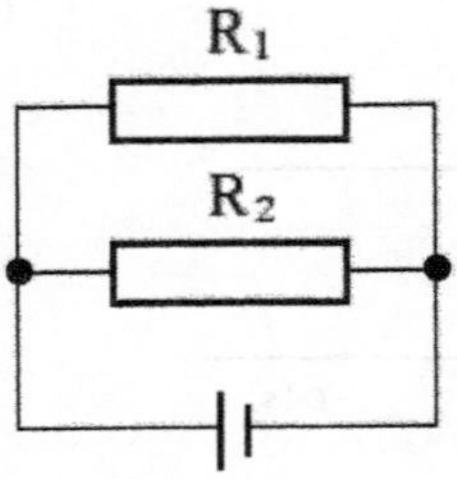

⑤

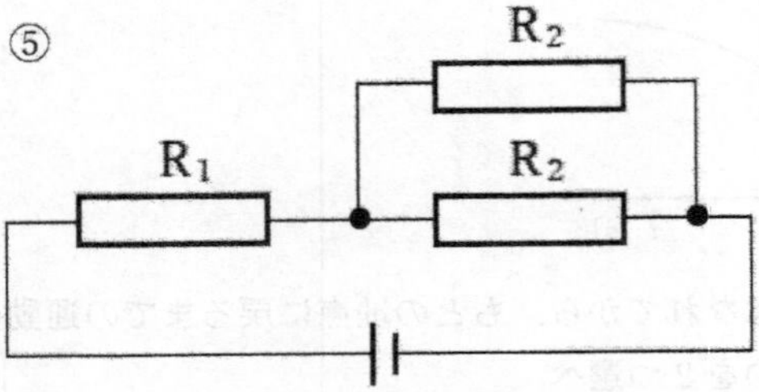

⑥

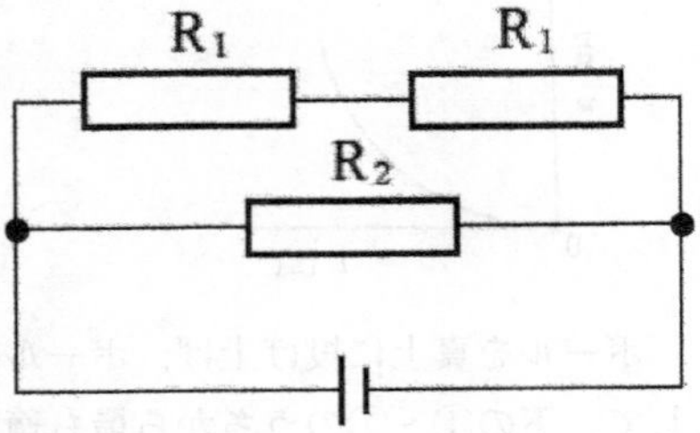

⑦

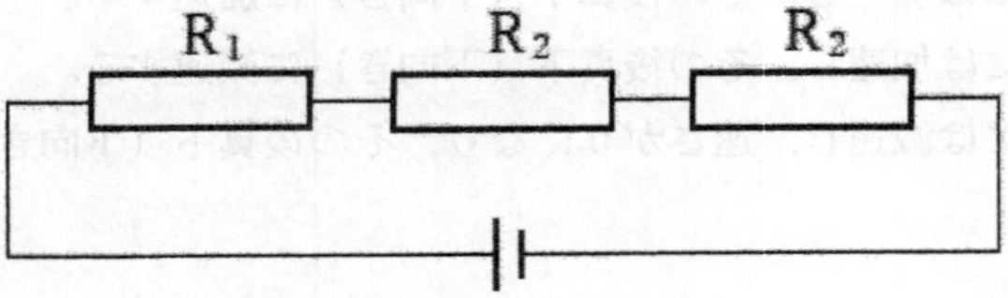

(3) 前記の回路①～⑦のうち消費電力が最も小さいのはどの回路のどの抵抗か。下の組み合わせのうち最も適するものを①～⓪のうちから１つ選べ。回路内に同じ値の抵抗がある場合は，その１つの消費電力で答えよ。 16

	回路	抵抗
①	回路①	R_1
②	回路②	R_2
③	回路③	R_1
④	回路③	R_2
⑤	回路④	R_1
⑥	回路④	R_2
⑦	回路⑤	R_1
⑧	回路⑥	R_2
⑨	回路⑦	R_1
⓪	回路⑦	R_2

第３問 図１は動物をからだのつくりにもとづいて分類したものである。あとの問いに答えなさい。

(1) 図のａおよびｃにあてはまる動物を下の①～⑦のうちから１つずつ選べ。

ａ 17 　ｃ 18

① 昆虫類
② 哺乳類
③ 鳥類
④ 甲殻類
⑤ は虫類
⑥ 魚類
⑦ 両生類

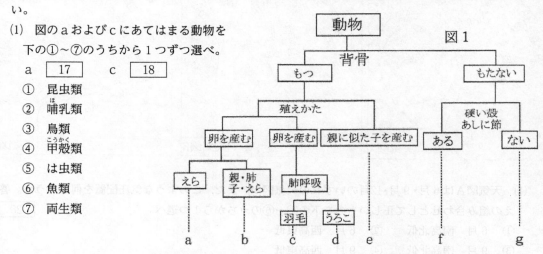

図１

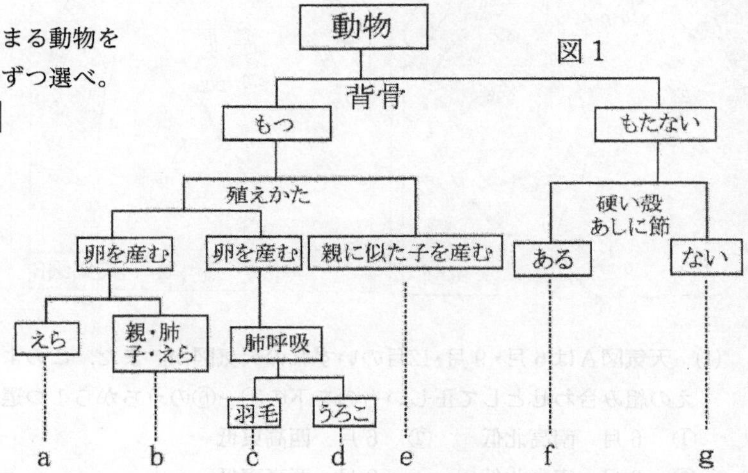

(2) 図のｂ，ｄ，ｆに当てはまる動物を下の①～⑨のうちから１つずつ選べ。

ｂ 19 　ｄ 20 　ｆ 21

① オオサンショウウオ　② タコ　③ ミジンコ　④ ヒラメ　⑤ ゾウリムシ
⑥ クラゲ　⑦ ペンギン　⑧ イルカ　⑨ ワニ

(3) 交尾によって雌の体内で受精が行われるのはａ～ｅのいずれか。当てはまるものを下の①～⑤から３つ選べ。 22

① ａ　② ｂ　③ ｃ　④ ｄ　⑤ ｅ

(4) 右の図2は，動物の体温と周囲の温度との関係を表したグラフである。Aのグラフを表す動物は図1のa～gのいずれか。下の①～⑦のうちから当てはまるものを2つ選べ。 23

① a ② b ③ c ④ d ⑤ e
⑥ f ⑦ g

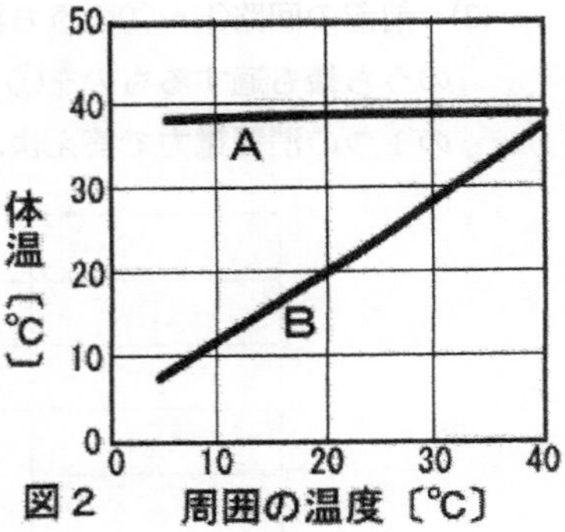

図2

(5) 現在は絶滅してしまった生物の化石を観察することで，進化の過程を調べることができる。中生代の地層から発掘されたシソチョウの化石からは，図1のa～gのうち2つの生物間で共通の特徴をあわせもっていることがわかる。

2つの生物の組み合わせを下の①～⑦のうちから1つ選べ。 24

① aとb ② bとc ③ cとd ④ cとe
⑤ dとe ⑥ eとf ⑦ fとg

第4問 下図A～Cは，気象庁の発表した6月・9月・12月のいずれかの日本の天気図である。これを見て，あとの問いに答えなさい。

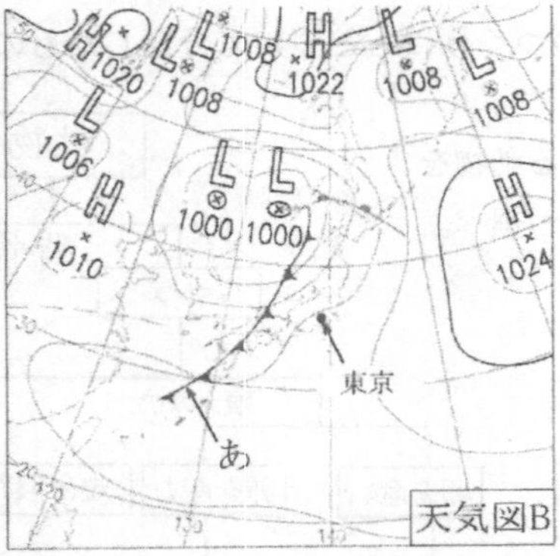

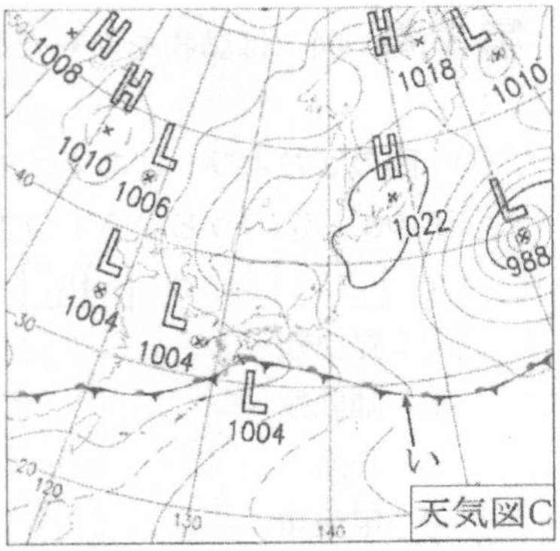

(1) 天気図Aは6月・9月・12月のいずれの天気図か。また，このような気圧配置を何というか。答えの組み合わせとして正しいものを下の①～⑥のうちから1つ選べ。 25

① 6月 南高北低 ② 6月 西高東低
③ 9月 南高北低 ④ 9月 西高東低
⑤ 12月 南高北低 ⑥ 12月 西高東低

(2) 天気図Aにおける名古屋の風向として正しいものを下の①～⑧のうちから1つ選べ。 26

① 北 ② 北東 ③ 東 ④ 南東
⑤ 南 ⑥ 南西 ⑦ 西 ⑧ 北西

(3) 図Bの「あ」および図Cの「い」の記号はそれぞれ何を表しているか。答えの組み合わせとして正しいものを次のページの①～⑨のうちから1つ選べ。 27

	あ	い
①	寒冷前線	温暖前線
②	寒冷前線	停滞前線
③	寒冷前線	閉塞前線
④	温暖前線	停滞前線
⑤	温暖前線	寒冷前線
⑥	温暖前線	閉塞前線
⑦	停滞前線	閉塞前線
⑧	停滞前線	寒冷前線
⑨	停滞前線	温暖前線

(4) 図中の×の下の数字は，その中心での気圧の値を示している。天気図Aにおける名古屋の気圧はいくらか。下の①～⓪のうちから１つ選べ。 28

① 996hPa　② 1000hPa　③ 1004hPa　④ 1008hPa　⑤ 1012hPa
⑥ 1016hPa　⑦ 1020hPa　⑧ 1024hPa　⑨ 1028hPa　⓪ 1032hPa

(5) 天気図Bにおける東京の今後の天気の説明として正しいものを下の①～⑧のうちから１つ選べ。 29

① 雲がだんだん増えていき，穏やかな雨が降り，気温が上がる。南寄りの風が北寄りに変わる。
② 雲がだんだん増えていき，穏やかな雨が降り，気温が上がる。北寄りの風が南寄りに変わる。
③ 雲がだんだん増えていき，穏やかな雨が降り，気温が下がる。南寄りの風が北寄りに変わる。
④ 雲がだんだん増えていき，穏やかな雨が降り，気温が下がる。北寄りの風が南寄りに変わる。
⑤ 厚い雲が急に発生して，激しい雨が降り，気温が上がる。南寄りの風が北寄りに変わる。
⑥ 厚い雲が急に発生して，激しい雨が降り，気温が上がる。北寄りの風が南寄りに変わる。
⑦ 厚い雲が急に発生して，激しい雨が降り，気温が下がる。南寄りの風が北寄りに変わる。
⑧ 厚い雲が急に発生して，激しい雨が降り，気温が下がる。北寄りの風が南寄りに変わる。

(6) 天気図Cに見られる「い」の前線は，南のX気団と北のY気団がぶつかることによって形成される。X，Yの答えの組み合わせとして正しいものを，下の①～⑨のうちから１つ選べ。 30

	X（南）	Y（北）
①	オホーツク海	シベリア
②	オホーツク海	揚子江
③	オホーツク海	小笠原
④	シベリア	オホーツク海
⑤	シベリア	小笠原
⑥	シベリア	揚子江
⑦	小笠原	オホーツク海
⑧	小笠原	シベリア
⑨	小笠原	揚子江

第５問　図１は顕微鏡をもちいてムラサキツユクサの一部を観察したものである。あとの問いに答えなさい。

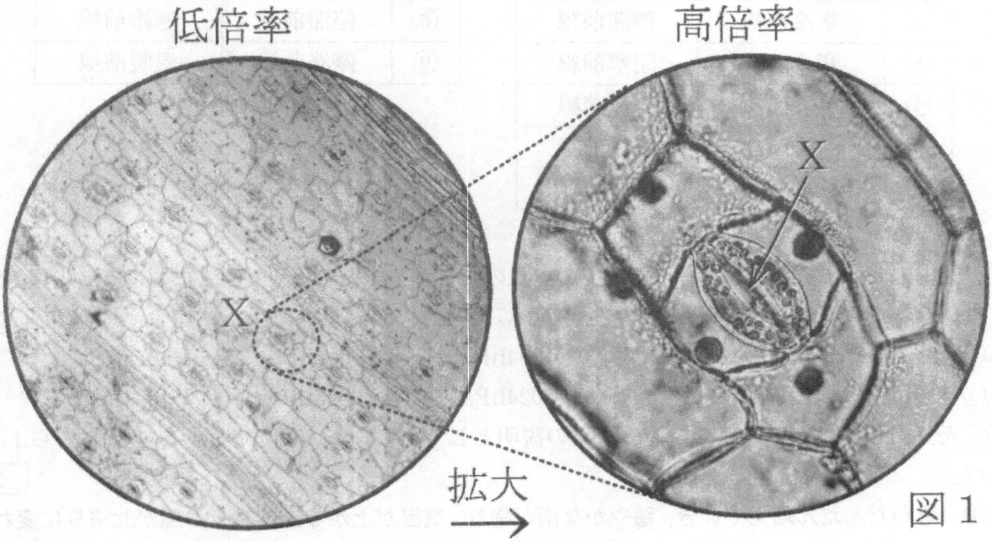

図１

(1)　低倍率の視野で観察されたXの構造を高倍率にし，詳しく観察するためには，Xを低倍率で視野の中央にくるようにしなければならない。プレパラートをどの方向に動かす必要があるか。図２の①～⑧のうちから１つ選べ。 31

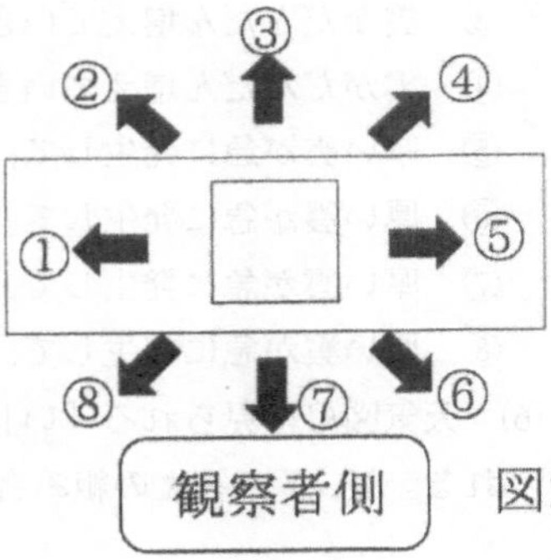

図2

(2)　Xのはたらきについて，最も適する説明を下の①～⑧のうちから２つ選べ。 32

①　水を蒸散させて植物体の温度が上がりすぎるのを防いでいる。
②　呼吸に必要な二酸化炭素を取り入れている。
③　光合成に必要な水を取り入れている。
④　光合成で不要になった水を体外に排出している。
⑤　水を蒸散させることで，根から吸収した養分を葉に送っている。
⑥　夜間に開き，日光があたる昼間に閉じる。
⑦　葉の表に多く分布する。
⑧　根に多く分布し，ここから水や養分を吸収している。

(3)　図３（次のページ）は酢酸カーミンで染色後に顕微鏡で観察した細胞である。
Aは染色前には観察することができなかったが，Bは染色しなくても観察することができた。Bの名称とその説明を正しく示しているのはどれか。次のページの①～⑦のうちから１つ選べ。
33

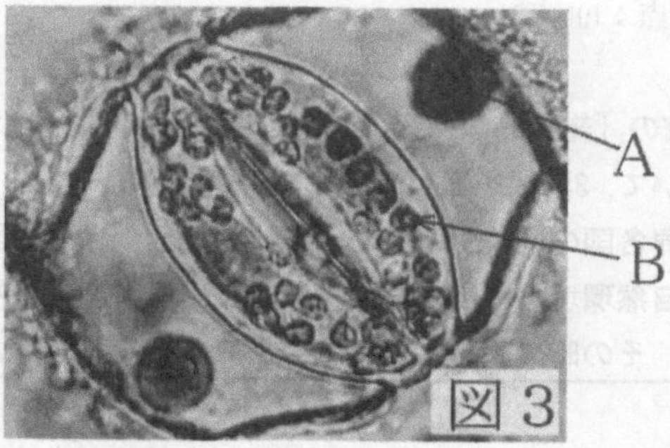

図 3

	名称	説明
①	核	遺伝子を含む
②	核	酸素と養分を使い、エネルギーをとり出す
③	核	光のエネルギーを利用してデンプンをつくる
④	核	老廃物を分解する
⑤	葉緑体	酸素と養分を使い、エネルギーをとり出す
⑥	葉緑体	光のエネルギーを利用してデンプンをつくる
⑦	葉緑体	老廃物を分解する

【社　会】（45分）　　＜満点：100点＞

【１】 椙山女学園高等学校の「総合的な探究の時間」は，『人権』・『環境』・『国際理解・平和』という３つの大きな領域について，3年間を通して学んでいきます。本校生徒の椙山さんは，この総合学習をするにあたって，世界各国の高校生とリモートによる座談会を企画し，各国の高校生に，自分の国の気候・地形などの自然環境の特徴や，歴史・文化，産業，社会などについて，自由に発言してもらいました。以下は，その時の高校生たちの発言です。これを読んで後の設問に答えなさい。

ハンセンさん（Ａ国）

私の住んでいる国は，スカンディナビア半島の西側大部分を占める国ですが，非常に高緯度に位置しているため，かつては氷河に覆われていました。この氷河が斜面を滑り落ちる時に削られてできた谷間に海水が入り込んだ（　ア　）という複雑な入り江が特徴です。

モハメドさん（Ｂ国）

私が住んでいるのは，Ｂ国の首都で，世界最長の河川であるナイル川が運んできた細かい土砂が堆積した（　イ　）という地形の中に位置しています。ナイル川は毎年夏になると氾濫が発生して，その後に栄養分の多い土壌がもたらされるため，**問２）数千年もの昔から農耕が行われて文明が育まれ，やがて，紀元前3000年頃には統一王国ができて神殿や王墓などが作られました**。夏に川が氾濫するほどの雨が降ることがある一方で，国土の大部分は１年を通して極端に雨が降らないので，一部のオアシス以外では植物の生育がほとんど見られません。

タンさん（Ｃ国）

私の住んでいる所は，赤道のすぐ近くにあるので，1年を通して気温が高く，降水量も非常に多いです。雨の降り方は，午前中から気温が上昇して午後になると，毎日のように短時間ですが非常に激しい集中豪雨となります。このような雨はスコールと呼ばれており，植物の生育に適しているので，都心から離れると背の高い密林地帯が広がっています。私の国は，19世紀末から1957年まで，イギリスの植民地でした。その頃から，イギリス人の経営する大農場で輸出用の天然ゴムの生産が大規模に行われて，植民地から独立後も重要な輸出品でした。しかし最近では，先進国の大企業の工場が，多数進出してきたので，機械製品の輸出が天然ゴムの輸出を上回るようになり，天然ゴムは，近隣のタイやインドネシアの方が多くを輸出しています。

ガンバタールさん（Ｄ国）

私の国は，モハメドさんの国ほどではありませんが，雨が少なく乾燥しているので，学校から郊外に出ると，短い草が生える広い草原が広がっています。農業には適していないので，昔から乾燥に耐えられる羊や山羊などの家畜を飼って生活に必要なものを得ていました。農業をしないので定住する必要はなく，家畜に食べさせる草と水を求めて移動する遊牧生活を送ってきました。伝統的には，移動に便利なゲルという組み立て式のテントのような住居を草原の中に立てて生活している人が現在でもいます。また，800年ほど前の私たちの先祖は，この草原地帯を中心に，中国から東ヨーロッパにまで及ぶ史上空前の大帝国を築きました。第５代の皇帝フビライは，中国風の王朝の建国を目指して，国名を元としました。その後，中国の宋（南宋）を滅ぼし，**問３）２度に渡って日本に遠征軍を派遣し，元寇と呼ばれる激しい戦となりました**。

カマウさん（Ｅ国）

私の住んでいる国は，タンさんの所と同じように赤道付近にあります。そのため，１年中気温が高いのですが，雨の多い雨季と少ない乾季にはっきりと分かれています。そのため，背の高い草が生い茂った草原の所々に樹木が立っています。世界の人たちからはよく，「野生動物の宝庫」などと言われています。

ベルナールさん（F国）

私が住んでいる国は，温暖で四季の変化があります。しかし，同じ四季でも日本とはかなり違うと思います。１年を通してほどよい降水量があり，暖流の（　ウ　）と（　エ　）の影響で，日本より高緯度の割には温暖です。私の国は，ヨーロッパで最大規模の農業国で，「EUの穀倉」と呼ばれるほど大量の小麦を生産しており，この小麦などの畑作と家畜の飼育を組み合わせた［　a　］が盛んです。歴史的には，**問７）1789年に市民革命が起きて（　オ　）を打ち倒しました。その時に発表された（　カ　）は，基本的人権の尊重と民主主義の思想を世界に広めるのに大きな役割を果たしました**。また，今年の夏には首都を中心としてオリンピックが開催されるので，大変楽しみにしています。

ミュラーさん（G国）

私の国はベルナールさんの国の隣国で，気候の特徴も似ています。19世紀の末頃から国際河川であるライン川の水運を利用して，内陸のルール地方を中心に重化学工業を発展させ，ヨーロッパ最大の工業国と言われるようになりましたが，これに伴って，工業が急速に発展した1960年代以降は**問８）トルコや北アフリカなど，地中海沿岸のイスラム教国家から外国人労働者をたくさん受け入れ**てきました。ヨーロッパの人々は，一般に環境保全に関する意識が高いのですが，私の国でも色々な取り組みをしています。発電において，ベルナールさんの国では原子力発電の割合が最も高いのに対して，私の国では風力発電や太陽光発電などの，［　b　］による発電を推進しています。

椙山さん（日本）

日本もベルナールさんやミュラーさんの国と同様に四季がありますが，より明確な変化が見られます。日本列島は，（　キ　）の影響を大きく受ける地域です。６月から７月頃には，梅雨という雨季があり，その**問10）末期には集中豪雨が各地で発生して，大きな水害になることもあります**。梅雨が明けると，今度は太平洋高気圧におおわれて蒸し暑い日が続き，それが過ぎて９月になると，多くの台風が日本に接近・上陸します。多くの地域では，この６月から９月が１年間で降水量の最も多い時期で，西ヨーロッパ各地に比べて年間の降水量はかなり多いと思います。また，冬になると，北西の（キ）の影響で，日本海側は大雪になります。それに対して太平洋側は，晴れた日が続き，空気も乾燥します。

今日は，**問11）時差**のある中で大変でしたが，皆さんの協力で世界各国の色々なことがよく分かり大変有意義でした。ありがとうございました。

問１　ハンセンさん（A国）とモハメドさん（B国）の発言中の空欄（ア）と（イ）にそれぞれ適する語句の組み合わせの正しいものを以下より選んで番号をマークしなさい。 **解答番号** [1]

①（ア）リアス海岸　（イ）扇状地　　②（ア）フィヨルド　（イ）扇状地

③（ア）フィヨルド　（イ）三角州　　④（ア）リアス海岸　（イ）三角州

問２　B国中の下線部**問２）**の文明における，（１）発明された文字及び（２）代表的な遺跡・その他の発明等の組み合わせの正しいものを次ページより選んで番号をマークしなさい。 **解答番号** [2]

①(１)くさび形文字　　(２)太陰暦・60進法
②(１)くさび形文字　　(２)モヘンジョ＝ダロ遺跡
③(１)インダス文字　　(２)モヘンジョ＝ダロ遺跡
④(１)インダス文字　　(２)１年を365日とする太陽暦
⑤(１)象形文字　　(２)太陰暦・60進法
⑥(１)象形文字　　(２)１年を365日とする太陽暦

問３　Ｄ国中の下線部問３)，元寇が起きた時の日本の幕府･将軍もしくは執権の組み合わせの正しいものを以下より選んで番号をマークしなさい。　**解答番号** 3

①鎌倉幕府・北条義時　②鎌倉幕府・北条時宗　③室町幕府・足利尊氏
④室町幕府・足利義満　⑤江戸幕府・徳川家康　⑥江戸幕府・徳川吉宗

問４　問３の元寇は，御家人が窮乏し幕府に大きな影響を及ぼす一因になったと言われている。これに関連する以下の説明文中から，**誤りであるもの**を選んで番号をマークしなさい。

解答番号 4

①御家人は，戦いで手柄を上げて，恩賞としての領地獲得を目指したが，敵から獲得した領地がなかったので，充分な恩賞が得られなかった。
②この頃の御家人は，分割相続で領地が細分されたことによる収入減から生活が窮乏し，領地を質入れしたり，売ったりして失う者が多くなっていた。
③領地を失った御家人救済のため，幕府が徳政令を出して領地を無償で取り戻させたので，大半の御家人の生活が豊かになり，幕府も最盛期を迎えた。
④幕府の要職や広大な領地を特定の一族が独占していたので，御家人の不満が増大して幕府への反感が高まり，衰退につながった。

問５　ベルナールさん(Ｆ国)の発言中の空欄(ウ)と(エ)及び，椙山さん(日本)の発言中の空欄(キ)に適する語句の組み合わせの正しいものを以下より選んで番号をマークしなさい。

解答番号 5

①(ウ)北大西洋海流　　(エ)季節風　　(キ)偏西風
②(ウ)北大西洋海流　　(エ)偏西風　　(キ)季節風
③(ウ)カリフォルニア海流　　(エ)季節風　　(キ)偏西風
④(ウ)カリフォルニア海流　　(エ)偏西風　　(キ)季節風
⑤(ウ)北赤道海流　　(エ)季節風　　(キ)偏西風
⑥(ウ)北赤道海流　　(エ)偏西風　　(キ)季節風

問６　Ｆ国中の空欄 a に適する語句を以下より選んで番号をマークしなさい。　**解答番号** 6

①園芸農業　②地中海式農業　③酪農　④混合農業　⑤かんがい農業

問７　Ｆ国中の下線部問７) の空欄(オ)と(カ)に適する語句の組み合わせの正しいものを以下より選んで番号をマークしなさい。　**解答番号** 7

①(オ)絶対王政　　(カ)独立宣言　　②(オ)絶対王政　　(カ)人権宣言
③(オ)絶対王政　　(カ)権利の章典　　④(オ)立憲君主制　　(カ)独立宣言
⑤(オ)立憲君主制　　(カ)人権宣言　　⑥(オ)立憲君主制　　(カ)権利の章典

問８　ミュラーさん(Ｇ国)の発言中の下線部問８)について，次ページの統計地図は，2006年のヨーロッパ各国への外国人労働者の移動を表したものである。**この資料から分かることのみに限定し**

た場合に，誤りであるものを次の説明文中から選んで番号をマークしなさい。 解答番号 8

①この年のG国は，100万人以上の外国人労働者を受け入れた。

②この年のG国が受け入れた外国人労働者の中では，トルコからの労働者が最も多い。

③この年，ヨーロッパの各国間では労働者の移動は見られない。

④F国への北アフリカからの労働者の移動は，トルコからG国への移動より少ない。

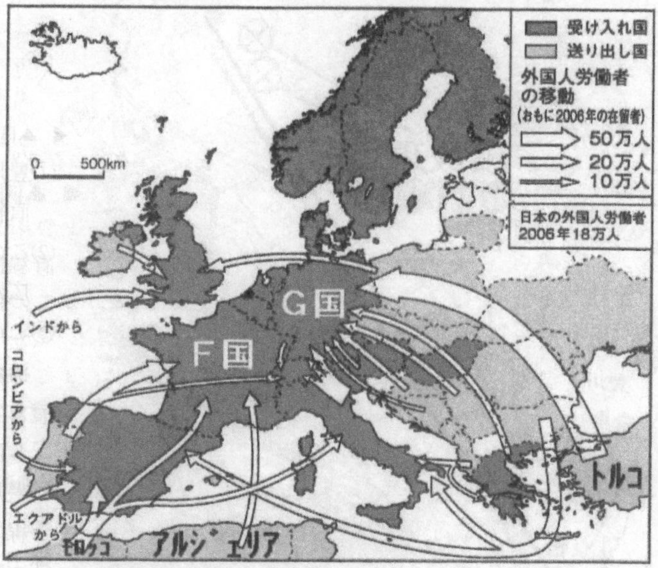

▲OECD資料等より作成

問9　G国中の空欄 b に適する語句を以下より選んで番号をマークしなさい。 解答番号 9

①再生可能エネルギー　②化石燃料　③温室効果ガス　④バイオエネルギー

問10　椙山さん（日本）の発言中の下線部問10）に関して，以下の囲み中の文章は，2023年6月18日中日新聞朝刊からの記事の抜粋で，右側の図は，記事と同時に掲載された説明図である。これらをよく読んで，以下の設問に答えなさい。

今月の記録的豪雨で住宅や農地の浸水が相次いだ愛知県東三河地方。中でも死者が出るなど被害が目立ったのが，豊川流域の「霞堤地区」だ。霞堤はあえて堤防に造った切れ目から水を流し，下流域を洪水から守る治水技術だが，大水のたびに被害を強いられてきた歴史も。地区の住民からは対策を求める声が上がっている。

豊川の水位がピークに近づいていた（六月）二日午後十時すぎ。豊橋市下条東町で，ほぼ屋根の高さまで水没した軽ワンボックスカーから市内の男性（六一）が見つかり，その後，死亡が確認された。現場は霞堤から二キロ離れた田園地帯。一帯の下条地区は水に漬かったが交通規制はなく，あちこちで車が立ち往生していた。男性は偶然，道路への浸水時に居合わせた可能性がある。

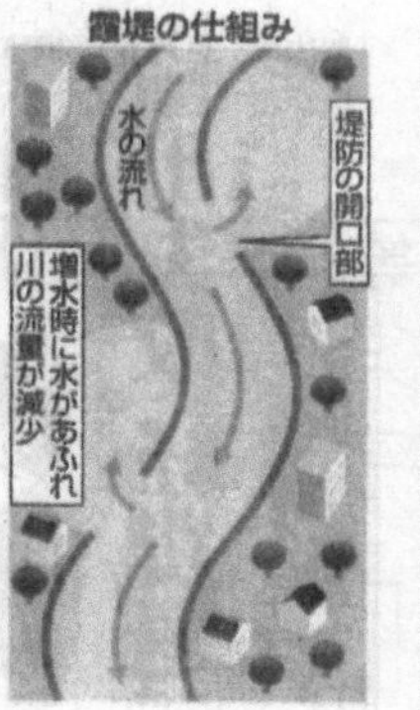

［設問］

次ページの左側は新聞記事にある「霞堤」と事故現場を含む地形図で，その右側の図は地形図中始から終の2地点を結ぶ直線部分の断面図である。これらから分かることに関する次ページの説明文中から，誤りであるものを選んで番号をマークしなさい。 解答番号 10

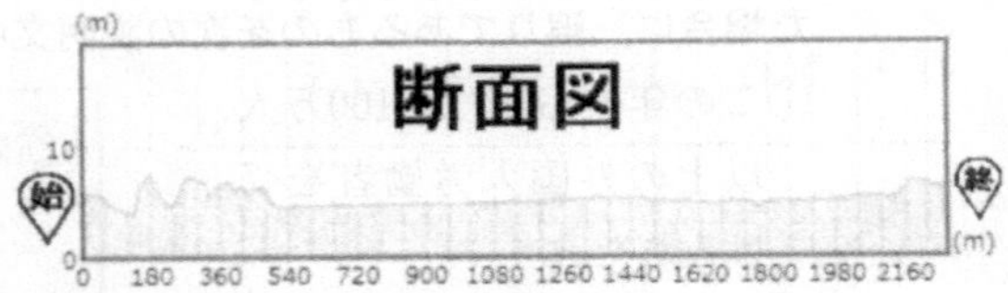

◀ ▲国土地理院 地理院地図より作製

①豊川に築かれた霞堤から，事故現場までの直線距離は約２㎞である。

②この霞堤から事故現場までの一帯は水田が広がっている。

③この霞堤は，大雨で豊川が増水すると水が流れ出す仕組みである。霞堤から事故現場までの直線コースは高低差が小さいので，今回のような浸水が起きたと考えられる。

④豊川に築かれた霞堤から事故現場までの直線コースは，標高が大体10m以上あるので水害が起こる可能性はきわめて低い。

⑤霞堤の東北東に老人ホームがあるが，高台に位置しているので，河川の増水に対しては比較的安全である。

問11　椙山さんの発言中の下線部問11）時差に関して，一般的に本初子午線が通っているイギリスのロンドンを基準として，ロンドンとの時差が同じ地帯を等時帯という。以下の世界地図は，世界の等時帯を地図上に表した等時帯図というものである。図の下部にあるように，ロンドンよりも東の地域は，＋1h（１時間），＋2h（２時間）……の順で東経が15度進む毎にロンドンよりも１時間ずつ時刻が先に進んでいる。同様に西の地域は，－1h，－2h……の順で西経が15度進むごとにロンドンよりも１時間ずつ時刻が遅れている。これを踏まえて次ページの設問に答えなさい。

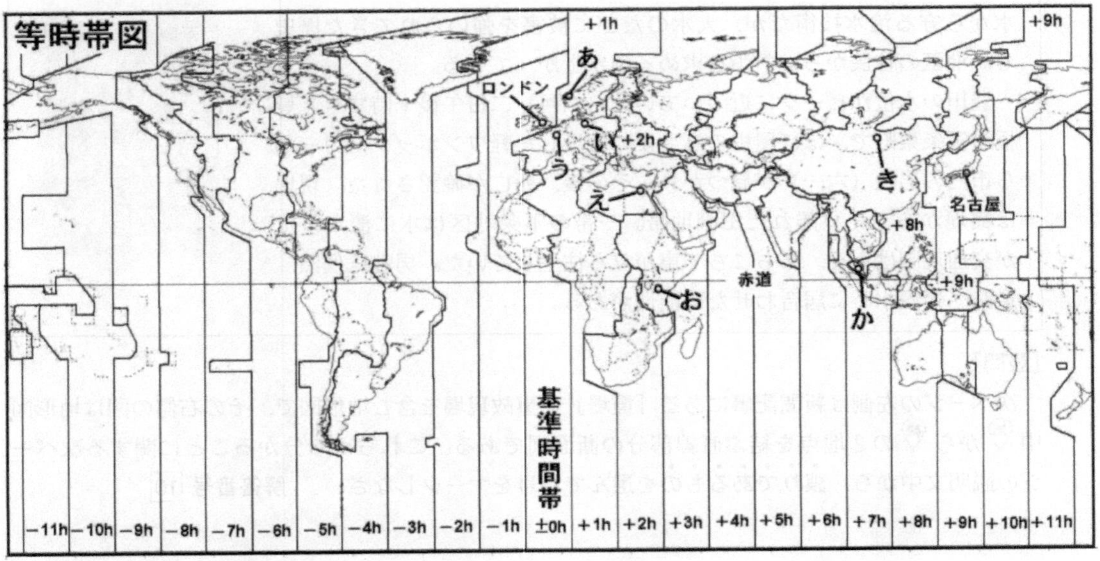

［設問］

この座談会が，ハンセンさんの住んでいるA国で2024年2月6日の午前6：00に始まったとすると，その時椙山さんがいる本校（日本時間）は，2月何日の何時か。以下の囲み中の文章は，これを求める手順を示している。空欄（**解答番号** 11 ～ 14 ）に適する数字（番号）をそれぞれマークしなさい。なお，座談会に出席したA国からG国の各高校生が住んでいるのは，それぞれ前ページの等時帯図中の，**あ～き**，いずれかの都市である。なお，いずれの解答番号も，マークシートに従って，それぞれ①～⓪より選んで1つずつマークしなさい。

> A国とロンドンとの時差は，＋ 11 時間である。また，ロンドンと名古屋の時差は，＋ 9 時間である。A国はサマータイムを実施する国であるが，座談会は2月なので，これを考慮する必要はない。従って，名古屋とA国の時差は，9 － 11 ＝ 12 時間となる。そうすると，座談会が始まった時，本校は2月 13 日の午後 14 時である。

問12　座談会に出席した高校生中のモハメドさん(B国)，タンさん(C国)，ガンバダールさん(D国)，カマウさん(E国)がそれぞれ住んでいる都市が属する気候区分の組み合わせの正しいものを，以下より選んで番号をマークしなさい。 **解答番号** 15

①B：熱帯雨林気候　C：サバナ気候　D：砂漠気候　E：西岸海洋性気候
②B：サバナ気候　C：地中海性気候　D：ステップ気候　E：熱帯雨林気候
③B：砂漠気候　C：ステップ気候　D：熱帯雨林気候　E：サバナ気候
④B：ステップ気候　C：高山気候　D：地中海性気候　E：砂漠気候
⑤B：ステップ気候　C：砂漠気候　D：サバナ気候　E：熱帯雨林気候
⑥B：熱帯雨林気候　C：ステップ気候　D：砂漠気候　E：ツンドラ気候
⑦B：サバナ気候　C：熱帯雨林気候　D：ステップ気候　E：砂漠気候
⑧B：砂漠気候　C：熱帯雨林気候　D：ステップ気候　E：サバナ気候

問13　問12の4人の高校生は，前ページの等時帯図中のあ～きの中のいずれかの4都市にそれぞれ住んでいる。また下記のⅠ～Ⅳは，これら4都市がそれぞれ属する気候区分に見られる典型的な植生（風景）を撮った写真である。これらの組み合わせの正しいものを，後の選択肢より選んで番号をマークしなさい。 **解答番号** 16

①Ⅰ：う　Ⅱ：い　Ⅲ：か　Ⅳ：お　　②Ⅰ：え　Ⅱ：あ　Ⅲ：き　Ⅳ：う
③Ⅰ：お　Ⅱ：か　Ⅲ：う　Ⅳ：い　　④Ⅰ：か　Ⅱ：え　Ⅲ：き　Ⅳ：お
⑤Ⅰ：き　Ⅱ：う　Ⅲ：え　Ⅳ：あ　　⑥Ⅰ：お　Ⅱ：き　Ⅲ：え　Ⅳ：か
⑦Ⅰ：い　Ⅱ：お　Ⅲ：き　Ⅳ：え　　⑧Ⅰ：え　Ⅱ：き　Ⅲ：あ　Ⅳ：お

【２】 次の表は日本で起きた地震についてまとめたものである。これについて後の説問に答えなさい。

西暦と地震・震災名	地震の被害状況など
	A
1854・1855 「安政の大地震」	1854 年 12 月 23 日安政東海地震が、その 32 時間後に安政南海地震が起き、二つの地震をあわせて、関東から近畿、四国、九州東岸にいたる広い地域に甚大な被害をもたらした。さらに約 1 年後の 1855 年 11 月 11 日、関東南部で安政江戸地震が発生し、武士と町人を合わせて 1 万人前後の命が失われた。（国立公文書館 HP 参照）
	B
1923 「関東大震災」	1923 年 9 月 1 日、マグニチュード 7.9 の直下型地震が関東地方を襲い、死者・行方不明者 10 万人以上、被災者は 200 万人近くに達するとされた。ちょうど昼時に地震が発生したため、激しい火災となり、多くの人が猛火の犠牲となった。関東大震災を経験した山岡清真さんの手記には、「4 日早朝から朝鮮人騒ぎ。井戸に毒を入れて捕まって連行されるという。婦人、子どもを含む 12 ～ 13 人が後ろ手に針金で縛られて数珠つなぎになっている。後ろ手のまま十数人を隅田川へ桟橋から落としたらしい」と書かれている。（中日新聞 2023 年 7 月 24 日参照）
	C
1944・1945 「東南海地震と三河地震」	1944 年 12 月 7 日に東南海地震、1945 年 1 月 13 日に三河地震が発生し、愛知・三重・静岡の各県に大きな被害をもたらした。二つの地震をあわせて死者・行方不明者が約 3500 人、住家・非住家全壊が約 5 万棟にのぼった。これらの地震の被害状況については「戦力低下を推察される内容や被害現場写真の掲載を禁じる通達が主要報道各社に出されたことが記録されている」。（国立公文書館 HP 参照）
	D
1995 「阪神淡路大震災」	1995 年 1 月 17 日、淡路島北部を震源とするマグニチュード 7.3 の地震が起き、死者・行方不明者が約 6400 人、住家の全壊が約 10 万 5000 棟という極めて深刻な被害が出た。
2011 「東日本大震災」	2011 年 3 月 11 日、三陸沖でマグニチュード 9.0 の大地震が起き、最大震度 7 の大きな揺れと国内観測史上最大の津波により、東北地方を中心に広い範囲で被害が出た。震災関連死も含めた東日本大震災による死者と行方不明者は 2 万 2000 人を超えている。

▲『大震災後の社会学』遠藤薫＝編著　講談社現代新書を参照して作成

問１　安政の大地震が歴史に与えた影響について述べた以下の文中から，正しいものを選んで番号をマークしなさい。 **解答番号** 17

①地震の影響で江戸幕府の財政が悪化し，江戸幕府が倒れる１つの原因となった。
②地震の影響で悪化した財政を立て直すため，徳川慶喜が享保の改革を行った。
③地震の影響で社会が不安定になり，武力で朝鮮に国交を迫ろうとする主張が高まった。
④地震の影響で苦しむ民衆を救うため，大塩平八郎が江戸幕府に対して反乱を起こした。

問２　関東大震災の際に「朝鮮人騒ぎ」が起きた背景には，日本と朝鮮の歴史が関係している。日本と朝鮮の関係について述べた以下の文中から，**誤りであるもの**を選んで番号をマークしなさい。　**解答番号** 18

①江華島事件の翌年，日本は朝鮮に不利な不平等条約である日朝修好条規を結んだ。

②日本は韓国を併合して植民地とし，朝鮮総督府という役所を置いた。

③日本は21か条の要求を朝鮮政府に提出し，朝鮮の人々の間に失望や不満が広がった。

④三・一独立運動が起きた時に，朝鮮総督府は武力でこの運動を弾圧した。

問３　東南海地震と三河地震の被害状況が報道されなかった理由を説明した文中の空欄(ア)・(イ)に適する言葉の組み合わせの正しいものを，後の選択肢より選んで番号をマークしなさい。

解答番号 19

> 1941年に始まった（　ア　）戦争で，（　　　イ　　　）中で，地震の報道がされ国民の士気が下がるのを恐れたから。

①(ア)日中　　(イ)日本が戦争を有利に進めていた

②(ア)日中　　(イ)日本の敗北の可能性が高まっていた

③(ア)太平洋　(イ)日本が戦争を有利に進めていた

④(ア)太平洋　(イ)日本の敗北の可能性が高まっていた

問４　東日本大震災が与えた影響について述べた以下の文中から，**誤りであるもの**を選んで番号をマークしなさい。　**解答番号** 20

①東日本大震災の際に，福島第一原子力発電所で深刻な事故が発生し，その後のエネルギー政策に大きな課題を投げかけた。

②東北地方には自動車部品や半導体などを作る中小企業が集まっていたため，日本や海外の自動車メーカーが製造の減産や停止などの影響を受けた。

③東北地方の農業や漁業は，地震や津波の影響だけでなく，原子力災害による風評被害にも苦しんだ。

④東日本大震災では多くの人が建物の倒壊などによる圧迫死が原因で亡くなったため，建物の耐震化が進んだ。

問５　日本の各地では過去の災害を防ぐために避難訓練が行なわれてきた。以下の新聞記事の避難訓練は，(ア)何を想定した避難訓練で，(イ)どの都道府県で行なわれた避難訓練か。普天間第二小学校の位置を示した次のページの写真を参考にして，その組み合わせの正しいものを，後の選択肢より選んで番号をマークしなさい。　**解答番号** 21

> 普天間第二小学校では，2000年から毎年６月に避難訓練を実施している。避難訓練は，時折ヘリの重低音が鳴り響き，空中給油機がタッチアンドゴー訓練を実施する中で開始。事故発生の放送後，煙や有毒ガスを吸い込まないようハンカチを顔にあて，近くの新城児童センターと同郷友会広場に避難した。　　（琉球新報2010年６月27日を改変）

①(ア)原子力発電所の事故を想定した訓練　(イ)福島県

②(ア)原子力発電所の事故を想定した訓練　(イ)沖縄県

③(ア)米軍機の墜落事故を想定した訓練　(イ)福島県

④(ア)米軍機の墜落事故を想定した訓練　(イ)沖縄県

問６　次の各文は，表中の A ～ D のいずれかの期間に起きた出来事である。表中の B と C の期間に起きた出来事について書かれた文は，それぞれいくつあるか。その数に該当する数字を，それぞれマークしなさい。

例）出来事の数が１つなら①をマーク，出来事の数が２つなら②をマーク，以下同様。

B の期間に起きた出来事の数→ 解答番号 22

C の期間に起きた出来事の数→ 解答番号 23

［出来事］
○土地所有者を確認して地券を発行し，地価を定めて地租を算出し，現金で納めさせた。
○地主の土地を安い価格で強制的に買い上げ，小作農に売り渡して自作農を増やそうとした。
○ロシアの南下に対抗するため，日本はイギリスと同盟を結んだ。
○日中戦争が長引く中，日本はドイツ・イタリアと共に軍事同盟を結んだ。
○日本は清との戦争に勝ち，遼東半島と台湾・澎湖諸島を日本領とした。
○日本は第一次世界大戦に参戦し，山東半島の青島を占領した。
○ソ連との国交を回復した結果，日本は国際連合への加盟が認められた。
○満州事変がきっかけで日本は国際連盟を脱退し，国際社会で孤立した。
○アイヌの首長のシャクシャインを中心にして，アイヌの人々は松前藩と戦った。
○日本はアメリカと沖縄返還協定を結び，沖縄の本土復帰が実現した。

【３】　次のページの表は，日本国憲法条文と大日本帝国憲法条文の概要を示したものである。これについて後の説問に答えなさい。

問１　以下の語群の中に，表中の条文の空欄部分には当てはまらない語句が１つある。その語句を以下より選んで番号をマークしなさい。　解答番号 24

［語群］
①幸福　②教育　③健康　④戦力　⑤個人　⑥自由　⑦平等
⑧主権　⑨公共の福祉

記号	条文
A	(1)日本国民は、正義と秩序を基調とする国際平和を誠実に希求し、国権の発動たる戦争と、武力による威嚇又は武力の行使は、国際紛争を解決する手段としては、永久にこれを放棄する。 (2)前項の目的を達するため、陸海空軍その他の□は、これを保持しない。国の交戦権は、これを認めない。
B	すべて国民は、□として尊重される。生命、自由及び□追求に対する国民の権利については、□に反しない限り、立法その他の国政の上で、最大の尊重を必要とする。
C	すべて国民は、法の下に□であつて、人種、信条、性別、社会的身分又は門地により、政治的、経済的又は社会的関係において、差別されない。
D	信教の□は、何人に対してもこれを保障する。いかなる宗教団体も、国から特権を受け、又は政治上の権力を行使してはならない。
E	集会、結社及び言論、出版その他一切の表現の□は、これを保障する。
F	すべて国民は、□で文化的な最低限度の生活を営む権利を有する。
G	(1)すべて国民は、法律の定めるところにより、その能力に応じて、ひとしく□を受ける権利を有する。 (2)すべて国民は、法律の定めるところにより、その保護する子女に普通□を受けさせる義務を負ふ。義務□は、これを無償とする。
H	すべて国民は、勤労の権利を有し、義務を負ふ。
I	すべて国民は、法律の定めるところにより、兵役の義務を負ふ。

問2　表中の A ～ I の条文の中には大日本帝国憲法条文の概要が含まれている。それを以下より選んで番号をマークしなさい。 **解答番号** 25

①A　②B　③C　④D　⑤E　⑥F　⑦G　⑧H　⑨I

問3　表中の A の条文に関して，日本は平和主義を日本国憲法の三大原則の１つとして掲げている。2023年の広島と長崎の原爆の日の平和宣言では，広島と長崎の思いと日本政府との間に隔たりが示された。以下の平和宣言骨子の一部分を読み，文中の空欄(ア)～(ウ)に適する語句の組み合わせの正しいものを，後の選択肢より選んで番号をマークしなさい。 **解答番号** 26

広島　平和宣言骨子	長崎　平和宣言骨子
◆G7（　ア　)サミットは、核兵器のない世界の実現を究極の目標と再確認するとともに、各国は核が存在する限り、防衛目的に役立てるべきだとする安保政策をとっているとの考えも示された。 ◆(　イ　)論は破綻していることを直視し、為政者に脱却を促すことが重要になっている。 ◆日本政府は一刻も早く(　ウ　)条約の締約国となり、まずは会議にオブザーバー参加してもらいたい。	◆G7の「(ア)ビジョン」は(イ)を前提としている。核保有と核の傘の下にいる国のリーダーは、(イ)への依存からの脱却を勇気を持って決断すべきだ。 ◆ウクライナ侵攻でロシアは核兵器による威嚇を続け、核戦争の危機が高まっている今、「78 年前に原子雲の下で人間に何が起こったのか」という原点に立ち返るべきだ。 ◆被爆の実相を知ることが、核兵器のない世界への出発点だ。

▲中日新聞 2023 年 8 月 7 日・10 日の朝刊より作成

①(ア)広島　(イ)核禁止　(ウ)核兵器不拡散　　②(ア)広島　(イ)核禁止　(ウ)核兵器禁止
③(ア)広島　(イ)核抑止　(ウ)核兵器不拡散　　④(ア)広島　(イ)核抑止　(ウ)核兵器禁止
⑤(ア)長崎　(イ)核禁止　(ウ)核兵器不拡散　　⑥(ア)長崎　(イ)核禁止　(ウ)核兵器禁止
⑦(ア)長崎　(イ)核抑止　(ウ)核兵器不拡散　　⑧(ア)長崎　(イ)核抑止　(ウ)核兵器禁止

問4　過去の歴史を振り返ると，表中の日本国憲法で保障されている基本的人権が侵害されたこともあった。これに関する以下の説明文中から，**誤りであるもの**を選んで番号をマークしなさい。　**解答番号** 27

①万葉集に収められた貧窮問答歌には，奈良時代の農民の苦しい生活が詠まれており，表の F で示された基本的人権が侵害されたと考えられる。

②江戸時代にはキリスト教が禁止され，表中の D で示された基本的人権が侵害されたと考えられる。

③明治時代に学制が公布されたが，学校に通う女子の数は少なく表中の H で示された基本的人権が侵害されたと考えられる。

④戦時中の昭和にはラジオ・新聞などが政府や軍の統制下に置かれ，政府や軍に都合の悪い情報は伝えられず，表中の E で示された基本的人権が侵害されたと考えられる。

問5　現在，日本国憲法が制定された時には想定していなかった「新しい人権」が登場している。そのことに関して次の漫画を見て，この漫画の内容とは直接**関係のないもの**を，漫画の後の選択肢より選んで番号をマークしなさい。　**解答番号** 28

▲
◀ 佐藤秀峰著『ブラックジャックによろしく』5巻 モーニングKC 講談社より一部抜粋

①請求権　②自己決定権　③知る権利　④インフォームド・コンセント

【４】 次の合計特殊出生率に関する記事を読み，後の説問に答えなさい。

厚生労働省は２日，去年の「人口動態統計」の概数を公表しました。それによりますと，１人の女性が一生のうちに産む子どもの数の指標となる「合計特殊出生率」は1.26でした。おととしの確定値と比較すると0.05ポイント低下していて，前の年を下回るのは７年連続となります。1947年に統計を取り始めて以降では2005年の確定値が今回と同じ1.26で過去最低でしたが，小数点以下の詳細な数字の比較では今回は2005年を下回っているということです。

（ＮＨＫオンライン2023年６月２日を一部抜粋）

問１　今後の日本で起こると予想されることについて述べた文章中の(ア)～(ウ)に適する言葉の組み合わせの正しいものを，後の選択肢より選んで番号をマークしなさい。

解答番号 29

今後も合計特殊出生率が低い水準が続けば，人口減少はより深刻になる一方で，平均寿命は延びていき，高齢者の割合は大きくなる。そうなると，年金保険，介護保険，医療保険などの給付を受ける人が（　ア　）し，社会保険料や税金などの負担をする人が（　イ　）することになるので，社会保障制度の財政は安定（　ウ　）。

①(ア)増加　(イ)減少　(ウ)する　②(ア)増加　(イ)減少　(ウ)しない
③(ア)減少　(イ)増加　(ウ)する　④(ア)減少　(イ)増加　(ウ)しない

問２　次の表は夫婦が理想の数の子どもを持たない理由をまとめたものである。これを見て，合計特殊出生率の低下に対して政府はどのような政策をすべきか。政府がすべき政策として**誤りであるもの**を，後の選択肢より選んで番号をマークしなさい。　解答番号 30

理想の数の子どもを持たない理由（複数回答）	割　合
子育てや教育にお金がかかりすぎる	52.6%
高年齢で産むのはいや	40.4%
欲しいけれども子どもができない	23.9%
育児の心理的・肉体的負担に耐えられない	23.0%
健康上の理由	17.4%
自分の仕事に差し支える	15.8%

▲国立社会保障・人口問題研究所 第16回出生動向基本調査(2021年)より

①保育サービスの充実を図り，仕事と育児が両立できる環境整備をする。
②育児に悩む夫婦が気軽に悩みを相談できる場所や機会をつくる。
③不妊治療の費用を全額助成するなど，不妊治療を受けやすくする。
④高い教育費を払えば充実した教育を受けられる学校制度をつくる。

問３　政府が少子高齢化に対応する政策をするためには財源が必要で，税金はその中心となる。税金に関する以下の説明文中から，正しいものを選んで番号をマークしなさい。　解答番号 31

①税金には国税と地方税があり，国税には，賃金・給与にかかる所得税や，企業の利益にかかる固定資産税などがある。

②税金は納め方によって直接税と間接税に分けられ，消費税は税金を納める人とその税金を負担する人が同じであるので直接税である。

③所得税には，収入が増えるほど税率を引き上げていく累進課税制度が適用され，所得の再分配が図られている。

④消費税は，所得の高い人の方が所得に占める税負担の割合が高くなる逆進性という問題が生じやすい。

問４　政府が少子高齢化に対応する政策をするためには，予算を立てなければならない。予算について説明した以下の文章中の空欄(ア)～(オ)に適する言葉の組み合わせの正しいものを，後の選択肢より選んで番号をマークしなさい。　解答番号 32

（　ア　）から提出された予算は，（　イ　）で審議して議決する。予算は（　ウ　）に先議権があり，（　エ　）が（ウ）の可決した議案を受け取ったあと，（　オ　）以内に議決をしないときには，（ウ）の議決が国会の議決となる。

①(ア)国会　(イ)内閣　(ウ)参議院　(エ)衆議院　(オ)10日
②(ア)国会　(イ)内閣　(ウ)参議院　(エ)衆議院　(オ)30日
③(ア)国会　(イ)内閣　(ウ)衆議院　(エ)参議院　(オ)10日
④(ア)国会　(イ)内閣　(ウ)衆議院　(エ)参議院　(オ)30日
⑤(ア)内閣　(イ)国会　(ウ)参議院　(エ)衆議院　(オ)10日
⑥(ア)内閣　(イ)国会　(ウ)参議院　(エ)衆議院　(オ)30日
⑦(ア)内閣　(イ)国会　(ウ)衆議院　(エ)参議院　(オ)10日
⑧(ア)内閣　(イ)国会　(ウ)衆議院　(エ)参議院　(オ)30日

【５】　次の３つの新聞記事を読み，後の説問に答えなさい。

記事１	1966 年の静岡県清水市(現静岡市)一家 4 人強盗殺人事件で死刑確定後、今年 3 月に再審開始が決まった袴田巌（はかまたいわお）さん(87)の再審初公判が 27 日、静岡地裁で開かれた。妄想などの拘禁症状が続き、出廷が免除された袴田さんの代わりに出廷した姉のひで子さん(90)が罪状認否で「どうぞ巌に真の自由をお与えくださいますようお願い申し上げます」と無罪を主張した。検察側は改めて袴田さんの有罪を主張し、弁護側は捜査機関が証拠をねつ造した冤罪だとして全面対決の様相となった。袴田さんの再審は、死刑事件の再審公判として戦後 5 例目で他の 4 例は全て無罪となっている。刑事訴訟法では、無罪を言い渡すべき明らかな証拠を新たに見つけた時に再審を開始すると規定しており、袴田さんも無罪の公算が大きい。（中日新聞 2023 年 10 月 28 日を一部抜粋）
記事２	イスラエル軍報道官は 5 日夜、イスラム組織ハマスが実効支配するパレスチナ自治区ガザ地区を北部と南部で完全に分断したと表明した。ガザ保健当局は 6 日、ガザ側の死者が 1 万 22 人となったと明らかにした。うち 4 千人以上が子ども。ハマスの奇襲攻撃で戦闘が始まって 7 日で 1 ヶ月。イスラエル側と合わせ、死者は計 1 万 1400 人を超えた。（中日新聞 2023 年 11 月 7 日を一部抜粋）
記事３	総務省の発表によると、愛知県内の 54 市町村のうち 18 市町村が地方交付税の配分を受けずに財政運営できる不交付団体となった。「交付税ゼロ」の自治体数は愛知県が全国で最も多かった。（日本経済新聞 2023 年 7 月 29 日を改変）

問１　次の会話は，記事１ について授業の中で生徒が話し合いをしたものです。会話中の(ア)～(ウ)に適する言葉の組み合わせの正しいものを，後の選択肢より選んで番号をマークしなさい。 解答番号 33

生徒の話し合い

生徒①：袴田さんが死刑判決を受けた裁判は（　ア　）裁判だね。裁判所の判決は，一人の人間の人生を左右する重要な意味を持つので，裁判は公正かつ慎重におこなわなければならないよ。

生徒②：そのために，通常同じ事件について（　イ　）回まで裁判を受けることができるね。そして，被告人には弁護人を依頼する権利や黙秘権が認められているね。

生徒③：なぜ，被告人には様々な権利が認められているの？

生徒④：それは被疑者・被告人が警察や検察よりも弱い立場にあり，法律に詳しくないからだよ。それに冤罪は絶対にあってはならないことだからだよ。

生徒⑤：だから(ア)裁判には「疑わしきは（　ウ　）」という原則があるのだね。

①(ア)刑事　(イ)三　(ウ)罰する　②(ア)刑事　(イ)三　(ウ)罰せず
③(ア)刑事　(イ)二　(ウ)罰する　④(ア)刑事　(イ)二　(ウ)罰せず
⑤(ア)民事　(イ)三　(ウ)罰する　⑥(ア)民事　(イ)三　(ウ)罰せず
⑦(ア)民事　(イ)二　(ウ)罰する　⑧(ア)民事　(イ)二　(ウ)罰せず

問２　次の文章は，記事２ について生徒が書いた感想の一部です。感想文中の(ア)～(ウ)に適する語句の組み合わせの正しいものを，後の選択肢より選んで番号をマークしなさい。
解答番号 34

生徒の感想

「イスラエルとハマスとの戦闘開始から１ヶ月。この１ヶ月の間にこれほどの犠牲者が出たことに衝撃を受けました。今回の戦闘によるイスラエル側の犠牲者約1400人に対し，ガザの死者数は１万人を超えています。これは，（　ア　）のウクライナ侵攻による民間人の犠牲者数にほぼ等しいそうです。この戦闘では子どもを含めた民間人の死者数が多いことから，およそ80年前に日本が経験した（　イ　）を思い出しました。戦闘とは関係のない民間人，特に子どもが犠牲になっていることに強い憤りを感じています。パレスチナ問題は，第二次世界大戦後，中東に建国されたイスラエルと周辺のアラブ諸国の間で４回にわたる戦争があり，憎しみが憎しみを生んでいる状況です。さらにパレスチナの中心部にあるエルサレムには，キリスト教，イスラム教，（　ウ　）の聖地が集まっていて，この問題を難しくしています。解決が難しい問題だからこそ，世界の国々が話し合い協力し，一刻も早くこの戦闘が終わり，双方にこれ以上の犠牲がでないことを願っています」

①(ア)中国　(イ)日露戦争　(ウ)ユダヤ教
②(ア)中国　(イ)日露戦争　(ウ)ヒンドゥー教
③(ア)中国　(イ)沖縄戦　(ウ)ユダヤ教
④(ア)中国　(イ)沖縄戦　(ウ)ヒンドゥー教
⑤(ア)ロシア　(イ)日露戦争　(ウ)ユダヤ教

⑥(ア)ロシア　(イ)日露戦争　(ウ)ヒンドゥー教
⑦(ア)ロシア　(イ)沖縄戦　　(ウ)ユダヤ教
⑧(ア)ロシア　(イ)沖縄戦　　(ウ)ヒンドゥー教

問3　次の文章は，記事3について生徒が調べたものです。文中の(ア)～(ウ)に適する言葉の組み合わせの正しいものを，後の選択肢より選んで番号をマークしなさい。　解答番号 35

生徒が調べたもの

「地方交付税とは，地域間の財政格差を減らすため（　ア　）から配分されるものです。これは(ア)から受け取る財源なので（　イ　）財源と呼ばれますが，使い道は指定されることなく自由に使うことができます。愛知県の市町村で地方交付税の配分を受けずに財政運営できる自治体が多い理由は，（　ウ　）が集まる三河地方を中心に税収が豊かだからです」

①(ア)国　　　　(イ)自主　(ウ)石油化学工場
②(ア)国　　　　(イ)自主　(ウ)自動車工場
③(ア)国　　　　(イ)依存　(ウ)石油化学工場
④(ア)国　　　　(イ)依存　(ウ)自動車工場
⑤(ア)都道府県　(イ)自主　(ウ)石油化学工場
⑥(ア)都道府県　(イ)自主　(ウ)自動車工場
⑦(ア)都道府県　(イ)依存　(ウ)石油化学工場
⑧(ア)都道府県　(イ)依存　(ウ)自動車工場

④守が歌を詠ませて、悪い評価をしたこと。

⑤守が熱心に話を聞いて、立ち去ったこと。

問9　『宇治拾遺物語』は鎌倉時代に成立した作品である。鎌倉時代より前の時代に書かれた作品として適切なものを次の中から一つ選び、番号をマークしなさい。**【マーク番号42】**

①『方丈記』　②『おくのほそ道』　③『枕草子』

④『徒然草』　⑤『平家物語』

（注）＊帷…裏地をつけない衣服。

問1　空欄（Ａ）には、現在の福井県周辺にあたる地名が入る。適切なものを次の中から一つ選び、番号をマークしなさい。【マーク番号34】

①丹波　②肥後　③近江（おうみ）　④越前（えちぜん）　⑤出雲（いずも）

問2　空欄（Ｂ）に入る語として適切なものを次の中から一つ選び、番号をマークしなさい。【マーク番号35】

①けり　②ける　③けれ　④けら　⑤けん

問3　傍線Ｃ「いみじく」の本文における意味として適切なものを次の中から一つ選び、番号をマークしなさい。【マーク番号36】

①はかなく　②すばらしく　③ひどく　④情けなく　⑤めでたく

問4　傍線Ｄ「仕るべき」の現代語訳として適切なものを次の中から一つ選び、番号をマークしなさい。【マーク番号37】

①お聞きすればよいでしょうか
②お話しするのでしょうか
③お仕えしましょうか
④お詠みすればよろしいでしょうか
⑤お与えになるのでしょうか

問5　傍線Ｅ「詠みあぐ」の主語として適切なものを次の中から一つ選び、番号をマークしなさい。【マーク番号38】

①守　②侍　③北の方　④侍ども　⑤物

問6　「守」と「侍」は、雪に対してそれぞれどのようなものだと感じているのか。適切なものを次の中から一つ選び、番号をマークしなさい。【マーク番号39】

①「守」は雪を不幸な人々を救うものだと感じているが、「侍」は仕事を増やすものだと感じている。
②「守」は雪を役に立たず厄介なものだと感じているが、「侍」はありがたいものだと感じている。
③「守」は雪を歌の題材に適したものだと感じているが、「侍」は不幸を招くものだと感じてる。
④「守」は雪をつらくていやなものだと感じているが、「侍」は仕事に必要なものだと感じている。
⑤「守」は雪を風流で趣があるものと感じているが、「侍」はつらくていやなものだと感じている。

問7　傍線Ｆ「守いみじくほめて」とあるが、「守」がほめた理由として適切なものを次の中から一つ選び、番号をマークしなさい。【マーク番号40】

①侍がまじめに掃除をしていたから。
②侍が雪の日に寒さで震えていたから。
③侍がその場で上手な歌を詠んだから。
④侍が守を優しく気遣ったから。
⑤侍が着ていた衣類を脱ぎ捨てたから。

問8　傍線Ｇ「かくと聞きてあさましがりけり」とあるが、侍どもはどのようなことに感心したのか。適切なものを次の中から一つ選び、番号をマークしなさい。【マーク番号41】

①侍が即興で歌を詠み、着物をもらったこと。
②侍がわざと震えて、同情を引いたこと。
③侍が物に憑りつかれ、我を失ったこと。

〈相美さんと相子さんとの会話文〉

相美：『明日の僕に風が吹く』を読み終わったとき、「（ ㋐ ）」という言葉で『君たちはどう生きるか』のお母さんが潤一さんに話しかけている場面を思い出したの。

相子：そうそう。私も二つの本にはつながりがあるように感じたわ。私は、有人の叔父さんが「生き方の問題なんだ」と言って、その叔父さんが迷った時は（ ㋑ ）を想像してみると言っていたのが印象的だったよ。ここでも、自分が「どう生きるか」って、考えさせられるからつながっていると感じたの。

相美：『君たちはどう生きるか』の中で、潤一さんってコペル君って呼ばれていたわね。コペル君のお母さんが、コペル君にやさしく話して聞かせていた思い出では、人間は（ ㋐ ）はするけれど、その思い出のおかげで、自分の（ ㋒ ）を行動に移せるようになってよかったと言っているわね。

相子：（ ㋐ ）はするけれど、厭な思い出じゃないって大人になってから言えるのは素敵ね。

相美：自分の弱い面も打ち明けながら、（ ㋐ ）する経験は無駄じゃないと教えてくれるお母さんがいてくれるから、コペル君も立ち直れたんだね。

相子：どんなに取りかえしがつかないと感じて落ち込んでしまう時でも、（ ㋓ ）することはないんだということを、私も忘れないでいようと思うよ。

㋐：【マーク番号30】、㋑：【マーク番号31】、
㋒：【マーク番号32】、㋓：【マーク番号33】

【選択肢】①心配　②絶望　③後悔
④他人への配慮　⑤温かい気持ち　⑥将来の夢
⑦未来の自分　⑧肝心なこと

三　次の文章は、『宇治拾遺物語』巻第十二・十二の一部である。読んで、後の問いに答えなさい。

今は昔、高忠（たかただ）といひける（ A ）守（かみ）の時に、いみじく不幸なりける侍（さぶらひ）の、夜昼まめなるが（まじめに勤めていたが、）、冬なれど、*帷（かたびら）をなん着たり（ B ）。雪の<u>C いみじく降る日</u>、この侍、清めすとて（掃除をするといって、）、物の憑（つ）きたるやうに震（ふる）ふを見て、守、「歌詠（よ）め。をかしう降る雪かな」といへば、この侍、「何を題に<u>D 仕（つかまつ）るべき</u>」と申せば、「裸（はだか）なる由（よし）を詠め」といふに、程もなく震ふ声をささげて（張りあげて）<u>E 詠みあぐ</u>。

はだかなる我が身にかかる白雪はうちふるへども消えせざりけり

と誦（よ）みければ、<u>F 守いみじくほめて</u>、着たりける衣（きぬ）を脱ぎて取らす。北の方（かた）も哀れがりて（奥方も気の毒がって）、薄色（うすいろ）の衣のいみじう香（かう）ばしきを取らせたりければ（薄紫色のよく香をたきしめた衣服を与えた）、二つながら取りて、かいわぐみて（くるくると丸め込んで）、脇に挟（はさ）みて立ち去りぬ。侍に行きたれば（侍所に）、居並（ゐな）みたる侍ども（居並んでいた）も見て、驚きあやしがりて（驚き不思議がって）問ひけるに、<u>G かくと聞きてあさましがりけり</u>。

「〈中略〉――ほんの些細(ささい)なことでしたけれど、お母さんは、やっぱり（ ㋐ ）したんです。あとになって、なんと思ってみたところで、もう追っつかない。この追っつかないということでは、こんな些細な事だって、大きな取りかえしのつかない出来事と、ちっとも変わりはないんですもの。

〈中略〉それから、お母さんも大人になり、なくなったお父さまのところにお嫁に来て、潤一さんが生まれ、一昨年お父さまがおなくなりになるまで、二十年の間には、いろんなことがありました。

だけど、この石段の思い出ばかりは、ついこないだのことのように、はっきりと覚えているんです。なぜかというと、お母さんは、その後いろんなことに出会って、あのときのことを思い出すことが、いくどかあったから――。

潤一さん。大人になっても、ああ、なぜあのとき、心に思ったとおりしてしまわなかったんだろうと、残念な気持ちで思いかえすことは、よくあるものなのよ。どんな人だって、しみじみ自分を振りかえってみたら、みんなそんな思い出を一つや二つもってるでしょう。〈中略〉」

「でもね、潤一さん、石段の思い出は、お母さんには厭(いや)な思い出じゃあないの。

そりゃあ、お母さんには、ああすればよかった、こうすればよかったって、あとから悔(く)やむことがたくさんあるけれど、でも、『あのときああして、ほんとによかった』と思うことだって、ないわけじゃあありません。それは損得から考えてそういうんじゃあないんですよ。自分の心の中の温かい気持ちやきれいな気持ちを、そのまま行いにあらわして、あとから、ああよかったと思ったことが、それでも少しはあるってことなの。

そうして、今になってそれを考えてみると、それはみんな、あの石段の思い出のおかげのように思われるんです。

ほんとにそうよ。あの石段の思い出がなかったら、お母さんは、自分の心の中のよいものやきれいなものを、今ほども生かしてくることができなかったでしょう。人間の一生のうちに出会う一つ一つの出来事が、みんな一回限りのもので、二度と繰りかえすことはないのだということも、――だから、その時、その時に、自分の中のきれいな心をしっかりと生かしてゆかなければいけないのだということも、あの思い出がなかったら、ずっとあとまで、気がつかないでしまったかもしれないんです。〈中略〉」

「潤一さんもね、いつかお母さんと同じようなことを経験しやしないかと思うの。〈中略〉

でも、潤一さん、そんな事があっても、それは決して損にはならないのよ。その事だけを考えれば、そりゃあ取りかえしがつかないけれど、その（ ㋐ ）のおかげで、人間として肝心なことを、心にしみとおるようにして知れば、その経験は無駄じゃあないんです。それからの後の生活が、そのおかげで、前よりもずっとしっかりした、深みのあるものになるんです。潤一さんが、それだけ人間として偉くなるんです。

だから、どんなときにも、自分に絶望したりしてはいけないんですよ。」

④初めはこのまま引きこもっていたら将来ちゃんとした大人にはなれないという捉え方だったが、本当は現在の生活を将来の自分が振りかえった時に悔いることはないか考えてほしいという意味だった。
⑤初めはこのまま引きこもっていたら親戚として世間体が気になるという捉え方だったが、本当は世間体よりも人生には大切なことがあるということに気付いてほしいという意味だった。

問9　傍線H「叔父は生き方にこだわった人だった」とあるが、具体的にはどのような生き方をした人だと読み取れるか。適切なものを次の中から一つ選び、番号をマークしなさい。【マーク番号29】
①大学での転地療法の研究のため、離島で実地経験を積もうとした生き方。
②離島の地域医療に全力を注ぎ、医師として島民のために尽くした生き方。
③島民の健康維持を考えて、予防医学にこだわり熱心に取り組んだ生き方。
④島民に慕われ尊敬されるため、浅く広い医学的知識を身につけた生き方。
⑤自分や島民の健康のことより、甥の生活の心配を第一優先にした生き方。

問10　二重傍線「生き方の問題なんだ」に関連して、次の文章は、吉野源三郎著『君たちはどう生きるか』からの抜粋と、その内容も含めての相美さんと相子さんとの会話文である。空欄（ア）～（エ）に入るものとして適切なものを後の選択肢の中から一つずつ選び、それぞれ番号をマークしなさい。

〈『君たちはどう生きるか』より〉

「潤一さん。お母さんはね、こうして編み物なんかしていると、よく思い出すことがあるのよ」
ゆっくりとした、やさしい声でした。
〈中略〉ある日、お母さんがその石段を登りかけたとき、見ると一人のおばあさんが、木綿の風呂敷包みを片手に下げて、お母さんより五、六段先を登ってゆくところでした。〈中略〉
こりゃあ、あの荷物を持ってあげなけりゃあいけない。お母さんはそう考えたの。〈中略〉
ところが、おばあさんが立ちどまったときになると、なにかきまりの悪いような気がしてきて、すぐにトントンと駆けのぼってゆけないの。どうしようかな、と考えてるうちに、また、おばあさんは、なんにも見向きもしない様子で、石段をのぼりはじめてしまいました。〈中略〉
お母さんがすぐうしろで、こんな事を考えて気を揉んでたことなんか、夢にも知らないで、おばあさんは、石段をのぼり切ると風呂敷包みをそばの腰かけ石におろし、しばらく腰かけることも忘れたように、コウモリ傘に手をついて、目の下の町を眺めながら肩で息をしていました。
そうして、お母さんがそばを通ったとき、ちょっとお母さんの方を見たけれど、別に面白くもないという顔つきで、また向こうを向いてしまったの。
——それだのに、おかしいわね、お母さんの方では、その顔を今でもちゃんと覚えているんですよ。〈中略〉」

③その話題の流れにうまく乗って話を進めている状態。
④その話題の展開が想定外で驚いている状態。
⑤その話題が出ることは予想通りだと感じている状態。

問6　傍線E「全部承知の上だった」とあるが、「全部」とはどのようなことか。内容として適切でないものを次の中から一つ選び、番号をマークしなさい。【マーク番号26】

①飛行機の中には、診察や治療に必要な器具はほとんどそろっていないこと。
②飛行機のエンジン音によって、聴診器の音がうまく聞き取れないこと。
③治療がうまくいかなかった場合、訴訟に巻き込まれる可能性があること。
④自分が名乗り出ることで、乗客の中の他の医者が声をあげにくくなること。
⑤飛行機の中では、自分ができる最善の治療を施すことは難しいこと。

問7　傍線F「そういう意味では、甥とは気が合うかもしれない」とはどのようなことか。内容として適切なものを次の中から一つ選び、番号をマークしなさい。【マーク番号27】

①有人が中学生の時に引きこもるようになったきっかけは、クラスメイトを助けたい一心でとった行動であることを理解しているということ。
②有人が叔父である自分の本心に気付いてさえくれれば、きっと有人は引きこもりの状態から抜け出すことができると信じているということ。
③有人が中学生で引きこもるようになってから、今までどんなに苦しい思いをして過ごしてきたかを自分の経験からも理解しているということ。
④有人が引きこもっている間に何もしてやれなかったという罪悪感から、これからもずっと有人のそばにいることを決意しているということ。
⑤有人がこの先の将来で理想とする生き方に向かっていけるかどうかは、これから有人の気持ちにどれだけ寄り添えるかにかかっているということ。

問8　傍線G「叔父の言葉の核は違った」とあるが、どう「違った」のか。初めの捉え方と本当の意味の説明として適切なものを次の中から一つ選び、番号をマークしなさい。【マーク番号28】

①初めはこのまま引きこもっていたら周りの家族がどう思うのかという捉え方だったが、本当は現在の過ごし方を大人になった自分が懐かしく感じることができるかどうかを考えてほしいという意味だった。
②初めはこのまま引きこもりを続けていたら将来ちゃんとした仕事につけるかという捉え方だったが、本当は引きこもりを続けていても様々な人生があるということを分かってほしいという意味だった。
③初めはこのまま引きこもり生活が続いたら将来親の面倒をどうするのかという捉え方だったが、本当は自分が大人になったときにこのままでは親の面倒はみられないことを自覚してほしいという意味だった。

①台風の被害を政府がホショウする。
②短歌のカンショウ文を書く。
③対立国のカンショウ地帯にいる。
④家電製品のホショウ書を確認する。
⑤親が子の友人関係にカンショウする。

ⓒ「キロ」【マーク番号20】
①再会はキグウであった。
②団体のキキンを積み立てる。
③仕事がタキにわたっている。
④病気をケイキにお酒をやめた。
⑤経営がようやくキドウに乗った。

問2　傍線A「叔父は朗らかに否定した」について、

(1)「朗らかに」と**品詞の異なる語**を次の中から一つ選び、番号をマークしなさい。【マーク番号21】
①柔和に　②気の毒に　③使命感に　④端的に　⑤簡単に

(2)この時の「叔父」の気持ちとして適切なものを次の中から一つ選び、番号をマークしなさい。【マーク番号22】
①柏木の自分を心配してくれる心遣いに感謝するが、今は甥のことを聞いてほしいと先を促す気持ち。
②自分を心配してくれる柏木の質問に対して、全く心配はいらないことを伝える優しい気持ち。
③柏木の質問によって昔のことを思い出したが、その頃のことはもう忘れたいと強く願う気持ち。
④的外れな柏木の質問に憤慨しているが、表情には出さないよう穏やかに話そうと努力する気持ち。
⑤柏木の質問にある通り島民の要求は感じながらも、不満が顔に出ないよう我慢する気持ち。

問3　傍線B「彼らは俺の人生を尊重した」とあるが、なぜか。理由として適切なものを次の中から一つ選び、番号をマークしなさい。【マーク番号23】
①先生が島から出て行っても、代わりの先生が必ず来てくれることを知っていたから。
②何を言っても先生は都会へ戻ってしまうと、島民は心のどこかで諦めていたから。
③先生に直接言わない方が、先生は恩義を感じて残ってくれると分かっていたから。
④何も言わなくても先生は残ってくれると、島民は先生のことを信じていたから。
⑤先生を尊敬し慕っていたからこそ、先生の人生を縛ってはいけないと思っていたから。

問4　傍線C「使命感に（　）て」の空欄に入る語として適切なものを次の中から一つ選び、番号をマークしなさい。【マーク番号24】
①かられ　②のせられ　③捉えられ　④縛られ　⑤促され

問5　傍線D「餌に食いつく魚のように」とはどのような状態のことか。説明として適切なものを次の中から一つ選び、番号をマークしなさい。【マーク番号25】
①その話題にまんまとだまされてしまっている状態。
②その話題に興味を持ち身を乗り出している状態。

た。

このまま時を過ごしたらどうなる？　ではない。

このまま時を過ごしたと仮定した自分が今を振り返って、その生き方を後悔しないか？　と問うていたのだ。

ヒントはあった。

――生き方の問題なんだ。

ドクターコールに応えたことに父が渋い顔をしたとき、叔父ははっきりそう返していた。死を目前にして、兄に「俺以外の誰かが同じことをしても、格好いいと思ったか？」と尋ねた。

H叔父は生き方にこだわった人だった。

音源を聞いたハル先輩と誠も、後悔という言葉を使って意思を示した。

――僕はこの先今晩のことも、後悔まじりに考えるに違いないって思った。

――後悔して生きるくらいなら、命懸けだろうが俺は出る。

二人も叔父の生き方や心をしっかりと受け止め、理解したのだろう。

同封されていた手紙は、こんな文面だった。

『草稿は僕が研究のためにまとめたものなので、戸惑われたかも知れません。有人さんの手に渡ってしまったと知り、取り急ぎこちらをお送りします。川嶋先生の本心は、こちらのほうが酌みやすいでしょう。また、今思えば、先生は当時から体調が思わしくなさそうでした。川嶋先生が、死に瀕した自分を想像しなかったとは思えません。想像してなお、先生はご自分の生き方を貫き、可能なかぎり島にいることを選んだのでしょう。』

島を離れる前日、家事を手伝ってほしいと有人に言った柏木の真意が、今になってわかる。叔父の不調に誰より早く気づいていたからこその、あの頼みだったのだ。

名刺も添えられていた。そこにあった大学のアカウントのメールアドレスに、有人は簡単な礼を述べるメールを送った。本当はたくさん書きたいことがあった。なぜ今になったのかという理由や、草稿だけ読んでショックを受けていたことなど。でも、言葉にするには難しすぎた。だから、せめて感謝の気持ちだけは伝わるように、シンプルにそれだけを書いて送った。

（乾ルカ『明日の僕に風が吹く』による）

（注）＊ドクターコール：航空機内で急に体調の悪い乗客が出たときに医師を呼び出すアナウンス。

＊善きサマリア人法：窮地の人を救うために善意の行動をとった場合、救助の結果について重過失がなければ責任を問われないという趣旨の法。

問1　波線ⓐ～ⓒについて、傍線部分と同じ漢字を含むものを、それぞれ選択肢の中から一つずつ選び、番号をマークしなさい。

ⓐ「シッカン」【マーク番号18】

①夏になるとシッシンができる。
②溺愛されている弟にシットする。
③シッキや陶器を購入する。
④上司から厳しくシッセキされる。
⑤シップウのごとく駆け上がる。

ⓑ「バイショウ」【マーク番号19】

そういう表情をする人だった。年末、誠の思い出話でよみがえったあの笑顔だ。

「島に残ったのは、島民を気の毒に思ったからとか、崇高なC使命感に（突き動かされた）とかではないんだ。気の毒なんてとんでもない、彼らは強いよ。俺は自分で考えて、自分の意思で残った。地域医療特有の労苦も全部納得ずくで、好きでそうした。理解を求めないというのは、そういうことだ。俺一人で決めて今ここにいることに、島民たちにはなんの責任もないからなんだ。俺が好きで残ったように、彼らも彼らのやりかたで診療所や俺を利用すればいいんだよ」

「残ることに決めたのはなぜですか？」

「昔、甥二人……有人とその兄だが……と一緒に旅行したことがあるんだ。彼らの冬休みにね。そのとき、帰りの機内で＊ドクターコールがあった」

柏木がD餌に食いつく魚のように、すぐ反応した。「名乗り出たんですか？」

「出たよ」

「僕はためらいます。器具も満足にありませんし、聴診器を使ってもエンジン音にかき消されると聞きました。日本では＊善きサマリア人法的な法整備はなされていません。名乗り出ても、なすすべなく、逆恨みされるケースも……訴訟や損害ⓑバイショウのリスクは考えませんでしたか？」

誠が言っていた知らない単語はこれだろう。有人ははっきり思い出した。聞いたのは正月、廊下から話しかけてきた叔父が口にしていた。

「もちろん。E全部承知の上だった。だから、怖さも感じていた。でも、もしも最悪のケースになって、自分が責めを負うことになってもいいと思ったんだ」

叔父はとつとつと語った。

「なにかを決めるとき、ⓒキロに立ったとき、俺は未来の自分を想像してみるんだ。十年後の自分なんかをね。十年後の自分を想像して今を振り返ってみる。今、これをしたら、あるいはしなかったら、この道を選んだら、選ばなかったら、未来の自分はどう思うだろうかってね。そうして一番悔いがないだろう選択をすることにしている。ドクターコールのときもそうした。名乗り出なかったら、一生その判断が心に残るだろう……端的に言えば悔いるだろうと思った。上手くいかなくても、十年後の自分は悔いていなかった。だからドクターコールにも応じたし、同じようにこの島にも残って、今に至っている」

「未来の自分になって、今を振り返ってみる……ですか」

「理想とする生き方に沿えているか、とでも言うのかな。僅かでも助けられる可能性があるにもかかわらず、保身でそっぽを向くのは、どうにも好きじゃない。Fそういう意味では、甥とは気が合うかもしれないね……」

――未来の自分を想像してみないか。

道下のことで出しゃばったあの日に、未来は潰えた、引きこもったままなにも変わらず歳だけ取って生きていくのだと諦めていた。だから、最初にその言葉を聞いたときは悲しくなった。叔父も有人の未来の悲惨さに、そんな忠言をしたのだと思った。

だが、G叔父の言葉の核は違った。音源データを聞いてそれがわかっ

④内からの反発や抗議をはねのけながら、古くからの伝統や様式を破壊しているから。

⑤内からの協力や連携を先延ばしにしながら、新しい時代や社会を構築しているから。

問14　次の文は、本文中の《①》～《⑤》のどの位置に入るか。その番号をマークしなさい。【マーク番号17】

・ただ小麦粉としてうどんや饅頭に使われるのは石臼による製粉が普及した江戸時代以降という。

二　次の文章を読んで、後の問いに答えなさい。

〈本文までのあらすじ〉

主人公の川嶋有人（かわしまゆうと）は中学生の時の辛い出来事がきっかけで引きこもっていたが、北海道の離島で医師をしていた叔父（おじ）（川嶋先生）に誘われ、その離島の高校へ進学した。ハル先輩や同級生の誠たち全校生徒五人の高校に通ってようやく慣れてきた頃、叔父が病気で亡くなってしまう。大学で転地療法の研究をしている柏木（かしわぎ）が叔父に送った研究論文の草稿を読んで、自分は研究対象の患者だったのかとショックを受けていた有人だったが、柏木から送られた叔父へのインタビューの音源データを聞き、叔父の本心を知る。以下の本文は、音源データの内容と、それを聞いた有人の思いの場面である。

「先生は島の皆さんにすごく慕われ、尊敬されていますが、七年間、ご苦労もあったことでしょう。任期満了後も島に残ったのは、なぜですか。一年の任期の間に、地域医療や予防医学にご興味を持たれたとか？」

「そうだね……」叔父はお茶を一口飲んだようだ。「先端医療に関しては大学にいたほうが有利だが、ここでしかできない学びもある。取り組んでみたら、なかなか興味深くてね。君が研究している転地療法というと、都会から自然あふれる場所へというパターンが一般的だが、こちらはこちらで、都会より多く見られるⓐシッカンもあるんだ。地域住民の食の傾向をはじめ、生活全般と健康の関わりの基礎を学び直すことができる。あと、大学病院だと専門に特化してしまうが、ここでは多少浅くても広い知識が必要だ。健康を維持する働きかけもね。俺はここで必要なことをしているだけだし、そういう医師の姿も個人的に性に合っている」

柏木は少し声を落として、次の質問をした。

「任期満了前、無言の圧力的なものは感じませんでしたか？島に医師がいなくなるのは困るというようなことをこぼされる方も、いたのではないですか？以前、島民の理解は求めていない、ともおっしゃっていましたよね」

その質問を、A叔父は朗らかに否定した。

「任期満了が迫っても後任の医師が決まらない、そんな時期、島民は確かに不安そうではあった。でも実はね、面と向かって残ってくれと言われたことは、一度もなかったんだ。着任当初、休日に北海道本島へ行ったときは、先生に島を空けられるとおっかないと、はっきり伝えられたんだけどね……あのときばかりは誰一人として、いなくなったら困ると訴えてはこなかった。本当はどんなにか訴えたかったろうと思うよ。でもB彼らは俺の人生を尊重したんだ」

このとき叔父は、晴れ晴れと、かつ柔和に笑ったに違いない。叔父は羊羹の材料の一つとして重宝されたから。
②羊の肉の代わりとなる小豆と味の相性がよい寒天を発見したことで、羊羹の大量消費に結びついたから。
③海外からの貴重な渡来品だった寒天が日本で手に入るようになり、羊羹の生産工程が直ちに短縮されたから。
④海に囲まれた日本では、寒天は手に入れやすく、固めるための材料として使われ、現在の羊羹につながったから。
⑤加工するのが難しいとされていた天草を寒天にすることで、水分の調整が必要な羊羹の調理に役立ったから。

問8　二か所の空欄 F に共通して入る語句として適切なものを次の中から一つ選び、番号をマークしなさい。【マーク番号11】
①社会的　②理知的　③伝統的　④国際的　⑤前衛的

問9　空欄 G に入る表現として適切なものを次の中から一つ選び、番号をマークしなさい。【マーク番号12】
①空かけるように　②夢かなうように　③花ひらくように
④風そよぐように　⑤水流れるように

問10　筆者自身が詠んだ歌「饅頭に名もなかりけり秋の風」の形式と、用いられている表現技法（修辞）の組み合わせとして適切なものを次の中から一つ選び、番号をマークしなさい。【マーク番号13】
①形式：短歌　表現技法：縁語　②形式：短歌　表現技法：掛詞
③形式：俳句　表現技法：倒置　④形式：俳句　表現技法：擬人法
⑤形式：俳句　表現技法：体言止め

問11　空欄 H に入る表現として適切なものを次の中から一つ選び、番号をマークしなさい。【マーク番号14】
①生活・文化の様式　②社会・政治の構造　③社交・交流の機会
④自然・科学の法則　⑤民族・言語の融合

問12　傍線I「自分たちが破壊してきた古き日本への郷愁であり錯覚であり大いなる幻想であったこと」とあるが、その説明として適切なものを次の中から一つ選び、番号をマークしなさい。【マーク番号15】
①明治以前までに日本人が培（つちか）ってきた「純日本風」のものを「和風」だと考えていたこと。
②明治以前に渡来人のもたらした食べ物や衣類のみを指して「和風」だと定義していたこと。
③明治時代に西洋文化を取り入れ「純日本風」のものと融合させて「和風」を生み出したこと。
④明治時代から日本古来のよさを取り戻す動きが見られ、それが「和風」へと変化したこと。
⑤明治時代に移行する途中に日本が西洋文化そのものを「純和風」と置き換える判断をしたこと。

問13　傍線J「すでに創造力を失った和の化石、和の遺物かもしれない」とあるが、筆者がこのように考える理由として適切なものを次の中から一つ選び、番号をマークしなさい。【マーク番号16】
①外からの助言や援助を受け入れながら、新しい対策や方法を模索していないから。
②外からの考え方や物を取り入れながら、新しい物や状態へと発展していないから。
③外からの圧力や支配におびえながら、古くからの文化や生活を死守しているから。

問1　波線ⓐ〜ⓒについて、傍線部分と同じ漢字を含むものを、それぞれ選択肢の中から一つずつ選び、番号をマークしなさい。

ⓐ「サイバイ」【マーク番号1】
①一国のサイショウとなる。　②趣味はボンサイだ。
③サイホウを習う。　④サイナンにあう。
⑤サイマツに帰る。

ⓑ「ケッサク」【マーク番号2】
①セイケツな衣類。　②学校をケッセキする。
③ケツリュウを促す。　④三エイケツと呼ぶ。
⑤ケッサイを頼む。

ⓒ「ベンギ」【マーク番号3】
①ギジュツを競う。　②ギリ固い。
③ギシキを行う。　④ユウギを楽しむ。
⑤テキギ休みを取る。

問2　空欄 甲 ・ 乙 に入る語を、次の中からそれぞれ一つずつ選び、番号をマークしなさい。

甲 ＝【マーク番号4】、 乙 【マーク番号5】
①たとえ　②さて　③いわゆる　④むしろ　⑤つまり

問3　傍線A「漱石」の作品として適切なものを次の中から一つ選び、番号をマークしなさい。【マーク番号6】
①『舞姫』　②『羅生門』　③『山椒魚』　④『伊豆の踊子』
⑤『草枕』

問4　傍線B「多種多様」を別の四字熟語に言い換えたものとして、適切なものを次の中から一つ選び、番号をマークしなさい。

【マーク番号7】
①二者択一　②一衣帯水　③再三再四　④千差万別
⑤五十知命

問5　空欄 C に入る語句として適切なものを次の中から一つ選び、番号をマークしなさい。【マーク番号8】
①民族の競い合い　②文化のめぐり会い　③政治の話し合い
④土地の奪い合い　⑤料理の教え合い

問6　傍線D「厄介なこと」とあるが、「小豆」に関する「厄介なこと」の説明として適切なものを次の中から一つ選び、番号をマークしなさい。【マーク番号9】
①日本の遺跡から小豆が見つかったため、羊羹が中国からもたらされたかどうかわからなくなってしまうこと。
②中国国土から小豆が見つかったため、羊羹が日本独自のものであるという考えは成立しなくなってしまうこと。
③「あづき」の音が中国と日本の両方に存在したため、羊羹の起源がどの国か特定できなくなってしまうこと。
④中国に小豆に関する書物があったため、羊羹が古代から日本に存在したと断定できなくなってしまうこと。
⑤大和言葉には「あづき」の音がなかったため、羊羹が日本古来のものだと推測できなくなってしまうこと。

問7　傍線E「今の羊羹の誕生に寒天は決定的な役割を果たしたことになる」とあるが、その理由として適切なものを次の中から一つ選び、番号をマークしなさい。【マーク番号10】
①寒天は、海から容易に採取できて、安く手に入れられることから、

人形焼も鯛焼も銅鑼焼も饅頭の変形ではないか。さらに餡パンは東京銀座の木村屋が酒饅頭を手本に考案した菓子パンのⓑケッサクである。
日本という国で饅頭に何が起こったのか。忘れてはならないのはこれらの饅頭の起源へさかのぼると、すべて海外ことに中国に行き着くということである。さらに饅頭は日本という国でさまざまな新しい材料を取り入れてまるで「　G　」発展してきた、今後も発展しつづけるということだろう。

饅頭に名もなかりけり秋の風　　櫂

羊羹や饅頭にかぎらず、この国でいったい何が起こっているのか。日本はどういう国なのか。ここで出発点に立ち返って和とは何か、日本とは何か、もう一度問い直してみたい。
和菓子とは「江戸時代の終わりまでに完成していたお菓子」という和菓子業界の定義にならって、和とは「江戸時代の終わりまでに完成していた　H　」であると定義することもできる。しかし時期による線引きがⓒベンギ的な定義にすぎないことはすでにみたとおりである。たとえそう定義してみても和というものの本質は隠されたままである。
じつは和菓子業界だけでなく漱石も谷崎も自明のこととして和とは「江戸時代の終わりまでに完成していたもの」と考えていた。谷崎は『陰翳礼讃』の最初の文で象徴的に「純日本風」という言葉を使っているが、これも同じ意味である。さらに視野を広げれば、明治以降の日本人は西洋化がはじまった明治時代の前、つまり「江戸時代の終わりまでに完成していたもの」を和と考えていた。これがI自分たちが破壊してきた古き日本への郷愁であり錯覚であり大いなる幻想であったこと、さらにこの和の幻想が日本人に戦争を選択させた「時代の空気」だったことについてはあらためて触れることになるだろう。
ここでは羊羹や饅頭について話をしてきたが、さらに着物、鮨、畳、歌舞伎、浮世絵こそが和であるとする意見もあるだろう。たしかにそれらは和が生み出した和の結晶にちがいないが、和そのものではない。もしかすると、それらはJすでに創造力を失った和の化石、和の遺物かもしれない。
それでは和とは何か。和はいったいどこにあるのか。たとえば中国から伝来した羊羹、羊肉の煮込み料理から、日本人は何百年もの長い歳月をかけて水羊羹や煉羊羹を生み出した。同じく中国から伝わった点心の饅頭から百花繚乱さまざまな饅頭を作り出した。このように海を越えてこの国にたどり着く外来文化を日本の文化に作り変える巨大な坩堝のような創造的運動体そのものが和なのではないか。
そこで和を創造的運動体と定義すれば、峠の霧が晴れわたるようにたちまち視野が開けるだろう。それは漱石や谷崎が考えた「江戸時代以前のもの」などではない。江戸時代以前か以後かにかかわらず、それは古代から未来まで日本人がいるかぎりこの国に生きつづける巨大なエネルギーの坩堝なのだ。

（長谷川櫂『和の思想　日本人の創造力』による）

（注）＊あつもの：肉や野菜を煮た熱い料理。
＊虎屋文庫：和菓子文化の伝承と創造の一翼を担うことを目的として設立された、和菓子の資料室。
＊寒晒し：寒中、穀物や布などを水や空気に晒しておくこと。

中国渡来の小豆と同じものであったかどうかはわからない。長い間、日本人が食べてきた小豆が日本に自生していたかどうか不明なのだ。

『古事記』（七一二年）には高天原の夫婦神、伊邪那岐命と伊邪那美命が生んだ国の一つ粟国（阿波の国、徳島県）を大宜都比売といい、この大宜都比売が須佐之男命に殺されたとき、その体から蚕のほか稲、粟、小豆、麦、大豆の五穀が生じたというおもしろい話がある。この五穀誕生神話は五穀はみな高天原の神の子の大宜都比売がもたらしたというのだが、高天原すなわち海のかなたの大陸から渡来したと読めるのではないか。豆類についていえば、古代の日本では大きな豆を「まめ」と呼び、小さな小豆を「あづき」と呼んだことが『古事記』からうかがえる。

砂糖は日本では長い間、海外からの貴重な渡来品だった。ただそのはじまりは大航海時代に南蛮貿易によって輸入されるようになるよりはるかに古く、『ようかん』によると奈良時代に唐僧鑑真が日本に渡ろうとしたときの積荷目録に各種の薬とともに石蜜、蔗糖、甘蔗などの砂糖類が記されているという。《 ③ 》

羊羹の材料のうち寒天だけは日本の国産品である。寒天とは心太を＊寒晒しにしたものであり、心太は海藻の天草から作る。島国の日本では海に出れば天草がとれる。心太も寒天も日本人にとっては自前の食べ物だった。

一夜寒風に晒して凍った心太を昼の日差しで融かして水分を取り去る。さらに乾かせば寒天になる。この寒天作りがはじまったのが江戸時代初め十七世紀半ばのことだった。高野豆腐と同じ製法である。そのころの羊羹は小麦粉で練って蒸した蒸羊羹だったが、小麦粉の代わりに寒天を使うようになって水羊羹や煉羊羹が作られるようになった。E今の羊羹の誕生に寒天は決定的な役割を果したことになる。

ちなみに蒸羊羹の材料の小麦も大陸から渡来した。小麦の原産地はユーラシア大陸中央部のコーカサス、メソポタミアといわれる。一万五千年前にはⓐサイバイがはじまり、紀元前後の弥生時代には日本に伝わっていた。《 ④ 》

このように原材料がどこから来たかたどってゆくと、羊羹は海外渡来、日本自生のさまざまな材料を国産の寒天で固めたお菓子であることがわかる。これを和菓子と呼んでいることになるが、和菓子というよりむしろ［ F ］なお菓子ではないか。

海外に起源をもつ和菓子は羊羹ばかりではない。和菓子業界の「江戸時代の終わりまでに完成していたお菓子」という判定基準に合い、世間でも和菓子の典型と考えている饅頭、煎餅、最中、大福、落雁などもどこから伝来したか、どんな材料で作られているかをたどってゆけば、みな［ F ］なお菓子であることが明らかになる。いいかえれば和菓子と呼ぶのがはばかられてくる。

ここには饅頭についてだけ書いておきたい。中山圭子著『事典和菓子の世界』を引くと、饅頭も羊羹と同じく鎌倉、室町時代に中国から伝来したことがわかる。《 ⑤ 》

〈中略〉

饅頭はその後、発展を重ね、『事典和菓子の世界』には葛饅頭、栗饅頭、蕎麦饅頭、麩饅頭、織部饅頭、利休饅頭から温泉饅頭までずらりと列挙している。壮観というほかない。ここには挙がっていないが、もみじ饅頭もあればチョコレート饅頭もある。また名前に饅頭がつかなくても、

【国語】（四五分）〈満点：一〇〇点〉

一 次の文章を読んで、後の問いに答えなさい。（原文にある段落番号は問題作成の都合により割愛した。）

羊羹は代表的な和菓子である。A漱石も谷崎もそう思っていた。しかしながら少し調べると、はたして和であるのか、とたんに怪しくなる。さらにもともとは菓子でなかったことがわかる。

（中略）

十四、五世紀の中国で羊肉の＊あつもの（羹）を羊羹と呼んだ。羹とは煮込み料理である。羊肉のシチュー、ポトフ、ボルシチといえばいいか。このころの羊羹はお菓子ではなく羊肉料理だった。中国の元（一二七一―一三六八）、明（一三六八―一六四四）の時代である。

一口に中国といっても民族も文化もB多種多様、それを国としてどうにか一つにまとめてきたのが歴代の王朝、一九四九年以降は中国共産党の一党独裁政権である。元は北方の遊牧民モンゴル人がまず黄河流域の麦作地帯、中原を征服し、やがて長江（揚子江）流域の稲作地帯、江南も支配下に収めた、［甲］征服王朝である。お菓子の羊羹の原点にある「羊の羹」はモンゴル人が中原にもちこんだ郷土料理だったのではないか。モンゴル出身の横綱照ノ富士が羊羹を食べる姿を想像すれば、それは七百年を経た［C］というべきだろう。

《①》

当時十四、五世紀の日本は鎌倉時代から室町時代である。鎌倉時代に二度の元寇（一二七四、八一）が起こったものの、中国から文化の流入がつづいた。とくに禅宗の文化は中国からの渡来僧や日本からの留学僧によって京都や鎌倉の禅寺に伝えられた。その一つが腹ごなしに食べた点心としての羊羹だった。

ただ禅宗にかぎらず仏教では肉食を禁じているので羊の肉を煮込むわけにはいかない。そこで小豆粉（漉粉）、小麦粉、葛粉、砂糖を練り合わせたものを蒸して羊の肉に見立てた。いわば羊肉もどき（擬）である。これを昔のまま羊羹という名前で呼んだ。僧侶たちは羊肉もどきの羊羹を食べて中国を懐かしんだのだろう。この小麦粉を使った蒸し物の羊羹から今の生菓子の材料「こなし」や蒸羊羹が生まれた。《②》

江戸時代半ば十八世紀に入ると、小麦粉の代わりに寒天で固める羊羹が登場する。はじめのうちは少豆粉と砂糖を寒天で固めるだけだったが、のちに火にかけて練り固めるようになる。前者が現在の水羊羹、後者が煉羊羹である。

羊羹といえば今では煉羊羹であり、栗蒸羊羹も水羊羹もこの煉羊羹の変形と思われているが、＊虎屋文庫の調査では蒸羊羹、水羊羹、そして最終的に煉羊羹ができあがった。このように中国から伝わった料理の一つが日本で長い時間をかけて今の羊羹になった。これを和菓子の代表として誰も疑わないということになる。

次に今の羊羹の材料である小豆、砂糖、寒天について調べると、さらにD厄介なことがわかる。

小豆については長い間、古代に中国からもたらされたとされてきたが、近年、縄文時代の遺跡から小豆が発見され、もともと日本に自生していたとも考えられるようになった。たしかに「あづき」という名前が漢字の小豆の音でなく大和言葉であることも日本に自生していたことを推測させるが、［乙］自生していたとしても、この自生の小豆が

MEMO

大切なことはメモしておこうネ！

2024年度

解答と解説

《2024年度の配点は解答欄に掲載してあります。》

＜数学解答＞

1 [1] (1) 3 (2) 6 [2] (3) 1 (4) 0 (5) 3 [3] (6) 2
(7) − (8) 1 [4] (9) − (10) 5 (11) 4 [5] (12) 2
(13) 0 (14) 2 (15) 6 [6] (16) − (17) 2 (18) 1 (19) 0
[7] (20) 1

2 [1] (21) 2 (22) 9 [2] (23) 7 (24) 3 (25) 6

3 [1] (26) 3 (27) 1 (28) 5 (29) 0 (30) 0 [2] (31) 2
(32) 0

4 (33) 2, 4, 5

5 [1] (34) 1 (35) 6 (36) 4 (37) 4 (38) − (39) 2 (40) 2
[2] (41) 5 (42) 4 [3] (43) 1 (44) 3 (45) 4 (46) 0

6 [1] (47) 0 (48) 5 (49) 6 [2] (50) 6 (51) 6 [3] (52) 3
(53) 6 [4] (54) 7 (55) 5 (56) 5 (57) 1 (58) 1

○推定配点○

1 各4点×7　2 各5点×2　3 各5点×2　4 9点(完答)
5 [1], [2] 各4点×2　[3] 9点　6 [1]～[3] 各6点×3　[4] 8点　計100点

＜数学解説＞

1 (式の計算，分数式，連立方程式，二次方程式，平方根の利用，関数と変域，資料の整理)

基本 [1] $(3ab)^2 \div 3ab^2 \times a^5 = 9a^2b^2 \times \frac{1}{3ab^2} \times a^5 = \frac{9a^2b^2 \times a^5}{3ab^2} = \frac{9a^7b^2}{3ab^2} = 3a^6$

[2] $\frac{x+3y}{xy} = \frac{2}{3}$　$\frac{x}{xy} + \frac{3y}{xy} = \frac{2}{3}$　$\frac{1}{y} + \frac{3}{x} = \frac{2}{3}$　両辺を5倍して$\frac{5}{y} + \frac{15}{x} = \frac{10}{3}$　よって，$\frac{15}{x} + \frac{5}{y} = \frac{10}{3}$

基本 [3] $\frac{1}{3}x + \frac{1}{6}y = \frac{1}{2}$の両辺を6倍して$2x+y=3$…①　$x=3y+5$…②を①に代入して$2(3y+5)+y=3$　$6y+10+y=3$　$7y=-7$　$y=-1$　さらに，$y=-1$を②に代入して$x=3\times(-1)+5=2$　よって，$x=2$，$y=-1$

重要 [4] 二次方程式$2(x-2)^2=(x-2)(x-7)+14$より，$2(x^2-4x+4)=x^2-9x+14+14$　$2x^2-8x+8=x^2-9x+28$　$x^2+x-20=0$　$(x+5)(x-4)=0$　$x=-5$，4

重要 [5] $a=\sqrt{2}+\sqrt{3}+\sqrt{5}$，$b=\sqrt{2}+\sqrt{3}-\sqrt{5}$において，$\mathrm{X}=\sqrt{2}+\sqrt{3}$とすると，$a=\mathrm{X}+\sqrt{5}$　$b=\mathrm{X}-\sqrt{5}$　$a-b=(\mathrm{X}+\sqrt{5})-(\mathrm{X}-\sqrt{5})=2\sqrt{5}$　$ab=(\mathrm{X}+\sqrt{5})(\mathrm{X}-\sqrt{5})=\mathrm{X}^2-(\sqrt{5})^2=(\sqrt{2}+\sqrt{3})^2-5=2+2\sqrt{6}+3-5=2\sqrt{6}$　このとき，$a^2-ab+b^2=(a^2-2ab+b^2)+ab=(a-b)^2+ab=(2\sqrt{5})^2+2\sqrt{6}=20+2\sqrt{6}$

基本 [6] 関数$y=-2x+1$は，xが増加するとyが減少する関数なので，yの値が最小のときにxの値は最

大となり，yの値が最大のときにxの値は最小となる。このとき，$y=-2x+1$に$y=-19$を代入すると，$-19=-2x+1$　$2x=20$　$x=10$　さらに，$y=-2x+1$に$y=5$を代入すると，$5=-2x+1$　$2x=-4$　$x=-2$　よって，$-2 \leqq x \leqq 10$

[7]　ヒストグラムより，最頻値は5点，平均値は$(0\times1+1\times2+2\times3+3\times4+4\times3+5\times5+6\times2)\div20=69\div20=3.45$(点)，中央値は得点の低い方から10番目の3点と11番目の4点の平均値である$(3+4)\div2=7\div2=3.5$(点)となる。よって，(平均値)＜(中央値)＜(最頻値)

2　(確率)

重要　[1]　1つのさいころを2回ふったときに，1回目に出た目の数をa，2回目に出た目の数をb(a，bは6以下の自然数)とし，さいころの目の数の出方を(a，b)のように表すと，駒が頂点Cの位置にあるのは$a+b=2$，7，12のときであり，それぞれの目の数の出方は，$a+b=2$のとき(1，1)　$a+b=7$のとき(1，6)，(2，5)，(3，4)，(4，3)，(5，2)，(6，1)　$a+b=12$のとき(6，6)となるので，全部で8通り。さらに，1つのさいころを2回ふったときのさいころの目の数の出方は全部で$6\times6=36$(通り)なので，駒が頂点Cの位置にある確率は$\frac{8}{36}=\frac{2}{9}$

やや難　[2]　反時計回りを正の方向，時計回りを負の方向とすると，駒が頂点Cの位置にあるのは$a-b=-3$，2のときであり，それぞれの目の出方は$a-b=-3$のとき(1，4)，(2，5)，(3，6)　$a-b=2$のとき(3，1)，(4，2)，(5，3)，(6，4)となるので，全部で7通り。よって，駒が頂点Cの位置にある確率は$\frac{7}{36}$

3　(方程式の文章題)

基本　[1]　商品の値段を1円値下げするごとに売り上げ個数が5個ずつ増えるので，10円値下げすると，売り上げ個数は50個増えることになる。このとき，1日の売り上げ個数は$300+50=350$(個)となるので，1日の売り上げ金額は$(100-10)\times350=90\times350=31500$(円)

重要　[2]　商品の値段の値下げ額をx円とすると，x円の値下げで売り上げ個数が$5x$(個)増えることになる。このとき，1日の売り上げ個数は$300+5x$(個)となるので，1日の売り上げ金額が32000円となるとき，$(100-x)(300+5x)=32000$　$30000+500x-300x-5x^2-32000=0$　$-5x^2+200x-2000=0$　両辺を-5でわって，$x^2-40x+400=0$　$(x-20)^2=0$　$x=20$　よって，商品を20円値下げしたときとなる。

重要　4　(三角形の面積，等積変形)

△FBCを底辺がCF，頂点が点Bの三角形とみると，底辺CFはABに平行なので，同じ底辺CFを持ち，頂点がAB上にある△ACFは△FBCと面積が等しい。次に，△ACFを底辺がAC，頂点が点Fの三角形とみると，底辺ACはEFに平行なので，同じ底辺ACを持ち，頂点がEF上にある△ACEは△ACFと面積が等しい。さらに，△ACEを底辺がAE，頂点が点Cの三角形とみると，線分BCはAEに平行なので，同じ底辺AEを持ち，頂点がBC上にある△ABEは△ACEと面積が等しい。よって，△FBCと面積が等しい三角形は△ABE，△ACE，△ACF

5　(二次関数と変化の割合，二次関数と図形，回転体の体積)

重要　[1]　点Aは関数$y=ax^2$のグラフ上の点なので，$y=ax^2$に$x=-2$を代入して$y=a\times(-2)^2=4a$より，点Aの座標はA$(-2,\ 4a)$と表せる。また，点Bも関数$y=ax^2$のグラフ上の点なので，$y=ax^2$に$x=4$を代入して$y=a\times4^2=16a$より，点Bの座標はB$(4,\ 16a)$と表せる。このとき，xの値が-2から4まで増加するときの増加量は$4-(-2)$，yの値が$4a$から$16a$まで増加するときの増加量は$16a-4a$となるので，xの値が-2から4まで増加するときの変化の割合は$\frac{16a-4a}{4-(-2)}=\frac{12a}{6}=2a$

基本 [2]　xの値が-2から4まで増加するときの変化の割合が$\frac{5}{2}$であるとき，[1]より，変化の割合は$2a$に等しいので，$2a=\frac{5}{2}$　$a=\frac{5}{4}$

やや難 [3]　[2]より$a=\frac{5}{4}$なので，点Aの座標はA$(-2,\ 5)$，点Bの座標はB$(4,\ 20)$となる。ここで，直線ABの式を$y=ux+v$(u，vは定数)とおくと，直線ABはA$(-2,\ 5)$を通るので，$y=ux+v$に$x=-2$，$y=5$を代入して$5=-2u+v$…①　直線ABはB$(4,\ 20)$を通るので，$y=ux+v$に$x=4$，$y=20$を代入して$20=4u+v$…②　②の両辺から①の両辺をひいて$15=6u$より$u=\frac{15}{6}=\frac{5}{2}$　①に$u=\frac{5}{2}$を代入して$5=-2\times\frac{5}{2}+v$　$5=-5+v$　$v=10$　よって，直線ABの式は$y=\frac{5}{2}x+10$となる。さらに，点Cはx軸上の点なので，$y=\frac{5}{2}x+10$に$y=0$を代入して，$0=\frac{5}{2}x+10$　$-\frac{5}{2}x=10$　$x=-4$より，点Cの座標はC$(-4,\ 0)$となる。ここで，点Aを通りy軸に平行な直線とx軸の交点をA_x，点Bを通りy軸に平行な直線とx軸の交点をB_xとすると，点A_xの座標は$A_x(-2,\ 0)$，点B_xの座標は$B_x(4,\ 0)$となる。このとき，直線AA_x//直線BB_xであり，平行線で区切られた線分の比は等しいので，$CA:AB=CA_x:A_xB_x=\{-2-(-4)\}:\{4-(-2)\}=2:6=1:3$

また，点Aを通りx軸に平行な直線とy軸の交点をA_yとすると，点A_yの座標は$A_y(0,\ 5)$となる。さらに，直線ABとy軸の交点をDとすると，点Dの座標はD$(0,\ 10)$となる。このとき，△OACをy軸を中心に1回転させてできる立体は，△ODCをy軸を中心に1回転させてできる円錐Pから，△OAA_yをy軸を中心に1回転させてできる円錐Qと，△DAA_yをy軸を中心に1回転させてできる円錐Rを除いた図形となる。円錐Pの底面の半径は4，高さは10なので，体積は$4\times4\times\pi\times10\times\frac{1}{3}=\frac{160}{3}\pi$　円錐Qの底面の半径は2，高さは5なので，体積は$2\times2\times\pi\times5\times\frac{1}{3}=\frac{20}{3}\pi$　円錐Rの底面の半径は2，高さは$10-5=5$なので，体積は$2\times2\times\pi\times5\times\frac{1}{3}=\frac{20}{3}\pi$　よって，△OACをy軸を中心に1回転させてできる立体の体積は$\frac{160}{3}\pi-\frac{20}{3}\pi-\frac{20}{3}\pi=\frac{120}{3}\pi=40\pi$となる。

6 (アナログ時計の針と角度)

基本 [1]　短針は1時間すなわち60分間で$360°\div12=30°$進むので，1分間で$30°\div60=0.5°$進む。また，長針は1時間すなわち60分間で360°進むので，1分間で$360°\div60=6°$進む。

重要 [2]　短針は12分間で$0.5°\times12=6°$進み，長針は12分間で$6°\times12=72°$進む。よって，0時12分のとき，短針と長針の間の角の大きさは$72°-6°=66°$

重要 [3]　[1]より，短針は1分間で$30°\div60=0.5°$進むので，x分間で$0.5x°$進む。また，長針は1分間で$360°\div60=6°$進むので，x分間で$6x°$進む。ここで，4時30分のとき，短針は0時の位置から$0.5°\times270=135°$進んだ位置，長針は0時の位置から180°進んだ位置に進んでおり，このとき，短針と長針の間の角の大きさは$180°-135°=45°$となっている。さらに，4時30分からx分後に短針は$0.5x°$，長針は$6x°$進んだ位置にいるので，4時30分からx分後に短針と長針の間の角の大きさが78°になったとすると，$(180°+6x°)-(135°+0.5x°)=78°$　$45°+5.5x°=78°$　$5.5x°=33°$　$x=6$
よって，4時30分から6分後の4時36分に短針と長針の間の角の大きさが78°となる。

やや難 [4]　6時から7時までの間に短針と長針が反対向きに一直線，すなわち短針と長針の間の角の大きさが180°になることはなく，7時のときの短針と長針の間の角の大きさは$180°-30°=150°$となる。さらに[3]より，短針はx分間で$0.5x°$，長針はx分間で$6x°$進むので，7時からx分後に短針と長針の間の角の大きさが180°になるとすると，$150^\circ+6x^\circ-0.5x^\circ=180^\circ$　$5.5x^\circ=30^\circ$　両辺を10倍して$55x^\circ=300^\circ$　$x=\frac{300}{55}=\frac{60}{11}=5\frac{5}{11}$　よって，6時の次に時計の短針と長針が反対向きに一直線になるのは7時$5\frac{5}{11}$分のときである。

★ワンポイントアドバイス★

時間をかけたくないと思った問題ほど，慎重に取り組もう。もちろん易問に時間をかけ過ぎてはいけないが，ケアレスミスに気がつかないくらいあわてて解いても意味がない。練習で獲得した自分のペースを守って取り組むことが大切。

＜英語解答＞

【A】　問1　①　問2　②　問3　②　問4　③　問5　④・⑤

【B】　問1　①　問2　②　問3　④　問4　⑥・①　問5　③　問6　①

【C】　対話1　X　①　Y　①　対話2　X　④　Y　②　対話3　X　④　Y　①

【D】　問1　③　問2　②

【E】　問1　③　問2　④　問3　③　問4　②　問5　②　問6　②

【F】　問1　a　⑥　b　⑤　問2　a　②　b　⑤　問3　a　①　b　③
　　　問4　a　①　b　⑥　問5　a　④　b　⑤

【G】　（ア）　③　（イ）　③　（ウ）　②　（エ）　②　（オ）　③

【H】　（ア）　③　（イ）　④　（ウ）　②　（エ）　①

【I】　問1　①　問2　③　問3　③　問4　④

【J】　問1　②　問2　④　問3　③

【K】・【L】　リスニング問題解答省略

○推定配点○

【A】・【B】　各2点×12(【B】問4完答)　【C】　各1点×6　【D】　各3点×2

【E】・【F】　各2点×11(【F】各完答)　【G】　各3点×5　【H】・【I】・【J】　各2点×11

【K】・【L】　各1点×5　計100点

＜英語解説＞

重要 【A】　（長文読解問題・論説文：内容把握，内容最後判断）

（全訳）　日本は日本のおいしい食べ物をとても大切に思っているが，その多くが廃棄物となっていることを知っていただろうか？　これはこの国の大きな問題である。日本の環境省によると2020年の日本のフードロスや廃棄の推定量はおよそ5.22トンであった。この廃棄は我々の環境を傷つけ貴重な資源を無駄にしている。

日本でなぜ食品が廃棄となるかにはたくさんの理由がある。食品産業もこの問題の一部になる。レストラン，店，工場は時に食べ物を作りすぎてしまい，それらが売れないと捨ててしまうのだ。

たとえば，夏の東京オリンピックではその間に，膨大な量の調理食品が無駄になった。主催者はおよそ175トンの食品をアスリートに，そして300,000食の弁当をボランティアとスタッフに用意した。この弁当のいくつかはゴミとして捨てられた。主催者は様々な食生活や宗教の信条に合うように多くの異なる種類の食事を提供しなければならなかった。結果として，700種ほどの異なる食べ物がメイン食堂で利用可能とした。このような努力にも関わらず，大量の食品をアスリートたちは手つかずのまま残し，結果としてゴミとなってしまったのだ。ⓐ「もったいない－なんて無駄なんだ！」

文化的信念のおかげで，日本の人々はこの問題を解決するために一生懸命働いている。政府は団体や企業と共に食品廃棄を減らし環境を保護するために行動を起こしている。家では，私たちも変えることができる。福岡市では廃棄される食品の量を減らすために福岡エコキャンペーンと呼ばれるものを行っている。これは私たちによりよい献立を考え，食品を正しく保管し，残り物を工夫して使う方法を教えてくれる。

外食する時，あなたたちの多くのは食べ物を頼みすぎて，食べずに残してしまったことがあるかもしれない。丁度良い量を注文し，多すぎない食事を楽しむことが重要である。集まりやパーティーの時は，最初の30分は席に座り食事を楽しもう。その後，話をしたり楽しんだりしよう。しかし，お皿の上の食べ物のことは忘れないようにしよう。食事を終わらせ，席に戻り最後まで食べ物を食べることをお互いに確認するべきである。

福岡市は福岡エコキャンペーンを積極的に促進することでレストランや宿泊施設の人，食品小売業者に食品ロスを減らすための手助けをお願いしている。学校では食品廃棄を減らすことについて教え，子どもたちは食べ物の使い方にもっと気をつけることを学んでいる。

食品廃棄に対して一致団結しこれ以上「もったいない」と言わないようにしよう。

図1

食べ残しや食品の売れ残り防止活動　　福岡エコキャンペーン

3つの福岡エコポイント　　レストラン及び宿発施設

①宴会と食事：賢く節度を持って注文　②宴会：最初の30分は食事を楽しむ

③宴会：最後の10分で食事を終わらせる

問1　①「日本の食品廃棄」(○)　全体を通して日本における食品廃棄の問題点などが書かれている。　②「福岡市における食事のいい加減な計画」第4段落最終文に不一致。　③「夏の東京オリンピックでは十分な食事の選択肢がなかった」第3段落第4文に不一致。　④「日本の宗教的信条と食べ物」そのような記述はない。

問2　①「アスリートたちは厳しい食事制限があった」そのような記述はない。　②「主催者はアスリートとスタッフに過剰な食事を用意した」(○)　第3，6で用意した食品が廃棄されたことが書かれている。③「メイン食堂では限られた食事の選択肢しかなかった」第3段落第4文に不一致。　④「ボランティアとスタッフは結果として残り物となってしまった自分たちの食事を持ってきていた」そのような記述はない。第3段落第2文でお弁当が用意されていたことがわかる。

問3　続く文参照。this cultural belief ＝ Mottainai この信条が政府を動かし食品廃棄を減らす(reduce food waste)活動を始めたことがわかるので②が正解。　①「食事を楽しむ」③「丁度良い量の食事よりも多く注文する」④「食事を終わらせ自分の席に戻る」

問4　①第5段落第2文に一致。　②第5段落第3文に一致。　③(○)　そのような記述はない。

問5　①「夏の東京オリンピックではボランティアとスタッフのための弁当を含む大量の食べ物が無駄になった」第3段落最初の文に一致。②「環境省によると2020年，日本は5.22トンの食べ物を無駄にした」第1段落第3文に一致。　③「日本では，レストラン，店，工場で過剰な食べ物が作られることが時々あり，それらが売れなかった場合は廃棄される」第2段落第3文に一致。④「日本の学校では食品廃棄を減らすことを教えず，生徒たちに気をつけて食べ物を使うよう求めない」(○)　第6段落最終文に不一致。　⑤「福岡エコキャンペーンは食品廃棄を減らし環境を保護することを推奨しない」(○)　第4段落第4，5文に不一致。⑥「日本の食品産業も食品廃棄の問題の一部だ」第2段落第2文に一致。

重要 **【B】**（長文読解問題・論説文：適語選択補充，文挿入，語句整序，内容把握）

（全訳）　ソーシャルメディアは日本の人たちがお互いにつながり情報を共有するのに人気のある方法である。日本の多くの人たちが自分の友達や家族とやり取りをするためにそれを使う。彼らはメッセージや写真を送ったり一緒にゲームをしたりすることもできる。①特に若者は自分たちの日常や趣味を投稿して楽しんでいる。

日本の人たちがソーシャルメディアを利用する理由の一つが，利用が簡単だからである。人々はすぐにアカウントを作り投稿を始められるのだ。グループに参加したり，お気に入りの人や企業をフォローすることもできる。最新のニュースや話題に(1)追いつくこともできる。

日本の人たちがソーシャルメディアを好きな[A]もう一つの理由は，自分たちのアイデンティティを示すことができるからである。自分たちの意見やアイディアを共有したり，ビデオやブログのような独自の中身を作り出すことさえもできるのだ。

しかしながら，ソーシャルメディアについて心配な[B]こともある。これは中毒性がある物になり得ると言う人もいる。他の人たちはプライバシーやネットいじめを危惧する。(2)人々がソーシャルメディアを良い方法で使うことが重要で，そのリスクに気を付けることが重要である。

日本ではビジネスや有名人にとってはソーシャルメディア[B]もまた重要である。多くの企業が自分たちの商品を宣伝するのにソーシャルメディアを利用する。たくさんの人に届けることができ客と繋がれる。有名人はブランドについて語り宣伝投稿からお金を得るためにソーシャルメディアを使うことができる。

(3)しかし，ソーシャルメディアの全てが真実ではないことは覚えておくべきである。それを信じて共有する前に気を付けて，情報を調べる必要がある。友人や家族と一緒にいたり，勉強や趣味など他のことに時間を費やすことも大切である。

まとめると，ソーシャルメディアは日本の生活で大きな部分を占めている。もし気を付けながら良い方法でそれを使えば，ソーシャルメディアは他の人たちとつながり話をする良い方法になり得る。

問1　全訳参照。「特に若者は自分たちの日常や趣味を投稿して楽しんでいる」という意味の文。ソーシャルメディアをどのように使うかを説明しているので①に入れるのが適当。

問2　A　第2段落最初の One に対応して Another を入れる。「一つの理由は…で，もう一つの理由は～」という流れになる。　B　also を入れ「心配なこともある」「～もまた」という意味にする。

問3　catch up with ～ で「～に追いつく」という意味。

問4　It's important for people to use ～ 〈It's ～ for ＋人＋ to …〉「人が…するのは～だ」という構文に当てはめる。

問5　下線部は「しかし，ソーシャルメディアの全てが真実ではないことは覚えておくべきである」の意味。続く文で，情報をよく調べるべきだと書かれているので，③が正解。

問6　Q「なぜ多くの日本人はソーシャルメディアを使うのですか」①「友達や家族とつながるため」(○)　第1段落第1，2文に一致。②「勉強をしたり趣味をするため」③「旅をしたり新しい場所を見つけるため」④「誰にも話さないため」

基本 **【C】**（対話文完成）

対話1（全訳）

A：今日の美術イベントに関するアナウンスは聞いた？

B：(X)①いや。聞き逃した。

A：えぇと，美術イベントは5時の代わりに4時に終わる。

B：どうして？

A：巨大台風の直撃が早まったんだ。

B：なんてこった。イベントのたった半分しか見ていないのに。

B：(Y)①心配いらないよ。オンラインで美術作品を楽しめる。

B：それはいい知らせだ！

X ①「いや，聞き逃した」(○) 続くBが放送内容を伝えているので①が適当。 ②「誰？」 ③「いや，なぜ？」 ④「元気そうだね。」

Y ①「心配いらないよ」(○) 良い知らせだとBが思うような内容を伝えているので①が適当。 ②「例を教えて」 ③「なんて素敵な！」 ④「それは嬉しい」

対話2 (全訳)

A：韓国アイドルと音楽はここ日本でとても人気がある。

B：そうだね。でもなぜ人々が彼らをそんなに好きなのかわかる？

A：えぇと，日本の若者は人の心をとらえる音楽とかっこいい踊りが好きなんだと思う。

B：(X)④その通り！ 韓国音楽を聴いたり，曲に合わせて踊るのは楽しい。

A：そしてアイドルたちはショーで歌って，踊って，演技までする。

B：そう，その通り！ たくさんのことする彼らの能力がますます多くのファンを魅了する。

A：韓国アイドルたちはとてもかっこよくて(Y)②若者たちが彼らのスタイルに憧れると聞いた。

B：そう，もちろん！ 彼らのファッションセンスは独特で，若いファンたちは彼らのような恰好をするのが大好き。

X ①「そのことについては知らない」 ②「私は日本の人の心をとらえるような歌が大好き」 ③「それは良い考えではない」 ④「その通り！」(○) 歌や踊りが好きで楽しいと同意しているので④が適当。

Y ①「私は韓国料理が好き」 ②「若者たちは彼らのスタイルに憧れる」(○) 若いファンが彼らのような恰好をするのが好きだと話を続けているので②が適当。 ③「それは少し難しい」 ④「韓国の若者たちは日本人が大好きだ」

対話3 (全訳)

A：新しい映画「将来の女の子たち」は観た？

B：まだよ。あなたは？

A：観た，とても面白かった。将来の女の子たちは…

B：いえ！ やめて！ (X)④その映画について話してはダメよ。

A：なぜダメなの？

B：観るのを楽しみにしているのよ。楽しみを奪わないで。

A：ごめんなさい。それなら(Y)①明日観ましょうよ。

B：素晴らしい考え！ でもあなたにとっては2度目になるわよ。

A：問題ないわ。

X ①「その映画を観たい？」 ②「映画館までの行き方を教えて」 ③「話を教えてくれてあなたはとても親切だ」 ④「その映画について話してはダメよ」(○) 映画を観るのを楽しみしているからだとわかるので④が適当。

Y ①「明日観ましょうよ」(○) 2度目になるけれどそれは問題ないと続くので①が適当。 ②「あなたが観終わってからそれについて話しましょう」 ③「別の映画について話しましょう」

④「別の映画のチケットを買いましょう」

重要【D】（文整序問題）

問1 （全訳） あなたはドードーを覚えていますか？ この大きくておとなしい鳥はインド洋のモーリシャス島にしか住んでいなかった。(イ)それは飛ばなかったが，そこに住む他の動物から危険な目に合うことはなかった。(ウ)それなので，他の生き物たちを怖がることがなかった。そしてモーリシャス島に人間がやってきた。(エ)彼らは犬のような新しい動物を船に乗せやって来て，これらの動物たちがドードーを殺してしまったのだ。(ア)それから人間は木を伐採し鳥の住みかを破壊してしまった。そしてドードーを捕まえる人たちもいたー食料としてではなく，狩猟が好きだったからというだけで。1680年代頃に最後のドードーが死んだ。これはかなり昔に起こったことだが私たちはドードーのことは忘れられないーそして私たちは生きているドードーを二度と見ることはないだろう。

③が正解。全訳参照。

問2 （全訳） 猫カフェは日本でとても人気がある。多くの人がペットを飼えない家に住んでいる。(ウ)多くの人はとても忙しくて家で猫を飼えない。(ア)そのような人たちにとって猫カフェは，彼らが猫と過ごしリラックスできる場所なのだ。(イ)多くは地元の動物保護施設で助けられた猫たちである。(エ)時に，猫カフェで新しい飼い主に出会うこともある。したがって猫カフェは猫にとっても大切な場所なのだ。

②が正解。全訳参照。

基本【E】（適語選択補充問題：慣用句，現在完了形，受け身）

問1 One ～, the other …「(2つのもののうち)1つは～，もう一つは…」という意味。③ the other を入れる。

問2 too ～ to …「とても～なので…できない」という意味。④ too を入れる。

問3 「～してからずっと…」という意味なので，has drawn という現在完了形にする。

問4 be annoyed with ～ で「～に腹を立てる[いらいらする]」という意味。日本語の「迷惑する」という意味も be annoyed with ～ という受け身表現で表すことができる。

問5 ② have to ～ で「～しなければならない」という意味。 ① be able to ～「～できる」 ③ need not ～「～する必要はない」 ④このような表現はない

問6 「ちょうど…したところだ」という時には，〈have just ＋過去分詞〉と現在完了形と just で表す。

重要【F】（語句整序問題：現在完了形，動名詞，関係代名詞，不定詞，慣用句）

問1 How many times have you been (to Russia?)「A：ロシアには何回行ったことがありますか？／B：3回。」 How many times ～? は回数をたずねる時に使う表現。have been to ～「～に行ったことがある」経験を表す現在完了形を疑問文の語順にする。

問2 How about playing baseball after school? 「A：放課後野球をするのはどう？／B：素晴らしい！」〈How about ＋… ing(動名詞)〉で「…するのはどう？」という勧誘表現。前置詞 about に続くのでこの playing は動名詞。after school「放課後」

問3 (The) boy Kate is talking with is my brother. 「A：お兄さんはどこ？／B：見て。ケイトが話しているあの少年が私の兄です。」 The boy (that) Kate is talking with「ケイトが話している少年」ひとまとまりでこの文の主語。関係代名詞が省略されていることに注意。続く is がこの文の動詞になる。

問4 It is difficult for us to get good scores (on the test.) 「A：テストで良い点数を取るのは私たちには難しい。／B：本当に？ 最善を尽くそう。」〈It is ～ for ＋人＋ to …〉「人が…す

るのは～だ」という意味の構文に当てはめる。It は to 以下を指す形式主語。get good scores「良い点数を取る」

問5 (This book is) so difficult that I can't read it. 「A：この本を読めますか？ あなたには簡単だと思う。／B：いいえ。私にはとても難しいので読めないです。」〈so ～ that ＋主語＋can't …〉「とても～なので人は…できない」に当てはめる。I can't read it と最後に目的語 it を忘れずに入れる。

重要 **【G】** (正誤問題：分詞，仮定法，不定詞，比較，前置詞，間接疑問，慣用句)

(ア) ①「生徒のほとんど全員がテレビゲームを持っている，だから私もそれが欲しい」 almost all ～「ほとんどすべての～」 one は不定代名詞。ここでは a video game を指す。 ②「英語はたくさんの国で話されている言語だ」 spoken (in many countries) がひとまとまりで a language を後置修飾。 ③ is → was「もし水がもっときれいだったら，この池にもっとたくさんの魚が住めるだろう」(○) 現在の事実に反する仮定を表す仮定法過去〈If ＋主語＋過去形，主語＋助動詞の過去形＋動詞の原形〉の文。if節内は過去形 was になる。 ④「父は私たちに静かにするように言った」〈tell ＋人＋ to …〉「人に…するように言う」 be quiet「静かにする」

(イ) ①「私はティーンエイジャーの頃，趣味に費やせるお金はほとんどなかった」 little money「お金がほとんどない」〈little ＋不可算名詞〉で「ほとんどない」の意。money to spend「費やせるお金」 to spend は money を修飾する形容詞用法の不定詞。 ②「ますます暑くなっている」 get hot「熱くなる」〈比較級＋比較級〉で「ますます～になる」の意。 ③ for → to「親友が私に本をくれた」(○) give は〈give ＋物＋ to 人〉の形をとる。 ④「あなたの家は私の家の2倍大きい」 倍数表現〈A is 倍数詞＋ as ＋原級＋ as B〉「AはBのX倍～」

(ウ) ①「もし明日雨が降ったら，私は公園には行かない」条件を表す副詞節では未来のことも現在形で表すため，rains で正解。 ② have finished → finished「昨日私は友達と宿題を終わらせた」(○) yesterday という明確な過去を表す語句がある時，現在完了形は使わず過去形にする。 ③「太陽は東から昇る」 東の方角で昇るので用いる前置詞は from ではなく in で正解。 ④「どのくらいの頻度で沖縄に行きますか？」 How often ～? は頻度をたずねる表現。

(エ) ①「何か冷たい飲み物が欲しい」 something cold「何か冷たい物」 to drink は something cold を修飾する形容詞用法の不定詞。 ② is she → she is「彼女が誰か覚えていますか？」(○) who 以下は remember の目的語になるので間接疑問文〈主語＋動詞〉の語順にする。 ③「今日はどうやってここに来ましたか？」ここでの get は「到達する」という意味。 ④「父は英語だけではなくフランス語も話せる」〈not only A but also B〉「AだけでなくBも」

(オ) ①「彼女はピアノを美しく弾く」 beautifully「美しく」という意味の副詞。 ②「昨日あなたの両親に電話をしましたか？」 call「電話をかける」 ③ don't be → aren't「彼らはあの贈り物が嬉しくない」(○) be happy で「嬉しい」 they が主語のbe動詞の否定形は aren't。 ④「その猫はそのねずみを家中追いかけた」 chase「追いかける」 around the house「家のあちらこちら[家の周り]」

重要 **【H】** (書き換え問題：助動詞，比較，関係代名詞，慣用句)

(ア)「私のために甘美な歌を歌ってください」→「私のために甘美な歌を歌ってくれませんか」 ③ Will you ～?「～してくれませんか」という依頼表現で言い換える。

(イ)「彼のスマートホンは私のよりも良い」→「私のスマートホンは彼のほど良くない」「AはBより～だ」という比較級の文のAとBを入れ替え，さらに原級で同じ意味を表す文に換える。 ④ B is as ～ as A「BはAと同じくらい～だ」の否定形 B is not as ～ as A「BはAほど～ではない」にすることで同じ意味になる。

(ウ)「鉛筆を見せて。トシがそれをあなたに買った」→「トシがあなたに買った鉛筆を見せて」

関係代名詞使って1文にする。先行詞となる pencil は物なので② which を入れる。

(エ)「私が出張に行く間，私の犬の世話をできますか？」 take care of ～ ＝ look after ～「世話をする」

基本 【I】 (読解問題・資料読解：内容把握)

(全訳) 水泳部員の方へのお知らせ

天候状況により来週のクラブ活動の練習時間が変更になります。注意深く読み，間違いのないようにしてください。このお知らせは掲示板でのみ掲示され，eメールではお伝えしません。クラブの他の部員にも伝えてください。

今週(7月末まで)

場所：大プール　時間：9－12時　月曜日から金曜日まで(午後は練習なし)　休憩：10:30－11:00　屋外プールサイド

8月1日から

場所：小プール　時間：9－12時　月曜日から水曜日；13－16時　木曜日のみ；金曜日は練習なし

休憩：10:30－11:00　更衣室

今は暑いので，8月1日からの平日はサッカー部，テニス部のような校庭で活動するクラブがクールダウンのために大プールを使用します。練習後に自主練をしたい人は，7月8月ともに12:00－13:00は大プールを使用できます。

8月末のトーナメントに向けて頑張りましょう。

問1 「生徒たちは変更をどのようにして知りますか？」 ①「この掲示板でのみ」(○) 最初の段落，最後から2文目に一致。 ②「この掲示板とeメールで」 ③「eメールでのみ」 ④「他のクラブ部員に聞くことで」

問2 「8月10日木曜日の水泳練習は何時に始まりますか？ どこに行かなくてはなりませんか？」
①「大プールで9時から開始」 ②「小プールで9時から開始」 ③「小プールで13時から開始」(○) 8月1日からの項目参照。 ④「その日は練習なし」

問3 「8月21日月曜日に自主練をしたい人は大プールを使える。同じ日に他に誰が使えますか？」
①「通常練習をする水泳部員」 ②「水泳の練習をしたい外で練習するほかの部活部員」 ③「クールダウンをしたい校庭で練習をする他の部活部員」(○) Since で始まる文に一致。
④「水泳を練習したい人なら誰でも」

問4 「7月30日はどこで自主練ができますか？」 ①「自主練は不可」 ②「プールサイド」 ③「更衣室」 ④「大プール」(○) Since で始まる段落最終文に一致。

基本 【J】 (会話文：内容把握)

(全訳) ブルース　：やぁ，スティーブ！ 今年の日本の夏は暑すぎる！

スティーブ：そうだよね，太陽がここにずっと居座ることに決めたみたいだ。

ブルース　：本当に，本当に暑い！ 暑さにどう対処している？ 何かいい考えはある？

スティーブ：あぁ！ たくさんの水を飲む！ そしてハンディー扇風機をいつも持ち歩いている。

ブルース　：いい考えだ！ 僕もたくさんのアイスキャンディと冷たいものを摂取している。でも湿度のせいで余計に暑く感じる。

スティーブ：そうだよね！ 外に出たとたん熱い蒸気の中に歩いて入るみたいだ。でも何がいいか知っている？ かき氷を食べることだよ。

ブルース　：もちろん！ 日本の夏のごちそうは素晴らしいよね。最高に暑いときは家にいて，週末は新鮮で涼しい空気を吸いに海辺に行く。

スティーブ：それはすごくいいね！　残念なことに週末は仕事で海辺には行けない。でも夜は夏祭りと花火を楽しめる。

ブルース　：お祭りは最高だよね。色とりどりの浴衣とかっこいい踊り，そして空の花火がすべて完璧にしてくれる。

スティーブ：その通り！　お祭りでの食べ物もおいしい。たこ焼き，焼き鳥，屋台の他のおいしい食べ物。

ブルース　：そのことを考えるとお腹が減ってしまう。でもこの暑さには気を付けることを忘れないで。時々危険だ。毎日暑さ指数をチェックして。

スティーブ：ブルース，その通り！　安全が一番！　必要な時は休むべき，そして友だちにも安全でいることを思い出してもらわないとね。

ブルース　：うん。一緒にこの日本の夏を乗り切って，みんなとオンラインでアイディアを共有し続けよう。

スティーブ：もちろん！　日本の夏の乗り切り方を知ることは大切だ。友よ，気を付けて。また後で！

ブルース　：スティーブ，君もね！　水をたくさん飲んで。また話そう。

問1 「スティーブはどのように暑さを対処するのですか？」 ①「彼はアイスクリームを食べる」 ②「彼はたくさんの水を飲む」（○）　スティーブの2つ目のセリフに一致。 ③「彼は家の中にいる」 ④「彼は帽子をかぶる」

問2 「日本の夏祭りについて彼らは何と言っていますか？」 ①「たいくつでつまらない」 ②「色とりどりのゆかたとかっこいい踊りはおもしろくない」 ③「祭りでは花火はない」 ④「おいしい食べ物，踊りと花火がある」（○）　ブルースとスティーブの5つ目のセリフに一致。

問3 「暑い夏の間，ブルースが乗り切る方法は何ですか？」 ①「平日に海辺に行き新鮮で涼しい空気を楽しむ」ブルース4つ目のセリフ参照。海辺に行くのは週末。 ②「たくさんのアイスキャンディーと熱い飲み物を飲む」ブルース3分目のセリフ参照。cold drinks とある。 ③「熱さ指数をチェックする」（○）　ブルースの最後から3つ目のセリフに一致。 ④「一番熱い時間帯にジョギングに出かける」そのような記述はない。

【K】・【L】 リスニング問題解説省略。

★ワンポイントアドバイス★

選択問題のみだが，問題数が多いので時間配分に気を付けよう。最終問題まで解答できるよう，最初の長文読解問題では，わからない単語が出てきても前後の文の流れから意味を想像し読み進めていくようにしよう。

＜理科解答＞

第1問　問1　(1)　①　(2)　④　(3)　①　問2　(1)　⑨　(2)　②　(3)　③
問3　7　⑤　8　③

第2問　問1　(1)　②　(2)　⑥　問2　(1)　③　(2)　④　問3　③，⑥
問4　(1)　④　(2)　④　(3)　⑨

第3問　(1)　17　⑥　18　③　(2)　19　①　20　⑨　21　③　(3)　③，④，⑤
(4)　③，⑤　(5)　③

第4問　(1)　⑥　(2)　⑧　(3)　②　(4)　⑥　(5)　⑦　(6)　⑦

第5問　(1)　⑥　(2)　①，⑤　(3)　⑥

○推定配点○

第1問　各3点×8　第2問　各3点×8(問3完答)　第3問　(3)　4点(完答)
他　各3点×7((4)完答)　第4問　各3点×6　第5問　各3点×3((2)完答)　計100点

＜理科解説＞

第1問　(化学変化と質量―化学変化・水溶液の性質)

問1　(1)　異なる複数の物質が反応して別の物質ができることを化合という。

重要　(2)　加熱後のAには硫化鉄という物質ができており，これが塩酸と反応して腐卵臭を持つ硫化水素を発生する。

重要　(3)　鉄と硫黄は3.5gと2.0gでちょうど反応した。6.0gの硫黄が全て反応すると$3.5\times3=10.5$(g)の鉄が反応する。反応後に残る鉄は0.5gである。

重要　問2　(1)　気体Aは二酸化炭素，Bは酸素，Cはアンモニア，Dは水素である。これらのうち空気より軽い気体はアンモニアと水素である。

(2)　酸素は空気中に約20％含まれる。

(3)　フェノールフタレイン液を赤色にするのはアルカリ性の水溶液である。4つの気体のうちアルカリ性を示すのはアンモニアのみである。

問3　水素イオン　塩酸から生じる水素イオンは，水酸化ナトリウム水溶液を加えていくと中和反応をして徐々に減少する。中和後はイオンの数は0になる。⑤のグラフが水素イオンの変化を表す。　塩化物イオン　塩酸から生じる塩化物イオンは，水酸化ナトリウム水溶液を加えていっても減少しないで一定の数を保つ。グラフは③になる。

第2問　(力，圧力―浮力)

問1　(1)　物体Aの質量は90gであり，体積が30cm^{3}なので密度は$90\div30=3.0$(g/cm^3)である。

重要　(2)　物体にはたらく浮力は0.30Nなので，ばねばかりの値は$0.90-0.30=0.60$(N)になる。

問2　(1)　4.0秒間で20m/s増加するので，$20\div4.0=5.0$(m/s)ずつ増加する。

重要　(2)　等加速度直線運動では，移動距離は時間の2乗に比例する。移動距離を縦軸に時間を横軸に取ると，放物線を描く。

基本　問3　鉛直下向きに重力加速度がかかっており，真上に運動するとき徐々に速度が減少し，最高地点で速度が0となる。その後下向きに加速度運動を行う。ボールには常に下向きに重力がかかっている。

基本　問4　(1)　6Vの電圧で600mAの電流が流れるので，抵抗は$6\div0.6=10$(Ω)である。

(2)　最も抵抗が小さい回路で電流が多く流れる。④の並列回路がもっとも全体の抵抗が小さく，電流値が最大になる。

(3)　消費電力＝電圧×電流であり，⑦の回路が全体の抵抗が最大で，電流値が最小になるので消費電力も最小になる。3つの抵抗を流れる電流の大きさは等しいので，最も抵抗の小さいR_1での消費電力が最小になる。

第3問　(動物の種類とその生活ー動物の分類)

基本 (1)　図のaは魚類，bは両生類，cは鳥類，dはハ虫類，eは哺乳類，fは節足動物で昆虫類と甲殻類を含む。gは軟体動物である。

基本 (2)　bの両生類はオオサンショウウオ，dのハ虫類はワニ，fの節足動物はミジンコである。

基本 (3)　体内受精をするものは，cの鳥類，dのハ虫類，eの哺乳類である。

(4)　Aは恒温動物，Bは変温動物を表す。恒温動物はcの鳥類とeの哺乳類である。

(5)　始祖鳥は羽毛を持ち，前あしは翼になっているが，口に歯があるなど鳥類とハ虫類の両方の特長を持つ。

基本 第4問　(天気の変化ー日本付近の気象)

(1)　天気図Aは西高東低の気圧配置で縦縞の等圧線が特徴的であり，冬の気圧配置である。

(2)　大陸の高気圧から吹き出す北西の季節風が吹く。

(3)　「あ」の天気記号は寒冷前線を表し，「い」は停滞前線を表す。

(4)　等圧線の太い線は20hPa間隔であり，細い線は4hPa間隔の気圧差を示す。名古屋の西にある太い等圧線が1020hPaであり，名古屋の気圧は1016hPaである。

(5)　この後寒冷前線が通過するので，激しい雨が降り出し気温が下がる。風は南寄りから北寄りに変わる。

(6)　梅雨前線は，南の小笠原気団と北のオホーツク気団がぶつかってできる。

第5問　(植物の体のしくみー気孔)

基本 (1)　顕微鏡で観察する物を移動させるには，上下左右を逆の方向に移動させる。Xを左上方向に移動させるので，プレパラートは右下方向に移動させる。

基本 (2)　気孔のはたらきは，水蒸気を蒸散させて温度管理を行うことや，根から吸収した栄養分を蒸散の作用で吸い上げて葉に送る。また，呼吸に必要な酸素や光合成に必要な二酸化炭素を取り込んだり，放出したりしている。気孔は葉の裏側に多く分布する。

重要 (3)　酢酸カーミンで染色されたのは核である。葉緑体は染色しなくても観察できる。葉緑体では光合成が行われ，光のエネルギーを利用してデンプンをつくり出す。

★ワンポイントアドバイス★

基本問題が大半である。出題に偏りはなく，理科全般の教科書レベルの基礎的な知識をしっかりと理解することが重要である。

＜社会解答＞

【1】 問1 ③ 問2 ⑥ 問3 ② 問4 ③ 問5 ② 問6 ④ 問7 ②
問8 ③ 問9 ① 問10 ④ 問11 11 ① 12 ⑧ 13 ⑥ 14 ②
問12 ⑧ 問13 ⑥
【2】 問1 ① 問2 ③ 問3 ④ 問4 ④ 問5 ④ 問6 B ④ C ②
【3】 問1 ⑧ 問2 ⑨ 問3 ④ 問4 ③ 問5 ①
【4】 問1 ② 問2 ④ 問3 ③ 問4 ⑧
【5】 問1 ② 問2 ⑦ 問3 ④

○推定配点○
【1】 問11 4点(完答) 他 各3点×12 【2】 各3点×7 【3】 各3点×5
【4】 各3点×4 【5】 各4点×3 計100点

＜社会解説＞

【1】 (歴史と地理の融合問題―世界の国々と愛知県に関連する問題)

基本 問1 A国はノルウェー，B国はエジプト。ノルウェーのスカンジナビア半島の沿岸部は氷河の浸食で形成されたフィヨルドが多数見られる場所。エジプトの首都カイロはナイル川の下流部にある三角州にある。

問2 古代エジプト文明の時代に使われていた文字は象形文字で，有名なヒエログリフ神聖文字や，ヒエログリフを少し簡略化したヒエラティック神官文字，さらに簡略化したデモティック民衆文字がある。エジプト文明では太陽暦が使われていた。くさび形文字や太陰暦が使われていたのはメソポタミア文明，インダス文字やモヘンジョダロ遺跡はインダス文明のもの。

重要 問3 D国はモンゴル。元寇は1274年の文永の役と1281年の弘安の役で，これを対処したのが鎌倉幕府第8代執権の北条時宗。

やや難 問4 元寇では幕府から御家人への恩賞はほとんどなく，御家人は自分の配下の者の手当てがあり，経済的に窮乏するようになり，その救済のために出されたのが1297年の永仁の徳政令。これにより御家人が失った所領を取り戻すことは可能ではあったが，経済的な混乱を生み出し，さらに金融業を営む者が御家人へ貸し渋るようになり，かえって御家人の生活が苦しくなる面もあった。

重要 問5 F国はフランス。西ヨーロッパのかなりの地域が西岸海洋性気候になっているが，それをもたらしているのが暖流の北大西洋海流と偏西風で，暖流の上の温められ湿っている空気を偏西風がヨーロッパへ運ぶため，高緯度の割に温暖で，一年を通して同じように雨が降る。日本は季節風の影響下にあり，夏は太平洋からユーラシア大陸の方へ吹く南東の季節風の影響を受け，気温が高くなり湿度も高く雨も降る。冬は逆に大陸から海へ向かって吹く北西の季節風の影響を受ける。

問6 ドイツやフランス，イギリスなどの地域にみられる混合農業は，穀物栽培と肉畜の飼育を組み合わせた農業で，一般に畑では麦類と牧草を育て，1年ごとに作物を変えて，3年に1回は土地を休ませる三圃式の輪作が営まれている。

問7 ヨーロッパの近世と呼ばれる時代には，常備軍と官僚制を背景とする絶対王政と呼ばれる国王が全ての権力を握る状態があったが，17世紀以後，ヨーロッパの国々ではこの絶対王政を倒し，国民が自由などの権利を持てるようにする市民革命がおこる。フランスでも1789年に革命がおこり，その革命の中で人権宣言が発表された。

やや難 問8 G国はドイツ。資料の地図と照らし合わせていけばよい。地図の中でGに向かっている矢印は中近東やアフリカからのものが多いが，バルカン半島の東欧諸国からのものもあるので誤り。

問9　風力や太陽光などの自然由来のものを利用する発電は，自然条件さえ合っていれば，繰り返し使えるものであるから，再生可能エネルギーと呼ばれる。

やや難　問10　断面図を見ると，霞堤から事故現場までの直線コースは多少の起伏はあるが標高は10mを超えてはいないので誤り。

基本　問11　A国のノルウェーとイギリスとの時差は1時間。ロンドンと名古屋の時差は9時間で，名古屋とノルウェーの時差は8時間になるので，ノルウェーで2月6日の午前6時は，日本の時間ではそれよりも8時間進んでいる，2月6日の午後2時になる。

問12　B国のエジプトはほぼ砂漠気候，C国はマレーシアで熱帯雨林気候，D国のモンゴルはステップ気候，E国はケニアでサバナ気候。

問13　写真Ⅰはアフリカのサバナ気候のものなので地図のお，Ⅱはモンゴルのステップ気候の場所の様子なので地図の「き」，Ⅲはエジプトの砂漠気候のものなので「え」，Ⅳはマレーシアの熱帯雨林のもので「か」になる。

【2】（日本の歴史―過去の大地震とその時代の様子に関する問題）

重要　問1　①以外は，皆事実として誤り。②はこの時点で徳川の将軍はまだ慶喜ではないし，享保の改革は100年以上前のこと。③は江戸時代に朝鮮を武力で開国させようという動きはない。明治に入ってからの征韓論。④は大塩平八郎の乱は天保の大飢饉の際のもので，ここの段階より20年ほど前。

問2　21か条要求は1915年に袁世凱の中華民国政府に日本が受け入れさせたもので，朝鮮が相手ではない。

やや難　問3　1941年12月8日に日本が真珠湾を攻撃し太平洋戦争が始まる。1944年の段階では日本の敗戦色が濃くなってきていたが，政府や軍部はそれを国民に知られないようにしていた。

問4　地震による家屋の倒壊が多く，その後に耐震化が進んだのは1995年の阪神淡路大震災の後。

基本　問5　沖縄県には日本にある米軍施設の7割ほどが集中し，普天間基地は住宅地のそばにあるため航空機の墜落事故などがおこると，住民に大きな被害がでるので，学校などでもそれを想定した訓練が行われている。

問6　Bの時期に当てはまるのが，地租改正，日英同盟，日清戦争の下関条約，日本の第一次世界大戦参戦に関するもの。Cの時期に当てはまるのが三国軍事同盟，日本の国際連盟脱退。

【3】（公民―日本国憲法と大日本帝国憲法の比較に関連する問題）

基本　問1　Aに④，Bには⑤，①，⑨，Cには⑦，Dには⑥，Eにも⑥，Fには③，Gには②がはいる。

重要　問2　大日本帝国憲法ではあったが，現在の日本国憲法にはない国民の義務が兵役。

重要　問3　2023年の広島サミットでは，核兵器に関しての議論も交わされた。核抑止とは，核兵器を持つことで，よその国が核兵器を持っている国を攻撃しようとしたり，あるいは核兵器保有国の同盟国をよその国が攻撃しようとしたりする際に，その核兵器が報復のために使われるかもしれないということをよその国が認識していれば，攻撃を思いとどまるというもの。核兵器禁止条約は国連主導で動き出しているが，安全保障理事会の五大国や日本は調印していない。核兵器不拡散条約は実際に存在し，一応はある程度の機能はしている。

問4　Hの内容は勤労が国民の義務でもあり権利でもあるというもの。③の内容は男女平等ではないことや教育を受ける権利に関しては女性の立場が弱かったことが問題であり，Hとは関係ない。

やや難　問5　漫画の内容は，医療現場で患者に実際の病状を知らせることに関するもの。②，③，④はいずれも関係するが，①は全く関係ない。

【4】（公民―少子高齢化と政治に関する問題）

基本　問1　合計特殊出生率は女性が一生の間に産む子供の数を示すもので，人口が維持されるには単純に言えば2必要。人口が減少する中で平均寿命が延びると，高齢者が増え，年金や介護などの保険の給付を受ける人が増え，その費用を負担する生産年齢人口は減り，社会保障制度の財政は逼迫した状態になる。

問2　逆。子どもの教育にかかる費用が高いことが子どもを持たない理由の上位にあるのだから，無償あるいは定額の費用の教育制度を充実させるべき。

重要 問3　①は固定資産税は地方税なので誤り。②は消費税のように納税者と担税者が異なるのが間接税。④は消費税は同じ商品で同じ消費税を支払えば，その消費税が所得に占める割合は所得が少ない人ほど高くなる逆進性をもつ。

基本 問4　予算案は内閣が国会に提出し，まず衆議院で審議，採決をした後，参議院で同様の手順を踏めば成立する。予算に関しては，衆議院から参議院に回した日から，30日以内に参議院が議決をしないと，衆議院は参議院が否決したとみなすことができる。そのため，本予算であれば与党や内閣は衆議院で2月末まで，最悪でも3月1日までに可決させようとしている。衆議院でそこまでで可決していれば，時限的に3月末日には予算が成立し，新年度の予算を執行できるようになるからである。

【5】（公民と歴史の融合問題ー裁判，時事，財政に関連する問題）

基本 問1　犯罪を裁くのが刑事裁判で，日本においては通常，刑事・民事ともに三審制が適用され，前の裁判の結果に不服の場合に，前の裁判の内容を覆せるような証人や証拠があれば上級の裁判所に控訴や上告ができる。刑事裁判では被告人が決定的に有罪であるという証拠や証人がない場合には有罪にはしない。

重要 問2　2022年2月にロシアがウクライナに軍事侵攻し，ウクライナの多くの一般国民が犠牲となている。日本では太平洋戦争末の沖縄戦で米軍が沖縄に上陸し，多くの沖縄の住民が戦闘に巻き込まれて犠牲となっている。イスラエルのエルサレムはユダヤ教，キリスト教，イスラム教の3つの宗教の聖地となっている。

問3　地方交付税交付金は，地方自治体の間の自主財源の多少による格差を埋めるために，国が支給するもので，基本的に自主財源が乏しいところほど多く支給される。国から支給を受けるものなので依存財源となる。愛知県の三河地方は自動車工場が多く，税収も多いので地方交付税交付金に依存しないでも済む。

★ワンポイントアドバイス★

試験時間に対して，問題数が多く，読み考えることが求められる設問も多いので，悩むものは飛ばすなどして進ことが必要。選択肢で正解がすぐに選べない場合は消去法で正解でないものを消していった方が選びやすいものもある。

＜国語解答＞

一	問1 ⓐ ② ⓑ ④ ⓒ ⑤ 問2 甲 ③ 乙 ① 問3 ⑤ 問4 ④ 問5 ② 問6 ① 問7 ④ 問8 ④ 問9 ③ 問10 ⑤ 問11 ① 問12 ① 問13 ② 問14 ④
二	問1 ⓐ ⑤ ⓑ ① ⓒ ③ 問2 (1) ③ (2) ② 問3 ⑤ 問4 ① 問5 ② 問6 ④ 問7 ① 問8 ④ 問9 ② 問10 ㋐ ③ ㋑ ⑦ ㋒ ⑤ ㋓ ②
三	問1 ④ 問2 ② 問3 ③ 問4 ④ 問5 ② 問6 ⑤ 問7 ③ 問8 ① 問9 ③

○推定配点○

一 問1～問5・問8・問9・問11 各2点×11 他 各3点×6
二 問2(2)・問3・問5～問9 各3点×7 他 各2点×9
三 問6～問8 各3点×3 他 各2点×6 計100点

＜国語解説＞

一 (論説文・俳句―漢字，脱文・脱語補充，副詞，文学史，文脈把握，内容吟味，要旨)

問1 a 栽培 ① 宰相 ② 盆栽 ③ 裁縫 ④ 災難 ⑤ 歳末
b 傑作 ① 清潔 ② 欠席 ③ 血流 ④ 英傑 ⑤ 決済
c 便宜 ① 技術 ② 義理 ③ 儀式 ④ 遊戯 ⑤ 適宜

問2 甲 直前に「元は北方の遊牧民モンゴル人がまず黄河流域の麦作地帯……，江南も支配下に収めた」と説明されている「征服王朝」にかかるので，世に言われている，俗にいう，という意味の「いわゆる」が入る。乙 後の「～していたとしても」に呼応する語として，仮に，と言う意味の「たとえ」が入る。

問3 夏目漱石も作品は『草枕』のほかに『坊ちゃん』『三四郎』『それから』など。『舞姫』は森鷗外，『羅生門』は芥川龍之介，『山椒魚』は井伏鱒二，『伊豆の踊子』は川端康成の作品。

問4 「多種多様」は，種類や性質，状態，現象などがさまざまであること。「千差万別(せんさばんべつ)」は，ひとつとして同じものはなく，それぞれに，さまざまな相違や差異があり，ありとあらゆる種類，色，形がある，という意味。

問5 直前に「モンゴル出身の照ノ富士が羊羹を食べる姿を想像すれば」とあるので，「文化のめぐり合い(というべきだろう)」とするのが適切。

問6 直後に「小豆については長い間，古代に中国からもたらされたとされてきたが，近年，縄文時代の遺跡から小豆が発見され，もともと日本に自生していたも考えられるようになった」とあるので，①が適切。

問7 直前に「そのころの羊羹は小麦粉で練って蒸した蒸羊羹だったが，小麦粉の代わりに寒天を使うようになって水羊羹や煉羊羹が作られるようになった」とあり，「寒天」については，その前に「寒天とは心太を寒晒しにしたものであり，心太は海藻の天草から作る。島国の日本では海に出れば天草がとれる。心太も寒天も日本人にとっては自前の食べ物だった」と説明されているので，④が適切。

問8 1つ目のFの前に「原材料がどこから来たかをたどってゆくと，羊羹は海外渡来，日本自生のさまざまな材料を国産の寒天で固めたお菓子であることがわかる」とあり，2つ目のFの直後には「和菓子と呼ぶのがはばかられてくる」とあるので，「国際的な(お菓子)」とするのが適切。

問9　直後の「発展してきた」にかかる表現としては，「花ひらくように」が適切。

問10　形式は，「饅頭に／名もなかりけり／秋の風」と五七五で構成されているので「俳句」。表現技法は，句末が「風」と名詞(体言)で終止しているので，「体言止め」が適切。

問11　「和菓子とは『江戸時代の終わりまでに完成していたお菓子』という和菓子業界の定義」を，「和」に置き換えているので「生活・文化の様式」とするのが適切。

やや難　問12　「幻想」は，直前に「明治以降の日本人は西洋化がはじまった明治時代の前，つまり『江戸時代の終わりまでに完成したもの』を和と考えていた」を指すので，①が適切。

やや難　問13　直後に「それでは和とは何か。和はいったいどこにあるのか」とあり，「海を越えてこの国に外来文化を日本の文化に作り変える巨大な坩堝のような創造的運動そのものが和なのではないか」と，筆者の考えが示されている。「着物，鮨，畳，歌舞伎，浮世絵」は「和の結晶」にはちがいないが，「外来文化を日本の文化に作り変える巨大な坩堝のような創造的運動体」という「和そのもの」とはいえない，という文脈なので，②が適切。

問14　「小麦粉」について，④の直前に「小麦粉の原産地は……弥生時代には日本に伝わっていた」と説明されているので，④に補うのが適切。

二　(小説―漢字，品詞，情景・心情，慣用表現，文脈把握，内容吟味，指示語，大意)

問1　a　疾患　①　湿疹　②　嫉妬　③　漆器　④　叱責　⑤　疾風
　b　賠償　①　補償　②　鑑賞文　③　緩衝　④　保証書　⑤　干渉
　c　岐路　①　奇遇　②　基金　③　多岐　④　契機　⑤　軌道

問2　(1)　「朗らかに」は，終止形が「朗らかだ」となる形容動詞。①の終止形は「柔和だ」，②は「気の毒だ」，④は「端的だ」，⑤は「簡単だ」となる形容動詞。③の「使命感に」は，「使命感(名詞)」＋「に(助詞)」となる。　(2)　後に「このとき叔父は，晴れ晴れと，かつ柔和に笑ったに違いない」とあるので，「優しい気持ち」とある②が適切。

やや難　問3　直前に「あのときばかりは，誰一人として，いなくなったら困ると訴えてはこなかった。本当はどんなにか訴えたかっただろうと思うよ。」とあることから，「先生」の人生を考えている島民の様子が読み取れるので，「先生の人生を縛ってはいけない」とする⑤が適切。

問4　「使命感にかられる」は，使命感に促される，追い立てられる，と言う意味。

問5　直後に「すぐ反応した」とある。すぐに反応する様子の表現なので，②が適切。

問6　直前に「器具も満足にありませんし，聴診器を使ってもエンジン音に掻き消されると聞きました。……名乗り出ても，なすすべもなく，逆恨みされるケースも……訴訟や損害バイショウ」とあるので，④はあてはまらない。

やや難　問7　直前の「僅かでも助けられる可能性があるにもかかわらず，保身でそっぽを向くのは，どうも，好きじゃない」を「そういう意味」と言い換えており，「甥」については，直後に「道下のことででしゃばったあの日に，未来は潰えた。引きこもったままでなにも変わらず歳だけ取って生きていくのだと諦めていた」とある。「道下のことででしゃばった」ことがきっかけで引きこもったままに生活をしていた「甥」と，「僅かでも助けられる可能性があるにもかかわらず，保身でそっぽを向くのは好きじゃない」という自身の性分は似ているから「気が合うかもしれない」と言っているので，①が適切。

問8　直後に「このまま時を過ごしたらどうなる？　ではない。」「このまま時を過ごしたと仮定した自分が今を振り返って，その生き方を後悔しないか？　と問うていたのだ」とあるので，④が適切。

やや難　問9　「叔父の生き方」は，「『島に残ったのは，島民を気の毒に思ったからとか……ではないんだ。俺は自分で考えて，自分の意思で残った。理解を求めないというのは，……俺一人で決めてここにいることに，島民たちにはなんの責任もないからなんだ。……彼らも彼らのやり方で診療所や俺を利用すればいいんだよ』」というものなので，②が適切。

問10　ア　直後に「もう追っつかない」「大きな取返しがつかない出来事」とあるので，③の「後悔」が入る。　イ　「叔父さんの言葉」は，「未来の自分を想像してみないか」というものなので，⑦の「未来の自分」が入る。　ウ　「お母さん」の言葉に「『あとから悔やむことがたくさんあるけど，でも，『あのときああして，ほんとうによかった』と思うことだって，ないわけじゃありません。……自分の心の中の温かい気持ちやきれいな気持ちを，そのまま行いにあらわして，あとから，ああよかったと思うことが，それでも少しはあるってことなの』」とあるので，ウには⑤の「温かい気持ち」が入る。　エ　本文最後の「お母さん」の言葉に「だから，どんなときにも，自分に絶望したりしてはいけないんですよ。」とあるので，②の「絶望」が入る。

三 （古文一旧国名，係り結び，語句の意味，現代語訳，主語，文脈把握，指示語，文学史）

〈口語訳〉　今は昔，高忠という越前守のときに，たいそう不幸な侍がいて，まじめに働いていたが，冬なのに帷を着ていた。雪がひどく降る日に，この侍は掃除をするといって，物が憑いたように震えるのを見て，高忠が「歌を詠みなさい。趣深く降る雪であるよ」と言うと，この侍は「何を題にしてお詠みすればよろしいでしょうか」と申したので，「裸である理由を詠みなさい」と言う。(すると侍は)すぐに震える声を張り上げて詠みあげる。

　はだかであるわが身に降りかかる白雪は(身を)震わせても消えない(払っても消えない)

と詠むと，高忠はたいそうほめて，着ていた着物を脱いで(侍に)与えた。奥方も気の毒がって，薄紫色のよく香をたきしめた着物を与えたところ，(侍は)二枚とも手に取って，くるくると丸め込んで，脇に挟んで立ち去った。侍所に行くと，居並んでいた侍たちには(これを)見て，驚き不思議がって，(そのわけを)聞くと，理由を聞いて驚いた。

問1　現在の福井県の旧国名は「越前」。「丹波」は京都府。「近江」は滋賀県，「出雲」は島根県。

問2　前に係助詞の「なん(なむ)」があるので，係り結びの法則により文末は「けり」の連体形の「ける」が入る。

問3　「いみじ」は，はなはだしい，普通でない，という意味で，良い意味にも悪い意味にも使われる。ここでは，雪が激しく降る様子なので，「ひどく」とするのが適切。

問4　直前の「歌を詠め」という高忠の言いつけに対して答えているので「お詠みすればよろしいでしょうか」とする④が適切。

問5　ここで，歌を詠むよう命じているのは「守(高忠)」，命じられているのは「侍」なので，歌を詠みあげているのは「侍」。

問6　「守(高忠)」は，「をかしう降る雪」と，「雪」を風情のあるものとしてとらえているのに対し，「侍」は，「白雪はうちふるえども消えせざりけり」と，「雪」はわが身を凍えさせるつらいものとして詠みあげているので，⑤が適切。

問7　直前の「はだかなる……消えせざりけり」という歌をほめているので，③が適切。貧しい身なりの侍が，即興で気の利いた歌を詠んだことに守は感心し，ほめているのである。

問8　「かく(このように)」が指すのは，直前に示されている，侍が守の命で即興の歌を詠み，そのできの良さをほめられ，守の着ていた着物と，奥方の着ていた着物の二枚の上等な着物を与えられたことを指すので，①が適切。

問9　③の『枕草子』は，平安時代中期に成立した清少納言による随筆。『方丈記』は鎌倉時代初期に成立した鴨長明による随筆。『おくのほそ道』は，江戸時代に成立した松尾芭蕉による俳諧紀行。『徒然草』は，鎌倉時代末期に成立した兼好法師による随筆。『平家物語』は，鎌倉時代に成立した軍記物語。

★ワンポイントアドバイス★

問題数がやや多めなので，時間配分を考えて解答することを心がけよう！
読解に組み込まれる形で出題される漢字，語句，文法は，確実に得点できる力をつけよう！

2023年度

★★★★★★★★★★★★★★★★★★★★★★★★

入　試　問　題

2023年度

椙山女学園高等学校入試問題

【数　学】（45分）　＜満点：100点＞

【注意】［１］　問題の文中の $\boxed{(1)}$，$\boxed{(2)(3)(4)}$ などには，数字（０～９）または符号（±，−）が入ります。

例えば，$\boxed{(1)}$ に５，$\boxed{(2)(3)(4)}$ に−83と答えたいときは右の図のようにマークします。

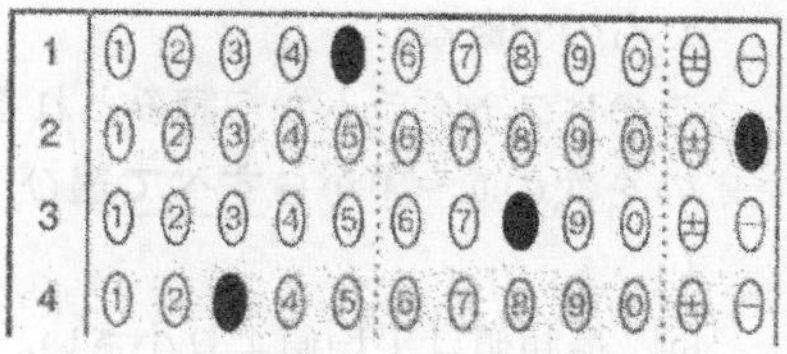

原則，⑴，⑵，…には，数字または符号を一つずつマークしますが，「すべて選び」と記されている問題は複数マークしてもよい。

［２］　分数の形で解答する場合，符号は分子につけ，分母につけてはいけません。例えば $\dfrac{\boxed{(5)(6)}}{\boxed{(7)}}$ に $-\dfrac{4}{5}$ と答えたいときは，$\dfrac{-4}{5}$ として答えてください。

また，分数はそれ以上約分できない形で答えてください。例えば $\dfrac{3}{4}$，$\dfrac{2a+1}{3}$ と答えるところを $\dfrac{6}{8}$，$\dfrac{4a+2}{6}$ のように答えてはいけません。

［３］　小数の形で解答する場合，指定された桁（けた）数の一つ下の桁（けた）の数を四捨五入して答えてください。また，必要に応じて，指定された桁（けた）まで ⓪ にマークしてください。

例えば，$\boxed{(8).(9)(10)}$ に2.5と答えたいときは2.50として答えてください。

［４］　根号を含む形で解答する場合，根号の中の自然数が最小となる形で答えてください。

例えば $4\sqrt{2}$，$\dfrac{\sqrt{13}}{2}$ と答えるところを $2\sqrt{8}$，$\dfrac{\sqrt{52}}{4}$ のように答えてはいけません。

［５］　特に指定がない場合は，円周率は π とします。

$\boxed{1}$　次の各問について，$\boxed{(1)}$ ～ $\boxed{(15)}$ に適する符号や数をマークしなさい。

［１］　$3a^2 \div \left(-\dfrac{3}{2}ab\right) \times 4ab^2$ を計算すると，$\boxed{(1)(2)}\,a^2b$ である。

［２］　連立方程式 $\begin{cases} 5x+2y=2(x+2y)+8 \\ \dfrac{x}{4}+\dfrac{y}{3}=\dfrac{1}{6} \end{cases}$ の解は，$x=\boxed{(3)}$，$y=\boxed{(4)(5)}$ である。

［３］　二次方程式 $(x-3)(x+4)=2(x^2-9)$ の解は，$x=\boxed{(6)(7)}$，$\boxed{(8)}$ である。

［４］　ある高校で職業体験の募集をしたところ，全校生徒数の30％の申し込みがあった。申込者数の学年毎の内訳は，３年生が学年全体の20％，２年生が学年全体の30％，１年生が学年全体の40％であった。

この高校の１年生の生徒数は280人であり，２年生の生徒数は３年生の生徒数より20人少ない。このとき，３年生の人数は $\boxed{(9)(10)(11)}$ 人である。

［５］　$\sqrt{17}$ の小数部分を a とするとき，$a(a+8)$ の値は $\boxed{(12)}$ である。

［6］ 赤，白2つのさいころを同時に投げる。赤いさいころの出る目の数を十の位，白いさいころの出る目の数を一の位として，2けたの整数をつくるとき，54以上となる確率は $\dfrac{\boxed{(13)}}{\boxed{(14)}}$ である。

［7］ 右の図は，あるクラスの生徒の1日あたりのスマートフォンの使用時間を調べた結果をヒストグラムに表したものである。
このヒストグラムから読みとれることとして，正しいものを次の⓪～④から<u>すべて</u>選び，$\boxed{(15)}$ にマークしなさい。

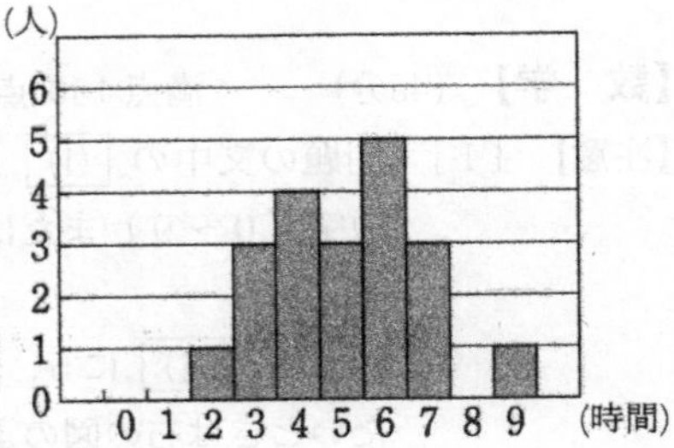

⓪ 最頻値は平均値より小さい。
① 最頻値，平均値，中央値のうち，最も大きいのは最頻値である。
② 最頻値，平均値，中央値のうち，最も小さいのは中央値である。
③ 平均値は中央値より小さい。
④ 1日あたりの使用時間が7時間以上であった生徒の人数は，全体の20%である。

$\boxed{2}$ 次の図のように，関数 $y=\dfrac{a}{x}$ …①のグラフ，関数 $y=\dfrac{1}{8}x^2$ …②のグラフ，3点A，B，Cがある。
点Aの座標は（2，4），点Bの座標は（8，1），点Cの x 座標は8であり，関数①は2点A，Bを，関数②は点Cを通る。
このとき次の各問について，$\boxed{(16)}$ ～ $\boxed{(30)}$ に適する数をマークしなさい。

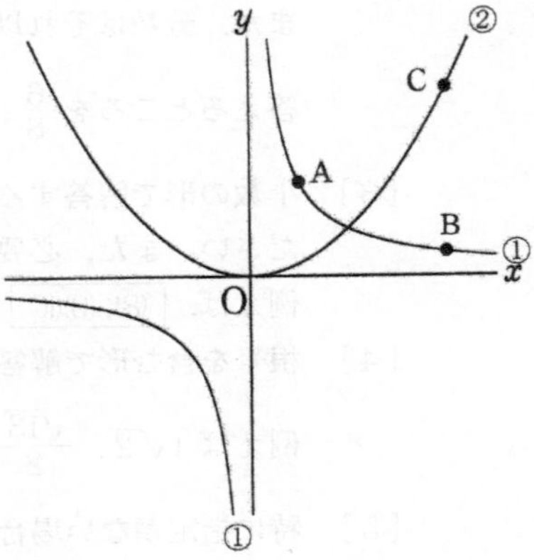

［1］ a の値は $\boxed{(16)}$ である。
［2］ 点Cの y 座標は $\boxed{(17)}$ である。
［3］ 2点ABを通る直線の方程式は $y=\dfrac{\boxed{(18)(19)}}{\boxed{(20)}}x+\boxed{(21)}$ である。
［4］ △ABCの面積は $\boxed{(22)(23)}$ である。
［5］ 点Pは関数②上を動くものとし，△ABCと△PBCの面積が等しくなるときを考える。点Pの x 座標が点Bの x 座標より小さくなるとき，点Pの座標は
$\left(\boxed{(24)},\ \dfrac{\boxed{(25)}}{\boxed{(26)}}\right)$ である。
［6］ 直線AB，直線 $x=5$，x 軸，y 軸で囲まれた図形を，y 軸を回転の軸として1回転してできる立体の体積は $\dfrac{\boxed{(27)(28)(29)}}{\boxed{(30)}}\pi$ である。

3　次の魔方陣の問題について，政子さんと八重さんが考えている会話文を読み，［1］～［3］の各問に答えなさい。

問題

右の図で，1から9までの9個の整数を1つずつ入れて，縦，横，斜めの3つの数の和がどれも等しくなるようにするとき，$a \sim i$ にあてはまる数を答えなさい。

a	b	c
d	e	f
g	h	i

政子さん：まずはどう考えようか？

八重さん：横3列の合計を考えてみると，

$$(a+b+c)+(d+e+f)+(g+h+i)=\boxed{(31)(32)}\cdots①$$

が成り立つから，横1列の合計は (33)(34) になるね。

政子さん：次は中央の数 e を通る4つのラインについて考えてみようか。

八重さん：同じように考えると，

$$(a+e+i)+(b+e+h)+(c+e+g)+(d+e+f)=\boxed{(35)(36)}$$

だから，①とあわせて考えると中央の数 e が (37) と決まるね。

政子さん：すごい！

八重さん：1はどこに入るのかな。

政子さん：3つの数のうち1つが1だったとしたら，和が (33)(34) となる組み合わせは (38) 通りしかないね。

八重さん：そうすると，(39) のどこにも1を入れることはできないから，(40) のどこかに1が入れば良いね。

政子さん：魔方陣は左右・上下対称だから，(40) のどこに1を入れても一緒だね。

八重さん：ここまでくれば簡単！$_A$<u>これで完成！！</u>

［1］　政子さんと八重さんの会話の (31) ～ (38) に適する数をマークしなさい。

［2］　政子さんと八重さんの会話の (39)，(40) に適する文字を，次の⓪～⑦からそれぞれ<u>すべて</u>選びマークしなさい。

⓪ a　① b　② c　③ d　④ f　⑤ g　⑥ h　⑦ i

［3］　下線部Aについて，八重さんは右のように魔方陣を考えた。
この魔方陣の b に適する数は (41)，g に適する数は (42) である。
(41)，(42) に適する数をマークしなさい。

a	b	c
7	e	f
g	9	i

4 空港の荷物受取ベルトコンベアーを新たに設置するために必要な長さや面積を計算することになった。
右の図のように五角形ABCDEの辺AB，AE，BE，CDの長さは5 m，辺BC，EDの長さは3 m，∠C＝∠D＝90°，点Aから辺CDに下した垂線の長さは$\frac{6+5\sqrt{3}}{2}$（m）とする。

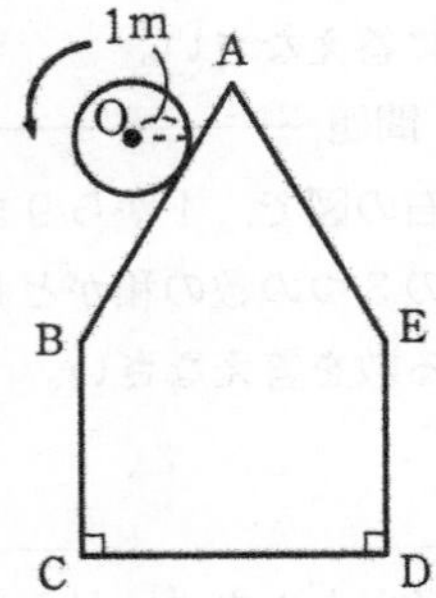

【新たに設置するベルトコンベアーを上から見た図】

また，五角形ABCDEの辺にそって，中心をOとする半径1 mの円がすべることなく転がり，1周する。このとき，次の各問について，(43) ～ (53) に適する数をマークしなさい。

［1］ 円Oが頂点Aを出発し，もとの位置に戻るまでに円の中心Oが通った跡の長さは (43)(44) ＋ (45) π（m）である。

［2］ 円の中心Oが通った跡を荷物が秒速0.5mで動くとき，円周率を3として考えると，荷物は動き始めてから (46)(47) 秒後に1周する。

［3］ 円周率を3として考えるとき，円の中心Oが動いた跡で囲まれた面積Sの大きさは
(48)(49) ＋ $\frac{(50)(51)\sqrt{(52)}}{(53)}$（m²）である。

【英　語】（50分）　＜満点：100点＞

＊13:40より，放送問題によるリスニングテストを行います。リスニングテストは，【K】～【L】です。

【A】 次の英文を読み，あとの問いに答えなさい。

Human actions are affecting the environment, and if we don't try to change things, we will lose more and more of the natural world. Even though it is hard, we can make a difference.

Each small change is important, and luckily more individuals and organizations around the world are becoming involved in conservation projects.

In Madagascar, a fisherman named Samson has become a voice for the ocean and is helping his community take better care (ⓐ) its local waters. He and the other fishermen realized that they were catching fewer and fewer fish every day. They were overfishing. Working with the World Wide Fund for Nature (WWF), Samson learned that they had to fish more carefully. He realized that they shouldn't catch so many young fish because if there are too few of them in the ocean, there won't be enough adult fish to reproduce. Samson now works with his community to help fishermen change their techniques so that fishing can be sustainable. He believes that protecting the ocean is everybody's job. As he says, "Take your responsibilities with courage and never think that you are alone. We are all in this together."

(ⓑ) the other side of the world, in Florida, in the US, the Sea Turtle Conservancy(STC) organization noticed that there were always a lot of single-use plastic items, like coffee stirrers, bottles, and drinking straws, on the beaches. All of these items can hurt the ocean wildlife terribly. Straws are especially (X) for turtles because they can get stuck in turtles' noses and hurt them very badly. So, the STC started the project "Where are the straws?" asking local restaurants to stop giving customers straws with their drinks. Now, many restaurants will only give straws if customers ask for them, and the straws they do give out are paper, not plastic. If we don't use plastic straws (or other single-use plastic items), there will be less plastic pollution in the oceans. Not using plastic straws is just one way each of us can contribute to protecting ocean wildlife.

Those are just two of the many conservation efforts found all over the world today. Mexico, (ⓒ) example, has successful projects for sea turtle protection similar to that of Florida, and Costa Rica has its own very effective ocean conservation initiatives. These projects all show us that change is possible and that it can start with (Y) actions in our own community. We are part of the problem. It's time to be part of the solution.

注）even though　たとえ～だけれども　　make a difference　違いをもたらす　　individual　個人
　　organization　組織　　involved in　～に関わる　　conservation　保護　　fisherman　漁師

ocean 海　community 地域社会　overfish 乱獲する　working with 一緒に働きながら
fish 魚を捕る　reproduce 繁殖する　technique 技術　so that ～するために
sustainable 持続可能な　as he says 彼が言うように　responsibility 責任
notice 気が付く　single-use 使い捨ての　item 品目　stirrer マドラー
straw ストロー　wildlife 野生生物　terribly ひどく　get stuck 詰まる
asking 求めながら　do give out 配布する　pollution 汚染　contribute to 貢献する
successful 成功した　initiative 主導権　solution 解決策

問１　文中の（ⓐ）～（ⓒ）に入る語の組み合わせとして最も適切なものを次の①～④から１つ選び，その番号をマークしなさい。［マーク番号１］

①（ⓐ of　ⓑ On　ⓒ for）　②（ⓐ of　ⓑ In　ⓒ as）
③（ⓐ for　ⓑ On　ⓒ as）　④（ⓐ for　ⓑ In　ⓒ for）

問２　文中の空所X，Yに入る最も適切なものを次の①～⑧から１つずつ選び，その番号をマークしなさい。X［マーク番号２］Y［マーク番号３］

① no　② foreign　③ few　④ a lot of
⑤ dangerous　⑥ wrong　⑦ small　⑧ big

問３　本文の内容に関して，海洋保護の取り組みをしている地域として<u>名前が挙がっていない地域</u>を次の①～④から１つ選び，その番号をマークしなさい。［マーク番号４］

① Madagascar　② Coasta Rica　③ Italy　④ America

問４　本文の内容に関する次の質問に対する答えとして最も適切なものを次の①～④から１つ選び，その番号をマークしなさい。［マーク番号５］

Question　Why did Samson think that fishermen shouldn't catch so many young fish?

① 海にいる稚魚の数が増えすぎてしまうと，繁殖すべき成魚の数があり余ってしまうから。
② 海にあまりにもたくさんの稚魚がいると，繁殖するのに十分な成魚がいなくなるから。
③ 海の稚魚が少なすぎると，繁殖するのに十分な成魚がいなくなるから。
④ 海にいる稚魚の数があまりにも減ってしまうと，繁殖すべき成魚の数が多くなってしまうから。

問５　次の①～⑥の英文の中で，本文の内容と一致するものを２つ選び，その番号をマークしなさい。［マーク番号６，７］

① It is difficult for us to make the ocean cleaner, so we should stop working on it.
② Samson realized that we can catch fewer and fewer fish every day because of climate change.
③ Samson believes the ocean is for everyone, so we must work together to protect it.
④ Many restaurants only give plastic straws when customers ask for them.
⑤ Life without plastic products is one of the ways to protect the ocean wildlife.
⑥ Sustainable developments are important, so Japan has the initiative to protect wildlife animals which are dying.

【B】次の英文を読み，あとの問いに答えなさい。

Barbecues are popular everywhere. [A] In the U.K., Canada and the U.S., the word is often [B] "BBQ" for short. In Australia, they are often called barbies and in South Africa they are called braai. (ア) Though (① barbecues / ② many different / ③ are / ④ kinds of / ⑤ all over / ⑥ there) the world, they all use fire and smoke to cook food.

America has a huge barbecue culture. Americans love barbecues so much they have national barbecue competitions! For Americans, the most common barbecue meat is pork, with pork ribs and pulled pork being incredibly popular. Cooks often prefer to slow-roast the meat (ⓐ) it is tender. The southeastern region of the U.S., home of American BBQ, has 70 of the top 100 barbecue restaurants in the country.

South Africa has a barbecue day. National Braai day falls on Sept. 24 which is also South Africa's Heritage Day. Since 2005, (ⓑ) Braai Day all South Africans have been encouraged to enjoy the national pastime. Despite having its own special day, braai is often also [C] to celebrate many other occasions, like Christmas and graduation.

Korean barbecue has international reach. Korean barbecue is not only incredibly popular in South Korea, but is also rapidly gaining popularity worldwide. Recently it has become a big food trend in America, Australia and the U.K. Aside from (ⓒ) growing international appeal, Korean barbecue is also credited as being the predecessor of yakiniku.

注）for short 略して　huge 大規模な　competition コンテスト　pork rib 豚バラ肉
pulled pork 煮込んだ豚肉を細かく裂いたもの　being incredibly popular 非常に人気である
prefer to むしろ～の方を好む　slow-roast ゆっくりあぶる　tender 柔らかい
the southeastern region 南東地区　fall on ～に当たる
have been encouraged 盛り上がってきている　pastime 娯楽　despite ～にも関わらず
celebrate ～を祝う　occasion 機会　graduation 卒業　reach 広がり　rapidly 急速に
gain 獲得する　popularity 人気　recently 最近　trend 傾向
aside from ～は別として　appeal アピール　(be) credited as ～であるとされる
predecessor 元になるもの

問１　[A] に当てはまる最も適当なものを次の①～④から１つ選び，その番号をマークしなさい。［マーク番号８］

① People in Africa love barbecues.
② People all over the world love barbecues.
③ People in Europe love barbecues.
④ People in North America love barbecues.

問２　文中の [B]，[C] に入る語の組み合わせとして最も適切なものを①～④から１つ選び，その番号をマークしなさい。［マーク番号９］

① B: written　C: used　　② B: written　C: using

③ B: writing　C: used　　④ B: writing　C: using

問3　下線部(ア)が「世界中には多くの異なるバーベキューの種類があるけれども」という意味になるよう（ ）内の語（句）を並べ替えた時，（ ）内で3番目と5番目にくる番号を①～⑥から選び，その番号を答えなさい。3番目［マーク番号10］　5番目［マーク番号11］

問4　文中の（ⓐ）～（ⓒ）に入る語の組み合わせとして最も適切なものを次の①～④から1つ選び，その番号をマークしなさい。［マーク番号12］

① ⓐ for　ⓑ on　ⓒ it　② ⓐ to　ⓑ in　ⓒ it

③ ⓐ until　ⓑ on　ⓒ its　④ ⓐ on　ⓑ in　ⓒ its

問5　次の①～⑤の中で，本文の内容と一致するものを2つ選び，その番号をマークしなさい。

［マーク番号13, 14］

① Barbecues are often called braai in Australia.

② Fire and smoke are used to do barbecues.

③ Beef is the most popular barbecue meat in America.

④ People don't eat barbecue in South Africa.

⑤ Korean BBQ is gaining popularity in the world.

【C】次の3つの対話文を完成させるとき，（X），（Y）に入る最も適切なものを次の①～④から1つずつ選び，その番号をマークしなさい。

対話1

A: Here's a birthday present for you.

B: Oh, thank you. I'm glad that you remember my birthday.

A: Of course, I do.

B: And, this is the watch I've wanted.　（ X ）

A: You said that you wanted a new watch many times.

B: Did I?

A: Yes.　（ Y ）Then I bought it.

B: I am lucky to have a good wife and friends.

X［マーク番号15］

① How much was it?　　② How do you know that?

③ My watch is broken.　④ I don't remember your birthday at all.

Y［マーク番号16］

① I asked you to buy one for me.

② I told your friends to do so.

③ So, I asked your friend what your favorite was.

④ You gave your old watch to me.

対話2

A: I need your help.

B: (X)

A: There is no milk in my house. Can you buy some for me? I'm busy because I'm making dinner.

B: I'm busy, too. I'm watching the soccer game on TV.

A: Come on. We drink it every morning, right? The shop will be closed soon.

B: All right. (Y)

A: Thank you.

X [マーク番号17]

① Where can I buy some milk?

② How can I get to the store?

③ How can I help you?

④ Why did you buy some milk last night?

Y [マーク番号18]

① I'll give you some money.

② Shall I show you the way to the store?

③ I shouldn't go now.

④ I'll go and buy some as soon as possible.

対話３

A: Have you decided your plans for this weekend?

B: I'm going to visit Tokyo.

A: My favorite Korean singer is going to have a concert in Tokyo this weekend.

B: (X) So, I am going to the concert.

A: Really? (Y)

B: Yes. I made a reservation by phone as soon as the ticket reservation started. My parents also helped me. I was very lucky to get it.

A: So, are your parents going there, too?

B: Of course. I'm really looking forward to it.

X [マーク番号19]

① I'm a big fan of his, too.

② I have no idea about that.

③ I hope you'll like him.

④ Tokyo has many Korean singers' shops, right?

Y [マーク番号20]

① How much is a ticket?

② Please tell me how you get to know him.

③ Why don't you go there with me?

④ It was very hard to get a ticket, wasn't it?

【D】次の英文中の［ ］にあとの(ア)～(エ)を並べ替えると意味の通る文章が完成する。このときの(ア)～(エ)の順序として最も適切なものを次の①～④から1つ選び，その番号をマークしなさい。

問1 ［マーク番号21］

Some spiders live on the ground. If it rains a lot, these spiders leave. They climb plants. They climb trees. Their web silk comes out. ［ ］

注） spider クモ web silk クモの糸 come out 出てくる

(ア) We call this ballooning. *ballooning バルーニング（糸を使って空を飛ぶこと）

(イ) This happens a lot.

(ウ) They fly with it.

(エ) Only some spiders do this at one time.

① (エ)→(イ)→(ア)→(ウ) ② (ア)→(エ)→(イ)→(ウ) ③ (ウ)→(ア)→(イ)→(エ) ④ (ア)→(ウ)→(エ)→(イ)

問2 ［マーク番号22］

Some people are blind. Blind people can't see well or at all. They can't cross the street easily. They don't hear bikes and electric cars. Mael Fabien watches these people. He wants to help them. He thinks that robots can help. ［ ］

注） blind 目の不自由な electric car 電気自動車 robot ロボット

(ア) Autonomous cars drive without a driver. *autonomous car 自動運転車

(イ) Fabien gets an idea.

(ウ) He thinks about autonomous cars and how they work.

(エ) The cars see obstacles. *obstacle 障害物

① (イ)→(エ)→(ア)→(ウ) ② (イ)→(ウ)→(ア)→(エ)

③ (ア)→(イ)→(エ)→(ウ) ④ (エ)→(ア)→(ウ)→(イ)

【E】日本語の意味になるように，次の各英文の（ ）に入る適切な語（句）を次の①～④から1つ選び，その番号をマークしなさい。

問1 博物館はとても混んでいたので，彼らはしばらく待たなくてはいけなかった。

［マーク番号23］

The museum was （ ） crowded that they had to wait for a while.

① yet ② still ③ so ④ but

問2 父は，私にうそをつかないように言った。 ［マーク番号24］

My father told me （ ） a lie.

① didn't tell ② to not tell ③ not tell ④ not to tell

問3 多くの日本人は米が好きです。 ［マーク番号25］

（ ） Japanese people like rice.

① Much ② Many ③ A lot ④ Almost

問4 私の叔父は，数年前に羊を何匹か飼っていた。 ［マーク番号26］

My uncle had some （ ） some years ago.

① sheep ② sheeps ③ a sheep ④ sheepes

問５　私たちの先生は，どの本を読むべきか言った。［マーク番号27］

Our teacher told us (　　).

① to which book to read　② that which to read book

③ which book to read　④ which to read book

問６　先週，図書館には１冊の辞書もありませんでした。［マーク番号28］

There (　　) dictionaries at the library last week.

① are not　② weren't any　③ was any　④ were some

【Ｆ】次の対話が成り立つように（　）内の語（句）を並べかえたとき，空所（ａ），（ｂ）に入る語（句）の番号を選び，その番号をマークしなさい。ただし，文頭に用いる語も小文字で示しています。

問１　A: You look so happy. What are you looking at? Is it a book?

B: Yes. (① people / ② by / ③ this / ④ many / ⑤ picture book / ⑥ loved / ⑦ is a) in my country.

⇒ Yes. (　)(　a　)(　)(　b　)(　)(　) in my country.

（ａ）［マーク番号29］　（ｂ）［マーク番号30］

問２　A: Do you know Tim?

B: Yes. (① for / ② have / ③ five / ④ we / ⑤ been / ⑥ friends / ⑦ good) years.

⇒ Yes. (　)(　)(　a　)(　)(　)(　b　)(　) years.

（ａ）［マーク番号31］　（ｂ）［マーク番号32］

問３　A: (① check / ② do / ③ me / ④ to / ⑤ you / ⑥ your / ⑦ want) report?

⇒ (　)(　)(　a　)(　)(　b　)(　)(　) report?

B: No, thank you. Mr. Sato has already checked it.

（ａ）［マーク番号33］　（ｂ）［マーク番号34］

問４　A: (① tallest / ② the girls / ③ Katy / ④ all / ⑤ is / ⑥ of / ⑦ the) in her class?

⇒ (　)(　a　)(　)(　)(　b　)(　)(　) in her class?

B: Yes, she is.

（ａ）［マーク番号35］　（ｂ）［マーク番号36］

問５　A: I'm sorry that he is out now.

B: Well, do (① know / ② back / ③ he / ④ you / ⑤ will / ⑥ be / ⑦ when)?

⇒ Well, do (　)(　)(　)(　a　)(　)(　b　)(　)?

（ａ）［マーク番号37］　（ｂ）［マーク番号38］

【Ｇ】次の㈠〜㈤の各組の英文のうち，文法・語法的に誤りを含む文を①〜④から１つ選び，その番号をマークしなさい。

㈠　［マーク番号39］

① She worked so hard and she got a lot of money.

② Did you find new anything to read?

③ Is it difficult for you to speak Korean?

④ My mother gave me a watch.

(イ) [マーク番号40]
① Ding and Dong are good friends.
② When I called you, you were playing the guitar.
③ Eating fresh fruits are popular around here.
④ I don't know what she wants.

(ウ) [マーク番号41]
① My brother was surprised at hear the news.
② She's looking for a new pen and a notebook.
③ I enjoyed watching a movie with my friends last night.
④ It was already snowing, but we kept walking to the bus stop.

(エ) [マーク番号42]
① Let's ask a policeman about this problem.
② If it rains tomorrow, I will play video games at home.
③ This is the textbook for students who take Mr. Dean's class.
④ He visited to another town.

(オ) [マーク番号43]
① It's time to go to bed.
② It is getting hotter and hotter.
③ This snack is most expensive than that one.
④ She has not eaten lunch yet.

【H】次の(ア)~(エ)の各組の文がほぼ同じ意味になるように（　）に入る最も適切な語（句）を次の①~④から1つ選び，その番号をマークしなさい。

(ア) She is free this weekend.
= She has (　　) do this weekend. [マーク番号44]
① nothing but　② nothing to　③ anything but　④ something to

(イ) My father went to Brazil last June, and he is still there.
= My father (　　) in Brazil since last June. [マーク番号45]
① have been　② being　③ has been　④ went

(ウ) Because he is rich, he can buy anything.
= He is rich (　　) buy anything. [マーク番号46]
① worry about　② trouble with　③ used to　④ enough to

(エ) If you don't hurry up, you will be late for school.
= Hurry up, (　　) you will be late for school. [マーク番号47]
① and　② or　③ so　④ but

【I】次のページの記事を読んで，その内容に関するそれぞれの英語の問いに答えるとき，最も適切なものを①~④から1つずつ選び，その番号をマークしなさい。

Enjoy Sugiyama City !

FOOD

①Ken's Kitchen　Enjoy our excellent pizza made with homemade cheese and local vegetables.　🕐Lunch 11 a.m.~ 2 p.m.　Dinner 5 p.m.~ 9 p.m.　[Closed] Mondays

②GS Bakery　Established in 1960.　We bake more than 20 kinds of bread every morning.　🕐7 a.m.~ 11 a.m.　[Closed] Wednesdays

③Sugiyama Coffee　A café with a bookstore.　You can borrow books.　Relax and enjoy our coffee and books.　🕐7 a.m.~ 7 p.m.　[Closed] Mondays and Tuesdays

④Sugi Curry　Our spicy curry is popular among people in Sugiyama City.　Please try it!　🕐6 p.m.~ 9 p.m.　[Closed] Thursdays

HOTEL

①Sugi-Japan Hotel　You can enjoy the best hot spring in Sugiyama City.　I'm sure you will like it!　☎052-XXX-XXXX　[IN] 5 p.m～8 p.m.　[OUT] 10 a.m.

②SGY Hotel　300 meters from Sugiyama station.　We have cheap but nice rooms.　☎052-XXX-XXXX　[IN] 4 p.m.～7 p.m.　[OUT] 10 a.m.

③Hotel Green Forest　Located in the beautiful forest.　Some rooms are available for guests with pets.　☎052-XXX-XXXX　[IN] 3 p.m.～9 p.m.　[OUT] 11 a.m.

④HOTEL SUGI STAR　A 5-star hotel in Sugiyama City.　Have a wonderful time with the best Japanese food!　☎052-XXX-XXXX　[IN] 4 p.m.～10 p.m.　[OUT] 11 a.m.

SIGHTSEEING / SHOPPING

① Sugiyama Gardenfarm　We produce more than 20 kinds of jam.　Jam making workshops are held on Fridays and Sundays.　☎052-XXX-XXXX　🕐 10 a.m.~ 6 p.m.　[Closed] Wednesdays

②Forest of Sugiyma　You can see the flowers from all over the world.　You can find your favorite flower!　☎052-XXX-XXXX　🕐 8 a.m.~ 4 p.m.　[Closed] Tuesdays

③SUGIYAMA MALL　It's a very good place to buy souvenirs.　There is a market and you can buy fresh local vegetables.　☎052-XXX-XXXX　🕐 7 a.m.~ 7 p.m.　[Closed] Mondays

④SUGI PARK　A very large amusement park!　Your children will never get bored.　You can enjoy fireworks at night.　☎052-XXX-XXXX　🕐 8 a.m.~ 10 p.m.　[Closed] Mondays

注）located ～に位置する　available 利用可能な

問1　You are going to visit Sugiyama City on next Monday morning.　Which is a good place to visit?　[マーク番号48]

①　Ken's Kitchen　②　GS Bakery
③　Sugiyama Coffee　④　Sugi Curry

問2　You have a dog and want to enjoy nature.　Which is the best hotel?　[マーク番号49]

①　Sugi-Japan Hotel　②　SGY Hotel
③　Hotel Green Forest　④　HOTEL SUGI STAR

問3　You are going to visit Sugiyama City with your family next Sunday. You can visit 3 places on that day. Your mother wants to buy some kinds of jam. Your father wants to buy some souvenirs. Your sister and you want to enjoy fireworks. Which place is NOT good to visit for your family? ［マーク番号50］

①　Sugiyama Gardenfarm　　②　Forest of Sugiyama
③　SUGIYAMA MALL　　④　SUGI PARK

【J】次の Dave と James の SNS 上のやりとりを読んで，その内容に関するそれぞれの英語の問いに答えるとき，最も適切なものを次の①～④から１つ選び，番号をマークしなさい。

James: Hi Dave, it's James. How have you been? I heard you had arrived in Nagoya from Australia last week. Would you like to meet?

Dave: Hi James, of course, I'd love to catch up with you because we have not met for about three years, but I don't really know this area very well. Do you know a good Hitsumabushi restaurant? I want to try it.

James: Yes, I know a good one. There are many Hitsumabushi restaurants around Nagoya Station. We are going to meet at the very famous place in Nagoya Station. The best one is near there.

Dave: Good! Where is it? I don't know any good places to meet.

James: Have you heard of the large clock in Nagoya Station?

Dave: I've heard of it. I can check it on a map app later. What time shall we meet?

James: It's just 5 now. Shall we meet in an hour in front of the clock? You can't miss it because it's a famous place to meet friends.

Dave: Great! See you soon.

(1 hour later)

James: Where are you now, Dave?

Dave: Just arrived here near the clock.

James: OK, but I can't see you.

Dave: At the clock, the place you said.

James: What color is the clock?

Dave: It's silver.

James: Oh, I meant to tell you the golden clock which is in the opposite direction to the silver clock. Can you check your map app again?

Dave: Sorry, the battery in my smartphone is really low and the app is slow.

James: No problem. It's just a few minutes'walk from here. Stay there.

Dave: Thanks.

注）had arrived　すでに到着していた　　catch up with　～と会って話す　　map app　地図のアプリ
meant to　～のつもりだった　　the opposite direction　反対方向　　battery　バッテリー
smartphone　スマートフォン　　low　少なくなっている

問１　Where is the best Hitsumabushi restaurant James thinks?　［マーク番号51］

①　Near the silver clock.　②　Near the golden clock.

③　Near Jame's house.　④　Near the police station.

問２　What time were James and Dave going to meet?　［マーク番号52］

①　At 5 o'clock.　②　Tomorrow evening.

③　At 6 o'clock.　④　Sometime tomorrow.

問３　Why didn't James and Dave really meet at first?　［マーク番号53］

①　Because they were waiting in the wrong places.

②　Because Dave forgot to *charge his phone.　*charge 充電する

③　Because the app was not new.

④　Because they were friends only on *social media.　*social media ソーシャルメディア

【放送問題】

【K】これから放送されるそれぞれの会話を聞き，そのあとで読まれる質問に対する答えを，それぞれ次の①～④より１つ選び，番号をマークしなさい。会話と質問は１度のみ読まれます。

(1)　［マーク番号54］

①　1,000 yen.　②　1,500 yen.　③　2,500 yen.　④　3,000 yen.

(2)　［マーク番号55］

①　They are going to have lunch.

②　They are going to introduce themselves.

③　They are going to find Masa's wallet.

④　They are going to help people in the restaurant.

【L】これから放送される英文を聞き，次の各文がその内容と一致するものには①を，一致しないものには②をマークしなさい。英文は通して１度のみ読まれます。

(1)　［マーク番号56］

Ken has visited Canada and America before.

(2)　［マーク番号57］

America was the most popular country among foreign tourists in 2019.

(3)　［マーク番号58］

China was more popular than Japan among foreign tourists in 2019.

※リスニングテストの放送台本は非公表です。

【理　科】(45分)　＜満点：100点＞

第１問　次の文章を読み，あとの問い（問１～３）に答えなさい。

問１　４種類の白い粉末Ａ～Ｄの種類を区別するために，次のⅠ，Ⅱのような実験を行った。Ａ～Ｄは，砂糖，デンプン，塩化ナトリウム，炭酸水素ナトリウムのいずれかである。白い粉末ＡとＤは何か。答えの組み合わせとして正しいものを，下の①～⑧のうちから一つ選べ。 1

Ⅰ　Ａ～Ｄを４本の試験管に１ｇずつ入れ，それぞれに水５mLを加えてよくふり混ぜると，ＡとＢはよく溶けたが，Ｃは少ししか溶けず，Ｄはほとんど溶けなかった。

Ⅱ　Ａ～Ｄをそれぞれアルミニウムはくを巻いた金属製のさじにとり，ガスバーナーで加熱すると，ＡとＣはこげなかった。

	A	D
①	炭酸水素ナトリウム	砂糖
②	炭酸水素ナトリウム	塩化ナトリウム
③	デンプン	砂糖
④	デンプン	塩化ナトリウム
⑤	砂糖	炭酸水素ナトリウム
⑥	砂糖	デンプン
⑦	塩化ナトリウム	炭酸水素ナトリウム
⑧	塩化ナトリウム	デンプン

問２　図１のような装置で，マグネシウムリボン0.1ｇとうすい塩酸50mLを反応させ，発生する水素の体積を調べた。次に，マグネシウムリボンの質量を変えて同様の実験を行ったところ，表１のような結果を得た。

図１

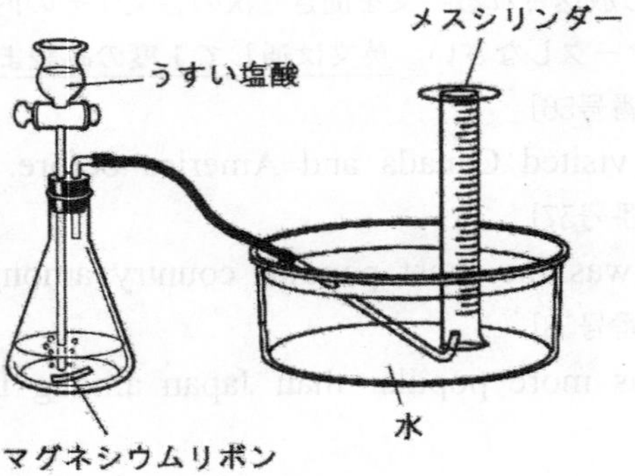

表１

マグネシウムリボンの質量(ｇ)	0.10	0.16	0.26	0.34	0.40
発生した水素の体積(mL)	100	160	260	300	300

(1) この実験で起こる反応の化学反応式として正しいものを，次のページの①～⑤のうちから一つ選べ。 2

① $Mg + HCl \rightarrow MgCl + H$　② $2Mg + 4HCl \rightarrow 2MgCl_2 + H_2$
③ $Mg + 4HCl \rightarrow 2MgCl_4 + 2H_2$　④ $2Mg + 2HCl \rightarrow 2MgCl + H_2$
⑤ $Mg + 2HCl \rightarrow MgCl_2 + H_2$

(2) うすい塩酸50mLと反応できるマグネシウムリボンの質量は何gまでか。正しいものを，次の①～⑤のうちから一つ選べ。 3

① 0.26 g　② 0.28 g　③ 0.30 g　④ 0.32 g　⑤ 0.34 g

(3) 塩酸の体積は50mＬのまま濃度を2倍にして，同じ操作によりマグネシウムリボンをそれぞれ0.4g，0.8g入れると，発生する水素の体積はどのようになるか。答えの組み合わせとして正しいものを，右の①～⑨のうちから一つ選べ。 4

	0.4g入れたとき	0.8g入れたとき
①	300mL	600mL
②	300mL	800mL
③	300mL	1600mL
④	400mL	600mL
⑤	400mL	800mL
⑥	400mL	1600mL
⑦	600mL	600mL
⑧	600mL	800mL
⑨	600mL	1600mL

(4) 水素が発生する反応は次のA～Cのどれか。また，水素の性質として最も適当なものはa～cのどれか。答えの組み合わせとして正しいものを，下の①～⑨のうちから一つ選べ。 5

〈水素が発生する反応〉

A．炭酸水素ナトリウムを加熱（熱分解）する。

B．水を電気分解する。

C．うすい過酸化水素水を二酸化マンガンに加える。

〈水素の性質〉

a．刺激臭がある。

b．石灰水を白くにごらせる。

c．空気より密度が小さい。

	水素が発生する反応	水素の性質
①	A	a
②	A	b
③	A	c
④	B	a
⑤	B	b
⑥	B	c
⑦	C	a
⑧	C	b
⑨	C	c

問3　３種類の金属（A～C）について，次のⅠ，Ⅱのような実験を行った。３種類の金属は，亜鉛，銅，マグネシウムのいずれかである。金属（A～C）として最も適当な組み合わせを，下の①～⑥のうちから一つ選べ。　6

Ⅰ　図１のように，金属Aと金属Bをうすい塩酸に入れ，電子オルゴールをつないだところ，電子オルゴールが鳴った。

Ⅱ　硫酸亜鉛水溶液に金属Cを入れると，金属Cの表面に灰色の固体が現れた。

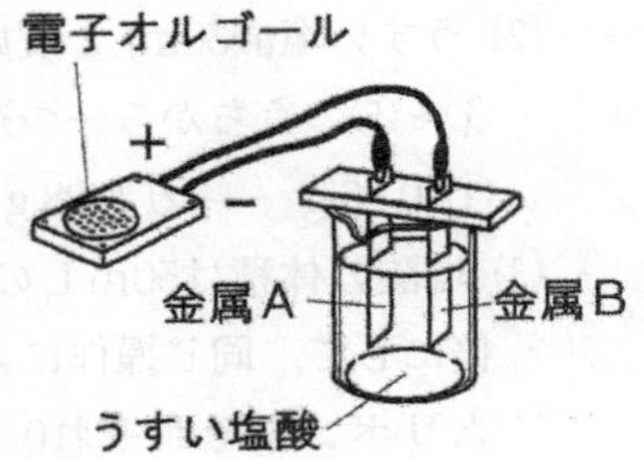

図１

	金属A	金属B	金属C
①	亜鉛	銅	マグネシウム
②	亜鉛	マグネシウム	銅
③	銅	亜鉛	マグネシウム
④	銅	マグネシウム	亜鉛
⑤	マグネシウム	亜鉛	銅
⑥	マグネシウム	銅	亜鉛

第２問　次の文章を読み，あとの問い（問１～４）に答えなさい。

問１　図１のように，物体A，B，Cが，水平面上に重ねて置かれている。物体のA，B，Cの質量はいずれも質量1kgで，100gの物体にはたらく重力の大きさを１Nとする。

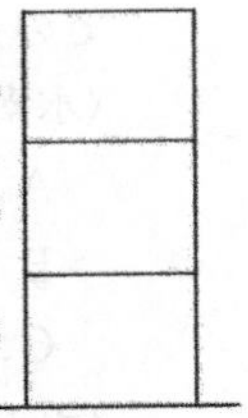

図１

(1) 物体Cが受けるすべての力を表す図として最も適当なものを，次の①～⑨のうちから一つ選べ。ただし，図中の矢印は力の作用点と向きを表しており，力の大きさは関係ない。　7

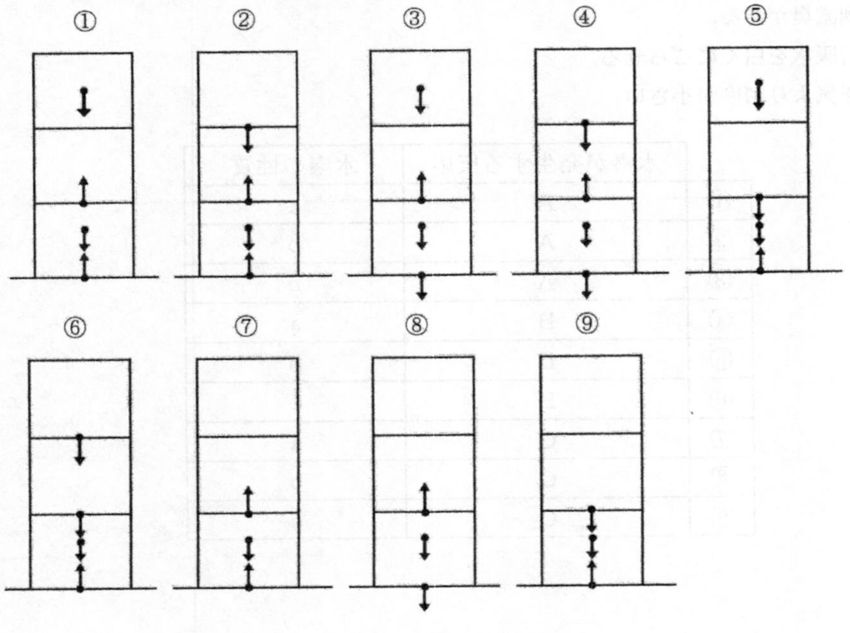

(2) 物体Aが物体Bから受ける力の大きさと，物体Bが物体Cから受ける力の大きさはそれぞれ何Nか。答えの組み合わせとして正しいものを，次の①～⑨のうちから一つ選べ。 8

	AがBから受ける力	BがCから受ける力
①	10N	10N
②	10N	20N
③	10N	30N
④	20N	10N
⑤	20N	20N
⑥	20N	30N
⑦	30N	10N
⑧	30N	20N
⑨	30N	30N

問2　図2のように，木の机の上に置かれている質量1kgの磁石Aの中心に軽い棒をとりつけ，磁石Aの上に，中心に穴のある質量1kgの磁石Bを，磁石Aと反発する向きにのせると浮いた状態で静止した。このとき，机の面が磁石Aから受ける力の大きさと，磁石Bが磁石Aから受ける磁力の大きさはそれぞれ何Nになるか。答えの組み合わせとして正しいものを，次の①～⑨のうちから一つ選べ。ただし，軽い棒の重さは無視できるものとする。 9

図2

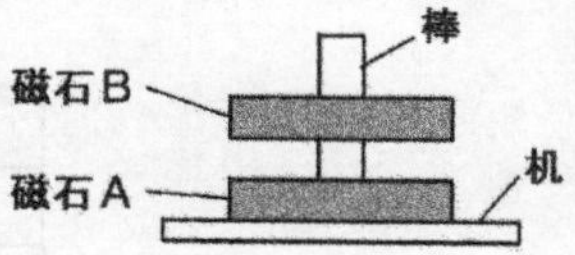

	机がAから受ける力	BがAから受ける磁力
①	10N	10N
②	10N	15N
③	10N	20N
④	15N	10N
⑤	15N	15N
⑥	15N	20N
⑦	20N	10N
⑧	20N	15N
⑨	20N	20N

問3　図3は，水平面上で静止している物体が受けている力をすべて示したものである。この物体が摩擦のない水平面を右向きに等速直線運動しているときに受けている力をすべて示している図は，次の①～⑤のいずれか。正しいものを一つ選べ。 10

図3

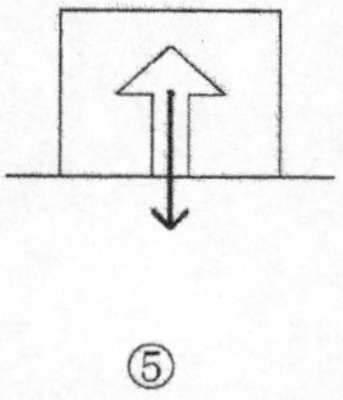

運動の向き（右向き）⇒

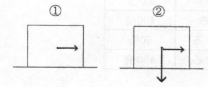

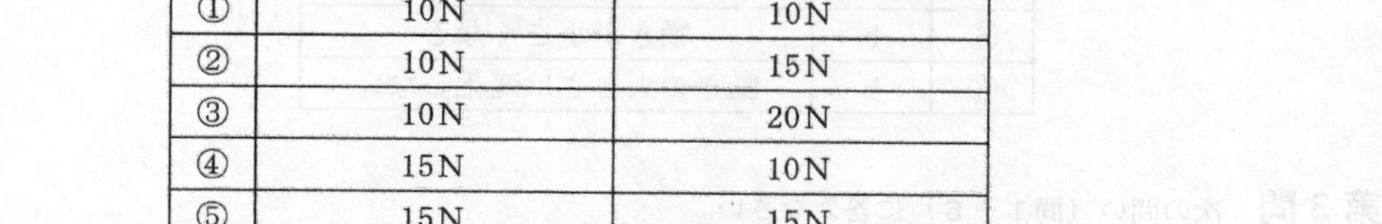

問４　図４のように，水平面に２本のアルミニウムのパイプを置き，その間に同じ強さの磁石を上面がＳ極になるように並べた。このパイプに，抵抗器と乾電池，スイッチをつなぎ，その上から軽いアルミニウム棒を図のようにのせたのち，スイッチを閉じると，アルミニウム棒が動き始めた。(1)，(2)の答えの組み合わせとして正しいものを，下の①～⑥のうちから一つ選べ。　11

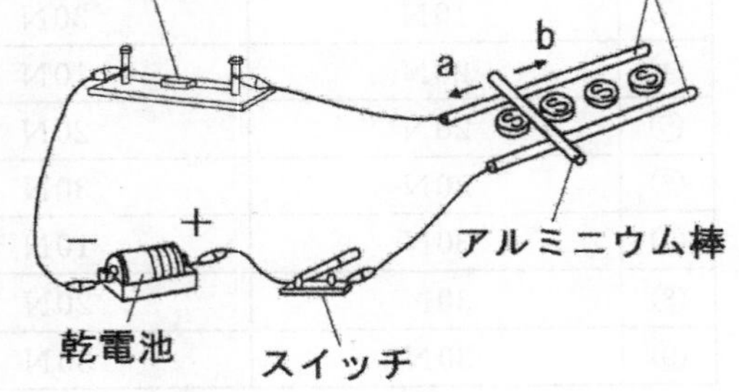

図４

(1) スイッチを閉じたとき，アルミニウム棒の動いた向きはａ，ｂどちらか。
(2) 電池はそのままで，抵抗器を抵抗の小さいものに変えると，アルミニウム棒の動きはどのように変わるか。

	(1)	(2)
①	a	動きが大きくなる
②	a	動きが小さくなる
③	a	動きの大きさは変化しない
④	b	動きが大きくなる
⑤	b	動きが小さくなる
⑥	b	動きの大きさは変化しない

第３問　次の問い（問１～６）に答えなさい。

問１　顕微鏡で試料の細部を観察するために，対物レンズを10倍のものから40倍のものに変えた。このとき，視野の明るさと広さはどのようになるか。また，10倍の接眼レンズと40倍の対物レンズを使ったときの倍率はどのようになるか。正しい答えの組み合わせを，次の①～⑧のうちから一つ選べ。　12

	明るさ	広さ	倍率
①	明るくなる	広くなる	50倍
②	明るくなる	広くなる	400倍
③	明るくなる	せまくなる	50倍
④	明るくなる	せまくなる	400倍
⑤	暗くなる	広くなる	50倍
⑥	暗くなる	広くなる	400倍
⑦	暗くなる	せまくなる	50倍
⑧	暗くなる	せまくなる	400倍

問２　図１のように，赤いインクで着色した水にホウセンカをさし，しばらくしてから茎を輪切りにして，その断面を双眼実体顕微鏡（図２）で観察した。

図１

図２

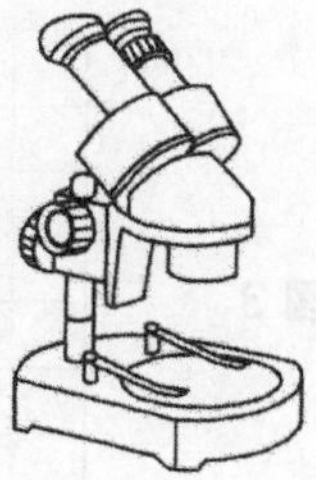

⑴ この実験で観察したホウセンカの茎の模式図として最も適当なものは，下のア～エのどれか。ただし，模式図では，赤く染まった部分を黒で表している。
また，赤く染まった部分を何というか。正しい答えの組み合わせを，次の①～⑧のうちから一つ選べ。　13

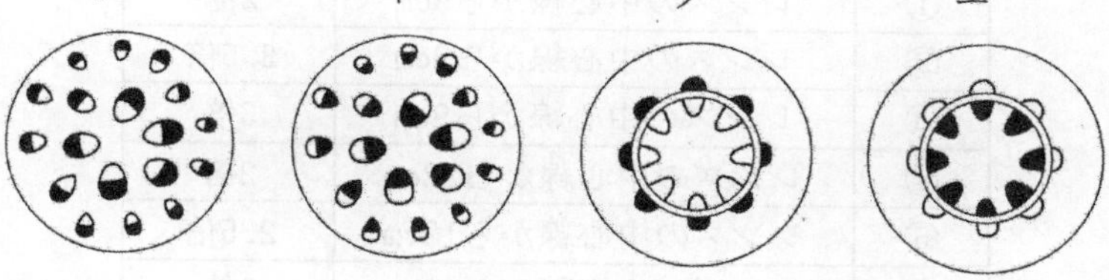

	模式図	赤く染まった部分
①	ア	道管
②	ア	師管
③	イ	道管
④	イ	師管
⑤	ウ	道管
⑥	ウ	師管
⑦	エ	道管
⑧	エ	師管

⑵ 双眼実体顕微鏡で観察するのに最も適しているものを，次の①～⑥のうちから一つ選べ。　14

① オオカナダモの葉の葉緑体　② 火山灰に含まれる鉱物
③ タマネギの表皮細胞　④ ミカヅキモのからだのつくり
⑤ ツユクサの気孔　⑥ ヒトのほおの内側の粘膜の細胞

問３　凸レンズを使うと，肉眼で見たときより物体を拡大して見ることができる。次のページの図３は，焦点距離が15㎝の凸レンズを使って，図示された位置の物体（矢印）を見るときの様子を表したものである。このとき，凸レンズによってできる像の位置は，レンズの中心からどれだけ離れているか。また，物体は実物の何倍の大きさで見えるか。図３に作図して求め，正しい答えの組み合わせを，下の①～⑨のうちから一つ選べ。 15

図３

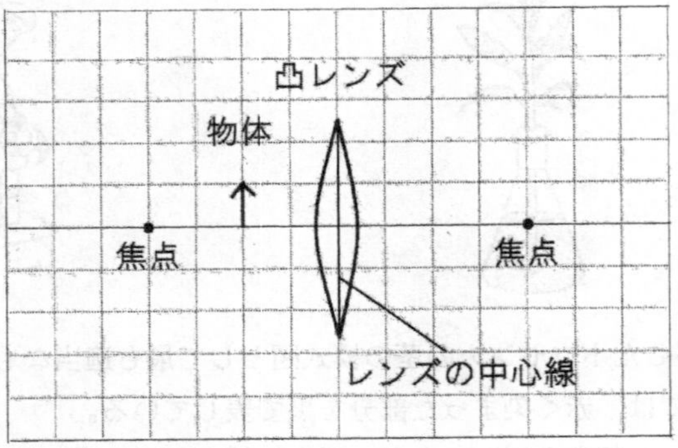

	像の位置	倍率
①	レンズの中心線から9cm	2倍
②	レンズの中心線から9cm	2.5倍
③	レンズの中心線から9cm	3倍
④	レンズの中心線から12cm	2倍
⑤	レンズの中心線から12cm	2.5倍
⑥	レンズの中心線から12cm	3倍
⑦	レンズの中心線から15cm	2倍
⑧	レンズの中心線から15cm	2.5倍
⑨	レンズの中心線から15cm	3倍

問４　図４は，ある植物の体細胞分裂のようすを模式的に表したものである。細胞分裂の始まりをア，終わりをカとして，イ～オを正しい順番に並べるとどのようになるか。正しいものを，次の①～⑧のうちから一つ選べ。 16

図４

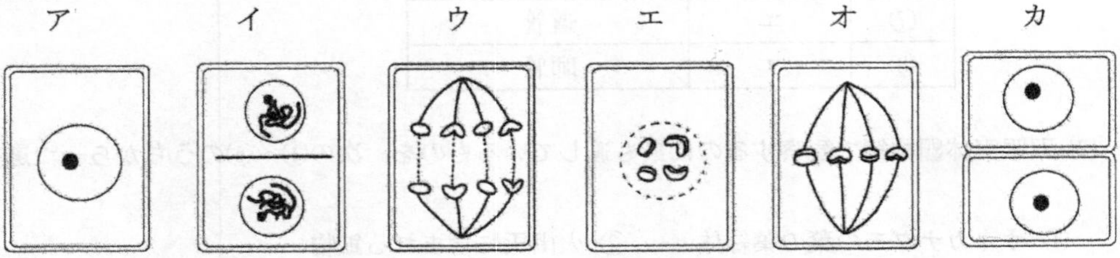

① ア→イ→ウ→オ→エ→カ　② ア→イ→オ→エ→ウ→カ
③ ア→ウ→エ→オ→イ→カ　④ ア→ウ→オ→エ→イ→カ
⑤ ア→エ→ウ→オ→イ→カ　⑥ ア→エ→オ→ウ→イ→カ
⑦ ア→オ→ウ→エ→イ→カ　⑧ ア→オ→エ→ウ→イ→カ

問５　図５はカエルの受精卵の変化のようすを示したものである。

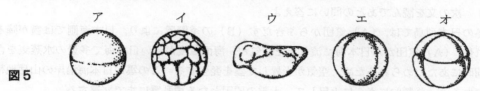

図５

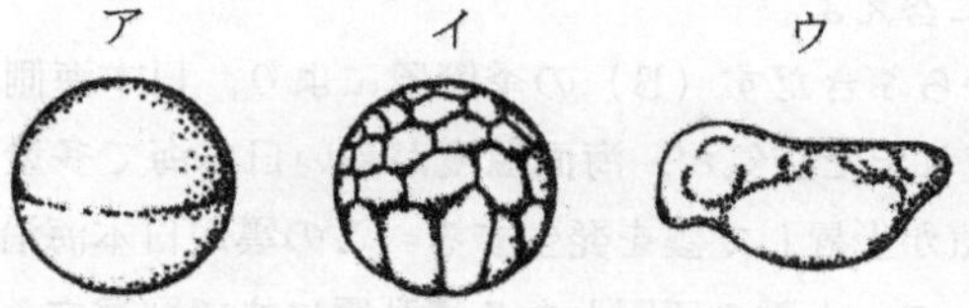

⑴ ア～オを成長する順に並べるとどのようになるか。正しいものを，次の①～⑥のうちから一つ選べ。　17

① ア→イ→エ→オ→ウ　② ア→イ→オ→エ→ウ
③ ア→エ→イ→オ→ウ　④ ア→エ→オ→イ→ウ
⑤ ア→オ→イ→エ→ウ　⑥ ア→オ→エ→イ→ウ

⑵ 図６は体細胞の染色体の数を２として，カエルの受精卵（子）と親（雄）の体細胞のようすを模式図で表したものである。親（雌）の体細胞の染色体として考えられるものをすべて表すとどのようになるか。正しいものを，下の①～⑦のうちから一つ選べ。　18

図６

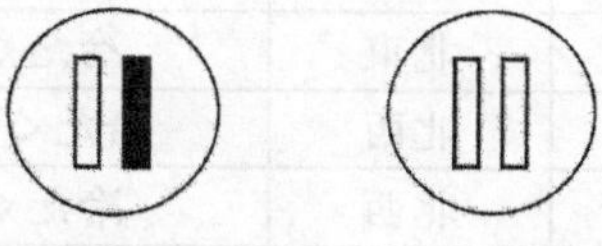

受精卵(子)　親(雄)

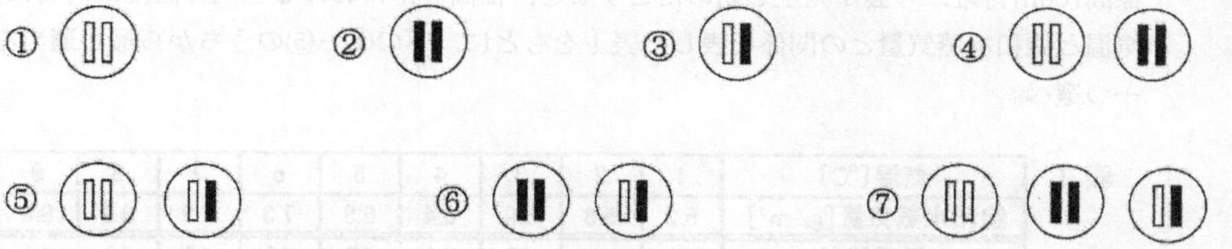

問６　図７はセキツイ動物のなかまが出現してきたようすを示したものである。

Ａ～Ｄは，ホニュウ類，ハチュウ類，両生類，鳥類のいずれかを表し，Ｃのなかまは約１億5000万年前，Ｄのなかまは約２億年前に地球上に現れた。

カエルとヒトは，それぞれＡ～Ｄのどのなかまに分類されるか。答えの組み合わせとして正しいものを，次の①～⑥のうちから一つ選べ。　19

	カエル	ヒト
①	A	B
②	A	C
③	A	D
④	B	C
⑤	B	D
⑥	C	D

図７

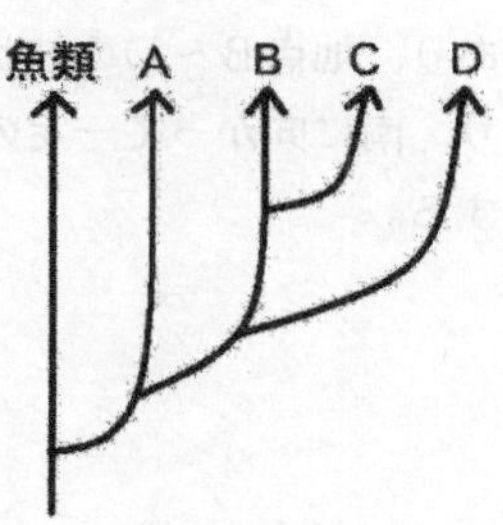

第４問　次の問い（問１～２）に答えなさい。

問１　次の文を読んであとの問いに答えよ。

冬の日本列島では，（A）気団からふきだす（B）の季節風により，日本海側では雪が降る。これは，（A）気団から日本海に流れ出た空気が，海面温度が高い日本海で多量の水蒸気を含むと同時にあたためられるため，空気が上昇して雲を発生する。この雲が日本海沿岸の山岳地帯にぶつかると，強制的にさらに上昇して，大雪の原因となる積乱雲にまで発達する。

(1) 空欄（A），（B）にあてはまる語句と，（A）気団の特徴として正しいものの組み合わせを次の①～⑧のうちから一つ選べ。　20

	（A）	（B）	（A）気団の特徴
①	オホーツク海	北東	冷たく、乾燥している
②	オホーツク海	北東	冷たく、湿っている
③	オホーツク海	北西	冷たく、乾燥している
④	オホーツク海	北西	冷たく、湿っている
⑤	シベリア	北東	冷たく、乾燥している
⑥	シベリア	北東	冷たく、湿っている
⑦	シベリア	北西	冷たく、乾燥している
⑧	シベリア	北西	冷たく、湿っている

(2) 空気のかたまりが山をこえるとき，100m上昇するごとに１℃の割合で温度が下がることがわかっている。このことから，標高０mの地上で気温12℃の空気のかたまりが山をこえるときに標高700m付近から雲が発生し始めたとすると，標高０mにおける空気の湿度は何％になるか。気温と飽和水蒸気量との関係を表した表１をもとに，下の①～⑤のうちから最も適当なものを一つ選べ。　21

表１

気温[℃]	1	2	3	4	5	6	7	8	9	10
飽和水蒸気量[g/m³]	5.2	5.6	5.9	6.4	6.8	7.3	7.8	8.3	8.8	9.4
気温[℃]	11	12	13	14	15	16	17	18	19	20
飽和水蒸気量[g/m³]	10.0	10.7	11.4	12.1	12.8	13.6	14.5	15.4	16.3	17.3

①　7％　　②　16％　　③　42％　　④　52％　　⑤　64％

問２　次のページの図１は，ある地域の地形図を模式的に表したもので，曲線は等高線を，数値は海面からの高さを示している。また，地点A，B，Cと地点D，Eはそれぞれ東西方向に，地点B，Dは南北方向に位置している。図２は，ボーリング調査により得られたA～Dの各地点の柱状図であり，地点B～Dの柱状図はア～ウのいずれかである。この地域では，地層は互いに平行に重なり，南に向かって一定の割合で低くなっている。また，地層には上下の逆転や断層はないものとする。

図１

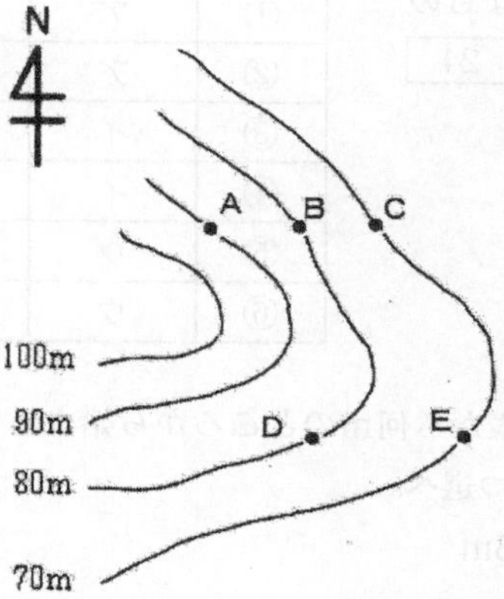

図２

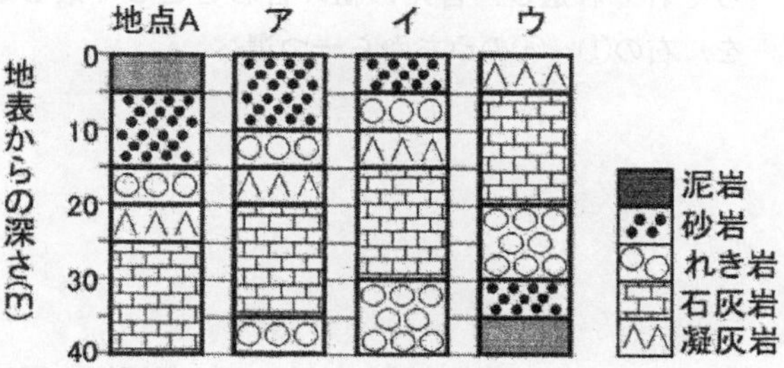

(1) 地点Ａにおいて，凝灰岩の層より上のれき岩の層が堆積してから泥岩の層が堆積するまでの間に起きた環境の変化はどのようであったと考えられるか。次のａ～ｅのうちから適当なものを二つ選び，答えの組み合わせとして正しいものを，下の①～⑥から一つ選べ。 22

ａ．海岸から遠い海底が，海岸に近い海底に変化した。
ｂ．海岸から近い海底が，海岸に遠い海底に変化した。
ｃ．海岸までの距離が長くなったり短くなったりした。
ｄ．この地域の大地が沈降した。
ｅ．この地域の大地が隆起した。

①	a	d
②	a	e
③	b	d
④	b	e
⑤	c	d
⑥	c	e

(2) 地層が堆積した年代を知る手がかりとなる化石の特徴と，その化石の例として，最も適当なものの組み合わせを，次の①～⑧のうちから一つ選べ。 23

	化石の特徴	化石の例
①	広い範囲に生息し、ある短い期間だけ繁栄した生物。	アサリ
②	広い範囲に生息し、ある短い期間だけ繁栄した生物。	ビカリア
③	広い範囲に生息し、長い期間にわたって繁栄した生物。	アサリ
④	広い範囲に生息し、長い期間にわたって繁栄した生物。	ビカリア
⑤	狭い範囲に生息し、ある短い期間だけ繁栄した生物。	アサリ
⑥	狭い範囲に生息し、ある短い期間だけ繁栄した生物。	ビカリア
⑦	狭い範囲に生息し、長い期間にわたって繁栄した生物。	アサリ
⑧	狭い範囲に生息し、長い期間にわたって繁栄した生物。	ビカリア

(3) 地点Cと地点Dの柱状図を，前のページの図2のア～ウからそれぞれ選び，答えの組み合わせとして最も適当なものを，右の①～⑥のうちから一つ選べ。 24

	地点C	地点D
①	ア	イ
②	ア	ウ
③	イ	ア
④	イ	ウ
⑤	ウ	ア
⑥	ウ	イ

(4) 地点Eでボーリング調査を行うと，凝灰岩の層は地表から何mのところから始まると考えられるか。最も適当なものを，次の①～⑤のうちから一つ選べ。 25

① 5m　② 10m　③ 15m　④ 20m　⑤ 25m

【社　会】（45分）　＜満点：100点＞

**【１】椙子さんは，都道府県を代表するお菓子とそのいわれについて調べた。
椙子さんが作ったＡ～Ｈのカードについて，後の問に答えなさい。**

Ａ：福島県 「柏屋薄皮饅頭（かしわやうすかわまんじゅう）」 **参勤交代**により街道が整備され、人の行き来が活発になった。街道筋の茶屋の主人が皮の薄い、餡（あん）がたくさん詰まった饅頭を考案。 (　　　)の名物となる。	Ｂ：滋賀県 「糸切餅」 **蒙古襲来**の時、全国の神社仏閣で祈祷（きとう）が挙げられた。平和が戻った時、蒙古軍の旗印の赤青の線が入った団子（だんご）を神前に供えたことが始まり。	Ｃ：奈良県 「ぶと饅頭」 **遣唐使**によって日本に伝わった菓子の１つに米粉で作った餃子（ぎょうざ）のような形の「ぶと」があり、それをもとに作られた。	Ｄ：鳥取県 「打吹（うつぶき）公園だんご」 **隠岐に流された後醍醐天皇が島を脱出した**時、地元の豪族が団子を振る舞ったという言い伝えをもとに作られた。
Ｅ：［　　　］ 「カスドース」 カステラに卵黄と糖蜜を含ませて揚げ、砂糖をまぶしたもの。**ポルトガルの貿易船が来航**し、始まった貿易によって伝わったと言われている。	Ｆ：［　　　］ 「梅が枝（え）餅」 **無実の罪で太宰府に流された菅原道真**の悲惨な暮らしを見かね、梅の枝に餅をさして差し入れたという話から生まれた。	Ｇ：沖縄県 「ちんすこう」 琉球王国時代、日本と中国の技術を生かして作られたビスケットのようなお菓子。王族や貴族が祝いの時に食べていた	Ｈ：大阪府 「粟おこし」 江戸中期、大阪は「天下の台所」と呼ばれ、米や砂糖が手に入りやすかった。米を細かく砕いて粟のようにし、「おこし」を作った。

理論社「都道府県の特産品　お菓子編」を基に作成

問１　Ａのカードの空欄に適する街道を，以下より選んで番号をマークしなさい。　［解答番号１］

①東海道　②中山道　③甲州街道　④奥州街道　⑤日光街道

問２　Ｂのカードの下線部について，この出来事より以前に起こった日本の出来事について述べたものを，以下より選んで番号をマークしなさい。　［解答番号２］

①永仁の徳政令が出される　②正長の土一揆が起こる

③朱印船貿易が始まる　④京都に六波羅探題が設置される

問３　Ｃのカードの下線部について，遣唐使が派遣されたのとほぼ同じ時期に起こった出来事として最も適当なものを，以下より選んで番号をマークしなさい。　［解答番号３］

①ローマ帝国が成立する　②インカ帝国が滅びる

③イスラム帝国が勢力を拡大する　④オスマン帝国が成立する

問４　Ｄのカードの下線部について，後醍醐天皇の行動に関して説明した次の文章中の空欄（ア）～（ウ）に適する語句の組み合わせとして正しいものを，次のページの選択肢より選んで番号をマークしなさい。　［解答番号４］

> 後醍醐天皇は約２年に渡り政治を行った。この政治は（　ア　）と呼ばれたが，公家中心の政治は武士から不満を買い，（　イ　）らによって倒された。後醍醐天皇はその後吉野に逃れ，（　ウ　）を開いた。

①（ア）正徳の治　（イ）足利義満　（ウ）北朝
②（ア）正徳の治　（イ）足利尊氏　（ウ）北朝
③（ア）正徳の治　（イ）足利義満　（ウ）南朝
④（ア）正徳の治　（イ）足利尊氏　（ウ）南朝
⑤（ア）建武の新政　（イ）足利義満　（ウ）北朝
⑥（ア）建武の新政　（イ）足利尊氏　（ウ）北朝
⑦（ア）建武の新政　（イ）足利義満　（ウ）南朝
⑧（ア）建武の新政　（イ）足利尊氏　（ウ）南朝

問５　ＥとＦのカード中の空欄に適する都道府県は右の地図中のあ～うのどこか。組み合わせとして正しいものを，以下より選んで番号をマークしなさい。　**［解答番号５］**

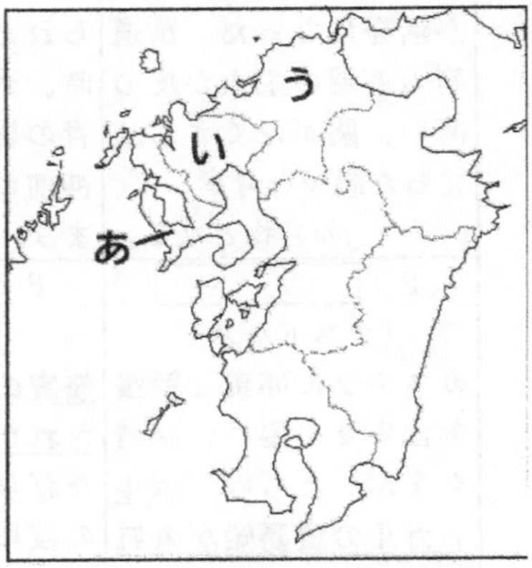

①Ｅ：あ　Ｆ：い　②Ｅ：あ　Ｆ：う
③Ｅ：い　Ｆ：あ　④Ｅ：い　Ｆ：う
⑤Ｅ：う　Ｆ：あ　⑥Ｅ：う　Ｆ：い

問６　Ｆのカードの下線部について，この頃の政治状況として正しいものを，以下より選んで番号をマークしなさい。　**［解答番号６］**

①蘇我氏が権力を握る　②藤原氏が権力を握る
③北条氏が権力を握る　④平氏が権力を握る

問７　Ｇのカードに関連して，琉球王国について説明した次の文章中の空欄（ア）（イ）に達する語句と説明文の組み合わせとして正しいものを，後の選択肢より選んで番号をマークしなさい。　**［解答番号７］**

> 琉球王国は1609年に（　ア　）藩の侵攻を受けた。これ以降，王国としては存続したが，（ア）藩と徳川幕府の支配を受けることとなった。徳川幕府は，将軍の交代や琉球国王の交代の時には，琉球王国から（　イ　）琉球使節を派遣させることで幕府の権威を高めた。

①（ア）薩摩　（イ）江戸の町民風の格好をした
②（ア）対馬　（イ）江戸の町民風の格好をした
③（ア）薩摩　（イ）中国風の衣装を着た
④（ア）対馬　（イ）中国風の衣装を着た

問８　Ｈのカードに関連して，次の税や米に関する政策の中から，徳川吉宗が行ったものを選んで番号をマークしなさい。　**［解答番号８］**

①土地の所有者に地券を交付し，米に代わって地価の３％を現金で納めさせた
②大規模な土地の調査を行い，田畑の生産量を石高で表す太閤検地を行った
③ききんに備え，諸藩に米を蓄えさせた
④参勤交代での江戸滞在を半年とする代わりに，大名に米を納めさせる上げ米の制を行った
⑤６年ごとに戸籍を作り，６歳以上の男女に口分田を与え，税を納めさせた

問９　Ａ～Ｆのカード中の下線部それぞれの出来事を，年代の古い順に並べ替えた時，５番目に来るカードを，以下より選んで番号をマークしなさい。　**［解答番号９］**

①Ａ　②Ｂ　③Ｃ　④Ｄ　⑤Ｅ　⑥Ｆ

問10　以下は，福島県・鳥取県・沖縄県・大阪府の県庁所在地の雨温図である。この中から鳥取県の雨温図を選んで番号をマークしなさい。　**［解答番号10］**

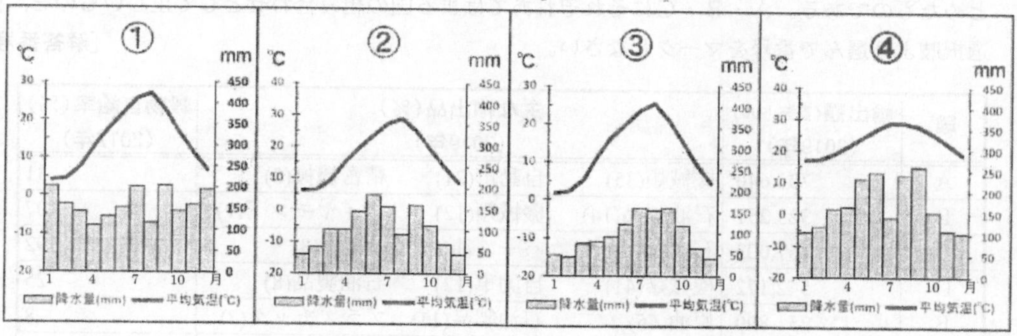

帝国書院　中学校社会科地図帳より作成

【２】椙子さんはニュースで度々耳にするＧ20について調べた。次の資料について後の問に答えなさい。

(1)Ｇ20はGroup of 20の略で，Ｇ７メンバー（カナダ，フランス，ドイツ，イタリア，日本，イギリス，アメリカ合衆国）とEUの他，アルゼンチン，オーストラリア，ブラジル，中国，インド，インドネシア，韓国，メキシコ，ロシア，サウジアラビア，南アフリカ共和国，トルコから構成されています。

(2)Ｇ20は，1997年のアジア通貨危機を受けて1999年にＧ20財務大臣・中央銀行総裁会議を開催したことをきっかけに誕生し，2008年のリーマン・ショックを契機とした経済・金融危機への対応として，財務大臣・中央銀行総裁会議が首脳級に格上げされました。近年は，世界共通の問題である気候・エネルギー，デジタル変革，テロ対策，移民・難民問題等，幅広い議題への対応のため複数の関連大臣会合が開催されています。

(3)2022年のＧ20サミットは，11月15日～16日に議長国インドネシアのバリ島で開催されました。インドネシアは，（　Ｘ　）唯一のＧ20メンバーです。

(4)Ｇ20のメンバーである（　Ｙ　）は，2014年の一方的なクリミア併合に伴い，Ｇ８の枠組みから排除され，現在のＧ７の形となった経緯があります。今般の情勢を受けて見られるＧ20から（Ｙ）を排除しようとする動きに対しては，議長国インドネシアをはじめ一部の国が慎重な姿勢を示しています。亀裂が生じつつあるＧ20メンバー国間の討議を議長国がどのようにまとめていくのか。これらの議論の行方は来年Ｇ７/Ｇ20の議長国をそれぞれ担う日本とインドのアジェンダ設定に大きな影響を及ぼす可能性があります。

注）アジェンダ……会議の議題や会議の予定・進行表などをまとめた計画のこと

公益財団法人　地球環境戦略研究機関ホームページより抜粋　出題のため改編

問1 （X）に適する語句を，以下より選んで番号をマークしなさい。 ［解答番号11］

①NAFTA ②APEC ③ASEAN ④BRICS ⑤OPEC

問2 （Y）に適する国を，以下より選んで番号をマークしなさい。 ［解答番号12］

①中国 ②ロシア ③トルコ ④南アフリカ共和国 ⑤ブラジル

問3 次の表はG20の国の中でアジア州にある国の，輸出額，主な輸出品，穀物自給率についてまとめたものである。A・B・Cにそれぞれあてはまる国の組み合わせとして正しいものを，後の選択肢より選んで番号をマークしなさい。 ［解答番号13］

国	輸出額(百万ドル)（2019年）	主な輸出品（%）（2019年）			穀物自給率（%）（2017年）
A	705,640	機械類(35)	自動車(21)	精密機械(5)	31
B	323,251	石油製品(14)	機械類(12)	ダイヤモンド(7)	107
C	167,003	石炭(13)	パーム油(9)	機械類(8)	92
D	542,172	機械類(41)	自動車(12)	石油製品(8)	25
E	251,800	原油(66)	石油製品(11)	プラスチック(7)	8
トルコ	180,839	機械類(15)	自動車(14)	衣類(9)	104
F	2,498,570	機械類(44)	衣類(6)	繊維品(5)	97

世界国勢図会2021/22、帝国書院「中学校社会科地図」より作成

①A：韓国 B：中国 C：サウジアラビア

②A：韓国 B：中国 C：インドネシア

③A：韓国 B：インド C：サウジアラビア

④A：韓国 B：インド C：インドネシア

⑤A：日本 B：中国 C：サウジアラビア

⑥A：日本 B：中国 C：インドネシア

⑦A：日本 B：インド C：サウジアラビア

⑧A：日本 B：インド C：インドネシア

問4 次の表は，鉄鉱石・小麦・トウモロコシ・大豆・豚肉・自動車の生産上位1位～4位の国を示したものであり，H～J（同じ記号はそれぞれ同一の国を表す）は，ブラジル・アメリカ合衆国・ドイツのいずれかの国である。国名の組み合わせとして正しいものを，後の選択肢より選んで番号をマークしなさい。 ［解答番号14］

順位	鉄鉱石（2017年）	小麦（2018年）	トウモロコシ（2018年）	大豆（2018年）	豚肉（2018年）	自動車（2017年）
1	オーストラリア	中国	I	I	中国	中国
2	H	インド	中国	H	I	I
3	中国	ロシア	H	アルゼンチン	J	日本
4	インド	I	アルゼンチン	中国	スペイン	J

帝国書院「中学校社会科地図」より作成

①H：アメリカ合衆国 I：ブラジル J：ドイツ

②H：アメリカ合衆国 I：ドイツ J：ブラジル

③H：ブラジル I：アメリカ合衆国 J：ドイツ

④H：ブラジル I：ドイツ J：アメリカ合衆国

⑤H：ドイツ　　　　　I：アメリカ合衆国　J：ブラジル
⑥H：ドイツ　　　　　I：ブラジル　　　　J：アメリカ合衆国

問５　資料中の下線部について，下記は，2023年にG7サミットが開催される日本のある都市とその都市がある都道府県について述べたものである。開催都市として正しいものを以下より選んで番号をマークしなさい。
［解答番号15］

◎都市について
・太田川河口のデルタ（三角州）にできた都市である。
・毛利輝元が築城した城がある。
・第74回カンヌ国際映画祭で4冠を獲得した「ドライブ・マイ・カー」のロケ地として話題になった。
◎都道府県について
・工業では自動車や造船が盛んで，工業出荷額はこの地方で最多である。
・カキの養殖やレモンの栽培で有名である。
・世界文化遺産が２つあり，修学旅行生が多く訪れる。

①広島　②長崎　③福岡　④名古屋　⑤奈良

問６　G20の国々に関する以下の説明文の中で，正しいものを選んで番号をマークしなさい。
［解答番号16］

①南半球にある国（またがっている国は含まない）が10か国ある。
②西半球にある国（またがっている国は含まない）が７か国ある。
③内陸国は０か国である。
④EUに加盟している国は５か国である。

【３】次のページの表は全国の過疎市町村の数と全市町村数に対する過疎市町村数の割合を示したものである。これについて後の問に答えなさい。

問１　このデータから分かることとして，誤りであるものを選んで番号をマークしなさい。
［解答番号17］

①47都道府県全てに過疎市町村がある。
②市町村数が最も少ない県は，全市町村数に占める過疎市町村数の割合も最も低い。
③中国・四国地方の都道府県は，全て過疎市町村の比率が50％を超えている。
④過疎市町村の比率が最も低い都道府県は関東地方にある。

過疎市町村等の数【令和４年４月１日現在】

都道府県	市町村数 A	過疎市町村数 B	比率 B/A
北海道	179	152	84.9
青森県	40	30	75.0
岩手県	33	25	75.8
宮城県	35	16	45.7
秋田県	25	23	92.0
山形県	35	22	62.9
福島県	59	34	57.6
茨城県	44	11	25.0
栃木県	25	6	24.0
群馬県	35	13	37.1
埼玉県	63	7	11.1
千葉県	54	13	24.1
東京都	39	7	17.9
神奈川県	33	1	3.0
新潟県	30	19	63.3
富山県	15	4	26.7
石川県	19	10	52.6
福井県	17	8	47.1
山梨県	27	14	51.9
長野県	77	40	51.9
岐阜県	42	17	40.5
静岡県	35	7	20.0
愛知県	54	4	7.4
三重県	29	10	34.5
滋賀県	19	4	21.1
京都府	26	12	46.2
大阪府	43	4	9.3
兵庫県	41	16	39.0
奈良県	39	19	48.7
和歌山県	30	23	76.7
鳥取県	19	15	78.9
島根県	19	19	100.0
岡山県	27	19	70.4
広島県	23	14	60.9
山口県	19	10	52.6
徳島県	24	13	54.2
香川県	17	10	58.8
愛媛県	20	14	70.0
高知県	34	29	85.3
福岡県	60	23	38.3
佐賀県	20	11	55.0
長崎県	21	15	71.4
熊本県	45	32	71.1
大分県	18	15	83.3
宮崎県	26	16	61.5
鹿児島県	43	42	97.7
沖縄県	41	17	41.5
合計	**1,718**	**885**	**51.5**

一般社団法人全国過疎地域連盟ホームページより

＊過疎市町村には、過疎地域に指定されている市町村、過疎地域とみなされている市町村、過疎地域とみなされる地域がある市町村を含む

問２　過疎によって起こる問題に対応するための観点として，近年，「関係人口の創出・拡大」があげられている。「関係人口」について，総務省ホームページでは下図のように説明されている。過疎地域の「関係人口」を直接増やす地方自治体の取り組みとして適当でないものを選んで番号をマークしなさい。　［解答番号18］

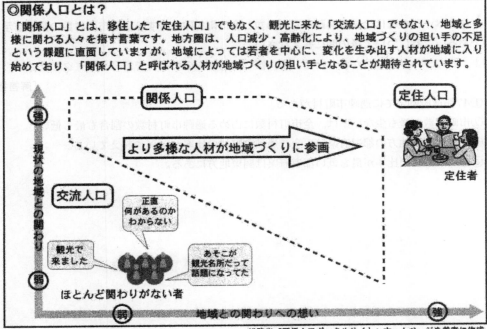

◎関係人口とは？

「関係人口」とは、移住した「定住人口」でもなく、観光に来た「交流人口」でもない、地域と多様に関わる人々を指す言葉です。地方圏は、人口減少・高齢化により、地域づくりの担い手の不足という課題に直面していますが、地域によっては若者を中心に、変化を生み出す人材が地域に入り始めており、「関係人口」と呼ばれる人材が地域づくりの担い手となることが期待されています。

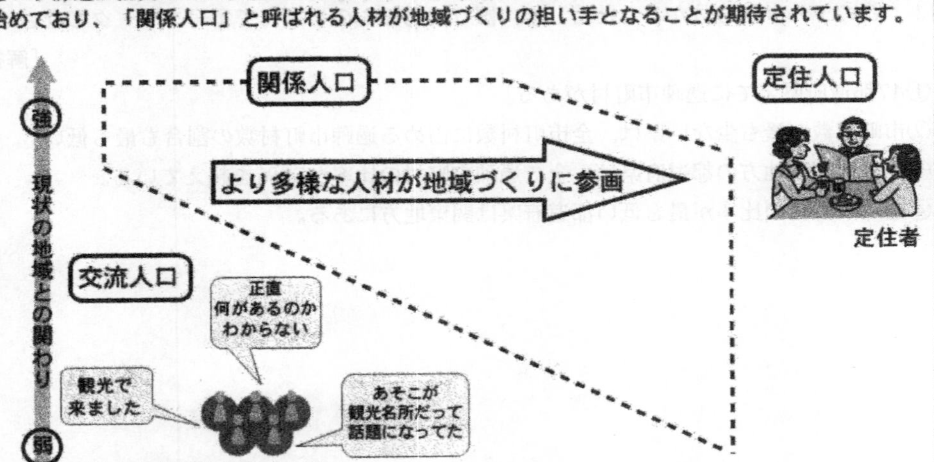

総務省「関係人口ポータルサイト」ホームページを参考に作成

①農地オーナー制度を設ける。会費を払って農地のオーナーとなってもらい，地元農家からサポートを受けながら農業体験をする。

②アートフェスティバルを行う。フェスティバルの実行委員会には地元を離れた出身者が参加できるよう工夫し，県外のアーティストを積極的に受け入れ，地元住民がその土地の風土を生かした発表ができるようサポートを行う。

③空き家を改修して共同で使えるオフィスを作る。この土地で起業を目指す人に安く貸し出したり，移住希望者が地元の人と触れあって地域のさまざまな仕事を体験したりする場所として使用する。

④まちを紹介するホームページを新しくする。たくさんの特産品や景勝地などの観光資源を詳しく，且つわかりやすくアピールする。

問３　過疎地域への移住や交流を進めるために情報発信が重要である。次の〔A〕～〔C〕はある都道府県について説明した文章（一般社団法人　移住・交流推進機構ホームページを参考に作成）である。〔A〕～〔C〕に当てはまる都道府県の組み合わせとして正しいものを，後の選択肢より選んで番号をマークしなさい。　**[解答番号19]**

〔A〕本州日本海側のほぼ中央に位置し，健康長寿な県として有名。産業については，昭和初期には「人絹（じんけん）王国」して栄えた繊維業やめがね産業が盛んであり，古くから受け継がれている伝統工芸品も数多くある。コシヒカリの発祥の地であることや，特産品として，かに・ふぐが有名である。

〔B〕瀬戸内海，紀伊水道，太平洋に面している一方で，県面積全体の８割が山地という，自然に恵まれた土地。すだちの生産が日本一である。鳴門の渦潮，剣山などの観光地も多くあり，名物である阿波踊りの時期には，多くの観光客が訪れる。県内全域に高速・大容量のデータ通信ができる環境が整っており，企業が新たな拠点としてサテライトオフィスを開設するなど，新しい働き方ができる場所として注目を集めている。

〔C〕東北地方の日本海側に位置し，東京から北に約300km，新幹線で約３時間の距離にある。日本百名山の美しい山々に囲まれ，庄内平野を最上川が流れている。全ての市町村で温泉が湧き出しており，様々な温泉を日常的に楽しむことができる。良質な米，全国一の生産量を誇るサクランボやラ・フランスを始めとする果物などの農業や地域特性を活かした畜産などが有名である。

①A：福井県　B：徳島県　C：秋田県　②A：福井県　B：徳島県　C：山形県
③A：福井県　B：和歌山県　C：秋田県　④A：福井県　B：和歌山県　C：山形県
⑤A：富山県　B：徳島県　C：秋田県　⑥A：富山県　B：徳島県　C：山形県
⑦A：富山県　B：和歌山県　C：秋田県　⑧A：富山県　B：和歌山県　C：山形県

【４】 下図は世界地図を簡易的に描いたものである。描かれている線は緯線・経線で，二重線はそれぞれ０度の線を示している。これについて後の問に答えなさい。

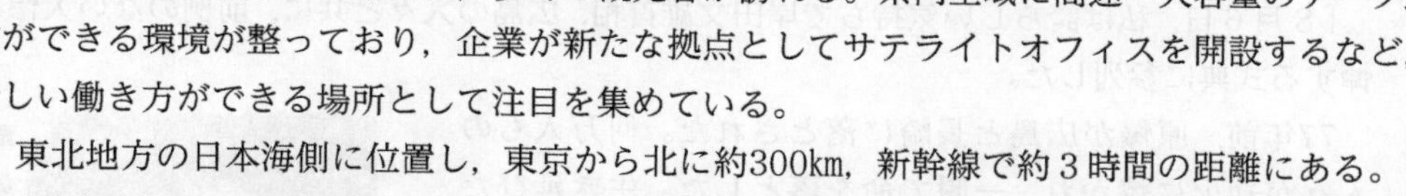

問１　緯線・経線はそれぞれ何度ごとに引かれているか。組み合わせとして正しいものを，以下より選んで番号をマークしなさい。［解答番号20］

①緯線 30°　経線30°　②緯線30°　経線45°　③緯線30°　経線60°
④緯線45°　経線30°　⑤緯線45°　経線45°　⑥緯線45°　経線60°
⑦緯線60°　経線30°　⑧緯線60°　経線45°　⑨緯線60°　経線60°

問２　この地図において，次の(ア)(イ)に当てはまるのは，図中のａ～ｃのどこになるか。組み合わせとして正しいものを，以下より選んで番号をマークしなさい。［解答番号21］

(ア)日付が最も遅く変わる場所
(イ)日本と最も時差がある場所

①(ア)－ａ　(イ)－ａ　②(ア)－ａ　(イ)－ｂ　③(ア)－ａ　(イ)－ｃ
④(ア)－ｂ　(イ)－ａ　⑤(ア)－ｂ　(イ)－ｂ　⑥(ア)－ｂ　(イ)－ｃ
⑦(ア)－ｃ　(イ)－ａ　⑧(ア)－ｃ　(イ)－ｂ　⑨(ア)－ｃ　(イ)－ｃ

【５】以下は，2022年８月７日（日）の中日新聞朝刊の記事で，５行目以降の「　」部分は，８月６日（土）に広島で行われた原爆死没者慰霊式・平和祈念式典（平和記念式典）に参列した国際連合事務総長が共同通信に寄稿したメッセージである。これらを読んで後の問に答えなさい。

（　ア　）に侵攻した（　イ　）が「核の脅し」を振りかざす一方で，米ニューヨークでは７年ぶりとなる核拡散防止条約（NPT）の再検討会議が続いている。核兵器の未来を占う極めて重要な局面で被爆地広島を訪問し，平和記念式典に参加した国連のアントニオ・（　ウ　）事務総長が，共同通信にメッセージを寄せた。

「８月６日，私は誇らしい気持ちで岸田文雄首相，広島の人々と共に，前例のない大惨事を追悼する式典に参列した。

77年前，原爆が広島と長崎に落とされた。何万人もの人々が劫火（ごうか）に焼かれ，一瞬で命を落とした。生き延びた人々も，放射能による後遺症や健康被害に苦しみ，原爆によって生涯にわたり印が残った。

平和記念式典であいさつする国連の（ウ）事務総長＝６日午前、広島市の平和記念公園で

『被爆者』の方々と対話ができたことは，私の大きな栄誉だ。被爆者たちは勇気を奮って恐怖の日に目撃したことを，私に話してくれた。

世界中の指導者が，被爆者と同じ澄んだ目で，核兵器の本質を見つめるべき時だ。核兵器は安全も保護も，もたらさない。死と破壊だけをもたらすのだ。

広島と長崎への原爆投下から四分の三世紀が経過した。人類は冷戦や愚かな瀬戸際政策の時代を耐えてきた。

しかし，冷戦の最も激しかった時ですら，核保有国は大幅な核兵器の削減を成し遂げた。核兵器の使用や拡散，核実験に反対する原則は，広く受け入れられてきた。

今日，私たちは(A)<u>1945年の教訓</u>を忘れる危機に瀕している。

新たな軍拡競争が加速している。世界には１万３千発の核兵器が兵器庫に貯蔵され，中東から朝鮮半島，（イ）による（ア）侵攻まで，核戦争の恐れを伴う地政学的危機が広がる。

人類は再び，弾の込められた銃をもてあそんでいる。私たちは１つの過ち，１つの誤解で破滅に至るところまで来ている。

指導者たちは核兵器使用の選択肢を永久に排除しなければならない。核保有国が，核戦争の可能性を認めることは受け入れられない。さらに核の先制不使用を約束しなければならない。非保有国に対しては使用も脅しもしないと保証する必要がある。

最終的に核の脅威への解決法は１つしかない。核兵器を一切持たないことだ。大量破壊兵器廃絶のため対話や交渉の道を開く必要がある。

(B)核拡散防止条約（NPT）再検討会議では，新たな希望の兆しが見える。この条約は，核軍縮への強力なきっかけになり得る。６月には核兵器禁止条約の締約国会議が初めて開かれ，破滅をもたらす兵器のない世界への道筋が話し合われた。

人類の未来を危険にさらす兵器を許容することはできない。被爆者の『もう二度と，広島の悲劇を引き起こさないでください。もう二度と，長崎の惨禍を繰り返さないでください』という声を聞くべき時だ。

今こそ平和を広げる時だ。共に一歩ずつ，核兵器を消し去ろう。」

※出題のため一部改変

問１　空欄（ア）（イ）に適する国名の，組み合わせとして正しいものを，以下より選んで番号をマークしなさい。 ［解答番号22］

①（ア）ロシア　（イ）ポーランド　②（ア）ロシア　（イ）ウクライナ
③（ア）ウクライナ　（イ）ポーランド　④（ア）ウクライナ　（イ）ロシア
⑤（ア）ポーランド　（イ）ロシア　⑥（ア）ポーランド　（イ）ウクライナ

問２　（ア）（イ）の２カ国の場所は，以下の地図中(a)~(c)のそれぞれどれに当たるか。組み合わせとして正しいものを，以下より選んで番号をマークしなさい。 ［解答番号23］

①（ア）−(a)　（イ）−(b)
②（ア）−(a)　（イ）−(c)
③（ア）−(b)　（イ）−(a)
④（ア）−(b)　（イ）−(c)
⑤（ア）−(c)　（イ）−(a)
⑥（ア）−(c)　（イ）−(b)

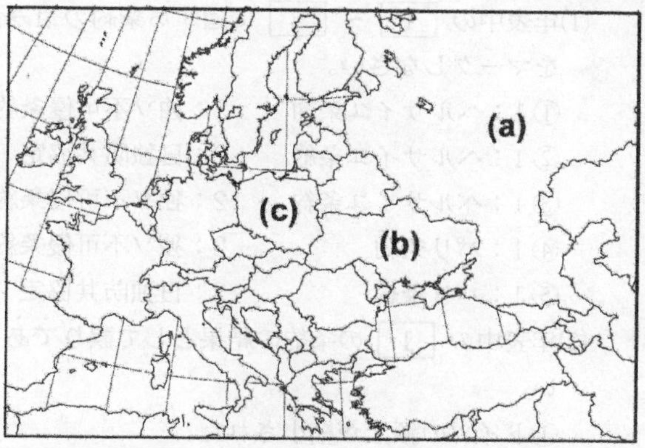

問３　（ウ）に適する国連事務総長は誰か。以下より選んで番号をマークしなさい。 ［解答番号24］

①デクエヤル　②パン・ギムン　③ガリ　④アナン
⑤ワルトハイム　⑥グテーレス　⑦ウー・タント　⑧ハマーショルド

問４　下線部(A)1945年の教訓に象徴されるように，20世紀は戦争の世紀とも言われてきた。この時代の日本及び世界の情勢に関する次のページの年表を見て，後の(1)~(7)の問に答えなさい。

西暦(月)	主 な で き ご と
1919	大戦終結後にパリ講和会議が開かれ、［1］が締結される
1920	アメリカのウィルソン大統領の提唱に基づいて(ア)が発足する
1922	イタリアでファシスト党を率いるムッソリーニが政権を獲得する
1931	満州事変が起こり、日本が中国への侵略を開始する
1933(1月)	ドイツでヒトラーが政権を獲得する
1933(3月)	日本が(ア)を脱退する
1933(10月)	ドイツが(ア)を脱退する
1937	盧溝橋事件をきっかけに〔 あ 〕が始まる
1939(8月)	ドイツが［2］を締結する
1939(9月)	ドイツがポーランドに侵攻し、第二次世界大戦が始まる
1940(9月)	日本がドイツ・イタリアと(イ)を成立させる
1941(4月)	日本が［3］を締結する一方で日米交渉を開始して、アメリカとの戦争回避を図(はか)る
1941(12月)	日本軍がイギリス領マレー半島への上陸とハワイ真珠湾のアメリカ海軍基地への奇襲攻撃を開始し、〔 い 〕が始まる
1942	日本軍がミッドウェー海戦に敗れて、〔い〕が長期化の見通しとなる
1943	イタリアが連合国に無条件降伏する
1945(2月)	アメリカ・イギリス・ソ連が[I]会談を開き、戦後処理の基本方針やその他の(7)秘密協定などが決定される
1945(5月)	ドイツが連合国に無条件降伏する
1945(7月)	アメリカ・イギリス・ソ連が[II]会談を開き、日本に対して無条件降伏を勧告する[II]宣言を発表する
1945(8月)	日本政府が[II]宣言の受け入れを決定して連合国に無条件降伏し、第二次世界大戦が終結する

(1)年表中の［1］～［3］に適する条約の組み合わせとして正しいものを，以下より選んで番号をマークしなさい。　**[解答番号25]**

①1：ベルサイユ条約　2：独ソ不可侵条約　3：日露協約
②1：ベルサイユ条約　2：日独防共協定　3：日ソ中立条約
③1：ベルサイユ条約　2：独ソ不可侵条約　3：日ソ中立条約
④1：パリ条約　2：独ソ不可侵条約　3：日露協約
⑤1：パリ条約　2：日独防共協定　3：日韓協約

(2)年表中の［1］の条約の結果として**誤りである**説明文を，以下より選んで番号をマークしなさい。　**[解答番号26]**

①ドイツの領土が縮小された。　②ドイツは植民地を失った。
③ドイツ本土がアメリカの委任統治領となった。　④ドイツの軍備が縮小された。
⑤ドイツが多額の賠償金を支払うことになった。

(3)年表中の(ア)(イ)に適する語句の組み合わせとして正しいものを，以下より選んで番号をマークしなさい。　**[解答番号27]**

①（ア）国際連盟　（イ）日独伊三国同盟　②（ア）国際連盟　（イ）日独伊防共協定
③（ア）国際連合　（イ）日独伊防共協定　④（ア）国際連合　（イ）日独伊三国同盟

(4) 年表中の［あ］［い］に適する戦争の組み合わせとして正しいものを，以下より選んで番号をマークしなさい。 ［解答番号28］

①［あ］太平洋戦争 ［い］日露戦争 ②［あ］日露戦争 ［い］太平洋戦争
③［あ］日露戦争 ［い］日中戦争 ④［あ］日中戦争 ［い］日露戦争
⑤［あ］太平洋戦争 ［い］日中戦争 ⑥［あ］日中戦争 ［い］太平洋戦争

(5) 年表中の［Ⅰ］［Ⅱ］に適する地名の組み合わせとして正しいものを，以下より選んで番号をマークしなさい。 ［解答番号29］

①［Ⅰ］ポツダム ［Ⅱ］カイロ ②［Ⅰ］ポツダム ［Ⅱ］ヤルタ
③［Ⅰ］カイロ ［Ⅱ］ポツダム ④［Ⅰ］カイロ ［Ⅱ］ヤルタ
⑤［Ⅰ］ヤルタ ［Ⅱ］ポツダム ⑥［Ⅰ］ヤルタ ［Ⅱ］カイロ

(6) 年表中の［い］が始まった時の日本の内閣総理大臣は誰か。以下より選んで番号をマークしなさい。 ［解答番号30］

①犬養毅 ②東条英機 ③浜口雄幸 ④近衛文麿 ⑤岡田啓介

(7) 年表中の［Ⅰ］会談で取り決められた下線部(7)の秘密協定の結果として正しいものを，以下より選んで番号をマークしなさい。 ［解答番号31］

①ソ連が日本に宣戦布告し，満州・朝鮮などに侵攻した。
②ソ連軍がスターリングラードの戦いでドイツ軍を破った。
③連合国がノルマンディ上陸作戦を展開し，パリがドイツ軍の占領から解放された。
④戦後まもなく，極東国際軍事裁判が開かれて，戦争犯罪人が処罰された。
⑤アメリカ軍が沖縄に上陸して，激しい地上戦闘となった。

問5 最初の新聞記事中の下線部，(B)核拡散防止条約（1968年調印）で定められた核兵器国5カ国として正しいものを，以下より選んで番号をマークしなさい。 ［解答番号32］

①アメリカ・ドイツ・イタリア・ロシア（旧ソ連）・中国
②アメリカ・ロシア（旧ソ連）・インド・パキスタン・イスラエル
③アメリカ・イギリス・フランス・ロシア（旧ソ連）・中国
④アメリカ・ロシア（旧ソ連）・中国・韓国・北朝鮮
⑤ロシア（旧ソ連）・キューバ・中国・北朝鮮・アメリカ

問6 問5の核兵器国が，国連で常任理事国を務めている機関は何か。以下より選んで番号をマークしなさい。 ［解答番号33］

①総会 ②信託統治理事会 ③経済社会理事会 ④安全保障理事会 ⑤事務局

【6】次のページの図は，日本における三権分立を簡潔に示したもので，その後は三権に関する日本国憲法第41条，第65条，第76条第1項である。これらに関する後の問に答えなさい。

第41条 国会は，国権の最高機関であつて，国の唯一の（ ア ）機関である。
第65条 （ イ ）権は，内閣に属する。
第76条① すべて（ ウ ）権は，最高裁判所及び法律の定めるところにより設置する下級裁判所に属する。

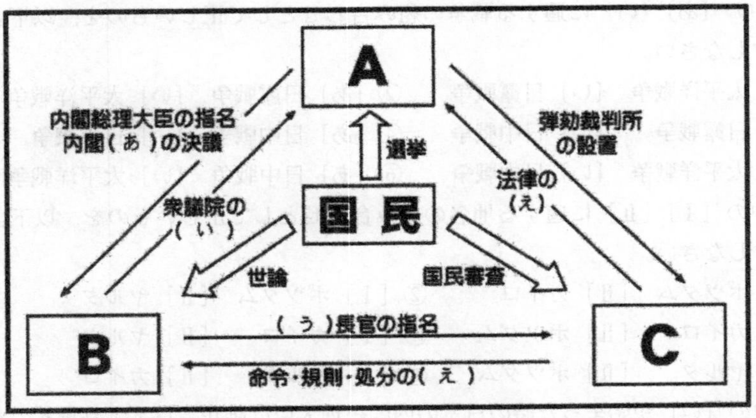

問1　図中のA・B・Cは，それぞれ国会・裁判所・内閣いずれかの国家機関である。組み合わせとして正しいものを，以下より選んで番号をマークしなさい。　[解答番号34]

①A：内閣　B：国会　C：裁判所
②A：国会　B：裁判所　C：内閣
③A：裁判所　B：内閣　C：国会
④A：内閣　B：裁判所　C：国会
⑤A：裁判所　B：国会　C：内閣
⑥A：国会　B：内閣　C：裁判所

問2　憲法条文の（ア）～（ウ）には，立法・司法・行政いずれかの語句が当てはまる。組み合わせとして正しいものを，以下より選んで番号をマークしなさい。　[解答番号35]

①（ア）立法　（イ）司法　（ウ）行政　②（ア）司法　（イ）行政　（ウ）立法
③（ア）行政　（イ）立法　（ウ）司法　④（ア）立法　（イ）行政　（ウ）司法
⑤（ア）行政　（イ）司法　（ウ）立法　⑥（ア）司法　（イ）立法　（ウ）行政

問3　図中の(あ)(い)に適する語句の組み合わせとして正しいものを，以下より選んで番号をマークしなさい。　[解答番号36]

①（あ）不信任　（い）優越　②（あ）不信任　（い）解散
③（あ）不信任　（い）総辞職　④（あ）総辞職　（い）優越
⑤（あ）総辞職　（い）不信任　⑥（あ）総辞職　（い）解散

問4　図中の(う)(え)に適する語句の組み合わせとして正しいものを，以下より選んで番号をマークしなさい。　[解答番号37]

①（う）内閣官房　（え）改正　②（う）内閣官房　（え）違憲審査
③（う）最高裁判所　（え）違憲審査　④（う）最高裁判所　（え）改正
⑤（う）特別裁判所　（え）違憲審査　⑥（う）特別裁判所　（え）改正

問5　2022年7月10日（日）に第26回参議院議員選挙が実施された。次のページの図は，この選挙の開票結果を受けて，7月12日（火）の中日新聞朝刊に掲載されたものである。これを見て，憲法第96条第1項が規定する憲法改正の国会発議に関する以下の説明文中から，正しいものを選んで番号をマークしなさい。　[解答番号38]

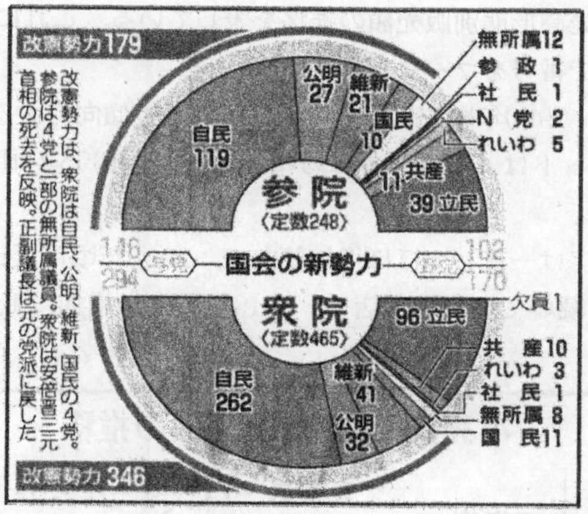

①衆議院・参議院とも憲法改正発議の要件を満たしているので，国会発議は可能である。

②衆議院は，憲法改正発議の要件を満たしているが，参議院は要件を満たしていないので，国会発議はできない。

③衆議院は，憲法改正発議の要件を満たしており，参議院は要件を満たしていないが，衆議院の優越により，国会発議は可能である。

④衆議院・参議院とも憲法改正発議の要件を満たしていないので，国会発議はできない。

【７】経済活動に関する以下の各問に答えなさい。

問１　経済活動の基本に関する以下の説明文中から，**誤りであるものを**選んで番号をマークしなさい。

[解答番号39]

①生産の主体である企業は，財やサービスといった商品を提供し，消費者はそれに代金を支払って購入する。

②消費生活の主体を家計という。家計には収入と支出があるが，支出の中でも，生活に必要な財やサービスの購入に充てる支出を消費支出という。これに対して税金や社会保険料などの支払いに充てる支出は非消費支出と呼ばれる。

③家計の収入から消費支出を差し引き，非消費支出を加えたものを貯蓄という。

④財やサービスの量には限りがある。財やサービスを消費者が求める量が，実際にある財やサービスの量を上回っている状態を，希少性があるという。

問２　消費者問題に関する以下の説明文中から，**誤りであるものを**選んで番号をマークしなさい。

[解答番号40]

①財やサービスの購入をする消費者と生産・販売をする企業を比べると，一般的に消費者の方が不利な立場にあることが多いので，消費者が不利益を受ける消費者問題が起こり得る。

②消費者問題への対応策として，国は消費者の権利保護重視の立場で様々な仕組みを整備してきた。その中の１つで，訪問販売や電話勧誘で購入した商品に関しては，購入後８日以内であれば，原則無条件で消費者側から契約解除できる制度を，トレーサビリティという。

③消費者問題解決に関する法整備としては，製造物責任法（ＰＬ法）や消費者契約法が制定され，2004年には消費者保護基本法が改正されて，消費者基本法となった。

④消費者政策の一本化を図るために，2009年に消費者庁が設置された。

問３　下のグラフは，小売業形態別販売額の推移を表している。これに関する後の説明文中から，**誤りであるものを**選んで番号をマークしなさい。　　　　［解答番号41］

①百貨店の売り上げは，1990年頃をピークにその後は減少傾向である。

②大型スーパーマーケットは，一貫してほぼ増加傾向で，1995年頃には百貨店の売り上げを上回った。

③コンビニエンスストアは一貫してほぼ増加傾向で，2008年頃に百貨店を上回った。

④1990年頃から減少が続いていた百貨店は，2019年頃から増加に転じてコンビニエンスストアを上回っている。

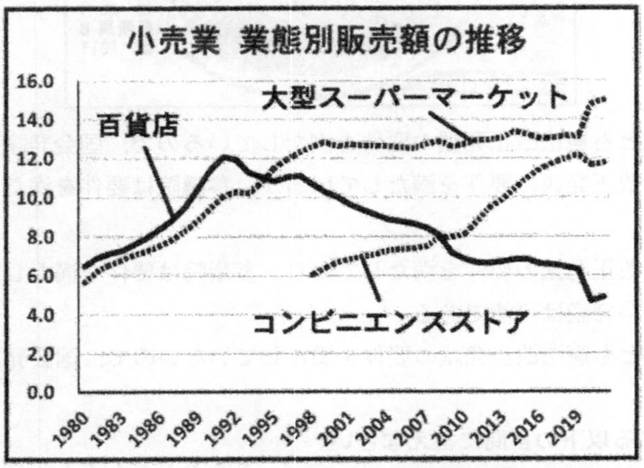

経済産業省商業動態統計調査よりグラフ化

問４　下のグラフ１は雇用形態別労働者割合の推移を示したものである。また，グラフ２は雇用形態別労働者割合の男女比較を示したものである。これらに関する以下の説明文中から，**誤りであるものを**選んで番号をマークしなさい。　　　　［解答番号42］

①正社員の割合は，減少傾向ではあるが，1996年から2016年までの20年間では，16％程度の減少にとどまっている。

②派遣社員の割合は，2006年から2016年までの10年間では変化していない。

③1996年から2016年までの20年間で減少した正社員の割合と，同じくこの20年間で増加した非正規雇用の割合は一致している。

④2016年の非正規雇用の男女別割合は，女性が男性の２倍以上である。

⑤2016年の派遣社員の割合は，女性より男性の方が多い。

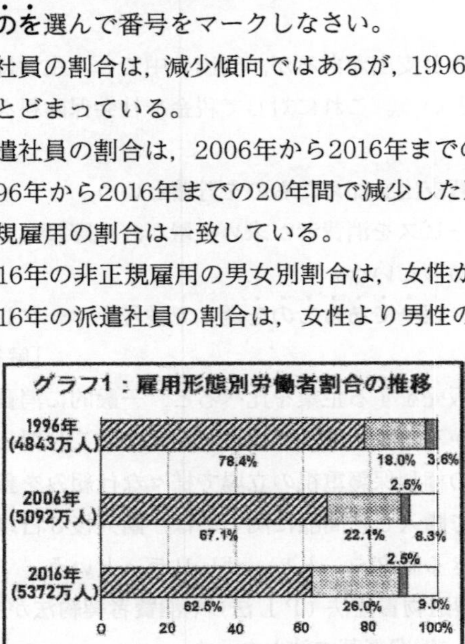

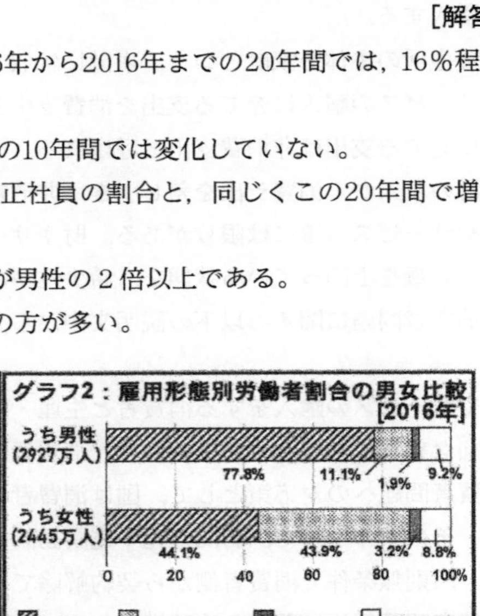

総務省統計局労働力調査よりグラフ化

中から一つ選び、番号をマークしなさい。【マーク番号34】
①助かることができないので　②助かりにくいのならば
③まさか助からないとすると　④もし助けられたならば
⑤たとえ助かりにくくても

問3　空欄（C）に入る語として適切なものを次の中から一つ選び、番号をマークしなさい。【マーク番号35】
①かなしけれ　②かなしく　③かなしき
④かなし　⑤かなしから

問4　傍線D「かくよみて」とあるが、よまれた歌には、誰のどのような思いが込められているか。適切なものを次の中から一つ選び、番号をマークしなさい。【マーク番号36】
①母の、自分が息子の代わりとなって死ぬことは惜しくないが、それが母子の永遠の別れになることに対する悲しさ。
②母の、自分が息子を救えないことがたいへん悔しい上に、それが息子にとっての心の傷となることに対する苦しさ。
③母の、自分の命と家族との生活を大切にできなかったため、とうとう住吉の神に見放されたことに対する情けなさ。
④息子の、自分のせいで母親を死に追い込んだにもかかわらず、息子には一切不満を言わない母に対する申し訳なさ。
⑤息子の、自分が病になり生死をさまよった挙げ句、将来を期待していた母親を失望させたことに対する恥ずかしさ。
⑥息子の、自分が不規則な生活を送った結果病になってしまい、住吉の神の怒りを買ってしまったことに対する悔しさ。

問5　傍線E「かつは不孝の身なるべし」の「不孝」とは、挙周にとってどのようなことであるのか。本文中の波線①～⑤の中から適切なものを一つ選び、番号をマークしなさい。【マーク番号37】

問6　空欄（F）に入る語として適切なものを次の中から一つ選び、番号をマークしなさい。【マーク番号38】
①命　②母　③息　④神　⑤病

問7　傍線G「事ゆゑなく侍りけり。」となったのは、どのような事情があったからか。適切なものを次の中から一つ選び、番号をマークしなさい。【マーク番号39】
①親が子どものことを愛情深く見守ったこと。
②親が子どものために命を神にささげたこと。
③親と子どもがお互いの命を思いやったこと。
④親と子どもが病になったのは誤りだったこと。
⑤子どもが親のために自分を犠牲にしたこと。

問8　『古今著聞集』は鎌倉時代に成立した作品である。同じ鎌倉時代に書かれた作品として適切なものを次の中から一つ選び、番号をマークしなさい。【マーク番号40】
①『更級日記』　②『伊勢物語』　③『古今和歌集』
④『徒然草』　⑤『万葉集』

相美：この小説は（　X　）時代初期が舞台になっているのよね。
相子：最後のところは洒落が効いているよね。りんが自分の好きなことで生きていく決意を家族に伝える手紙で、なんだか胸がスカッとするわ。
相美：この山下りんという人は実在した人物で、日本人初のイコン（聖像画）画家だったそうよ。
相子：この時代に「日本人初」が付く職業に、しかも「女性」が就くためには、きっと様々な困難があったでしょうね。
相美：そうよね。今でこそ（　Y　）にとらわれない職業選択のあり方や、多様な生き方が認められるようになってきたけれど、この時代に本当に自分のやりたいことで生きていく決意をするのは並大抵のことではなかっただろうな。

（X）　【マーク番号31】
①戦国　②江戸　③明治　④大正　③昭和

（Y）　【マーク番号32】
①グローバル　②ジェンダー　③バリアフリー
④マイノリティー　⑤アンソロジー

三　次の文章は、『古今著聞集』巻第八・三〇二である。読んで、後の問いに答えなさい。

式部の大輔大江匡衡朝臣の息（息子の）、式部の権の大輔挙周朝臣、重病をうけて、Aたのみすくなく見えければ（見えたので、）、母赤染右衛門、*住吉にまうでて、七日籠りて、「このたびBたすかりがたくは、すみやかにわが命にめしかふべし（召し取るがよい）」と申して、七日に満ちける日、*御幣のしでに書きつけ侍りける（書きつけました歌は、）、

①かはらんと祈る命は惜しからでさても別れんことぞ（　C　）

Dかくよみて奉りける（奉納したところ、）に、*神感やありけん、挙周が②病よくなりにけり。③母下向して（神社から帰って、）、喜びながらこの様を語るに、挙周いみじく歎きて、「我生きたりとも、母を失ひては何のいさみ（生きがい）かあらん。Eかつは不孝の身なるべし」と思ひて、④住吉に詣でて申しけるは、「⑤母われにかはりて命終るべきならば、速やかにもとのごとくわが命をめして、母をたすけさせ給へ」と泣く泣く祈りければ、（　F　）あはれみて御たすけやありけん、母子共にG事ゆゑなく侍りけり。

（注）　*住吉…大阪市住吉区にある住吉神社。
*御幣のしで…「弊」は串に挟み神に捧げる布・紙。「しで」はそれの垂れている部分。
*神感…神の心が深く動かされること。

問1　傍線A「たのみ」の本文における意味として適切なものを次の中から一つ選び、番号をマークしなさい。　【マーク番号33】
①すがる神々　②託された祈り　③期待できる収入
④治る見込み　⑤不穏な知らせ

問2　傍線B「たすかりがたくは」の現代語訳として適切なものを次の

①茶道　②武道　③歌道　④華道　⑤書道

問7　傍線E「互いに分かち合いましょうぞ」とあるが、りんは可枝とどのようなことを「分かち合い」たいと思ったのか。その内容として適切なものを次の中から一つ選び、番号をマークしなさい。【マーク番号27】

①自分の本意ではない結婚をさせられた無念さと、家の人のために働きたいと思う気持ち。
②嫁ぎ先の人に認められない悔しさと、趣味に打ち込むための時間が欲しいと思う気持ち。
③進みたい道に進めないもどかしさと、自然豊かな故郷を守っていきたいと思う気持ち。
④自分の趣味に熱中してしまう軽薄さと、家の伝統を受け継いでいきたいと思う気持ち。
⑤抑えきれない願いを抱える苦しみと、芸術を心ゆくまで追求していきたいと思う気持ち。

問8　傍線F「昔ながらの佇まいを取り戻していた」とあるが、その理由として適切なものを次の中から一つ選び、番号をマークしなさい。【マーク番号28】

①りんと久しぶりに話すことができ、普段は言えない悩みを聞いてもらえて憂うつな気分が晴れたから。
②りんの申し出を聞いたことで、自分のやりたいことに取り組んでいけそうな希望を感じられたから。
③実家で優しい両親の愛情に触れたことで、常に追い立てられる生活の中で傷ついた心が癒されたから。
④慣れ親しんだ家に帰ってきたところに、自分のことを心配した友人が訪ねてきてくれて嬉しかったから。
⑤仲の良い友人と昔話をしたことで、隠し通してきた自分の本音に気付くことができて安心したから。

問9　空欄G、Hに入る語の組み合わせとして適切なものを次の中から一つ選び、番号をマークしなさい。【マーク番号29】

①G＝頭　H＝腰　②G＝頭　H＝足　③G＝手　H＝足
④G＝手　H＝腕　⑤G＝口　H＝腕　⑥G＝口　H＝腰

問10　本文から読み取ることができるりんの人物像として適切なものを次の中から一つ選び、番号をマークしなさい。【マーク番号30】

①自分の生き方を貫き通すことだけを考えており、家族の状況や社会情勢には疎い世間知らずで自己中心的な人物。
②自分の好きなことや進みたい道がはっきりしており、周囲の反対にあってもめげないような芯の強い気丈な人物。
③自分の気持ちよりも他人の気持ちを優先させがちで、自分のやりたいことがあっても言い出せない気弱な人物。
④思うようにいかないことについて何かと原因を見つけ、自分の力でなんとかすることは考えない悲観的な人物。
⑤家族の経済状況や友人の結婚生活について何かと口を出し、必要とされていないことまでするおせっかいな人物。

問11　次の枠内は、傍線I「(X)の世にて、私も開化いたしたく候」の部分についての相美さんと相子さんの会話文である。空欄に入るものとして適切なものを次の中から一つずつ選び、番号をマークしなさい。

で、弟が自分の家よりも裕福な伯母夫婦の家に引き取られることを望んでいること。

②父が亡くなって家計が苦しくなる中で、次男である峯次郎が後継ぎのいない伯母夫婦の元に養子に出されるのはやむをえない状況であるということ。

③武家の家では長男が家を継ぐことが当たり前であることから、将来稼ぎ手にもなれない峯次郎はいずれはどこかの家に養子に出す必要があるということ。

④弟が養子に出されたらもう会えなくなってしまうものと思い込み、無理やり伯母夫婦が弟を連れ去ってしまうものと感じて弟の手を離さなかったこと。

⑤父が亡くなったことで兄が当主となったが、まだ若いためにたいした働きができず家族を養うための十分な家禄をもらえないのも仕方がないということ。

問4　傍線B「本当は怒っていた」とあるが、りんはどのようなことに対して怒っていたのか。その内容として適切なものを次の中から一つ選び、番号をマークしなさい。**【マーク番号24】**

①薬代で家計を苦しくした上に、幼い兄弟を残して早々と世を去ってしまった父親の無責任さ。

②まだ幼い弟を、家族の反対や本人の意志に反して連れて行ってしまった伯母夫婦の強引さ。

③まだ好きなことをして遊びたい年頃なのに、家事を押し付けてくる祖父母たちの怠慢さ。

④自分の前に立ちはだかる運命に対してなす術を持たず、何一つ抗えないという自分の無力さ。

⑤弟を養子に出すことを承諾し、家族が離れ離れになることをなんとも思わない母の薄情さ。

問5　傍線C「切なく息を吐いた」とあるが、このときのりんの心情として適切なものを次の中から一つ選び、番号をマークしなさい。**【マーク番号25】**

①家のために働くことは苦ではないが、絵を描くという自分の心を満たすための時間を持たせてくれるような嫁ぎ先がありそうにはないことを嘆く気持ち。

②家の経済状況が良くないために好きな絵を描くための絵筆でさえ自分の好きなものを買うことができず、自分の思い通りにならないことを不満に思う気持ち。

③本当は働くことなどせずにずっと絵筆を握っていたいのだが、年老いた祖父母に家事をさせるわけにはいかないということを自分に言い聞かせている気持ち。

④父が亡くなった寂しさや弟を養子に出さなければならないような家計の苦しさも、絵を描くことですべて忘れられるのにその時間がないことを嘆く気持ち。

⑤家計が苦しいために好きな絵を描くための道具を手作りしなければならないが、兄のことを思えばそのような苦労は大したことはないと開き直る気持ち。

問6　傍線D「敷島の道」とは何のことか。文脈から推測して正しいと考えられるものを次の中から一つ選び、番号をマークしなさい。

【マーク番号26】

かようにしてでも絵師修業を貫く決意にて候。これまで養うていただき、兄上と母上の御慈愛には謝する言葉も持ち合わせておりませぬ。ただただ、心より御社を申し上げ、ご息災をお祈りするのみにて候。

そこまでを書き、嫁ぐ前の花嫁御寮が口にする言葉みたいだと、少し笑った。ふと思いつき、末尾に一文を加えた。

Ⅰ（Ｘ）の世にて、私も開化いたしたく候。

（朝井まかて『白光』による）

（注）＊反故紙…書きそこなうなどして不要になった紙。
＊縹緻…顔立ち、容姿。
＊ゆくたて…事のなりゆき。いきさつ。
＊料簡…分別をつけること。
＊摺物…版木を用いてすったもの。また、広く印刷したもの。簡単な印刷物。
＊お為ごかし…表面は人のためにするように見せかけて、実は自分の利益を図ること。
＊披瀝…心の中を包み隠さずに打ち明けること。
＊一葉…平らで薄いもの、または小さいものを数える語。
＊寛恕…過ちなどをとがめだてしないで許すこと。

問1 波線ⓐⓑについては傍線部分と同じ漢字を含むものを、波線ⓒについては傍線部分の読みを、それぞれ選択肢の中から一つずつ選び、番号をマークしなさい。

ⓐトホウ 【マーク番号19】
①目的地にトホで向かう。
②道具のヨウトをはっきりさせる。
③患部に薬をトフする。
④車でトシンから離れる。
⑤トダナに物を収納する。

ⓑフンガイ 【マーク番号20】
①写真を見ながらカンガイにふける。
②会議のガイヨウをまとめる。
③夫婦はショウガイを供にする。
④ガイトウで演説を行う。
⑤研修の対象者にガイトウする。

ⓒ寸暇 【マーク番号21】
①スンヒマ ②スンヒ ③スント ④スイカ ⑤スンカ

問2 本文中にある五箇所の二重傍線「だ」の中で文法的な説明が異なるものを次の中から一つ選び、番号をマークしなさい。 【マーク番号22】
①下士だが百石取りだ。
②連れ去られてしまうような気がしたのだ。
③「りんは弟思いだ」
④指先に馴染んでしなやかだ。
⑤爺や夫婦はそろそろ隠居も近い齢だ。

問3 傍線A「そう」の指す内容として適切なものを次の中から一つ選び、番号をマークしなさい。 【マーク番号23】
①兄の家禄では家族を養うのに十分ではなく暮らしも苦しくなる中

まるで憶えていない。

「これが*摺物で売られていたら購いたいと思うほどです、あなたは絵師におなりになれると申し上げたではありませんか」

「あれあれ、さっきまでしょげていたひとが豪気にお構えだ」

可枝は鼻の頭を少し赤くしていたけれど、F昔ながらの佇まいを取り戻していた。その美しさが、りんには嬉しかった。

あれから二度三度と文を交わし合い、可枝の詠んだ歌に春野の雲雀や稲田の赤蜻蛉、雪の竹林などを描いて文を返した。だが、この頃は音信が途絶えている。文を出しても返ってこない。可枝が身籠ったらしいことは母から聞いた。いよいよ歌詠みどころではなくなったのか。それとも心を決めて、婚家のひとになったのだろうか。それはそれで安心なような不安なようなと思いながら、わたしは、と掌中の筆を見る。

わたしは観念できそうにない。

月明かりが動いて、顔を上げた。胸の裡が何やら妙な具合だ。早鐘のごとく鳴っている。

そうだ。わたしはその道を歩いてみたい。

可枝の言う重荷とやらが、いかほど重いものであろうとも。

【省略】

「いい加減になさい。この、ごじゃらっぺが」

大声で「馬鹿者が」と叫んだのは兄ではなく、母だった。

「黙って聴いておれば図に乗って、*お為ごかしの言いようも甚だしい。兄上が口減らしのために妹の縁談を考えておいでだと言いますか。そなたはいつのまに、かような浅き考えを*披瀝する娘になったのです」

怒りのあまりか、目の縁を赤くしている。どうやら[G]が過ぎたらしかった。

「兄上に詫びなされ」

結句、頭を下げた。だが料簡を変えるつもりはない。

「お願い申します。わたしを江戸にやってください」

兄は着物の裾を蹴るようにして立ち上がり、母も無言で[H]を上げた。

座敷にひとり置き去りにされたまま、りんは動けない。

この志をわかってもらおうと思っても、土台が無理だったのだ。母は昔からりんの絵を褒めてくれたが、それは娘が嫁ぐ前の、ささやかな*一葉だ。嫁いでしまえば、可枝が歌を詠むひとときを許されぬように、わたしも葉ごと毟られ、植え替えられてしまう。婚家の風儀に添うよう肥料を与えられ、ここで根を張れ、それでこそよい木だと言い含められて仕立てられてゆく。そんな一生など、わたしはまっぴらだ。

男でも、生き抜くのが困難な時世ぞ。

兄の言う通りなのだろう。御公儀や藩さえ、この世から消え失せたのだから。この先、何が起きても驚かない。もはや何も確かなことはない。不変のものなどない。ならばおなごのわたしが打って出ても、おかしくはないのだ。

数日のちの夜、母が近所の家に湯をもらいに行っている隙を盗み、納屋に入った。自室にとって返し、巻紙を広げて筆を持つ。

絵師になりたき一念どうにも抑え難く、かような決意に至り候こと、何とぞ御*寛恕くだされたく候。江戸にて必ず本望を果たします故、私のことはどうかご案じくださいませぬよう、お願い申し上げ候。ご承知の通り、至って丈夫に生まれつきし身にござりますれば、何をい

C切なく息を吐いた。働くことは当たり前で、苦にしたことはない。爺や夫婦はそろそろ隠居も近い齢だ。ゆえに、りんは水汲も薪割りもする。竈の前に屈んで飯を炊き、庭の胡桃を拾っては硬い殻を割って実を味噌に和えたり、梅の実を漬けたり、むろん洗濯もりんが引き受けている。朝起きて床につくまで、己のできることを尽くさねばならない。でなければ兄に申し訳が立たない。その心に偽りはない。

日中、少しばかり筆を持てれば満足なのだ。絵を描く©寸暇さえ得られれば、機嫌よく生きてゆける。

だが、嫁にそんなことを許してくれる家があろうか。

しきりとこのことを考えている。するといつも可枝の顔が泛ぶ。

去年の小正月頃だったか、里帰りをしていると聞いて屋敷を訪ねたことがあって、だが再会するや驚いた。この界隈でも評判の*縹緻良しであったのが、ひどく面窶れしている。日々の*ゆくたてを訊ねれば、ためらいがちに低声で打ち明けた。

「使用人にまじって働くことは苦にならぬのです。こたえるのは風儀が違うこと。これは気をかねるもので、なかなか辛抱が要ります」

可枝はいっそう俯き、膝の上に重ねた己の手を見つめる。

「季節の行事やしきたり、言葉遣いに至るまで、何もかも違う。でもそれは覚悟をしておりました。つらいのは、わたしが家の事の合間に歌書でも繙こうものなら途端に機嫌を損ねられることです。旦那様や舅上、姑上はむろん、お祖父様やお祖母様もあからさまに口を歪め、舌打ちをされます。読み書きが不得手な方々ゆえ、D敷島の道をわかってくださらない。遊ぶ暇があるのなら働け、あれもこれも、ほれ、まだできてねえべと追い立てられる。時々、ここが詰まったようになって苦しくてたまりませぬ」

胸に手を置き、上下に虚しく動かした。そして「りんどの」と、細い息を吐く。

「道を知るというは、重荷を背負うことにございます」

「重荷、ですか」

可枝のまなざしを掬うかのように、見つめ返した。

「いっそ敷島の道など知らぬ方がはるかに倖せだったのかもしれぬと、思うことがあるのです。何の風雅も解さず、ただ夫に従い、舅上や姑上にお仕え申すを己の務めと*料簡できればいかほど安穏なことか。でも禁じられればなおのこと恋しくなる。畑で草を引きながら鳥や蝉の声を聞いても言葉を探しています。空を仰げば雲の白を、青田を渡る風を詠みたい、冬の夜の火の匂いも短冊に書きつけたい」

手に負えない希求を抱え、可枝は苦しんでいる。りんはしばし黙し、その腕に手を置いた。

「ならばわたしに文をおよこしなさい。さすればわたしが絵をつけてお返しする」

「まことですか」と、声の拍子が変わった。

「二言はござりませぬ。E互いに分かち合いましょうぞ」

「なんと」と、可枝は目を潤ませてしまった。

「なんと嬉しいお申し出でしょう。お返しで申すわけではないけれど、わたしはりんどのの絵がずっと好きでした」

「おや、さようなこと初めて聞きました」

「昔、あなたが描いてくれたものを今も持っております。山百合、それから木通の絵。二枚」

用法のものを次の中から一つ選び、番号をマークしなさい。【マーク番号16】

①学校の規則を守る。　②平和が訪れたのである。
③この中から選択する。　④腕に覚えのある職人に頼む。
⑤野菜そのものの味がする。

問14　布は傍線K「弱者のメディア」としての役割を果たす場合もある。「弱者のメディア」として布が扱われている例として適切なものを波線A～Eの中から一つ選び、番号をマークしなさい。ただし、A＝①、B＝②、C＝③、D＝④、E＝⑤、として選ぶこと。【マーク番号17】

問15　次の文は、本文中の《①》～《⑤》のどの位置に入るか。その番号をマークしなさい。【マーク番号18】

・布は歴史的過去においてももちろん、様々な意味を発信し続けるポータブルなメディアであった。

二　次の文章を読んで、後の問いに答えなさい。

> 山下りんは裕福とはいえない家で、母と兄、年老いた祖父母とともに暮らしている。りんは嫁入りしてもよい年頃である。

暗い天井を見つめるうち、峯次郎の小さな手を思い出す。

父が亡くなってまもなく養子にやられた弟である。養子先は母の実家である小田家で、りんの家と同じく下士だが百石取りだ。後継ぎができず、峯次郎が欲しいとなったようだった。

次男である以上、いずれはどこぞの家に養子に入るか、家つき娘に入婿せねばならない。武家では当然のことで、大身の家でも次男、三男の部屋住みは無駄飯喰らいと疎まれ、たいそう肩身の狭いものだ。まして山下家では、まだ若い兄が当主になったばかりであった。家禄以外の御役料は見込めず、養子話は願ったりかなったりであっただろう。

今ならAそうと承知できるが、りんは弟が家を出るとき「いやだ」と泣いて手を放さず、母と兄と小田家の人々を難儀させたらしい。それは何となく憶えている。弟がⓐトホウもない遠国へ連れ去られてしまうような気がしたのだ。今も近くで暮らして、しばしば息災な顔を見せるので、幼心のとんだ思い違いであったのだが、りんは慣れ親しんで可愛がってくれていた実の伯母夫妻を、まるで人買いを見るような目で睨みつけたそうだ。

弟が去ることを悲しんで駄々をこねていると周囲は受け止めたようで、後々まで「りんは弟思いだ」と言われたけれど、B本当は怒っていたのだと思う。

父がもう二度と抱き上げてくれぬことにも、弟が連れ去られることにも何一つ抗えない。己の目の前に立ちはだかる運命のようなものの存在をあの時、初めて知ったのだ。己がなす術を持たぬことが怖かった。だから子供なりにⓑフンガイし、幼い弟の手を握りしめ続けた。

さらさらと夜が更け、かたわらの母は寝息を立てている。障子は初夏の月光で明るくともっている。

襖を横に押しやり、起き上がった。寝間の隅に置いた古い文机の前に坐し、帳面の表紙を手で撫でる。＊反故紙を集めて自身で糸で綴じたものだ。思いつくまま今度は筆入れから一本を取り出し、穂先を撫でる。安い狸の毛であるけれども指先に馴染んでしなやかだ。

絵さえ描ければ。

①a文様　b色　c個性　②a文様　b色　c季節
③a色　b文様　c個性　④a色　b文様　c官位
⑤a色　b紐　c趣味

問9　傍線F「豊富」と同じ構成の熟語を次の中から一つ選び、番号をマークしなさい。【マーク番号12】

①雷鳴　②洗顔　③後退　④奇怪　⑤去就

問10　傍線G「（　）を尽くして」が「極めて優れたものを集めて」という意味になるように、（　）に入る語として適切なものを次の中から一つ選び、番号をマークしなさい。【マーク番号13】

①礼　②力　③粋　④数　⑤意

問11　傍線H「日本ではそれが、自然風景のかたちをとって完成されたのである。」の「それ」が指す内容として適切なものを次の中から一つ選び、番号をマークしなさい。【マーク番号14】

①人が布を通して自然を破壊し、自然が人の世を混乱に巻き込むこと。
②人が布を通して自然を理解し、自然は人の世に恵みをもたらすこと。
③布が人の世と自然を行き来し、人は自然を支配しようとしたこと。
④布が人の世と自然を隔絶させ、人が自然を恐れるようになったこと。
⑤布が人の世と自然を結び付け、人は自然を取り込もうとしたこと。

問12　傍線I「布は生命の現れる場所であった」の説明として適切なものを次の中から一つ選び、番号をマークしなさい。【マーク番号15】

①布を織るための糸の原材料となるものや糸の染色に用いられる染料は、植物や虫といった自然由来であり、布に仕立てる際には天候や職人の動作によって仕上がり具合が変わる。ゆえに、様々な生命が関わることで布が出来上がるため、布は生命を表すものであると言える。
②布は生命力あふれる植物や虫などを用いて職人の手によって染色することから始まるが、天候によって左右される場合が多い。そのため、まずは神々に祈りを捧げてから作業の工程に入る必要があり、布は仕立てる際に人間を含めた多くの命が犠牲になるものであると言える。
③一枚の布を織るには、多くの人が長い期間かけて作業に関わるため、糸を紡ぐ段階から完成品となる布のイメージを全員で正確に理解してから作業に取り掛かることが重要である。しかし、常にイメージ通りの布ができるわけではないから、布は、生命の神秘を感じるものであると言える。
④糸を紡いで布を織り上げるためには、植物や動物という自然界に存在するものだけでなく、人間の生命も必要とされた時代のことを胸に深く刻み、職人一人一人が魂を込めて作業に向き合うことが大切だとされている。したがって、布は生命への敬意と感謝を含んだものであると言える。
⑤糸を紡ぎ、紡いだ糸を染めた後に布として織り上げる場合、植物や虫を用いるため温度や湿度といった気象状況に留意することが求められる。さらに、危険を伴う作業を担う職人の安全を確保する必要があり、布は人間の努力の上にでき上がるものであると言える。

問13　傍線J「気の遠くなるほどの偶然の組み合わせ」の「の」と同じ

ⓑ「フキュウ」　【マーク番号2】
①フキュウの名作を読む。　②余罪をツイキュウする。
③キュウカを楽しむ。　④生活がヒンキュウする。
⑤ケンキュウを続ける。

ⓒ「抑え（抑える）」　【マーク番号3】
①ヒカえる　②クワえる　③シツラえる
④オサえる　⑤ソロえる

問2　空欄 甲 ・ 乙 に入る語を、それぞれ一つずつ選び、番号をマークしなさい。
甲 ＝【マーク番号4】、乙 ＝【マーク番号5】
①たとえば　②さて　③しかし　④また　⑤つまり

問3　傍線A「その意味は問題にならなかった」理由として適切なものを次の中から一つ選び、番号をマークしなさい。【マーク番号6】
①神々は、布で表現することを通して、文様だけではなく、色の組み合わせで神の意味を示そうとしたから。
②神々は、布で衣を作ることを通して、色の組み合わせ方の違いによる神の意味を問い直したかったから。
③人々は、布に対して、文様や色の重ね方だけでなく、人が自然を支配していることを示そうとしたから。
④人々は、布に対して、文様ではなく、色の重ね方や重ねた時の色の組み合わせに意味を持たせていたから。
⑤人々は、布に対して、衣服としてだけではなく、色の重ね方を楽しむことに意味を見いだそうとしたから。

問4　無病息災を願ったり、成長を祝ったりする季節の節目のことを節句という。三月と五月の節句に関係のある植物を本文中の【　】の中から選んだ組み合わせとして適切なものを次の中から一つ選び、番号をマークしなさい。【マーク番号7】
①三月＝桜　五月＝早蕨　②三月＝桜　五月＝菖蒲
③三月＝桃　五月＝菖蒲　④三月＝桃　五月＝青柳
⑤三月＝橘　五月＝青柳　⑥三月＝橘　五月＝早蕨

問5　空欄 B に入る語句として適切なものを次の中から一つ選び、番号をマークしなさい。【マーク番号8】
①人と自然を重ねるモチーフ
②人と自然を結ぶメディア
③人に季節を知らせるプログラム
④人を神が導いていくシステム
⑤人と季節を隔てるシンボル

問6　傍線C『源氏物語』と同様に、作者が女性である作品として適切なものを次の中から一つ選び、番号をマークしなさい。【マーク番号9】
①『徒然草』　②『おくのほそ道』　③『枕草子』
④『平家物語』　⑤『竹取物語』

問7　傍線D「器量」の本文中での意味として適切なものを次の中から一つ選び、番号をマークしなさい。【マーク番号10】
①才能　②信念　③気力　④理性　⑤気質

問8　傍線E「（a）による表現ではなく、衣類の（b）によって（c）が表現された」の空欄に入る語の組み合わせとして適切なものを次のページの中から一つ選び、番号をマークしなさい。【マーク番号11】

と、多くの人々がメコンを渡ってクイに逃亡した。その中にモン族もいた。タイの難民キャンプに収容されたモン族の女性たちは、腕に覚えのある刺繍で壁掛けやテーブルクロスを作って現金化し、家族を養った。タイの難民キャンプで、男たちは謄写版を使って刺繍のモチーフを作った。そこには、二本の竹で脇を支えながらメコン川を渡るモン族自身の姿や、爆撃する飛行機やヘリコプター、銃をつきつける兵士たち、そして洞穴に隠れて子供を産む女性の姿が描かれたのである。それだけではなく、ラオスの山中にいたころの、耕作、家畜の世話、機織り、粉挽(ひ)き、脱穀、とうもろこしとその収穫風景もまた、描かれた。それらは女性によって刺繍され、残された。現在、ラオスのモン族はタイの難民キャンプを離れてラオス領内に帰っている。そして子供たちが生まれると、それらを見せて自分たちのおこなってきた労働の姿を伝え、戦争体験を語っている。

　A布は軽く、かさばらず、持ち運びができるメディアである。B文字を知らない民族にとっては記録の道具であり、同時にまとうもの、かけるもの、敷くもの、包むもの、飾るものとしても使える。なるほど謄写版で数枚印刷しておけば、複数の人が同じモチーフを刺すことができ、C同じモチーフで刺した布は、お金に困れば売ることもできる。映画やビデオやネットや書籍のようなメディアをもつことのできない社会的弱者であっても、布は子孫に伝えたり移動したり人に渡したりするポータブルなメディアとして、現在でもこうして使われているのである。

　江戸時代では、重要な情報や時には金銭が、着物の衿(えり)の中に隠された。風呂敷、手拭い、札入れ、紙入れ、たばこ入れ、巾着(きんちゃく)など、D布はいくらでも小さくなり、様々な情報がそこに託された。着物の着方の違いで、町人は武家に化け、武家は町人や農民になりすまして歩くことができたのは、そこに着物が「着こなし方による職業の違い」という記号を潜ませていたからである。《⑤》

　一九七〇年代、戒厳令下のチリでは多くの人が連れ去られ、行方不明になった。Eその時人々がキルトを縫って、それを商品として海外に持ち出してもらうことにより、国内の惨(さん)状を知らせることができたという。布は生活必需品であって、決して芸術品ではない。しかし実用的必需品という意味だけでなく、メディアとしての必需品であった。布は、かつては共同体のメディアであったが、今はK弱者のメディアなのである。

（田中優子『布のちから　江戸から現在へ』による）

（注）＊文様…織物の地に織り出された模様。
＊色無地…白生地を黒以外の一色に染めた着物。
＊鋸歯文様…のこぎりの歯の形をした文様。
＊須弥山（「すみせん」とも読む。）仏教の世界説で世界の中心にそびえ立つという高山。

問1　波線ⓐⓑについては傍線部分と同じ漢字を含むものを、波線ⓒについては傍線部分の読みを、それぞれ選択肢の中から一つずつ選び、番号をマークしなさい。

ⓐ「タイショウ」　【マーク番号1】
①左右がタイショウになる。
②タイショウ療法を受ける。
③大会でタイショウを授与される。
④原文とタイショウする。
⑤候補のタイショウとなる。

言ってよい。植物から抽出した色彩に自然を託していた人間は、風景の着物の出現によって具体的な自然を身にまとうようになる。布はどの文化圏でも、人と神々あるいは人と自然界とをつなげるメディアであった。自然は布によって人の世に顕われ、人は自然の力を身につけようとしたのである。H日本ではそれが、自然風景のかたちをとって完成されたのである。《②》

着物にはもちろん風景ではなく、植物が全体に散らされる文様も存在した。その中で世界中に見られるものが更紗である。更紗はインド起源で、織り上がった布に蠟や型紙や木型で文様を染める技法の名称である。が、もっとも特徴的な文様が花唐草であり、更紗と言えば花唐草を思い浮かべるくらい、それは世界中にⓑフキュウした。ウィリアム・モリスのデザインはこの花唐草の更紗を基本にしているが、それは一八世紀にインドから東は日本に、西はイギリスに、大きな影響を与えたからである。日本の着物にも更紗が入った。日本で作られた更紗はいくつかの種類があるが、代表的なのは鍋島更紗である。鍋島更紗はインドのものに比べて色はⓒ抑えてあるが、極めて緻密で丁寧な作り方をしており、今日まで伝承されている。

更紗の文様で注目すべきなのは、ひとつは「トゥンパル」と言われる。*鋸歯文様で、もうひとつは「生命樹」の布である。トゥンパルは*須弥山だとも、植物が土を破って出てくる姿だとも言われる。もともとその内部に花唐草を入れて構成していることから、山と組み合わされる生命樹・世界樹と無縁ではなく、やはり生命そのものの表現であったと思われる。

生命樹は大地から伸びる樹木をモチーフにしたもので、そこに花、果実、動物、鳥、蝶、人間などが取り合わされる。エジプト、中東、インド、インドネシア、中国、朝鮮、日本に分布し、多くは布に表される。生命樹の布は日本では着物に、朝鮮では風呂敷に、インドでは壁掛けや敷物に使われた。そのヴァリエーションと思われるトゥンパルは、インド、インドネシア、日本の布の端に使われたもので、日本ではその末裔が、忠臣蔵の四十七士や新撰組の衣装の袖口に見られる。《③》

I布は生命の現れる場所であった。絹は桑を食んだ蚕の繭から引き出され、木綿は綿花から糸が紡がれる。麻は茎から、芭蕉布やシナ布は幹から引き出され、多くの工程を経て糸になる。その糸は、藍や紅花や紫草や山桃や昆虫や貝から煮出された液で染められる。どの季節の何時ごろ採取し、どのくらいの量を何時間煮て、何回染めればどのような色になるか、多くの偶然が作用するので、同じ色は二度と出現しない。それを機織りにかけると、糸の柔らかさや張りは、その日の温度湿度によって違ってくる。織る人の身体の動きによっても、糸の張り具合や密度に違いが出てくる。このような、J気の遠くなるほどの偶然の組み合わせによって、二枚とない布が仕上がるのだ。布を作ること自体が、生命の営みそのものなのである。《④》

文様とは、そのような生命の営みが形に託されたものであろう。パルメット、アカンサス、花や草や樹木や山、勾玉形の連続文様等々、布はありとあらゆる生命の形を織り出し染め出す。布は長い間、人間と自然とを媒介するメディアだった。

ラオス領内にいたモン族は、一九六〇年代からのラオス内戦のあおりを受けた。一九七五年、長い内線の末にラオス人民共和国が成立する

【国　語】（四五分）〈満点：一〇〇点〉

一　次の文章を読んで、後の問いに答えなさい。（原文にある口絵及び小見出しは、問題作成の都合により割愛した。）

日本や韓国には、神々の姿を布に表現する考えがない。その代わり、樹木や自然を描きあるいは織り込んだ。まず日本の着物は、長い間＊文様のない＊色無地で作られてきた。文様があったとしてもそれは紋織りのことで、Aその意味は問題にならなかった。平安貴族の着物は色に意味があり、文様には意味がないのである。［甲］平安時代には「襲色目」と呼ばれる衣類の色彩システムがあった。襲色目は、袷の表の色と裏の色を重ね合わせた時に出現する色の重なりをさす場合と、衣を何枚もずらしながら重ねた時に見える色の配列をさす場合とがある。襲色目の定型は平安時代末にはほぼできあがったが、その色の組み合わせは【桜、若草、青柳、桃、つつじ、早蕨、山吹、かえで、百合、苗、菖蒲、橘、なでしこ、すすき、おみなえし、萩、朝顔、紫苑、もみじ】など、季節にかかわる植物の名前で表現された。布の色はこの場合、四季の自然から写し取った自然界の色の、無限とも言える組み合わせであった。人がそれを身にまとう時、自然を人の世界に取り入れることになる。こうして布は植物から染めた色彩によって、［　B　］としての役割を、果たしたのである。

日本の古典文学においては登場人物が、このような衣類の色彩で表現されることもあった。たとえばC『源氏物語』では、女三宮が紅梅襲（表が紅、裏が紫味をおびた赤）に濃淡の紫の布を幾重にも重ね、さらにその上に桜襲（表が白、裏が紫あるいは二藍［赤紫色］）をひきかけ、その上に髪が糸を撚りかけたように靡いて、実に美しかったと表現されている。襲色目を季節に合わせて見事に着こなすことは、その人物（男女に限らず）のD器量であった。［乙］、軒端荻という陽気な女性は胸もあらわに、白い羅の単襲に二藍の小袿をおおざっぱに着こなし、袴には深紅の紐を結んでいた。ⓐタイショウ的におとなしい夕顔は、白い袷に薄紫色のなよらかな衣を重ねた。元気な中将の君は、紫苑色（明るい青紫色）の、季節にぴったりの薄物の裳（スカート）をあざやかに引きながら歩く。平安時代ではこのように、E（　ａ　）による表現ではなく、衣類の（　ｂ　）によって（　ｃ　）が表現されたのだった。《①》

日本は室町時代から文様の時代に入る。一四七九年には筑前国の史料に初めて木綿が日本で国内生産された記録が出現する。一六世紀中ごろは銀生産と輸出が急増している時で、日本はそのF豊富な銀のほとんどを、中国の生糸・絹織物の購入に費やしていた。そして戦国時代ごろから、金銀襴、緞子、繻子、辻が花、薩摩絣などの制作が始まる。つまり一五世紀後半から一七世紀前半が、日本における布輸入と技術輸入の時期にあたり、一七世紀後半以降は国産期にあたる。一七世紀以降の江戸時代は、職人たちがその技術のG（　）を尽くして、織り、刺繍、絞りを発展させていった。それらの技術によって出現するのが、世界中探してもほかにはない「風景の着物」であった。山中の川と水鳥と梅、秋の庭に咲く花々、大地から伸びる桜、ぎっしりと埋め尽くされる竹林、雪景色、夏の琵琶湖、松原を通して見る帆船の行き交う海等々、着物は広げると季節の風景が展開する一幅の絵画であった。現在の着物はもともと、一番下に着る無地の下着から発達したものだが、その到達点が江戸時代の風景の着物であり、その後の時代はそのヴァリエーションだと

MEMO

大切なことはメモしておこうネ！

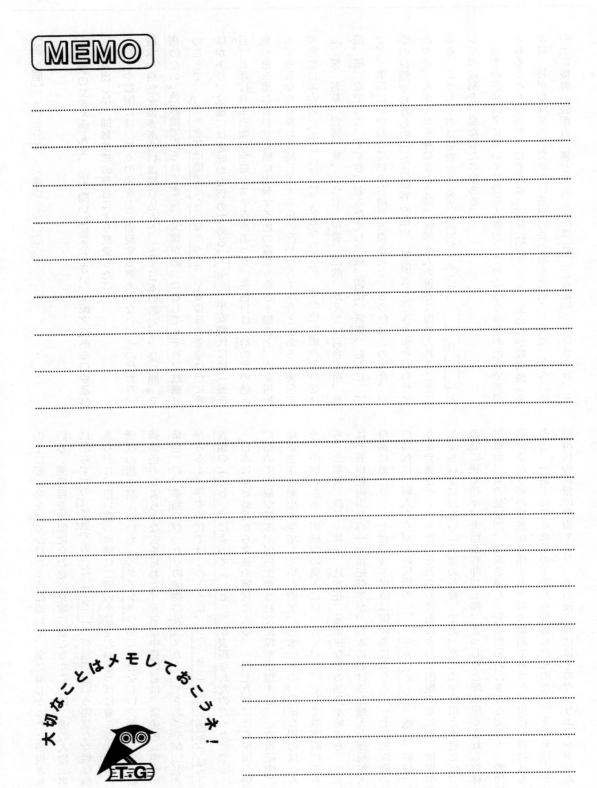

2023年度

解答と解説

《2023年度の配点は解答欄に掲載してあります。》

＜数学解答＞

1 [1] (1) − (2) 8 [2] (3) 2 (4) − (5) 1 [3] (6) −
(7) 2 (8) 3 [4] (9) 2 (10) 8 (11) 0 [5] (12) 1
[6] (13) 1 (14) 4 [7] (15) 1, 2, 4

2 [1] (16) 8 [2] (17) 8 [3] (18) − (19) 1 (20) 2 (21) 5
[4] (22) 2 (23) 1 [5] (24) 2 (25) 1 (26) 2 [6] (27) 2
(28) 5 (29) 0 (30) 3

3 [1] (31) 4 (32) 5 (33) 1 (34) 5 (35) 6 (36) 0 (37) 5
(38) 2 [2] (39) 2, 5, 7, 0 (40) 1, 3, 4, 6 [3] (41) 1 (42) 2

4 [1] (43) 2 (44) 1 (45) 2 [2] (46) 5 (47) 4 [3] (48) 3
(49) 9 (50) 2 (51) 5 (52) 3 (53) 4

○推定配点○

1 各4点×7　2 各4点×6　3 [1] 20点 [2] 8点 [3] 8点　4 各4点×3
計100点

＜数学解説＞

1 (式の計算，連立方程式，二次方程式，一次方程式の応用，平方根の利用，確率，資料の整理)

基本 [1] $3a^2\div\left(-\frac{3}{2}ab\right)\times 4ab^2=3a^2\div\left(-\frac{3ab}{2}\right)\times 4ab^2=-3a^2\times\frac{2}{3ab}\times 4ab^2=-\frac{3a^2\times 2\times 4ab^2}{3ab}=-\frac{24a^3b^2}{3ab}=-8a^2b$

重要 [2] $5x+2y=2(x+2y)+8$…①，$\frac{x}{4}+\frac{y}{3}=\frac{1}{6}$…②とする。①より$3x-2y=8$…③　②の両辺を12倍して$3x+4y=2$…④　③の両辺から②の両辺をひいて$-6y=6$より，$y=-1$…⑤　③に⑤を代入して，$3x-2\times(-1)=8$　$3x+2=8$　$3x=6$　$x=2$　よって，$x=2$，$y=-1$

[3] 二次方程式$(x-3)(x+4)=2(x^2-9)$より，$x^2+x-12=2x^2-18$　$-x^2+x+6=0$　$x^2-x-6=0$　$(x+2)(x-3)=0$　$x=-2, 3$

やや難 [4] 3年生の人数をx人とすると，2年生の人数は$x-20$(人)と表せ，1年生の人数は280人なので，全校生徒数は$x+(x-20)+280=2x+260$(人)，職業体験の申込者数は$\frac{30}{100}(2x+260)$(人)…①と表せる。さらに，職業体験の申込者数の学年毎の内訳は，3年生が$\frac{20}{100}x$(人)，2年生が$\frac{30}{100}(x-20)$(人)と表せ，1年生が$\frac{40}{100}\times 280=112$(人)となるので，職業体験の申込者数は$\frac{20}{100}x+\frac{30}{100}(x-20)+112$…②と表せる。このとき，①，②は等しいので，$\frac{30}{100}(2x+260)=\frac{20}{100}x+\frac{30}{100}(x-20)+112$　両辺を100倍して$30(2x+260)=20x+30(x-20)+11200$　$60x+7800=20x+30x-600+$

11200　　$10x=2800$　　$x=280$　　よって，3年生の人数は280人となる。

重要 [5]　$\sqrt{16}<\sqrt{17}<\sqrt{25}$より$4<\sqrt{17}<5$となるので，$\sqrt{17}$の整数部分は4である。このとき，$\sqrt{17}$の小数部分$a$は$a=\sqrt{17}-4$となるので，$a(a+8)=(\sqrt{17}-4)\{(\sqrt{17}-4)+8\}=(\sqrt{17}-4)(\sqrt{17}+4)=(\sqrt{17})^2-4^2=17-16=1$

[6]　赤いさいころと白いさいころの目の数の出方を(赤，白)のように表すと，つくった2けたの整数が54以上になるのは(5，4)，(5，5)，(5，6)，(6，1)，(6，2)，(6，3)，(6，4)，(6，5)，(6，6)の9通り。赤いさいころと白いさいころの目の数の出方は全部で$6\times6=36$(通り)なので，つくった2けたの整数が54以上になる確率は$\frac{9}{36}=\frac{1}{4}$

重要 [7]　ヒストグラムより，クラスの人数は$1+3+4+3+5+3+1=20$(人)，最頻値は6時間，平均値は$(2\times1+3\times3+4\times4+5\times3+6\times5+7\times3+9\times1)\div20=102\div20=5.1$(時間)，中央値はスマホの使用時間の少ない方から10番目と11番目が含まれる5時間となる。よって，(中央値)<(平均値)<(最頻値)となる。さらに，1日あたりの使用時間が7時間以上であった生徒の人数は$3+1=4$(人)なので，全体にくらべた割合は$4\div20\times100=20$(%)となる。

2 **(反比例，一次関数と図形，二次関数と図形，座標平面上の三角形の面積，回転体の体積)**

基本 [1]　点A(2，4)は関数$y=\frac{a}{x}$のグラフ上の点なので，$y=\frac{a}{x}$に$x=2$，$y=4$を代入して，$4=\frac{a}{2}$　$a=8$

基本 [2]　関数$y=\frac{1}{8}x^2$上の点Cのx座標は8なので，$y=\frac{1}{8}x^2$に$x=8$を代入して，$y=\frac{1}{8}\times8^2=\frac{1}{8}\times64=8$　よって，点Cのy座標は8

重要 [3]　直線ABの式を$y=ux+v$(u，vは定数)とおくと，直線ABは点A(2，4)を通るので，$y=ux+v$に$x=2$，$y=4$を代入して$4=2u+v$…①　　また，直線ABは点B(8，1)を通るので，$y=ux+v$に$x=8$，$y=1$を代入して$1=8u+v$…②　　②の両辺から①の両辺をひいて$-3=6u$より$u=-\frac{1}{2}$　さらに，①に$u=-\frac{1}{2}$を代入して$4=2\times\left(-\frac{1}{2}\right)+v$　　$4=-1+v$　　$v=5$　　よって，直線ABの式は$y=-\frac{1}{2}x+5$

[4]　△ABCを底辺がBC，頂点が点Aの三角形とみると，底辺BCはy軸に平行なので，点Cと点Bのy座標の差すなわち$8-1=7$が底辺の長さとなり，点BまたはCと点Aのx座標の差すなわち$8-2=6$が高さとなる。このとき，△ABCの面積は$7\times6\div2=21$

重要 [5]　△ABCと△PBCをそれぞれ底辺がBCの三角形とみると，△ABCと△PBCの高さが同じとき，すなわち点Aと点Pのx座標が同じとき，△ABCと△PBCの面積は等しくなる。ここで点Aのx座標は2，点Bのx座標は8なので，点Pのx座標が点Bのx座標よりも小さいという条件をみたす。このとき，点Pは関数$y=\frac{1}{8}x^2$上の点なので，$y=\frac{1}{8}x^2$に$x=2$を代入して，$y=\frac{1}{8}\times2^2=\frac{1}{8}\times4=\frac{1}{2}$　よって，点Pの座標は$P\left(2,\ \frac{1}{2}\right)$

やや難 [6]　直線ABとy軸の交点を点Pとすると，直線ABの式$y=-\frac{1}{2}x+5$より，点Pの座標はP(0，5)となる。次に，直線ABと直線$x=5$の交点を点Qとすると，直線ABの式$y=-\frac{1}{2}x+5$に$x=5$を代入して$y=-\frac{1}{2}\times5+5=\frac{5}{2}$より，点Qの座標は$Q\left(5,\ \frac{5}{2}\right)$となる。さらに，直線$x=5$と$x$軸の交点を点

Rとすると，点Rの座標はR(5, 0)となる。ここで，直線AB，直線$x=5$，x軸，y軸で囲まれた図形は，台形OPQRとなる。さらに，点Qを通り，x軸に平行な直線とy軸の交点を点Sとすると，点Sの座標は$S\left(0,\ \frac{5}{2}\right)$となり，台形OPQRは∠PSQ＝90°の直角三角形PSQと長方形OSQRに分割することができる。したがって，台形OPQRをy軸を回転の軸として1回転してできる立体は，直角三角形PSQをy軸を回転の軸として1回転してできる円錐と，長方形OSQRをy軸を回転の軸として1回転してできる円柱に分割することができる。このとき，PSの長さ$\frac{5}{2}$，QSの長さ5より，円錐の体積は$5\times5\times\pi\times\frac{5}{2}\times\frac{1}{3}=\frac{125}{6}\pi$となり，OSの長さ$\frac{5}{2}$，ORの長さ5より，円柱の体積は$5\times5\times\pi\times\frac{5}{2}=\frac{125}{2}\pi$となる。よって，求める立体の体積は$\frac{125}{6}\pi+\frac{125}{2}\pi=\frac{125}{6}\pi+\frac{375}{6}\pi=\frac{500}{6}\pi=\frac{250}{3}\pi$

3 （**魔方陣**）

[1]　横3列の合計を考えてみると，1から9までの9個の整数が1つずつ含まれるので，$(a+b+c)+(d+e+f)+(g+h+i)=1+2+3+4+5+6+7+8+9=45$…①　このとき，横3列それぞれの合計は等しいので，横1列の合計は$45\div3=15$　次に，中央の数eを通る4つのラインについて考えると，各ラインそれぞれの合計は等しく15になるので，$(a+e+i)+(b+e+h)+(c+e+g)+(d+e+f)=15+15+15+15=60$　このとき，$(a+e+i)+(b+e+h)+(c+e+g)+(d+e+f)=(a+b+c)+(d+e+f)+(g+h+i)+3e=60$…②となるので，②に①を代入して$45+3e=60$より，$e=5$と決まる。また，3つの数のうち1つが1だったとしたら，和が15となる組み合わせは(1, 5, 9)と(1, 6, 8)の2通りしかない。

[2]　例えば四隅の1つであるaに1を入れるとすると，3つの数の組み合わせは，縦のa, d, g，横のa, b, c，斜めのa, e, iの3通りを必要とする。しかし[1]より，3つの数のうち1つが1で和が15となる組み合わせは(1, 5, 9)と(1, 6, 8)の2通りしかない。よって，1は四隅の1つであるaには入れられない。同様に，他の四隅のc, g, iのどれに1を入れるとしても，それぞれ3つの数の組み合わせは3通りを必要とするが，実際には2通りの組み合わせしかないので，四隅であるc, g, iに1は入れられない。次に，例えば四隅ではないbに1を入れるとすると，3つの数の組み合わせは，縦のb, e, hと横のa, b, cの2通りしかないので，bに1を入れることができる。同様に，他のd, f, hについても，それぞれ2通りの組み合わせを用意すればよいので，b, d, f, hに1を入れることができる。

[3]　八重さんの考えた魔方陣のhは9であり，[1]よりb, e, hの縦1列の合計は15，eは5となるので，$b+5+9=15$　これを解いて$b=1$　同様に，dが7であることから，d, e, fの横1列で$7+5+f=15$となり，$f=3$　また，3つの数のうち1つが9だとしたら，和が15となる組み合わせは(1, 5, 9)と(2, 4, 9)の2通りしかないが，[2]より1は四隅のa, c, g, iに入れられないので，g, h, iの横1列に入るのは(2, 4, 9)の組み合わせとなる。さらに，3つの数のうち1つが7だとしたら，和が15となる組み合わせは(2, 6, 7)と(3, 5, 7)の2通りしかないが，3はfに入るので，a, d, gの縦1列に入るのは(2, 6, 7)の組み合わせとなる。したがって，g, h, iの横1列とa, d, gの縦1列とで重なるgには，(2, 4, 9)と(2, 6, 7)で重なる2が入る。よって，bに適する数は1，gに適する数は2となる。

4 (五角形の周に接しながら移動する円が描く図形)

重要 [1] 円Oが頂点Aを出発し，もとの位置に戻るまでに円の中心Oが通った跡は，右図のように，五角形ABCDEの各辺を含む長方形①～⑤の長辺である直線部分と，五角形ABCDEの各頂点を中心に持つ扇形(着色部分)の弧である曲線部分からなる。このとき，直線部分の長さの合計は，五角形ABCDEの各辺の長さの合計に等しく$5\times3+3\times2=21$(m)　また，扇形(着色部分)を点A～Eで接するように合わせると半径1mの円になるので，曲線部分の長さの合計は，扇形の弧の長さの合計すなわち半径1mの円の円周に等しく$1\times2\times\pi=2\pi$(m)　よって，求める長さは$21+2\pi$(m)

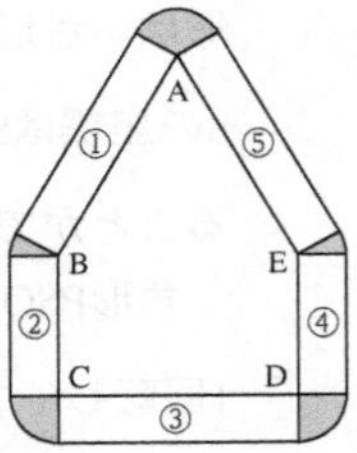

重要 [2] [1]より，荷物は動き始めてから1周するまでに$21+2\pi$(m)だけ移動する。これは，円周率を3として考えると$21+2\times3=27$(m)となるので，荷物が秒速0.5mで動くと，動き始めてから$27\div0.5=54$(秒後)に1周する。

やや難 [3] [1]より，円の中心Oが動いた跡で囲まれた面積Sの大きさは，五角形ABCDEの面積と長方形①～⑤の各面積と半径1mの円の面積の合計に等しい。ここで，五角形ABCDEは正三角形ABEと長方形BCDEに分けられ，正三角形ABEを底辺がBEの三角形とみると，高さは$\frac{6+5\sqrt{3}}{2}-3=\frac{5\sqrt{3}}{2}$となるので，正三角形ABEの面積は$5\times\frac{5\sqrt{3}}{2}\times\frac{1}{2}=\frac{25\sqrt{3}}{4}$($m^2$)，長方形BCDEの面積は$3\times5=15$($m^2$)となる。次に，長方形①，③，⑤はいずれも縦1m，横5mの長方形なので，面積の合計は$1\times5\times3=15$(m^2)となる。さらに，長方形②，④はいずれも縦1m，横3mの長方形なので，面積の合計は$1\times3\times2=6$(m^2)となる。そして，半径1mの円の面積は円周率を3とすると$1\times1\times3=3$(m^2)となるので，面積Sの大きさは$\frac{25\sqrt{3}}{4}+15+15+6+3=39+\frac{25\sqrt{3}}{4}$($m^2$)

★ワンポイントアドバイス★

瞬時に解法が浮かばない問題はすぐに後回しにして，解ける問題から素早く解いていこう。そうして浮いた時間を手付かずの問題を解くのに使えばよい。不安であれば，時間を決めて問題に取り組む練習を行い，自信をつけるようにしよう。

＜英語解答＞

【A】 問1 ① 問2 X ⑤ Y ⑦ 問3 ③ 問4 ③ 問5 ③，⑤
【B】 問1 ② 問2 ① 問3 (3番目) ② (5番目) ① 問4 ③ 問5 ②，⑤
【C】 対話1 X ② Y ③ 対話2 X ③ Y ④ 対話3 X ① Y ④
【D】 問1 ③ 問2 ②
【E】 問1 ③ 問2 ④ 問3 ② 問4 ① 問5 ③ 問6 ②
【F】 ((a)，(b)の順) 問1 ⑦，② 問2 ⑤，① 問3 ⑦，④ 問4 ③，④ 問5 ③，⑥
【G】 (1) ② (2) ③ (3) ① (4) ④ (5) ③
【H】 (ア) ② (イ) ③ (ウ) ④ (エ) ②
【I】 問1 ② 問2 ③ 問3 ②

【J】　問1　②　　問2　③　　問3　①
【K】・【L】　リスニング問題解答省略
○推定配点○
【E】　各1点×6　　【I】　問3　4点　　他　各2点×45(【B】問3，【F】各完答)　　計100点

＜英語解説＞

【A】　(長文読解問題・論説文：語句補充，内容吟味，内容正誤判断)

(全訳)　人間の行動が環境に影響を与えており，私たちが何かを変えようとしなければ自然界はますます失われていくだろう。たとえそれが困難だとしても，私たちは状況を良くすることができる。

どんな小さな変化であってもそれは重要で，幸いにも世界中のより多くの個人や組織が保護活動に関わり始めている。

マダガスカルでは，サムソンという名の漁師が海のために声を上げ，彼は地域社会が地元の海をより(a)大切に扱うよう手助けをしている。彼や他の漁師たちは，毎日どんどん漁獲量が減っていっていることを認識した。彼らは乱獲していたのだ。世界自然保護基金(WWF)と共に働くことでサムソンはもっと注意深く魚を獲らなければならなかったということを学んだ。稚魚は大量に獲るべきではないということがわかった。なぜなら海に稚魚が少なすぎると繁殖するための成魚の数が十分ではなくなるということだからだ。現在サムソンは持続可能な漁業になるように，漁師たちの技術を変える手助けをするため地域社会で活動している。海を守ることが皆の仕事だと彼は信じているのだ。彼が言うように「勇気をもって責任を持ち，自分が一人だとは決して思わないでほしい。みんなここに一緒にいる。」

(b)世界の反対側，アメリカのフロリダにあるウミガメ保護団体(STC)は，コーヒーのマドラー，ボトル，ストローといった使い捨てプラスチック製品が浜辺に大量にあることに気がついた。これらの製品すべてが海にいる野生生物たちをひどく傷つける可能性がある。ストローはカメにとっては特に(X)危険だ，なぜならストローはカメの鼻に詰まり，カメをひどく傷つけるからだ。そこでSTCは地元のレストランに，飲み物と一緒に客にストローを渡すことをやめてもらうよう求めながら「ストローはどこ？」というプロジェクトを開始した。現在では，多くのレストランが客に頼まれた時のみストローを渡し，そのストローもプラスチック製ではなく紙製のものを配布している。プラスチック製のストロー(あるいは他の使い捨てプラスチック製品)を私たちが使わなければ海のプラスチック汚染は減ることになるのだ。プラスチック製のストローを使わないというのは，私たち一人ひとりが海の野生生物の保護に貢献する方法のたった一つに過ぎない。

これらは今日世界中で見られる多くの保護努力のたった二つのことに過ぎない。(c)たとえばメキシコは，フロリダのウミガメ保護と似たようなプロジェクトで成功をおさめ，コスタリカはとても効果的な独自の海洋保護に関しての主導権を持っている。これらのプロジェクトはすべて，変えることは可能だということ，そして自分たちの地域で(Y)小さな行動を起こすことから始められるということを私たちに示している。私たちはこの問題の一部だ。解決策の一部になる時が来たのだ。

問1　ⓐ　take care of ～は「～の世話をする」という意味で使われることが多いが「大切に扱う，保護する」という意味で使うこともできる。　ⓑ　On the other side of ～で「～の反対側」という意味。　ⓒ　for example「たとえば」の意味。

問2　X　続く文で「カメの鼻に詰まりカメがひどく傷つく」とあるので⑤ dangerous「危険な」が適当。　Y「変えることができる」という文に続き「Yから始めよう」とあるので，⑦ small を

入れ「小さな行動を起こすことから始める」とする。

問3 ① Madagascar「マダガスカル」第3段落 ② Costa Rica「コスタリカ」最終段落 ③ Italy「イタリア」(○) イタリアに関する記述はない ④ America「アメリカ」第4段落

問4 質問「なぜサムソンは漁師たちがたくさんの稚魚を獲るべきではないと考えたのですか」 第3段落第5文が③に一致。

問5 ①「私たちが海をよりきれいにするのは難しいので，それについて働くことはやめるべきだ」(×) 最終段落最後の3文に，変えられるから行動起こす時だとあるので不一致。 ②「サムソンは気候変動のせいで毎日漁獲量が減ってきているのだと気づいた」(×) 第3段落第2，3文参照。乱獲が原因とあるので不一致。 ③「サムソンは海は皆のもので私たちはそれを守るために一緒に働かないといけないと信じている」(○) 第3段落最後から3文目に一致。 ④「多くのレストランは客に頼まれるとプラスチック製のストローのみを配布する」(×) 第4段落第4，5文参照。客に頼まれた時に配布するのはプラスチック製のストローではなく紙製ストローとあるので不一致。 ⑤「プラスチック製品なしの生活は，野生の海洋生物を保護する方法の一つだ」(○) 第4段落最後の文参照。 ⑥「持続可能な開発は重要なので，死にそうな野生動物を保護するための主導権を日本が持っている」(×) そのような記述はない。

【B】 (長文読解問題・紹介文：文挿入，語句補充，語句整序，内容正誤)

(全訳) バーベキューはあらゆるところで人気がある。[A]世界中の人たちがバーベキューを愛している。イギリス，カナダ，アメリカではその言葉を略してしばしば“BBQ”と[B]書かれる。オーストラリアではバービーズとよく呼ばれ，南アフリカではブラーイと呼ばれている。(ア)世界中には多くの異なるバーベキューの種類があるけれども，調理をするためにみんな火と煙を使う。

アメリカには大規模なバーベキュー文化がある。アメリカ人はバーベキューを本当に愛しているため，全国バーベキューコンテストがある！ アメリカ人にとって最も一般的なバーベキュー肉は豚肉で，ポークリブ(豚バラ肉)とプルドポークが非常に人気である。料理人たちは肉が柔らかくなる(a)までゆっくりあぶることをしばしば好む。全国トップ100のバーベキューレストランのうちの70軒がアメリカバーベキュー発祥の地であるアメリカ南東地区にある。

南アフリカにはバーベキューデーがある。全国ブラーイデーは9月24日で，それは南アフリカ共和国の伝統文化継承の日に当たる。(b)ブラーイデーの日は全ての南アフリカ人たちが国民的な娯楽を2005年以来楽しむようになった。そのための特別な日があるにもかかわらず，ブラーイはクリスマスや卒業といった他のたくさんのお祝いの機会でもよく[C]使われる。

韓国のバーベキューも国際的な広がりを見せている。韓国バーベキューは韓国で非常に人気があるだけでなく，急速に世界中でも人気を獲得している。最近ではアメリカ，オーストラリア，イギリスで大流行の食べ物となっている。(c)その世界的な成長アピールは別として，韓国バーベキューは焼肉の元となるものであるとされている。

問1 直前の文で「バーベキューはあらゆるところで人気がある」とあり，[A]に続く第一段落では世界のいろいろな国で人気がある旨が書かれているので②「世界中の人たちがバーベキューを愛している」が適当。 ①「アフリカの人達はバーベキューを愛している」 ③「ヨーロッパの人達はバーベキューを愛している」 ④「北アメリカの人達はバーベキューを愛している」

問2 [B] 主語はthe wordなのでis written「書かれる」という受け身の形にする。 [C] 主語はbraaiなのでis used「使われる」という受け身の形にする。①が正解。is …ingの形は「…している」という現在進行形になり不適。

問3 (Though) there are many different kinds of barbecues all over (the world.) 「～がある」なのでthere areで始める。many different kinds of ～ は直訳すると「たくさんの異なる

種類の～」～の部分に barbecue を入れると「多くの異なるバーベキューの種類」という意味になる。all over the world で「世界中に」

問4 (a)「柔らかくなるまで」という意味にするため until を入れる。(b) Braai Day という日に付ける前置詞は on。(c) it「それ」では文が成り立たない。its growing「その成長」とする。its の it は Korean barbecue を指す。③が正解。

問5 ①「オーストラリアではバーベキューはしばしば braai「ブラーイ」と呼ばれる」(×) 第一段落第4文参照。オーストラリアでは barbies「バービーズ」と呼ばれている。②「バーベキューをするときは火と煙が使われる」(○) 第一段落最終文に一致。 ③「アメリカでは牛肉が最も人気のある肉だ」(×) 第2段落第3文参照。最も人気があるのは pork「豚肉」④「南アフリカではバーベキューを食べない」(×) 第3段落最初の文参照。バーベキューの日がある。⑤「韓国バーベキューは世界で人気を集めている」(○) 最終段落第2文に一致。

基本 **【C】** (対話文：適文選択補充)

対話1 A：お誕生日のプレゼントよ。

B：わぁ，ありがとう。僕のお誕生日を覚えていてくれて嬉しい。

A：もちろんよ。

B：それに，これは僕が欲しいと思っていた腕時計だ。(X)どうしてわかったの？

A：新しい腕時計が欲しいと何度も言っていたわよ。

B：そうだった？

A：うん。(Y)だからあなたの友達にあなたが大好きなものを聞いたのよ。それからそれを買ったの。

B：良い妻と友人を持って僕は幸せだ。

X ①「いくらだった？」②「どうしてわかったの？」(○) ③「僕の時計は壊れた」④「君の誕生日は全く覚えていない」

Y ①「私にそれを買ってくれるようにとあなたにお願いした」②「あなたの友達にそうするように言った」③「だからあなたの友達にあなたが大好きなものを聞いたのよ」(○) ④「あなたの古い腕時計を私にくれた」

対話2 A：助けて。

B：(X)どうしたの？

A：家に牛乳がないの。買ってきてもらえる？ 夕食を作っているので忙しいの。

B：僕も忙しいんだ。テレビでサッカーの試合を見ているんだ。

A：ねぇ。毎朝牛乳は飲むわよね？ もうすぐお店がしまっちゃうのよ。

B：わかったよ。(Y)すぐに行って買ってくるよ。

A：ありがとう。

X ①「牛乳はどこで買える？」②「店にはどうやって行くの？」③「どうしたの？」(○) ④「なぜ昨夜牛乳を買ったの？」

Y ①「お金をあげる」②「店までの行き方を教えましょうか？」③「今行くべきではない」④「できる限りすぐに行って買ってくるよ」(○)

対話3 A：今週末の予定は決まった？

B：東京に行く予定。

A：今週末大好きな韓国の歌手のコンサートが東京であるの。

B：(X)私も彼の大ファンよ。だから私もコンサートに行く予定。

A：本当に？ (Y)チケットを取るのはとても大変だったわよね？

B：うん。チケット予約が始まったらすぐに電話で予約したのよ。両親も手伝ってくれたの。チケ

ットが取れてとてもラッキーだった

A：ではご両親も行かれるのね？

B：もちろん。とっても楽しみ。

(X) ①「私も彼の大ファン」(○) ②「見当がつかない」 ③「彼のことを気に入るといいな」 ④「東京にはたくさんの韓国歌手のお店があるよね？」

(Y) ①「チケットはいくら？」 ②「どのようにして彼のことを知ったのか教えて」 ③「一緒にそこに行かない？」 ④「チケットを取るのはとても大変だったわよね？」(○)

【D】 (文整序問題)

問1 「地面の上に生息するクモがいる。大量の雨が降るとこれらのクモはそこを離れる。クモは植物を登る。木も登る。クモの糸が出てくる。(ウ)クモはそれを使って飛ぶ。(ア)これをバルーニングと呼ぶ。(イ)これはよくあることである。(エ)一部のクモしかこれを一度にやらない。」③が正解。

問2 「目の不自由な人がいる。目の不自由な人は目がよく見えないか，あるいはまったく見えない。彼らは簡単には道を横断できない。彼らはバイクや電気自動車の音が聞こえないのだ。マール・ファビアンはこのような人たちを見る。彼は彼らを助けたい。彼はロボットが彼らを助けられると考える。(イ)ファビアンは思いつく。(ウ)彼は自動運転車がどう機能するかを考える。(ア)自動運転車は運転者なしに運転する。(エ)車が障害物を見る。」②が正解。

【E】 (適語選択補充：慣用句，不定詞，疑問詞)

問1 so ~ that … 「とても~なので…」という構文を使う。③ so を入れる。

問2 〈tell ＋人＋ to …〉で「人に…するように言う」という意味。ここでは「…しないように」なので否定形にする。to不定詞の否定形は not を to の前に入れるので④ not to tell が正解。

問3 「多くの~」は② Many ① much は数えられない名詞に使う ③ a lot <u>of</u> ~ で「たくさんの」の意味。of がないので不可 ④ almost 「ほとんどの」

問4 sheep は単複同形の名詞。複数形も sheep になる。some があるので a sheep は不可。

問5 〈tell ＋人＋…〉で「人に…と言う」という意味。which book 「どの本」 to read は形容詞用法の不定詞で which book を修飾する。形容詞用法の不定詞は「…するべき~」という意味になる。

問6 not any ~ で「~が一つもない」の意味。dictionaries と複数形なので② weren't any を選ぶ。

重要 **【F】** (語句整序問題：後置修飾，現在完了形，不定詞，比較，間接疑問文)

問1 This <u>is a</u> picture book loved <u>by</u> many people (in my country.) 「A：楽しそうだね。何を見ているの？ それは本？ B：そう。これは私の国で多くの人に愛されている本です」 This is a book で「これは本です」 loved 以下がひとまとまりで a book を後置修飾している。many people in my country 「私の国のたくさんの人たち」

問2 We have <u>been</u> good friends <u>for</u> five (years.) 「A：ティムのことを知っている？ B：はい。5年間ずっと仲の良い友達だよ」 be good friends で「仲良い友達だ」という意味。「5年間ずっと」なので we have been と現在完了形にする。for five years 「5年間」 for は期間を表す前置詞。

問3 Do you <u>want</u> me <u>to</u> check your (report?) 「A：私にレポートをチェックしてもらいたいですか？ B：いいえ大丈夫です。佐藤先生に既にチェックしてもらいました」 〈want ＋人＋ to …〉で「(人に)…してもらいたい」という意味。疑問文なので Do you want me to … という語順になる。you と me の位置に注意。

問4　Is Katy the tallest of all the girls (in her class?)「A：ケイティーがクラスの女子の中で一番背が高いですか？　B：そうです」〈A is the ＋最上級＋ of ～〉で「Aは～の中で一番…だ」Aに Katy が入る。of all the girls in her class「彼女のクラスの女子の中で」疑問文なので Is Katy … と Is を文頭に置く。

問5　(Well, do) you know when he will be back(?)「A：申し訳ありません。彼は今外出中です。B：彼がいつ戻るかわかりますか？」do you know ～「～を知っていますか？」know の目的語が間接疑問文になることに注意。間接疑問文は when he will be backと平叙文の語順になることに注意。be back で「戻る」の意味。

やや難【G】（正誤問題：不定詞，動名詞，比較）

（ア）② Did you find anything new to read?「あなたは何か新しく読むものを見つけましたか？」-thing という語に形容詞をつける場合は，形容詞を -thing の後に置く。①「彼女は一生懸命働いたのでたくさんのお金を稼いだ」③「韓国語を話すのはあなたにとって難しいですか？」④「母が私に腕時計をくれた」

（イ）③ Eating fresh fruits is popular around here.「この辺りでは新鮮な果物を食べるのが人気だ」Eating のような動名詞は単数扱いになることに注意。①「ディングとドングは仲の良い友達だ」②「私があなたを呼んだ時，あなたはギターを弾いていた」④「彼女が何を欲しがっているのかわからない」

（ウ）① My brother was surprised to hear the news.「兄はその知らせを聞いて驚いた」「…して驚く」という時は surprised to … と不定詞が続く。be surprised at ～「～に驚く」は～に名詞が続く。②「彼女は新しいペンとノートを探している」③「昨夜友達と映画を観て楽しんだ」④「すでに雪が降っていたが，私たちはバス停まで歩き続けた」

（エ）④ He visited another town.「彼は他の町を訪れた」visit は他動詞なので to は不要。そのまま目的語を続ける。①「この問題について警官に聞きましょう」②「もし明日雨が降ったら，私は家でゲームをします」③「これはディーン先生の授業を取っている生徒の教科書だ」

（オ）③ This snack is more expensive than that one.「このお菓子はあのお菓子より値段が高い」than があることからもわかるように，this snack と that one(＝ snack)の2つを比較しているので比較級にする。expensive の比較級は more expensive。①「もう寝る時間だ」②「どんどん暑くなっている」④「彼女はまだ昼食を食べていない」

重要【H】（書き換え問題：不定詞，現在完了形，慣用句）

（ア）「今週末彼女は暇だ」→「今週末彼女はすることがない」nothing to do で「することがない」の意味。to do は nothing を修飾する形容詞用法の不定詞。nothing は否定語なのでそれだけで「何もない」という意味になる。

（イ）「父は昨年6月にブラジルに行き，まだそこにいる」→「父は昨年の6月からずっとブラジルにいる」〈現在完了形＋ since …〉を使うと「6月からいままでずっといる」の意味になる。My father は三人称単数なので③ has been が正解。

（ウ）「彼は裕福なので何でも買える」→「彼は何でも買えるほど裕福だ」〈形容詞＋ enough to …〉で「…できるほど～」の意味になる。

（エ）「もし急がなければ学校に遅刻しますよ」→「急ぎなさい。さもないと学校に遅刻しますよ」〈命令文＋ or …〉「～しなさい，さもないと…」を使う。〈命令文＋ and …〉「～しなさい，そうすれば…」と混同しないよう注意。

基本【I】（資料読解：内容把握）

椙山市を楽しんで！

食べ物①ケンズキッチン　自家製チーズと地元野菜の絶品ピザを楽しんで　ランチ：11時a.m.～2時p.m.　ディナー：5時p.m.～9時p.m.　閉店：月曜日　②GSベーカリー　1960年開業　毎朝20種以上の焼き立てパン　7時a.m.～11時a.m. 閉店：水曜日　③すぎやまコーヒー　本屋併設カフェ　本の貸し出しあり　コーヒーと本でおくつろぎください　7時a.m.～7時p.m.　閉店：月曜日と火曜日　④すぎカレー　椙山市で人気のスパイシーカレー　ぜひお試しください！　6時p.m.～9時p.m.　閉店：木曜日

ホテル①スギジャパンホテル　椙山市最高の温泉をお楽しみいただけます。気に入っていただけると思います！　電話：052-×××-××××　チェックイン：5時p.m.～8時p.m.　チェックアウト：10時a.m.　②SGYホテル　椙山駅から300メートル　安いが素敵な部屋あり　電話：052-×××-××××　チェックイン：4時p.m.～7時p.m.　チェックアウト：10時a.m.　③ホテルグリーンフォレスト　美しい森の中に位置する　ペットと一緒に利用可能な部屋あり　電話：052-×××-××××　チェックイン：3時p.m.～9時p.m.　チェックアウト：11時a.m.　④ホテルスギスター　椙山市の5つ星ホテル最高の日本食で素敵な時間をお過ごしください！　電話：052-××××-××××　チェックイン：4時p.m.～10時p.m.　チェックアウト：11時a.m.

観光／買い物①スギヤマガーデンファーム　20種類以上の自家製ジャム　金曜日と日曜日にジャム作り体験教室開催　電話：052-×××-××××　10時a.m.～6時p.m. 閉園：水曜日　②スギヤマの森　世界各国の花を観賞可　お気に入りの花を見つけられます！　電話：052-×××-××××　8時a.m.～4時p.m.　閉園：火曜日　③スギヤマモール　お土産購入に最適な場所　マーケットがあり地元の新鮮野菜を購入可　電話：052-×××-××××　閉店：月曜日　④スギパーク　巨大遊園地！　子どもたちを飽きさせない　夜に花火あり　電話：052-×××-××××　8時a.m.～10時p.m.　閉園：月曜日

問1 「あなたは来週月曜日の朝に椙山市を訪れる予定です。どこに行くのがよいでしょう」食べ物の表参照。月曜日の朝に開店している店は②GSベーカリー

問2 「あなたは犬を飼っていて自然を満喫したい。どのホテルに泊まるのがよいでしょう」ホテルの表参照。ペットと利用可能な部屋があるのは③ホテルグリーンフォレスト

問3 「あなたは来週日曜日に家族と椙山市を訪れる予定です。その日は3か所訪れることができます。母はジャムを買いたいと思っています。父はお土産を買いたいと思っています。妹は花火を楽しみたいと思っています。どこに行くのは家族にとって良くないでしょう」それぞれ3人の要望が他の3か所には入っているので，唯一要望が入っていない場所は②スギヤマの森。

【J】（対話文：内容把握）

ジェームズ：もしもしデイブ，ジェームズです。元気？　先週オーストラリアから名古屋に既に着いていると聞いたよ。会わない？

デイブ　　：もしもしジェームズ，もちろんだよ。もう3年ほど会っていないからぜひ会って話したいけど，この辺りのことはよくわからないんだ。どこかひつまぶしのおいしいレストランを知らない？　食べてみたいんだ。

ジェームズ：うん，いい所を知っているよ。名古屋駅周辺にはたくさんのひつまぶしのレストランがある。名古屋駅でとても有名な所で会おう。この辺りでは一番のところだよ。

デイブ　　：いいね。それはどこ？　会うのにいい場所もどこも知らないんだ。

ジェームズ：名古屋駅の大時計は聞いたことある？

デイブ　　：聞いたことある。後で地図アプリで確認できる。何時に会う？

ジェームズ：今ちょうど5時だね。1時間後に時計の前で会うのはどう？　そこは友達との待ち合わせ場所としては有名な所だから迷わないはず。

デイブ　　：最高だ！　じゃまたあとで。

（1時間後）

ジェームズ：デイブ，どこにいる？

デイブ　　：時計のそばに今着いたところだよ。

ジェームズ：わかった，でも姿が見えない。

デイブ　　：時計のところだよ，君が言っていた場所だ。

ジェームズ：その時計は何色？

デイブ　　：銀色。

ジェームズ：あぁ，銀色の時計の反対方向にある金色の時計を伝えたつもりだったんだ。もう一度地図アプリで見られる？

デイブ　　：ごめん。電池の残量がほとんどなくてアプリの動作がとても遅いんだ。

ジェームズ：問題ないよ。ここから歩いて数分だから。そこにいて。

デイブ　　：ありがとう。

問1 「ジェームズが考えている一番おいしいひつまぶしのレストランはどこですか」 ①「銀色の時計のそば」 ②「金色の時計のそば」（○） 最後から2番目のジェームズのセリフ参照。ジェームズは金色の時計を待ち合わせ場所として伝えたつもりだったとある。 ③「ジェームズの家のそば」 ④「交番のそば」

問2 「ジェームズとデイブは何時に会う予定ですか」 ①「5時」 ②「明日の夕方」 ③「6時」（○） ジェームズの4つ目のセリフ参照。今は5時で1時間後に待ち合わせているので，待ち合わせ時間は6時だとわかる。 ④「明日のいつか」

問3 「最初なぜジェームズとデイブは実際に会えなかったのですか」 ①「なぜなら彼らは違う場所で待っていたから」（○） 最後から3つ目のデイブのセリフでデイブは銀色の時計にいることがわかる。その次のジェームズのセリフで，ジェームズは金色の時計の所にいることがわかる。 ②「なぜならデイブがスマホを充電し忘れたから」 ③「なぜならアプリが新しくなかったから」 ④「なぜなら彼らはソーシャルメディア上での友達に過ぎなかったから」

【K】・【L】 リスニング問題解説省略。

★ワンポイントアドバイス★

問題数が多いので全体の時間配分をよく考えて答えていくようにしよう。【A】問3「名前が挙がっていない国」【I】問3　NOT good to visitなど設問を最後まで丁寧に読まないと間違える問題も含まれているので細かい指示まで気を付けて読んで取り組んでいこう。

＜理科解答＞

第1問 問1 1 ⑧　問2 (1) 2 ⑤　(2) 3 ③　(3) 4 ④　(4) 5 ⑥
問3 6 ①

第2問 問1 (1) 7 ⑨　(2) 8 ②　問2 9 ⑦　問3 10 ④　問4 11 ①

第3問 問1 12 ⑧　問2 (1) 13 ⑦　(2) 14 ②　問3 15 ⑦　問4 16 ⑥
問5 (1) 17 ④　(2) 18 ⑥　問6 19 ③

第4問 問1 (1) 20 ⑦　(2) 21 ⑤
問2 (1) 22 ③　(2) 23 ②　(3) 24 ⑤　(4) 25 ①

○推定配点○
各4点×25　計100点

＜理科解説＞

第1問 （化学総合―化学の諸現象の実験）

問1　実験Ⅰから，Cが炭酸水素ナトリウム，Dがデンプンである。次に，実験Ⅱから，Aが塩化ナトリウムである。残るBが砂糖である。

問2　(1)　マグネシウムMgと塩酸HClが反応して，塩化マグネシウム$MgCl_2$と水素H_2ができる。これらの化学式が正しいのは②と⑤であり，両辺の原子の数も合っているのは⑤である。

重要　(2)　うすい塩酸50mLから発生する水素の最大量は300mLである。過不足なく溶けるマグネシウムリボンの質量は，0.10：100＝x：300　より，x＝0.30gである。

(3)　過不足なく反応したときの量比は，表1と(2)から，塩酸：マグネシウム：水素＝50mL：0.30g：300mLである。よって，塩酸の体積を変えず濃度を2倍にしたときの量比は，塩酸：マグネシウム：水素＝50mL：0.60g：600mLである。この比から，マグネシウムが0.4gだと，発生する水素の量は400mLである。マグネシウムが0.8gだと，0.6gまでは溶けてそれ以上は溶けないので，発生する水素の量は600mLである。

基本　(4)　Aの反応では二酸化炭素，Bの反応では陰極で水素，陽極で酸素，Cの反応では酸素がそれぞれ発生する。また，水素は無色無臭で空気より軽い気体である。石灰水とは反応しない。

重要　問3　実験Ⅱでは，硫酸亜鉛水溶液中の亜鉛イオンが亜鉛になって現れ，金属Cがイオンになって溶け出した。つまり，金属Cは亜鉛よりもイオンになりやすい金属であり，選択肢ではマグネシウムしかない。次に，実験Ⅰの電池では，イオンになりやすい金属の方がマイナス極になる。よって，マイナス極の金属Aが亜鉛，プラス極の金属Bが銅である。

第2問 （物理総合―物理の諸現象の実験）

重要　問1　(1)　物体Cには，まず物体Cの質量に対する重力が下向きにはたらく。次に，物体Cと接しているのは物体Bと水平面だけなので，物体Bが物体Cを下向きに押す力と，水平面が物体Cを上向きに押す力がはたらく。これら3つの力がつりあっている。よって，物体Cが受ける力を図示したのは⑨である。他の選択肢には，物体C以外が受ける力も描かれている。

(2)　物体A，B，Cのそれぞれに10Nずつの重力がはたらいている。物体Aについて，物体Bから受ける上向きの力と物体Aにかかる重力がつりあっており，どちらも10Nである。物体Bについて，物体Aから下向きに受ける10Nの力，物体Bにかかる10Nの重力，物体Cから受ける上向きの力がつりあっているので，物体Cから受ける力は20Nである。

問2　磁石Bについて，磁石Aから上向きに受ける磁力と磁石Bにかかる重力がつりあっており，どちらも10Nである。磁石Aについて，磁石Bから下向きに受ける10Nの磁力と，磁石Aにかかる10N

の重力と，机から上向きに受ける力がつりあっているので，机から受ける力は20Nである。その反作用で，机がAから受ける力も20Nである。

基本 問3　等速直線運動をしている物体では，力ははたらいていないか，つりあっている。摩擦のない水平面で物体が等速直線運動をしている場合，左右方向に力ははたらいていない。重力と水平面が上向きに支える力がつりあっている図3と全く同じである。

問4　アルミニウム棒に流れる電流は手前から奥の向きである。また，アルミニウム棒付近の磁界は上から下の向きである。フレミング左手の法則より，力の向きは右から左のaの向きである。電圧が変わらず抵抗が小さくなると，電流が大きくなるので，動きが大きくなる。

第3問　(生物総合―生物の諸現象の観察)

基本 問1　倍率を高くすると，より狭い範囲を拡大して見ることになるので，光の量も減る。つまり，視野は暗く狭くなる。また，倍率は10×40＝400倍となる。

問2　(1)　アは単子葉類の師管，イは単子葉類の道管，ウは双子葉類の師管，エは双子葉類の道管の位置である。ホウセンカは双子葉類であり，水を吸って染まるのは道管である。

(2)　双眼実体顕微鏡は，倍率は数倍～十数倍でさほど高くないものの，プレパラートをつくる必要がなく，試料をそのまま立体的に見ることができる。選択肢では，1mm程度の大きさで，プレパラートを作りにくい火山灰があてはまる。他はもっと小さい構造なので，ふつうの顕微鏡を使い，プレパラートを作って，数十倍～数百倍に拡大して観察するのがよい。

問3　下図のように正立の虚像を作図する。物体から右に出た光は，レンズで屈折して焦点を通る。また，物体からレンズの中心に向かった光は直進する。この2つの光は右側では交わらないので，左側に伸ばす。すると，交点はちょうど焦点の位置にできる。よって，レンズの中心線からの距離は15cmであり，像の大きさは元の物体の大きさの2倍である。

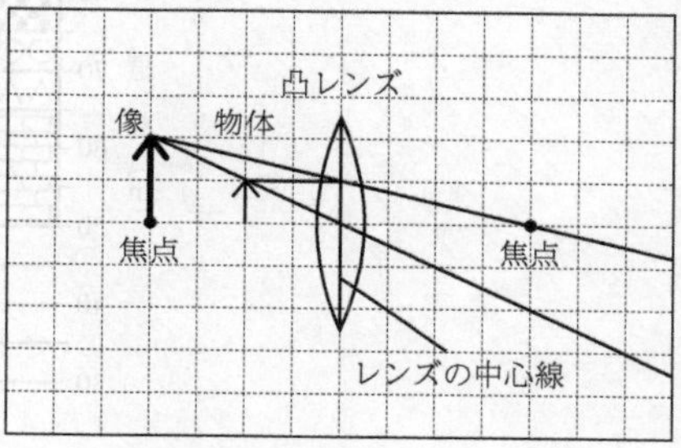

問4　体細胞分裂では，最初の細胞(ア)の核の中に染色体が見えるようになる(エ)。やがて，染色体が中央に並んで(オ)，両側に引っ張られる(ウ)。分かれた染色体から2つの核ができ(イ)，細胞質も分かれて，間に細胞壁もできる(カ)。

問5　(1)　受精卵は，細胞分裂(卵割)によって2細胞(ア)，4細胞(エ)，8細胞(オ)と増えていき，多数の細胞(イ)になる。やがて，からだの各部分に分かれていく(ウ)。

重要 (2)　オスの親の染色体は2本とも白だが，子となる受精卵の染色体は白と黒なので，メスの親は黒の染色体を持っている。つまり，メスの親の染色体は，黒＋黒，あるいは，白＋黒である。

問6　魚類から分かれたAは両生類である。また，Aの両生類から分かれたBはハ虫類である。ハ虫類からは，中生代の早い時期にDのホ乳類が分かれ，その後，中生代の中ごろにCの鳥類が分かれた。なお，カエルは両生類，ヒトはホ乳類である。

第4問　(地学総合―地学の諸現象の観察)

問1　(1)　冬は，大陸の温度が低下するため，寒冷で乾燥したシベリア高気圧が発達し，日本列島には大陸から太平洋へ北西の季節風が吹く。その季節風は，日本海の上を吹くときに水蒸気を供給されて，日本列島の日本海側に雪をもたらす。

(2)　空気のかたまりが標高0mから700mまで上昇する間に，気温は7℃下がる。標高0mでの気温12℃だから，標高700mでは5℃である。ここで雲ができているので，露点は5℃で，含まれる水蒸気量は6.8g/m^{3}である。標高0mの12℃での飽和水蒸気量は10.7g/m^{3}だから，湿度は6.8÷10.7×100

＝63.5…で，四捨五入により64％である。

問2　(1)　図2で地点Aを見ると，凝灰岩の上に，れき岩→砂岩→泥岩の順で堆積している。粒がだんだん小さくなっているので，堆積した場所はだんだん陸から離れた深い海になったことが分かる。その原因として，大地が沈降したか，海水面が上昇したことが考えられる。

(2)　地層が堆積した年代が分かる化石を示準化石という。示準化石は，短期間にのみ生息した生物の化石であり，離れた場所の地層の広がりを調べるには，広い範囲に多数が分布していた生物が都合がよい。ビカリアは新生代新第三紀に生息した巻貝であり，代表的な示準化石である。

やや難　(3)　地層は南に向かって下がっているので，A，B，Cの間では傾いていない。A，B，Cの標高は10mずつ異なっているので，各地層の深さも10mずつ異なっている。よって，地点Bはイ，地点Cはウが当てはまる。残る地点Dはアである。BとDは標高が同じで，Dが南側にあるため，B(イ)に比べ，D(ア)の方が，各地層が深い。なお，下図は問題の図2を，標高をそろえるようにずらしたものである。

(4)　D(ア)では，凝灰岩層は地表から15mの深さにある。地層はDとEの間では傾いていないが，EはDよりも標高が10m低いので，Eでボーリング調査をすると，凝灰岩層は地表から5mの深さにある。

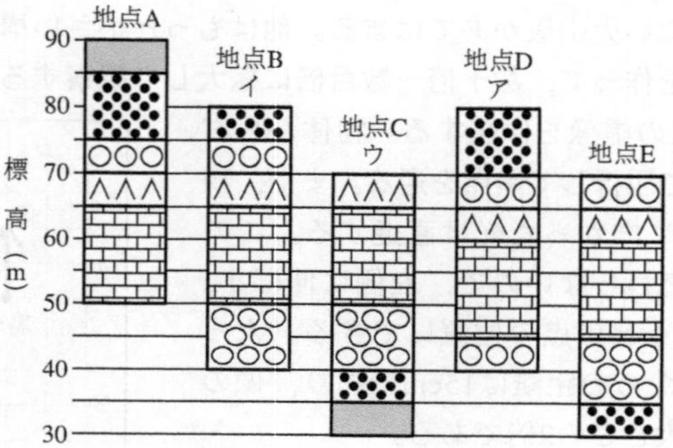

★ワンポイントアドバイス★

それぞれの現象のしくみや意味をしっかりと理解し，覚えるだけでなく問題練習を通じて考える習慣をつけよう。

＜社会解答＞

【1】　問1　④　問2　④　問3　③　問4　⑧　問5　②　問6　②　問7　③
　問8　④　問9　⑤　問10　①

【2】　問1　③　問2　②　問3　⑧　問4　③　問5　①　問6　③

【3】　問1　②　問2　④　問3　②

【4】　問1　⑥　問2　⑨

【5】　問1　④　問2　③　問3　⑥　問4　(1)　③　(2)　③　(3)　①　(4)　⑥
　(5)　⑤　(6)　②　(7)　①　問5　③　問6　④

【6】　問1　⑥　問2　④　問3　②　問4　③　問5　①

【7】　問1　③　問2　②　問3　④　問4　⑤

○推定配点○
【1】 各3点×10　【2】 各3点×6　【3】 各2点×3　【4】 各2点×2　【5】 各2点×12
【6】 各2点×5　【7】 各2点×4　計100点

＜社会解説＞

【1】 (日本の歴史と地理の融合問題ー日本の各都道府県に関連する問題)

問1 五街道の中で福島県を通るのは奥州街道のみ。

重要 問2 蒙古襲来，いわゆる元寇は1274年の文永の役，1281年の弘安の役。①，②，③はいずれも室町時代以後のものなので誤り。六波羅探題が京都に設置されるのは1221年の承久の乱の後。

問3 遣唐使は630年～894年。この時代に当てはまる選択肢は③。ムハンマドがイスラム教を始めるのが610年で，その後，イスラムの勢力は西アジアを中心に広がる。ローマで帝政が始まるのはBC27年。インカ帝国が滅びるのは1533年。オスマン帝国が成立するのは1299年。

問4 後醍醐天皇が1334年から行った政治が建武の新政。武士を軽んじたことから足利尊氏らによって後醍醐天皇の政権は倒される。後醍醐天皇らが京都から奈良の吉野に逃れ，そこで政治を行ったのが南朝で，足利尊氏らが別の天皇を京都で立てたのが北朝。

基本 問5 Eは長崎県なのであ，Fは福岡県なのでう。

問6 平安時代に菅原道真を左遷させたのは藤原時平で，その後，権力をにぎる。

やや難 問7 琉球王国は江戸時代初期に薩摩藩によって支配されるようになる。対外的には琉球王国は存続し，中継ぎ貿易を行っていたが，貿易の利益や黒砂糖などの特産品からの利益は薩摩藩に吸い上げられていた。また琉球からは江戸に使節が派遣されており，その使節に中国風の衣装を着せていたことで，幕府や将軍が諸大名だけでなく外国も支配しているように見せて権威を高めるようにしていた。

問8 ①は明治時代の1873年の地租改正，②は豊臣秀吉が行った1582年の太閤検地，③は1787年からの松平定信による寛政の改革でのもの，⑤は645年の大化の改新以後の公地公民制の班田収授法に関するもの。

重要 問9 C 遣唐使は630年から894年→F 菅原道真が太宰府に左遷されたのは901年→B いわゆる元寇は1274年の文永の役と1281年の弘安の役→D 後醍醐天皇が鎌倉幕府によって隠岐に流されるのは1332年で隠岐から脱出するのは翌1333年→E ポルトガル船が長崎に来航したのは1567年→A 参勤交代の制度が武家諸法度に盛り込まれるのは1635年。

問10 選択肢の中で鳥取県だけが日本海側の県なので冬の1月や12月の降水量が多くなる①。一番気温が高く降水量も多い4が沖縄県。②と③とでは2の方が瀬戸内の気候の影響で降水量が少ない大阪府で3が福島県のもの。

【2】 (地理ーG20の国々に関する問題)

問1 インドネシアが該当するのは選択肢の中でAPECとASEAN。この中でG20にインドネシアだけが参加しているのはASEAN。NAFTAは北米自由貿易協定で現在はUSMCAとなっている。APECはアジア太平洋経済協力，ASEANは東南アジア諸国連合，BRICSはブラジル，ロシア，インド，中国，南アフリカの経済成長が著しい国々の頭文字を合わせたもの，OPECは石油輸出国機構。

問2 ロシアはソ連の時代の終わり頃にG7にオブザーバーとして参加するようになり，その後G8に正式に加わるが，その後本文にあるように排除されている。

重要 問3 Dは韓国，Eはサウジアラビア，Fは中国になる。

問4 ブラジルは鉄鉱石の産出量は多く，日本にとっては重要な輸入相手国になっている。アメリカは小麦やトウモロコシ，大豆，豚肉などを世界の国々に輸出している。ドイツの自動車はわかると思うが，ドイツはEUの中ではスペインに次いで豚の飼育頭数が多く，豚肉の生産量はドイツの方がスペインよりも多い。

基本 問5　広島市は太田川の三角州に発達した町で，原爆ドームはその太田川のほとりにある。広島県の世界文化遺産は原爆ドームと厳島神社。

問6　①は3カ国で南アフリカとオーストラリアとアルゼンチン，②は4カ国でカナダ，アメリカ合衆国，アルゼンチン，ブラジル，④は3カ国でフランス，ドイツ，イタリア。

【3】（日本の地理―各都道府県の地誌，過疎化などに関連する問題）

重要 問1　表から，市町村数が最も少ないのは富山県だが，全市町村数に占める過疎市町村数の割合が最も低いのは神奈川県なので誤り。

やや難 問2　設問の本文や囲みの中，選択肢を丁寧に読み，理解していくことが必要。「関係人口」というものを正しく理解することがポイント。④の内容はこのままだと関係人口を増やすことには余りつながらない。ホームページの作成やまちの魅力を紹介する記事などの作成をまちの外の人間を巻き込んでやるのならば多少は効果があるが，まちの中でつくるだけだと囲みの中にある交流人口が増えるかどうかの程度でしかない。

問3　Aは「めがね産業が盛ん」から福井県，Bは「すだちの生産が日本一」「鳴門の渦潮」「阿波踊り」などから徳島県，Cは「最上川」「サクランボ」「ラ・フランス」などから山形県とわかる。

【4】（地理―緯経線に関する問題）

問1　図の二重線がそれぞれ0度線ということで，縦が本初子午線，横が赤道になる。縦が経度を示す経線なので，中央が180度になるので，60度毎に引かれているとわかり，横線は緯線でそれぞれ一番上と下が極点の90度になるので，45度間隔とわかる。

重要 問2　日付がもっともおそく変わるのは西経側で経度が高い場所なのでこの場合はcになる。また日本と最も時差がある場所は西経側の経度が高い場所になるので，これもcになる。

【5】（公民と世界の歴史の融合問題―国連，世界平和，時事に関連する問題）

基本 問1　2022年2月にロシアがウクライナに軍事侵攻し，核兵器保有国のロシアは実際に核兵器を使用することはまだ控えているが，核兵器を威嚇の材料にしている。

問2　地図中のcはポーランド。

重要 問3　2023年2月段階の国連事務総長はポルトガルのアントニオ・グテーレス。選択肢の他の人もすべてかつての国連事務総長。

やや難 問4　(1)　1は第一次世界大戦の後のドイツ相手の講和条約であるベルサイユ条約。2はドイツがポーランドへの軍事侵攻を行う前に，その奥にあるソ連にはドイツが攻め込まないという約束をした独ソ不可侵条約。3は日本とソ連が戦争をしないという日ソ中立条約。独ソ不可侵条約をまねた形だが，日本はこれがあることでソ連との間では戦争にならないという安心材料をつくったはずであったが，結局ソ連がこの条約の更新を破棄し，1945年8月にソ連が日本に宣戦する。

(2)　ベルサイユ条約ではドイツが海外にもっていた領土や権利を失うが，ドイツの国土そのものを連合軍に占領されることはなかった。(3)　アの国際連盟は，パリ講和会議の際にアメリカのウィルソン大統領が出した「14か条の平和原則」の中で構想されていたもので，ウィルソン自身はアメリカが当然加盟すると思っていたが，アメリカの議会が反対し国際連盟にはアメリカは加盟しなかった。イの日独伊三国同盟は，19世紀後半にいずれも統一したり，それまでの政治の在り方を大きく変えて近代国家としてスタートしたものの，既存の大国とは経済的に差がついていた日本とドイツ，イタリアがファシズム国家となり結んだ同盟。　(4)　［あ］の日中戦争は1937年の盧溝橋事件に始まるもので，［い］の太平洋戦争はその後に日本が欧米の国々との対立を深め，1941年の真珠湾攻撃，マレー攻撃で始まったもの。　(5)　Ⅰは1945年2月に黒海のクリミア半島にあるヤルタで開かれた会談で，ここまではアメリカのルーズヴェルト大統領が参加していたが，この後ルーズヴェルトは急死し，Ⅱの7月に開かれたポツダム会談ではアメリカの大統領がトルーマンになり，さらにイギリスもチャーチルからアトリーに首相が交代することになる。　(6)　1941年の最初は近衛文麿が首相をやっていたが，10月に東条英機内閣が成立し開戦に至る。東条内閣は1944年7月にサイパン島の日本軍が玉砕すると退陣し，小磯国昭内閣となり，1945年4月に沖縄戦が始まり，日ソ中立条約がソ連から不延長を通告され，小磯内閣が退陣し鈴木貫太郎内閣となる。鈴木内閣はポツダム宣言受諾後に退陣し皇族の東久邇宮成彦内閣が終戦処理のために発足するが，GHQと対立し幣原喜重郎内閣がその後成立する。　(7)　ヤルタ会談で決まったのはドイツの戦後処理とソ連の対日参戦に関する内容。

問5　核兵器5か国は現在の国際連合の常任理事国5か国。

問6　安全保障理事会は核兵器国5か国の常任理事国の他に，2年任期の非常任理事国10か国からなる。

【6】　(公民―三権分立に関連する問題)

基本　問1　図のAが国会，Bが内閣，Cが裁判所。国民から選挙でえらばれるのは三権の中では国会議員のみ。また国民審査をかけられるのは最高裁判所裁判官。

問2　三権はそれぞれ立法権が国会に，行政権が内閣に，司法権が裁判所にあると日本国憲法で規定されている。

基本　問3　三権の中でそれぞれの権力を他の権力が牽制する仕組みの問題。内閣と国会の間では国会が内閣総理大臣を指名するのと，内閣不信任の決議を衆議院が行うことが出来るのに対して，内閣は衆議院を解散させることができる。

問4　内閣と裁判所の間の関係の問題。内閣は最高裁長官を指名するのと，最高裁のその他の裁判官を任命することができる。これに対して裁判所は内閣の行う行政行為や内閣が決める政令等に対して違憲審査を行うことができる。

重要　問5　日本国憲法第96条にある，憲法改正の発議を行う際の必要な条件として，衆参それぞれの院の総議員の3分の2以上が賛成することが必要。衆議院では総議員数465人の3分の2が310で，現在改憲に賛成の政党4党で346人となっており条件を満たしている。また参議院では総議員数248人3分の2が166で，2022年の選挙の後，改憲勢力の合計が177人となっており，衆参ともに3分の2以上の賛成を集めることは可能である。

【7】　(経済―経済に関連するさまざまな問題)

重要　問1　非消費支出の中に租税，保険料，貯蓄が含まれる。

問2　選択肢の内容はトレーサビリティではなくクーリングオフ。トレーサビリティは追跡可能ということで，商品がつくられるところから，消費者の手元に届くまでの過程を明らかにすること。

基本　問3　百貨店はグラフから2008年頃にコンビニエンスストアに抜かれてから，さらに低下しており誤り。

問4　2016年の派遣社員の割合は男性よりも女性の方が高いので誤り。

★ワンポイントアドバイス★

試験時間に対して，問題数が多く，読み考えることが求められる設問も多いので，悩むものは飛ばすなどして進むことが必要。選択肢で正解がすぐに選べない場合は消去法で正解でないものを消していった方が選びやすいものもある。

＜国語解答＞

一 問1 ⓐ ④ ⓑ ② ⓒ ④ 問2 甲 ④ 乙 ① 問3 ④ 問4 ③
問5 ② 問6 ③ 問7 ① 問8 ① 問9 ④ 問10 ③ 問11 ⑤
問12 ① 問13 ④ 問14 ⑤ 問15 ⑤

二 問1 ⓐ ② ⓑ ① ⓒ ⑤ 問2 ④ 問3 ② 問4 ④ 問5 ①
問6 ③ 問7 ⑤ 問8 ② 問9 ⑥ 問10 ② 問11 X ③ Y ②

三 問1 ④ 問2 ② 問3 ③ 問4 ① 問5 ⑤ 問6 ④ 問7 ③
問8 ④

○推定配点○

一 問3・問5・問8・問11・問12・問14・問15 各3点×7 他 各2点×11
二 問3～問5・問7・問8・問10 各3点×6 他 各2点×8 三 問8 2点 他 各3点×7
計100点

＜国語解説＞

一 （論説文一大意・要旨，内容吟味，文脈把握，指示語，接続語，脱文・脱語補充，漢字の読み書き，熟語，語句の意味，品詞・用法，文学史）

基本 問1 波線ⓐ「対照」，①「対称」 ②「対症」 ③「大賞」 ④「対照」 ⑤「対象」。ⓑ「普及」，①「不朽」 ②「追及」 ③「休暇」 ④「貧窮」 ⑤「研究」。ⓒの音読みは「ヨク」。熟語は「抑制」など。

問2 空欄甲には直前の内容につけ加える内容が続いているので「また」，空欄乙には直前の内容の具体例が続いているので「たとえば」がそれぞれ入る。

重要 問3 傍線Aの説明としてA直後の段落で「平安貴族の着物は色に意味があり，文様には意味がな」く，「『襲色目』と呼ばれる衣類の色彩システムがあった」ことを述べているので④が適切。A直後の段落内容をふまえていない他の選択肢は不適切。

問4 三月の節句は三月三日の「桃の節句」，五月の節句は五月五日の「菖蒲の節句」なので③が適切。

重要 問5 空欄Bは「布」のことで，「日本は室町時代……」で始まる段落後半で，Bと同様のこととして「布はどの文化圏でも，人と神々あるいは人と自然界とをつなげるメディアであった」と述べているので②が適切。

問6 ③の作者は女流作家の清少納言。他の作者の，①の吉田兼好（兼好法師），②の松尾芭蕉は男性。④・⑤の作者は不明とされている。

問7 傍線Dは，物事をやりとげるだけの才能や能力のことなので①が適切。

問8 冒頭の段落で「平安貴族の着物は色に意味があり，文様には意味がない」と述べていることをふまえ，傍線Eの段落で『源氏物語』の登場人物を例に，それぞれの女性が性格に合わせた色の布を着こなしていたと述べているので，aには「文様」，bには「色」，cには「個性」がそれぞれ入る。

問9 傍線Fと④は意味が似ている漢字を重ねた構成。①は上下が主語・述語の構成。②は下の字が上の字の目的語になっている構成。③は上の字が下の字を修飾している構成。⑤は反対の意味の漢字を重ねた構成。

問10 傍線Gに入る③の「粋」は「すい」と読む。

問11 傍線Hの段落で「室町時代から文様の時代に入」り，江戸時代は職人たちの「技術によって……『風景の着物』」が出現し，「色彩に自然を託していた人間は，風景の着物の出現によって具体的な自然を身にまとうようにな」り「自然は布によって人の世に顕われ，人は自然の力を身につけようとした」と述べているので，このことをふまえた⑤が適切。Hの段落内容をふまえていない他の選択肢は不適切。

やや難 問12 傍線I直後でIの説明として，布の原料となる「絹……蚕の繭，木綿は綿花，……麻は茎，芭蕉布やシナ布は幹から引き出され，多くの工程を経て糸にな」り，「その糸は，藍や紅花……昆虫や貝から煮出された液で染められ……多くの偶然が作用するので，同じ色は二度と出現」せず，「それを機織りにかけると……その日の温度湿度によって違って……織る人の身体の動きによっても……違いが出てくる」と述べているので，これらの内容をふまえた①が適切。I直後の内容をふまえていない他の選択肢は不適切。

問13 傍線Jと④は，主格を表す格助詞。①・⑤は連体修飾格の格助詞，②は準体助詞，②は連体詞「この」の一部。

重要 問14 「戒厳令下のチリ」の人々が「キルトを縫って……商品として海外に持ちだしてもらうことにより，国内の惨状を知らせる」とある波線Eは，傍線Kの具体例として述べているので⑤が適切。他は「実用的必需品」「共同体のメディア」の例として述べている。

問15 抜けている文の「ポータブルメディア」について，「布は軽く……」で始まる段落で，「映画やビデオ……のようなメディアをもつことのできない社会的弱者であっても，布は子孫に伝えたり……するポータブルなメディアとして……使われている」と述べており，このことのまとめとして抜けている一文が入るので⑤が適切。

二 （小説一情景・心情，内容吟味，文脈把握，脱語補充，漢字の読み書き，語句の意味，品詞・用法）

基本 問1 ⓐ「途方」，①「徒歩」 ②「用途」 ③「塗布」 ④「都心」 ⑤「戸棚」。ⓑ「憤慨」，①「感慨」 ②「概要」 ③「生涯」 ④「街頭」 ⑤「該当」。ⓒは，ほんの少しのあき時間という意味。

問2 二重傍線④のみ，形容動詞の終止形の活用語尾。他はいずれも助動詞。

問3 傍線Aは冒頭の2段落で描かれているように，父が亡くなって次男の峯次郎が母の実家の小田家へ養子に入ることは，まだ若い兄が当主になったばかりで家計も苦しい山下家にとって，願ったりかなったりであったことを指しているので，このことをふまえた②が適切。冒頭の2段落内容をふまえていない他の選択肢は不適切。

問4 傍線B直後の段落でBの説明として，「……弟が連れ去られることにも何一つ抗え」ず，「己の目の前に立ちはだかる運命のようなものの存在を……初めて知っ」て「己がなす術を持たぬことが怖」くてフンガイしたという，りんの心情が描かれているので④が適切。B直後の段落内容をふまえていない他の選択肢は不適切。

重要 問5 傍線Cは「絵さえ描ければ。」という思いに対するもので，C後で描かれているように，水汲みや食事など働くことを苦にしたことはなく，少しばかり絵が描ければ満足だが，嫁にそんなことを許してくれる家があるとは思えないため，Cのようになっているので①が適切。C後のりんの心情をふまえていない他の選択肢は不適切。

問6 「『季節の……』『いっそ……』」で始まるせりふで「『……歌書を繙こうと……』『……詠みたい，……短冊に書きつけたい』」と可枝が話し，りんも可枝が「歌詠みどころではなくなったのか」と心配している描写から，和歌の道という意味の③が適切。

問7 傍線E前で描かれているように，「手に負えない希求を抱え，可枝は苦しんでいる」という思いから，りんはEのように話しているので⑤が適切。りん自身の，絵を描くことに対する思いを重ねたE前の可枝への思いをふまえていない他の選択肢は不適切。

問8　傍線F前で，可枝の文に「『……絵をつけてお返しする』」というりんの申し出に，「目を潤ませて」喜び，りんが「『……豪気にお構えだ』」と言うほど元気を取り戻した可枝の様子が描かれているので，このことをふまえた②が適切。りんの申し出を説明していない他の選択肢は不適切。

問9　空欄Gの「口が過ぎる」は言ってはならないことまで言ってしまうこと。Hの「腰を上げる」は立ち上がること。

重要 問10　可枝とのやり取りの場面では，絵を描くという「その道を歩いてみたい。……重荷とやらが，いかほど重いものであろうとも。」という心情，【省略】後の場面では，兄や母の言う通りにする「一生など，わたしはまっぴらだ」と思い，絵師になるため江戸に行くという書き置きを書いていることから②が適切。これらの描写をふまえていない③・④・⑤は不適切。①の「家族の……自己中心的」も不適切。

やや難 問11　傍線Iの「私も開化いたしたく」は明治時代初期の近代化や西洋化を指す「文明開化」のことなので，空欄Xには③が入る。Yは，性別などにとらわれない，という意味で②が入る。①は世界的規模，③は障害者等が生活していく上で障壁となるものを除去すること，④は少数派，⑤は複数の作家による作品を集めてひとつにしたもの，あるいは同一作者の複数の作品をひとつにまとめたもの。

三　(古文・和歌─情景・心情，内容吟味，文脈把握，脱語補充，口語訳，文学史)

〈口語訳〉　式部の大輔大江匡衡朝臣の息子の，式部の権の大輔挙周朝臣が，重病にかかって，治る見込みがなく見えたので，母の赤染右衛門は，住吉神社に参詣し，七日間お籠りをして，「今回(息子の命が)助かりにくいのならば，すぐに私の命を召し取るがよい」と申して，七日の満願の日に，御幣のしでに書きつけました歌は，

(息子の命に)代わりたいと(神に)祈る(自分の)命は惜しくないが，それでも(息子と)別れてしまうことが悲しい

このように詠んで奉納したところ，神の心が深く動かされることがあったのだろうか，挙周の病気はよくなった。母は神社から帰って，喜びながらこの様子を(息子)に話すと，挙周はたいそう嘆いて，「私がもし生きていても，母を亡くしては何の生きがいがあるだろうか。(命をながらえる)一方で(母を身代わりにした)不孝(の身)になってしまう」と思って，住吉神社にお参りして(神に)申し上げたことは，「母が私に代わって命が終わらなければならないならば，早く元のように私の命をお召しになって，母(の命)をお助けください」と泣く泣く祈ったところ，神は気の毒に思われて御助けがあったのだろうか，母子ともに何事もなく元気でおりました。

問1　傍線A直前に「重病をうけて」とあるので，病気に関する④が適切。

問2　傍線Bの「がたく(難く)」は「～するのが難しい」という意味，「は」は順接の仮定条件を表す助詞で「～ならば」という意味なので，これらの意味をふまえた②が適切。

問3　空欄Cは上に係助詞「ぞ」があるので，係り結びの法則により文末は③の連体形で結ばれる。

やや難 問4　「かはらん……」は，挙周の母である赤染右衛門が重病の息子を助けるために，住吉神社に七日間籠った後に奉納した歌で，息子の命と引き換えにする自分の命は惜しくないが，そのことで息子と永遠に別れることは悲しい，ということを詠んでいるので①が適切。永遠の別れが悲しいという母の気持ちを説明していない他の選択肢は不適切。

問5　傍線Eの「不孝」は，命をながらえる一方で，母を身代わりにした不孝の身になってしまうということなので，母が私に代わって命が終わるという波線⑤が適切。①は母が自分の命を息子の命と代えようとしていること，②は挙周の病気がよくなったこと，③は母が神社から帰ったこと，④は挙周が住吉神社に参拝したということ。

問6　空欄Fは，挙周が住吉神社にお参りして「『母われに……』」と泣く泣く祈ったことを受けて，

住吉神社の「神」が「気の毒に思われて……」ということなので④が入る。

重要 問7　挙周の母は，重病の挙周のために住吉神社に参拝して自分の命と引き換えに息子が助かることを祈り，息子の挙周も同じ住吉神社に参拝して母を助けようとしたことで，神が母子ともに助けたということなので③が適切。親と子どものどちらも相手の命を助けようとしたことをふまえていない他の選択肢は不適切。

基本 問8　他の作品が書かれた時代は，①・②・③は平安時代，⑤は奈良時代。

★ワンポイントアドバイス★

論説文では，テーマに対する筆者の考えをしっかり読み取っていこう。

MEMO

大切なことはメモしておこうネ！

2022年度

★★★★★★★★★★★★★★★★★★★★★★★★

入　試　問　題

2022年度

椙山女学園高等学校入試問題

【数　学】（45分）　＜満点：100点＞

【注意】［1］　問題の文中の ⑴ ，⑵⑶⑷ などには，数字（0～9）または符号（±，－）が入ります。

例えば，⑴ に5，⑵⑶⑷ に－83と答えたいときは右の図のようにマークします。

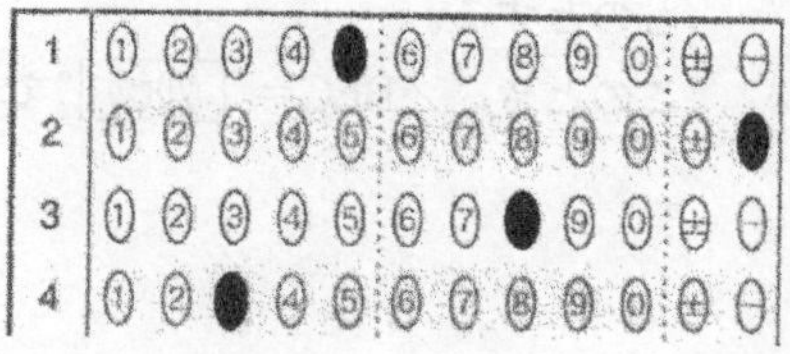

原則，⑴，⑵，…には，数字または符号を一つずつマークしますが，（複数マーク可）と記されている問題は複数マークしてもよい。

［2］　分数の形で解答する場合，符号は分子につけ，分母につけてはいけません。例えば $\dfrac{⑸⑹}{⑺}$ に $-\dfrac{4}{5}$ と答えたいときは，$\dfrac{-4}{5}$ として答えてください。

また，分数はそれ以上約分できない形で答えてください。

例えば $\dfrac{3}{4}$，$\dfrac{2a+1}{3}$ と答えるところを $\dfrac{6}{8}$，$\dfrac{4a+2}{6}$ のように答えてはいけません。

［3］　小数の形で解答する場合，指定された桁（けた）数の一つ下の桁（けた）の数を四捨五入して答えてください。また，必要に応じて，指定された桁（けた）まで⓪にマークしてください。

例えば ⑻.⑼⑽ に2.5と答えたいときは2.50として答えてください。

［4］　根号を含む形で解答する場合，根号の中の自然数が最小となる形で答えてください。

例えば $4\sqrt{2}$，$\dfrac{\sqrt{13}}{2}$ と答えるところを $2\sqrt{8}$，$\dfrac{\sqrt{52}}{4}$ のように答えてはいけません。

1　次の各問いについて，⑴ ～ ⒇ に適する符号や数をマークしなさい。

［1］　$a^2b\times(2ab)^3\times(3a^2b)^2$ を計算すると，⑴⑵ a ⑶ b ⑷ である。

［2］　$\dfrac{5x-2}{3}-\dfrac{2x+1}{2}$ を計算すると，$\dfrac{⑸\ x-⑹}{⑺}$ である。

［3］　連立方程式 $2x-4y=3x+5y=11$ の解は $x=\dfrac{⑻}{⑼}$，$y=\dfrac{⑽⑾}{⑿}$ である。

［4］　2次方程式 $3x^2+2x-9=0$ の解は $x=\dfrac{⒀⒁\pm⒂\sqrt{⒃}}{⒄}$ である。

［5］　関数 $y=-2x^2$ について，x の変域が $-3\leqq x\leqq 1$ のとき，y の変域は ⒅ $\leqq y\leqq$ ⒆ である。⒅ ，⒆ に，以下の①～⑧から適切なものを選びマークしなさい。

①　－18　　②　－6　　③　－4　　④　－2　　⑤　0　　⑥　6　　⑦　12　　⑧　18

［6］　$a^2-2ab+b^2-c^2$ を因数分解すると，⒇ である。あとの①～⑥から適切なものを選びマークしなさい。

①　$(a+b+c)^2$　　　　②　$(a-b-c)^2$

③ $(a-b+c)^2$　　④ $(a+b+c)(a-b-c)$

⑤ $(a-b+c)(a-b-c)$　　⑥ $(a+b-c)(a-b+c)$

[2] 次の各問いについて，[(21)] ～ [(34)] に適する数をマークしなさい。

［1］ 右の図で同じ印のついた角の大きさは等しいものとする。
このとき，∠BEC＝ [(21)(22)] °である。

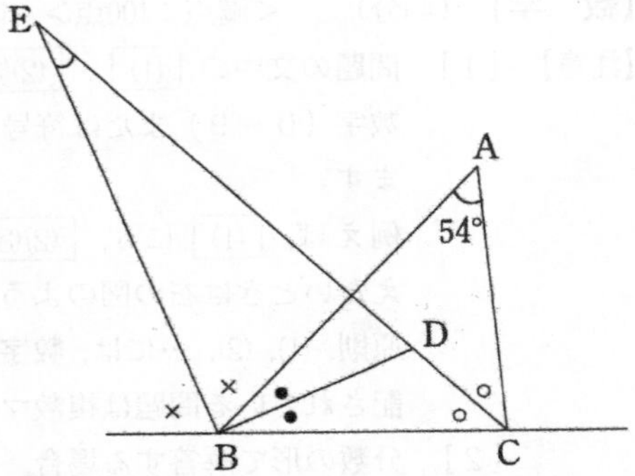

［2］ 図のように，底面の半径が８㎝の円錐の形をした容器Ａと，容器Ａと相似である底面の半径が32㎝の容器Ｂがある。
容器Ａに水をいっぱいに入れて，容器Ｂに入れていく。ちょうど27杯分の水を容器Ｂに入れたとき，容器Ｂの水面の半径は [(23)(24)] ㎝である。

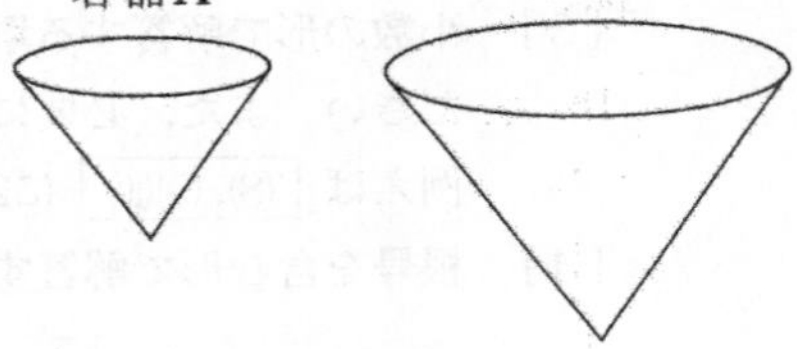

［3］ △ABCにおいて，辺BC上に∠ABD＝∠CADとなるような点Ｄをとる。∠ACBの二等分線と線分ADとの交点をＥとし，点Ｅを通り辺ABと平行な直線と辺BCとの交点をＦとする。

AC＝６㎝，AD＝４㎝，CD＝５㎝のとき，EF＝$\dfrac{(25)(26)}{(27)(28)}$㎝である。

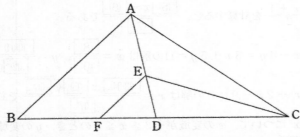

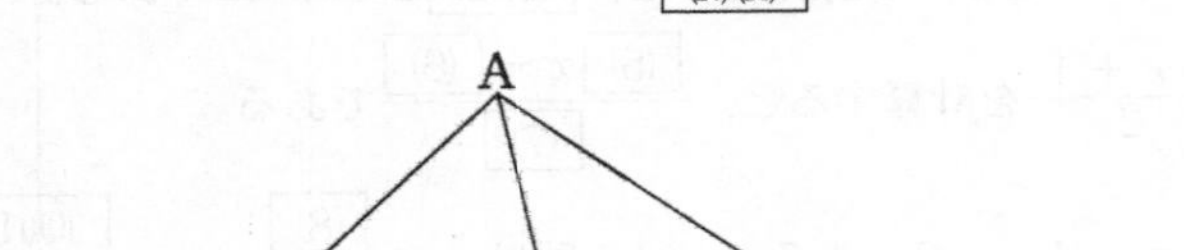

［4］ 次のページの【表】は，生徒Ａ～Ｍの13人の数学のテストの得点である。
また，次のページの【図】は【表】をもとにした箱ひげ図である。
このとき，【表】の x，y，z にあてはまる数は，x ＝ [(29)(30)] ，y ＝ [(31)(32)] ，z ＝ [(33)(34)] である。ただし，$x < y < z$ とする。

【表】

生徒	A	B	C	D	E	F	G	H	I	J	K	L	M
得点	36	x	68	28	83	50	95	y	z	44	52	69	71

【図】

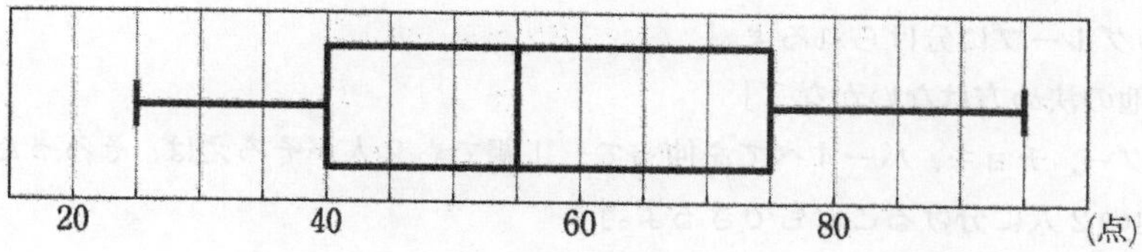

3

> 椙子さんは家から学校まで，分速80mで歩いて登校し，帰りは毎分70mで歩いて下校したため，かかった時間は２分違いました。
> 椙子さんの家から学校までの道のりを求めなさい。

上の問題について，AさんとBさんは次のように話し合いました。

Aさん：［㉟］についての数量の関係を方程式で表すのはどうかな？
Bさん：ということは…，［㊱］をx(［㊲］)として方程式を考えればいいから，方程式は
$80x=70(x+2)$ になるね。
Aさん：他にも，［㊳］についての数量の関係を方程式で表すと
$\frac{x}{70}-\frac{x}{80}=2$ になるよ。
Bさん：この式は，［㊴］をx(［㊵］)として表したんだね。
他の方程式も考えられるかな？
Aさん：［㊶］をx(［㊷］)として方程式を作ると$80(x-2)=70x$ になるよ。
Bさん：どの方程式を解いても，求める道のりは［㊸㊹㊺㊻］(m)になるね。
Aさん：１つの問題でも，たくさんの求め方ができるね。

［1］［㉟］，［㊱］，［㊳］，［㊴］，［㊶］に以下の①～⑤から適切なものを選びマークしなさい。

① 椙子さんの家から学校までの道のり
② 登校にかかった時間
③ 下校にかかった時間
④ 登校と下校にかかった時間の差
⑤ 登校のときと下校のときで，椙子さんの家から学校までの道のりは等しいこと

［2］［㊲］，［㊵］，［㊷］に当てはまる単位を以下の①～④から適切なものを選びマークしなさい。ただし，同じ番号を二度以上用いてもよい。

① キロメートル　② メートル　③ 時間　④ 分

［3］［㊸］～［㊻］に適する数をマークしなさい。

4　A，B，C，Dの４人が，２人ずつ２つのグループに分ける決め方について，次のように話し合いました。

Cさん：「じゃんけんのグー，チョキ，パーを使ってグループ分けをしようよ。どのような方法があるかな？」
Aさん：「こういう方法があるよ。
出す手をグーとパーだけに限定して，グー２人，パー２人になるまで繰り返せば２つのグループに分けられるよ。」
Cさん：「他の決め方はないかな？」
Bさん：「グー，チョキ，パーすべてを使って，１組でも２人がそろえば，そろった２人とその他の２人に分けることもできるよ。」
Aさん：「どちらのほうが早く決まるだろう？」
Cさん：「Aさんの方法だと１回で決まる確率は$\frac{(47)}{(48)}$だね。」
Dさん：「Bさんの方法だと１回で決まる確率は$\frac{(49)}{(50)}$だね。」
Cさん：「それじゃあ，　(51)　。」

［１］(47) ～ (50) に適する数をマークしなさい。
［２］(51) に以下の①～⑤から適切なものを選びマークしなさい。
①　Aさんの方法が１回で決まる確率が高いからAさんの方法にしよう
②　Aさんの方法が１回で決まる確率が低いからAさんの方法にしよう
③　Bさんの方法が１回で決まる確率が高いからBさんの方法にしよう
④　Bさんの方法が１回で決まる確率が低いからBさんの方法にしよう
⑤　どちらの方法も１回で決まる確率は変わらないからどちらの方法でもよいね

5　図のように，AB＝４cm，BC＝10cmの長方形ABCDがある。
点P，Qはそれぞれ点B，Aを同時に出発して，点Pは辺BC，CD，DA上を通って毎秒２cmの速さで点Aまで動き，点Qは点Pが点Aに着くのと同時に点Dに着くように辺AD上を一定の速さで動く。
出発してからx秒後の△BPDの面積を$y$cm^{2}とする。このとき，次の各問いに答えなさい。

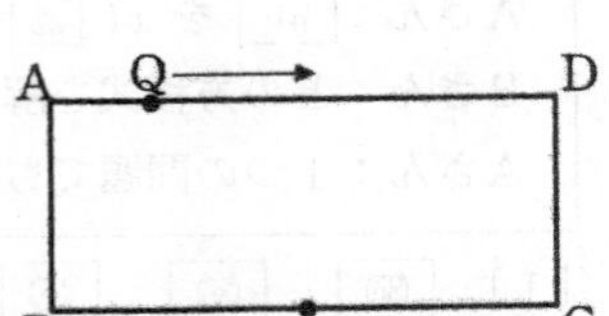

［１］点Qは毎秒$\frac{(52)}{(53)}$cmの速さで動く。(52)，(53) に適する数をマークしなさい。

［２］xとyの関係をグラフに表したものは (54) である。
(54) に次のページの①～⑤から適するものを選びマークしなさい。

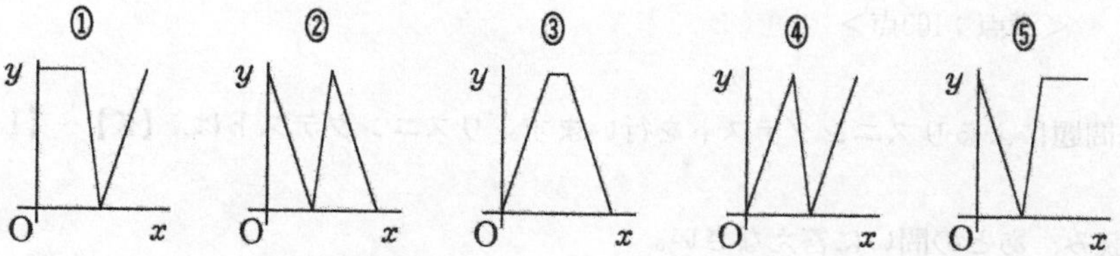

［3］　△BPDの面積が△AQBの面積の２倍とはじめて等しくなるのは，出発してから $\dfrac{\boxed{(55)(56)}}{\boxed{(57)}}$ 秒後である。$\boxed{(55)}$ ～ $\boxed{(57)}$ に適する数をマークしなさい。

$\boxed{6}$ 図のように，関数 $y = ax^2$ のグラフ上の点A，B，Cを中心とする３つの円がある。直線 ℓ，m は x 軸に平行で，点Aを中心とする円は，x 軸，y 軸，直線 ℓ に接している。また，円Bを中心とする円は，y 軸，直線 ℓ，m に，点Cを中心とする円は，y 軸，直線 m にそれぞれ接している。A(2, 2) のとき，次の各問いについて，$\boxed{(58)}$ ～ $\boxed{(73)}$ に適する符号や数をマークしなさい。

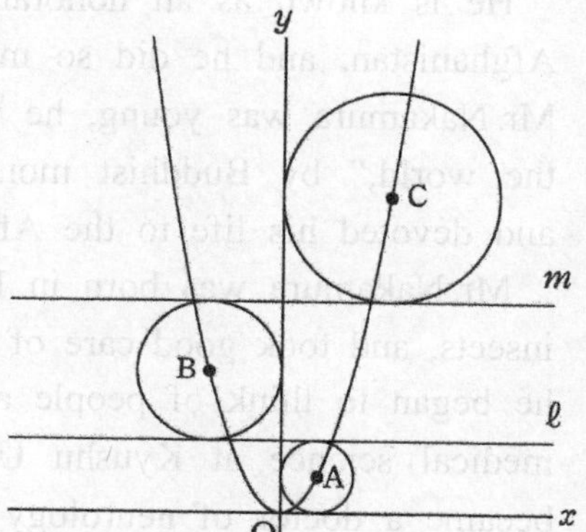

［1］　a の値は $\dfrac{\boxed{(58)}}{\boxed{(59)}}$ である。

［2］　点Bの座標は（ $\boxed{(60)(61)}$ ， $\boxed{(62)}$ ）であり，直線ACの式は $y = \boxed{(63)}\,x - \boxed{(64)}$ である。

［3］　△ABCの面積は $\boxed{(65)(66)}$ である。

［4］　３点A，B，Cを通る円の中心の座標は（ $\boxed{(67)}$ ， $\boxed{(68)(69)}$ ）である。

［5］　直線ABと直線 ℓ の交点をD，直線BCと直線 m の交点をEとするとき，△BDEを y 軸を回転の軸として１回転させてできる立体の体積は $\dfrac{\boxed{(70)(71)(72)}}{\boxed{(73)}}\pi$ である。

【英　語】（50分）　＜満点：100点＞

※13：40より，放送問題によるリスニングテストを行います。リスニングテストは，【K】～【L】です。

【A】 次の英文を読み，あとの問いに答えなさい。

Tetsu Nakamura was a doctor who worked hard for many years in Afghanistan. (ア){ ①has / ②he / ③two / ④it / ⑤more / ⑥years / ⑦since / ⑧been / ⑨than } died. However, his belief is taken over by the local people and his soul is still alive in them.

He is known as an honorary citizen, or "Kaka Murad" ("Uncle Nakamura") in Afghanistan, and he did so much for this country (ⓐ) his time there. When Mr. Nakamura was young, he was inspired by the words "Light up your corner of the world," by Buddhist monk, Saicho. Mr. Nakamura followed Saicho's words and devoted his life to the Afghan people. [①]

Mr. Nakamura was born in Fukuoka in 1946. He was interested in animals and insects, and took good care of them when he was a child. Through this experience, he began to think of people around him and decided to be a doctor. He learned medical science at Kyushu University. After graduating from the university, he became a doctor of neurology in 1973 and he worked at many hospitals in Japan. Then, he began to work as an international volunteer doctor. In 1984, he was sent to Peshawar in northwestern Pakistan. [②]

Seven years later, he started a clinic in Afghanistan. The PeshawarKai Association in Japan was established in 1983 and it supported his work. At his clinic, people could get medical treatment (ⓑ) free, so many patients visited him from faraway places. [③]

In 2000, there was a very big drought in Afghanistan. In the past, most Afghan people were farmers, and the country was very green. However, (ⓒ) global warming, there was not enough snowfall in the mountains, and little melted snow water was left for them. As a result, they had to drink dirty water to live, so many people became sick, and some people died. Mr. Nakamura thought clean water could save people's lives. He began to dig wells, and in 2003 he started to make irrigation canals. He said, "One irrigation canal will help much more people than 100 hospitals." He collected money for the project in Japan, and asked many local people to work with him. His project showed amazing results. Water flowed to the dry fields and made them green again. [④]

Unfortunately, Mr. Nakamura was shot on his way to work in December, 2019. It is not sure why he was killed but probably there were people who were against his activity. People from all over the world were shocked and saddened by his death. However, the canals made by him still continue to save people's lives.

Mr. Nakamura often said, "International Cooperation" is not something that we do unilaterally. But it means "living together" with people until their purpose is achieved." From now on, Mr. Nakamura's strong wish will be passed on to the next generation and his self-sacrificing sprit will remain in our heart beyond borders.

注）belief 信念　soul 魂　alive 生きて　an honorary citizen 名誉市民　inspire 激励する
Buddhist monk 仏教の僧侶　devote 捧げる　medical science 医学　neurology 神経学
The PeshawarKai ペシャワールの会（NGO 団体）　treatment 治療　drought 干ばつ
snowfall 降雪　melted snow water 雪解け水　dirty 汚い　dig wells 井戸を掘る
irrigation canals かんがい用水路　flow 流れる　sadden 悲しむ　cooperation 協力
unilaterally 一方的に　purpose 目的　achieve 達成する
self-sacrificing sprit 献身的な精神

問１　下線部(ア)が「彼が亡くなってから２年以上がたった。」という意味になるように｛｝内の語を並べ替えた時，（※１），（※２）の位置に入る語を①～⑨から選び，その番号をマークしなさい。なお，文頭にくる語も小文字で示してあります。［※１マーク番号１］［※２マーク番号２］

{(　)(　)(※１)(　)(　)(※２)(　)(　)(　)} died.

{ ① has / ② he / ③ two / ④ it / ⑤ more / ⑥ years / ⑦ since / ⑧ been / ⑨ than } died.

問２　文中の（ⓐ）～（ⓒ）に入る語(句)の組み合わせとして最も適切なものを次の①～④から１つ選び，その番号をマークしなさい。［マーク番号３］

①（ⓐ while　ⓑ with　ⓒ instead of）
②（ⓐ while　ⓑ for　ⓒ because of）
③（ⓐ during　ⓑ for　ⓒ because of）
④（ⓐ during　ⓑ with　ⓒ instead of）

問３　次の英文を本文中に入れるのに最も適切な場所を ① ～ ④ から１つ選び，その番号をマークしなさい。［マーク番号４］

People could start farming again, so their lives were much better.

問４　次の質問に英語で答えるとき，最も適切な答えを次の①～④から１つ選び，その番号をマークしなさい。［マーク番号５］

Question　How old was Mr. Nakamura when he opened the clinic in Afghanistan?

① 38 years old.　② 45 years old.　③ 48 years old.　④ 51 years old.

問５　本文の内容に関する次の質問に対する答えとして最も適切なものを次の①～④の中から１つ選び，その番号をマークしなさい。［マーク番号６］

Question　Why did Mr. Nakamura think one irrigation canal would help much more people than 100 hospitals?

① 日本で寄付を呼びかければ，井戸を作るために必要なお金が十分に集まるから。
② 100以上の病院があれば，多くの人を治療することができ，死亡率も減少するから。
③ 病気は不衛生な水が原因なので，井戸があればきれいな水が利用でき病人が少なくなるから。
④ かんがい用水路が１つできれば，100以上の病院に必要な飲み水を供給できるから。

問６　次の①～⑥の英文の中で，本文の内容と一致するものを２つ選び，その番号をマークしなさい。［マーク番号７，８］

① Mr. Nakamura was inspired by the words "Light up your corner of the world," and he visited the temple that Saicho built.

② When Mr. Nakamura was a child, he looked after animals and insects and this experience led him to be a doctor.

③ As soon as he graduated from the university, he went to Afghanistan to help people there.

④ A very big drought happened in Afghanistan, so people couldn't go to the hospitals.

⑤ The canals made by Mr. Nakamura still continue to save people's lives after his death.

⑥ The next generation will take over Mr. Nakamura's wish and his sprit will live in only people in Afghanistan.

問７　本文のテーマに関して，Tom と Mina が会話をしています。その会話を読み（※Ａ～※Ｃ）に入る語(句)の組み合わせとして最も適切なものを，次の①～④から１つ選び，その番号をマークしなさい。［マーク番号９］

Tom: Who is the person you respect, Mina?

Mina: It's Tetsu Nakamura. He was a（※Ａ）who supported people in Afghanistan.

Tom: What did he do there?

Mina: He saved many sick people and started to dig wells for（※Ｂ）water.

Tom: Wow! He seemed to be a great person.

Mina: Yes. I was moved by his idea, "International Cooperation" is（※Ｃ）.

Tom: That sounds wonderful!

①（※Ａ：doctor　※Ｂ：dirty　※Ｃ：only helping for sick people）

②（※Ａ：man　※Ｂ：safe　※Ｃ：working for poor people）

③（※Ａ：doctor　※Ｂ：clean　※Ｃ：studying abroad for people）

④（※Ａ：man　※Ｂ：clean　※Ｃ：living together with people）

【Ｂ】　次の英文を読み，あとの問いに答えなさい。

Do you know what the word "jazz" means? It is one kind of music style. In the early 1900's, however, jazz was just a kind of folk music played by African Americans. This early jazz was played by people in their daily lives, and they enjoyed playing and listening to it.

Jazz was［ Ａ ］. From Europe, the first jazz musicians learned about melody, harmony and the instruments they used. For example, they used trumpet, sax, piano, bass and drum. From Africa, they found ideas about rhythm. (ア)<u>The strong jazz rhythm（①want / ②or tap / ③made / ④their hands / ⑤ to clap / ⑥ people）their feet.</u> African rhythms had a different beat（ ⓐ ）most of the other music.

There was no other kind of music like jazz in the United States at that time.

Today, jazz is a way for many people to express themselves musically. People from various countries enjoy jazz, and now the world's biggest jazz festivals are [B] in Europe and Asia. Fans pay a lot of money to see their favorite musicians in concert or to buy their CDs. In the United States and Europe, Jazz has a power to influence other kinds of music, and [C] some of the world's greatest musicians, composers and singers.

One of the most popular jazz players is Louis Armstrong. He is called the king of jazz, and he is famous (ⓑ) his wonderful jazz trumpet playing. He was born in New Orleans, USA in 1901. There were many African-Americans near his house, and most of them were really poor. When he was a child, he had the first chance to play the cornet in a brass band, and it was his first time to play an instrument. Later, he moved to Chicago in 1923, and he joined in King Oliver's band. One of his pieces, "What a Wonderful World" became a big hit in 1967, and many musicians wanted to cover it.

Thanks (ⓒ) Armstrong and his beautiful pieces, jazz has become more and more familiar. Jazz will be played and loved by people all over the world in the future.

注）folk music 民族音楽　instrument 楽器　tap ～を打ち鳴らす　beat ビート，拍子
composers 作曲家　cornet コルネット（管楽器）　familiar 親しみのある

問１　［A］に当てはまる最も適切なものを次の①～④から１つ選び，その番号をマークしなさい。
［マーク番号10］

① a mix of styles from Europe and United States
② a mix of styles from Europe and Africa
③ an original style of Europe
④ an original style of United States

問２　下線部(ア)が「力強いジャズのリズムが人々を手を叩いたり足を打ち鳴らしたい気持ちにさせた」の意味になるよう（　）内の語(句)を並べ替えた時，（　）内で２番目と５番目にくる番号を①～⑥から選び，その番号をマークしなさい。２番目［マーク番号11］，５番目［マーク番号12］

問３　文中の（ⓐ）～（ⓒ）に入る語の組み合わせとして最も適切なものを次の①～④から１つ選び，その番号をマークしなさい。［マーク番号13］

① ⓐ from / ⓑ to / ⓒ without　② ⓐ for / ⓑ from / ⓒ to
③ ⓐ from / ⓑ for / ⓒ to　④ ⓐ for / ⓑ of / ⓒ from

問４　文中の［B］・［C］に入る語(句)の組み合わせとして最も適切なものを①～④から１つ選び，その番号をマークしなさい。［マーク番号14］

① B：bringing　C：has been performing
② B：brought　C：has performed
③ B：holding　C：has been producing
④ B：held　C：has produced

問５　次の①～⑥の中で，本文の内容と一致するものを２つ選び，その番号をマークしなさい。

［マーク番号15，16］

①　ジャズが生まれたきっかけは，アフリカ系アメリカ人が演奏していた民族音楽とは関係がない。

②　ジャズの初期の演奏者はジャズのメロディとリズムについて学んでいたが，楽器についてはほとんど関心をもたなかった。

③　ジャズは今日，人々が音楽的に自分自身を表現する方法となっている。

④　ジャズのＣＤがあまり売れなかったので，他の分野の音楽が注目を集めた。

⑤　ジャズ界を代表する演奏家のルイ・アームストロングが初めて演奏した楽器は，コルネットだった。

⑥　ルイ・アームストロングは，1923年にシカゴで“What a Wonderful World”をヒットさせた。

【C】次の３つの対話文を完成させるとき，（X），（Y）に入る最も適切なものをそれぞれ次の①～④から１つずつ選び，その番号をマークしなさい。

対話１

A：Hi, Eri.　Oh, you look tired.　What's wrong?

B：Oh, hi, Mike.　Yes, my dog has been missing since this morning, so I've been looking for him all over the place.　（　X　）

A：Oh, I see.　But don't worry, Eri.　I'll help you.　（　Y　）

B：Thank you, Mike.　He is a small black and white dog.

A：O.K.　Let's try to find him!

X　［マーク番号17］

① Finally, I have found him.　② But I didn't want to take care of him.

③ But I haven't found him yet.　④ And I don't want to take him to the park.

Y　［マーク番号18］

① What does he like?　② What does he look like?

③ Why do you like him?　④ When is his birthday?

対話２

A：Hi, Jack.

B：Oh, hi, Masaki.　You went to Kyoto last summer, didn't you?　How was it?

A：Yeah, it was great!　But I had a hard time there.

B：（　X　）

A：I wanted to go to Kinkaku-ji, but I didn't know which bus to take.

B：I see.　（　Y　）

A：Yes!　I took the wrong bus and went to Ginkaku-ji!

X　［マーク番号19］

① Why did you visit Kinkaku-ji?　② Did you want to go to Kyoto?

③ Which way did you choose?　④ What kind of trouble is it?

Y ［マーク番号20］

① There are a lot of different buses in Kyoto.
② There are a lot of good places to visit.
③ Did you know how to get to Kinkaku-ji?
④ Which do you like better, Kinkaku-ji or Ginkaku-ji?

対話３

A：Oh, hi, Mai! Welcome to the party.
B：Hi, Kate. Thank you for inviting me. （ X ）
A：Wow! Thanks! But you didn't have to bring anything.
B：You're welcome.
A：Come on in. （ Y ）
B：Um…, oh, I know that girl sitting on the sofa. I saw her at school.
A：Her name is Anne. She is my cousin.

X ［マーク番号21］

① Please help yourself. ② You look very nice.
③ Here's a present for you. ④ This isn't my favorite party.

Y ［マーク番号22］

① Are you hungry? ② Would you like something to drink?
③ Have you been here? ④ Do you know anybody here?

【D】 次の英文中の［ ］にあとの(ア)～(エ)を並べ替えると意味の通る文章が完成する。このときの(ア)～(エ)の順序として最も適切なものを次の①～④から１つ選び，その番号をマークしなさい。

問１ ［マーク番号23］

In 1988, the British actress Joanna Lumley had the idea for a "Garden Bridge". It would go across the River Thames in London. She loves the city of London, and wants more green space. She also wants more places for walking. ［ ］ If the plan for the Garden Bridge is accepted, when it is finished, it may be another popular place to visit in London.

注）actress 女優 River Thames テムズ川

(ア) London Bridge and Tbwer Bridge are the most famous bridges among them.
(イ) like these two, most bridges are mainly for cars and railways.
(ウ) At the moment, there are 31 bridges across the river in the London area.
(エ) But there are not many bridges for people only.

① (ア)→(ウ)→(エ)→(イ) ② (イ)→(エ)→(ウ)→(ア) ③ (ウ)→(ア)→(イ)→(エ) ④ (ウ)→(イ)→(エ)→(ア)

問２ ［マーク番号24］

Honey is a delicious food. But people have used it as a medicine for thousands of years. It kills bacteria, and helps the body get well. Bees make many different kinds of honey from different flowers. ［ ］ It has also a strong flavor. Some people think manuka honey is better for your health than other honey.

注）bacteria　細菌　　manuka honey　マヌカハニー（ハチミツの一種）　　flavor　味

(ア) In Japan, manuka honey from New Zealand is very popular.
(イ) This tree has many small white flowers with a red center.
(ウ) The honey is very thick and usually dark brown.
(エ) It comes from the manuka tree.

① (ア)→(エ)→(イ)→(ウ)　② (イ)→(ウ)→(ア)→(エ)　③ (ウ)→(ア)→(エ)→(イ)　④ (エ)→(ウ)→(ア)→(イ)

【E】 次の日本文の意味になるように（　）に入る適切な語(句)を次の①～④から１つ選び，その番号をマークしなさい。

問１　その写真は，世界中の人々に知られています。[マーク番号25]
The picture is (　　　) people around the world.
① know　② knew by　③ knew to　④ known to

問２　しばらく会わないうちに，あなたはすっかり大きくなりましたね。[マーク番号26]
You've grown so much (　　　) last.
① after I haven't seen you　② after I was seeing you
③ since I saw you　④ since I have seen you

問３　ジョンは自分の息子を医者にしたいと思っています。[マーク番号27]
John wants (　　　) a doctor.
① to his son become　② his son to be
③ his son being　④ being his son

問４　私達は，お互いに助け合うことが重要です。[マーク番号28]
It (　　　) each other.
① is important to help of us　② is important of us helping
③ is important for us to help　④ is important for helping us

問５　オーストラリアは，日本の約20倍大きいです。[マーク番号29]
Australia is (　　　) as Japan.
① about twenty times larger　② about twenty times as large
③ as large about twenty times　④ larger as about twenty times

問６　アリスがあのパソコンにいくら払ったと思いますか。[マーク番号30]
How much (　　　) for that PC?
① do you think Alice paid　② do you think did Alice pay
③ you think Alice paid　④ you think did Alice pay

【F】 次の対話が成り立つよう（　）内の語(句)を並べ替えた時，空所（ａ），（ｂ）に用いる語(句)の番号を１つずつ選び，その番号をマークしなさい。ただし，文頭に用いる語も小文字で示してある。

問１　A：Your bag is really nice.　Is this made by hand?
　　　B：That's right!　It (① me / ② who / ③ my sister / ④ was / ⑤ made for / ⑥ by) was in New York.

⇒ It (　　)(　　)(a)(　　)(b)(　　) was in New York.

(a) [マーク番号31]　(b) [マーク番号32]

問2　A：Do they speak English in Canada?

B：(① also French / ② spoken / ③ only English / ④ in / ⑤ is / ⑥ not / ⑦ but) Canada.

⇒(　　)(　　)(a)(　　)(b)(　　)(　　) Canada.

(a) [マーク番号33]　(b) [マーク番号34]

問3　A：I saw people answering their mobile phones on the train this morning.

B：Really? (① mobile phones / ② how / ③ carrying / ④ know / ⑤ have to / ⑥ people) and where to use them.

⇒(　　)(　　)(a)(　　)(b)(　　) and where to use them.

(a) [マーク番号35]　(b) [マーク番号36]

問4　A：Did you see Sam? I can't find him anywhere.

B：I (① without / ② saying / ③ saw / ④ this room / ⑤ him / ⑥ leaving) goodbye.

⇒ I (　　)(　　)(a)(　　)(b)(　　) goodbye.

(a) [マーク番号37]　(b) [マーク番号38]

問5　A：Hello. This is Tom. May I speak to Maki, please?

B：Hi, Tom. This is her sister, Aya. I'm sorry, but she is out now.

A：I see. Can (① when / ② will / ③ you / ④ she / ⑤ me / ⑥ be / ⑦ tell) back?

⇒ Can (　　)(　　)(a)(　　)(b)(　　)(　　) back?

B：Sure. I'll check her schedule.

(a) [マーク番号39]　(b) [マーク番号40]

【G】 次の(ア)～(オ)の各組の英文のうち，文法・語法的に誤りを含む文を①～④から1つ選び，その番号をマークしなさい。

(ア) [マーク番号41]

① The doll was given to me by my mother.

② When have you gone to Los Angels for the first time?

③ How about going to the beach next summer?

④ This is the letter written by my uncle five years ago.

(イ) [マーク番号42]

① I drink more tea than coffee.

② We were having breakfast when the phone rang.

③ I would often go swimming in the river.

④ Do you know where is my red dress?

(ウ) [マーク番号43]

① You had better not eat too much.

②I could hardly hear your voice.
③We had a lot of rain yesterday.
④Get up at once, and you'll be late.

(エ) [マーク番号44]
①One of two T-shirts is mine. The other is hers.
②Not everybody likes dogs.
③If you don't go, I won't go, too.
④He didn't know what to buy for his wife.

(オ) [マーク番号45]
①The baby stopped crying and began to laugh.
②This movie was so excited when I watched it.
③I'll watch the game until it is over.
④The young woman sitting near the children looked very happy.

【H】 次の(ア)~(エ)の各組の文がほぼ同じ意味になるように( )に入る最も適切な語(句)を①~④から1つ選び，その番号をマークしなさい。

(ア) My grandfather is too old to walk without a stick.
= My grandfather is ( ) walk without a stick. [マーク番号46]
①young enough to
②old enough that he can
③so old that he can
④so old that he can't

(イ) Can you see the house with a green roof?
= Can you see the house ( )? [マーク番号47]
①that roof is green
②which roof green is
③which roof is green
④whose roof is green

(ウ) The man said to me, "Please tell me the way to the station."
= The man ( ) the way to the station. [マーク番号48]
①asked him to tell me
②asked me to tell him
③said him to tell me
④told him telling me

(エ) My sister ate seven cookies. I ate seven cookies, too.
= I ate ( ) my sister. [マーク番号49]
①ore than ②as much as cookies
③as many cookies as ④as more cookies as

【Ⅰ】次のウェブサイトの記事を読んで，その内容に関するそれぞれの英語の問いに答える時，最も適切なものを①～④から１つずつ選び，その番号をマークしなさい。

Find Your Futsal Fields in Nagoya

Futsal is a great way to have fun and keep you healthy. Here in our town of Nagoya, we have the facilities with nice fields for anyone to rent at good prices below. Take friends, family and teammates and enjoy a high-quality futsal experience!

Name & Phone number	Field price per hour	Equipment for rent (for the day)	Open hours
Ocean Soccer Club Tel: 123-XXXX	12,000 yen on weekdays 13,000 yen on weekends	shoes: 300 yen balls : free	noon – 11 pm (Closed Tuesdays)
Indoor Soccer Arena Tel: 111-XXXX	10,000 yen on weekdays 12,000 yen on weekends	shoes and balls : free	10 am – 10 pm (Closed Sundays)
Futsal Park Tel: 333-XXXX	8,000 yen on weekdays 9,000 yen on weekends	(No equipment for rent)	8 am – 9 pm
Nagoya Sport Center Tel: 999-XXXX	6,500 yen on weekdays 7,000 yen on weekends	shoes : 500 yen balls : free	8 am – 5 pm (Closed Mondays)

Look here ↓↓↓

●Up to 18 players can use a field at a time.

●The fields in Futsal Park are located outside, so they need 1,500 yen for lighting cost per hour after 6 pm. With the other facilities, the fields are located inside.

●All the facilities accept reservations by telephone.

●Be sure to check-in 15 minutes before start time.

注）futsal　フットサル　　equipment　備品

問１　How can you reserve each facility?　［マーク番号50］

①By e-mail
②By calling
③By their official website
④By their official paper

問２　Your family and your friends want to rent a field for two hours on Sunday morning. Some of you need to rent shoes. Which facility should you choose?
［マーク番号51］

①Ocean Soccer Club　②Indoor Soccer Arena
③Futsal Park　④Nagoya Sport Center

問３　You want to reserve Futsal Park from 6 pm to 8 pm on Wednesday. How much do you have to pay in total?　［マーク番号52］

①16,000 yen　②17,500 yen　③19,000 yen　④21,000 yen

【J】 次のRobertとTakuyaのメールのやりとりを読んで，その内容に関するそれぞれの英語の問いに答える時，最も適切なものを①～④から１つずつ選び，その番号をマークしなさい。

18:05

New Message

Robert to Takuya
Subject: How have you been?
22 September, 12:30

Hey Takuya

I haven't heard from you since you arrived in Manchester. How are you getting on? What are your English classes like?

Write soon!

Robert

Takuya to Robert
Subject: Re: How have you been?
23 September, 18:05

Hi Robert

Sorry I haven't written till now. Since I got here, I've been really busy with the course and making new friends. It was tough for me to get used to Manchester's life. I speak English all the time and often go out after school with my classmates. My classmates come from many countries such as China, Russia, Saudi Arabia, Spain, Brazil... We all have to talk in English. So I study English really hard at home. But it is interesting to learn a lot of things about other languages and countries.

I live near the school so I walk there every day. There's a famous football stadium, Old Trafford, and I'm going there to watch the match with my friends next weekend. I am so excited. There is a big shopping center. It has a lot of shops and restaurants. We can enjoy the aquarium and amusement park, too.
Manchester is a really interesting place and there's a festival at the moment. It's great but a little expensive for us students, so we've been hanging out on the streets to watch the free street performances.

I'll send some photos of Old Trafford next time. Take care and let me know how you are doing.

Takuya

注）Manchester　マンチェスター（イギリスの都市名）　football　サッカー
Old Trafford　オールドトラフォード　hang out　ぶらぶらして時を過ごす

問１　Why didn't Takuya send a message to Robert?　[マーク番号53]

① Because he didn't have anything special to write about.
② Because he didn't want to send an e-mail to Robert.
③ Because he spent busy days in Manchester.
④ Because he couldn't speak Japanese every day.

問２　What is Takuya going to do next weekend?　[マーク番号54]

① He is going to see his classmates to learn a new language.
② He is going to a football stadium called Old Trafford.
③ He is going to play soccer with his friends.
④ He is going to see a festival in Manchester.

問３　What can Takuya do at the festival?　[マーク番号55]

① He can visit shops, restaurants, a zoo and an amusement park.
② He can enjoy watching the street performances.
③ He can enjoy dancing as a performer.
④ He can talk to Japanese friends who live there.

[放送問題]

【K】　これから放送されるそれぞれの会話を聞き，そのあとで読まれる質問に対する答えを，それぞれ次の①～④より１つ選び，番号をマークしなさい。会話と質問は１度のみ読まれます。

⑴　[マーク番号56]

① Steven's.　② Steven's father's.
③ Lucy's.　④ Lucy's father's.

⑵　[マーク番号57]

① The video games he played were difficult.
② He had to move his house.
③ He was in trouble with noisy neighbors.
④ He was too busy to sleep.

【L】　これから放送される英文を聞き，次の各文がその内容と一致するものには①を，一致しないものには②をマークしなさい。英文は通して１度のみ読まれます。

⑴　[マーク番号58]

When Naoto was a child, he said, "Good morning" to everybody.

⑵ ［マーク番号59］

The old man who Naoto met near the station cleaned the streets as a volunteer.

⑶ ［マーク番号60］

Naoto thinks that "Good morning" makes people happy.

※リスニングテストの放送台本は非公表です。

【理　科】（45分）　＜満点：100点＞

第１問　次の文章を読み，あとの問い（問１～３）に答えなさい。

問１　図１は，抵抗R_1，抵抗R_2，抵抗R_3と電池Ｅ，スイッチＳを接続した回路である。

図１

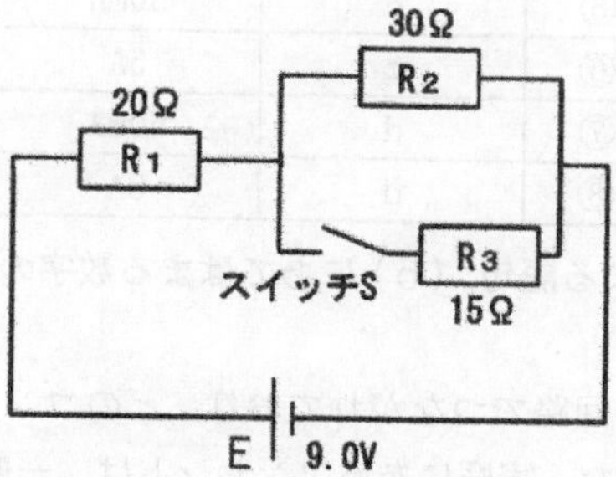

⑴　スイッチＳが閉じているとき，回路全体の抵抗は何Ωか。最も適当なものを，次の①～⑥のうちから一つ選べ。　1

①10Ω　②15Ω　③30Ω
④40Ω　⑤50Ω　⑥65Ω

⑵　抵抗R_2にかかる電圧（Ｖ）は，スイッチＳが開いているときと閉じているときでは，それぞれいくつになるか。答えの組み合わせとして正しいものを，次の①～⑨のうちから一つ選べ。　2

	開いているとき	閉じているとき
①	3.6V	3.0V
②	3.6V	6.0V
③	3.6V	9.0V
④	5.4V	3.0V
⑤	5.4V	6.0V
⑥	5.4V	9.0V
⑦	22.5V	3.0V
⑧	22.5V	6.0V
⑨	22.5V	9.0V

問２　図２は，電源装置，豆電球，スイッチ，電流計，電圧計を使ってつくった回路である。次のⅠ，Ⅱの問いの答えの組み合わせとして正しいものを，次のページの①～⑧のうちから一つ選べ。　3

Ⅰ　電圧計の＋端子は，ａ～ｄのどれか。

Ⅱ　回路の電流の強さが予想できないときは，電流計にある50mA，500mA，５Ａの３つの－端子のうち，最初にどれにつなげばよいか。

図２

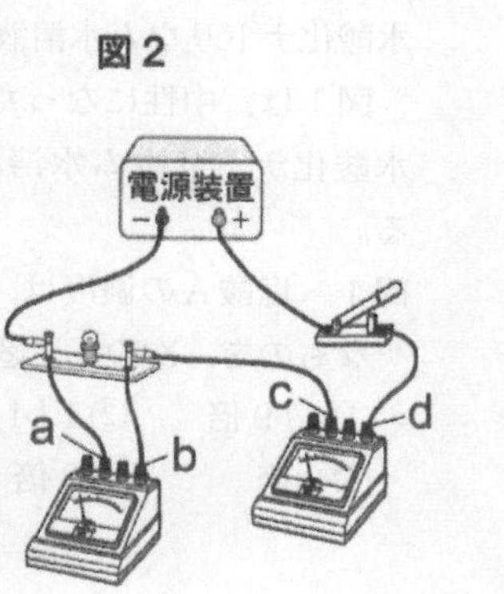

	I	II
①	a	50mA
②	a	5A
③	b	50mA
④	b	5A
⑤	c	50mA
⑥	c	5A
⑦	d	50mA
⑧	d	5A

問３　次の文の（a）にあてはまる語句，（b）にあてはまる数字の組み合わせとして正しいものを，①～⑧のうちから一つ選べ。　4

家庭内の電気配線は（a）回路でつながれており，どのコンセントからも100Vの電圧がとり出せるようになっている。また，家庭にあるコンセントは，一般的に１つあたり15Aまで使用可能である。これは複数の差し込み口がある場合も合計で15Aまでしか使用できず，これより大きな電流が流れると異常発熱し，発火につながることがある。したがって，１つのコンセントで，(100V－500W)の表示のある電気ホットカーペット１個と同時に使用できるのは，(100V－300W)の表示のある加湿器の場合，最大（b）個までである。ただし，それぞれの電気器具は，表示された消費電力で使用するものとする。

	a	b
①	直列	1
②	直列	2
③	直列	3
④	直列	4
⑤	並列	1
⑥	並列	2
⑦	並列	3
⑧	並列	4

第２問　次の文章を読み，あとの問い（問１～２）に答えなさい。

濃度の異なるうすい塩酸Ａ，塩酸Ｂに，それぞれうすい水酸化ナトリウム水溶液を中性になるまで加えた。

図１は，中性になったときの，塩酸Ａと塩酸Ｂの体積と水酸化ナトリウム水溶液の体積の関係を表したものである。

図１

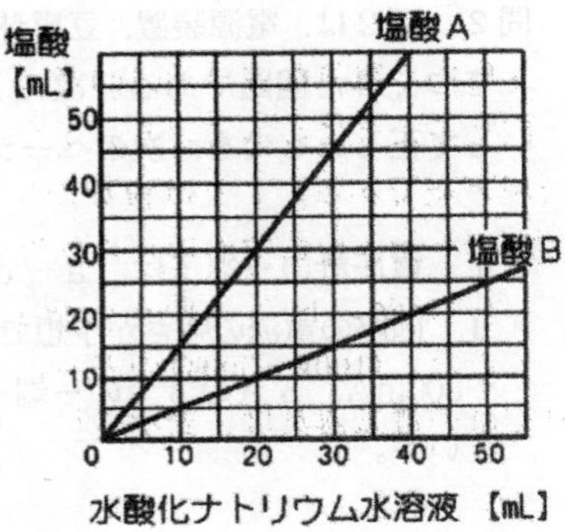

問１　塩酸Ａの濃度は，塩酸Ｂの濃度の何倍か。最も適当なものを，次の①～⑧のうちから一つ選べ。　5

①1/9倍　②1/4倍　③1/3倍　④1/2倍
⑤2倍　⑥3倍　⑦4倍　⑧9倍

問２　表１のように，水酸化ナトリウム水溶液20mLに，塩酸Ａまたは塩酸Ｂをいろいろな割合で混合して，混合液ａ～ｅを作った。

表１

混合液	水酸化ナトリウム水溶液	塩酸
a	20mL	塩酸Ａ　20mL
b	20mL	塩酸Ａ　30mL
c	20mL	塩酸Ｂ　5mL
d	20mL	塩酸Ｂ　10mL
e	20mL	塩酸Ｂ　15mL

混合液ａ～ｅに関する記述として正しいものを，次の①～⑤のうちから一つ選べ。　6

①混合液ａはアルカリ性であり，さらに塩酸Ａを15mL加えることで中性になる。
②混合液ｂはアルカリ性であり，青色リトマス紙を青色から赤色に変える。
③混合液ｃは酸性であり，マグネシウムリボンを加えると水素が発生する。
④混合液ｄは中性であり，ＢＴＢ溶液を加えると青色になる。
⑤混合液ｅは酸性であり，さらに水酸化ナトリウム水溶液を10mL加えることで中性になる。

第３問　次の問い（問１～２）に答えなさい。

問１　図１はガスバーナーの模式図である。ガスバーナーに関する次のⅠ，Ⅱの問いの答えの組み合わせとして正しいものを，①～⑧のうちから一つ選べ。　7

図１

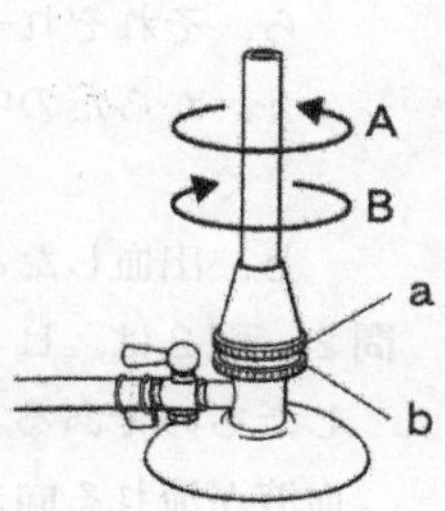

Ⅰ　ねじａの名称を答えよ。

Ⅱ　炎の色が赤いとき，青色の炎にするにはどのような操作をすればよいか。
次のア～エのうちから一つ選べ。

ア　ねじａを押さえて，ねじｂだけをＡの向きに回す。
イ　ねじａを押さえて，ねじｂだけをＢの向きに回す。
ウ　ねじｂを押さえて，ねじａだけをＡの向きに回す。
エ　ねじｂを押さえて，ねじａだけをＢの向きに回す。

	Ⅰ	Ⅱ
①	ガス調節ねじ	ア
②	ガス調節ねじ	イ
③	ガス調節ねじ	ウ
④	ガス調節ねじ	エ
⑤	空気調節ねじ	ア
⑥	空気調節ねじ	イ
⑦	空気調節ねじ	ウ
⑧	空気調節ねじ	エ

問２　乾いた丸底フラスコにアンモニアを一定量捕集した後，図２のような装置を組み立てた。ゴム栓に固定したスポイト内の水を丸底フラスコの中に少量入れたところ，ビーカー内の水がガラス管を通って丸底フラスコ内に噴水のように上がった。この実験に関する記述として誤りを含むものを，次の①～⑤のうちから一つ選べ。　8

図２

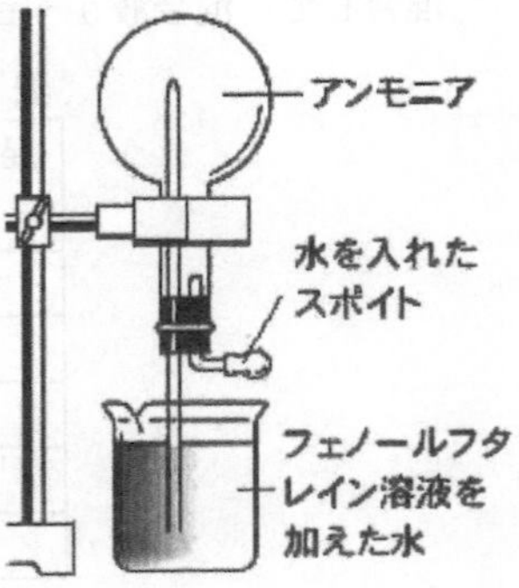

①アンモニアは上方置換法で丸底フラスコに捕集する。
②アンモニアの代わりに酸素を用いても，水が噴き上がる。
③丸底フラスコの内側が濡れたものを用いると，水が噴き上がらないことがある。
④ゴム栓がゆるんですき間があると，水が噴き上がらないことがある。
⑤丸底フラスコに捕集したアンモニアの量が少ないと，噴き上がる水の量が少なくなる。

第４問　次の問い（問１～３）に答えなさい。

問１　図１は，血液の成分を模式的に表したもので，③は液体成分，①，②，④は固形成分を示している。

図１

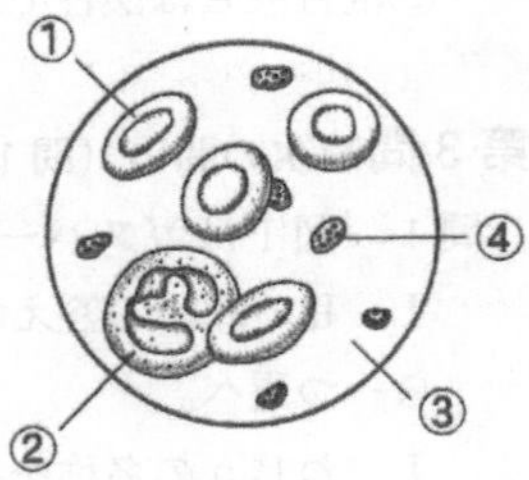

⑴　血しょうを示しているものを，図１の①～④のうちから一つ選べ。　9

⑵　次のａ，ｂのはたらきをする成分を，図１の①～④のうちから，それぞれ一つずつ選べ。　ａ　10　ｂ　11

ａ．からだの中に入ってきたウイルスなどをとりこみ，病気を防ぐ。

ｂ．出血したときに，血液を固めるはたらきをする。

問２　図２は，ヒトの血液循環の経路を模式的に表したものである。①～⑦は血管を，矢印の向きは血液が流れる向きを示している。
図２の①～⑦の血管のうち，次のⅠ，Ⅱに該当する血管を，それぞれ一つずつ選べ。

Ⅰ　12　Ⅱ　13

Ⅰ　酸素が最も多く含まれる。
Ⅱ　食後の栄養が最も多く含まれる。

図２

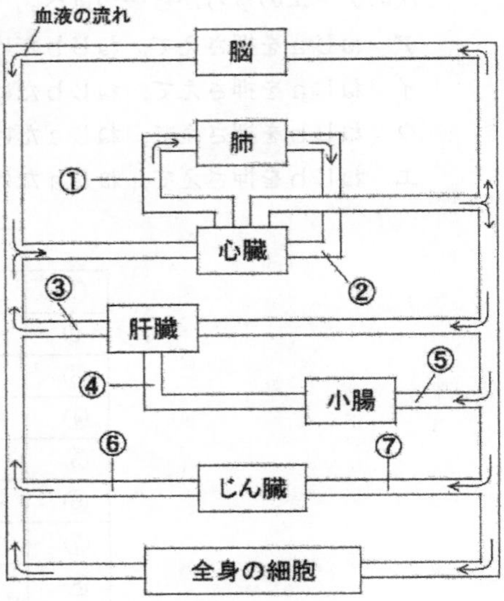

問３　図３は，ヒトの心臓をからだの正面からみたときの断面を模式的に表したもので，ａ～ｄは心臓の４つの部屋を示している。また，ア～エは４つの血管を示しており，このうちエは肺とつながる静脈である。

図３

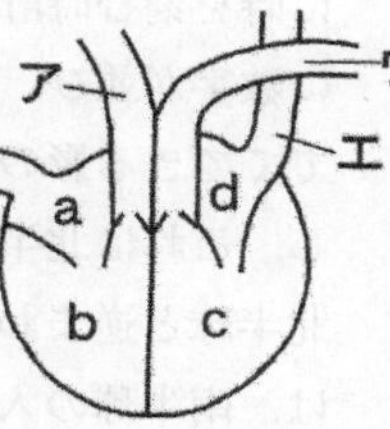

⑴　ｂの名称を次の①～④のうちから一つ選べ。 14

①左心房　②左心室　③右心房　④右心室

⑵　アとイの血管の名称の組み合わせとして正しいものを，下の①～⑥のうちから一つ選べ。 15

	ア	イ
①	大動脈	大静脈
②	大動脈	肺動脈
③	大静脈	大動脈
④	大静脈	肺動脈
⑤	肺動脈	大動脈
⑥	肺動脈	大静脈

⑶　ａ～ｄに血液が流れる順として正しいものを，次の①～⑥のうちから一つ選べ。 16

①ａ→ｂ→ｃ→ｄ　②ａ→ｂ→ｄ→ｃ　③ａ→ｃ→ｂ→ｄ
④ａ→ｃ→ｄ→ｂ　⑤ａ→ｄ→ｂ→ｃ　⑥ａ→ｄ→ｃ→ｂ

⑷　ａ～ｄのうち，最も厚い筋肉をもつのはどこか。次の①～④のうちから一つ選べ。 17

①ａ　②ｂ　③ｃ　④ｄ

⑸　心臓には，血液を全身に送り出すポンプのはたらきがあり，ａ～ｄは，収縮と弛緩を規則的にくり返している。ａが収縮しているとき，ｂ～ｄはどのような動きをしているか。答えの組み合わせとして正しいものを①～⑧のうちから一つ選べ。 18

	b	c	d
①	収縮	収縮	収縮
②	収縮	収縮	弛緩
③	収縮	弛緩	収縮
④	収縮	弛緩	弛緩
⑤	弛緩	収縮	収縮
⑥	弛緩	収縮	弛緩
⑦	弛緩	弛緩	収縮
⑧	弛緩	弛緩	弛緩

第５問　次の問い（問１～４）に答えなさい。

問１　東経135°の明石市における太陽の南中時刻を12時00分とするとき，愛知県の東経137°の地点の太陽の南中時刻として正しいものを，次の①～⑧のうちから一つ選べ。 19

①11時44分　②11時52分　③11時56分　④11時58分
⑤12時02分　⑥12時04分　⑦12時08分　⑧12時16分

問２　南米ボリビアの議会議事堂には，図１のように「反時計回り」に時を刻む時計がある。通常の時計と異なり，文字盤には左回りに数字が並び，針も左回りに進む。時計の起源は，地面に棒を立ててできる影の向きから時間を知る日時計だとされている。しかし，これは北半球の日時計の影の動きである。南半球では，影は北半球と逆まわりに動くため，ボリビアの「反時計回りの時計」は，南半球の人々にとっての自然の時計だとして作られたものである。次のⅠ，Ⅱの答えの組み合わせとして正しいものを，①～⑥のうちから一つ選べ。　20

図１

Ⅰ　ボリビアにおける一日の太陽の動きとして正しいものをア～ウから一つ選べ。

ア．東の空からのぼり，北の空を通って，西に沈む。

イ．西の空からのぼり，南の空を通って，東に沈む。

ウ．西の空からのぼり，北の空を通って，東に沈む。

Ⅱ　ボリビアで，ある日の正午，水平な地面に垂直に棒を立てて日時計を作ると，図２のような影ができた。このときの矢印の方角を答えよ。

図２

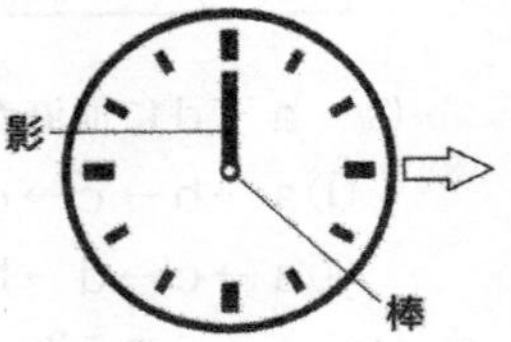

	Ⅰ	Ⅱ
①	ア	東
②	ア	西
③	イ	東
④	イ	西
⑤	ウ	東
⑥	ウ	西

問３　北半球のある地点で，夏至の日の正午に，問２の図２と同じように日時計を作ると，棒の長さと影の長さが等しくなった。この地点は，北緯何度の地点か。地球の自転軸は公転面に垂直な方向から23°傾いているとして，次の①～⑤のうちから正しいものを一つ選べ。　21

①22°　②23°　③45°　④67°　⑤68°

問４　図３は，地球が太陽のまわりを公転しているようすと，太陽，地球，星座の位置関係を表したものである。

次のページのⅠ，Ⅱの問いの答えの組み合わせとして正しいものを，次のページの①～⑧のうちから一つ選べ。　22

図３

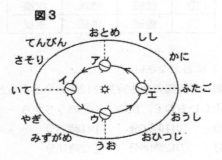

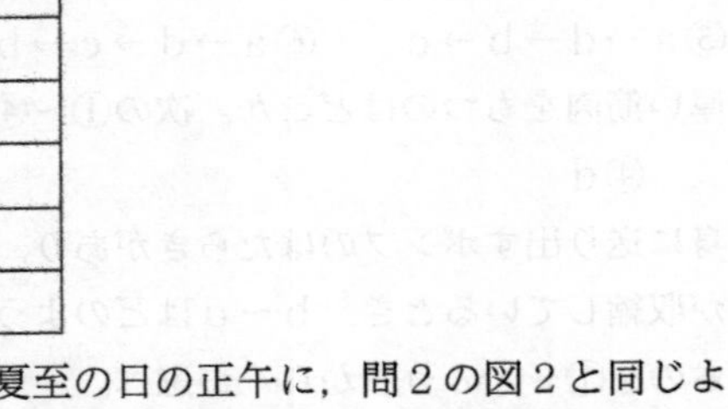

Ⅰ　図３のウの位置の地球は，春分，夏至，秋分，冬至のいずれか。
Ⅱ　図３のウの位置の地球で，真夜中に南の空に見える星座として最も適当なものは何か。

	Ⅰ	Ⅱ
①	春分	おとめ
②	春分	うお
③	夏至	おとめ
④	夏至	うお
⑤	秋分	おとめ
⑥	秋分	うお
⑦	冬至	おとめ
⑧	冬至	うお

【社　会】（45分）　＜満点：100点＞

【１】 愛知県にゆかりのある人物（ア）～（エ）について書かれた文章を読み，以下の問いに答えなさい。

人物（ア）
私は現在の名古屋市熱田区で生まれました。10代の頃父義朝とともに都でＡ平清盛との争いに敗れ，関東地方に流されました。その後，一族の棟梁として敵対勢力を破り鎌倉に幕府を開きました。

人物（イ）
私は５代将軍Ｂ徳川綱吉の治世に，旗本として幕府に仕え，現在の西尾市の一部（2011年までは幡豆郡吉良町）の領主でありました。赤穂事件を題材にし，後に物語として有名になった『忠臣蔵』では，敵役として知られています。

人物（ウ）
愛知県出身の私はＣ三菱の創業者の娘と結婚後，政治家として活躍しました。第二次護憲運動では護憲三派が政権を獲得し，愛知県出身の人物として初の内閣総理大臣となりました。選挙公約でもあったＤ普通選挙法を成立させたことを記念して，名古屋市鶴舞公園に普選記念壇（公園内にある野外舞台）が建造され，現在は名古屋市の有形文化財に指定されています。

人物（エ）
私は現在の一宮市（2005年までは尾西市）で生まれました。1920年にＥ平塚らいてうらと日本初の婦人団体新婦人協会を設立し，日本の婦人参政権運動（婦人運動）を主導しました。第二次世界大戦後には，念願の女性参政権も確立され，自らも参議院議員として活躍しました。

問１　下線Ａの争いとして正しいものを，次の①～④より１つ選び番号をマークしなさい。
［解答番号１］

①前九年合戦　②後三年合戦　③平治の乱　④保元の乱

問２　下線Ｂの人物と同時代に活躍した人物として正しいものを，次の①～④より１つ選び番号をマークしなさい。
［解答番号２］

①ルイ14世　②コロンブス　③リンカーン　④ナイティンゲール

問３　下線Ｃの人物として正しいものを，次の①～④より１つ選び番号をマークしなさい。
［解答番号３］

①渋沢栄一　②岩崎弥太郎　③大黒屋光太夫　④坂本龍馬

問４　下線Ｄと同じ年に制定された法律として正しいものを，次の①～④より１つ選び番号をマークしなさい。
［解答番号４］

①治安警察法　②徴兵令　③工場法　④治安維持法

問５　下線部Ｅの人物が発刊した，「元始，女性は実に太陽であった。」で始まる雑誌名として正しいものを，次の①～④より１つ選び番号をマークしなさい。
［解答番号５］

①『赤い鳥』　②『文藝春秋』　③『主婦の友』　④『青鞜』

問６　人物（ア）に関連する出来事として正しくない記述を含むものを，次のページの①～④より

１つ選び番号をマークしなさい。 ［解答番号６］

①弟の義経らに命じ，平氏を西国に追いつめ，壇ノ浦で滅ぼした。

②対立した義経をとらえる口実で，国ごとに守護をおくことを朝廷に認めさせた。

③奥州藤原氏をほろぼしたのち，朝廷から征夷大将軍に任命された。

④御家人たちが土地争いの裁定などを幕府に訴えてきたとき，裁判を公平に行うための基準として，御成敗式目を定めた。

問７　人物（イ）の時代の政治として正しいものを，次の①～④より１つ選び番号をマークしなさい。 ［解答番号７］

①江戸の湯島に孔子をまつる聖堂が建てられ，儒学を盛んにするなど，学問を重んじて忠孝や礼儀を説く政治が進められた。

②政治と経済の立て直しが図られ，旗本や御家人には質素・倹約の生活と武芸がすすめられ，旗本の大岡忠相が町奉行に取り立てられるなど，有能な人材が登用された。

③商人の力を利用した積極的な産業政策が推し進められ，商工業者の株仲間を増やして営業税を徴収したほか，長崎での貿易を活発にするために海産物の輸出がうながされ，蝦夷地の開拓も計画された。

④農村の復興と政治の引き締めを行い，江戸に出かせぎに来ていた者は農村に帰し，凶作に備えて村ごとに米を蓄えさせた。

問８　人物（ウ）として正しいものを，次の①～⑤より１つ選び番号をマークしなさい。 ［解答番号８］

①犬養毅　②海部俊樹　③原敬　④尾崎行雄　⑤加藤高明

問９　人物（エ）として正しいものを，次の①～④より１つ選び番号をマークしなさい。 ［解答番号９］

①与謝野晶子　②樋口一葉　③市川房枝　④津田梅子

【２】次の文章を読み，次のページの問１～問３に答えなさい。

相山女学園は，1905年（明治38年）に相山正弌，いま夫妻の開校した名古屋裁縫女学校をその起源とします。以来，高等女学校，専門学校の設置，そして第二次世界大戦後の学制改革による中学校，高等学校の開校，大学の開学など，多くの困難を乗り越えながら，女性により充実した教育を提供することを理念に，発展してきました。

100年以上の歴史を誇る相山女学園の卒業生の中でも，前畑秀子さんは特筆すべき存在と言えるでしょう。昨年は東京で第32回オリンピックが開催され，日本の女子選手も数多くの金メダルを獲得しました。日本女子で最初にオリンピックで金メダルに輝いたのは前畑秀子さんです。

「前畑ガンバレ！前畑ガンバレ！…」

相山女学園出身の前畑秀子さんが1936年（昭和11年）に開催された第11回オリンピックの女子200m平泳ぎで金メダルを獲得した時，実況中継でのＮＨＫアナウンサーの声援です。

残念なことに，前畑さんが金メダルを獲得したオリンピックの３年後に第二次世界大戦が勃発してしまい「ヒトラーのオリンピック」ともいわれたこのオリンピックが第二次世界大戦前の最後の大会となってしまいました。

前畑さんは1914年（大正３年）に現在の和歌山県橋本市に生まれ，近所の紀ノ川で水泳に親しみ，高等小学校２年生の時に汎太平洋女子オリンピック（1929年（昭和４年））の女子100m平泳ぎで優勝，同じく200mでは準優勝という成績を上げました。この活躍ぶりを聞いた椙山女学園創設者椙山正弌氏は，当時の椙山女学校への編入学を前畑秀子さんにすすめました。これをきっかけに椙山女学校に編入し，水泳を続けることになりました。

1928年（昭和３年），現在の山添キャンパスの地に第二高等女学校の室内プールが完成しています。椙山正弌氏はこれに遡る1922年（大正10年）にアメリカへ教育視察に行ったことから，アメリカの進んだ社会情勢や教育を学び，帰国後は立て続けに校舎の整備と教育内容の充実に力を注いでいきます。

広大な山添キャンパスを取得し，アメリカのカレッジを思わせるような校舎を建設し，教育の一環としてスポーツ活動を積極的に奨励していきます。室内プールの完成もその一つであり，前畑秀子さんの編入学もこうした流れの中にあったといえます。

その後の前畑秀子氏は1932年（昭和ワ年）に開催された第10回オリンピックの女子200m平泳ぎで銀メダルを獲得した後，椙山女子専門学校に進学し，金メダルを獲得した1936年開催の第11回オリンピックへの出場となりました。

1937年（昭和12年）に結婚し，兵藤姓となりますが，早くに夫に先立たれた後，椙山女学園の職員として勤務するかたわら，水泳では後進の育成につとめ，1995年（平成７年）に80歳で逝去しました。

「椙山女学園歴史文化館ニュース第５号」より一部抜粋

問１　椙山女学園の創立記念日は６月１日です。この日は現在も学校はお休みとなっています。開校した1905年，日本は対外戦争をしていました。この戦争は９月にポーツマス条約で終戦を迎えることとなります。椙山女学園開校当時の戦争として正しいものを，次の①～④より１つ選び番号をマークしなさい。　[解答番号10]

①日清戦争　②第一次世界大戦　③日露戦争　④西南戦争

問２　文中の下線部について，前畑秀子さんが金メダルに輝いた第11回オリンピックが開催された都市として正しいものを，次の①～⑤より１つ選び番号をマークしなさい。　[解答番号11]

①ロンドン　②パリ　③ベルリン　④ローマ　⑤ロサンゼルス

問３　前畑さんがオリンピックで活躍していた1930年代の日本は軍国主義が高まり，戦争への機運が高まっている時代でした。次のX，Y，Zは1930年代の出来事です。X，Y，Zを時代の古い順に並べ替えたものとして正しいものを，次の①～⑥より１つ選び番号をマークしなさい。

[解答番号12]

X　二・二六事件	Y　五・一五事件	Z　盧溝橋事件

①X→Y→Z　②X→Z→Y　③Y→X→Z
④Y→Z→X　⑤Z→X→Y　⑥Z→Y→X

【３】 椙子さんは社会科見学で『あいち朝日遺跡ミュージアム』を訪れました。次の文章を読み以下の問いに答えなさい。

> 椙子さんが訪れた『あいち朝日遺跡ミュージアム』のある「朝日遺跡」は，愛知県清須市から名古屋市西区にまたがる東西1.4㎞，南北0.8㎞の範囲に広がる弥生時代の遺跡です。この地方の生活・文化の中心として栄え，東西日本の弥生文化をつなぐ重要な役割を担っていました。
>
> 1970年代に，道路建設にともなう大規模な発掘調査が始まりました。それまでは点在する貝塚や遺物包蔵地と考えられてきた個々の遺跡が，まとまりをもつ一つの集落であることが明らかになり，この集落跡を「朝日遺跡」と呼ぶように統一されました。

問１　「朝日遺跡」と同時代の遺跡として正しくないものを，次の①～④より１つ選び番号をマークしなさい。 [解答番号13]

①吉野ケ里遺跡　　②唐古・鍵遺跡　　③登呂遺跡　　④三内丸山遺跡

問２　弥生時代の特徴として正しくない記述を含むものを，次の①～④より１つ選び番号をマークしなさい。 [解答番号14]

①むらで協力してつくった水田を木のすきやくわで耕し，石包丁で稲の穂を摘んで収穫し，共同の高床倉庫や穴蔵に蓄えた。

②金属器が大陸から伝わり，青銅器は銅鐸・銅鏡・銅剣などのむら祭りの道具として，鉄器は，武器や斧などの工具として使われた。

③むらの指導者は，人々を指揮して水を引き，田をつくり，むら祭りを行ううちに，人々を支配するようになった。さらに，土地や水の利用をめぐる争いからむら同士の戦いも起こり，力の強いむらが周辺のむらを従えて，やがてクニ(小国)というまとまりを各地に形づくっていった。

④むらの指導者はいたが，人々の間に貧富の差はまだなく，人々は厳しい自然の力を恐れながらも，その恵みに感謝し，願いをかなえようと，祭りやまじないを行った。

問３　「朝日遺跡」の場所として最も近いものを，下の愛知県地図の①～⑤より１つ選び番号をマークしなさい。 [解答番号15]

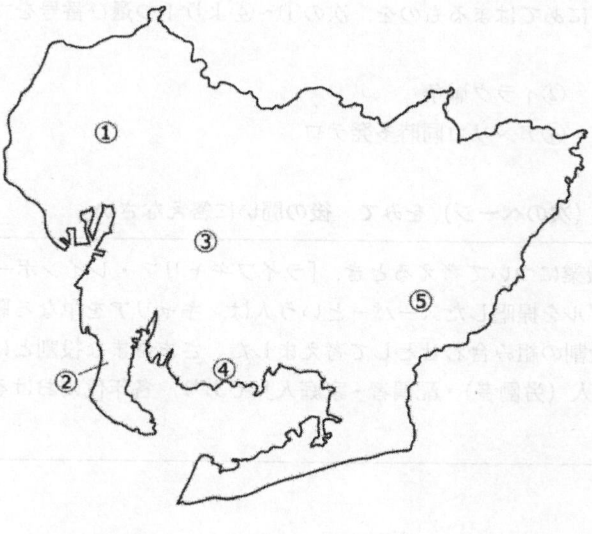

【４】 以下の文章は昨年（2021年９月10日）の朝日新聞『天声人語』である。これを読んで後の問いに答えなさい。

> 「女だけで出歩くな」「買い物なら父親と来なさい」。11歳の少女パヴァーナを男たちが責め立てる。井戸で水を汲（く）むことも食べ物を買うこともできず，肩を落として家路につく▼アニメ映画「生きのびるために」にそんな場面があった。舞台はアフガニスタン。父を（　X　）に連れ去られ，一家は働き手を失う。少女は男性のふりをして生き抜こうと決意。髪を短く切り，名も服も変えて家族を支える▼少女の姿が，かつて首都（　Y　）で取材した20代の女性と重なる。子育て中の彼女は，（　X　）が女性に強要した全身用ベール「ブルカ」の不自由さを嘆いた。初めて着たときは視界が遮られて転んだ。街で友とすれ違っても気づくことすらできないと▼彼女に会ったのは2001年，米軍の攻撃で（　X　）政権が崩壊してまもなく。それでも「まだ怖くてブルカを脱げない。ほんとうに米軍が（　X　）を一掃できるのかわかりませんから」。残念ながら，彼女の懸念は的中してしまった。▼あすで（　Z　）から20年。この節目に米軍が撤退すると，（　X　）はただちに全土を制圧した。米国による「正義の戦争」はおびただしい血を流して終わり，かの地に民主国家をつくらんとする努力は水泡に帰した。この歳月はいったい何だったのかと無力感を禁じ得ない▼（　Y　）で見上げた星空のまばゆさを思い出す。あの美しい国で少女らはまたしても髪を切り，名を偽って暮らすのか。時計の針を20年前に巻き戻してはいけない。

問１　文中の（X）にあてはまるものを，次の①～④より１つ選び番号をマークしなさい。

[解答番号16]

①アルカイダ　②ハマス
③タリバン　④ヒズボラ

問２　文中の（Y）にあてはまるものを，次の①～④より１つ選び番号をマークしなさい。

[解答番号17]

①ベイルート　②カブール
③バグダッド　④テヘラン

問３　文中の（Z）にあてはまるものを，次の①～④より１つ選び番号をマークしなさい。

[解答番号18]

①湾岸戦争　②イラク戦争
③ベトナム戦争　④アメリカ同時多発テロ

【５】 次の文章と図（次のページ）をみて，後の問いに答えなさい。

> 自分の人生や職業について考えるとき，「ライフキャリア・レインボー」というモデルがあります。このモデルを提唱したスーパーという人は，キャリアを単なる職業ではなく，職業を含むさまざまな役割の組み合わせとして考えました。さまざまな役割とは「子ども・学生・余暇人・市民・職業人（労働者）・配偶者・家庭人」であり，各年代における役割の例が次のページの図です。

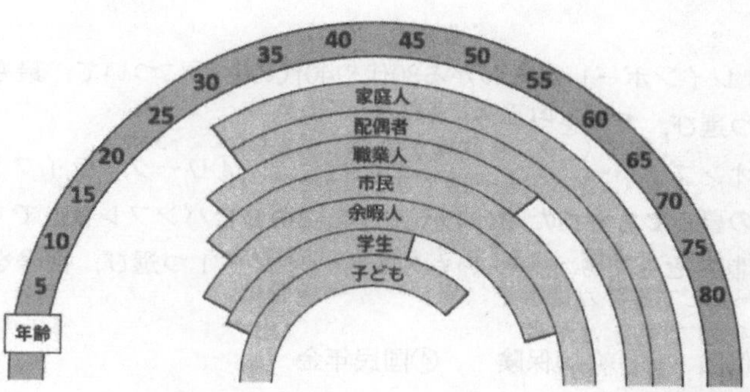

(南箕輪村HPを参考に作成)

問１　図中の「市民」とは，自分の住む国や地域と関わり生活する役割を指します。これについて後の問いに答えなさい。

⑴　日本の国民と政治との関係について述べた以下の文のうち，正しいものを１つ選び，番号をマークしなさい。　　　　[解答番号19]

①国民には弾劾裁判権があり，現職の国会議員がその職にふさわしいか判断することができる。
②国民には国民審査権があり，内閣を信任できないと判断した場合，総辞職させることができる。
③国民は最高裁判所の裁判官がふさわしいか判断をする違憲審査権を持っている。
④国民は裁判員制度によって刑事裁判の第一審に参加することがある。

⑵　地方自治において，住民には直接請求権が認められている。請求に必要な署名数が有権者の３分の１以上，請求先が選挙管理委員会であるものは次のうちどれか。正しいものを１つ選び番号をマークしなさい。　　　　[解答番号20]

①条例の制定　　②首長・議員の解職請求　　③監査請求　　④住民投票の実施

問２　図中の「職業人」は働く活動をする役割を指します。日本の労働環境や労働問題について述べた以下の文のうち，間違っているものを１つ選び，番号をマークしなさい。[解答番号21]

①労働者には，団結権・団体交渉権・団体行動権の労働三権が認められているが，公務員にはストライキが認められていない。
②パートやアルバイトなどの非正規労働者の労働条件は労働基準法に定められておらず，厳しい労働条件になっていることが問題視されている。
③男女雇用機会均等法が定められ，昇進や採用の面での男女差別が禁止されている。
④グローバル化や少子高齢化を背景に，日本では外国人労働者の数が増えており，労働環境の整備が課題となっている。

問３　図中の「家庭人」には，暮らしを維持する役割があります。私たちの暮らしと経済の仕組みを表した右の図を見て，図中のＡ・Ｂに当てはまるものの組み合わせとして正しいものを１つ選び，番号をマークしなさい。　　　　[解答番号22]

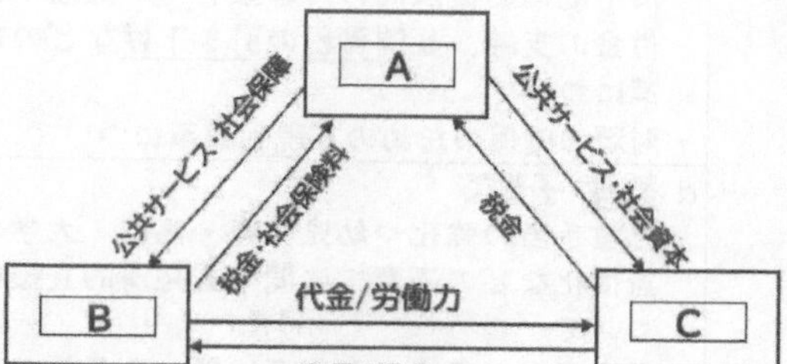

①Ａ：家計　Ｂ：銀行
②Ａ：企業　Ｂ：政府
③Ａ：政府　Ｂ：家計

④A：銀行　B：企業

問４　「ライフキャリア・レインボー」からわかる30代や40代の生活について，最も関連が深い事柄を次の①～④から１つ選び，番号をマークしなさい。　[解答番号23]

①産業の空洞化　②オンブズパーソン　③循環型社会　④ワーク・ライフ・バランス

問５　次の資料は，国民の暮らしを守るためのある制度を説明したパンフレットです。このパンフレットが説明している制度としてふさわしいものを①～④から１つ選び，番号をマークしなさい。　[解答番号24]

①生活保護　②健康保険　③介護保険　④国民年金

備えあれば安心

その1：みんなで支えあうシステム

- 老後の暮らしをはじめ、事故などで障害を負った時や一家の働き手がなくなったときに一定の金額を受けとることできます。
- 日本に住む２０歳以上６０歳未満のすべての方に加入の義務があり保険料を支払います。
- みんなや会社が納める保険料に加え、国も拠出します。みんなで暮らしを支えあうという考え方で作られた仕組みです。
- 原則的には保険料を納めないと、給付金を受けとることができません

その2：老後の安心

- 社会全体で高齢者を支える制度を整備し、親の老後を国民が個々に心配することなく暮らせるようになりました。

その3：世代と世代の支えあい

- 現在の現役世代が納めた保険料によって給付が行われる、世代と世代の支えあいを基本に運営しています。
- 保険料以外にも税金や積立金が給付にあてられています。

（厚生労働省HP資料より作成）

【６】　椙子さんは，2021年10月31日に行われた衆議院議員選挙に関するニュースについてまとめた。この資料１・２について，次のページの問いに答えなさい。（資料２は次のページにあります。）

資料１　各政党の公約の争点（「NHK選挙WEB　衆院選2021」をもとに作成）

a 経済政策 ・新型コロナウィルスによって落ち込んだ経済活動の回復に向けた事業者への支援や給付金の支給、b 消費税の引き下げなどの方策について ・財源の確保のための c 税制改革について	外交･安全保障 ・核ミサイル開発など軍拡を進める（　X　）や、軍事力を増加し台湾や尖閣諸島での活動を活発化させている（　Y　）への対応について ・日本とアメリカの関係の在り方について
d 教育･子育て ・児童手当の強化や幼児教育・高校・大学の無償化などの子育てに関する経済的支援について ・出産育児一時金など出産に関わる費用の支援について	憲法改正 ・e 憲法改正に対する姿勢 ・f 自衛隊の明記や緊急事態対応などの項目について ・社会の変化にともなう新たな人権の保障について

資料２　消費税に関する世論調査の記事
（朝日新聞11月５日夕刊「世論調査のトリセツ」より作成。問題のために一部改編）

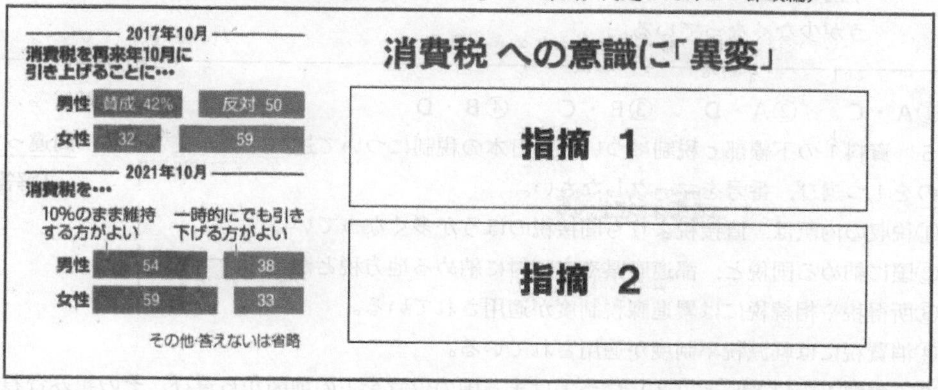

問１　衆議院議員の定数としてふさわしいものを１つ選び番号をマークしなさい。　［解答番号25］

①480人　②465人　③360人　④325人

問２　国会では衆議院の優越が認められている。

これについて述べた文のうち，間違っているものを１つ選び番号をマークしなさい。

［解答番号26］

①衆議院に予算の先議権が認められている。
②内閣の信任・不信任の議決権は衆議院のみに認められている。
③衆議院議員の中から内閣総理大臣を選出する。
④条約の承認について両院の議決が異なる議決をし，両院協議会でも一致しなければ，衆議院の議決が国会の議決となる。

問３　資料１の下線部ａ経済について，不景気の時に起こること・行われることとして間違っているものを１つ選び，番号をマークしなさい。　［解答番号27］

①生産が縮小し，所得や消費が落ち込む。
②日本銀行は金融政策として銀行へ国債を売る。
③政府は公共事業を行うなど財政支出を増やす。
④倒産する企業が増え，失業者も増加する。

問４　資料１下線部ｂ消費税の引き下げについて，資料２を見て答えなさい。資料２の本文では従来の調査の結果と異なる点について２つ指摘がなされています。この指摘としてふさわしいものの組み合わせを次の①～④から１つ選び番号をマークしなさい。　［解答番号28］

Ａ：これまでの調査では消費税増税について「反対」が「賛成」を上回ってきたが，今回の調査では，「10%の維持」が「一時的にでも税率を引き下げる」を上回っている。
Ｂ：これまでの調査では消費税増税について「賛成」が「反対」を上回ってきたが，今回の調査では，「一時的にでも税率を引き下げる」が「10%の維持」を上回っている。
Ｃ：これまでの調査では消費税増税「反対」の割合は，女性よりも男性のほうが多かったが，今回の調査では「一時的でも税率を引き下げる」と答えた割合は，女性よりも男性のほうが多くなっている。

D：これまでの調査では消費税増税「反対」の割合は，男性よりも女性のほうが多かったが，今回の調査では「一時的でも税率を引き下げる」と答えた割合は，男性よりも女性のほうが少なくなっている。

①A・C　②A・D　③B・C　④B・D

問5　資料1の下線部c税制について，日本の税制について述べた次の文のうち，間違っているものを1つ選び，番号をマークしなさい。　[解答番号29]

①税収の内訳は，直接税よりも間接税のほうが多くなっている。
②国に納める国税と，都道府県や市町村に納める地方税とがある。
③所得税や相続税には累進課税制度が適用されている。
④消費税には軽減税率制度が適用されている。

問6　資料1の（X）と（Y）に当てはまる国の位置を下の地図から選び，その組み合わせとして正しいものを1つ選び，番号をマークしなさい。　[解答番号30]

①X：〈あ〉　Y：〈え〉　②X：〈い〉　Y：〈あ〉
③X：〈う〉　Y：〈い〉　④X：〈え〉　Y：〈う〉

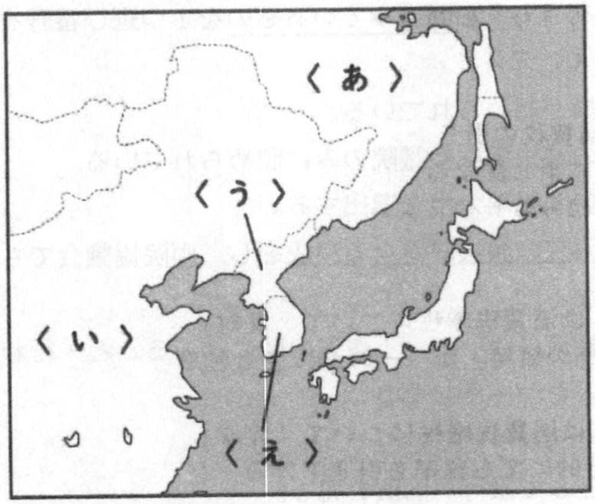

問7　資料1の下線部d教育について，憲法26条に規定されている「教育を受ける権利」は次の①～④のどの権利に含まれるか。ふさわしいものを1つ選び，番号をマークしなさい。　[解答番号31]

①請願権　②平等権　③社会権　④参政権

問8　資料1の下線部e憲法改正について，改正の手続きについて述べた次の文のうち，間違っているものを1つ選び番号をマークしなさい。　[解答番号32]

①憲法改正の発議には，衆議院と参議院で総議員の3分の2以上の賛成が必要である。
②改正案は，衆議院・参議院どちらが先に審議してもよい。
③国民投票を行った場合，有権者の過半数の賛成が必要である。
④憲法改正の発議は内閣が提案し，裁判所の判断によって決定される場合もある。

問9　資料1の下線部f自衛隊の明記について，このことと最も関連の深い日本国憲法の条文は次のうちのどれか。ふさわしいものを1つ選び番号をマークしなさい。　[解答番号33]

①第7条　②第9条　③第13条　④第25条

【７】 資料１・２について，後の問いに答えなさい。

資料Ⅰ 部門・品目別産出額の都道府県の構成割合（2019年） 農林水産省HPより作成

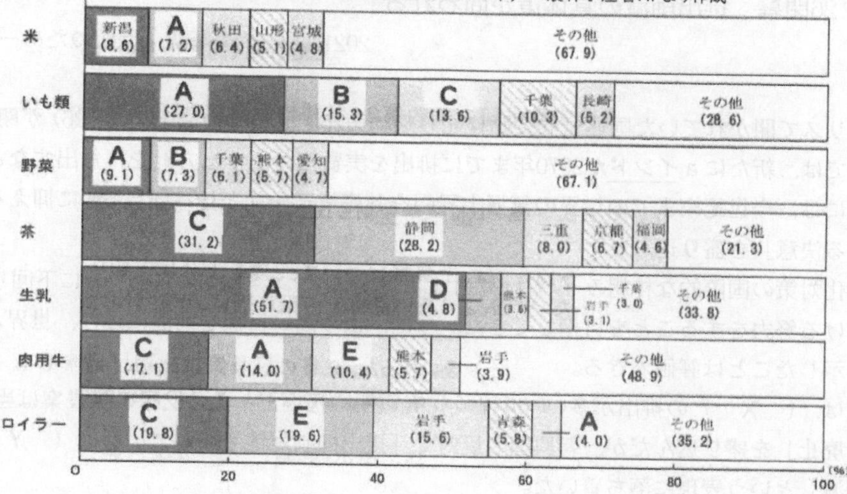

資料２ 海岸線延長（平成29年版より作成）

A	4,460,605m
B	195,142m
C	2,665,649m
D	0m
E	405,955m

問１　資料１・２のＡ～Ｅには，北海道，茨城，栃木，宮崎，鹿児島のいずれかが入る。鹿児島，茨城に当てはまるものをそれぞれ選び番号をマークしなさい。

⑴鹿児島　①Ａ　②Ｂ　③Ｃ　④Ｄ　⑤Ｅ　［解答番号34］

⑵茨城　①Ａ　②Ｂ　③Ｃ　④Ｄ　⑤Ｅ　［解答番号35］

問２　資料１中の米の生産について，間違っている文を１つ選び，番号をマークしなさい。

［解答番号36］

①日本の米の食料自給率は，戦後以降おおむね100％を推移しており，大きな変化はない。
②高温に強い米の品種改良が進んでおり，「富富富」や「くまさんの輝き」などの新品種がある。
③米の加工品や米粉の普及により，米の消費量はここ５年間で増加傾向にある。
④沖縄県では温暖な気候を利用して，米の二期作が行われている。

問３　海岸にみられる地形について，間違っている文を１つ選び，番号をマークしなさい。

［解答番号37］

①日本は陸地面積の割に海岸線が長いという特徴がある。
②砂浜海岸は出入りの少ない単調な海岸線が続くのが特徴で，九十九里浜がその例である。
③山地が沈んだり海岸が上昇したりしてできたリアス海岸は出入りが多く，三陸海岸南部がその例である。
④人工的に土砂を投入して形成した海岸を人工海浜と呼び，人が立ち入ることができない区域である。

【８】 次の文章について，問題に答えなさい。

> ＣＯＰ26閉幕　排出削減の具体策が問われる
>
> 2021.11.16読売新聞（問題のため一部改変）
>
> イギリスで開かれていた国連気候変動枠組み条約第26回締約国会議（ＣＯＰ26）が閉幕した。
>
> 会議では，新たにａインドが2070年までに排出を実質ゼロにする方針を打ち出すなどし，合意文書には，今世紀末までの世界の気温上昇幅をｂ産業革命前と比べ，「1.5度に抑える努力を追求する決意」を盛り込んだ。
>
> 温暖化対策の国際的な枠組み「パリ協定」は，上昇幅について，２度を十分に下回り，1.5度に近づける努力をすることを目指してきた。今回，より高い目標を前面に掲げ，世界が進むべき道を示したことは評価できる。
>
> 焦点は，（　Ｘ　）の排出が多い（　Ｙ　）発電所の扱いだった。文書の議長案は当初，「段階的な廃止」を盛り込んだが，新興国の反対で「排出抑制対策を講じていない（　Ｙ　）の段階的削減」という表現に落ち着いた。
>
> すでに経済成長を達成し，再生可能エネルギーに移行中のｃ欧州などと，安価な電力を大量に供給できる（　Ｙ　）に頼るｄ新興国・途上国との対立も鮮明になった。立場の違いを乗り越えて危機感を共有することが大切である。

問１　文中の下線部ａインドについて，この国について述べた文のうち，間違っているものを１つ選び番号で答えなさい。 ［解答番号38］

①仏教徒が多く，カースト制度という身分制度が受け継がれている。
②ガンジス川下流では稲作が，上流では小麦の生産が盛んである。
③アッサム地方は茶，デカン高原は綿花の産地である。
④近年，情報通信技術（ＩＣＴ）産業や自動車工業が成長している。

問２　文中の下線部ｂ産業革命について，これを説明した次の文の（１）（２）に当てはまるものとして最も適切なものをそれぞれ１つずつ選び，番号をマークしなさい。

> 産業革命とは，18世紀後半に（　１　）で始まった変化のことで，（　　　２　　　）。

（１）にあてはまるもの ［解答番号39］

①アメリカ　②イギリス　③フランス　④ロシア　⑤日本

（２）にあてはまるもの ［解答番号40］

①古代のギリシャやローマの文化を模範とし復興させる動きがおこった
②教皇が政治・宗教の両方で権力を握り，強大な国ができあがった
③職業の分業制が進み，大航海時代のきっかけとなった
④機械化が進み，工業製品が大量生産されるようになった

問３　文中の（Ｘ）（Ｙ）にあてはまる言葉をそれぞれ選び番号で答えなさい。

⑴（Ｘ）にあてはまるもの ［解答番号41］

①放射線物質　②プラスチックごみ
③二酸化炭素　④産業廃棄物

⑵（Y）にあてはまるもの　　　　　　　　　　　　　　　　　　　　　　　[解答番号42]

①原子力　　②石炭火力　　③水力　　④バイオマス

問４　文中の下線部ｃ欧州について，下の雨温図から，パリ・ローマのものをそれぞれ選び，組み合わせとして正しいものを１つ選び，番号をマークしなさい。[解答番号43]

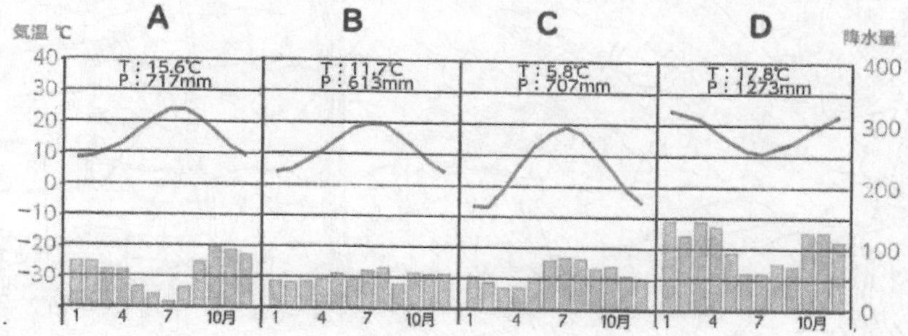

①パリ：B　　ローマ：D　　②パリ：B　　ローマ：A
③パリ：C　　ローマ：D　　④パリ：C　　ローマ：A

問５　文中の下線部ｄ新興国について，新興国の代表的なものとして「BRICS」の５カ国がある。下の表はBRICS各国の日本への輸出品とその割合を示したものである。①～⑤の中から，南アメリカ州に属する国のものを１つ選び，番号で答えなさい。　　　　　　　　　　　　　　　[解答番号44]

日本への輸出品とその割合　（データブック オブ・ザ・ワールド　2021年版より作成）

	金額（億円）	主な品目とその割合（%）
①	5,855	有機化合物:13.4　揮発油:9.9　ダイヤモンド:6.4　えび:6.0
②	184,537	電気機器:28.7　機械:18.3　衣類など:9.7　化学製品:6.5
③	8,723	鉄鉱石:38.4　鶏肉:10.8　飼料用とうもろこし:10.6
④	15,606	原油:27.9　液化天然ガス:21.6　石炭:16.0
⑤	5,591	パラジウム:23.0　白金:15.2　乗用車:8.9　鉄鉱石:6.7

【９】　次のページの地形図について，後の問いに答えなさい。

問１　この地形図が示す地形は次のうちどれか，正しいものを１つ選び番号をマークしなさい。
[解答番号45]

①三角州　　②扇状地
③カルデラ　　④カルスト地形

問２　地形図中の「百瀬川」はどの方角に向かって流れているか，正しいものを１つ選び番号をマークしなさい。　　　　　　　　　　　　　　　　　　　　　　　　　　[解答番号46]

①北東　　②北西
③南西　　④南東

問３　この地形図からわかることとして正しいものを１つ選び番号で答えなさい。　[解答番号47]

①地図の真ん中を通る大きな道路は線路や川と交差している。
②鉄道の駅から北を見ると，発電所をみることができる。
③小中学校から駅までの間に図書館，市役所がある。
④病院から山側の景色を見ると，針葉樹や広葉樹が見える。

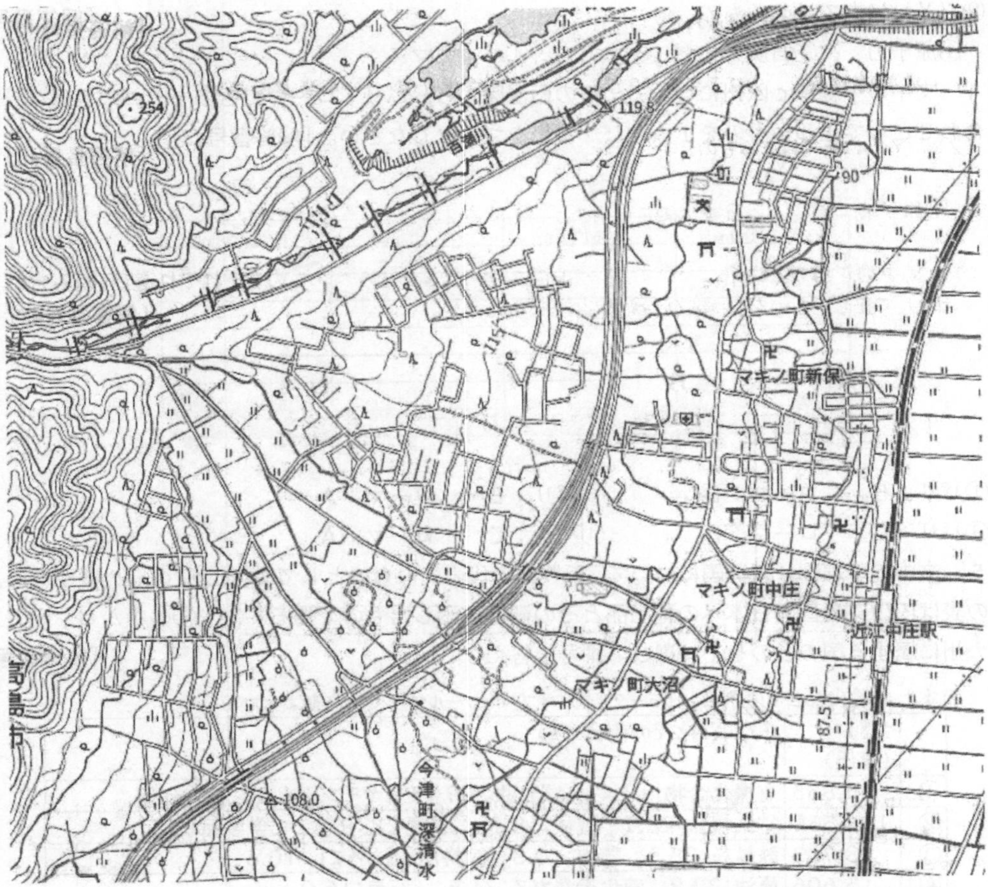

(国土地理院 電子地形図25000より 尺度のみ加工)

【10】 次のページの地図について，後の問いに答えなさい。

問１　Ａの地域の様子について述べた文として正しいものを１つ選び番号をマークしなさい。

［解答番号48］

①巨大な砂漠が広がり，その南側のサヘルでは砂漠化が問題となっている。

②タイガと呼ばれる針葉樹林帯が広がっている。

③世界最大規模の河川の流域にセルバと呼ばれる熱帯雨林が広がっている。

④山麓から河川にかけてプレーリーと呼ばれる大草原が広がっている。

⑤6000m級の山が連なり，氷河，火山，草原などの多様な自然や，高山都市がみられる。

問２　Ｂの国の農牧業として間違っているものを１つ選び，番号をマークしなさい。［解答番号49］

①その土地の気候や土壌に合った農作物を集中的に生産する，適地適作が行われている。

②企業的な農業で大量生産を行うことが特徴で，世界有数の食糧輸出国である。

③国の中央部ではトウモロコシが，南部では綿花の栽培が盛んである。

④北緯37度以南の地域は小麦の産地であり，サンベルトと呼ばれる。

⑤フィードロットと呼ばれる肉牛の大肥育場がみられる。

問３　Ｃの国の公用語として正しいものを１つ選び，番号をマークしなさい。　[解答番号50]

①英語　②フランス語　③イタリア語　④スペイン語　⑤ポルトガル語

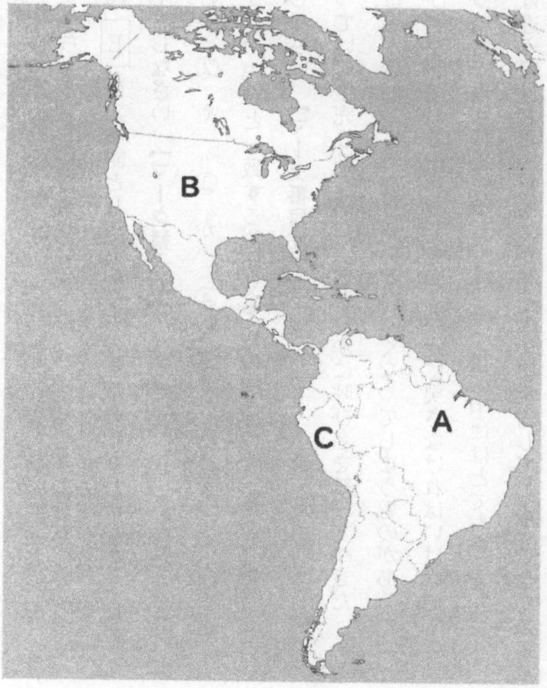

② どうでもよいと思っているらしい。
③ どうしてよいかわからないだろう。
④ どちららかわかるというものだ。
⑤ どちらも虫の音を聴けばよいだろう。

問5 傍線D「ちやうちん」の現代かなづかいでの読み方として適切なものを次の中から一つ選び、番号をマークしなさい。【マーク番号34】
① ちょうちん　② ちょういん　③ ちょうたん
④ ひょうちん　⑤ ちゃうちん

問6 空欄 E に入る語として適切なものを次の中から一つ選び、番号をマークしなさい。【マーク番号35】
① なむ　② や　③ か　④ こそ　⑤ ぞ

問7 本文Ⅱの内容と一致する説明文を次の中から一つ選び、番号をマークしなさい。【マーク番号36】
① 困っている虫売りのために、どちらかに呼び名を統一すべきだ。
② 呼び名が変わって、売り買いが難しくなってしまうものがある。
③ 呼び名が間違って伝わったものは、元に戻さなければいけない。
④ 誤った名で呼ばれているものは、今の世の中にはとても多くある。
⑤ 昔は違う呼び名だったものが、そのまま定着してしまうことがある。

問8 本文Ⅱ『花月草紙』の筆者は、「寛政の改革」を行った人物である。この人物を次の中から選び、番号をマークしなさい。【マーク番号37】
① 徳川吉宗　② 松平定信　③ 水野忠邦
④ 新井白石　⑤ 井原西鶴

うかがえたわ。

相美さん：そうだね。小説では咲耶が自分もお母さんに子守唄を歌ってもらっていたことを思い出して心の中のモヤモヤが晴れたようだったので救われたけれど、現実問題としては課題が多いでしょうね。

Xの選択肢【マーク番号27】

① ダイバーシティー　② 社会福祉士　③ ヤングケアラー
④ カウンセラー　⑤ LGBTQ

Yの選択肢【マーク番号28】

① 自分のみじめさに落ち込んで
② 母親に対して怒りを覚えて
③ 現実世界から逃避して
④ 自分の感情を押し殺して
⑤ 他人からの助けを拒否して

三 次の二つの文章を読んで、後の問いに答えなさい。

Ⅰ 『虫の声』（1912年の童謡）より

あれ松虫が鳴いている　ちんちろちんちろ　ちんちろりん
あれ鈴虫も鳴き出した　りんりんりんりん　りいんりん
[A]の夜長を鳴き通す　ああ　おもしろい虫のこえ

Ⅱ 『花月草紙』（江戸時代の随筆）より

いまここにては、くろきをすずむしといひ（黒いものを鈴虫と呼び、）、かきのBさねのごとなる（のようなものを）を、松むしといへども（松虫と呼ぶけれども、）、もと（元々）はりんりんとなくは[ア]にて、ちんちろりとなくは[イ]なるを、あやまりにけりともいふ（取り違えてしまったともいう。）。むしうるかたへ（虫を売っている所へ）行きて（行き、）、松のを得んとおもはば、鈴のかたをといふなり（「鈴のほうを」というのである。）。ひとりびとりに（一人一人に向かって、）、「こはあやまりなり。くろきかたは松むしなり」と教ゆとも、皆それとたがへば（皆がそれと違っているので、）、うるものも（売るほうも）Cせん方なかるべし。行燈（あんどん）をDちやうちんと（と）いはまほしくても（言いたくても、）、いかがはせん（なにもできはしない。）。是（これ）もあやまりにならひて（これも誤りが習慣となって）[E]、世に行はるれ。

問1　空欄[A]に入る語として適切なものを次の中から一つ選び、番号をマークしなさい。【マーク番号29】

① 雪　② 夏　③ 雨　④ 秋　⑤ 春

問2　傍線B「され」の意味として適切なものを次の中から一つ選び、番号をマークしなさい。【マーク番号30】

① 皮　② 色　③ 実　④ 葉　⑤ 種

問3　空欄[ア]、[イ]について、それぞれに入る語を次の中から一つずつ選び、番号をマークしなさい。【ア＝マーク番号31】、【イ＝マーク番号32】

① すず　② くつわ　③ きりぎりす　④ こほろぎ
⑤ くはがた　⑥ けら　⑦ まつ　⑧ ひぐらし

問4　傍線C「せん方なかるべし」の現代語訳として適切なものを次の中から一つ選び、番号をマークしなさい。【マーク番号33】

① どうにかして正したいにちがいない。

② 過去のいざこざなどをすべてなかったことにすること。
③ 相手の言葉じりなどをとらえて問いつめたりすること。
④ それまでの努力を最後の少しの失敗で無駄にすること。
⑤ うまくいっているのに邪魔をして不調にすること。

問7 傍線F「咲耶には割りこめないし、割りこむつもりもない」とあるが、ここでの咲耶の心情として適切なものを次の中から一つ選び、番号をマークしなさい。【マーク番号23】

① 兄の耳の障がいのように特殊な事情がないことに対する劣等感。
② 兄と母だけの特別な思い出があることに対する疎外感。
③ 祖父母から十分に愛されていることに対する満足感。
④ 自分が兄を支えていかなくてはいけないと思う責任感。
⑤ 自分だけが障がいもなく健康であることに対する罪悪感。

問8 傍線G「咲耶の気持ち」はどのようなものか。適切なものを次の中から一つ選び、番号をマークしなさい。【マーク番号24】

① 自分だけオルゴールに関する思い出がなくさびしい気持ちになっていたが、「自分の存在が母の救いになっていたことを知って気恥ずかしくなった。
② いつも母から特別な愛情をかけられている兄を妬ましく思っていたが、母自身には兄を特別扱いしている自覚がないことに気付いて驚いた。
③ 兄と母だけが共有する思い出については興味がなかったが、母が自分の存在を喜び兄と同じように愛していたことを初めて知り戸惑った。
④ 母も昔は兄に関することで泣くことがあったと聞いて驚いたが、自分が生まれたことで今では泣かなくなったと分かり納得した。
⑤ 母が自分のことをないがしろにしていることに対して恨めしい気持ちがあったが、兄がそんな自分を慰めようとしてくれてうれしくなった。

問9 空欄 H に入る語として適切なものを次の中から一つ選び、番号をマークしなさい。【マーク番号25】

① 心 ② 目 ③ 手 ④ 胸 ⑤ 頭

問10 空欄 I に入る語として適切なものを次の中から一つ選び、番号をマークしなさい。【マーク番号26】

① おくゆかしい ② あじけない ③ ふがいない
④ なつかしい ⑤ なごりおしい ⑥ たどたどしい

問11 次の相子さんと相美さんの会話は、この物語を読んだ感想を述べ合ったものである。空欄（X）、（Y）に入る語句を後の選択肢の中から一つずつ選び、それぞれ番号をマークしなさい。

相子さん：去年は東京オリンピックやパラリンピックがあったから、障がいを持っている人たちとの関わり方や社会のバリアフリー化などについて考える機会も多かったわね。

相美さん：わたしはこの小説に出てくる咲耶の境遇が気になったわ。咲耶って、日常的に家族の介護やケアを担っている（ X ）っていうやつなんじゃないかと思って。

相子さん：それ、最近よく話題になっているね。本人に当事者としての自覚がなかったり、家族の問題を知られたくないと思っている人も多いから、なかなか支援につなげるのが大変らしいわね。小説の中の咲耶も、（ Y ）いるような様子が

一つ選び、番号をマークしなさい。【マーク番号18】
① 祖父母や母に叱られたくないという気持ち。
② 皆に大事にされている兄に張り合いたい気持ち。
③ 自分のことには口出しされたくないという気持ち。
④ 母に頑張りを認めてもらいたいという気持ち。
⑤ 母よりも祖父母にかわいがられたいという気持ち。

問3 傍線B「心配をかけないように気をつけた」の点線部「ない」と品詞が同じものを次の中から一つ選び、番号をマークしなさい。
【マーク番号19】
① 兄が選んだわけではないだろう。
② 記憶がよみがえったのではないか。
③ 子どもじみたまねはできない。
④ ちょっとした表情やなにげないしぐさ。
⑤ 詐欺ではないかと疑っていた。

問4 傍線C「ますますわけがわからない」とあるが、なぜか。その理由として適切なものを次の中から一つ選び、番号をマークしなさい。
【マーク番号20】
① 母の心の中の曲が子守唄であることが不思議なうえに、兄の耳のことは知らないにも関わらず、子守唄にはなじみがあると店主が判断したから。
② 心の中の曲を聴きとるということが不可解であるうえに、兄には音楽は聞こえないはずなのに、店主が兄の心の中の曲を聴きとったから。
③ 店主の選んだ曲が母にもなじみのある子守唄だったことが不思議であるうえに、耳が聞こえないはずの兄にも聞き覚えのある曲だったから。
④ 店主がお客さんの心の中の曲を聴きとる方法が不可解であるうえに、母の心の中の曲が子守唄であることを店主が知っていたから。
⑤ 心の中の曲を聴きとるということが信じがたいうえに、母と兄にとってなじみ深いのが子守唄であることを店主が知っていたから。

問5 傍線D「夢のない推測」とあるが、どのような点が「夢のない」推測なのか。その説明として適切なものを次の中から一つ選び、番号をマークしなさい。【マーク番号21】
① 母と兄は自分たちだけがその子守唄を知っていると思っているが、実は自分も聞いたことがあると思っている点。
② 母が泣いたのは、兄の耳のことを知らずに歌を聴かせていた自分をあわれに感じたからではないかと考えている点。
③ 心の中の曲をオルゴールに使ったのではなく、事前に母が曲目を指定していただけなのではないかと考えている点。
④ 母が泣いてしまったのは、事前に曲を指定していたことを忘れてしまっていたからではないかと考えている点。
⑤ オルゴールの曲を聴いて母が泣いたという事実はなく、兄の思い違いではないかと考えている点。

問6 傍線E「水を差す」の本文の意味として適切なものを次の中から一つ選び、番号をマークしなさい。【マーク番号22】
① ふと邪念が起こって誤った行動や判断をすること。

を見やる。オルゴールから離した右手を胸にあてがって、にっこりしている。

いささか芝居がかったしぐさの意味するところは、咲耶にも通じた。兄は修理を頼むついでに、妹のためにも新しいオルゴールを注文してくれていたらしい。それも、例の「心の中に流れている曲」を使って。

なんの曲だろう。詐欺ではないかと疑っていたくせに、なんだかどきどきしてきて、おそるおそる持ち手を回した。凛と澄んだ音が、耳を打った。

咲耶は息をのんだ。

「なんの曲？」

兄が身を乗り出した。二十年前と同じで、あらかじめ曲目を知らされていなかったらしい。

「おんなじ」

咲耶は手をとめずに答え、兄と目を合わせた。

「お兄ちゃんのと、同じ曲」

「あ、そうか。お母さん、咲耶にもよく歌ってたもんなあ」

再び、咲耶は息をのんだ。オルゴールのⓒ素朴な音色に重なって、母のやわらかい歌声が頭の中に響き出す。

この曲を、わたしはよく知っている。ずっとずっと、昔から。兄にせがんではオルゴールを回してもらうようになるより、もっと前から。どうして忘れていたのだろう。母は息子ばかりでなく娘にも、繰り返し歌ってくれていたのに。

兄がそっとオルゴールのふたを開けて、中の器械をのぞきこんだ。咲耶もならう。耳から、目から、［ I ］旋律が沁みこんで、胸いっぱいに満ちていく。

（瀧羽麻子『もどかしいほど静かなオルゴール店』所収「みちづれ」による）

（注）＊またぐあいが悪くなったら…咲耶は島に渡るための高速船の中で船酔いしていた。

問1　波線ⓐ、ⓑについては傍線部分と同じ漢字を含むものを、波線ⓒについてはその読み方を、それぞれ選択肢の中から一つずつ選び、番号をマークしなさい。

ⓐ「フントウ」**【マーク番号15】**

① 質疑オウトウの時間を設ける。
② トウシツの摂取を制限する。
③ 布に水がシントウする。
④ トウキの入れ物に保管する。
⑤ トウビョウ生活が長くなる。

ⓑ「カンガイ」**【マーク番号16】**

① ショウガイをかけて愛を誓う。
② 新築の建物のガイカン。
③ 事業のガイリャクを説明する。
④ ガイトウする箇所を直す。
⑤ 上司の態度にフンガイする。

ⓒ「素朴」**【マーク番号17】**

① ソシツ　② スボク　③ ソト　④ ソボク　⑤ スナオ

問2　傍線A「『いい子』でいるように心がけていた」とあるが、咲耶はどのような気持ちからそうしていたのか。適切なものを次の中からどうしてもわかっちゃうんだ」

　そういうことを、兄は見逃さないのだ。相手のちょっとした表情やなにげないしぐさを手がかりに、言葉にできない、それこそ心の中に秘めておこうとしているような想いも、敏感に感じとる。感じとってしまう。

「ああ、でも」

　ふっと真顔に戻って、兄は言い添えた。

「咲耶が生まれてからは、よく笑うようになった」

　不意打ちだったせいで、相槌（あいづち）を打ちそこねた。

　咲耶は目をそらし、雲ひとつない青空を見上げた。まだ三月だなんてうそみたいな、汗ばむほどの陽気だ。咲耶たちの住む街ではつい先週も雪が降ったというのに、ここではもう夏がはじまっている。

「暑いね」

　なんと答えたものか悩んだ末に、どうでもいいことを口にしてしまった。まあいいや、と思う。いちいち言葉にしなくたって、どうせ兄には<u>G咲耶の気持ちはお見通しだろう。</u>

　立ち止まり、買ってもらった水の残りをひとくち飲む。

「咲耶、大丈夫か？　＊またぐあいが悪くなったら、すぐ言えよ」

「ううん、もう平気」

　ありがとう、と手話でつけ足した。兄が目を細めて、どういたしまして、と唇を動かした。

　最終日お空はぴかぴかに晴れあがっていた。咲耶と兄は帰りじたくをすませ、オルゴールを取りに行った。

　出迎えてくれた店主は挨拶もそこそこに、「直りましたよ」と得意げに言った。

「念のため、ご確認なさいますか？」

　咲耶は兄と顔を見あわせた。修理したオルゴールがちゃんと鳴るか、聴いてみるということだろう。それなら咲耶の出番である。

　兄が店主にうなずいた。それから咲耶に目くばせして、おもむろに手を動かした。

「え？一緒に？」

　咲耶は思わず問い返した。兄がうれしそうに微笑（ほほえ）んだ。まず咲耶の耳を、次いで自分の目を指さしてみせる。

　そうだった。このオルゴールなら、耳ではなく［H］でも音楽を聴けるのだ。

「では、どうぞ」

　店主が兄にオルゴールを手渡した。元通りにくっついた持ち手を、兄がくるくると回しはじめる。ああ、この曲だった、と咲耶も遅ればせながら思い出した。のんびりと和やかで、いかにも心地よく眠りにつけそうなメロディーだ。

「あと、こちらもお願いします」

　店主の声で、咲耶は顔を上げた。彼は兄が持っているのと似たような大きさの、赤い箱を手にしていた。

「どうぞ」

　咲耶に向かって、うやうやしく差し出す。

「えっ？」

　咲耶がつぶやいたのと、子守唄がとぎれたのが、ほぼ同時だった。兄広げてしわを伸ばす。さっきの店のチラシだった。ほらここ、と兄が指さした一文を、咲耶は読みあげた。
「お客様にぴったりの音楽をおすすめいたします?」
「うん。お母さんはそうしてもらったらしい」
なるほど、あの店主が、幼児にふさわしい曲を選んでくれたということか。納得しかけた咲耶に、兄は続けた。
「で、心の中に流れてる曲を使います、って言われたんだって」
「え?どういうこと?」
咲耶は首をひねった。好きな曲、気に入っている曲、というような意味あいだろうか。
「お母さんの心の中に、子守唄……?」
「違う。おれのだよ」
兄が手のひらを胸にあててみせた。
Cますます、わけがわからない。音楽を聴くことのできない兄にとって、好みもなにもないだろう。
「なんか、詐欺っぽくない?」
オルゴールを大切にしていた兄や母には悪いけれど、どうもうさんくさい。
「まあな。お母さんから話を聞いて、お父さんもそう言ったらしい。なんでそんなもの買ったんだ、って」
「だよね?」
しかし注文してしまったものはしかたがない。数日後、母は兄を連れて店に出向いた。あの店主にうながされ、兄は完成したオルゴールをその場で鳴らした。
「そしたら、お母さんがいきなり泣き出したんだ」
兄が赤ん坊だった頃、つまり、まだ耳のことがわかる前に、母はその子守唄をよく歌ってやっていたらしい。
「不思議なこともあるもんだよなあ」
兄はしみじみと言う。どうやら、あの店主が本当に「心の中に流れている曲」とやらを聴きとってみせたと信じているようだ。
正直なところ、咲耶は半信半疑だった。兄が誤解しているだけで、実際にははじめから曲目を指定していたのではないだろうか。そして、母はそれを聴いた拍子に、記憶がよみがえったのではないか。息子の耳に届くことを疑いもせずに歌っていた、過去の自分を思い出して、涙があふれてしまったのかもしれない。
咲耶は口を開きかけて、また閉じた。
D夢のない推測で、兄のⓑカンガイにE水を差すのはしのびない。いずれにしても、あのオルゴールが兄と母にとって特別な思い出になっていることに変わりはないのだ。F咲耶には割りこめないし、割りこむつもりもない。ひがんでいるわけではない。拗(す)ねてもいじけてもいない。これまで兄と母が力を合わせて乗り越えてきた苦労を思えば、そんな子どもじみたまねはできない。
「お母さんも泣いたりするんだね。いつもあんななのに、ちょっと意外」
半ば無理やり、話をずらした。
「昔はときどき泣いてたよ」
兄が困ったように笑う。
「おれの前でっていうのは、そのときだけだけど。目が赤くなるから、お兄ちゃんを助けてあげなさい。

咲耶が周囲のおとなたちからそう言われるようになったのは、まだ幼稚園に上がるか上がらないかの頃だった。当時、兄は近所の公立小学校に通っていた。特殊学級ではなく、普通のクラスで、教師もクラスメイトも手話はできない。兄は彼らの声を聞くかわりに唇を読み、話す必要があれば自分も声を発した。発声を学ぶため、学校とは別に難聴児向けの教室にも通い、手話の練習や言葉の勉強もしていた。健聴児のように、①耳に入ってくる言葉がおのずと身につくということがないから、語彙が増えづらいのだ。

兄も、付き添いの母も、毎日忙しかった。隣町に住む祖父母の家に咲耶はたびたび預けられた。彼らは孫娘をかわいがってくれたけれど、「咲耶は普通の子でよかった」と言われると、返事に困った。黙っていたら、あんたは恵まれてるんだよ、と諭される。だからいい子にして、お兄ちゃんやお母さんを手伝ってあげなさいよ。

祖父母に言われるまでもなく、咲耶はA「いい子」でいるように心がけていた。自分のことは自分でやり、できるだけ両親にB心配をかけないように気をつけた。母が教師やよその親たちに「下の子は本当に手がかからなくて」とか「しっかりした子で助かります」とか話しているのを聞くたび、誇らしい気持ちになった。

兄は兄で、弱音も吐かずにⓐフントウしていた。その甲斐あってか、低学年のうちは、学校生活はまずまずうまくいっていたようだ。けれど学年が進むにつれて、兄はしだいに元気を失っていった。幼かった咲耶は詳しい事情を知らされなかったが、意地悪な同級生に発音が変だとからかわれたり、仲間はずれにされたりしていたという。

今にして思えば、あの日も兄は学校でいやなことがあって、虫の居所が悪かったのかもしれない。

兄妹げんかの発端は、オルゴールだった。

兄のお気に入りだ。咲耶が生まれるよりも前に買ってもらったものらしい。青い木箱の内側に、ひと回り小さい透明な箱がはめこまれ、中に金色の器械が入っていて、兄はその動きを眺めて楽しむ。言うなれば、音を耳で聴くかわりに目で見るのだ。

【中略】

オルゴールの修理にはしばらく時間がかかるらしい。帰る日の午前中、船に乗る前に受け取りに来ることになった。

店を出てから、咲耶は兄に聞いてみた。

「あのオルゴールに入ってるのって、なんの曲だっけ？」

「子守唄だよ」

「子守唄？なんで？」

たずねたそばから、愚問だと気づく。兄が選んだわけではないだろう。試聴していいと店主にはすすめられたけれど、兄には無理だ。

「お母さんが選んだんだ？」

咲耶は言い直した。なにか子ども向けの歌をと思案して、思いついたのが子守唄だったのかもしれない。当時、兄は三歳くらいだったはずだ。その年頃の子になじみの深そうな音楽といえば、童謡やアニメの主題歌あたりだが、兄には縁がなかっただろう。

「いや。実はあの店、ちょっと変わってて」

兄がポケットを探り、折りたたんだ紙きれをひっぱり出した。

「お母さんに見せようと思って、もらってきたんだけど」

つ選び、番号をマークしなさい。【マーク番号11】

① どんな悪い者でも保護されているのなら、許してやるのが人情だ。

② 何者も、誰かを保護している家に強制的に踏み込むべきではない。

③ たとえ敵だとしても、僧侶であるならば危害を加えてはならない。

④ どんな相手でも、弱い立場の者は武士の情けで助けてやるのがよい。

⑤ どのような者でも、保護を求めてきた者は受け入れるのが当然だ。

問9 空欄 G に入る語として適切なものを次の中から一つ選び、番号をマークしなさい。【マーク番号12】

① 歌舞伎　② 狂言　③ 浄瑠璃　④ 能　⑤ 落語

問10 空欄 H に入る四字熟語として適切なものを次の中から一つ選び、番号をマークしなさい。【マーク番号13】

① 生殺与奪　② 勧善懲悪　③ 絶体絶命　④ 有名無実　⑤ 主客転倒

問11 傍線I「当時のイエは一小宇宙だった」とあるが、これについての次の会話文の中から、本文の内容として適切ではないものを一つ選び、番号をマークしなさい。【マーク番号14】

① 室町時代は今と違って、各家ごとに治外法権のようなものが認められていて、幕府や朝廷といった公の機関の力も及ばなかったんだね。

② そうだね。今だったら、警察や役所が解決するような事件でも、当時は「イエ」の中で解決されるべきだと考えられていたみたいだ。

③ 和気業家を保護した正親町実胤も天皇の命令に従わず、両伝奏を実力で排除してるんだから、すごい権力が認められていたんだね。

④ でも、保護を求める者もただ保護してもらうだけではだめで、一度、頼んだ以上は、そのイエに従属することを強く求められたんだ。

⑤ 朝廷や幕府といった統治する側からすれば、それぞれの屋敷ごとに治外法権があるんだから、治めるのが難しい時代だったのだろうね。

二 次の文章を読んで、後の問いに答えなさい。

【本文にいたるまでのあらすじ】

> 四月から大学生になる咲耶は、同じく四月から社会人になる兄と二人で三泊四日の卒業旅行に行くことになった。旅行の行き先になっている島には、二十年以上前に母と兄がオルゴールを購入した店がある。そのオルゴールは兄妹で取り合いをしているときに壊れてしまい、十年以上そのまま忘れられていたが、兄の提案で島にあるその店を訪れ修理を頼むことになった。

【本文】

咲耶が最初に覚えた手話は、「ありがとう」だった。兄が一番よく使っている言葉だったからだと思う。

誰かになにかをしてもらったら必ず感謝の気持ちを伝えるように、と両親が教えたのだろう。息子が周りの手助けを必要とする機会は多いと見越して、とりわけ念入りに躾（しつ）けたのかもしれない。

＊二つの事例…「福生坊」の事例とは別に、ある「若党」が面識のない人物の屋敷に保護を求めて匿われたという事例が本文では省略してある。

＊下人…人につかわれて雑事に従事する身分の低い者。

問1　波線ⓐ、ⓑについて同じ漢字を含むものを、波線ⓒについては読み方を、それぞれの選択肢の中から一つずつ選び、番号をマークしなさい。

ⓐ「カンコウ」【マーク番号1】
① カントウ賞をもらう。　② カンタンな作業。
③ カンサンとした町。　④ カンゲイ会を開く。
⑤ カンレイに従う。

ⓑ「キュウダン」【マーク番号2】
① 需要とキョウキュウ。　② キュウキュウ車を呼ぶ。
③ キュウコウ電車に乗る。　④ キュウジョウを訴える。
⑤ 議会がフンキュウする。

ⓒ「欺い（欺く）」【マーク番号3】
① ウソブく　② アザムく　③ カシズく
④ ミチビく　⑤ オモムく

問2　空欄　甲　、　乙　に入る語を次の中からそれぞれ一つずつ選び、番号をマークしなさい。【甲＝マーク番号4】、【乙＝マーク番号5】
① そして　② つまり　③ さて　④ たとえば
⑤ しかし

問3　傍線A「業を煮やす」の意味として適切なものを一つ選び、番号をマークしなさい。【マーク番号6】
① あきれる　② 怒り狂う　③ もたつく
④ いらだつ　⑤ 馬鹿にされる

問4　空欄　B　に入る字として適切なものを次の中から一つ選び、番号をマークしなさい。【マーク番号7】
① 炎　② 雲　③ 風　④ 渦　⑤ 煙

問5　傍線C「容易」と同じ構成の熟語を次の中から一つ選び、番号をマークしなさい。【マーク番号8】
① 寒冷　② 俊足　③ 就職　④ 頭痛　⑤ 真偽

問6　傍線D「幕府軍が～なかった」理由として、適切なものを次の中から一つ選び、番号をマークしなさい。【マーク番号9】
① 幕府は、細川家と敵対して市中で戦闘することを避けたかったから。
② 阿波細川家には、幕府軍に匹敵する兵力が準備されていたから。
③ 大名の屋敷は、幕府でも簡単に踏み込んでよい場ではなかったから。
④ 幕府には、大名の館に侵入してはならないという法令があったから。
⑤ 阿波細川家は、室町幕府の中でも要職に就いている家柄だったから。

問7　傍線E「禁裏」は本文中では何を指すか。適切なものを次の中から一つ選び、番号をマークしなさい。【マーク番号10】
① 将軍の御所　② 大名の館　③ 武士団の陣
④ 天皇の住居　⑤ 高僧の宿坊

問8　傍線F「こうした心情」の説明として適切なものを次の中から一

まれた以上は、おいそれと屋形の外に追い出すわけにはゆくまい、というものだった。［乙］、ここでは、敵対している者とはいえ、ひとたび屋形に駆け込まれて保護を「憑」まれた場合、それを無視するのは望ましいことではない、ということが、ほかならぬ室町殿の言葉として語られているのである。これまでみてきた事例で、縁もゆかりもないにもかかわらず、お尋ね者を匿ってきた屋形の主人たちも、おそらく同じ心情から彼らを匿ったのにちがいあるまい。そして、最初にあげた事例で、徳政一揆の首領を匿う阿波細川家に対して、幕府側がそれ以上踏み込むことをしなかったのも、Fこうした心情を義教と同様、彼ら幕府側の追っ手も共有していたからにちがいない。

　この＊二つの事例に共通するキイ・ワードは、ずばり「憑む（頼む）」である。室町時代に成立した芸能である［G］のなかでは、よく下人である太郎冠者や次郎冠者が、自分の主人のことを「たのふだ人」とか「たのふだ御方」とよんでいる。これはまさに「憑んだ人」「頼んだ御方」の意であり、ここでは「憑んだ人」とは「主人」と同義で使われていることがわかる。中世社会においては「憑む（頼む）」という言葉は、たんに現代語のように「あてにする」「依頼する」という程度の意味ではなく、むしろ「主人と仰ぐ」「相手の支配下に属する」というような強い意味をともなっていたのである。つまり、屋形に駆け込んだ者たちは、自己の人格のすべてをその家の主人に捧げ、「相手の支配下に属する」ことを宣言したのであり、これにより主人の側はたとえ相手が初対面のものであったとしても、彼の主人として彼を「扶持」（保護）する義務が生じた、と、当時の人々は考えていたようなのである。

　なお、これらの話とは逆に、中世社会においては、なにも知らずに他人の家に宿泊してしまった女性が、その日をさかいに家の主人から＊下人とみなされてしまい、あやうく身柄を拘束されそうになるというトラブルが実際におきている。また、戦国時代に日本を訪れた宣教師は「われわれの間ではそれをおこなう権限や司法権をもっている人でなければ、人を殺すことはできない。日本では誰でも自分の家で殺すことができる」とも述べている。つまり、イエの主人の支配下に入ることを宣言したものが、そのイエの保護下に置かれるのと同じように、この時代、ひとたびイエのなかに入ったものは、そのイエの主人に［H］の権を握られたも同然であり、事実上の下人にされてしまうのである。残念ながら、ここで扱った事例の場合、駆け込んだ人々がその後どうなったかを示す史料は見当たらないのだが、おそらく彼らは一度その家の主人に匿ってもらった以上、その後も長くその主人と主従関係に近似した関係をもつことが要請されたと考えられる。

　このように、I当時のイエは、公家・武家を問わず、室町幕府という公権力すらも容易に介入することのできない排他的な小宇宙だった。もちろん、このほかに京都にある寺院や神社の「境内」も宗教的な裏づけをあたえられた聖域（アジール）であり、これまた幕府の侵犯をたやすく許すものではなかった。そのため、実質上、室町時代の京都というのは、室町幕府の一元的支配に置かれながらも、なお個々の権門の独立した支配圏が星雲状に散在しているような実態をもっていた。この時期の京都を舞台にした紛争や犯罪が複雑な様相をみせるのも、ひとつには、こうした京都自体の分権的な状況に由来していたのである。

（清水克行『喧嘩両成敗の誕生』による）

（注）＊武家被官…武家の家臣。　＊室町殿…室町幕府の将軍。

（医薬部門の長官）を務めていた和気業家という公家がE禁裏の近所において禁裏の仕丁（雑用係）一人を「無礼」があったとして斬り殺すという事件がおきている。殺害した側の和気業家は、直後に自分のしたことの重大さに気づいてか、そのまま現場を走り去り、公家の正親町実胤の邸宅に逃げ込んでいる。これを知った禁裏の下仕えの者たちは、被害者の同僚五人を中心に激昂し、すぐにでも正親町邸を襲撃しようと息巻いて、禁裏の周辺は騒然とした状態になっていた。見かねて広橋兼秀と勧修寺尹豊の両伝奏（天皇・幕府間の取次ぎ係）が間に入って両者を和解させようとしたものの、一方の正親町家が肝心の和気業家を匿いつづけている以上、事態はどうにもならなかった。［甲］、ついに時の後奈良天皇までが乗り出して、正親町実胤に「勅定」を発し、和気業家を差し出すようにと「切々」と口説いたのだが、このときも犯人を匿う正親町側は「すでに和気は当家を立ち去っている」の一点張りで天皇の「勅定」はなんの効力も発揮しなかった。けっきょく、この日は夜になり雨が降ってきたので、問題は明日以降に持ち越されることになったのだが、その後の事件の顛末を記す史料は見当たらない。どうも正親町実胤は天皇をⓒ欺いてまでも和気業家を匿いとおし、そのまま事件はウヤムヤになってしまったらしいのである。

このように、当時「治外法権」としての特権をもっていたのは武家の屋形にかぎらず、公家の邸宅についても同じであった。しかも、こんどの場合、正親町実胤邸に逃げ込んだ和気業家は、さきの三好之長と阿波細川家の関係とちがって、決して正親町家と主従関係にあったわけではない。にもかかわらず、たまたま逃げ込んできただけの和気業家を正親町実胤はかたくなに匿いとおしてしまったのである。（中略）

では、なぜ彼らはそこまでして駆け込んだ者たちを保護するのだろうか。もう少し時代をのぼって事例を追ってみよう。（中略）

同じような話は、永享五年（一四三三）閏七月、＊室町殿、足利義教と山門（比叡山延暦寺）の対立過程にもうかがうことができる。この両者の対立は、のちに「永享の山門騒動」とよばれ、（中略）その最初の契機は、同年七月に山門の大衆（一般僧侶）たちが幕府の山門担当奉行人らの罷免を求めたことなどにあった。これに対し、幕府権威を重視する義教は強硬な姿勢を崩さず、両者のにらみ合いは続いた。そんな緊張のなかで、ある夜、比叡山で金輪院の福生坊という僧が、同じ金輪院の月蔵坊という僧を殺害するという事件がおきている。この殺人が比叡山内部での対幕府路線の対立によるものか、それともまったく個人的な恨みによるものかは不明だが、福生坊はその夜のうちに比叡山を駆け下り、朝まで賀茂川沿いの糺ノ森に身を潜めたうえで、明るくなるのを待って幕府重臣の山名持豊（のちの宗全）の屋形へ駆け込んだ。

目下、にらみ合いの最中の山門から突然僧侶が一人駆け込んできたことに驚いた山名持豊は、すぐにこのことを管領の細川持之を通じて幕府に報告し、室町殿の判断を仰いだ。ここで義教は、以下の二つの理由を述べて福生坊を「扶持」（保護）してやるように山名に指示している。まず、そのうちのひとつは、殺された月蔵坊が対幕府強硬派の中心人物であり、いずれは自分も処罰してやりたいと思っていたところなので、福生坊のやったことは「御本意」（自分の意にかなったこと）である、ということだった。そして、より重要なもうひとつの理由は、「人のかくのごとく馳せ入り、平にとて憑み候はむ事、一向に追い出しがたき事か」

——他人がこうして駆け込んできて、なにとぞ匿ってほしい、と「憑」

【国語】（四五分）〈満点：一〇〇点〉

一　次の文章を読んで、後の問いに答えなさい。

　現代のニュースでも、自国の独裁政治や不安定な政情に苦しむ人々が、他国の大使館や領事館に駆け込み、亡命を求めるという話がたまに聞かれる。現代において大使館や領事館は、その国内にあってもその国の法が適用されない治外法権の空間として国際社会に認知されている。そのため圧政や紛争に苦しむ人々は、手っ取り早い緊急避難所として、あるいは他国への脱出窓口として、大使館や領事館への命がけの駆け込みをⓐカンコウするのである。室町時代の京都にも、数多くの大名屋形が建ちならんでいたが、それらの性格は、ちょうど現代の大使館や領事館のそれとよく似ている。

　応仁・文明の乱後の京都は、長期にわたる戦乱と、その後、毎年のように起きていた徳政一揆（土一揆）の掠奪によって荒廃の極みに達していた。しかも救いがたいことに、この時期の徳政一揆の首領は、多くの場合、＊武家被官であって、彼らは応仁・文明の乱が終結した後も京都に残留して「徳政一揆」と称して実質上の掠奪に精を出していた。そんな文明十七年（一四八五）八月、A業を煮やした幕府は、ついに細川政元・一色義直・所司代（侍所の副長官）多賀高忠の連合軍を編成して、当時、土一揆の「大将」であった三好之長の自宅に襲撃をかけている（ちなみに、三好之長は戦国大名三好長慶の曽祖父にあたる）。ところが、このとき未然にそれを察知した三好は、前夜に家を捨て、一足先に主人である阿波細川家の細川政之の屋形に逃げ込んでしまっていた。そのため幕府の軍勢はすぐさま阿波細川の屋形を包囲し、三好を即座に引き渡すことを要求することになる。

　しかし、ここで三好を匿う阿波細川家の幕府軍に対する応対は、のらりくらりとしてじつに人を食ったものであった。一説には「すでに三好は当家を立ち去っております」（『十輪院内府記』）と返事したとも、一説には「三好は当家で責任をもって処刑します」（『蔭涼軒目録』）といったとも伝えられている。あるいは、「徳政一揆を起しているのは三好だけではなく、細川惣領家や細川備中家の被官もいます。彼らを処刑するというのなら、こちらも三好を処刑しましょう」と言い張ったという説もある（『後法興院政家記』）。いずれにしても、阿波細川家は適当なことをいって幕府軍を［B］に巻き、みずからの被官である三好之長をかたくなに引き渡そうとしなかったのである。けっきょく幕府軍は仕方なくその場を撤収していったが、その同じ日の晩には、もう三好が平気な顔であちこち歩き回っているのが京都の諸方で目撃されている。

　彼ら武家被官のごろつき連中は、当時、このようにして自分の主家を隠れ蓑にして悪行を重ねており、そのために幕府軍といえども、彼らをC容易に捕縛することはできなかった。そして、このときの一件に関しては、その後、阿波細川家の態度が幕府側からⓑキュウダンされることもなかったし、まして、その後D幕府軍が阿波細川の屋形に踏み込んで力ずくで三好を捕らえようという姿勢をみせることもなかった。室町時代、京都の市政権は幕府の手に一元的に掌握されてはいたものの、大名の「イエ」は、現在の他国の大使館がそうであるように独立した法圏と考えられ、幕府もおいそれとは介入できない領域だったのである。

　しかも、そうした属性は必ずしも大名の「イエ」にかぎったものでもなかった。さらに時代は下るが、享禄五年（一五三二）正月には、典薬頭

2022年度

解 答 と 解 説

《2022年度の配点は解答欄に掲載してあります。》

＜数学解答＞

1 [1] (1) 7 (2) 2 (3) 9 (4) 6 [2] (5) 4 (6) 7 (7) 6
[3] (8) 9 (9) 2 (10) − (11) 1 (12) 2 [4] (13) −
(14) 1 (15) 2 (16) 7 (17) 3 [5] (18) 1 (19) 5
[6] (20) 5

2 [1] (21) 2 (22) 7 [2] (23) 2 (24) 4 [3] (25) 2 (26) 4
(27) 1 (28) 1 [4] (29) 2 (30) 5 (31) 5 (32) 5 (33) 7
(34) 9

3 [1] (35) 1または5 (36) 2 (38) 4 (39) 1 (41) 3 [2] (37) 4
(40) 2 (42) 4 [3] (43) 1 (44) 1 (45) 2 (46) 0

4 [1] (47) 3 (48) 8 (49) 2 (50) 3 [2] (51) 3

5 [1] (52) 5 (53) 6 [2] (54) 4 [3] (55) 2 (56) 1 (57) 4

6 [1] (58) 1 (59) 2 [2] (60) − (61) 4 (62) 8 (63) 4
(64) 6 [3] (65) 6 (66) 0 [4] (67) 4 (68) 1 (69) 0
[5] (70) 1 (71) 2 (72) 8 (73) 3

○推定配点○

1・2 各4点×10(2[4]完答) 3 [1] 5点 [2] 3点 [3] 4点 4 [1] 8点 [2] 3点 5 [1] 3点 [2]・[3] 各5点×2 6 [1] 3点 [2] 6点 [3]～[5] 各5点×3 計100点

＜数学解説＞

基本 1 (式の計算，連立方程式，2次方程式と解の公式，2次関数の変域，因数分解)

[1] $a^2b\times(2ab)^3\times(3a^2b)^2=a^2b\times8a^3b^3\times9a^4b^2=72a^9b^6$

[2] $\dfrac{5x-2}{3}-\dfrac{2x+1}{2}=\dfrac{2(5x-2)}{6}-\dfrac{3(2x+1)}{6}=\dfrac{2(5x-2)-3(2x+1)}{6}=\dfrac{10x-4-6x-3}{6}=\dfrac{4x-7}{6}$

[3] $2x-4y=11$…①，$3x+5y=11$…②とする。②の両辺から①の両辺をひいて$x+9y=0$より，$x=-9y$…③ ①に③を代入して，$2\times(-9y)-4y=11$ $-18y-4y=11$ $-22y=11$ $y=-\dfrac{11}{22}$ $y=-\dfrac{1}{2}$ ③に$y=-\dfrac{1}{2}$を代入して$x=-9\times\left(-\dfrac{1}{2}\right)=\dfrac{9}{2}$ よって，$x=\dfrac{9}{2}$，$y=-\dfrac{1}{2}$

[4] 2次方程式$3x^2+2x-9=0$について，解の公式より，$x=\dfrac{-2\pm\sqrt{2^2-4\times3\times(-9)}}{2\times3}=\dfrac{-2\pm\sqrt{4+108}}{6}=\dfrac{-2\pm\sqrt{112}}{6}=\dfrac{-2\pm4\sqrt{7}}{6}=\dfrac{-1\pm2\sqrt{7}}{3}$

[5] $y=-2x^2$において，$x=-3$のとき，$y=-2\times(-3)^2=-18$ $x=0$のとき，$y=-2\times0^2=0$ $x=1$のとき，$y=-2\times1^2=-2$ よって，yの変域は$-18\leqq y\leqq0$

[6] $a^2-2ab+b^2-c^2=(a^2-2ab+b^2)-c^2=(a-b)^2-c^2=\{(a-b)+c\}\{(a-b)-c\}=(a-b+$

$c)(a-b-c)$

2 （三角形と角，相似の利用，四分位範囲と箱ひげ図）

重要 [1] ∠BECの大きさをx，○の角の大きさをy，×の角の大きさをzとすると，△BECにおいて，三角形の外角は，それととなり合わない2つの内角の和に等しいので，△BECの∠CBEの外角について，$z=\angle\text{BEC}+\angle\text{ECB}=x+y$…① 同様に，△ABCにおいて，三角形の外角は，それととなり合わない2つの内角の和に等しいので，△ABCの∠ABCの外角について，$2z=\angle\text{BAC}+\angle\text{BCA}=54^\circ+2y$ 両辺を2でわって，$z=27^\circ+y$…② ①，②からzを消去して，$x+y=27^\circ+y$ $x=27^\circ$ よって，∠BEC＝27°

[2] 容器Aと容器Bの相似比は8：32＝1：4であり，相似な図形の体積比は相似比の3乗に等しいので，容器Aと容器Bの体積比は$1^3:4^3=1:64$ このとき，容器Bと容器Bに入れた水の体積比は$64:27=4^3:3^3$となるので，容器Bと容器Bに入れた水がつくる円錐の相似比は4：3 さらに，容器Bの底面の半径が32なので，容器Bの水面の半径は$32\times\frac{3}{4}=24$(cm)

重要 [3] △ABCと△DACにおいて，共通な角なので∠ACB＝∠DCA 仮定より∠ABD＝∠ABC＝∠DACとなり，2組の角がそれぞれ等しいので，△ABC∽△DAC このとき，AC：DC＝AB：DAとなり，AC＝6，DC＝5，DA＝4より，6：5＝AB：4 5AB＝24 $\text{AB}=\frac{24}{5}$ また，△DACにおいて，∠ACE＝∠DCEよりAC：DC＝AE：DEとなり，AC＝6，DC＝5よりAE：DE＝6：5 このとき，AD：ED＝(AE＋ED)：DE＝(6＋5)：5＝11：5 さらに，△ABDと△EFDにおいて，AB//EFより，平行線の同位角は等しいので，∠BAD＝∠FED，∠ABD＝∠EFDとなり，2組の角がそれぞれ等しいので，△ABD∽△EFD このとき，AB：EF＝AD：ED＝11：5となり，$\text{AB}=\frac{24}{5}$より，$\frac{24}{5}:\text{EF}=11:5$ $11\text{EF}=\frac{24}{5}\times5$ $11\text{EF}=24$ $\text{EF}=\frac{24}{11}$

基本 [4] 【図】の箱ひげ図より，最小値は25，第1四分位数は40，第2四分位数は55，第3四分位数は75，最大値は95となる。ここで【表】のx，y，z以外の得点を小さい方から順に並べると，28，36，44，50，52，68，69，71，83，95となり，最小値が25かつ$x<y<z$であることから，$x=25$ このとき，52が小さい方から6番目の得点となり，第2四分位数である55は小さい方から7番目の得点となるので，$y=55$ さらに，全体の小さい方から8番目以降の68，69，71，83，95にzを加えた6つの得点の中央値が第3四分位数の75となることから，$(71+z)\div2=75$ これを解いて，$71+z=75\times2$ $71+z=150$ $z=150-71$ $z=79$

3 （1次方程式の応用）

[1] 「相子さんの家から学校までの道のり」または「登校のときと下校のときで，相子さんの家から学校までの道のりは等しいこと」についての数量の関係を方程式で表す。ここで，「登校にかかった時間」をx分$(x>0)$とすると，下校の方が遅く歩いているので登校より2分多く時間がかかるので，「下校にかかった時間」は$x+2$(分)となり，相子さんの家から学校までの道のりは$80x$(m)，または$70(x+2)$(分)と表せる。このとき，「登校のときと下校のときで，相子さんの家から学校までの道のりは等しい」ので，$80x=70(x+2)$ $80x=70x+140$ $10x=140$ $x=14$ よって，相子さんの家から学校までの道のりは80×14＝1120(m)となる。次に，「登校と下校にかかった時間の差」についての数量を方程式で表す。ここで，「相子さんの家から学校までの道のり」をxm$(x>0)$とすると，登校にかかった時間は$\frac{x}{80}$(分)，下校にかかった時間は$\frac{x}{70}$(分)と表せる。このとき，「登校と下校にかかった時間の差」は2分なので，$\frac{x}{70}-\frac{x}{80}=2$ 両辺を560倍し

て，$\frac{x}{70}\times560-\frac{x}{80}\times560=2\times560$　$8x-7x=1120$　$x=1120$　よって，相子さんの家から学校までの道のりは1120mとなる。さらに，「下校にかかった時間」をx分$(x>0)$とすると，「登校にかかった時間」は$x-2$(分)となるので，相子さんの家から学校までの道のりは$80(x-2)$(分)，または$70x$(分)と表せる。このとき，「登校のときと下校のときで，相子さんの家から学校までの道のりは等しい」ので，$80(x-2)=70x$　$80x-160=70x$　$10x=160$　$x=16$　よって，相子さんの家から学校までの道のりは$80\times(16-2)=80\times14=1120$(m)となる。

[2]　[1]より，方程式を$80x=70(x+2)$としたときのxの単位は「分」，方程式を$\frac{x}{70}-\frac{x}{80}=2$としたときの$x$の単位は「メートル」，方程式を$80(x-2)=70x$としたときの$x$の単位は「分」となる。

[3]　[1]より，相子さんの家から学校までの道のりは，どの方程式を解いても1120mとなる。

4　(確率)

やや難　[1]　例えば，グーを出す2人がAとBであることを(A，B)のように表すと，グーを出す2人の組み合わせは(A，B)，(A，C)，(A，D)，(B，C)，(B，D)，(C，D)の6通りとなり，このとき合わせてパーを出す2人の組み合わせも決まる。このとき，4人がそれぞれグーかパーだけを出す手の出し方は全部で$2\times2\times2\times2=16$(通り)なので，出す手をグーとパーだけに限定したAさんの方法でグループ分けが1回で決まる確率は$\frac{6}{16}=\frac{3}{8}$　次に，グー，チョキ，パーすべてを使って，グーでそろう2人の組み合わせは(A，B)，(A，C)，(A，D)，(B，C)，(B，D)，(C，D)の6通りとなる。ここで，グーをg，チョキをc，パーをpとして，例えばAがグー，Bがチョキ，Cがパー，Dがグーを出したことを$(g,\ c,\ p,\ g)$のように表すと，AとBがグーでそろってグループ分けが決まる組み合わせは$(g,\ g,\ c,\ p)$，$(g,\ g,\ p,\ c)$の2通りとなる。つまり，グーでそろう2人の組み合わせの6通りそれぞれに対して，残りの2人の手の出し方が2通りずつあるので，グーで2人がそろうことで決まるグループ分けは全部で$6\times2=12$(通り)となる。さらに，チョキで2人がそろう組み合わせも12通り，パーで2人がそろう組み合わせも12通りとなるので，全部で$12+12+12=36$(通り)ある。加えて，2組で2人がそろう場合も考えると，グー2人とパー2人となる場合が6通り，グー2人とチョキ2人となる場合が6通り，チョキ2人とパー2人となる場合が6通りなので，全部で$6+6+6=18$(通り)ある。このとき，4人がそれぞれじゃんけんで出す手の出し方は全部で$3\times3\times3\times3=81$(通り)なので，グー，チョキ，パーすべてを使って，1組でも2人がそろったら分けられるBさんの方法でグループ分けが1回で決まる確率は$\frac{36+18}{81}=\frac{54}{81}=\frac{2}{3}$

[2]　[1]より，1回でグループ分けが決まるAさんの方法の確率は$\frac{3}{8}=\frac{9}{24}$，Bさんの方法の確率は$\frac{2}{3}=\frac{16}{24}$となるので，$\frac{3}{8}<\frac{2}{3}$より，1回でグループ分けが決まる確率はBさんの方法の方が高い。よって，Cさんは③の「Bさんの方法が1回で決まる確率が高いからBさんの方法にしよう」と発言したことになる。

5　(1次関数の利用)

基本　[1]　BC＝10，CD＝4，DA＝10なので，点Pが点Bを出発して点Aに着くのに$10+4+10=24$(cm)だけ動く。点Pはこの距離を毎秒2cmの速さで動くので，点Pが点Bを出発して点Aに着くまでの時間は$24\div2=12$(秒)となる。ここで，点Qは，点Pが点Aに着くのと同時に点Dに着くように動くので，点Qは10cmを12秒かけて動く。よって，点Qは$10\div12=\frac{5}{6}$より，毎秒$\frac{5}{6}$cmの速さで動く。

重要　[2]　点Pは毎秒2cmの速さで動くので，x秒後には点Bから$2x$(cm)の距離にいる。ここで，点Pが辺

BC上を動くとき，すなわち$0 \leqq x \leqq 5$のとき，△BPDは底辺がBPの三角形とみなすことができ，底辺BPの長さは$2x$，高さは4となるので，$y=2x\times4\div2=4x$…(ア)　また，点Pが辺CD上を動くとき，すなわち$5<x\leqq7$のとき，△BPDは底辺がPDの三角形とみなすことができ，底辺PDの長さは$14-2x$，高さは10となるので，$y=(14-2x)\times10\div2=70-10x$…(イ)　さらに，点Pが辺DA上を動くとき，すなわち$7<x\leqq12$のとき，△BPDは底辺がDPの三角形とみなすことができ，底辺DPの長さは$2x-14$，高さは4となるので，$y=(2x-14)\times4\div2=4x-28$…(ウ)　よって，(ア)のグラフは右上がりの直線，(イ)は右下がりの直線，(ウ)は右上がりの直線となるので，xとyの関係をグラフに表したものは④のグラフとなる。

重要 [3]　点Qは毎秒$\frac{5}{6}$cmの速さで動くので，x秒後には点Aから$\frac{5}{6}x$(cm)の距離にいる。このとき，△AQBは底辺がAQの三角形とみなすことができ，底辺AQの長さは$\frac{5}{6}x$，高さは4となるので，△AQBの面積は$\frac{5}{6}x\times4\div2=\frac{5}{3}x$…(エ)と表せる。ここで，[2]より，(ア)が(エ)の2倍に等しいとすると，$4x=\frac{5}{3}x\times2$より，$x=0$となり，不適当。(イ)が(エ)の2倍に等しいとすると，$70-10x=\frac{5}{3}x\times2$　$70-10x=\frac{10}{3}x$　両辺を3倍して$210-30x=10x$　$40x=210$　$x=\frac{210}{40}$　$x=\frac{21}{4}$　よって，△BPDの面積が△AQBの面積の2倍とはじめて等しくなるのは，出発してから$\frac{21}{4}$秒後である。

6　(2次関数と図形，回転体の体積)

基本 [1]　A(2，2)は関数$y=ax^2$のグラフ上の点なので，$y=ax^2$に$x=2$，$y=2$を代入して，$2=a\times2^2$　$2=4a$　$a=\frac{1}{2}$

重要 [2]　A(2，2)は円Aの中心なので，x軸，y軸に接する円Aの半径の長さは2となり，直線ℓとx軸の距離は4となる。ここで，点Bを中心とする円の半径の長さを$b(b>0)$とすると，円Bの中心の点Bの座標はB$(-b，b+4)$と表せる。このとき，点Bは関数$y=ax^2$のグラフ上の点なので，$y=\frac{1}{2}x^2$に$x=-b$，$y=b+4$を代入して，$b+4=\frac{1}{2}\times(-b)^2$　$b+4=\frac{1}{2}b^2$　$2b+8=b^2$　$b^2-2b-8=0$　$(b-4)(b+2)=0$　$b=4，-2$　$b>0$より，$b=4$となり，点Bの座標はB$(-4，8)$　また，このとき，円Bの半径が4となり，直線ℓと直線mの距離は8となる。ここで，点Cを中心とする円の半径の長さを$c(c>0)$とすると，y軸に接する円Cの中心の点Cの座標はC$(c，c+12)$と表せる。このとき，点Cは関数$y=ax^2$のグラフ上の点なので，$y=\frac{1}{2}x^2$に$x=c$，$y=c+12$を代入して，$c+12=\frac{1}{2}\times c^2$　$c+12=\frac{1}{2}c^2$　$2c+24=c^2$　$c^2-2c-24=0$　$(c-6)(c+4)=0$　$c=6，-4$　さらに，$c>0$より，$c=6$となり，点Cの座標はC(6，18)　ここで，直線ACの式を$y=px+q$(p，qは定数)とおくと，直線ACはA(2，2)を通るので，$y=px+q$に$x=2$，$y=2$を代入して$2=2p+q$…①　また，直線ACはC(6，18)を通るので，$y=px+q$に$x=6$，$y=18$を通るので，$18=6p+q$…②　②の両辺から①の両辺をひいて$16=4p$より$p=4$　さらに，①に$p=4$を代入して$2=2\times4+q$　$2=8+q$　$q=-6$　よって，直線ACの式は$y=4x-6$

重要 [3]　A(2，2)，B$(-4，8)$より，直線ABの傾きは$\frac{8-2}{-4-2}=-\frac{6}{6}=-1$となるので，直線ABと$x$軸が

つくる角は45°となる。また，B(−4, 8)，C(6, 18)より，直線BCの傾きは$\frac{18-8}{6-(-4)}=\frac{10}{10}=1$となるので，直線BCと$x$軸がつくる角は45°となる。これらのことから，直線ABと直線BCがつくる角は45°+45°=90°となるので，△ABCは∠ABC=90°の直角三角形となる。ここで，三平方の定理により，$AB^2=\{2-(-4)\}^2+(8-2)^2=(-6)^2+6^2=36+36=72$　　$BC^2=\{6-(-4)\}^2+(18-8)^2=10^2+10^2=100+100=200$　　すなわち，$AB=\sqrt{72}=6\sqrt{2}$　　$BC=\sqrt{200}=10\sqrt{2}$　　よって，△ABCの面積は$AB\times BC\times\frac{1}{2}=6\sqrt{2}\times10\sqrt{2}\times\frac{1}{2}=60$

やや難　[4]　[3]より，△ABCは∠ABC=90°の直角三角形であるので，辺ACは3点A，B，Cを通る円の直径となる。ここで，2点A，Cの中点を点Rとすると，点Rは3点A，B，Cを通る円の中心であり，点Rのx座標は$\frac{2+6}{2}=4$，y座標は$\frac{2+18}{2}=10$なので，点Rの座標はR(4, 10)となる。よって，3点A，B，Cを通る円の中心の座標は(4, 10)

重要　[5]　[3]より，直線ABの傾きは−1なので，直線ABの式を$y=-x+s$(sは定数)と表すと，直線ABはA(2, 2)を通るので，$y=-x+s$に$x=2$，$y=2$を代入して$2=-2+s$　　$s=4$　　よって，直線ABの式は$y=-x+4$となる。さらに，直線ℓの式は$y=4$なので，$y=-x+4$と$y=4$を連立方程式として解いて，$x=0$，$y=4$より，直線ABと直線ℓの交点Dの座標はD(0, 4)となる。また，[3]より，直線BCの傾きは1なので，直線BCの式を$y=x+t$(tは定数)と表すと，直線BCはB(−4, 8)を通るので，$y=x+t$に$x=-4$，$y=8$を代入して$8=-4+t$　　$t=12$　　よって，直線BCの式は$y=x+12$となる。さらに，直線mの式は$y=12$なので，$y=x+12$と$y=12$を連立方程式として解いて，$x=0$，$y=12$より，直線BCと直線mの交点Eの座標はE(0, 12)となる。ここで，点Bを通りy軸に垂直な直線とy軸の交点を点Fとすると，点Fの座標はF(0, 8)なので，線分DFの長さは8−4=4，線分EFの長さは12−8=4となる。このとき，△BDFをy軸を回転の軸として1回転させてできる円錐をV_1，△BEFをy軸を回転の軸として1回転させてできる円錐をV_2とすると，△BDEをy軸を回転の軸として1回転させてできる立体は，円錐V_1と円錐V_2に分割することができる。円Bの半径は4，線分DFの長さは4，線分EFの長さは4なので，円錐V_1の体積は$4\times4\times\pi\times4\times\frac{1}{3}=\frac{64}{3}\pi$

円錐V_2の体積は$4\times4\times\pi\times4\times\frac{1}{3}=\frac{64}{3}\pi$　　よって，△BDEをy軸を回転の軸として1回転させてできる立体の体積は$V_1+V_2=\frac{64}{3}\pi+\frac{64}{3}\pi=\frac{128}{3}\pi$

★ワンポイントアドバイス★

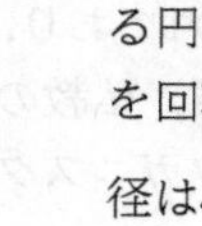

問題を解く際は一度解いて終わりにするのではなく，別解が存在する可能性を念頭に置き，探しながら取り組もう。その経験の積み重ねが，解法を練る上で細部まで注意することのできる力を確かなものにしていくだろう。

＜英語解答＞

【A】 問1 ※1 ⑧ ※2 ③ 問2 ③ 問3 ④ 問4 ② 問5 ③
問6 ②，⑤ 問7 ④
【B】 問1 ② 問2 (2番目) ⑥ (5番目) ④ 問3 ③ 問4 ④ 問5 ③，⑤
【C】 対話1 X ③ Y ② 対話2 X ④ Y ① 対話3 X ③ Y ④
【D】 問1 ③ 問2 ①
【E】 問1 ④ 問2 ③ 問3 ② 問4 ③ 問5 ② 問6 ①
【F】 ((a)，(b)の順) 問1 ①，③ 問2 ⑦，⑤ 問3 ①，④ 問4 ⑥，①
問5 ⑤，④
【G】 (ア) ② (イ) ④ (ウ) ④ (エ) ③ (オ) ②
【H】 (ア) ④ (イ) ④ (ウ) ② (エ) ③
【I】 問1 ② 問2 ④ 問3 ③
【J】 問1 ③ 問2 ② 問3 ②
【K】・【L】 リスニング問題解答省略

○推定配点○
【E】 各1点×6 他 各2点×47(【A】問1，【B】問2，【F】は各完答) 計100点

＜英語解説＞

【A】 (長文読解問題・説明文：語句整序，語句補充，内容吟味)

(全訳) 中村哲は，アフガニスタンで長年懸命に働いた医師だった。(ア)彼が亡くなってから2年以上が経った。しかし，彼の信念は地元の人々に引き継がれ，彼の魂はまだ彼らの中に生きている。

彼は名誉市民，またはアフガニスタンでは「カカムラド」(「中村おじさん」)として知られており，彼はアフガニスタンにいる(ⓐ)間，この国のために多くのことをした。中村さんは若い頃，仏教の僧である最澄の「世界の片隅を照らす」という言葉に触発され，最澄の言葉に従い，アフガニスタンの人々に人生を捧げた。

中村さんは1946年に福岡で生まれた。動物や昆虫に興味があり，子供の頃はそれらの世話をよくした。この経験を通して，彼は自分の周りの人々のことを考え始め，医者になることを決心した。彼は九州大学で医学を学んだ。大学卒業後，1973年に神経内科医となり，日本の多くの病院で勤務した。その後，彼は国際的なボランティアの医者として働き始めた。1984年，彼はパキスタン北西部のペシャワールに派遣された。

7年後，彼はアフガニスタンでクリニックを始めた。日本のペシャワール会は1983年に設立され，彼の活動を支援した。彼の診療所では，人々は(ⓑ)無料で治療を受けることができたので，多くの患者が遠くから彼を訪れた。

2000年，アフガニスタンでは非常に大きな干ばつが発生した。過去には，ほとんどのアフガニスタンの人々は農民であり，国は非常に緑が多かった。しかし，地球温暖化(ⓒ)のために山の降雪量は少なく，溶けた雪水はほとんど残っていなかった。その結果，彼らは生きるために汚れた水を飲まなければならず，多くの人々が病気になり，何人かの人々が亡くなった。中村さんは，きれいな水が人の命を救うことができると考えた。彼は井戸を掘り始め，2003年にかんがい用水路を作り始めた。彼は，「1つのかんがい用水路は100の病院よりもはるかに多くの人々を助けるだろう」と述べた。彼は日本でプロジェクトのためにお金を集め，多くの地元の人々に彼と一緒に働くように頼んだ。彼のプロジェクトは驚くべき結果を表した。乾燥した畑に水が流れ，再び緑になった。

④人々は再び農業を始めることができたので，彼らの生活はずっと良くなった。
残念ながら，中村さんは2019年12月に出勤途中で射殺された。なぜ彼が殺されたのかは定かではないが，おそらく彼の活動に反対する人々がいたのだ。世界中の人々が彼の死にショックを受け，悲しんだ。しかし，彼が作った運河は今でも人々の命を救っている。
中村さんはよく「『国際協力』は私たちが一方的に行うことではない。しかし，それは目的が達成されるまで人々と「共に生きる」ことを意味する。」と言った。これからも中村さんの強い願いは次の世代に受け継がれ，自己犠牲の精神は国境を越えて私たちの心に残るだろう。

問1　並べ替えるとIt has been more than two years since he (died.) となる。〈it is ~ since …〉で「…してから～になる」という意味を表す。この形が現在完了を使って表されている。

問2　(ⓐ)「～している間に」という意味は〈during ＋名詞〉で表すことができる。
(ⓑ) for free は「無料で」という意味を表す。(ⓒ) 〈because of ~〉は「～のために」という意味を表す。

問3　農業を再び始めることができたことを表す文なので，中村さんの活動が成功したことを表す後にある④に入れる。

問4「中村さんはアフガニスタンでクリニックを始めたとき何歳だったか。」「1946年に福岡で生まれた」，「1984年，彼はパキスタン北西部のペシャワールに派遣された」とあるので，ペシャワールに行ったのは38歳のときだったとわかる。また，「7年後，彼はアフガニスタンでクリニックを始めた」とあるので，②が答え。

問5「中村さんは，なぜ1つのかんがい用水路は100の病院よりもはるかに多くの人々を助けるだろうと考えたのか。」「山の降雪量は少なく，溶けた雪水はほとんど残っていなかった。その結果，彼らは生きるために汚れた水を飲まなければならず，多くの人々が病気になり，何人かの人々が亡くなった」とあるので，③が答え。

重要 問6　①「中村さんは『世界の片隅を照らす』という言葉に触発され，最澄が建てた寺を訪ねた。」寺を訪ねたとは書かれていないので，誤り。②「中村さんは子供の頃，動物や昆虫の世話をしていたので，その体験から医者になった。」第3段落の内容に合うので，答え。③「彼は大学を卒業するとすぐに，アフガニスタンの人々を助けるためにアフガニスタンに行った。」大学卒業後には「日本の多くの病院で勤務した」とあるので，誤り。④「アフガニスタンでは非常に大きな干ばつが発生したため，人々は病院に行くことができなかった。」文中に書かれていない内容なので，誤り。⑤「中村さんが作った運河は，死後も人々の命を救い続けています。」「彼が作った運河は今でも人々の命を救っている」とあるので，答え。⑥「次の世代が中村さんの願いを引き継ぎ，彼の精神はアフガニスタンの人々だけに生きるだろう。」「国境を越えて私たちの心に残るだろう」とあるので，誤り。

問7　トム：ミナ，君が尊敬する人は誰ですか。
ミナ：中村哲です。彼はアフガニスタンの人々を助けた(※A)医師でした。
トム：彼はそこで何をしましたか。
ミナ：彼は多くの病人を救い，(※B)清潔な水のために井戸を掘り始めました。
トム：わお！　彼は偉大な人物のようですね。
ミナ：そうです。私は彼の考え「『国際協力』とは(※C)人々と共に生きることだ」という考えに感動しました。
トム：すばらしいですね！
(※A)　中村哲はアフガニスタンで活動した「医師」であったので①～④のどれでも答えになる。
(※B)　中村哲は清潔な水を求めて活動したので①「汚れた」以外のどれでも答えになる。

（※C）「目的が達成されるまで人々と『共に生きる』ことを意味する」とあるので，④が答えになる。①「病気の人々だけを助ける」→「病気の人々」と限定してはいないので，誤り。②「貧しい人々のために働く」→「貧しい人々」と限定してはいないので，誤り。③「人々のために留学する」→書かれていない内容なので，誤り。

【B】（長文読解問題・説明文：語句補充，語句整序，内容吟味）

（全訳）「ジャズ」という言葉の意味をご存知ですか？　それは一種の音楽スタイルだが，1900年代初頭，ジャズはアフリカ系アメリカ人が演奏する一種のフォークミュージックだった。この初期のジャズは人々によって日常生活の中で演奏され，彼らはそれを演奏したり聞くことを楽しんだ。

ジャズは[A]ヨーロッパとアフリカのスタイルのミックスだった。最初のジャズミュージシャンは，ヨーロッパからメロディー，ハーモニー，そして彼らが使用した楽器について学んだ。たとえば，彼らはトランペット，サックス，ピアノ，バス，ドラムを使用した。アフリカから，彼らはリズムに関するアイデアを見つけた。(ア)力強いジャズのリズムが人々を手を叩いたり足を打ち鳴らしたい気持ちにさせた。アフリカのリズムは他のほとんどの音楽(ⓐ)とは異なるビートを持っていた。当時，アメリカにはジャズのような音楽はなかった。

今日，ジャズは多くの人々が音楽的に自分自身を表現するための方法である。さまざまな国の人々がジャズを楽しんでおり，今では世界最大のジャズフェスティバルがヨーロッパとアジアで[B]開催されている。ファンは，お気に入りのミュージシャンのコンサートを見たり，CDを購入したりするために，多額のお金を払っている。アメリカとヨーロッパでは，ジャズは他の種類の音楽に影響を与える力を持ち，そして世界で最も偉大なミュージシャン，作曲家，歌手の何人かを[C]生み出した。

最も人気のあるジャズプレーヤーの1人はルイ・アームストロングである。彼はジャズの王様と呼ばれ，素晴らしいジャズトランペット演奏(ⓑ)で有名だ。彼は1901年にアメリカのニューオーリンズで生まれた。彼の家の近くには多くのアフリカ系アメリカ人がいて，そのほとんどは本当に貧しかった。子供の頃，彼はブラスバンドでコルネットを演奏する最初のチャンスを得て，それは楽器を演奏する最初だった。その後，彼は1923年にシカゴに移り，キング・オリヴァーのバンドに参加した。彼の作品の1つ，「What a Wonderful World」は1967年に大ヒットし，多くのミュージシャンがそれをカバーしたいと考えた。

アームストロングと彼の美しい作品の(ⓒ)おかげで，ジャズはますます親しみやすくなっている。ジャズは将来，世界中の人々に演奏され，愛されるようになるだろう。

問1　後に続く部分に「ヨーロッパから」，「アフリカから」とあるので，②が答え。①「ヨーロッパと合衆国からのスタイルのミックス」，③「ヨーロッパのオリジナルのスタイル」，④「合衆国のオリジナルのスタイル」

問2　並べ替えると（The strong jazz rhythm）made people want to clap their hands or tap（their feet）. となる。〈make A V〉で「AにVさせる」という意味になる。Vには動詞の原形が入る。

問3　ⓐ〈different from ～〉で「～と異なる」という意味を表す。　ⓑ〈famous for ～〉で「～で有名だ」という意味を表す。　ⓒ〈thanks to ～〉で「～のおかげで」という意味を表す。

問4　B「コンサートを開く」と表すときはhold a concertとする。　C「生み出す」はproduceと表す。

問5　①「ジャズはアフリカ系アメリカ人が演奏する一種のフォークミュージックだった」とあるので，誤り。②「彼らが使用した楽器について学んだ」とあるので，誤り。③「今日，ジャズは多くの人々が音楽的に自分自身を表現するための方法である」とあるので，答え。

④　文中に書かれていない内容なので，誤り。　⑤「彼はブラスバンドでコルネットを演奏する最初のチャンスを得て，それは楽器を演奏する最初だった」とあるので，答え。　⑥　シカゴでヒットさせたわけではない内容なので，誤り。

【C】（会話文問題：語句補充）

基本　対話1　A：やあ，エリ。おや，疲れているようだね。どうしたの？

B：ああ，やあ，マイク。そうなの，私の犬が今朝からいなくなったので，あたり中を探し回っているの。(X)でもまだ見つからないわ。

A：ああ，なるほど。でも心配しないで。ぼくが手伝うよ。(Y)犬はどんな感じかな？

B：ありがとう，マイク。彼は小さくて白黒の犬よ。

A：わかった。彼を探しに行こう！

X　マイクは手伝うと言っているので，③が答え。　①「やっと，ぼくは彼を見つけた。」まだ見つかっていないので，誤り。　②「でもぼくは彼の面倒をみたくない。」面倒をみてほしいとは言われていないので，誤り。　④「そしてぼくは彼を公園に連れていきたくない。」公園に連れていってほしいとは言われていないので，誤り。

Y　エリは犬の様子を説明しているので，②が答え。　①「彼は何が好きか？」犬の好物を答えていないので，誤り。　③「君はなぜ彼が好きか？」好きな理由を答えていないので，誤り。　④「彼の誕生日はいつか？」誕生日を答えていないので，誤り。

対話2　A：やあ，ジャック。

B：ああ，やあ，マサキ。君は去年の夏京都に行ったんだよね。どうだった？

A：うん，すばらしかったよ！　でもそこでつらい時があったんだ。

B：(X)どんなトラブルなの？

A：ぼくは金閣寺に行きたかったけど，どのバスの乗ればいいかわからなかったんだ。

B：なるほど。(Y)京都には異なったバスがたくさんあるからね。

A：そうだね！　ぼくは違うバスに乗って銀閣寺に行ったんだよ。

X「つらい時があった」と言っているので，④が答え。　①「君はなぜ金閣寺を訪ねたの？」金閣寺に行ったとは言っていないので，誤り。　②「君は京都に行きたかったの？」会話の内容に合わないので，誤り。　③「君はどの道を選んだの？」選んだ道を答えていないので，誤り。

Y　ジャックは乗るバスがわからなかったと言っているので，①が答え。　②「訪れるべきたくさんのよい場所がある。」会話の内容に合わないので，誤り。　③「君は金閣寺に行く方法を知っていたの？」会話の内容に合わないので，誤り。　④「金閣寺と銀閣寺ではどちらが好き？」会話の内容に合わないので，誤り。

対話3　A：おや，やあ，マイ！　パーティーにようこそ。

B：やあ，ケイト。招待してくれてありがとう。(X)これはあなたへのプレゼントよ。

A：わお！　ありがとう！　でも何か持ってきてくれなくてもよかったのに。

B：どういたしまして。

A：入ってよ。(Y)ここの誰か知ってる？

B：うーん…，ああ，ソファーに座っているあの女の子を知ってるわ。学校で会ったわ。

A：彼女の名前はアンよ。私のいとこなの。

X「ありがとう」と言っているので，③が答え。　①「どうぞご自由に。」客が言うべき言葉ではないので，誤り。　②「あなたはとてもすてきね。」「何か持ってきてくれなくても」という言葉に合わないので，誤り。　④「これは私の好きなパーティーではないわ。」客が言うべき言葉ではないので，誤り。

Y　知っている女の子がいると言っているので，④が答え。①「あなたはお腹がすいてる？」会話の内容に合わないので，誤り。　②「何か飲み物はどう？」会話の内容に合わないので，誤り。　③「ここに来たことはある？」会話の内容に合わないので，誤り。

【D】（文整序問題）

問1　1988年，イギリスの女優ジョアンナ・ラムリーは，ロンドンのテムズ川を渡る「ガーデンブリッジ」のアイデアを思いついた。彼女はロンドンの街を愛し，より多くの緑地を望んでいた。彼女はまたウオーキングのための場所がもっとほしかった。現時点では，ロンドンには川を渡る31の橋がある。ロンドン橋とタワーブリッジは，その中で最も有名な橋だ。これら2つのように，ほとんどの橋は主に自動車と鉄道用だ。しかし，人だけのための橋は多くない。ガーデンブリッジの計画が受け入れられれば，それが完成したとき，それはロンドンで訪れるべきもう一つの人気のある場所になるかもしれない。

「31の橋がある」→「その中で」→「これら2つのように」→「しかし」とつながる。

問2　はちみつは美味しい食べ物だ。しかし，人々はそれを何千年もの間薬として使用してきた。それはバクテリアを殺し，体が元気になるのを助ける。ミツバチはさまざまな花からさまざまな種類の蜂蜜を作る。日本ではニュージーランド産のマヌカハニーが人気だ。それはマヌカの木からとれる。この木には，中央が赤い小さな白い花をつける。蜜は非常にどろどろとしており，通常は暗褐色である。味も濃い。マヌカハニーは他のハチミツよりも健康に良いと考える人もいる。

「マヌカハニー」→「マヌカの木からとれる」→「この木には」→「蜜は」とつながる。

【E】（語句補充問題：受動態，現在完了，不定詞，比較，疑問詞，接続詞）

問1　〈be known to〉で「～に知られる」という意味を表す。

問2　〈since S V〉で「SがVしてから」という意味になる。since は過去の一点を指すので，後に現在完了の文を置けない。

問3　〈want A to ～〉で「Aに～してほしい」という意味を表す。

問4　〈it is ~ for S to …〉で「Sが…することは～である」という意味になる。

問5　〈X times as ~ as …〉で「…のX倍～」という意味になる。

問6　もともとは (How much) did Alice pay という文であるが，do you think が挿入されているため，Alice paid という形になっている。

【F】（語句整序問題：受動態，関係代名詞，接続詞，分詞，助動詞，不定詞，前置詞，動名詞，間接疑問文）

問1　(It) was made for <u>me</u> by <u>my sister</u> who (was in New York.)　主格の関係代名詞の who 以下が sister を修飾する。

A：あなたのバッグは本当にすてきです。それは手作りですか。

B：その通りです！　それはニューヨークにいる私の姉によって私のために作られました。

問2　Not only English <u>but</u> also French <u>is</u> spoken in (Canada.)　〈not only A but also B〉で「AだけではなくBも」という意味になる。

A：カナダでは英語を話しますか。

B：カナダでは英語だけでなくフランス語も話されます。

問3　People carrying <u>mobile phones</u> have to <u>know</u> how (and where to use them.)　carrying mobile phones が people を修飾する。〈how to ～〉で「～する方法(仕方)」，〈where to ～〉で「どこで～するべきか」という意味を表す。

A：今朝電車の中で携帯電話に応答している人々を見ました。

B：本当ですか？　携帯電話を持つ人々はどのようにどこでそれを使うべきか知らねばなりません。

問4　(I) saw him leaving this room without saying (goodbye.)　〈see +O+～ing形〉で「Oが～しているのを見る」という意味になる。〈without ～ing〉で「～することなしに」という意味を表す。

A：サムを見ましたか？　どこにもいません。

B：さようならを言わずにこの部屋を出ていくのを見ました。

問5　(Can) you tell me when she will be (back?)　間接疑問文なので，〈疑問詞＋主語＋動詞〉の形になる。

A：もしもし。トムです。マキさんをお願いできますか。

B：やあ，トム。姉のアヤです。すみませんが，彼女は今外出しています。

A：わかりました。彼女がいつ戻るか教えてもらえますか。

B：もちろんです。彼女のスケジュールを見てみます。

【G】（正誤問題：現在完了，間接疑問文，命令文，副詞，形容詞）

（ア）①「その人形は母によって私に与えられた。」②「あなたはいつ初めてロサンゼルスに行きましたか？」 when は時間の流れの一点を示す言葉なので，現在完了とともには使えない。③「来年の夏ビーチに行くのはどうですか。」④「これは私のおじさんによって5年前に書かれた手紙だ。」

（イ）①「私はコーヒーよりお茶を多く飲む。」②「私たちは電話が鳴ったとき朝食を食べていた。」③「私はよく川に泳ぎに行ったものだ。」④「私の赤いドレスがどこにあるか知っていますか？」 間接疑問文なので，〈疑問詞＋主語＋動詞〉の形にする。where my red dress in となる。

（ウ）①「あなたは食べ過ぎないほうがよい。」②「私はあなたの声がほとんど聞こえなかった。」③「昨日多くの雨が降った。」④「すぐに起きなさい，そうしないと遅れるよ。」 命令する行動が起こされない場合のことは，〈命令文, or ～〉で「…しろ，そうしないと～」と表す。

（エ）①「2枚のTシャツのうちの1つは私のだ。他のは彼女のだ。」②「誰もが犬を好きなわけではない。」③「もし君が行かないなら，私も行かない。」 too は「～も」という意味を表すが，否定文では用いない。否定文の場合は either を用いる。④「彼は妻のために何を買うべきか知らなかった。」

（オ）①「赤ちゃんは泣き止んで，笑い始めた。」②「私が見たときこの映画はとてもわくわくした。」「わくわくする」は exciting と表す。③「私は終わるまで試合を見るつもりだ。」④「子供の隣に座っている若い女性はとても幸せそうに見えた。」

【H】（書き換え問題：接続詞，関係代名詞，不定詞，比較）

（ア）「私の祖父は杖なしで歩くには年をとりすぎている。」→「私の祖父はとても年をとっているので，杖なしでは歩けない。」〈so ～ that S can't …〉で「とても～なのでSは…できない」という意味になる。

（イ）「緑の屋根の家が見えますか。」「家の屋根」とするので，「～の」を表す所有格の関係代名詞を使う。

（ウ）「その男は私の『駅への道を教えてください』と言った。」→「その男は私に駅への道を言うよう頼んだ。」〈ask A to ～〉で「Aに～するよう頼む」という意味を表す。

（エ）「私の姉はクッキーを7枚食べた。私も7枚クッキーを食べた。」→「私は姉と同じだけクッキーを食べた。」〈as ～ as …〉で「…と同じくらい～」という意味になる。基本は〈as many as …〉

であり，many に cookies が加わる。

【I】（資料問題：内容吟味）

名古屋でフットサル場を見つけてください

フットサルは楽しみながら健康を保つすばらしい方法です。ここ私たちの町名古屋には，下記のようなすばらしい料金で誰でも借りられるよいフィールドがあります。友達，家族そしてチームメイトと一緒に，高い質のフットサル体験を楽しんでください。

名前と電話番号	1時間あたりのフィールド使用料	レンタル用道具	開店時間
オーシャン・サッカークラブ 電話：123-XXXX	平日は12,000円 週末は13,000円	靴：300円 ボール：無料	正午一午後11時 (木曜定休)
インドア・サッカーアリーナ 電話：111-XXXX	平日は10,000円 週末は12,000円	靴とボール：無料	午前10時一午後10時(日曜定休)
フットサル・パーク 電話：333-XXXX	平日は8,000円 週末は9,000円	(レンタル用道具なし)	午前8時一午後9時
名古屋・サッカーセンター 電話：999-XXXX	平日は6,500円 週末は7,000円	靴：500円 ボール：無料	午前8時一午後5時 (月曜定休)

ここを見て↓↓↓

●18人以上の選手が一時にフィールドを使えます。

●フットサル・パークのフィールドは屋外にあるので，午後6時以降1時間あたりの照明には1,500円が必要です。他の施設については，フィールドは屋内にあります。

●すべての施設は電話によるご予約を受けます。

●スタート時間の15分前にチェックインされるようご注意ください。

基本 問1 「それぞれの施設をどうやって予約できるか」「電話によるご予約」とあるので，②「電話で」が答え。①「電子メールで」，③「公式のウエブサイトで」，④「公式の書類で」

問2 「あなたの家族と友達が日曜日の朝2時間フィールドを借りたい。何人かは靴を借りる必要がある。どの施設をあなたは選ぶべきか。」 オーシャン・サッカークラブは正午から営業なので，不適。インドア・サッカーアリーナは日曜日が定休日なので，不適。フットサル・パークは靴を借りられないので，不適。よって，④が答え。

問3 「あなたは水曜日に午後6時から午後8時までフットサル・パークを予約したい。合計でいくら払わねばならないか。」 フットサル・パークは平日は1時間8,000円なので，使用料は16,000円になる。さらに，午後6時以降1時間あたりの照明には1,500円が必要なので，それに3,000円を加えると合計で19,000円になる。よって，③が答え。

【J】（メール文問題：内容吟味）

18:05

新メッセージ

ロバートからタクヤへ

件名：調子はどうですか？

9月22日　12:30

やあ，タクヤ

君がマンチェスターについてから連絡がないね。どうやってるの？　君の英語のクラスはどんなふうかな？

すぐに返事を！

ロバート

タクヤからロバートへ
件名：調子はどうですか？について
9月23日　18:05
やあ，ロバート
　今まで書けずにごめんなさい。ここについてから，学習コースや新しい友達を作るのにとても忙しいんだ。マンチェスターでの生活に慣れるのは大変だったよ。ぼくはいつも英語を話して，放課後にはよく友達と外出するよ。ぼくのクラスメートは，中国，ロシア，サウジアラビア，スペイン，ブラジル…のような多くの国々出身だよ。ぼくたちは皆英語で話さないといけないんだ。だからぼくは家で本当に熱心に英語を勉強するよ。でも外国の言語や国々について多くのことを学ぶのは面白いね。
　ぼくは学校の近くに住んでいるから，毎日学校へ歩くよ。有名なサッカー場であるオールドトラフォードがあって，来週友達と一緒に試合を見にそこへ行くんだ。とてもわくわくしているよ。大きなショッピングセンターがあるんだ。そこにはたくさんの店やレストランがあるよ。水族館やアミューズメントパークも楽しめるよ。
　マンチェスターは本当に面白い場所で，夏には祭りがあるんだ。それはぼくたち生徒たちにとってすばらしく，少し高価な体験だから，無料のストリート公演を見るために，道路でぶらぶらして時間を過ごすんだ。
　次回にオールドトラフォードの写真をいくつか送るよ。気をつけてね，そして君がどうしているか教えてよ。
タクヤ

問1 「なぜタクヤはロバートにメッセージを送らなかったのか。」「学習コースや新しい友達を作るのにとても忙しい」とあるので，③「彼はマンチェスターで忙しい日々を過ごしたから。」が答え。　①「彼は書くべき特別なことがなかったから。」電子メールに書かれていない内容なので，誤り。　②「彼はロバートに電子メールを送りたくなかったから。」電子メールに書かれていない内容なので，誤り。　④「彼は毎日日本語を話せなかったから。」電子メールを送らなかった理由とは関係がないので，誤り。

問2 「タクヤは来週何をするか。」「来週友達と一緒に試合を見にそこ(オールドトラフォード)へ行く」とあるので，②「彼はオールドトラフォードと呼ばれるサッカー場に行く。」が答え。　①「彼は新しい言語を学ぶためにクラスメートに会う。」電子メールに書かれていない内容なので，誤り。　③「彼は友達とサッカーをする。」電子メールに書かれていない内容なので，誤り。　④「彼はマンチェスターの祭りを見る」夏に見るので，誤り。

基本

問3 「タクヤは祭りで何をできるか。」「無料のストリート公演を見る」とあるので，②「彼はストリート公演を見て楽しめる。」が答え。　①「彼は店，レストラン，動物園そしてアミューズメントパークを訪問できる。」祭りですることではないので，誤り。　③「彼はパフォーマーとしてダンスを楽しめる。」電子メールに書かれていない内容なので，誤り。　④「彼はそこに住む日本人の友達と話せる。」電子メールに書かれていない内容なので，誤り。

【K】・【L】　リスニング問題解説省略。

★ワンポイントアドバイス★

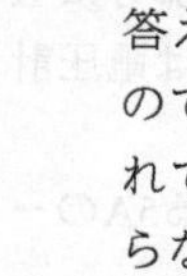

【F】問2には〈not only ～ but also …〉が使われているが，これは〈… as well as ～〉「～と同様に…も」で書き換えられる。この文を書き換えるとThey speak French as well as English. となる。語を置く順番に注意したい。

＜理科解答＞

第1問 問1 (1) ③ (2) ④ 問2 ④ 問3 ⑦
第2問 問1 ③ 問2 ⑤
第3問 問1 ⑦ 問2 ②
第4問 問1 (1) ③ (2) a ② b ④ 問2 Ⅰ ② Ⅱ ④
問3 (1) ④ (2) ⑥ (3) ② (4) ③ (5) ⑦
第5問 問1 ② 問2 ② 問3 ⑤ 問4 ⑥

○推定配点○
第1問 各5点×4 第2問 各5点×2 第3問 各5点×2 第4問 各4点×10
第5問 各5点×4 計100点

＜理科解説＞

第1問 (電流と電圧，電力―電流回路，消費電力)

やや難 問1 (1) R_2とR_3の並列部分の抵抗の大きさをRとすると，$\frac{1}{R}=\frac{1}{30}+\frac{1}{15}=\frac{1}{10}$より，R＝10(Ω)となる。よって，スイッチSが閉じているとき，回路全体の抵抗の大きさは20＋10＝30(Ω)

重要 (2) スイッチSが開いているとき，回路全体の抵抗は20＋30＝50(Ω)なので，回路に流れる電流は9.0(V)÷50(Ω)＝1.8(A)である。よって，抵抗R_2にかかる電圧は30(Ω)×1.8(A)＝5.4(V)
スイッチSが閉じているとき，(1)より，回路全体の抵抗の大きさは30Ωなので，回路全体を流れる電流は9.0(V)÷30(Ω)＝0.3(A)である。よって，抵抗R_1のかかる電圧は20(Ω)×0.3(A)＝6.0(V)だから，抵抗R_2にかかる電圧の大きさは9.0－6.0＝3.0(V)

基本 問2 (Ⅰ) 電圧計は回路のはかりたい部分に並列につなぎ，電流計は回路のはかりたい部分に直列につなぐ。また，電圧計や電流計の＋端子は電源装置の＋極側につなぐ。よって，aは電圧計の－端子，bは電圧計の＋端子，cは電流計の－端子，dは電流計の＋端子である。
(Ⅱ) 回路の電流の強さが予想できないときは，最も大きな電流を測定することができる5Aの－端子を用いる。

基本 問3 (a) つないだ電気器具にかかる電圧が同じになるように並列回路になっている。
(b) 電気ホットカーペットを使用したときに流れる電流は500(W)÷100(V)＝5(A)なので，あと15－5＝10(A)まで流すことができる。加湿器1個を用いたときに流れる電流は300(W)÷100(V)＝3(A)なので，10÷3＝3.3…より，最大3個まで同時に使用できる。

第2問 (中和―塩酸と水酸化ナトリウム水溶液の中和)

問1 図1より，中性になったときの水酸化ナトリウム水溶液30mLに加えた塩酸の体積は，塩酸Aでは45mL，塩酸Bでは15mLであることから，塩酸Aの濃度は，塩酸Bの濃度の15÷45＝$\frac{1}{3}$(倍)であることがわかる。

重要 問2 図1から，水酸化ナトリウム水溶液20mLに加えて中性になるのは，塩酸Aでは30mL，塩酸Bでは10mLである。混合液a…塩酸が不足しているので水溶液はアルカリ性で，塩酸Aを30－20＝10(mL)加えると中性になる。混合液b…水溶液は中性で，中性の水溶液はリトマス紙の色を変えない。混合液c…塩酸が不足しているので水溶液はアルカリ性である。酸性の水溶液にマグネシウムリボンを加えると水素が発生するが，中性やアルカリ性の水溶液では水素は発生しない。混合液d…水溶液は中性で，BTB溶液を加えると緑色になる。BTB溶液は，酸性で黄色，中性で緑色，アルカリ性で青色を示す。

第3問　（気体の発生とその性質―アンモニアの発生）

基本　問1　ねじaが空気調節ねじ，ねじbがガス調節ねじである。炎の色が赤いとき，青色の炎にするには空気の量をふやす。空気の量をふやすには，ガス調節ねじをおさえて空気調節ねじを開く(図のAの向きに回す)。

問2　ビーカー内の水がガラス管を通って丸底フラスコ内に噴水のように上がるのは，アンモニアが水にとけてフラスコ内の気圧が下がるからである。酸素はほとんど水にとけないので，フラスコ内の気圧はほとんど変化せず，アンモニアのように噴水はできない。

第4問　（ヒトの体のしくみ―血液循環）

基本　問1　①…酸素を運ぶはたらきをもつ赤血球である。②…からだの中に入ってきたウイルスなどをとりこみ，病気を防ぐ白血球である。③…二酸化炭素や栄養分，不要物などを運ぶ液体成分の血しょうである。④…出血したときに，血液を固めるはたらきをする血小板である。

重要　問2　(Ⅰ)　酸素が最も多くふくまれる血液が流れるのは，肺を通過した直後の血液が流れる②の肺静脈である。一方，二酸化炭素が最も多くふくまれる血液が流れるのは，肺に入る直前の血液が流れる①の肺動脈である。

重要　(Ⅱ)　食後の栄養が最も多くふくまれる血液が流れるのは，小腸を通過した直後の血液が流れる④の門脈である。

重要　問3　aは右心房，bは右心室，cは左心室，dは左心房である。アは心臓から肺へと向かう血液が流れる肺動脈，イは全身から心臓にもどる血液が流れる大静脈，ウは心臓から全身へと向かう血液が流れる大動脈，エは肺から心臓にもどる血液が流れる肺静脈である。血液は全身→イ→a→b→ア→肺→エ→d→c→ウ→全身と流れる。全身に血液を送り出すcの左心室の筋肉が最も厚くなっている。aからbへと血液が流れるので，aが収縮するとbは弛緩する。また，aが収縮したとき，dも収縮し，cは弛緩する。

第5問　（天体―太陽の動き，季節と星座）

問1　東にある地点ほど日の出が早く，南中時刻も早くなる。南中時刻は経度1°で4分早くなることから，東経137°の地点での南中時刻は，明石市の南中時刻の$4(\text{分})\times\frac{2(°)}{1(°)}=8(\text{分})$早い時刻である11時52分である。

問2　地球の自転の向きは西から東なので，北半球でも南半球でも太陽は東からのぼって西に沈む。また，太陽が最も高くなるのは，北半球では南の空，南半球では北の空である。影は太陽とある方向と逆向きにできるので，ボリビアにおいて正午の日時計の方角は右の図のようになる。

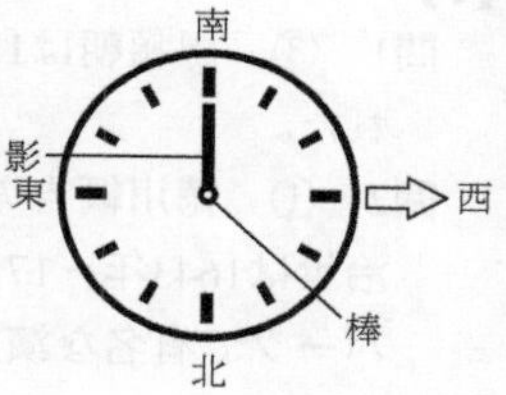

やや難　問3　棒の長さと影の長さが等しいことから，右の図で∠a＝∠b＝45°であることがわかる。北半球の地点における夏至の日の南中高度は，「90－緯度＋地軸の傾き」で求めることができることから，緯度をx(°)とすると，$90-x+23=45$　$x=68$(°)

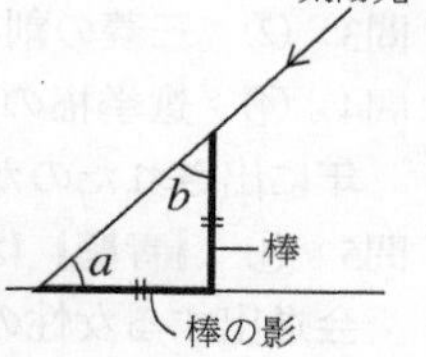

重要　問4　(Ⅰ)　図3で，地球がイの位置にあるとき，太陽と反対側にいて座があるので，イの位置にあるときが夏至とわかる。よって，公転の向きから，ウが秋分，エが冬至，アが春分とわかる。

(Ⅱ)　真夜中に南の空に見える星座は，太陽と反対側にある星座なので，ウの位置の地球で，真夜中に南の空に見える星座はうお座である。

★ワンポイントアドバイス★

全問マークシート方式で，基礎～標準レベルの問題が中心だが，選択肢の中にはやや複雑なものもあるので，読み間違いなどが起こらないように正確に読む練習を重ねておこう。

＜社会解答＞

【1】 問1 ③ 問2 ① 問3 ② 問4 ④ 問5 ④ 問6 ④ 問7 ①
問8 ⑤ 問9 ③
【2】 問1 ③ 問2 ③ 問3 ③
【3】 問1 ④ 問2 ④ 問3 ①
【4】 問1 ③ 問2 ② 問3 ④
【5】 問1 (1) ④ (2) ② 問2 ② 問3 ③ 問4 ④ 問5 ④
【6】 問1 ② 問2 ③ 問3 ② 問4 ② 問5 ① 問6 ③ 問7 ③
問8 ④ 問9 ②
【7】 問1 (1) ③ (2) ② 問2 ③ 問3 ④
【8】 問1 ① 問2 (1) ② (2) ④ 問3 (1) ③ (2) ② 問4 ②
問5 ③
【9】 問1 ② 問2 ① 問3 ④
【10】 問1 ③ 問2 ④ 問3 ④

○推定配点○
各2点×50　　計100点

＜社会解説＞

【1】 （日本の歴史―愛知県にゆかりのある人物に関する問題）

問1 ③ 源頼朝は1159年の平治の乱に父の義朝とともに参加し，平家に敗れ，頼朝は伊豆に流された。

問2 ① 徳川綱吉の治世は1680年から1709年。フランスの絶対王政の絶頂期を築いたルイ14世の治世は1643年～1715年。コロンブスが西インド諸島に到達したのは1492年，リンカーンがゲチスバーグで有名な演説をしたのが1863年，ナイティンゲールが活躍したので有名なのが1853年のクリミア戦争。

問3 ② 三菱の創業者は岩崎弥太郎。

基本 問4 ④ 選挙権の財産制限を無くした普通選挙法は1925年に加藤高明内閣の時に出される。この年に出されたのが治安維持法。治安警察法は1900年，徴兵令は1873年，工場法は1911年。

問5 ④ 『青鞜』は婦人解放運動のために出されたもの。青鞜はストッキングのことで，洋装で社会進出する女性の姿を象徴するもの。

問6 ④ アは源頼朝で，御成敗式目を定めたのは三代目執権の北条泰時。

問7 ① イは吉良上野介義央。赤穂事件は徳川綱吉の時代に起こったもので，綱吉の時代に湯島聖堂がつくられた。2は徳川吉宗，3は田沼意次，4は松平定信。

問8 ⑤ ウは第二次護憲運動の際の護憲三派の憲政会の党首の加藤高明。このときの護憲三派の他は高橋是清の立憲政友会と犬養毅の革新倶楽部。

問9　③　市川房枝は平塚らいてうなどと婦人解放運動を行い，戦後国会議員にもなる。

【2】（日本の歴史－日清戦争から第二次世界大戦の頃の歴史に関する問題）

基本　問1　③　日露戦争は1904年～1905年にかけてのもの。ポーツマスはアメリカの東海岸の北の方にある軍港。日清戦争は1894年～1895年，第一次世界大戦は1914年～1918年，西南戦争は1877年。

問2　③　1936年のオリンピックはベルリンで開催され，ナチスドイツによって世界にその繁栄ぶりやゲルマン人の優秀さを誇示するために利用された。

重要　問3　③　Y　1932年→X　1936年→Z　1937年の順。

【3】（日本の歴史－弥生時代に関連する問題）

問1　④　三内丸山遺跡は縄文時代のもの。

やや難　問2　④　弥生時代には身分の差，貧富の差は存在していた。農耕が始まると，その治水や水路をつくる土木などの技術を指導するものとされるものとで身分の差が生じてくる。また米などの貯えがあるものとないものとでの貧富の差も生じる。

問3　①　朝日遺跡は愛知県清須市と名古屋市の西区にまたがっている。

【4】（時事問題－アフガニスタンに関する問題）

やや難　問1　③　選択肢はいずれもイスラムに関連するものだが，アフガニスタンやパキスタンで勢力を持っているのはタリバン。アルカイダはかつてソ連がアフガニスタンに侵略していた際に，アメリカが資金援助をしてつくった武装組織で，ソ連の撤退後は国際的なイスラム系のテロ組織に発展。ハマスはパレスチナで反イスラエルの武力闘争を行っているイスラム原理主義者の組織。ヒズボラはレバノンを中心に活動を行っているイスラム教シーア派の急進的な組織。

問2　②　アフガニスタンの首都がカブール。ベイルートはレバノンの首都，バグダッドはイラクの首都，テヘランはイランの首都。

問3　④　2001年の9月11日にアルカイダがアメリカで行ったテロ。世界貿易センタービルへハイジャックした旅客機を激突させて倒壊させたほか，数か所でアメリカの施設への攻撃を行った。この事件の後，アルカイダをタリバンがかくまったということでアメリカがアフガニスタンへ軍事侵攻し，タリバン勢力を退けていたが，アメリカが撤退すると再びタリバンがアフガニスタンを支配するようになった。

【5】（公民－三権，地方自治，経済に関連する問題）

重要　問1　(1)　④　裁判員制度は殺人や傷害，強盗，放火といった重大事件の刑事裁判の第一審で実施され，地方裁判所が有権者の中から選んだ裁判員が6人と裁判官3人とが裁判にあたり，地方裁判所で行われる裁判の最初から終わりまで裁判員は裁判官と一緒に様々なことを行うもの。①の弾劾裁判は国会で裁判官の資格を問う裁判を行うもの。②の国民審査は衆議院総選挙の際に行われる，最高裁判所裁判官について，その人物が適切か否かを国民が判断し投票を行うもの。③の違憲審査権は裁判所すべてが持っている，政府の行うことや法律が違憲か合憲かを判断するもの。

(2)　②　地方自治の住民による直接請求で，請求先が選挙管理委員会になるものは，その請求のことを行った場合に選挙が必要になるもので，選挙によって選ばれ公務員の解職や議会の解散を求めるものが該当する。

問2　②　非正規労働者の労働契約や労働条件に関して労働基準法に定められている。

問3　③　図のABCは経済の活動を担う，個別経済（経済主体）で，Aが政府，Bが家計，Cが企業になる。それぞれから出たり，来る矢印の内容を見ていけばわかる。

問4　④　ライフキャリア・レインボーの図を見て，30代から出てくる役割が家庭人，配偶者というものと，その前の20代半ばからの職業人というものとを合わせて考えると当てはまるのが仕事と私生活とのバランスを意味するワーク・ライフ・バランス。

基本 問5 ④ 20歳以上60歳未満が加入義務をもち，みんなで暮らしを支えあう，老後の安心，世代と世代の支えあいという表現とあうのが国民年金。介護保険は40歳以上が加入するもの。

【6】（公民―衆議院選挙に関連する問題）

問1 ② 現在の衆議院議員の定数は，小選挙区選出が289人，比例代表選出が176人の計465人。

重要 問2 ③ 内閣総理大臣は国会議員の中から選出されるもので，衆議院，参議院のどちらからの選出でも構わない。

問3 ② 不景気時には世の中の通貨量は減少し，その動きも鈍るので，景気の対策としては通貨量を増やし市場においての通貨の動きを活発にすることを考えればよい。日銀の金融政策の一つのいわゆる公開市場操作は日銀と一般の銀行との間で国債などの有価証券の売買を行い，市場の通貨量をコントロールするもの。一般の銀行から日銀が有価証券を買い上げれば，一般の銀行の手元の通貨量は増え，そうすれば一般の銀行から世の中の企業や人への貸し付けが増えることが期待でき経済を活性化させることにつながる。逆に景気が過熱している時は，すべてこの逆のことを行う。

問4 ② 資料2の2017年10月と2021年10月の世論調査の結果と照らし合わせてみていけばよい。2017年10月の段階では消費税率を引き上げること自体への反対意見が男女ともに多いが，2021年10月の段階では，消費税率を引き下げることを求める意見の方が少数派になっているのでAがまず当てはまる。また，消費税の税率引き上げに反対していたのは女性の方が多かったのが，引き下げを求めているのは女性の方が少なくなっているのでDが当てはまる。

問5 ① 2021年の段階で，税収の中で最も多いのが消費税になっており，全体の比率でも直接税よりも間接税の比率の方が高くなっている。

重要 問6 ③ Xに当てはまるのが〈う〉の朝鮮民主主義人民共和国で，Yに当てはまるのが〈い〉の中華人民共和国。

基本 問7 ③ 社会権は人間らしく生きる権利であり，その中に含まれるのが教育を受ける権利と勤労権，生存権である。

問8 ④ 憲法改正の改正案は内閣が国会に提出し，国会で衆参それぞれの院の総議員の3分の2以上の賛成が得られれば，それを国民に提案することになり，これが発議になる。

問9 ② 現在の日本国憲法で自衛隊そのものに関する規定は無く，一番関係が深いのが9条になる。

【7】（日本の地理―農業に関連する問題）

重要 問1 Aが北海道，Bが茨城県，Cが鹿児島県，Dが栃木県，Eが宮崎県になる。

問2 ③ 日本のコメの消費量は減少傾向にある。

問3 ④ 人工的につくられた人工海浜は大都市周辺の海辺には数多く存在し，中には砂浜などが作られていて都会の人々の憩いの場になっているところもある。

【8】（総合問題―温暖化に関連する地理と歴史の問題）

問1 ① 第二次世界大戦後にイギリスからインドやその周辺の国々が独立した際に，宗教で国が分かれた。インドはヒンドゥー教徒が中心で，仏教徒が中心なのはスリランカ。

問2 (1) 18世紀中ごろに産業革命を世界に先駆けて成し遂げたのはイギリス。当時のイギリスはインドから綿織物を輸入しており，インド産の綿織物は上質だが，手作りのため高価であった。そこで，その上質の綿織物を安く大量に生産できないかというのがイギリスの産業革命の始まり。

(2) ④ 一般に産業革命とは，ただ工業が急激に進歩するだけではなく，そこに動力の大きな変化が絡んでくる。18世紀のイギリスの産業革命では綿織物をつくるうえで重要な糸を作る機械と機織機が急速に進化し，そこに動力が人力であったのが蒸気機関へと変化して飛躍的に生産性が上がった。

問3 (1) ③ いわゆる温室効果ガスとは，大気圏内の熱を宇宙空間へ放出するのを妨げ，熱を蓄える性質をもつもので，代表的なものとしては二酸化炭素やメタンガスがある。人類が化石燃料を燃やして熱や動力のエネルギーを得るようになり，20世紀以後，急速に二酸化炭素の排出量が増え，そのために地球の温暖化が進んだとされている。 (2) ② 火力発電所の中でも石炭を燃やすものは特に二酸化炭素の排出量が多い。

基本 問4 ② パリは西岸海洋性気候で，年間の気温の変化は比較的小さく温暖であり，降水量も年間通して変化が少ないのが特徴でBのグラフが当てはまる。ローマは地中海性気候で，比較的温暖で，降水量は夏は極端に少なく，冬に多くなるのが特徴で，Aのグラフが当てはまる。Cは冬の気温が氷点下になっている冷帯の気候のもの。Dは温暖湿潤気候だが，南半球のものになる。

重要 問5 ③ BRICSはブラジル，ロシア，インド，中国，南アフリカの各国の国名の頭文字をあつめたもの。この中で南アメリカ州のものはブラジルで，表の3。ブラジルは鉄鉱石の産出が多く，日本もブラジルから多く輸入している他，日本がブラジルと合弁で作った製鉄所がブラジルにある。1はインド，2は中国，4はロシア，5は南アフリカになる。

【9】 (地理－地形図に関する問題)

問1 ② 扇状地は川が山間から平地に出てくるところに形成される地形で，粒子の粗い土砂が堆積し，比較的水はけが良いのが特徴。三角州は川の河口にできるもので，粒子の細かい土砂が堆積し，水はけはやや悪いのが特徴。カルデラは火山活動によってできる窪地，カルストは石灰石が多くみられる地形である。

問2 ① 百瀬川は，地図の左端から図の右上に向かっているのが等高線を見ていけばわかる。右上に向かっているのでこの場合には北東方向へ流れている。

やや難 問3 ④ 図の中央のやや右に病院があり，その病院から左の西側を見ると，針葉樹林 Λ や広葉樹林 Q がある。①は大きな道路が図の中では線路や川とは交差していない。②は近江中庄駅の北には発電所 ☼ はない。③は図の上の方にある小学校 文 と駅の間には図書館や市役所はない。図書館は小学校のすぐ北にある。

【10】 (地理－南北アメリカに関連する問題)

問1 ③ Aはブラジル。ブラジルを流れる世界最大規模の河川はアマゾン川で，その流域に広がる熱帯雨林をセルバという。①のサヘルはアフリカのサハラ砂漠の南側の地域。②のタイガは冷帯気候のところに広がる針葉樹林なので，ブラジルにはない。④のプレーリーはアメリカのミシシッピ川の中上流域に広がる肥沃な土壌のところ。⑤は南米大陸の太平洋側に延びるアンデス山脈の周辺の様子。

問2 ④ Bはアメリカ。アメリカのサンベルトの地域は綿花栽培が多い。小麦の栽培はサンベルト以北のアメリカの内陸部に多い。

基本 問3 ④ Cはペルー。南米大陸の多くの国はかつてスペインの植民地であり，スペイン語を公用語とするところが多く，ペルーはもちろんそうである。

★ワンポイントアドバイス★

試験時間に対して，問題数が多く，読み考えることが求められる設問も多いので，悩むものは飛ばすなどして進めることが必要。選択肢で正解がすぐに選べない場合は消去法で正解でないものを消していった方が選びやすいものもある。

＜国語解答＞

一 問1 ⓐ ① ⓑ ⑤ ⓒ ② 問2 甲 ① 乙 ② 問3 ④ 問4 ⑤
問5 ① 問6 ③ 問7 ④ 問8 ⑤ 問9 ② 問10 ① 問11 ③

二 問1 ⓐ ⑤ ⓑ ⑤ ⓒ ④ 問2 ④ 問3 ③ 問4 ② 問5 ③
問6 ⑤ 問7 ② 問8 ① 問9 ② 問10 ④ 問11 X ③ Y ④

三 問1 ④ 問2 ⑤ 問3 ア ⑦ イ ① 問4 ③ 問5 ① 問6 ④
問7 ⑤ 問8 ②

○推定配点○
一 問1・問2・問5 各2点×6 他 各3点×8 二 問1 各2点×3 他 各3点×11
三 問1・問5 各2点×2 他 各3点×7 計100点

＜国語解説＞

一 **(論説文ー大意・要旨，内容吟味，文脈把握，指示語，接続語，脱語補充，漢字の読み書き，語句の意味，熟語)**

基本 問1 波線ⓐ「敢行」，①「敢闘」②「簡単」③「閑散」④「歓迎」⑤「慣例」。波線ⓑ「糾弾」，①「供給」②「救急」③「急行」④「窮状」⑤「紛糾」。波線ⓒ「アザムく」，①「嘯く」②「欺く」③「傅く」④「導く」⑤「赴く」。

問2 空欄甲には直前の内容に続く内容がつけ加えられているので「そして」，空欄乙には直前の内容を言い換えた内容が続いているので「つまり」がそれぞれ入る。

問3 「業(ごう)を煮やす」は物事が思うように進まず腹を立て，いらだつ，という意味。

問4 「煙(けむ)に巻く」は相手に考えさせず，ごまかすという意味。

問5 傍線Cと①は似た意味をもつ漢字を重ねた構成。②は上の字が下の字を修飾している構成，③は下の字が対象や目的を示す構成，④は主語・述語の構成，⑤は反対の意味をもつ漢字を重ねた構成。

重要 問6 傍線D直後でDの説明として，室町時代，大名の「イエ」は独立したものとして幕府も簡単に介入できない領域だったことを述べているので，このことを踏まえた③が適切。④の「法令があった」ことは述べていないので不適切。D直後の内容を踏まえていない他の選択肢も不適切。

問7 傍線Eの「禁裏(きんり)」は自由に出入りすることが固く禁じられた神聖な領域という意味で，天皇の住居のことである。

重要 問8 傍線FはF前の「同じ心情」すなわち，「ひとたび屋形に駆け込まれて保護を『憑』まれた場合，それを無視するのは望ましいことではない」という心情のことなので，⑤が適切。F前で述べている心情を説明していない他の選択肢は不適切。

問9 空欄Gは「室町時代に成立した芸能」で「狂言」の役柄である「太郎冠者や次郎冠者」とあるので②が適切。

問10 空欄Hには生かすも殺すも，与えることも奪うことも自分の思うままになる，絶対的な権力を握っていることという意味の①が入る。②は善事をすすめ，悪事をこらしめること。③はどうしても逃れられない困難な場合や立場にあること。④は名ばかりで実質が伴っていないこと。⑤は物事の順序や立場などが逆転すること。

やや難 問11 両伝奏が「和解させようとした」り「天皇の『勅諚』」を発したりしても，正親町実胤は「(犯人は)立ち去っている」の一点張りでどうにもならなかったことを述べているので，③の「実力で排除してる」は適切でない。他はいずれも適切。

二 （小説－情景・心情，内容吟味，脱文・脱語補充，漢字の読み書き，語句の意味，品詞・用法）

基本 問1　波線ⓐ「奮闘」，①「応答」　②「糖質」　③「浸透」　④「陶器」　⑤「闘病」。波線ⓑ「感慨」，①「生涯」　②「外観」　③「概略」　④「該当」　⑤「憤慨」。波線ⓒは飾りけがなく，自然のままであること。

問2　傍線A後で，「いい子」でいることで母が他の人にそのことを「話すのを聞くたび，誇らしい気持ちになった」という咲耶の心情が描かれているので④が適切。A後の心情を踏まえていない他の選択肢は不適切。

問3　傍線Bと③は打消しの助動詞。①・②・⑤は形容詞，④は形容詞「なにげない」の一部。

問4　傍線Cは店主の「『心の中に流れてる曲を使います』」という話に「首をひねっ」たことに加え，その曲は母親ではなく「音楽を聴くことのできない兄」の心の中に流れている曲を使うと話していたことに対するものなので，②が適切。「心の中に流れている曲」を使うということと「音楽を聴くことのできない兄」の心の中の曲を店主が聴きとるということを説明していない他の選択肢は不適切。

問5　傍線Dは，店主が「心の中に流れている曲」を聴きとったことを兄は信じているが，「母ははじめから曲目を指定していたのではないだろうか」という推測のことなので③が適切。D前の咲耶の心情を踏まえていない他の選択肢は不適切。

問6「水を差す」は熱い湯や濃いものに水を入れて，ぬるくしたり薄めたりすることから，物事がうまくいっているときに邪魔をするという意味。

重要 問7　傍線Fは，咲耶がどのように推測しようとも「あのオルゴールが兄と母にとって特別な思い出になっていることに変わりはないのだ」という気持ちとともに，拗ねたりいじけたりするような「子どもじみたまねはできない」という心情のことなので，このことを踏まえた②が適切。オルゴールが「兄と母にとって特別な思い出」であることを説明していない他の選択肢は不適切。

やや難 問8　あのオルゴールが兄と母にとって特別な思い出であることに咲耶は疎外感を抱いていたが，「『咲耶が生まれてからは，(母親が)よく笑うようになった』」ということを不意打ちで兄から聞いた後，「相槌を打ちそこねた」「目をそらし」といった様子から咲耶の気恥ずかしさが読み取れるので①が適切。オルゴールの思い出に対する疎外感，兄の言葉に気恥ずかしさを感じていることを説明していない他の選択肢は不適切。

問9「兄のお気に入りだ。……」で始まる段落にあるように，兄はオルゴールの音を耳で聴くかわりに目でみるので，空欄Hにも②が入る。

問10　空欄Iの「旋律」は，咲耶が「よく知っている。ずっとずっと，昔から」というものなので④が適切。

重要 問11　空欄Xは，本来大人が担うような家事や家族の世話などを日常的に行っている子どもという意味で③が入る。①は多様な働き方を指す言葉。②はハンディのある人が日常生活を営めるように支援などをするのを仕事とする人で，ソーシャルワーカーともいう。④は悩みなどをもつ人と対話などをするカウンセリングを職務とする人。⑤は性的マイノリティ（性的少数者）を表す総称のひとつ。空欄Yは，咲耶が「『いい子』でいるように心がけていた」などと描かれていることから④が入る。

三 （古文－内容吟味，脱語補充，仮名遣い，口語訳，文学史）

〈口語訳〉　Ⅱ　現在では，黒いものを鈴虫と呼び，柿の種のようなものを松虫と呼ぶけれども，元々はりんりんと鳴くのは松虫で，ちんろりと鳴くのは鈴虫なので，取り違えてしまったともいう。虫を売っている所へ行き，松虫を買おうと思ったら，「鈴のほうを」というのである。一人一人に向かって，「これは間違っている。黒いほうが松虫だ」と教えても，皆がそれと違っているので，売るほうもどうしてよいかわからないだろう。行燈をちょうちんと言いたくても，なにもできはしない。これも誤りが習慣となって，世間で使われるようになったのだ。

基本 問1 Ｉの歌詞に「松虫」「鈴虫」「夜長」とあるので，空欄Aには④が入る。

問2 「さね」は果実の種のこと。

問3 空欄ア・イには「くろきもの……松むしといへども」とは反対の内容が入り，Ｉの童謡を参考にすると「松虫」＝ちんちろりん，「鈴虫」＝りんりんとは反対になるので，アには「もとはりんりんとなく」⑦，イには「ちんろりとなく」①がそれぞれ入る。

重要 問4 傍線Cの「せん方」は，なすべき方法，手段，「なかる」は形容詞「ない」の連体形，「べし」は推定の助動詞なので③が適切。

問5 歴史的かなづかいの「ア段＋う」は現代かなづかいでは「オ段＋う」になり，拗音の「や・ゆ・よ」は小さい「ゃ・ゅ・ょ」になるので「ちやうちん」→「ちょうちん」となる。

問6 文末が已然形の「るれ」で結ばれているので，係り結びの法則により空欄Eには④が入る。

やや難 問7 鈴虫と松虫，行燈とちょうちんを取り違えてしまったように，誤りが習慣となって世間で使われるようになっていることを述べているので⑤が適切。違う呼び名が定着してしまうことを説明していない他の選択肢は不適切。

問8 本文の筆者で「寛政の改革」を行ったのは②。①は江戸幕府の第8代征夷大将軍。③は天保の改革の指導者。④は江戸時代の「正徳の治」を行った儒学者，政治家で著書に『折たく柴の記』などがある。⑤は江戸時代の浮世草子・人形浄瑠璃作者，俳諧師で著書に『好色一代男』などがある。

★ワンポイントアドバイス★

小説では，どのような心情であるかを具体的な描写から丁寧に読み取っていこう。

2021年度

★★★★★★★★★★★★★★★★★★★★★★★

入　試　問　題

2021年度

椙山女学園高等学校入試問題

【数　学】（45分）　　＜満点：100点＞

【注意】［1］問題の文中の (1) ，(2)(3)(4) などには，数字（0～9）または符号（±，－）が入ります。例えば，(1) に5，(2)(3)(4) に－83と答えたいときは右の図のようにマークします。原則，⑴，⑵，…には，数字または符号を一つずつマークしますが，（複数マーク可）と記されている問題は複数マークしてもよい。

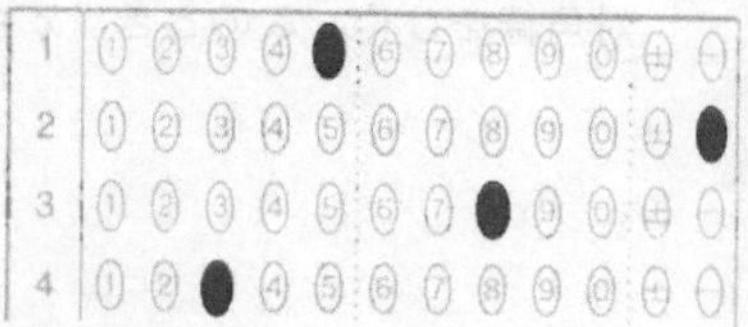

［2］分数の形で解答する場合，符号は分子につけ，分母につけてはいけません。

例えば $\dfrac{(5)(6)}{(7)}$ に $-\dfrac{4}{5}$ と答えたいときは，$\dfrac{-4}{5}$ として答えなさい。

また，分数はそれ以上約分できない形で答えてください。

例えば，$\dfrac{3}{4}$，$\dfrac{2a+1}{3}$ と答えるところを，$\dfrac{6}{8}$，$\dfrac{4a+2}{6}$ のように答えてはいけません。

［3］小数の形で解答する場合，指定された桁（けた）数の一つ下の桁（けた）の数を四捨五入して答えてください。また，必要に応じて，指定された桁（けた）まで⓪にマークしてください。

例えば，(8).(9)(10) に2.5と答えたいときは，2.50として答えなさい。

［4］根号を含む形で解答する場合，根号の中の自然数が最小となる形で答えなさい。

例えば，$4\sqrt{2}$，$\dfrac{\sqrt{13}}{2}$ と答えるところを，$2\sqrt{8}$，$\dfrac{\sqrt{52}}{4}$ のように答えてはいけません。

1　次の各問いについて，(1) ～ (18) に適する符号や数をマークしなさい。

［1］$3^2-(-3)^2\times(-3^2)$ を計算すると (1)(2) である。

［2］連立方程式 $\begin{cases}3x+4y=-19\\5x-6y=19\end{cases}$ の解は $x=$ (3)(4)，$y=$ (5)(6) である。

［3］2次方程式 $3x^2-2x-9=0$ の解は $x=\dfrac{(7)\pm(8)\sqrt{(9)}}{(10)}$ である。

［4］$(\sqrt{2}+3)^2-\dfrac{\sqrt{72}}{2}$ を計算すると (11)(12) ＋ (13)$\sqrt{(14)}$ である。

［5］y は x に反比例し $x=\dfrac{1}{2}$ のとき $y=4$ であるという。$y=-\dfrac{1}{2}$ のとき，x の値は (15)(16) である。

［6］男子15名，女子17名のクラスで10点満点の小テストを実施したところ，男子の平均点が7点，クラス全体の平均点は8点であった。このとき，女子の平均点は，小数第2位を四捨五入すると (17).(18) である。

2 次の各問いについて，[(19)] ～ [(30)] に適する数をマークしなさい。

［1］ 底面の円の半径が2㎝である円錐の展開図において，側面のおうぎ形の中心角が96°であるとき，円錐の母線の長さは $\dfrac{\boxed{(19)(20)}}{\boxed{(21)}}$ ㎝である。

［2］ 1辺を共有する正三角形と正五角形があり，右の図のように対角線をひく。このとき，$x=$ [(22)(23)] である。

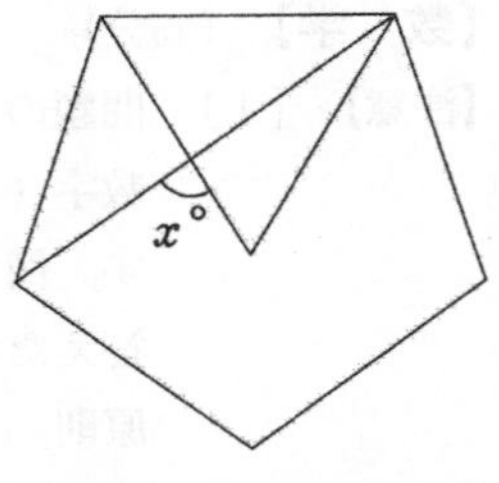

［3］ 下の図のように，2本の直線に接している3つの正方形A，B，Cがあり，AとB，BとCがそれぞれ互いに接している。A，Cの1辺の長さがそれぞれ5㎝，15㎝であるとき，Bの1辺の長さは [(24)] $\sqrt{\boxed{(25)}}$ ㎝である。

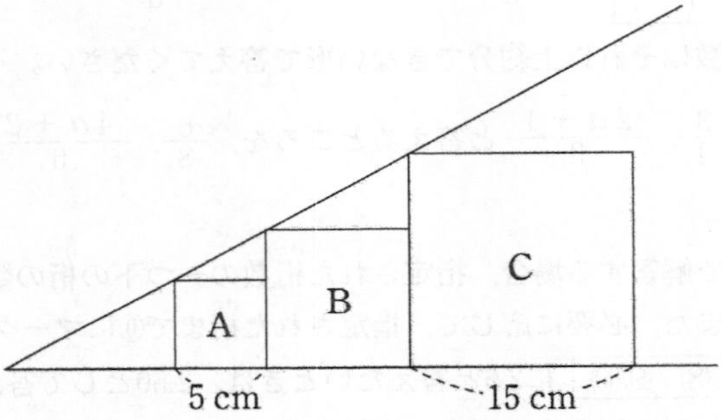

［4］ アルファベットの書かれた4枚のカード[b]，[c]，[d]，[e]がある。この4枚のカードをよくきってから続けて3枚ひき，ひいた順に左から並べて3文字の文字列をつくる。

このとき，この文字列がbedとなる確率は $\dfrac{\boxed{(26)}}{\boxed{(27)(28)}}$ である。

［5］ 右の表は，ある高校の1年A組とB組の全生徒を対象に1日あたりのスマートフォンの使用時間を調査し，その結果を度数分布表に整理したものである。この度数分布表について，下の①～④のうち，正しく述べているものは [(29)] である。（ただし，1つのみマークしなさい。）

階級（時間）	度数（人）	
	A組	B組
0 以上 ～ 0.5 未満	2	2
0.5 ～ 1	5	7
1 ～ 1.5	10	10
1.5 ～ 2	11	12
2 ～ 2.5	4	3
2.5 ～ 3	3	3
計	35	37

① A組とB組の最頻値は等しい。

② A組とB組の中央値は等しい。

③ A組とB組の1日あたりのスマートフォンの使用時間が1.5時間以上の生徒の人数は等しくない。

④ 1時間以上1.5時間未満の階級について，A組とB組の相対度数は等しい。

［6］ 下の①～④のうち，正しく述べているものは (30) である。(ただし，1つのみマークしなさい。)

① 循環小数$2.\dot{0}2\dot{1}$は無理数である。

② 三角形の3つの外角の和は180°である。

③ 自然数とは0以上の整数のことである。

④ 5の平方根は$\pm\sqrt{5}$である。

3 次の文を読んで，以下の各問いに答えなさい。

数やものの集まりを集合といい，集合どうしの関係を図に表して考える。例えば，自然数全体の集まりを「自然数の集合」といい，自然数はすべて整数であるので，自然数の集合は「整数の集合」に含まれるという。この関係は右の図のように表すことができる。

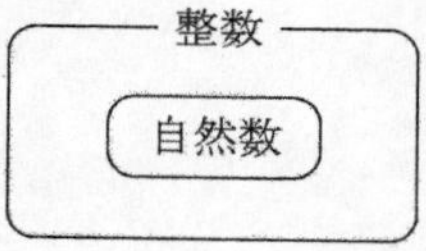

［1］ 次の①～⑥のうち，集合どうしの関係が正しいものをすべて選び (31) にマークしなさい。(複数マーク可)

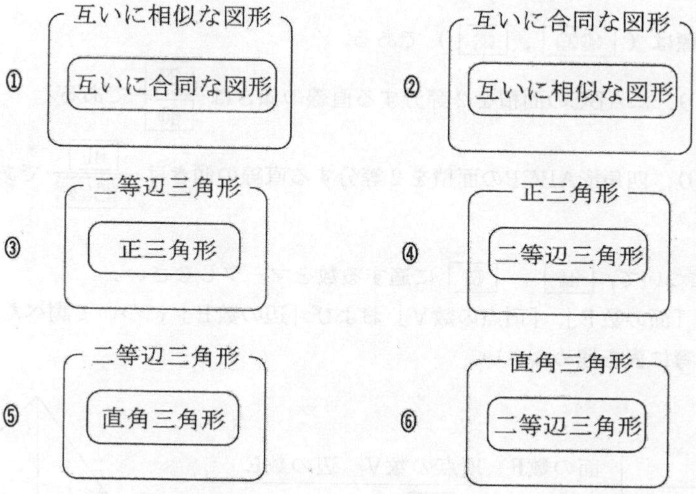

［2］ 四角形の集合どうしの関係について，下の図の(32)～(35)として最も適切なものを次の①～④から選び (32) ～ (35) にマークしなさい。

ただし，(33)，(34)の解答の順序は問わない。

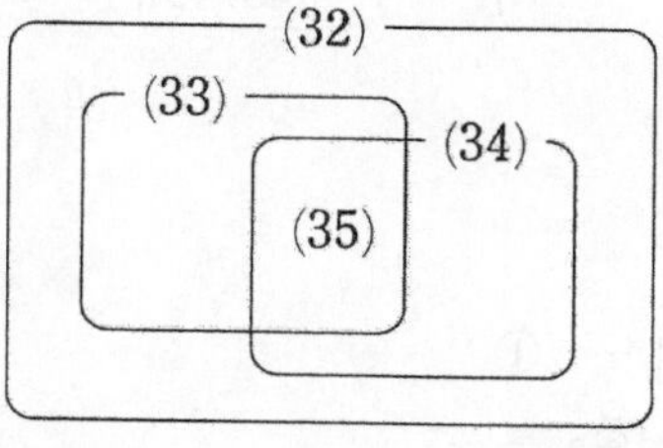

① 正方形　② 長方形　③ ひし形　④ 平行四辺形

4 下の図で点A（2，9），B（−3，0），C（0，−3）である。y 軸と直線ABの交点をD，x 軸と直線ACの交点をEとする。また，△ABCと△PBCの面積が等しくなるような点Pを x 軸上にとる。ただし，点Pの x 座標は正とする。
このとき，次の [36] ～ [43] に適する符号や数をマークしなさい。

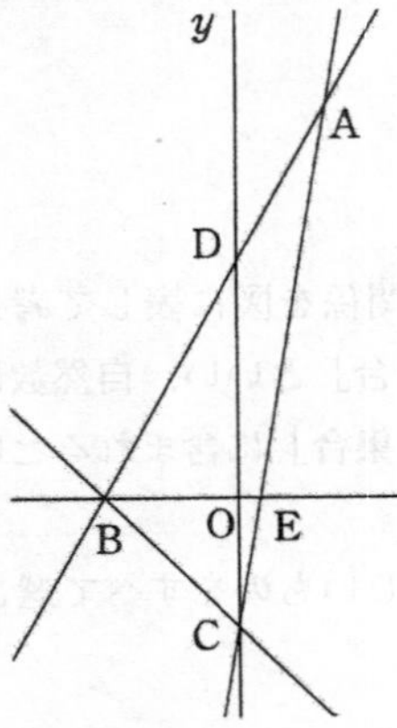

［1］ 点Pの座標は（ [36][37] ， [38] ）である。

［2］ 点Bを通り，△ABCの面積を2等分する直線の傾きは $\dfrac{[39]}{[40]}$ である。

［3］ 点Bを通り，四角形ABCPの面積を2等分する直線の傾きは $\dfrac{[41]}{[42][43]}$ である。

5 次の各問いについて， [44] ～ [60] に適する数をマークしなさい。

［1］ 多面体の「面の数F」，「頂点の数V」および「辺の数E」について調べた。

［i］ 図を参考に表を埋めなさい。

	面の数F	頂点の数V	辺の数E
4面体	4	[44]	6
直方体	6	8	[45][46]
8面体	8	[47]	12
6角錐	7	7	[48][49]

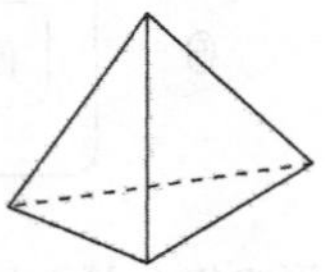

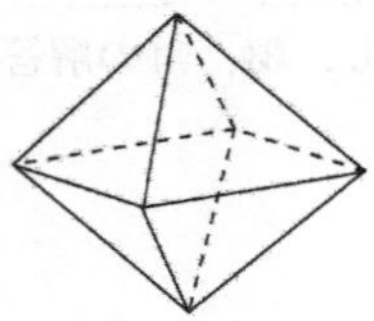

［ii］ 一般に多面体では，

等式　F＋V－E＝ [50] … ①

が成り立つことが知られている。

［2］ 正4面体や正8面体のように，全ての面が正三角形でつくられる正多面体について考える。
例えば正8面体では，

1つの頂点には4つの正三角形が集まっているので，

「面の数F」＝「頂点の数V」× 4 ÷ $\boxed{(51)}$ であり，

また，1つの頂点には4本の辺が集まっているので，

「辺の数E」＝「頂点の数V」× 4 ÷ $\boxed{(52)}$ である。

以上のことを参考に，1つの頂点が5つの正三角形でつくられる正多面体が正何面体であるかを求める。

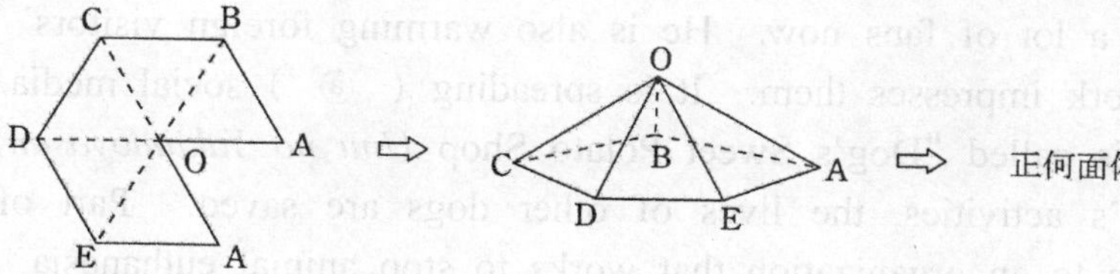

1つの頂点には5つの正三角形が集まっているので，

面の数をF，頂点の数をVとすると，

$$F=\frac{5V}{\boxed{(53)}}\cdots②$$

また，1つの頂点には5本の辺が集まっているので，辺の数をEとすると，

$$E=\frac{5V}{\boxed{(54)}}\cdots③$$

となり，②と③を①へ代入して，$V=\boxed{(55)(56)}$ となる。

②より，$F=\boxed{(57)(58)}$

つまり，1つの頂点が5つの正三角形でつくられる正多面体は

正 $\boxed{(59)(60)}$ 面体であることが分かる。

【英　語】（50分）　　＜満点：100点＞
【注意】 リスニングテストは，【K】～【L】です。

【A】 次の英文を読み，あとの問いに答えなさい。

Do you know a dog selling baked sweet potatoes in Sapporo? The dog's name is Ken. He is a male Shiba Inu dog that lives in this city. The dog is 4 years old, and has a lot of fans now. He is also warming foreign visitors' hearts. His interesting work impresses them. It is spreading (ⓐ) social media.

The shop is called "Dog's Sweet Potato Shop (*Inu no Yakiimoyasan*)." Thanks (ⓑ) Ken's activities, the lives of other dogs are saved. Part of the shop's sales is given to an organization that works to stop animal euthanasia. People call it "the shop for the dogs by a dog."

The shop opened in November 2018 and became more famous after it was shown on a Japanese TV program in 2019. The idea for the shop came to Murayama Sonoto, a 43-year-old president of "*Yotsuba no kai.*" It is an NPO established in 2010. It gives welfare services to people with disabilities, and encourages them to be independent.

How did *Yotsuba no kai* begin selling baked sweet potatoes? At first, the group baked hot sweet potatoes for its staff three years ago, and the staff were very glad to have them. Then Murayama gave them out at a nursing home that is near the office of *Yotsuba no kai.*

He thought that his baked sweet potatoes could make people happy. He thought, "A regular shop will not attract the customers. How about giving a job as a shop owner to a dog? Ken is a very friendly dog, so I want him to look (ⓒ) the shop."

Murayama built a small shop in November 2018. It is often very cold in Sapporo, but the shop is warm and comfortable because of a heater. It opens at 11 a.m. from Monday to Friday. The store is closed for an hour at noon and opens again from 1 p.m. until 3 p.m. Customers pay 200 yen for one potato and throw the coins in a hole of the wall and the coins get into a special box.
The shops with no staff cannot be seen abroad (X) they are common in the country of Japan. So, the shop has become popular among foreigners. In this shop, a notebook is set and it has a lot of messages in foreign languages, such as English, Chinese, and so on.

Animal euthanasia is a very big problem in Japan. Sadly, more than 40,000 dogs and cats are killed every year. To support the groups working to protect abandoned pets, Murayama donated part of his shop's sales to them. To improve his activities, Murayama opened a website the next year, and has sold goods of

Ken, such as bags and T-shirts on the Internet.

Murayama said, "Dogs help everyone. It will be great (Y) there are more shops like this. Dogs can do something to our society, too. I hope this place will bring us smile and happiness by helping each other."

注） baked sweet potatoes 焼いも　male 雄の　is warming 暖めている
social media ソーシャルメディア　activities 活動　organization 組織
animal euthanasia 動物の殺処分　president 会長（代表）　NPO 非営利組織
established 設立された　welfare services 福祉事業　disabilities 障害
independent 自立して　nursing home 高齢者福祉施設　regular 普通の
a shop owner 店長　comfortable 居心地がいい　common よくある
abandoned 捨てられた　donated 寄付した　society 社会

問１　文中の（ⓐ）～（ⓒ）に入る語の組み合わせとして最も適切なものを次の①～④から１つ選び，その番号をマークしなさい。［マーク番号１］

① (ⓐ to　ⓑ on　ⓒ for)　② (ⓐ to　ⓑ at　ⓒ after)
③ (ⓐ through　ⓑ with　ⓒ in)　④ (ⓐ through　ⓑ to　ⓒ after)

問２　本文の内容に関する次の質問に対する答えとして最も適切なものを次の①～④の中から１つ選び，その番号をマークしなさい。［マーク番号２］

Question　Why are other dogs saved by Ken's activities?

① 殺処分を逃れた他の犬もこの店に協力するから。
② 利益の一部が動物の殺処分防止に使われるから。
③ メディアを通して多くの人が動物の殺処分防止を呼びかけているから。
④ 犬が働くことで動物の殺処分防止を呼びかける人が増えているから。

問３　次の質問に英語で答えるとき，最も適切な答えを次の①～④から１つ選び，その番号をマークしなさい。［マーク番号３］

Question　How many hours does Ken work in a day from Monday to Friday?

① two hours　② three hours　③ four hours　④ five hours

問４　本文の内容に関して，Ken の焼いも屋の店内にないものを次の①～④から１つ選び，その番号をマークしなさい。［マーク番号４］

① bags and T-shirts for sale　② a notebook　③ a heater　④ a special box

問５　文中の空所Ｘ，Ｙに入る最も適切なものを次の｛　｝内の①～④からそれぞれ１つずつ選び，その番号をマークしなさい。　Ｘ［マーク番号５］　Ｙ［マーク番号６］

X｛ ① because　② that　③ although　④ how ｝
Y｛ ① until　② before　③ although　④ if ｝

問６　次の英文の中で，本文の内容と一致するものをあとの①～⑥から２つ選び，その番号をマークしなさい。［マーク番号７，８］

① Murayama sold baked sweet potatoes to the staff at a nursing home and he got an idea for Ken's shop.
② The baked sweet potato shop was first shown on a foreign TV program.
③ Ken's shop has become popular not only among people in Sapporo but also

among foreign people.

④ Customers pay 200 yen to a staff at Ken's shop if they want to buy a baked sweet potato.

⑤ Many foreigners visit Ken's shop because the shops with no staff are not common in their countries.

⑥ Murayama opened a website to sell the baked sweet potatoes more.

【B】 次の英文を読み，あとの問いに答えなさい。

The pyramids of Giza are very famous as one of the Seven Wonders of the World. For many years, the pyramids have been symbols of Egyptian cultures. But who actually built them? We did not know about if for centuries. But these days, archeologists (ⓐ)an ancient village near the pyramids. There was also a cemetery, and people who built pyramids were buried there. From studying these places, archeologists are quite sure that the pyramids were built not by slaves or foreign people but Egyptian people.
㋐{ ① to / ② eighty / ③ took / ④ build / ⑤ about / ⑥ years ⑦ it} the pyramids. Archeologists say that about twenty thousands－thirty thousands people were working to finish building the pyramids. Each worker had different jobs. Some dug up the rock, some moved it, and some (ⓑ) it into blocks. People also worked on different teams, and they had their own names. On a wall in Khufu's Great Pyramid, (A), a group of workers wrote "Friends of Khufu" Each team often tried to do the job faster than the others.

Life for these workers was very hard. A scientist says, "We can see that in their bones." The bones show signs of arthritis. The cause was to carry heavy things for a long time. Archeologists have also found many women's bones there. The damage to their bones is similar to the men's. The women's lives were perhaps even harder: men lived to age 40-45, but women to only 30-35.

The work was so challenging, but the Egyptians (B) their work. "They were building the tomb of their king," says an Egyptian archeologist. "They were building their own country, Egypt. It was a national project, and everyone was one of the important members for the project"

注） The pyramids of Giza ギザのピラミッド　Seven Wonders of the World 世界の七不思議
Egyptian エジプトの，エジプト人　centuries 数世紀　archeologists 考古学者
ancient 古代の　cemetery 墓地　were buried 埋葬された　slaves 奴隷
dug up the rock 岩を掘り起こした　Khufu's Great Pyramid クフ王の大ピラミッド
bones 骨　arthritis 関節炎　challenging やりがいのある　tomb 墓

問１ 本文の内容に合うように，文中の（ⓐ），（ⓑ）に当てはまる語の組み合わせとして最も適切なものを次のページの①～④から１つ選び，その番号をマークしなさい。［マーク番号９］

① ⓐ：disappointed　ⓑ：shouted　② ⓐ：discovered　ⓑ：caught
③ ⓐ：disappeared　ⓑ：sold　④ ⓐ：discovered　ⓑ：cut

問2　本文の内容に合うように，文中の（A），（B）に当てはまる語の組み合わせとして最も適切なものを次の①～④から1つ選び，その番号をマークしなさい。[マーク番号 10]

① A：as soon as　B：were made from
② A：by the way　B：were made of
③ A：for example　B：were proud of
④ A：for the first time　B：were angry with

問3　下線部アが「このピラミッド群を建設するのには約80年かかった。」という意味になるように｛　｝内の語を並べかえた時，（※1），（※2）の位置に入る語を次の①～⑦から選び，その番号をマークしなさい。

なお，文頭に用いる語も小文字で示してあります。[※1　マーク番号11]，[※2　マーク番号12]

{(　　)(　　)(※1)(　　)(　　)(※2)(　　)} the pyramids.

{① to / ② eighty / ③ took / ④ build / ⑤ about / ⑥ years ⑦ it} the pyramids.

問4　次の文の中で，本文の内容と一致しているものを次の①～⑥から2つ選び，その番号をマークしなさい。[マーク番号13，14]

① ピラミッドの近くには墓地があり，その国を治める歴代の王達が埋葬されていた。
② ピラミッドを作ったのは，外国人や奴隷ではなく，ごく普通のエジプト人であった。
③ ピラミッドを建設するのに，20万人から30万人の労働者たちがその仕事に従事した。
④ 人々はそれぞれ名前をもつチームで作業を行い，互いの仕事場所を奪い合った。
⑤ 当時のエジプトでは，男性の生活より，女性の生活の方が過酷だったことが，寿命からうかがえる。
⑥ 当時のエジプトの労働者たちは，王の墓をつくることで賃金を得ていた。

問5　この文章のタイトルとしても最も適切なものを次の①～④から1つ選び，その番号をマークしなさい。[マーク番号15]

① Where were the pyramids of Giza a long time ago?
② How were the pyramids of Giza built?
③ Why did the king of Egypt die?
④ When did the king of Egypt build the pyramids?

【C】 次の3つの対話文を完成させるとき，（X），（Y）に入る最も適切なものをそれぞれあとの①～④から1つずつ選び，その番号をマークしなさい。

対話1

A：Excuse me.　I have to write a paper about the history of this city.
　Do you have any books about it?
B：(　X　)
A：Can I take the books out of this library?
B：If you live in this city, you can.
A：I do.

B：All right. Then, (Y)

X ［マーク番号16］

① You're welcome.

② No, I won't write a paper.

③ Sure. I'll show you some.

④ I'm sorry, but I can't

Y ［マーク番号17］

① you cannot read them at home.

② I should leave here.

③ I'm afraid you can't.

④ please write your name in this card.

対話２

A：Happy birthday Lisa!

B：Thank you! (X)

A：Of course, l did.

B：I didn't ten you when my birthday was.

A：Your brother told me that two weeks ago. This is a present for you.

B：Oh! I can't wait! (Y)

A：Sure. I hope you will like it.

X ［マーク番号18］

① Did you remember my birthday?

② Did you remember your birthday?

③ I'm so sad to hear that.

④ I'm very sorry, but I don't know it.

Y ［マーク番号19］

① Happy birthday to you!

② Did you open your present?

③ Can I open it now?

④ You're welcome.

対話３

A：I can hear your voice but cannot see you on my computer.

B：Really? What's the problem with my computer?

A：(X)

B：I'll try. — Can you see me?

A：I can see you now.

B：O.K. Let's start the meeting. What should we talk about today?

A：About the school festival next month. What do you want to do in the festival?

B：(Y)

X ［マーク番号20］

①I should speak with big voice so that you can hear me.

②You should use the camera on your computer.

③This computer is yours.

④OK, let's take a picture of me now.

Y ［マーク番号21］

①I don't think so.

②Let's go to the festival together next month.

③I cannot wait to go to an amusement park.

④Singing in a chorus is good for me.

【D】 次の英文中の［ ］にあとの(ア)～(エ)を並べかえると意味の通る文章が完成する。このときの(ア)～(エ)の順序として最も適切なものを，次の①～④から１つ選び，その番号をマークしなさい。

問１ ［マーク番号22］

When we think of a soccer ball, we remember the black-and-white ball. But the first soccer ball was not like that. ［ ］ Nowadays, soccer balls in many colors are used and sold all over the world.

(ア) A few years later, the black-and-white soccer ball which was made by the Japanese company was used in the World Cup for the first time.

(イ) At that time in Japan, soccer was played on the ground, and it was not covered with green grass, so it was very difficult to find the brown ball.

(ウ) In the early 19th century, the first soccer ball was made of brown leather.

(エ) In 1966, a Japanese company company changed the color of balls, because it was easy to find a new ball on dirty ground after rain.

① (ウ)→(イ)→(エ)→(ア)　② (ア)→(ウ)→(エ)→(イ)　③ (ウ)→(エ)→(ア)→(イ)　④ (イ)→(ウ)→(ア)→(エ)

問２ ［マーク番号23］

At the beginning of 1900's, many Japanese people decided to move to Brazil as the immigrants. ［ ］ But the Japanese worked very hard there, so some of them could have their own coffee farm.

注） immigrants 移民

(ア) At that time, many Japanese farmers were poor in Japan, and there were few workers in Brazil.

(イ) It was very difficult for them to work in a different culture.

(ウ) After arriving in Brazil, the Japanese immigrants started to work on coffee farms.

(エ) So many Japanese people hoped to move to Brazil to get a job.

① (ア)→(イ)→(エ)→(ウ)　② (ア)→(エ)→(ウ)→(イ)　③ (エ)→(イ)→(ア)→(ウ)　④ (エ)→(ウ)→(ア)→(イ)

【E】 日本文の意味になるように次の各英文の（　）に入る適切な語（句）を次の①～④から１つ選び，その番号をマークしなさい。

問１　この時計は，叔母が買ってくれたものです。[マーク番号24]

This watch was (　　　) me by my aunt.

① bought　② bought with　③ bought for　④ bought of

問２　鈴木さんに話しかけている男の人は誰ですか。[マーク番号25]

Who is the man (　　　) Mr. Suzuki?

① speak to　② speaking to　③ spoken to　④ to speak

問３　あなたのお便りを楽しみに待っています。[マーク番号26]

I'm looking forward (　　　) from you.

① to hear　② hearing　③ hear　④ to hearing

問４　この学校にはツバメを１度も見たことのない子どもがいます。[マーク番号27]

There are children in this school who (　　　) a swallow.

① has never seen　② have never seen　③ never sees　④ never seeing

問５　私には３人の姉妹がいます。1人は教師で他の２人は医者です。[マーク番号28]

I have three sisters. One is a teacher, and (　　　) are doctors.

① other　② others　③ the other　④ the others

問６　オーストラリアで１番人気のあるスポーツは何だと思いますか。[マーク番号29]

What do you think (　　　) in Australia?

① more popular sport is　② is the popular sport most

③ is the most popular sport　④ the most sport is popular

【F】 次の対話が成り立つよう（　）内の語を並べかえたとき，空所（ａ），（ｂ）に入る語の番号を１つずつ選び，その番号をマークしなさい。

問１　A：Why were you late for school today?

B：Because I (① get / ② to / ③ tired / ④ up / ⑤ too / ⑥ early / ⑦ was) this morning.

⇒ Because I (　　)(　　)(　a　)(　　)(　b　)(　　)(　　) this morning.

（ａ）[マーク番号30]　（ｂ）[マーク番号31]

問２　A：You look busy now.

B：I have to do my homework tonight, but I have too many things to do.

A：Well, (① I / ② you / ③ help / ④ homework / ⑤ shall / ⑥ your / ⑦ with)?

⇒ Well, (　　)(　　)(　a　)(　　)(　b　)(　　)(　　)?

（ａ）[マーク番号32]　（ｂ）[マーク番号33]

問３　A：Could (① to / ② much / ③ costs / ④ me / ⑤ it / ⑥ you / ⑦ how / ⑧ tell) buy the bike?

B：Sure. About 15,000 yen.

⇒ Could (　　)(　　)(　　)(　　)(a)(　　)(b)(　　)buy the bike?

（a）[マーク番号34]　（b）[マーク番号35]

問4　A：What a great game!　Is he your favorite baseball player?

B：Yes.　He （①in　/ ②years　/ ③for　/ ④baseball　/ ⑤has　/ ⑥seven　/ ⑦played） the Major League.

⇒ He (　　)(　　)(a)(　　)(b)(　　)(　　) the Major League.

（a）[マーク番号36]（b）[マーク番号37]

問5　A：I （①someone　/ ②looking　/ ③who　/ ④read　/ ⑤am　/ ⑥can　/ ⑦for） this letter.　It is written in Chinese.

B：I think Ms. Tanaka can.　She lived in Hong Kong for years.

⇒ I (　　)(　　)(a)(　　)(b)(　　) this letter.　It is written in Chinese.

（a）[マーク番号38]　（b）[マーク番号39]

【G】　次の(ア)～(オ)の各組の英文のうち，文法・語法的に誤りを含む文を①～④から1つ選び，その番号をマークしなさい。

(ア)　[マーク番号40]

①I have just finished cleaning my room an hour ago.
②He wanted me to answer the question.
③You were not at home then, were you?
④The story she told me yesterday is true.

(イ)　[マーク番号41]

①Do you know when my sister was born?
②I enjoyed to play video games with my friends.
③You should come back here by seven.
④He can speak English as well as his brother.

(ウ)　[マーク番号42]

①I'm full and I don't want to eat anything.
②Hurry up, and you'll catch the first train.
③Reading books is very good for us.
④I think Yoko has much CDs than I do.

(エ)　[マーク番号43]

①You may use my bike if you need.
②We don't have enough time to practice softball.
③It is kind with you to help the old people.
④She will go on a trip during the summer vacation.

(オ) [マーク番号44]

①The news was so interested that I couldn't believe it.

②If it is rainy tomorrow, I will stay home and watch TV.

③This movie is the most interesting of all.

④My sister is going to study abroad next week.

【H】 次の(ア)~(エ)の各組の文がほぼ同じ意味になるように( )に入る最も適切な語句を次の①~④から1つ選び,その番号をマークしなさい。

(ア) The English teacher said to us, "Don't speak Japanese here."
= The English teacher told us ( ) Japanese there. [マーク番号45]

①to speak ②don't speak ③not to speak ④not speaking

(イ) The story which Ms. Tada wrote was fun.
= The story ( ) Ms. Tada was fun. [マーク番号46]

①writing by ②was written ③which wrote ④written by

(ウ) This book is not so difficult to read.
= This book is ( ) to read. [マーク番号47]

①very difficult ②enough difficult ③easy enough ④not easy

(エ) I don't have any dictionaries right now.
= I have ( ) right now. [マーク番号48]

①not dictionary ②no dictionaries
③some dictionaries ④another dictionary

【I】 あなたはウェブサイトで次のレシピを見つけました。以下を読み,あとの問いに答えなさい。

My favorite dish

Recipe (for 2 people)

A ・1 onion ・12g bacon ・1can of tomatoes (450g) ・1cup water
・olive oil ・garlic

B ・100g of long pasta ・1spoon of salt

Step1:Make A

1. Cut the onion into small pieces. (It takes 2 minutes.)
2. Heat the oil m a pan and cook bacon for 3 minutes.
3. Add the onion. garlic, tomatoes and water, and cook for 30 minutes.

Step 2:Make B

1. When you start making A, cook the pasta in a big pot of water at the same time.
2. After the water starts boiling, add the salt and cook the long pasta for 10 minutes.

3. By the time you finish making <u>A</u>, your pasta must be ready.

Step 3:Mix

1. Put A and B together and mix them.
2. You can add cheese and tabasco if you want.

Enjoy your pasta! ☺

Review and Comments

Cooking Mom　　January16, 2021

I love this pasta! I have made this many times.

Hungry John　　January 24, 2021

It is not difficult to make because my children made this for me. It was so good that I asked them to make one again.

問1　前のレシピにそって作った料理を表している最も適切なものを次の①～④から1つ選び，番号をマークしなさい。[マーク番号49]

①

②

③

④

問2　レシピの内容に関する次の質問の答えとして，最も適切なものを次の①～④から1つ選び，番号をマークしなさい。

How long does it take before step 3?　　[マーク番号50]

① 25 minutes.　② 35 minutes.　③ 45 minutes.　④ 1 hour.

問3　レシピの内容に関する次の質問の答えとして，最も適切なものを次の①～④から１つ選び，番号をマークしなさい。

Which one is true about this website?　[マーク番号51]

① 100g of pasta is needed for each person.

② You should cook bacon before adding the onion.

③ You must put cheese and tabasco on the dish.

④ It's very difficult for children to cook the dish.

【J】　次のMathew，Louis，KateのSNS上のやりとりを読んで，その内容に関するそれぞれの英語の問いに答えるとき，適切なものをあとの①～④から１つ選び，番号をマークしなさい。

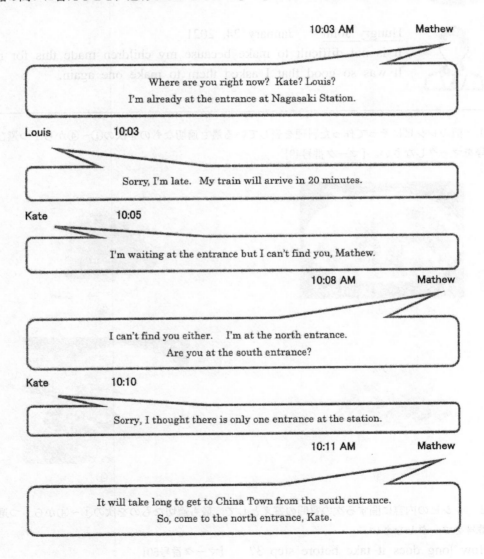

10:03 AM　Mathew

Where are you right now?　Kate? Louis?

I'm already at the entrance at Nagasaki Station.

Louis　10:03

Sorry, I'm late.　My train will arrive in 20 minutes.

Kate　10:05

I'm waiting at the entrance but I can't find you, Mathew.

10:08 AM　Mathew

I can't find you either.　I'm at the north entrance.

Are you at the south entrance?

Kate　10:10

Sorry, I thought there is only one entrance at the station.

10:11 AM　Mathew

It will take long to get to China Town from the south entrance.

So, come to the north entrance, Kate.

Louis 10:12

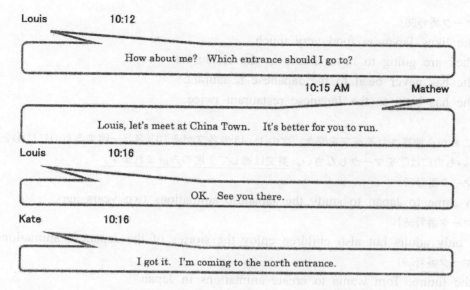

How about me? Which entrance should I go to?

10:15 AM Mathew

Louis, let's meet at China Town. It's better for you to run.

Louis 10:16

OK. See you there.

Kate 10:16

I got it. I'm coming to the north entrance.

問1 Where will Mathew and Louis meet? [マーク番号52]

① They will meet at the south entrance.
② They will meet on the train.
③ They will meet at the north entrance.
④ They will meet at the China Town.

問2 Why hasn't Mathew met Kate yet? [マーク番号53]

① Because Mathew and Kate are at the different entrances.
② Because Kate has missed the train.
③ Because Mathew has already left the station.
④ Because Kate has already gone to China Town.

問3 At 10:15 AM, what does Mathew mean when he writes "It's better for you to run."? [マーク番号54]

① Kate and Mathew will pick up Louis soon.
② Mathew will wait for Louis at the station.
③ Louis wants to run to China Town.
④ Louis should come to China Town soon.

[放送問題]

【K】 これから放送される会話を聞き，そのあとで読まれる(1)，(2)の質問に対する答えを，それぞれあとの①～④より1つ選び，番号をマークしなさい。会話と質問は1度のみ読まれます。

(1) [マーク番号55]

① He has three cats and two dogs.
② He doesn't have any pets.
③ He is going to visit Mary and play with her pets.
④ He is going to invite Mary to see his pets.

(2) ［マーク番号56］

① She likes Japanese food very much.

② They are going to have dinner in the restaurant.

③ She has never been to the Japanese restaurant.

④ She has been to the Japanese restaurant twice.

【L】 これから放送される英文を聞き，次の(1)~(3)の各文がその内容と一致するものには①を，一致しないものには②をマークしなさい。英文は通して１度のみ読まれます。

(1) ［マーク番号57］

Tom came to Japan to study the Japanese animations two years ago.

(2) ［マーク番号58］

Not only adults but also children enjoy the stories of the Japanese animations.

(3) ［マーク番号59］

In the future, Tom wants to create animations in Japan.

※リスニングテストの放送台本は非公表です。

【理　科】（45分）　＜満点：100点＞

1　1/60秒ごとに点を打つことができる記録タイマーを使って以下のような実験を行った。記録タイマーはスイッチを入れると一定時間ごとに打点する仕組みになっている。あとの問いに答えなさい。

【実験】

① 図1のような角度X（X＜45°）の斜面上に紙テープをつけた台車を置き，台車をおさえていた手を静かに放すと台車は斜面を下り始めた。

② このときの運動の様子を記録した紙テープ（図2）のうち，明瞭（めいりょう）に読み取れる最初の打点をAとして，6打点ごとにB，C，D・・・の記号をつけた。

③ 表3のようにそれぞれのテープの長さをはかった。

図1

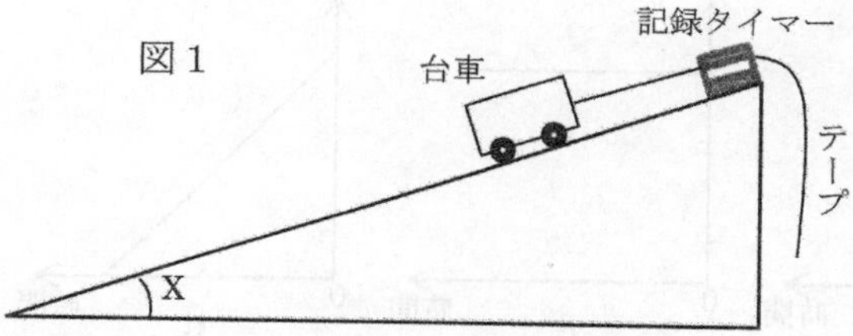

表3

テープの区間	長さ（㎝）
A－B	2.4
B－C	5.6
C－D	8.8
D－E	12.0
E－F	

図2

(1) この記録タイマーが6打点打つのにかかっている時間は何秒か。正しいものを①～⑥から1つ選び，1 にマークしなさい。

① 0.06秒　② 0.01秒　③ 0.1秒　④ 0.6秒　⑤ 1秒　⑥ 6秒

(2) 次のア，イの答えの組み合わせとして正しいものを①～⑨から選び，2 にマークしなさい。

ア：打点E－F間の長さはいくつか。

イ：斜面の角度を2倍にするとA点からE点までの長さはどのようになるか。

	ア	イ
①	3.2cm	長くなる
②	3.2cm	短くなる
③	3.2cm	変わらない
④	15.2cm	長くなる
⑤	15.2cm	短くなる
⑥	15.2cm	変わらない
⑦	28.8cm	長くなる
⑧	28.8cm	短くなる
⑨	28.8cm	変わらない

(3) 次のア，イの答えの組み合わせとして正しいものを次のページの①～⑧から選び，3 にマークしなさい。

ア：打点B－C間の台車の平均の速さはいくらか。

イ：台車が斜面を下る運動の速さは，時間とともにどのように変化しているか。

	ア	イ
①	5.6cm/秒	大きくなる
②	5.6cm/秒	小さくなる
③	8.0cm/秒	大きくなる
④	8.0cm/秒	小さくなる

	ア	イ
⑤	56cm/秒	大きくなる
⑥	56cm/秒	小さくなる
⑦	80cm/秒	大きくなる
⑧	80cm/秒	小さくなる

(4) 台車の運動について，次のア，イの答えの組み合わせとして正しいものを①～⑨から選び，［4］にマークしなさい。ただし，台車から手を離した時刻を0秒とする。

ア：速さと時間の関係を表すグラフは，a～dのどれか。

イ：移動距離と時間の関係を表すグラフは，a～dのどれか。

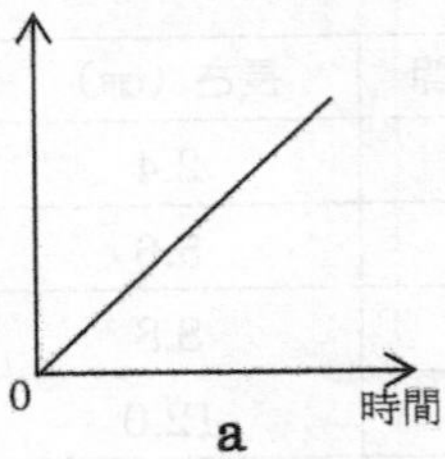

a

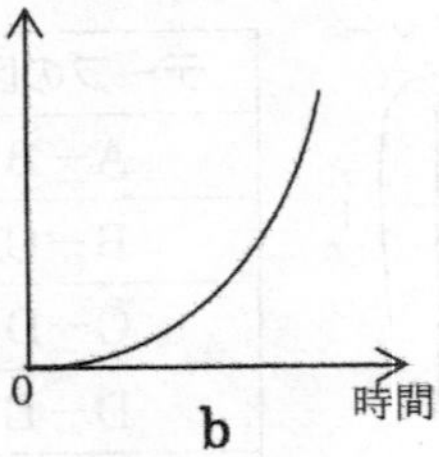

b

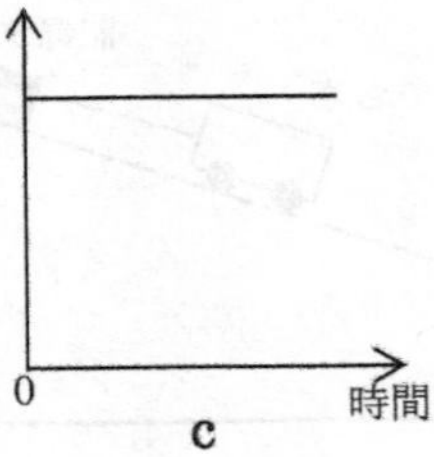

c

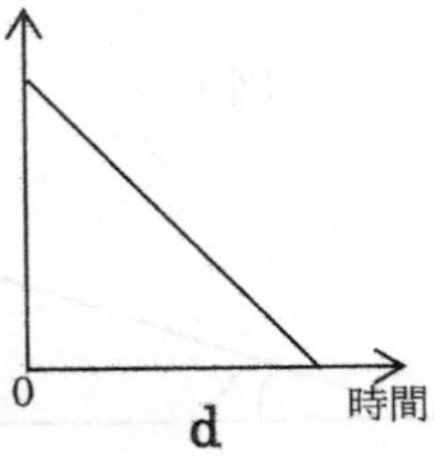

d

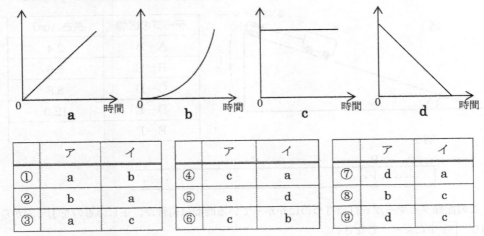

	ア	イ
①	a	b
②	b	a
③	a	c

	ア	イ
④	c	a
⑤	a	d
⑥	c	b

	ア	イ
⑦	d	a
⑧	b	c
⑨	d	c

(5) 同様の実験を，摩擦のない水平面上で行った。

水平面上に静止している台車を手で押し，台車が動き始めたときに手を離すと台車は運動を続けた。次のア，イの答えの組み合わせとして正しいものを(4)の①～⑨から選び，［5］にマークしなさい。ただし，台車から手を離した時刻を0秒とする。

ア：速さと時間の関係を表すグラフは，(4)のa～dのどれか。

イ：移動距離と時間の関係を表すグラフは，(4)のa～dのどれか。

［2］ 次の文を読み，あとの問いに答えなさい。

【実験1】 図1のような装置で，銅の粉末をステンレス皿に入れ，よくかき混ぜながらガスバーナーで十分に加熱すると，銅はすべて物質Xに変化する。

この反応で銅の粉末の質量を変えて実験したところ，得られた物質Xの質量は，次のページの表2のような結果となった。

図1

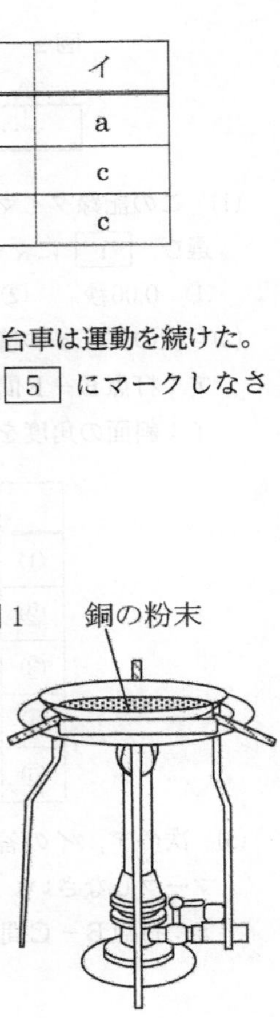

表2

銅の質量（g）	0.4	0.8	1.2	1.6
物質Xの質量（g）	0.5	1.0	1.5	2.0

(1) この実験で得られた物質Xの化学式と色について，正しい組み合わせを次の①～⑨から1つ選び，[6] にマークしなさい。

	化学式	色
①	Fe_2O_3	赤褐色
②	Fe_3O_4	赤褐色
③	Cu_2O	赤色

	化学式	色
④	Fe_2O_3	黒色
⑤	Fe_3O_4	赤色
⑥	CuO	黒色

	化学式	色
⑦	Fe_3O_4	黒色
⑧	Cu_2O	黒色
⑨	CuO	赤色

(2) 物質X3.5gに含まれる銅の質量は何gか。次の①～⑨から1つ選び，[7] にマークしなさい。

① 1.0g　② 1.2g　③ 1.4g　④ 1.6g　⑤ 1.8g
⑥ 2.0g　⑦ 2.4g　⑧ 2.8g　⑨ 3.2g

(3) 銅が物質Xに変化する反応を何というか。次の①～⑥の中から1つ選び，[8] にマークしなさい。

① 還元　② 分解　③ 蒸発　④ 融解　⑤ 昇華　⑥ 酸化

(4) (3)の反応と同じ種類の反応を利用しているものを次の①～⑤から2つ選び，[9] にマークしなさい。

① 鉄鉱石から鉄をとりだす
② 使い捨てカイロは，鉄粉を使って発熱させる
③ ベーキングパウダー（炭酸水素ナトリウム）を入れてケーキを焼くとよく膨（ふく）らむ
④ 燃料電池は水素を水に変えることで電気をつくっている
⑤ ワインを蒸留するとエタノールが得られる

【実験2】 物質Xの粉末4.0gを様々な質量の炭素の粉末と混合し，図3のように試験管の中で加熱した。完全に反応させた後，試験管内に残った固体の物質の質量を測定したところ，図4のグラフのような結果が得られた。

図3　物質Xと炭素の粉末

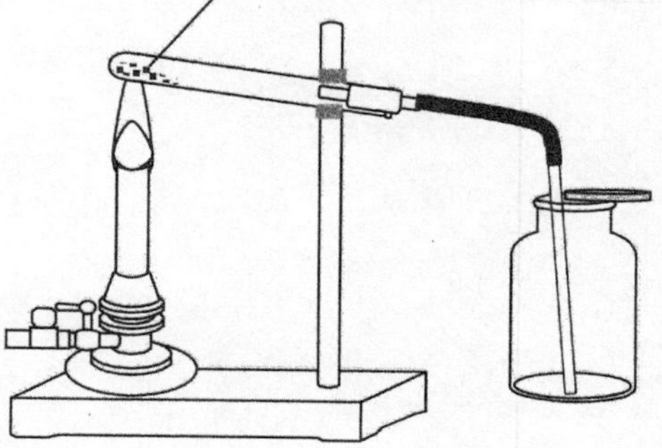

図4

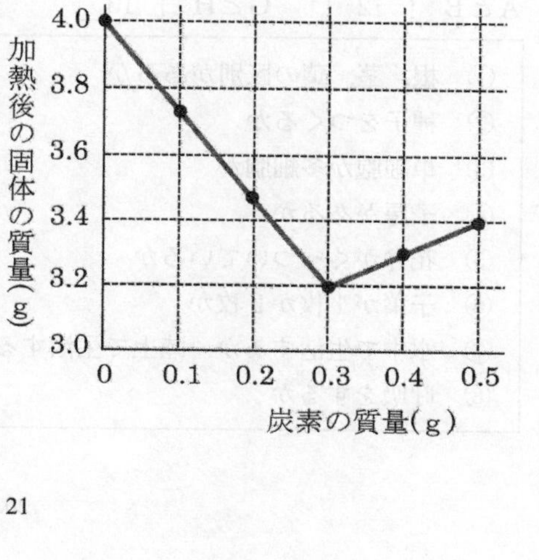

(5) 物質Xと炭素を加熱した時に発生した気体は何か。次の①～⑥から１つ選び，[10] にマークしなさい。

① 酸素　② 二酸化炭素　③ 窒素　④ 水素　⑤ 塩素　⑥ アンモニア

(6) 物質X4.0gと炭素0.5gの反応で発生した気体は何gか。次の①～⑧の中から１つ選び，[11] にマークしなさい。

① 0.5g　② 0.7g　③ 0.9g　④ 1.1g　⑤ 1.3g
⑥ 1.5g　⑦ 2.0g　⑧ 4.0g

[3] 図１は生物をからだのつくりにもとづいてA～Iに分類したものである。次の問いに答えなさい。

図１

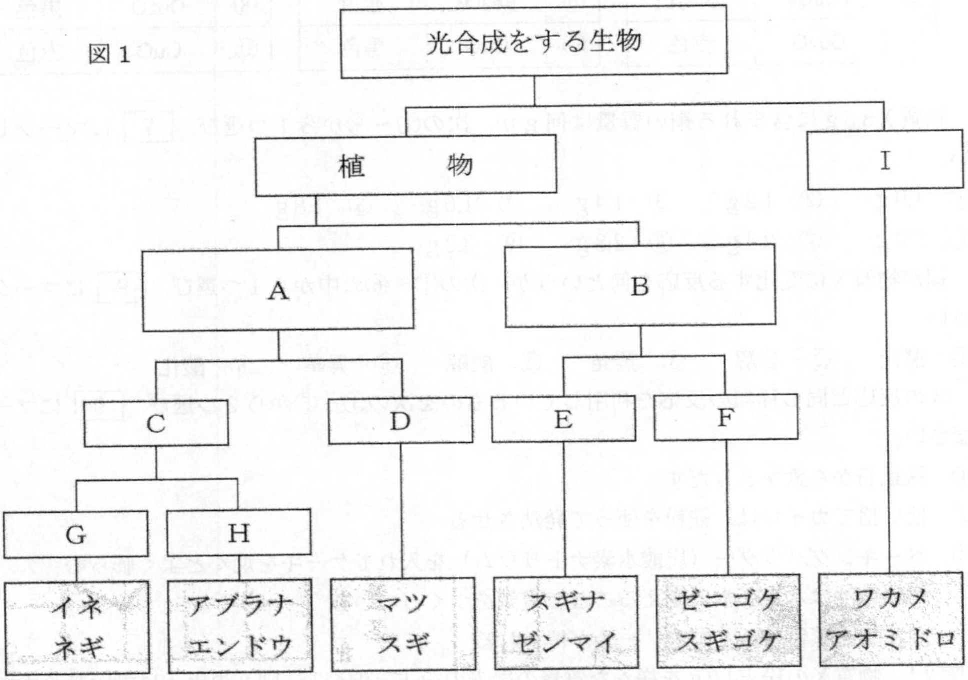

(1) 次の２つの生物のなかまを分類する際，手がかりとなる特徴は何か。①～⑧からそれぞれ１つずつ選び，[12]，[13] にマークしなさい。

AとB [12]　GとH [13]

① 根，茎，葉の区別があるか
② 種子をつくるか
③ 単細胞か多細胞か
④ 子房があるか
⑤ 花弁がくっついているか
⑥ 子葉が１枚か２枚か
⑦ 水中で生活するか，陸上で生活するか
⑧ 呼吸をするか

(2) 次の生物は，図1のD～Iのどれに分類されるか。①～⑥から1つずつ選び，[14]，[15]にマークしなさい。

ソテツ [14]　　ニンジン [15]

① D　② E　③ F　④ G　⑤ H　⑥ I

(3) 次の①～⑦の生物で，図1のいずれの分類にも当てはまらないものをすべて選び，[16]にマークしなさい。

① ハネケイソウ　② ミドリムシ　③ ゾウリムシ　④ ヒノキ
⑤ シイタケ　⑥ ハハコグサ　⑦ イヌワラビ

(4) 図2に示す植物の①～⑦について，胚珠を示しているものをすべて選び，[17]にマークしなさい。

図2

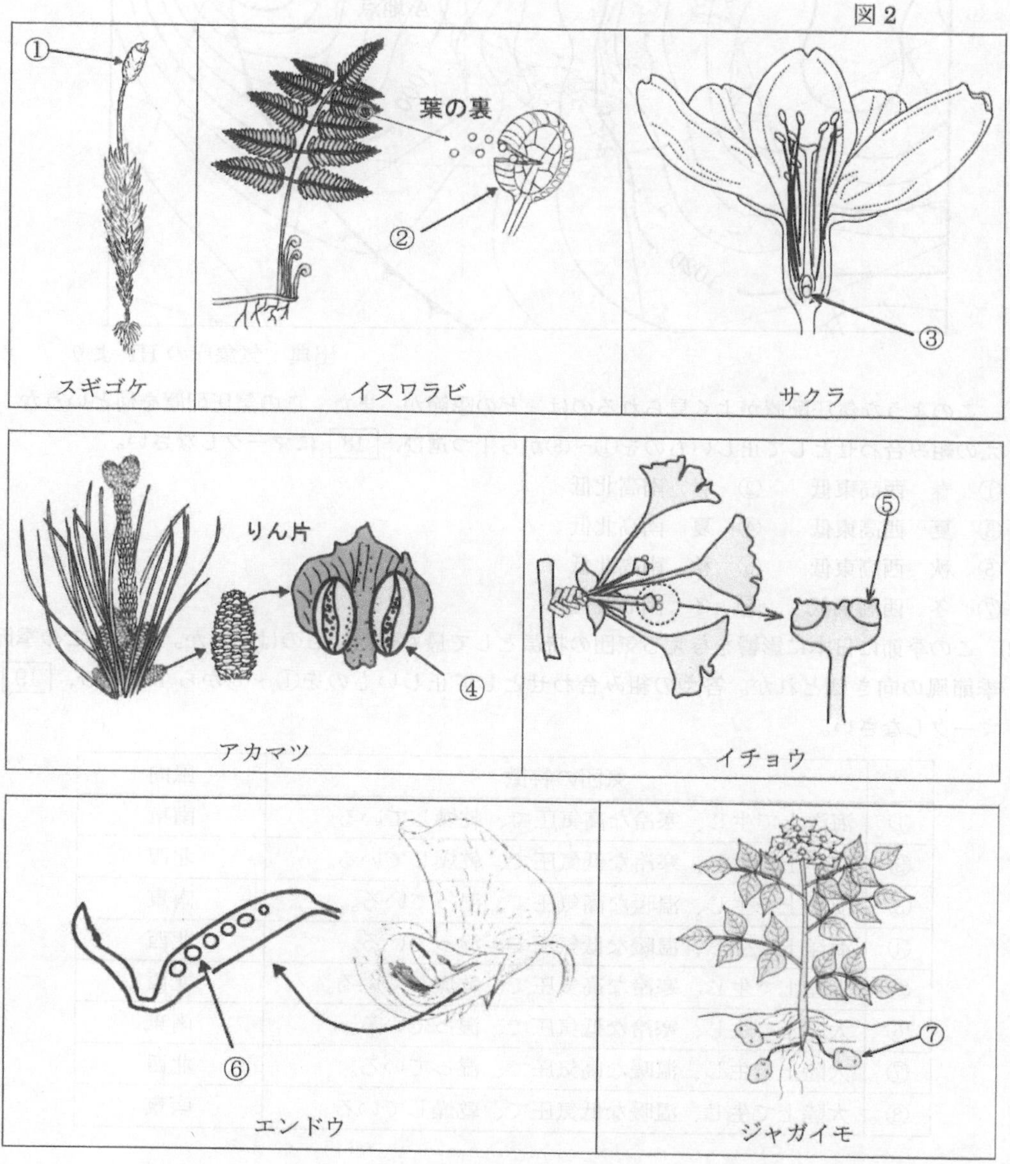

4 日本の天気について，次の問いに答えなさい。

【A】 図１はある日の天気図である。

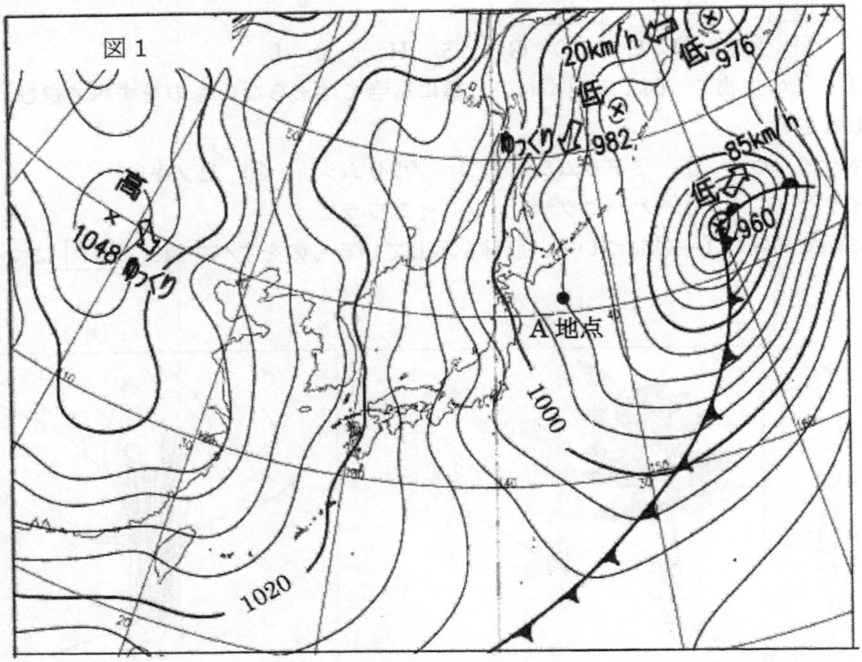

出典：気象庁の HP より

(1) このような気圧配置がよく見られるのは，どの季節か。また，この気圧配置を何というか。答えの組み合わせとして正しいものを①～⑧から１つ選び，18 にマークしなさい。

① 春 西高東低　② 春 南高北低
③ 夏 西高東低　④ 夏 南高北低
⑤ 秋 西高東低　⑥ 秋 南高北低
⑦ 冬 西高東低　⑧ 冬 南高北低

(2) この季節に日本に影響を与える気団の特徴(とくちょう)として最も適当なものはどれか。また，この季節の季節風の向きはどれか。答えの組み合わせとして正しいものを①～⑧から１つ選び，19 にマークしなさい。

	気団の特徴	風向
①	海洋上で生じ、寒冷な高気圧で、乾燥している。	南東
②	海洋上で生じ、寒冷な低気圧で、乾燥している。	北西
③	海洋上で生じ、温暖な高気圧で、湿っている。	南東
④	海洋上で生じ、温暖な低気圧で、湿っている。	北西
⑤	大陸上で生じ、寒冷な高気圧で、乾燥している。	北西
⑥	大陸上で生じ、寒冷な低気圧で、湿っている。	南東
⑦	大陸上で生じ、温暖な高気圧で、湿っている。	北西
⑧	大陸上で生じ、温暖な低気圧で、乾燥している。	南東

(3) この季節の天気の特徴について述べている文に間違いがあるものを①～⑤から1つ選び，[20] にマークしなさい。

① 筋(すじ)状の雲が日本海にできる。

② 蒸し暑い日が続き，局所的に雷やにわか雨が発生しやすい。

③ 空気が日本海をわたる間にしだいに湿度が高くなる。

④ 太平洋側では乾燥した晴れの日が多い。

⑤ 日本海側では積乱雲が生じやすい。

(4) 図1中の×印とその下の数字は，高気圧と低気圧のそれぞれの中心と中心での気圧の値を示している。等圧線1000hPaと1020hPaをもとに，図1中のA地点での気圧の値はいくつになるか。次の①～⑨から1つ選び，[21] にマークしなさい。

① 984hPa　② 986hPa　③ 988hPa　④ 990hPa　⑤ 992hPa
⑥ 994hPa　⑦ 996hPa　⑧ 998hPa　⑨ 1000hPa

(5) 低気圧の中心付近の様子として，最も適する文章を次の①～⑧から1つ選び，[22] にマークしなさい。

① 中心付近では，上昇気流が起きて雲ができにくい。中心から風が時計回りに吹き出す。

② 中心付近では，上昇気流が起きて雲ができにくい。中心から風が反時計回りに吹き出す。

③ 中心付近では，上昇気流が起きて雲が発生しやすい。中心に向かって風が時計回りに吹きこむ。

④ 中心付近では，上昇気流が起きて雲が発生しやすい。中心に向かって風が反時計回りに吹きこむ。

⑤ 中心付近では，下降気流が起きて雲ができにくい。中心から風が時計回りに吹き出す。

⑥ 中心付近では，下降気流が起きて雲ができにくい。中心から風が反時計回りに吹き出す。

⑦ 中心付近では，下降気流が起きて雲が発生しやすい。中心に向かって風が時計回りに吹きこむ。

⑧ 中心付近では，下降気流が起きて雲が発生しやすい。中心に向かって風が反時計回りに吹きこむ。

【B】 右の図2は気温と飽和水蒸気量との関係を示したものである。

図2

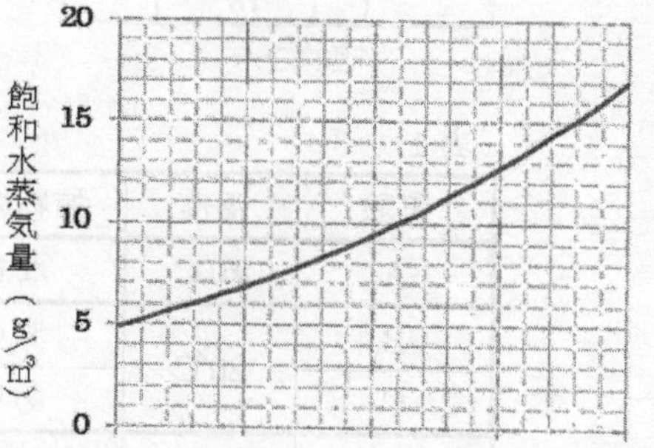

(6) 気温20℃で露点が11℃のとき，湿度は何%か。最も近い値を①～⑨から1つ選び，[23] にマークしなさい。

① 30%　② 35%　③ 40%
④ 45%　⑤ 50%　⑥ 55%
⑦ 60%　⑧ 65%　⑨ 70%

(7) 気温14℃，湿度70%のときの空気1 m³が3℃まで冷やされると，何gの水蒸気が水滴になるか。最も近い値を①～⑨から1つ選び，[24] にマークしなさい。

① 2.0 g　② 2.5 g　③ 3.0 g　④ 3.5 g　⑤ 4.0 g　⑥ 4.5 g
⑦ 5.0 g　⑧ 5.5 g　⑨ 6.0 g

5 下の図に示す実験A，B，Cのような装置を用意した。実験B，Cには同量の生きた植物の葉が入れてある。フラスコ内のビーカーには，実験A，Bでは水が，実験Cでは水酸化カリウム（KOH）水溶液が等量入っている。フラスコ内の水酸化カリウム水溶液は，二酸化炭素をすべて吸収する。また，フラスコ内の水に溶ける二酸化炭素の量は無視できるものとする。

フラスコにとりつけたガラス管の目盛りが10mLの位置には赤インクが入っており，赤インクが移動することで，フラスコ内の気体の体積の増減がわかるようになっている。

この実験を暗所で行い，実験開始から一定時間たったときのインクの目盛りを表1にまとめた。実験D～Gについては，実験B，Cの温度のみを変えて行ったものである。あとの問いに答えなさい。

実験A

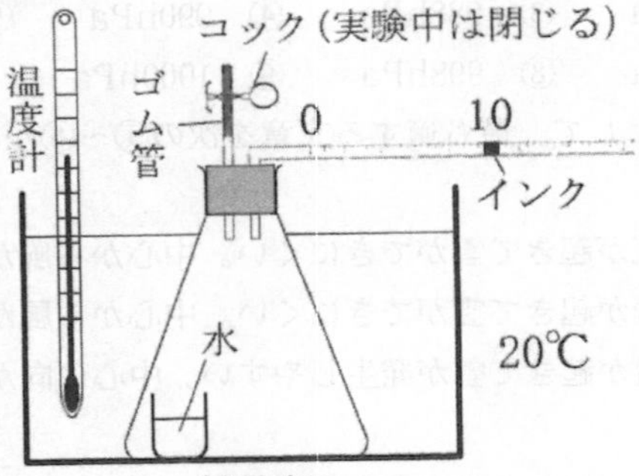

植物無し

実験B

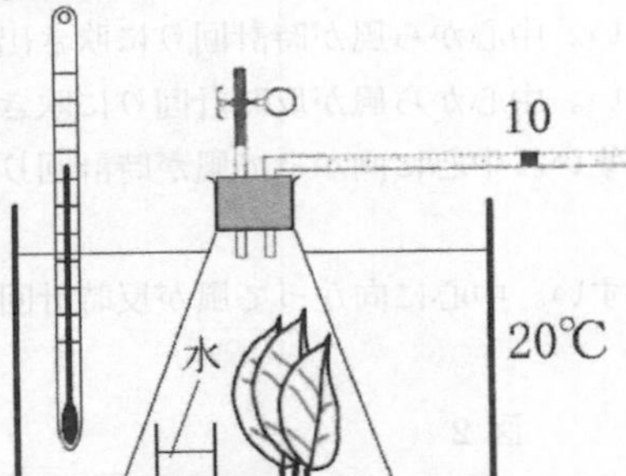

植物あり

実験C

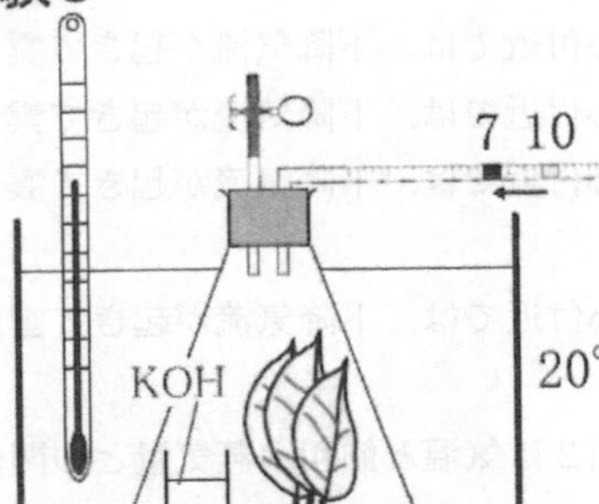

植物あり

表1

実験	温度	植物の葉	ビーカーの水溶液	目盛り(mL)
A	20℃	なし	水	10
B	20℃	あり	水	10
C		あり	水酸化カリウム水溶液	7
D	30℃	あり	水	10
E		あり	水酸化カリウム水溶液	5
F	10℃	あり	水	10
G		あり	水酸化カリウム水溶液	9

(1) 20℃で植物が吸収した酸素の体積は何mLか。①～⑧から1つ選び, 25 にマークしなさい。

① 17　② 13　③ 10　④ 9　⑤ 7　⑥ 5　⑦ 3　⑧ 2

(2) 実験結果から考えて, 呼吸により吸収する酸素と放出する二酸化炭素の体積の関係として最も適当なものを①～④から1つ選び, 26 にマークしなさい。

① 酸素の方が多い
② 二酸化炭素の方が多い
③ 酸素と二酸化炭素の体積は等しい
④ 体積の関係は温度によって変わる

(3) 実験結果から考えて, 温度の変化と呼吸により吸収する酸素の体積との関係の記述①～③について, 最も適当なものを1つ選び, 27 にマークしなさい。

① 温度が低い方が吸収する酸素の体積は大きい
② 温度が高い方が吸収する酸素の体積は大きい
③ 温度が変化しても吸収する酸素の体積は変わらない

(4) 下図のように, 日光のあたる場所で同様の実験を行った。どのような結果が得られるか。最も適当なものを①～④から1つ選び, 28 にマークしなさい。

① インクは左に移動する
② インクは右に移動する
③ インクは移動しない
④ 最初, 右に移動するが, しばらくすると左に移動する

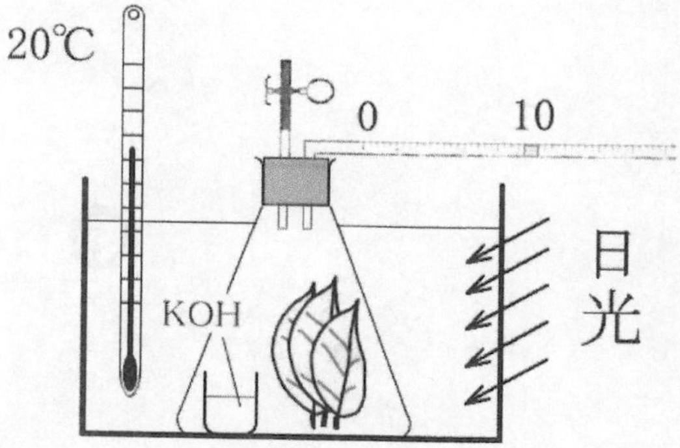

【社　会】（45分）　＜満点：100点＞

【1】 次のⅠ～Ⅳの文章は日本の世界遺産について書かれている。これを読んで，Ⅰ～Ⅳの世界遺産の場所を下の地図中より選び，それぞれ番号をマークしなさい。

Ⅰ．1945年8月6日8時15分に起きた出来事を今に伝える建造物です。もともとはその土地の様々な物産を展示する物産陳列館として開館されました。[解答番号1]

Ⅱ．日本初の本格的な機械製糸の工場で，1872年の開業当時の繰糸所，繭倉庫などが現存しています。[解答番号2]

Ⅲ．戦国時代後期から江戸時代前期にかけて最盛期を迎えた日本最大の銀山（現在は閉山）の跡地です。[解答番号3]

Ⅳ．白神山地と共に日本で初めて自然遺産に選ばれました。樹齢数千年の杉をはじめ，多くの固有種を含む豊かな生物相を有し，さらに特異な生態系と美しい自然景観を持っています。[解答番号4]

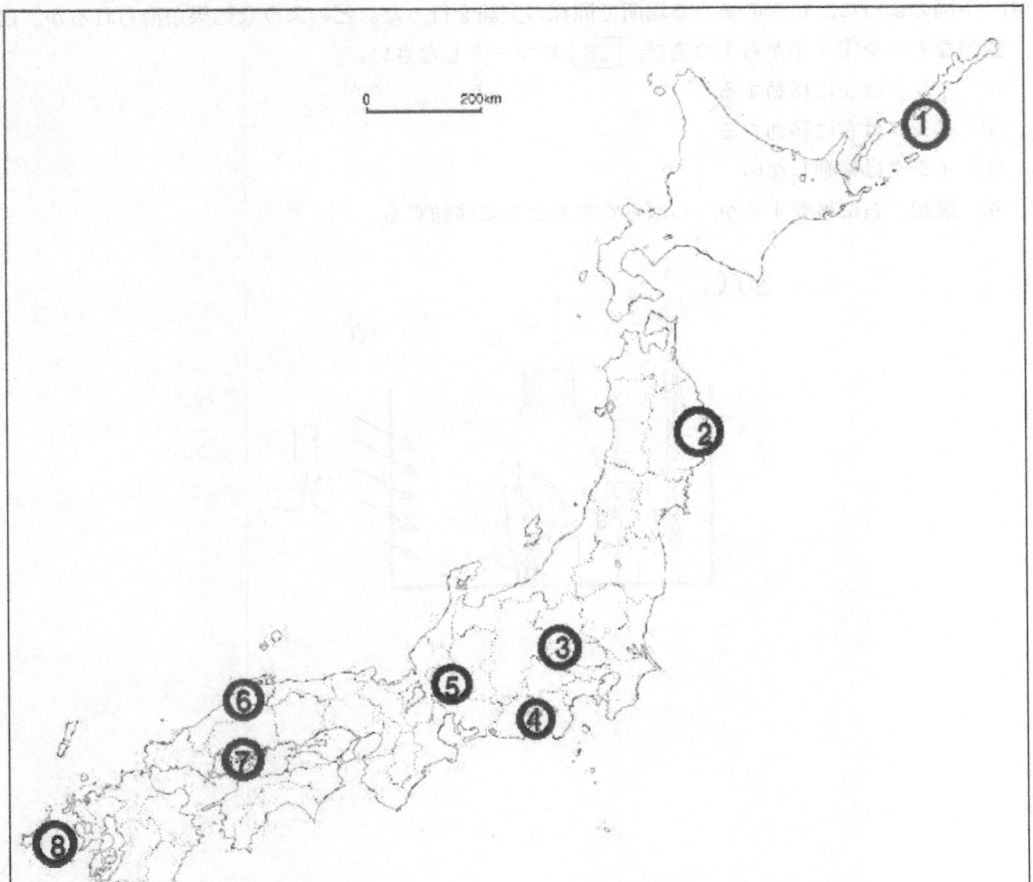

【２】 次の文章は昨年の夏に私立学校の高校生が企画した戦後75年の平和学習企画の記録である。これを読んで後の問に答えなさい。

(a)戦後75年目（昨年）の夏をうけて愛知県内の私立高校生が自転車で戦跡をめぐり，平和を学ぶ「ピースリレー」を実施しました。しかし，新型コロナウィルスの影響で規模を縮小せざるを得ませんでした。そこで，３日間（７／25，８／1，８／８）に分ける形態で愛知県内の戦跡のみを回る自転車リレーとなりました。

リレー２日目の８月１日は(1)岡崎市の矢作公園を出発して，まず(2)刈谷市にある「依佐美（いさみ）送信所記念館」に寄りました。(b)真珠湾攻撃開始の指令が出たのがこの送信所と言われています。高さ250mもあった８本の鉄塔は1997年に取り壊されましたが今もその一部が残されています。

次に向かったのが半田空襲のあった(3)半田市にある「赤レンガ建物」です。現地講師を務めてくださった方は「1945年の７月15日にここに爆撃機が来ました。弾痕が100発以上確認されています」と語っていました。

最後に訪れたのは(4)名古屋市の「熱田空襲跡」です。(c)熱田空襲では工場などが標的となり，わずか８分間の爆撃で2000人以上が死亡しました。動員されていた多くの学生も命を落としました。この空襲では椙山女学園の学徒動員中の生徒と教員合わせて18名が爆撃によって命を奪われました。

この日のリレー終了後，参加生徒たちは熱田の生涯学習センターに集まり，感想を出し合いました。その際，戦時中に学徒経験のある椙山卒業生の体験談から作った紙芝居を椙山女学園高校の生徒が披露し，参加した高校生は当時の様子に聞き入っていました。

問１　下線部(a)について，戦後75年とは太平洋戦争が終わってから75年ということである。日本が満州事変（1931年）からの15年間に渡る戦争で，最も長い期間戦っていた相手国はどこか。以下より選んで番号をマークしなさい。［解答番号５］

①　中国　②　イギリス　③　アメリカ　④　ロシア　⑤　フランス

問２　下線部(b)はどこにある湾か。以下より選んで番号をマークしなさい。［解答番号６］

①　グアム　②　ハワイ　③　サイパン　④　フィリピン　⑤　台湾

問３　下線部(c)の工場は何を作っていた工場だと想像できるか。以下より選んで番号をマークしなさい。［解答番号７］

①　陶器　②　繊維品　③　食品　④　ビニール　⑤　軍需品

問４　リレー２日目に，文章中の波線部(1)～(4)の順番で戦跡をまわった。その順路として正しいものを以下より選んで番号をマークしなさい。［解答番号８］

①　オ→エ→カ→イ　②　ウ→オ→イ→ア
③　エ→カ→ウ→イ　④　カ→ウ→エ→イ
⑤　キ→カ→ウ→ア　⑥　エ→ウ→カ→キ

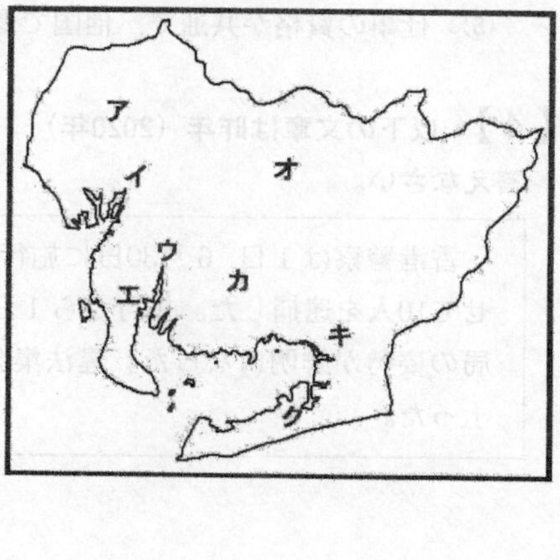

【3】 以下の文章を読んで，後の問に答なさい。

(1)ヨーロッパ連合（EU）は，離脱したイギリスを除き，（　ア　）カ国（2020年２月時点）からなる政治・経済統合体である。人・モノ・サービスの移動を自由にして巨大市場を形成し，域内19カ国は共通通貨ユーロを導入する。

EUは加盟国の増加を繰り返し発展してきた。だが，それは課題も加盟国にもたらした。例えばEUの「移動の自由」を利用して，比較的貧しい（　イ　）から（　ウ　）に移民が流入した。中東やアフリカから押し寄せた難民・移民も移動の自由を利用して地中海沿岸からドイツなど西欧に入った。これが各国で「反難民」「反移民」の風潮を招いた。

財政危機に陥ったギリシアは，(2)ユーロ圏諸国から非難され続け話し合いも平行線をたどった。自国より「EU」の利益やルールが優先されることへの不信感も，反EU感情を増幅させている。EUをけん引してきたドイツの（　エ　）首相も，今年（2021年）長期政権に自ら幕を下ろす意向を表明している。

問１　（ア）に適する数字を以下より選んで番号をマークしなさい。［解答番号９］
①　17　②　22　③　27　④　32　⑤　37

問２　（イ）と（ウ）に適する語句の組み合わせの正しいものを以下より選んで番号をマークしなさい。［解答番号10］
①　(イ)北米　(ウ)西欧　②　(イ)東欧　(ウ)西欧　③　(イ)西欧　(ウ)東欧　④　(イ)北米　(ウ)東欧

問３　（エ）に適する人名を以下より選んで番号をマークしなさい。［解答番号11］
①　ジョンソン　②　マクロン　③　ジュゼッペ・コンテ
④　ペドロ・サンチェス　⑤　メルケル

問４　下線部(1)のヨーロッパ連合の前身は1967年に西ヨーロッパ６カ国で成立した組織である。この組織の略称を以下より選んで番号をマークしなさい。［解答番号12］
①　EC　②　ED　③　EM　④　EP　⑤　ET

問５　下線部(2)のユーロ圏諸国の間ではどのようなことが可能か。以下の文章の中から**誤りである**ものを選んで番号をマークしなさい。［解答番号13］
①　国境の通過が自由で関税もない。
②　両替をしなくても買い物ができる。
③　他国の大学の授業を受けても卒業資格がとれる。
④　飛行機での行き来が無料である。
⑤　仕事の資格が共通で，他国で働くこともできる。

【4】 以下の文章は昨年（2020年）７月１日の日本経済新聞の記事である。これを読んで後の問に答えなさい。

香港警察は１日，６月30日に施行された「香港国家安全維持法」に違反した容疑で男女合わせて10人を逮捕した。施行から１日足らずでの初の逮捕者で，香港の統制強化を進める中国当局の姿勢が鮮明になった。違法集会や武器所持など同法以外の容疑も含めて逮捕者は370人に上った。

問１　香港の学生を中心とした抗議デモの対象は，どこの国の政府か。以下より選んで番号をマークしなさい。[解答番号14]

①　英国政府　②　台湾政府　③　中国政府　④　日本政府　⑤　韓国政府

問２　中国は19世紀半ばに香港をイギリスに割譲している。それはある戦争に敗北した賠償として割譲したが，何という戦争か。以下より選んで番号をマークしなさい。[解答番号15]

①　日清戦争　②　アヘン戦争　③　清仏戦争　④　第一次世界大戦

問３　香港の場所を下の地図中より選び，番号をマークしなさい。[解答番号16]

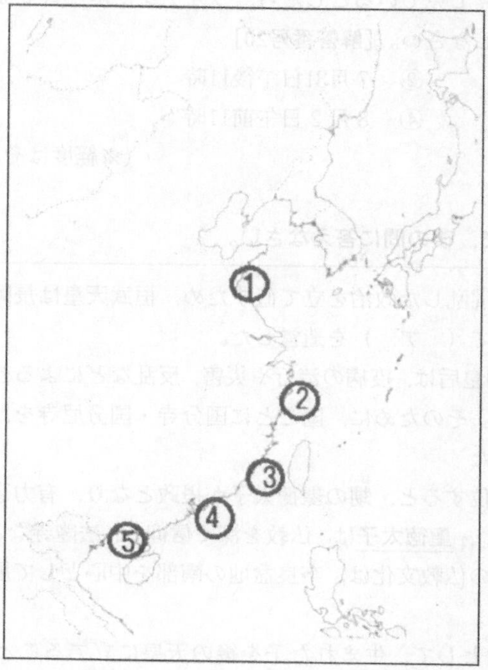

【５】　以下の文章を読んで，後の問に答なさい。

昨年開催される予定たった東京オリンピック・パラリンピックは新型コロナウィルスの感染拡大を受けて，今年の夏に延期された。五輪改革に向けた最初の大会として，経費の削減や持続可能性に配慮した大会への転換の道筋を付けることが求められてきたが，想定よりも経費がかさみ，(1)一部の競技では会場が直前に変更されるなどの課題が露呈された。(2)気候変動が進み，大会を夏季に開催する意味も問われていた。

問１　下線部(1)に関して，マラソンと競歩は東京の暑さでは負担が大きいという理由から変更になった。どこの都市に変更されたか。以下より選んで番号をマークしなさい。[解答番号17]

①さいたま市　②船橋市　③横浜市　④大阪市　⑤札幌市

問２　下線部(2)には，地球温暖化が関係していると言われている。地球温暖化を加速させる原因となっているもので**誤りのあるもの**を後より選んで番号をマークしなさい。[解答番号18]

①　産業の発達による石炭や石油などの燃料消費の増加。

② 大規模な開発による南アメリカや東南アジアの熱帯林の減少。
③ 石炭・石油を天然ガスに置き換えることによる二酸化炭素排出量の削減。
④ 自動車の普及や航空機の利用による排気ガス量の増加。

問3 前回（2016年）のオリンピック・パラリンピックはリオデジャネイロで開催されたが，リオデジャネイロはどこの国の都市か。以下より選んで番号をマークしなさい。**[解答番号19]**

① ブラジル　② アルゼンチン　③ メキシコ　④ チリ　⑤ ボリビア

問4 東京（東経135度）で，8月1日午前11時に行われているオリンピック競技の生中継をリオデジャネイロ（西経45度）で見ているとしたら，リオデジャネイロでは何月何日の何時か。以下より選んで番号をマークしなさい。**[解答番号20]**

① 7月31日午前11時　② 7月31日午後11時
③ 8月1日午後11時　④ 8月2日午前11時

（※経度はそれぞれの国の標準時子午線）

【6】 次の各文章を読んで，後の問に答えなさい。

(A)度重なる権力抗争で混乱した政治を立て直すため，桓武天皇は長岡京に遷都した後に，現在の京都市に都を移して（　ア　）を造営した。

(B)（　イ　）天皇と光明皇后は，疫病の流行や災害，反乱などによる社会と政治の不安を仏教の力で鎮めようとした。そのために，国ごとに国分寺・国分尼寺を，都には東大寺を建立して金銅の大仏を造立した

(C)女性の推古天皇が即位すると，甥（おい）の聖徳太子が摂政となり，有力豪族の蘇我馬子と協力して政治を進めた。また，(1)<u>聖徳太子</u>は，仏教を深く信仰し，法隆寺など，数多くの寺院を建立した。この日本で最初の仏教文化は，奈良盆地の南部を中心として展開し（　ウ　）と呼ばれる。

(D)一族の娘を天皇の后（きさき）として，生まれた子を後の天皇に立てることで勢力を拡大した。その間，他の貴族を退け，摂政・関白という天皇を補佐する地位を独占して実権を握る(2)<u>摂関政治</u>を実現した。

(E)近畿地方の有力な豪族たちの連合による大和政権が成立し，豪族や王の墓である巨大な古墳が作られるようになった。やがて，王は大王（おおきみ）と呼ばれるようになって，各地の豪族たちが，大王に奉仕する体制が形成された。

(F)2つの内乱を鎮めた平清盛は，武士の身分で初めて太政大臣となった。これに伴って平氏一門は朝廷内で高位高官を独占して栄華を極めたが，その専横ぶりから貴族の反発を招き，地方の武士も平氏に不満を持つ者が数多く現れた。源氏を中心とする諸国の武士が次々に平氏討伐の兵を挙げ，最後は源義経による壇ノ浦の戦いで滅亡した。

問1 (A)～(F)を時代の古い順に並べ替えたとき，2番目と5番目に入るものとして正しいものを，以下より選んで番号をマークしなさい。**[解答番号21]**

① ○→(C)→○→○→(B)→○　② ○→(C)→○→○→(D)→○
③ ○→(D)→○→○→(A)→○　④ ○→(D)→○→○→(E)→○
⑤ ○→(E)→○→○→(D)→○　⑥ ○→(E)→○→○→(F)→○

問２　空欄（ア）～（ウ）に適する語句の組み合わせの正しいものを以下より選んで番号をマークしなさい。[解答番号22]

①	(ア)藤原京	(イ)天智	(ウ)白鳳文化	②	(ア)藤原京	(イ)天智	(ウ)国風文化
③	(ア)平城京	(イ)天武	(ウ)国風文化	④	(ア)平城京	(イ)天智	(ウ)白鳳文化
⑤	(ア)難波宮	(イ)持統	(ウ)天平文化	⑥	(ア)難波京	(イ)聖武	(ウ)飛鳥文化
⑦	(ア)平安京	(イ)聖武	(ウ)飛鳥文化	⑧	(ア)平安京	(イ)持統	(ウ)天平文化

問３　以下の史料は，（Ｃ）の下線部(1)が定めたとされている。これを定めた目的として，正しいものを後の選択肢より選んで番号をマークしなさい。[解答番号23]

〈史料〉

> 一に曰く，和を大切にして，人と争うことがないように心がけよ。
> 二に曰く，あつく三宝を敬え。三宝とは仏・法・僧のことである。
> 三に曰く，詔（天皇の命令）を承ったら必ず従え。　　（十七条の憲法）

〈選択肢〉

①仏教を重視して，天皇中心の国家を築くこと。
②身分や家柄によらず，個人の能力を評価して役人に取り立てること。
③貴族から農民に至るまで，全てが平等な国家を築くこと。
④中国大陸まで支配できるような軍事力の強い国家を築くこと。

問４　Ｄの下線部（２）について，以下の史料中の波線部，太閤とは誰のことか。後の選択肢より選んで番号をマークしなさい。[解答番号24]

〈史料〉

> 寛仁２年10月16日
> 今日は威子を皇后に立てる日である。…太閤が私を呼んでこう言った。
> 「和歌を詠もうと思う。誇らしげな歌ではあるが，前もって準備していたものではない。
> この世をば
> わが世とぞ思う
> 望月の欠けたることも
> 無しと思えば　　（小右記）

〈選択肢〉

①藤原鎌足　②藤原道長　③藤原頼通　④豊臣秀吉　⑤豊臣秀頼

【７】　次の各文章は，それぞれ歴史上の様々な人物に関するものである。これを読んで，後の問に答えなさい。

(A)私は対立する弟を追討するために，朝廷に強く求めて，守護と地頭を設置することを認めさせるなど，新しい支配体制である(X)幕府の仕組みを少しずつ整えていった。その後，1192年に征夷大将軍に任じられて正式に将軍となったが，私の死後は，後鳥羽上皇が朝廷の支配を復活させようとして，1221年に①（　ア　）を起こした。しかし妻が御家人たちを説得したこともあって，上皇に味方する御家人たちは少なく，幕府が反乱軍を打ち破った。これをきっかけに，朝廷を監視する（　イ　）を設けた。

(B)　私が第３代の将軍であったときは，(Y)幕府の支配体制が確立し，京都と奈良の吉野に２つの朝廷が並び立ち，お互いに争い合うという南北朝時代も終結した。その頃，西国の武士や商人の中には，中国との貿易が不調に終わると，大陸沿岸を襲って海賊行為を働く人々が現れ，倭寇と呼ばれて恐れられていた。私はこれらの海賊を取り締まる一方，中国に朝貢するという（　ウ　）を始めた。

(C)　私は尾張国の小さな戦国大名だったが，駿河の今川義元を②桶狭間の戦いで破ってから勢力を急拡大した。1570年には対立する浅井長政・朝倉義景を③姉川の戦いで破り1575年には，武田軍を④長篠の戦いで破った。私がこうして戦を勝ち抜いた理由の１つは，城下町に(1)（　エ　）の仕組みを取り入れて数多くの商人を招き，税の免除や関所の廃止などの政策で自由な商工業の発展を図って経済基盤を安定させたことにある。しかし，1582年に信頼していた家臣の明智光秀に裏切られ，⑤本能寺の変で命を落とした。

(D)　豊臣秀吉公の死後，関東を領地としていた私は，秀吉公の後継者の秀頼公の政権を守ろうとする石田三成と対立した。この対立はやがて，天下を二分する関ヶ原の戦いに発展し，この戦いに勝利した私は1603年に征夷大将軍に任じられて(Z)幕府を開いた。私から息子の秀忠，孫の家光までの３代の将軍の間に，武家諸法度や(2)参勤交代という制度が整えられた。

問１　(A)～(D)の文章中の「私」とは，それぞれ誰のことか。組み合わせの正しいものを以下より選んで番号をマークしなさい。[解答番号25]

①　(A)源義経　(B)足利義満　(C)織田信長　(D)徳川綱吉
②　(A)源義経　(B)足利義政　(C)毛利元就　(D)徳川家康
③　(A)源頼朝　(B)足利義満　(C)織田信長　(D)徳川家康
④　(A)源頼朝　(B)足利義政　(C)毛利元就　(D)徳川綱吉

問２　文章中の空欄（ア）～（エ）に適する語句の組み合わせの正しいものを以下より選んで番号をマークしなさい。[解答番号26]

①　(ア)承久の乱　(イ)問注所　(ウ)日明貿易　(エ)楽市楽座
②　(ア)承久の乱　(イ)六波羅探題　(ウ)日明貿易　(エ)楽市楽座
③　(ア)平治の乱　(イ)六波羅探題　(ウ)南蛮貿易　(エ)御家人制度
④　(ア)平治の乱　(イ)問注所　(ウ)南蛮貿易　(エ)御家人制度

問３　文章中の各波線部(X)(Y)(Z)の幕府の組み合わせの正しいものを以下より選んで番号をマークしなさい。[解答番号27]

①　(X)江戸幕府　(Y)鎌倉幕府　(Z)室町幕府
②　(X)江戸幕府　(Y)室町幕府　(Z)鎌倉幕府
③　(X)室町幕府　(Y)江戸幕府　(Z)鎌倉幕府
④　(X)室町幕府　(Y)鎌倉幕府　(Z)江戸幕府
⑤　(X)鎌倉幕府　(Y)室町幕府　(Z)江戸幕府
⑥　(X)鎌倉幕府　(Y)江戸幕府　(Z)室町幕府

問４　下の屏風絵は，文章(A)(C)中の═══線部①～⑤のどれを描いたものか。正しい番号を選んでマークしなさい。[解答番号28]

問５　この屏風絵の合戦についての説明文として正しいものを以下より選んで番号をマークしなさい。[解答番号29]

①　右側の軍勢が一騎打ちを仕掛けるのに対して，左側の軍勢は集団戦法を取っている。

②　左右の軍勢は，ともに騎馬隊が中心となっている。

③　左右の軍勢は，ともに僧兵（武装した僧侶）が中心になっている。

④　右側の軍勢が騎馬隊中心であるのに対して，左側の軍勢は大量の鉄砲を用いた足軽が中心となっている。

問６　文章(C)中の下線部(1)について定めた史料を以下より選んで番号をマークしなさい。[解答番号30]

①「此比都ニハヤル物　夜討強盗謀綸旨　召人早馬虚騒動　生頸還俗自由出家」

②「当所（安土城下）は楽市とし，諸座は廃止し，諸役・諸公事などといった負担はことごとく免除する。」

③「日本は神国であるから，キリスト教国から邪教を伝え広められるのは，たいへんよろしくない。」

④「諸国の百姓や刀やわきざし，弓，やり，鉄砲，そのほかの武具などを持つことは，かたく禁止する。

問７　以下の説明文は，様々な時代の世界の情勢に関するものである。この中で文章(C)の時代に最も近いものを選んで番号をマークしなさい。[解答番号31]

①　秦の国の王が，初めて中国を統一して，始皇帝と名乗った。

②　ムハンマドがメッカに現れ，唯一神（アッラー）を信じ正しい行いをすることの大切さを説き，イスラム教を始めた。

③　西ヨーロッパにおいて，ローマ教皇の免罪符販売をきっかけに，ルターやカルバンが宗教改革をはじめ，カトリックに対してプロテスタントと呼ばれるようになった。

④　北アメリカのイギリス植民地に対して，本国が財政難を立て直すために重税を課したことを

きっかけにアメリカ独立戦争が始まった。植民地側は独立宣言を発表し，戦争に勝利したアメリカは司令官だったワシントンを初代大統領に選んだ。

問8　文章(D)中の下線部(2)を幕府が定めた目的は何か。正しいものを選んで番号をマークしなさい。[解答番号32]

① 朝廷に対して，幕府の優位を示すこと。

② 大名を統制して，幕府の支配体制を強固なものにすること。

③ 農民を統制して，年貢収入を確保すること。

④ キリスト教を禁止して，鎖国体制を確立すること。

【8】 以下の年表を見て，後の問に答えなさい。

西暦	主なできごと
1853	（　ア　）が浦賀に来航し，大統領の国書を幕府に渡す
1854	日米和親条約を締結する
1858	大老井伊直弼が朝廷の許可を得ずに(1)日米修好通商条約を締結する
1863	長州藩が関門海峡を航行する外国船を砲撃する
1863	幕府が攘夷派の公家や長州藩士を京都から追放する
1864	長州藩が京都に攻め上るが，会津藩・薩摩藩などに敗れる
1866	土佐藩出身の（　イ　）の仲介で，薩摩藩と長州藩が薩長同盟を結ぶ
1867	土佐藩の勧めで(a)15代将軍徳川慶喜が朝廷に政権を返上する
1868	新政府が江戸を東京と改称し，年号を慶応から明治と改める
1869	(b)藩主に土地（領地）と人民を返させる
1874	板垣退助や江藤新平らが政府に（　ウ　）を提出する
1885	(2)内閣制度が定められる
1889	(3)大日本帝国憲法が発布される
1890	(4)第１回衆議院議員選挙が実施される

問1　空欄（ア）～（ウ）に適する語句の組み合わせの正しいものを以下より選んで番号をマークしなさい。[解答番号33]

① (ア)ペリー　(イ)坂本龍馬　(ウ)民撰議院設立の建白書

② (ア)ペリー　(イ)西郷隆盛　(ウ)五日市憲法

③ (ア)ハリス　(イ)西郷隆盛　(ウ)五日市憲法

④ (ア)ハリス　(イ)坂本龍馬　(ウ)民撰議院設立の建白書

問2　下線部(1)の内容として，正しいものを選んで番号をマークしなさい。[解答番号34]

① アメリカに領事裁判権を認め，下田と函館の２港を開き，アメリカの領事を下田に置いた。

② 日本には関税自主権がなく，下田と函館の２港を開き，アメリカの領事を下田に置いた。

③ 日本は関税自主権を持つが，函館，神奈川，長崎，新潟，兵庫の５港を開港し，開港地に設けた居留地でアメリカ人が自由に貿易を行うこととした。

④ アメリカに領事裁判権を認め，函館，神奈川，長崎，新潟，兵庫の５港を開港し，開港地に設けた居留地でアメリカ人が自由に貿易を行うこととした。

問３　波線部(a)と(b)をそれぞれ何というか。組み合わせの正しいものを以下より選んで番号をマークしなさい。［解答番号35］

①　(a)大政奉還　(b)地租改正　②　(a)版籍奉還　(b)地租改正
③　(a)大政奉還　(b)廃藩置県　④　(a)版籍奉還　(b)廃藩置県
⑤　(a)大政奉還　(b)版籍奉還　⑥　(a)版籍奉還　(b)大政奉還

問４　下線部(2)について，初代の内閣総理大臣に就任したのは誰か。以下より選んで番号をマークしなさい。［解答番号36］

①大久保利通　②木戸孝允　③大隈重信　④板垣退助　⑥伊藤博文　⑥黒田清隆

問５　下線部(3)の大日本帝国憲法はどのような性格の憲法と考えられるか。正しいものを以下より選んで番号をマークしなさい。［解答番号37］

①　人民の総意によって定められた民定憲法
②　一般の人民が自由な発想で憲法案を考えた私擬憲法
③　天皇が臣民に与えるという形の欽定憲法
④　不平等条約を締結している他国から押しつけられた憲法

問６　下線部(4)の時の選挙権を得る条件として，正しいものを以下より選んで番号をマークしなさい。［解答番号38］

①　満25歳以上の男子で，直接国税15円以上を納めている者
②　満25歳以上の全ての男子
③　満25歳以上の全ての男女
④　満20歳以上の全ての男女
⑤　満18歳以上の全ての男女

【９】　以下の文章を読んで，後の問に答なさい。

核兵器の使用や保有，開発などの全てを禁じる(1)「核兵器禁止条約」の批准国・地域数が，条約の発効に必要な（　ア　）に達した。90日後に発効するため，2021年１月22日に効力を持つ国際条約となる。核兵器廃絶を訴えてきた被爆者にとって歴史的な節目となる一方，保有国が核兵器を手放し，廃絶に至るまでにはなお課題が多い。

核兵器禁止条約は2017年７月，国連の交渉会議で核兵器の非保有国122カ国・地域の賛成で採択された。国連に加盟する国や地域の約３分の２が，歴史上で初めて核兵器を全面的に違法化する条約に賛同した形だ。非保有国に禁止条約を支持する動きが広がる背景には，保有国による核軍縮が遅々として進まない現状へのいらだちがある。

現在，(2)核兵器を保有しているのは米国，ロシアを筆頭に９カ国。ストックホルム国際平和研究所の調べでは，世界には今も計１万3400発の核兵器がある。米ソ冷戦時代の最大約７万発に比べれば減ったとはいえ，今なお膨大な数だ。

核軍縮を前進させるための枠組みの一つが，1970年に発効し，現在は約190カ国が参加する核拡散防止条約（　イ　）だ。米ロなど条約に加わる保有５カ国は，条文や過去の合意文書により核軍縮の義務を負う。しかし，米国は小型核の開発や配備，古くなった装備の更新などに多額の予算を投じ，ロシアや中国と新たな核軍拡競争の様相すら呈している。

こうした状況の中，赤十字国際委員会（ICRC）は2010年，核兵器のいかなる使用も人道に反するとの総裁声明を発表。その後も核兵器の非人道性をテーマにした国際会議や共同声明などの動きが広がり，17年の禁止条約採択につながった。核兵器廃絶を訴え続けてきた被爆者の存在や，非政府組織（　ウ　）「核兵器廃絶国際キャンペーン」（ICAN＝アイキャン）の精力的なロビー活動も後押しした。

禁止条約の発効は，核兵器の保有を含むあらゆる活動を正式に違法化することを意味する。締約国を除けば条約には縛られないが，条約に加わらない国に対しても，使用や核抑止に頼ることをためらわせる圧力になると期待されている。

【2020年10月26日　中国新聞デジタル　一部改略】

問１　下線部(1)について，核兵器禁止条約の批准国に**当てはまらない**国を以下より選んで番号をマークしなさい。[解答番号39]

①　オーストリア　　②　キューバ　　③　ニュージーランド　　④　日本

問２　下線部(2)について，現在，核兵器を保有している９か国に**当てはまらない**国を以下より選んで番号をマークしなさい。[解答番号40]

①　フランス　　②　イギリス　　③　ドイツ　　④　インド　　⑤　中国

問３　（ア）に当てはまる数字を以下より選んで番号をマークしなさい。[解答番号41]

①　30　　②　50　　③　80　　④　100　　⑤　120

問４　(イ)には核拡散防止条約のアルファベットの略号が入る。正しいものを選んで番号をマークしなさい。[解答番号42]

①　TPNW　　②　CTBT　　③　IAEA　　④　NPT

問５　(ウ)には非政府組織のアルファベットの略号が入る。正しいものを選んで番号をマークしなさい。[解答番号43]

①　NGO　　②　NPO　　③　UNHCR　　④　CSR

【10】以下の文章を読んで，後の問に答なさい。

自民党の菅義偉総裁は16日，（　ア　）国会で第99代首相に選出され，自民，（　イ　）両党による連立(1)内閣を発足させた。安倍前政権の「継承」を掲げ，麻生太郎副総理兼財務相ら８人の閣僚を再任。ポストが変わる横滑りや再入閣組も多く，安全運転ぶりが際立つ(2)組閣となった。新型コロナウィルスの感染拡大防止を最優先課題としつつ，経済活動との両立をめざす。

【2020年９月17日　朝日新聞　朝刊より抜粋】

問１（ア）に適する語句を以下より選んで番号をマークしなさい。[解答番号44]

①　通常　②　臨時　③　特別　④　緊急

問２　（イ）に適する政党名を以下より選んで番号をマークしなさい。[解答番号45]

①　立憲民主　②　公明　③　共産　④　国民民主　⑤　日本維新の会
⑥　社会民主

問３　下線部(1)について，内閣の仕事として**誤りであるもの**を次のページより選んで番号をマークしなさい。[解答番号46]

① 外交関係の処理や条約の承認
② 天皇の国事行為に対する助言と承認
③ 予算の作成，政令の制定
④ 最高裁判所長官の指名と，その他の裁判官の任命

問４ 下線部(2)について，内閣を構成する国務大臣に関して正しく述べたものを以下より選んで番号をマークしなさい。[解答番号47]
① 国務大臣は内閣総理大臣が指名し，天皇が任命する。
② 国務大臣は国会で指名され，内閣総理大臣が任命する。
③ 国務大臣は過半数が国会議員であればよい。
④ 国務大臣は過半数が文民であればよい。

【11】 以下の文章を読んで，後の問に答なさい。

ふるさと納税の新制度から除外した（　ア　）省の決定は違法だとして，大阪府泉佐野市が決定取り消しを求めた訴訟の（　イ　）判決で，(1)最高裁第３小法廷（宮崎裕子裁判長）は30日，除外に違法性はないとして国側勝訴とした大阪高裁判決を破棄し，（ア）省の除外決定を取り消した。新制度の参加要件として（ア）省が設けたルールのうち，過去の募集形態を考慮するとした部分を違法で無効と判断した。５裁判官全一致の結論。市側の逆転勝訴が確定した。

【2020年７月１日　産経新聞　朝刊より抜粋】

問１ （ア）に適する省庁を以下より選んで番号をマークしなさい。[解答番号48]
① 防衛　② 環境　③ 国土交通　④ 経済産業　⑤ 厚生労働
⑥ 財務　⑦ 法務　⑧ 総務

問２ （イ）に適する語句を以下より選んで番号をマークしなさい。[解答番号49]
① 控訴審　② 上告審　③ 抗告審　④ 再審

問３ 下線部(1)について，最高裁判所に関する説明として**誤りであるもの**を以下より選んで番号をマークしなさい。[解答番号50]
① 最高裁判所は，日本全国で東京に一か所しかない。
② 最高裁判所の大法廷では，15人の裁判官によって判決が下される。
③ 最高裁判所の裁判官は「国民審査」の結果でのみ，退官する。
④ 最高裁判所は，違憲審査権を有する終審裁判所である。

問三　空欄 C に入る語として適切なものを次の中から一つ選び、番号をマークしなさい。【マーク番号34】

① する　② す　③ すれ　④ し　⑤ せよ

問四　傍線D「さやうの所」が指している場所として適切なものを次の中から一つ選び、番号をマークしなさい。【マーク番号35】

① 都　② 故郷　③ 寺や社

④ 旅で訪れた所　⑤ 出発した地点

問五　空欄 E に入る語として適切なものを次の中から一つ選び、番号をマークしなさい。【マーク番号36】

① いっさい　② おのおの　③ よろづ

④ つぎつぎ　⑤ みな

問六　傍線F「持てる調度まで、よきはよく、能のある人、かたちよき人も、常よりはをかしとこそ見ゆれ」の説明として適切なものを次の中から一つ選び、番号をマークしなさい。【マーク番号37】

① 旅先から戻るといつもより社会への関心が高まるということ。

② 旅先へ向かう道中からいつもより楽しく感じられるということ。

③ 旅先から戻る頃には今までより気を配れるようになるということ。

④ 旅先ではいつもより人を見る目が養えるようになるということ。

⑤ 旅先にいるといつもより人や物が一層立派に見えるということ。

問七　筆者が旅の効用として述べていることとして適切なものを次の中から一つ選び、番号をマークしなさい。【マーク番号38】

① 旅に行くと今までに味わったことのない感動を得られること。

② 旅を続けることで寺で修行したのと同じ価値が生まれること。

③ 自分の都合のいい時に様々な地域に行き人と交流できること。

④ 都に残してきた家族のことを忘れて心や体を休められること。

⑤ 寺や社で祈ることで一層家族を大切にしようと思えること。

問八　本文は旅に関する章段である。旅の見聞や感想などを記した江戸時代の作品を次の中から一つ選び、番号をマークしなさい。【マーク番号39】

① 奥の細道　② 方丈記　③ 枕草子

④ 平家物語　⑤ 万葉集

Yの選択肢【マーク番号28】

①　映画づくり　②　友だちづくり　③　自分探し
④　宝石探し　⑤　先輩の勧誘

問十一　波線ⓐ～ⓒについて、それぞれ選択肢の中から同じ漢字を含むもの（カタカナ表記）を一つずつ選び、番号をマークしなさい。

ⓐ「フクザツ」【マーク番号29】
①　ぬれたのでヨウフクを着替える。
②　毎日のフクシュウを欠かさない。
③　人はコウフクを追い求める。
④　彼はフクギョウに精をしている。
⑤　話のチョウフクを避ける。

ⓑ「カクシン」【マーク番号30】
①　約束をカクジツに守る。
②　組織のチュウカクを担う。
③　米のシュウカクは豊作だった。
④　陰でいろいろカクサクする。
⑤　ジンカクを尊重するべきだ。

ⓒ「コドウ」【マーク番号31】
①　子供がコガイで元気に遊ぶ。
②　エンコ採用は禁止されている。
③　静かなコハンにたたずんでいる。
④　祭り会場でタイコの音が鳴り響く。
⑤　姉はお花のおケイコに励んでいる。

三　次の文章は、『徒然草』第十五段である。読んで、後の問いに答えなさい。

Aいづくにもあれ、しばし旅だちたるこそ、B目さむる心地（ここち）［C］。

そのわたり、ここかしこ見ありき（見て歩けば、）、ゐなかびたる所、山里などは、いと目慣れ（めな）ぬ事のみぞ多かる。都へたよりもとめて文（ふみ）やる、「その事かの事、便宜（びんぎ）に（適宜に）、忘るな」など言ひやるこそをかしけれ。

Dさやうの所にてこそ、地（ち）［E］に心づかひせらるれ。F持てる調度（てうど）まで（身の回りの道具まで）、よきはよく、能（のう）のある人、かたちよき人も（顔立ちがいい人も）、常よりはをかしとこそ見ゆれ。

寺・社（やしろ）などに忍びてこもりたるもをかし。

問一　傍線A「いづくにもあれ」の現代語訳として適切なものを次の中から一つ選び、番号をマークしなさい。【マーク番号32】

①　どこにもいけないが　②　どこへでもいいが
③　どこにもないが　④　どこにあるのか
⑤　どこへいくのか

問二　傍線B「目さむる」の本文における意味として適切なものを次の中から一つ選び、番号をマークしなさい。【マーク番号33】

①　平気な感じ　②　新鮮な感じ　③　自由な感じ
④　危険な感じ　⑤　心配な感じ

て、つくる側は自分を信じて一生懸命つくることが大事なのだということ。

問七　傍線G「親父に背中を、とん、とやられた」とあるが、このときの親父の気持ちとして適切なものを次の中から一つ選び、番号をマークしなさい。**【マーク番号24】**

① 自分のやりたいことを見つけた息子を誇らしく思い応援する気持ち。
② 自分がやってきたことと正反対のことに向かう息子を心配する気持ち。
③ 自分に対して何か隠し事をしている息子を残念に思っている気持ち。
④ 自分の知らない世界で活躍しようとする息子に将来を期待する気持ち。
⑤ 自分の経験から息子がやりたいことは無理だとあきらめている気持ち。

問八　傍線H「親父の寝顔に向かって、一言『お疲れ』と呟いた」ときの一平の気持ちとして適切なものを次の中から二つ選び、番号をマークしなさい。**【マーク番号25】**

① 父に対するさびしい気持ち　② 父を見直す気持ち
③ 父にがっかりする気持ち　④ 父に遠慮する気持ち
⑤ 父をあわれむ気持ち　⑥ 父をいたわる気持ち

問九　空欄 I に入る語として適切なものを次の中から一つ選び、番号をマークしなさい。**【マーク番号26】**

① 悲しい　② 熱い　③ 静かな　④ きれいな
⑤ けなげな

問十　次のXさんとYさんの会話は、この物語を読んだ感想を述べ合ったものである。空欄（X）（Y）に入る語句を後の選択肢の中から一つずつ選び、それぞれ番号をマークしなさい。

Xさん：私も学校では地味で目立たない人だから、一平君の気持ちがよくわかるわ。クラスで目立っている子とは（　X　）ってよく思うもの。

Yさん：私はテニス部で大会に出たことがあるから、リュウ君に共感できたかなあ。ああいう子は目立たない人が思っているより、目立つことに対して特に何も思ってないよ。

Xさん：そうかもしれないけど、居場所がはっきりしている子ってうらやましい。特に才能がない自分たちだって、学校の主役でいられる居場所がほしいなって。

Yさん：リュウ君も初めは部活づけの毎日に懲りて楽をしたくて映画同好会に入ったんだけど、一平君たちの気持ちがだんだん分かってきたみたいだね。（　Y　）に対して一生懸命になっていく、成長する姿に感動したわ。

Xの選択肢 **【マーク番号27】**

① 少しずつ分かり合いたい
② 早く仲良くなってみたい
③ 見えている景色が違うみたい
④ 一緒にいるのが恥ずかしい
⑤ 話をするのがとても怖い

④　自分は目立たない存在であることを周りから笑われやけになっていたということ。

⑤　自分は目立たない存在だと認めることで学校生活を楽に過ごしたいということ。

問四　傍線Ｄ「はっと顔を上げ、俺たち三人の顔を順番に見た」とあるが、このときの立花先輩の心情として適切なものを次の中から一つ選び、番号をマークしなさい。【マーク番号21】

①　長い期間待たされていたので気をもんでいたが、探していた本とようやく出会えてうれしい気持ち。

②　ずっと探していた本が見つかったと言われ、夢でも見ているのではないかと信じられないでいる気持ち。

③　ずっと結末を知りたいと思い続けていたが、実際手にすると中身を確認するのが怖くなった気持ち。

④　懸命に探したが結局見つからないため、自分たちで制作したのだという彼らの努力に驚く気持ち。

⑤　探していた本が見つかったと言われ喜んだのに、手にしてみると偽物とわかりがっかりした気持ち。

問五　傍線Ｅ「宝石職人は自分がすべてを失ったのだと知る」とはどのようなことか。説明として適切なものを次の中から一つ選び、番号をマークしなさい。【マーク番号22】

①　世界で一番美しい宝石を作れるようになったのに、一番喜んでほしい家族や友人にわかってもらえないことに絶望したということ。

②　家族や友人が自分のもとを去っていっただけでなく、自分の作る宝石を美しいと感じる心まで失ってしまったことに気付いたということ。

③　宝石を世界で一番美しく輝かせるには、家族や友人という自分の大切なものを失い孤独になることが唯一の方法だと理解したということ。

④　宝石職人として世界で一番美しい宝石を作りたいという願いは正当なはずなのに、家族や友人を失ったことは納得できないということ。

⑤　世界で一番美しい宝石を作れるようになったことで名誉と金を手にできたが、人々が本当に喜ぶ心は得られないと悟ったということ。

問六　傍線Ｆ「ものづくりってなんだろう」という問いに対し、一平がこの後の親父とのやり取りも含めてつかんだこととして、適切なものを次の中から二つ選び、番号をマークしなさい。【マーク番号23】

①　つくったものが何の役にも立たなかったと後から気付いたとしても、それをつくった過程が大切だから無駄になってもいいということ。

②　つくったものをできるだけ多くの人に役立ててもらうことが目標だったとしても、たった一人のためになればそれでよいということ。

③　つくったものが直接誰かの役に立てなかったとしても、自分が一生懸命つくったことは次につながり無駄にはならないということ。

④　つくったものが役に立つか立たないかは使う人が決めることで、つくる側があれこれ考えて悩む時間はとても無駄だということ。

⑤　つくったものが無駄かどうかは人それぞれが決めることであっ

の主観でしかない。何が無駄かなんてことを決めるのも、人それぞれだ。

俺たちが用意した絵本の結末を、先輩がどう解釈しても構わない。その先に見るものは、読み手によって、みんな、違うはずだ。

「読んだわよ」という声がして、我に返る。

図書室の隅で、試験の結果発表を待つような気持ちでいた俺たちがそろって顔を上げると、立花先輩が仁王立ちのような格好で立っていた。表情は、唇を引き結び、怒っているようにも、何かをこらえているようにも見えた。だけど、目が合った瞬間に、瞳の中が真っ赤になる。

「どうでした?」

面と向かって聞く勇気があったのは、リュウだけだった。俺と拓史は、黙りこくったまま先輩の顔を見つめる。先輩がふいっと横を向く。そっぽを向かれたのかと思ってあわてて立ち上がりかけたそのとき、先輩の顔の前に、涙の粒がまるで朝露のように光って飛んだ。

——あ、今のいい。

と思ってしまう。どんな映画の演出でも、こんな I 涙は観たことがない。俺が、この演出を使う第一号になりたい。

「映画、出てもいいよ」という先輩の声は、とても小さくて、注意しないと聞き逃してしまいそうなほどだった。だけど、俺たちの耳に、その声はしっかりと届いた。

(辻村深月『サクラ咲く』所収「世界で一番美しい宝石」による)

問一 傍線A「それって本当にそうなのかな」は、俺(一平)がどのように感じていることを表しているか。適切なものを次の中から一つ選び、番号をマークしなさい。【マーク番号18】

① 学校は一見皆仲良く過ごしている場所に見えるが、実際に仲良くできているのは目立つ人たちだけだと感じている。

② 学校はそこで過ごす生徒全員のものであるべきだが、実際は運動部員ばかりが学校設備を占領していると感じている。

③ 学校は建前上生徒みんなのものと言われるが、実際は学校の中心にいる目立つ人のものになっていると感じている。

④ 学校では生徒みんなが平等に過ごせるが、大人になり社会に出ると上下関係が厳しく平等ではなくなると感じている。

⑤ 学校では先生が生徒みんなを見てくれているが、学校外の大人には目立つ人しか注目されていないと感じている。

問二 傍線B「てらいもなく」の本文の意味として適切なものを次の中から一つ選び、番号をマークしなさい。【マーク番号19】

① 邪魔する様子もなく　② 自慢する様子もなく

③ 恥ずかしがる様子もなく　④ 不思議がる様子もなく

⑤ ふざける様子もなく

問三 傍線C「意地のような部分もあった」とはどのようなことか。説明として適切なものを次の中から一つ選び、番号をマークしなさい。

【マーク番号20】

① 自分のような目立たない存在でも何かができることを見せたかったということ。

② 自分のような目立たない存在は自分の意見に頑固になりがちなのだということ。

③ 自分のような目立たない人々にアピールして仲間を作りたかったということ。

「ありがとう」

本を渡し、俺たちはそっと先輩の元を離れた。なるべくゆっくり、誰にも気兼ねせずに読んで欲しい。――とはいえ、俺たちが用意した結末を読んで先輩がどう思うかを考えたら、全身が心臓になったように、Ⓒコドウが大きく打ちつける。

正解を出せたのかどうかは、わからなかった。

宝石職人は、すべてとひきかえに、ただそれが見てみたいという欲求に耐えられず、世界で一番美しい宝石を作る才能を手に入れる。家族も友人も失い、すべてに去られた後、孤独の中で彼が作った宝石は光り輝き、多くの人々にその美しさを絶賛される。職人は名誉と金を手にする。

しかし、宝石職人自身は、その〝世界一〟とされる宝石を、どう見ても美しいと感じることができない。かつて自分が作っていたものの方がよほど美しかった、と自分に力を与えた魔法使いを呪う(のろ)が、職人本人以外は、彼の宝石をいつまでも〝世界一美しい〟と貴び(とうと)、称え(たた)、皆、幸せそうに身につける。

その笑顔とひきかえに、E宝石職人は自分がすべてを失ったのだと知る。

そこで、絵本は終わる。

Fものづくりってなんだろう、と頭がおかしくなるくらい考えて、三人で決めた結論がこれだった。

絵本作りが佳境(かきょう)に差しかかった頃、ちょうど数日ぶりに親父が家に帰ってきた。

例の新種の喘息(ぜんそく)は、瞬く間(またた)に全国的に発症が確認され、ちょっとしたニュースになっていたが、それに寄り添う形で、親父の会社に新薬の準備があったこと、早期発見された場合には、その薬が覿面(てきめん)に効果があることも、同時に報道されていた。

「準備してきた薬が効(き)かなかったら、どうするつもりだったの?」

疲れたようにリビングのソファに上体をもたせかけた親父に尋ねてみた。自分が一生を懸ける覚悟でやってきたことが徒労(とろう)に終わったとしたら、後に残る気持ちはどんなものになるだろう。そう思って聞いた俺の言葉に、親父はごく自然な口調で「そうだなあ」と答えた。

「そしたら、それでも俺の失敗をバネに、どこかの誰かが新薬を作ってくれるだろうと期待する。きっと、無駄にはならない」

眠そうに半目を開けた親父が、唐突(とうとつ)に「映画部で、映画、撮ってるんだって?」と尋ねてきた。母さんから聞いたのかもしれない。

俺は姿勢をしゃんと伸ばして、ぎこちなく「まあ」と答えた。本当は、映画部は同好会どまりで〝部〟じゃないし、映画だって撮れるかどうかわからないことは黙っていた。

「がんばれよ」とG親父に背中を、とん、とやられた。

眠そうに見えたのに、その力強さにとまどう。見れば、親父は完全に目を閉じて、もう寝息を立て始めるところだった。――もともとこういう、単純な体の仕組みをしてる人なのだ。毛布を持ってきてかけながら、H親父の寝顔に向かって、一言「お疲れ」と呟い(つぶや)た。

ものづくりが徒労に終わるかもしれないなんて、決めるのは結局誰かリュウはサッカー部だっただけあって、壮行会だって経験済みなのだろう。俺はⓐフクザツな気持ちで「うーん」とまた声を上げる。

「ともかくさ、学校って、そういう晴れがましい大舞台だけがすべてじゃないと思うわけ。書道部だって英語部だってそれぞれの活動はしてるわけで、そういう、応援団が横で応援してくれるような青春じゃなくても別にいいんじゃないかって思うんだ。学校は何も、一部のわかりやすく青春を謳歌してるヤツらだけのもんじゃないってことを証明したいっていうか……」

言いながらだんだん口調がしどろもどろになっていく。あんまり自虐的になってしまうのは嫌だから、どうしてもⓑカクシンをぼかすような言い方になった。

素直に認めてしまうなら、それはつまり、俺は自分が学校の主役じゃないことを知ってる、ということだ。

口に出して確認し合ったことはないけど、おそらく横の拓史だってそう思ってる。

スポーツで健全に汗をかいたり、女の子とつきあったり、友達をたくさん作ったり。

学校はみんなのもの、なんていうのは大嘘だ。学校は、俺たちじゃない、そういうことが何のBてらいもなくできる〝彼ら〟のものだってことを、俺は知ってる。

クラスの中心にいるような目立つタイプの生徒の青春が、教師や大人たちに推奨され、世間一般にもいいって言われる。同じ学校に通ってても、俺たちみたいな映画やアニメの趣味を楽しむ層はどっちかっていうとマイナー扱いだ。

映画部を作りたいと思ったのは、C意地のような部分もあった。俺たちが学校の主役になれるような、――少なくとも、部内にいる間だけはそう感じることができるような場所を作ることが、入学した当初からの、俺の目標だった。

[途中省略部分のあらすじ]

自主制作映画の主演女優になってほしいと、一平は元演劇部の「図書館の君」こと立花先輩に頼み込む。しつこい誘いに立花先輩は、ずっと探している本を見つけてくれるならと条件を出す。その本は、宝石職人が魔法使いから、これまで築いてきたすべてに別れを告げることとひきかえに「世界で一番美しい宝石」を作れる才能をもらうという内容だと。その本を、三人は様々な手を尽くして探すが、なかなか見つけられない。

[本文]

「見つけてきました」

窓辺の席に座る立花先輩の前に、本を差し出す。今日は、リュウと拓史も一緒だった。

立花先輩が、信じられないものを見るように絵本を見つめた。おそるおそるといった様子で手を伸ばし、俺の手から本を受け取る。

手触りや感じから、すぐに手作りだとわかったのだろう。Dはっと顔を上げ、俺たち三人の顔を順番に見た。唇を閉じたまま、一言も発しない。俺たちも黙ったままでいた。

やがて先輩が、「見てもいい？」と尋ねた。少し身構えたような硬い声だった。

「どうぞ」

④　いつか役に立つことを目指して、地道に基礎的な研究を長く続けることこそ、文化としての科学を成功させるための唯一の方法であると言えるから。

⑤　すぐに役に立つ科学・技術を目指した研究は、結局は底が浅いものであり、大きな成功につながる研究とは、長い時間がかかるものであるから。

問十三　傍線J「科学の文化的〜を理解すること」の説明の例として適切なものを次の中から一つ選び、番号をマークしなさい。【マーク番号16】

①　自然が生み出すリズムや光景を、人の音楽や絵画などと同じものだと考えて、演奏や展示の文化的活動をすること。

②　人類の持つ科学・技術だけが、地球や宇宙などの自然を開拓し、改造することのできる唯一の方法であると信仰すること。

③　科学・技術も人間の持つ文化の一つだと考え、それがもたらす成果を学び、人類や地球環境について考えること。

④　人類の繁栄のためには、科学・技術を発展させ、地球上の環境資源を多く発見し、どんどん利用しようと開発すること。

⑤　地球や宇宙には、人がまだ見つけていない物質や法則があるので、それらの経済利用を拡大する可能性を探すこと。

問十四　次の文は、本文中の《①》〜《⑤》のどの位置に入るか。その番号をマークしなさい。【マーク番号17】

・私が「文化としての科学」と言うとき、科学は商売や経済の手先になるのではなく、「文化としての科学こそ人間の証明」であるということを言いたいのです。

二　次の文章を読んで、後の問いに答えなさい。

[本文にいたるまでのあらすじ]

高校二年生の一平、リュウ、拓史（たくし）の三人は、映画同好会に所属している。一平は、高校生映画コンクールに自主制作映画を出品し結果を出すことで、部員を増やし同好会を「部」に昇格させたいと思っている。

[本文]

「――学校は誰のものなのかってよく考えるんだ」

「は？」

リュウがきょとんとした表情を浮かべる。

「誰のものかって、どういう意味？」

「うーん。うまく言えないんだけど、学校ってよく生徒みんなのものって言われるだろ？　だけど、A<u>それって本当にそうなのかな</u>って、俺（おれ）、昔からよく考えるんだ。クラスの中の目立つヤツと目立たないヤツ、両方が同じ学校に通って同じ校舎を使ってるけど、そこで見えてる景色や、考えてる内容はまったく違うんだろうなって」

こんな言い方でリュウに理解してもらえるとは思わなかった。だけど、続ける。

「たとえば、運動部って大きな大会の前に、壇上に上がって応援とか壮行会とか、華々しくやってもらうだろ？　あそこで送り出されるような運動部のエースが、自分と同じ学校を共有してるなんてとても思えないっていうか……」

「ふうん。そんないいもんでもないけどなあ、実際に壇上に上がっても、立ちっぱなしで足が疲れるだけでさ」

マークしなさい。【甲…マーク番号4】、【乙…マーク番号5】

① そして　② つまり　③ さて　④ 例えば　⑤ しかし

問三　二重線ア～オの「に」の中から、用言の一部であるものを一つ選び、番号をマークしなさい。ただし、ア＝①、イ＝②、ウ＝③、エ＝④、オ＝⑤、として選ぶこと。【マーク番号6】

問四　傍線A「通信」と同じ構成の熟語を次の中から一つ選び、番号をマークしなさい。【マーク番号7】

① 地震　② 未熟　③ 超越　④ 除湿　⑤ 真偽

問五　空欄 B に入る語として適切なものを次の中から一つ選び、番号をマークしなさい。【マーク番号8】

① 無用の長物　② 用の美　③ 無用の勝利
④ 用の科学　⑤ 無用の用

問六　傍線C「それは～なのです」の「それ」とは何か。適切なものを次の中から一つ選び、番号をマークしなさい。【マーク番号9】

① 文化の発祥　② 文化のための行為　③ 趣味
④ 切手集めや小石集め　⑤ 個人のよろこび

問七　空欄 D に入る語として適切なものを次の中から一つ選び、番号をマークしなさい。【マーク番号10】

① 考古学　② 基礎科学　③ 博物学　④ 地学
⑤ 医学

問八　傍線E「趣味と文化」について、その組み合わせ例として適切なものを次の中から一つ選び、番号をマークしなさい。【マーク番号11】

① 釣りと水族館　② 読書と日記　③ 競技とオリンピック
④ 園芸と料理　⑤ キャンプと登山

問九　空欄 F に入る語として適切なものを次の中から一つ選び、番号をマークしなさい。【マーク番号12】

① 社会的進化　② 政治的革命　③ 科学的解明
④ 技術的革新　⑤ 産業的再開発

問十　傍線G「半導体のCCD（電荷結合素子）」の技術が使われている製品の例として適切なものを次の中から一つ選び、番号をマークしなさい。【マーク番号13】

① ツイッターやインスタグラムなどのSNS
② DVDやBD（ブルーレイディスク）　③ カーナビゲーション
④ 光学式天体望遠鏡　⑤ ドライブレコーダー

問十一　空欄 H に入る語として適切なものを次の中から一つ選び、番号をマークしなさい。【マーク番号14】

① 投資　② 科学者　③ 研究　④ 労力　⑤ 資源

問十二　傍線I「当面の効用～重要である」の理由として適切なものを次の中から一つ選び、番号をマークしなさい。【マーク番号15】

① 社会や企業などの経済的成功を考えるよりも、人々の精神面での豊かさを追い求めることこそ、科学・技術の目指すべき姿であると言えるから。
② いずれ役に立つことを信念として、長期間に及ぶ基礎研究を続けることで、人々の暮らしが豊かになり、経済的な利益をあげることができるから。
③ ドイツの質量分析器の開発のように、一時的な成功に満足せず、まったく見込みのない場合でも、役に立つことを信じて研究することが大切だから。

状に並べた版上に像を撮ることができ、それを刻々とコンピューターに記憶することでデジタル撮影が可能になりました。素子の感度を上げることによって弱い光でも像が撮れ、格子上の網目（メッシュ）の点の数を増やして詳細な像が撮影できるまでに進歩させました。この可視光用のCCDを世界で最初に作ったのは日本の企業で、ケータイのカメラなどに使われ、一時世界のカメラ市場を制覇しました。CCDの開発段階ではほとんど成功の見込みはなく、［H］のムダではないかと非難されたのですが、その困難を乗り切って成功したのです。《⑤》

別の例では、ドイツの質量分析器の開発があります。長い間、質量分析器は日本の企業が独占状態にあり、日本はそれに胡坐（あぐら）をかいて改良しか行いませんでした。これに対抗しようと、ドイツはより精度の高い新しい方式を考え出し、その開発のために基礎研究から試作と実験を繰り返し15年もかけてようやく完成させ、ついに日本の技術を追い越したそうです。最初は、まったく見込みが立たなかったのですが、「いずれ成功する」と信じて開発を続けた結果なのです。

以上のように、I当面の効用が第一で科学・技術が直ちに役に立つことを追求するよりは、長い目で見て基礎的な研究からしっかり積み上げていく研究が重要であることがわかると思います。大学等の研究者はこのような信念を持っている人が多く、そのような科学者を大事にすることこそ、科学・技術を進めていく上での決定的なカギであるのです。ともすれば、近視眼的にすぐに「役立つ」ことを求めたがるのですが、それではかえって大きな成功を逃すことになるのではないでしょうか。

また、J科学の文化的な価値を大事にし、科学がもたらす新しい物質観や世界観を学び直し、より深く自然を理解することが科学の重要な役割であることを忘れてはなりません。科学・技術を通常の企業活動と同じとみなし、投資を集中すれば成果が上がるとする考えでは、本当のイノベーションに結びつかないでしょう。根本から問題を見直し、長い目で見てじっくり育てていくという姿勢こそが、科学・技術の育成に求められているのです。（池内了『なぜ科学を学ぶのか』による）

（注）＊「先のニュートリノに対する質問」…ノーベル賞受賞者である小柴昌俊氏が、「ニュートリノは何の役に立つのか？」という質問に対して、「何の役にも立たない。」と答えたことを指す。

問一　波線ⓐ・ⓒについては同じ漢字を含むもの（カタカナ表記）を、波線ⓑについては読み方を、それぞれ選択肢の中から一つずつ選び、番号をマークしなさい。

ⓐ「チョウコク」【マーク番号1】
①　教室のコクバン。　②　集合のジコク。
③　コクメイな描写。　④　新米のダッコク。
⑤　美しいケイコク。

ⓑ「賄っ（賄う）」【マーク番号2】
①　まかなう　②　になう　③　おぎなう　④　きらう
⑤　かこう

ⓒ「ホショウ」【マーク番号3】
①　ショウケン取引所。　②　安全ホショウ理事会。
③　損害ホショウ保険。　④　優勝のショウジョウ。
⑤　電車のシャショウ。

問二　空欄［甲］・［乙］に入る語を、それぞれ一つずつ選び、番号を

こそ社会に生きる人間的行為であると言えるでしょう。《②》

他方、多くの科学者は、文化としての科学という抽象的な概念だけではなく、いつの日かそこから新しい技術が開発され、人々の生活に役立つようになると考えています。これが基礎研究の第三の「役立ち方」で、今はまだ何の役にも立たない純粋な基礎科学だけれど、そのうちに技術と結びついて、実際の物質に応用できるようになり、私たちの生活を豊かにするに違いない、と信じているのです。だから、焦らず長い目で見守って欲しい、と願っています。今確実に役に立つようになるとは言えないけれど、過去を振り返ってみれば何度もそんなことがあったのだから、またいつの日かそうなるだろう、という気持ちを持っています。

［乙］、電子や原子の運動を記述する量子力学は、最初は人間の生活とは縁がない極微のミクロ世界の基礎的な物理法則でしかないと思われていました。しかし、１９５０年頃から、ＩＣ（集積回路）の発明を通じてコンピューターを動かす上での作動原理であり、Ｘ線や電子や陽子を用いた病気の治療や物質の診断に応用するための動作規則として働き、原子・分子レベルでの物質の振る舞いを記述しており、さまざまな新物質を作り出すための基本法則である、というふうに今や量子力学を抜きにしては成り立たない分野が数多く拓かれてきました。

あるいは、ＤＮＡは、最初遺伝の仕組みを考えるために導入され、もっぱら生命体の遺伝情報の成り立ちと伝達の謎を解くための便利な模型と考えられていました。しかし、研究が進むうちに、ＤＮＡ上の塩基の並び方が解読され、その改変の技術が開発されるようになった現在では、遺伝子操作は当たり前になり、生物世界を根本的に変えてしまいかねない状況になっています。《③》

このように、基礎科学として始まった分野であったけれど、広い範囲に応用分野が展開し、人間の生活に大きな影響を与えるようになったことが何度もありました。科学者は「いずれ役に立つから」と人々や政府に期待を持たせて、研究費をⓒホショウするよう求めているのです。

これとは対照的に、日本の産業力の活性化のためだとして、政府や産業界は大学に基礎研究をすっ飛ばして、直ちにイノベーション（［Ｆ］）の種を提供するようしきりに要求しています。しかし、いくらイノベーションの掛け声をかけ研究費を投じても、最初からイノベーション狙いの研究は底が浅く、たいしたものはなかなか生まれません。遠回りのように見えるけれど、「いつか役に立つ」としか言えない基礎研究から始めた方がよいのです。「急がば回れ」という言葉があるように、近道をしようとすると、かえって道がわからなくなることが多く、基礎研究という遠回りに見える道を選ぶ方が得策なのです。

その意味で、基礎研究の第四の「役立ち方」があります。最初は実験段階で企業化や商業化はとても無理だけれども、じっくり時間をかけて基礎的な実験を積み重ねて技術開発に繋げていくという方法です。この場合、取りかかった時点では困難な技術で簡単に応用できそうにはないけれど、「いずれ役に立つ」との信念の下で、慌てずに基礎研究に没頭する、というものです。《④》

その一例として、日本の企業が行ったＧ半導体のＣＣＤ（電荷結合素子）の開発があります。光を照射すると電子が飛び出してくる光電素子で、電子の輸送法を工夫して、素子のどの部分に、どのような色（波長）の光が、どのような強度で当たったか、をコンピューターで割り出せるように工夫したものです。その結果、碁盤のようにＣＣＤを縦横に格子

【国　語】〈四五分〉〈満点：一〇〇点〉

一　次の文章を読んで、後の問いに答えなさい。

　科学研究の社会に対する役立ち方を考えてみましょう。

一つは科学・技術の効能について先に述べたように、それ(ア)によって人間の生活が便利で効率的になり、生産力が増大し、人々の暮らしが健康的で豊か(イ)になるということです。特に技術は人間の生活に密着した人工物を製作することが本来の目標ですから、技術の効能がより大きくなるためには人々の生活により役立たねばなりません。そして、当然、技術の発達による効能が経済的利得と結びつくことが求められます。要するに、儲（もう）かるための技術開発であることが、一般に受け取られている「社会の役に立つ」という意味になります。＊先のニュートリノに対する質問も、ニュートリノが遠隔(A)通信に使えるというようなことを期待したのだろうと思われますが、科学・技術の研究はこのように役立つことが当然と通常は考えられているわけです。

　[甲]、「役立ち方」はそれだけではありません。もう一つは、ニュートリノの研究がそうであったよう(ウ)に、純粋科学や文化の創造に寄与するという役割です。私は常々「科学は文化である」とか「文化としての科学」と言っていますが、金儲けや経済的利得は二の次で、人間の精神的活動としての文化の一つとして科学を考えています。モーツァルトの音楽もゴッホの絵画もロダンのⓐチョウコクもモリエールの演劇も、これらの芸術の成果は文化であり、「[B]」と言えるでしょう。これらが無くなっても私たちは生きていけるのですが、これらがない世界は精神的に貧しくて空（むな）しく感じられるでしょう。「人間はパンのみ(エ)にて生きるにあらず」で、物質世界から言えば「無用」ですが、精神世界には「用」なのです。《①》

　ここで「文化」というものが持つ意味を考えてみましょう。文化は人間の精神的活動の成果で、芸術のみならず芸能や学問や宗教や道徳などが含まれ、科学もその一つです。文化とは、「あることが大事で、無くなれば寂しい」というもので、基本的には個人の心を満たすためのかけがえのない先人の贈り物と言えるでしょう。

　文化のための行為ですが、まったく個人のレベルに閉じているのが「趣味」です。切手集めや小石集めや貝殻集めなどの趣味は、通常は利益や見返りを求めず、自分が楽しければよいというものですね。それが文化の発祥であり、(C)それはとても大事な人間の営みなのです。西洋では、珍しい植物や動物や鉱物を蒐集（しゅうしゅう）する趣味から、やがて蒐集物の共通する部分と異質な部分に着目して分類するという「[D]」になりました。さら(オ)に、その各々の分野が独立して植物学・動物学・鉱物学というふうに分科して「科学」へと発展しました。その意味では、科学は趣味に出自（生まれ故郷）を持つ個人の楽しみであったのです。

　(E)趣味と文化の決定的な違いは、趣味は個人だけの楽しみですが、文化は社会性があるということ、つまり文化は多くの人々の支持によって広く共有されるものだということです。だから、文化は人々の支えによって維持できるもので、税金が使われたり、浄財でⓑ賄ったり、対価を求めたり、ボランティアの助けを得たり、というような形で社会と結び合うことになります。文化が健全に育ち社会に生き続けるためには、個人の努力と社会の受容が両輪とならねばならず、蓄積と発展のための努力が個人及び社会の双方に求められるわけです。こう考えると、文化

MEMO

大切なことはメモしておこうネ！

2021年度

解　答　と　解　説

《2021年度の配点は解答欄に掲載してあります。》

＜数学解答＞

1　[1]　(1)　9　(2)　0　[2]　(3)　－　(4)　1　(5)　－　(6)　4
[3]　(7)　1　(8)　2　(9)　7　(10)　3　[4]　(11)　1　(12)　1　(13)　3
(14)　2　[5]　(15)　－　(16)　4　[6]　(17)　8　(18)　9

2　[1]　(19)　1　(20)　5　(21)　2　[2]　(22)　8　(23)　4　[3]　(24)　5
(25)　3　[4]　(26)　1　(27)　2　(28)　4　[5]　(29)　1　[6]　(30)　4

3　[1]　(31)　1・3　[2]　(32)　4　(33)　2[3]　(34)　3[2]　(35)　1

4　[1]　(36)　1　(37)　1　(38)　0　[2]　(39)　3　(40)　4
[3]　(41)　3　(42)　1　(43)　1

5　[1]　(44)　4　(45)　1　(46)　2　(47)　6　(48)　1　(49)　2　(50)　2
[2]　(51)　3　(52)　2　(53)　3　(54)　2　(55)　1　(56)　2　(57)　2
(58)　0　(59)　2　(60)　0

○推定配点○

1　各4点×6　2　各4点×6　3　各4点×2　4　[1]・[2]　各5点×2　[3]　6点
5　[1][i]　各1点×4　[ii]　3点　[2]　各3点×7　計100点

＜数学解説＞

基本　1　(式の計算，連立方程式，2次方程式と解の公式，平方根の利用，反比例，平均の利用)

[1]　$3^2-(-3)^2\times(-3^2)=3\times3-\{(-3)\times(-3)\}\times(-3\times3)=9-9\times(-9)=9-(-81)=90$

[2]　$3x+4y=-19$…①，$5x-6y=19$…②とする。①＋②より，$8x-2y=0$　$y=4x$…③　①に③を代入して，$3x+4\times4x=-19$　$19x=-19$　$x=-1$　これを③に代入して，$y=4\times(-1)=-4$　よって，$x=-1$，$y=-4$

[3]　2次方程式を$3x^2-2x-9=0$について，解の公式により$x=\dfrac{-(-2)\pm\sqrt{(-2)^2-4\times3\times(-9)}}{2\times3}=\dfrac{2\pm\sqrt{4+108}}{6}=\dfrac{2\pm\sqrt{112}}{6}=\dfrac{2\pm4\sqrt{7}}{6}=\dfrac{1\pm2\sqrt{7}}{3}$

[4]　$(\sqrt{2}+3)^2-\dfrac{\sqrt{72}}{2}=2+6\sqrt{2}+9-\dfrac{6\sqrt{2}}{2}=2+6\sqrt{2}+9-3\sqrt{2}=11+3\sqrt{2}$

[5]　yがxに反比例するとき，$xy=a$(aは定数)と表せるので，これに$x=\dfrac{1}{2}$，$y=4$を代入して$a=\dfrac{1}{2}\times4=2$　さらに，$y=-\dfrac{1}{2}$を代入して，$x\times\left(-\dfrac{1}{2}\right)=2$　$x=2\times(-2)=-4$

[6]　男子15名の平均点が7点なので，男子の合計点は15×7＝105(点)　また，クラス全体は15＋17＝32(名)なので，クラス全体の平均点が8点であることから，クラス全体の合計点は32×8＝256(点)　このとき，女子の合計点は256－105＝151(点)となるので，女子の平均点は151÷17＝8.882…(点)　よって，小数第2位を四捨五入して8.9(点)

[2] （円の性質，三角形・五角形と角，相似の利用，確率，資料の整理，循環小数）

重要 [1] 底面の円の半径が2なので，底面の円の円周の長さは4πとなり，これが側面のおうぎ形の弧の長さに等しい。ここで，円錐の母線の長さを$x(x>0)$とすると，これは側面のおうぎ形の半径に等しいので，中心角が96°であることから，$2x\times\frac{96}{360}=4\pi$　これを解いて，$x=\frac{15}{2}$より，円錐の母線の長さは$\frac{15}{2}$(cm)

[2] 正五角形のすべての角の大きさの合計は180°×3＝540°なので，正五角形の1つの角の大きさは540°÷5＝108°　ここで，頂角が108°の二等辺三角形の1つの底角の大きさは，(180°－108°)÷2＝36°　また，正三角形の1つの角の大きさは60°　図より，60°の角と36°の角を持つ三角形の残りの1つの角の大きさがx°となっているので，x＝180°－36°－60°＝84°

重要 [3] 右の図のように点P，Q，R，S，Tをとると，直角三角形PQRと直角三角形RSTは相似な図形となる。ここで，正方形Bの一辺の長さを$x(x>0)$とすると，それぞれPQ＝5，QR＝$x-5$，RS＝x，ST＝$15-x$と表せる。このとき，PQ：RS＝QR：STとなるので，$5:x=(x-5):(15-x)$　$x(x-5)=5(15-x)$　$x^2-5x=75-5x$　$x^2=75$　$x=\pm\sqrt{75}=\pm5\sqrt{3}$　ここで$x>0$より$x=5\sqrt{3}$　よって，正方形Bの1辺の長さは$5\sqrt{3}$(cm)

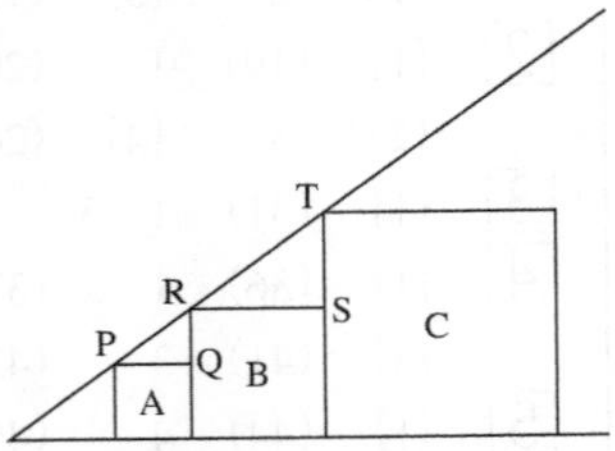

[4] 3文字の文字列のうち，1枚目の選び方は4通り，2枚目の選び方は3通り，3枚目の選び方は2通りなので，3文字の文字列のつくり方は全部で4×3×2＝24(通り)ある。そのうち，文字列が*bed*になるのは1通りしかないので，その確率は$\frac{1}{24}$

[5] 度数分布表より，A組の最頻値は度数が最も多い11を含む階級「1.5～2」の階級値1.75で，B組の最頻値は度数が最も多い12を含む階級「1.5～2」の階級値1.75なので，①は正しい。35人いるA組の中央値は18番目の生徒を含む階級「1.5～2」の度数11で，37人いるB組の中央値は19番目の生徒を含む階級「1～1.5」の度数10なので両者は等しくなく，②は正しくない。A組で1日あたりのスマートフォンの使用時間が1.5時間以上の生徒は11＋4＋3＝18(人)いて，B組で1日あたりのスマートフォンの使用時間が1.5時間以上の生徒は12＋3＋3＝18(人)いるので両者は等しく，③は正しくない。1時間以上1.5時間未満の階級について，A組の相対度数は$\frac{10}{35}=0.28\cdots$，B組の相対度数は$\frac{10}{37}=0.27\cdots$なので両者は等しくなく，④は正しくない。よって，正しいのは①。

[6] 循環小数$2.\dot{0}2\dot{1}$は分数$2\frac{21}{999}=2\frac{7}{333}$と表せるので，無理数ではなく，①は正しくない。三角形の3つの外角の和は360°なので，②も正しくない。自然数には0は含まれないので，③も正しくない。5の平方根は「2乗したら5になる数」の$\pm\sqrt{5}$なので，④は正しい。

基本 [3] （図形の定義，集合）

[1] 「相似な図形」とは，形を変えずに一定の割合に拡大または縮小して得られる図形のことで，元の図形と大きさが異なってもよい。このとき，合同な図形は相似な図形の特別な場合と考えられるので，「互いに合同な図形の集合」は「互いに相似な図形の集合」に含まれる。したがって，①は正しく，②は正しくない。次に，「正三角形」は「二等辺三角形」の特別な場合と考えられるので，「正三角形の集合」は「二等辺三角形の集合」に含まれる。したがって，③は正しく，④は正しくない。そして，三角形の内角の和が180°であることから，二等辺三角形の底角を直角にすることはできない。頂角を直角にすることはできるが，その場合は直角二等辺三角形になり，

直角三角形すべてを対象とすることはできない。したがって,「直角三角形の集合」は「二等辺三角形の集合」にすべてを含めることができず,⑤は正しくない。同様に,直角三角形を二等辺三角形にするには直角をはさむ2辺の長さを等しくしなければならないが,その場合も直角二等辺三角形になり,二等辺三角形すべてを対象とすることはできない。したがって,「二等辺三角形の集合」は「直角三角形の集合」にすべてを含めることができず,⑥は正しくない。以上のことから,集合どうしの関係が正しいものは①と③となる。

[2] 平行四辺形の角をすべて直角にしたものが長方形なので,長方形の集合は平行四辺形の集合に含まれる。また,平行四辺形の辺をすべて同じ長さにしたものがひし形なので,ひし形の集合は平行四辺形の集合に含まれる。そして,長方形の辺をすべて同じ長さにしたものが正方形なので,正方形の集合は長方形の集合に含まれる。さらに,ひし形の角をすべて直角にしたものが正方形なので,正方形の集合はひし形の集合に含まれる。以上のことから,正方形の集合は長方形の集合とひし形の集合の共通部分となり,長方形の集合もひし形の集合も平行四辺形の集合に含まれる。

4 (1次関数と図形)

重要 [1] △ABCと△PBCをそれぞれ辺BCが底辺の三角形ととらえると,△ABCと△PBCの面積が等しいとき,点Pは直線BCに平行で点Aを通る直線上にある。さらに,点Pはx軸上の点なので,点Pは直線BCに平行で点Aを通る直線とx軸の交点となる。ここで,B$(-3,\ 0)$,C$(0,\ -3)$より直線BCの傾きは$\frac{-3-0}{0-(-3)}=-1$となるので,直線BCに平行な直線の式を$y=-x+k$(kは定数)とすると,A$(2,\ 9)$を通るので,$9=-2+k$より$k=11$となり,直線BCに平行で点Aを通る直線の式は$y=-x+11$　さらに,$y=0$を代入して$0=-x+11$　$x=11$　よって,P$(11,\ 0)$

重要 [2] 点Bを通り,△ABCの面積を2等分する直線は辺ACの中点を通る。この中点をMとすると,A$(2,\ 9)$,C$(0,\ -3)$よりx座標は$\frac{2+0}{2}=1$　y座標は$\frac{9+(-3)}{2}=3$となり,M$(1,\ 3)$　よって,直線BMの傾きは$\frac{3-0}{1-(-3)}=\frac{3}{4}$となるので,点Bを通り,△ABCの面積を2等分する直線の傾きは$\frac{3}{4}$

やや難 [3] △ABPと△BCPをそれぞれ線分BPが底辺の三角形ととらえると,△ABPの高さは点Aのy座標に等しく9,△BCPの高さは点Cのy座標の絶対値に等しく3,線分BPの長さは$11-(-3)=14$となるので,△ABPの面積は$14\times9\div2=63$,△BCPの面積の合計は$14\times3\div2=21$となり,四角形ABCPの面積は△ABP+△BCP$=63+21=84$となる。したがって,四角形ABCPの面積を2等分した面積は$84\div2=42$となり,△BCPの面積が21であることから,点Bを通り四角形ABCPの面積を2等分する直線は直線APと交点を持つことがわかる。この交点を点Nとすると,四角形NBCPの面積が42になればよいので,四角形NBCPを△BCPと△NBPに分割すると,△NBPの面積は$42-21=21$となる。ここで,△NBPを底辺が線分BPの底辺ととらえると,その高さが3となるので,点Nのy座標が3と決まる。さらに[1]より直線APの式は$y=-x+11$なので,$y=3$を代入して$3=-x+11$より$x=8$となり,点Nの座標はN$(8,\ 3)$　よって,直線BNすなわち点Bを通り四角形ABCPの面積を2等分する直線の傾きは$\frac{3-0}{8-(-3)}=\frac{3}{11}$

5 (多面体の性質)

基本 [1] [ⅰ] 多面体の「面の数F」,「頂点の数V」,「辺の数E」の関係は右表のようになる。

	面の数F	頂点の数V	辺の数E
4面体	4	4	6
直方体	6	8	12
8面体	8	6	12
6角錐	7	7	12

[ⅱ] 表よりF＋V－E＝2…①となる。

やや難 [2] 正8面体は全ての面が正三角形でつくられている。そして正8面体では，1つの頂点には4つの正三角形が集まっているので，正8面体の1つの頂点は，各面をばらばらにした正三角形8枚中4枚に同時に含まれている。したがって，正三角形8つ分の頂点の合計個数は「頂点の数V」×4と表せる。このとき，1つの面すなわち正三角形をつくるのに頂点は3つ必要なので，「面の数F」＝「頂点の数V」×4÷3と表せる。また，正8面体では，1つの頂点には4本の辺が集まっているので，正8面体すべての頂点にそれぞれ集まる辺の合計本数は「頂点の数V」×4と表せる。このとき，1つの辺は2つの正三角形に含まれているので，「辺の数E」＝「頂点の数V」×4÷2と表せる。次に，1つの頂点が5つの正三角形でつくられる多面体では，多面体の1つの頂点が各面をばらばらにした正三角形のうちの5枚に同時に含まれているので，各面をばらばらにした正三角形すべての頂点の合計個数は「頂点の数V」×5と表せる。このとき，正三角形をつくるのに頂点は3つ必要なので，「面の数F」＝「頂点の数V」×5÷3すなわち$F=\frac{5V}{3}$…②と表せる。また，1つの頂点には5本の辺が集まっているので，多面体すべての頂点にそれぞれ集まる辺の合計本数は「頂点の数V」×5と表せる。このとき，1つの辺は2つの正三角形に含まれているので，「辺の数E」＝「頂点の数V」×5÷2すなわち$E=\frac{5V}{2}$…③と表せる。ここで，②と③を①へ代入して，$F+V-E=2$　$\frac{5V}{3}+V-\frac{5V}{2}=2$　両辺を6倍して$10V+6V-15V=12$　$V=12$　さらに，②に$V=12$を代入して$F=\frac{5\times12}{3}=20$　よって，1つの頂点が5つの正三角形でつくられる多面体は正20面体であることがわかる。

★ワンポイントアドバイス★

数学に関わる「雑学」ともいえるような知識まで豊富に獲得できていれば，教科書の発展的内容を含むような様々な数学的題材の問題にもうまく対処できるようになるだろう。そのためには書籍や関連サイトなどにも触れておきたい。

＜英語解答＞

【A】 問1 ④　問2 ②　問3 ②　問4 ①　問5 X ③　Y ④　問6 ③，⑤
【B】 問1 ④　問2 ③　問3 11 ⑤　12 ①　問4 ②，⑤　問5 ②
【C】 対話1 X ③　Y ④　対話2 X ①　Y ③　対話3 X ②　Y ④
【D】 問1 ①　問2 ②
【E】 問1 ③　問2 ②　問3 ④　問4 ②　問5 ④　問6 ③
【F】 (a，bの順) 問1 ③，①　問2 ③，⑦　問3 ②，③　問4 ④，⑥　問5 ⑦，⑥

【G】 (ア) ① (イ) ② (ウ) ④ (エ) ③ (オ) ①
【H】 (ア) ③ (イ) ④ (ウ) ③ (エ) ②
【I】 問1 ③ 問2 ② 問3 ②
【J】 問1 ④ 問2 ① 問3 ④
【K】・【L】 リスニング問題解答省略

○推定配点○
【A】 問1～問5 各2点×5 問6 各1点×2
【B】 問1～問3・問5 各2点×4 問4 各1点×2 【C】 各2点×6 【D】 各2点×2
【E】 各2点×6 【F】 各2点×5 【G】 各2点×5 【H】 各2点×4 【I】 各2点×3
【J】 各2点×3 【K】 各2点×2 【L】 各2点×3 計100点

＜英語解説＞

【A】 (長文読解問題・説明文：語句補充，内容吟味)

(全訳) あなたは札幌で焼いもを売っているイヌを知っていますか。そのイヌの名前はケンです。ケンはこの市に住むオスの柴犬です。今，4歳でたくさんのファンがいます。彼はまた外国人の来訪者の心を温めます。彼の興味深い仕事は彼らに印象を与えます。このことはソーシャルメディアを問1a通じて広がっています。

このお店は(犬の焼いも屋さん)と呼ばれています。ケンの活動の問1bおかげでほかのイヌが守られています。問2お店の売り上げの一部が動物殺処分を止めるために働いている組織に与えられています。人々はそれを「犬による犬のための店」と呼んでいます。

お店は2018年の11月にオープンして2019年の日本のテレビ番組で映されたあと，さらに有名になりました。このお店の考えはムラヤマソノトさんが思いつき，43歳の「よつばの会」の会長です。あれは2010年に設立された非営利組織です。障害のある人や自立したい人を激励するために福祉事業を与えています。

どのようにしてよつばの会は焼きいもを売り始めたのでしょうか。初めのうちは3年前にグループがスタッフのために焼いもを焼き，スタッフたちはそれらを食べて非常に喜びました。そのとき村山さんはそれらをよつばの会の事務所の近くにある高齢者施設に配りに行きました。

彼は焼いもは人々を幸せにすることができると思いました。彼は「普通の店はお客さんを引きつけないだろう。イヌにお店の店長として仕事を与えるのはどうか。ケンはとても人懐っこく，私は彼にお店の問1c世話をしてほしいのです。」と思いました。

村山さんは2018年に小さな店を建てました。問6札幌はしばしばとても寒いけれども，暖房のおかげでそのお店は暖かく居心地が良いのです。問3月曜日から金曜日は朝11時から開いています。お店はお昼の一時間閉まり，午後1時から3時まで再び開きます。お客さんたちは焼いも1つに200円支払い，壁にある穴に小銭を投げ，小銭を特別な箱に入れます。

問6日本の田舎ではよくあるものになっている問5Xけれども，スタッフのいないお店は海外では見られることができません。だからこのお店は外国人の間で人気になっています。このお店にはノートが置かれていて，英語，中国語など外国語でたくさんのメッセージが書かれています。

動物の殺処分は日本でも非常に大きな問題です。悲しいことに，40000頭以上のイヌとネコが毎年殺されています。捨てられたペットを守るために働いているグループを支援するため，村山さんはお店の売り上げをそれらに寄付しました。彼の行動を改善するため，村山さんは次の年にウエブサイトを開き，問4バッグやTシャツなどのケンのグッズをインターネットで売りました。

村山さんは「イヌはみんなを助ける。問5Yもしこのようなお店が増えたらすばらしいでしょう。イヌは我々の社会に何かをすることもできる。私はこの場所がお互いに助け合うことでみんなに笑顔と幸せをもたらすことを望んでいます」と言いました。

問1 though ～ で，「～を通して」，thanks to ～ は，「～のおかげで」，look after ～ で，「～の世話をする」の意味になる。

問2 第2段落2～3文目を参考にする。

問3 本文中にお昼の一時間閉めて，午前11時からと，1時から3時までとあるので3時間。

問4 本文中にバッグとTシャツはインターネットで売っているとあるので①を選ぶ。

問5 文脈からXは逆説とわかる。Yはもし～だったらこうなるだろうと条件とわかる。

問6 ③は第1，6，7段落，⑤は第7段落を参考にする。

【B】（長文読解問題・説明文：語句補充，語句整序，内容吟味）

（全訳） ギザのピラミッドは世界の七不思議のひとつとしてとても有名です。何年もの間，ピラミッドはエジプトの文化の象徴です。しかし実際それらは誰が建設したのでしょうか。私たちはそれについて数世紀の間知りませんでした。しかし最近，考古学者たちがピラミッドの近くの古代の村を問1発見しました。墓地もあり，ピラミッドを建てた人々がそこに埋葬されていました。これらの場所らを研究することから，考古学者たちは，問4ピラミッドは奴隷や外国の人によってではなくエジプトの人たちによって建設されたとかなり確信しています。

問3このピラミッド群を建設するのには約80年かかりました。考古学者たちは20000～30000の人々がピラミッドの建設を終えるために働いていたと言っています。それぞれの労働者は異なる仕事をしていました。岩を掘り起こした人もいれば，それを動かした人もいて，ブロック状に問1割った人もいます。人々は違うチームでも作業をして，それら自身に名前がついていました。クフ王の大ピラミッドの中の壁には問2例えば，労働者のグループが「クフの友人たち」と書きました。それぞれのチームはよくほかよりも速く仕事をしようとしていました。

これらの労働者の生活はとても困難だった。ある科学者は「私たちは彼らの骨を見ることができる」と言いました。骨は関節炎の目印を表しています。原因は長時間重いものを運んだことです。考古学者たちはそこで多くの女性の骨も見つけました。彼らの骨に対するダメージは男性に似ています。問4女性の生活までもおそらく困難で，男性は40歳から45歳，女性は30歳から35歳しか生きられませんでした。

この仕事はとても骨の折れる(やりがいのある)ものでしたが，エジプト人は仕事に問2誇りを持っていました。「彼らは王様の墓地を建設するだけではありませんでした」とエジプトの考古学者は言っています。「彼らは自分自身の国，エジプトを建設していました。それは国際的な計画であって，みんながその企画のための重要な要員のひとりだったのです。」

問1 前後の文脈からaは「発見する」とbは cut into になるよう cut を選ぶ。

問2 前後の文脈からAはその一例を述べている。Bは大変やりがいのあるものだったが，誇りを持っていたが意味が通るので，③を選ぶ。

問3 並べ替えると (It took about eighty years to build) the pyramids. となる。

問4 ②は第一段落最後の文，⑤は第三段落5文目以降を参考にする。

問5 ピラミッドは誰がどのようにして作られたかが述べられているで，②を選ぶ。

【C】（会話文問題：語句補充）

対話1 A：すみません。私はこの都市の歴史についてレポートを書かなくてはいけません。それについての本はありますか。

B：もちろんです。いくつかお見せしますよ。

A：この図書館は本を外に持ち出せますか。
B：もしあなたがこの都市に住んでいれば，可能です。
A：はい，そうです。
B：大丈夫です。それではこのカードに名前を書いてください。
対話2　A：お誕生日おめでとう，リサ！
B：ありがとう。私の誕生日を覚えてくれていたのですか。
A：もちろん，覚えています。
B：私はあなたに私の誕生日がいつかを伝えていませんでした。
A：あなたのお兄さんが2週間前に教えてくれました。これがプレゼントです。
B：ああ！待てない！今開けてもいいですか。
A：もちろんです。気に入ってくれるといいなぁ。
対話3　A：私のパソコンであなたの声は聞こえるけれど，あなたが見えないです。
B：本当に？私のパソコンどうしたんだろう。
A：あなたのパソコンのカメラを使ってみるべきだね。
B：やってみるね。ー見えますか。
A：今，見えます。
B：それでは，会議を始めましょう。今日話すべきことは何ですか。
A：来月の学園祭についてです。学園祭ではあなたは何がやりたいですか。
B：コーラスで歌うのがいいです。

対話1　都市の歴史についての本を探しており，それを図書館から持ち出せるかどうかを尋ね，その住民であれば大丈夫であるという一連の流れを理解する。

対話2　誕生日を覚えているはずがないと思っていたリサの対応と，プレゼントに対しての対応を推測して解答する。

対話3　パソコンのカメラの調子が悪いので解決策を考え，直ったら本題に入る流れを理解する。

【D】　（説明文：文整序）

問1　私たちがサッカーボールについて思い出すと，黒と白のボールを思い出します。しかし最初のサッカーボールはそのような色ではありませんでした。(ウ)19世紀の最初の頃，最初のサッカーボールは茶色の革で作られていました。(イ)日本のその時代，サッカーはグラウンドで競技され，緑の草では覆われていませんでした。だから茶色のボールは見つけるのに難しかったのです。(エ)1966年，ある日本の会社がボールの色を変えました。なぜなら雨のあとの汚れた新しいボールを見つけやすいからです。(ア)数年後，日本の会社で作られた黒と白のボールが最初のワールドカップで使用されました。近頃，多くの色のサッカーボールが世界中で使われ，売れています。

問2　1900年代の最初の頃，多くの日本人が移民としてブラジルへ移動することを決めた。(ア)その時，多くの日本の農民が日本では貧しかったし，ブラジルで働いている人はほとんどいませんでした。(エ)だから多くの日本人は仕事を得るためにブラジルへ行くことを望んでいました。(ウ)ブラジルに到着した後，日本の移民はコーヒー農家で働き始めました。(イ)違う文化のなかで働くことは彼らにとってはとても難しかったのです。しかし日本人はそこで一生懸命働き，そしてそのうち何人かは彼ら自身のコーヒー農家を持つことができました。

問1　サッカーボールの歴史を理解する。最初は茶色で見えにくかったから，色を変え見やすくして，最初のワールドカップで使用されたという流れをつかむ。

問2　日本人がブラジルへ行った流れを理解する。当時日本人の農家は貧しく仕事を得るためブラジルへ行き，そこで働くが文化の違いが難しかった。しかし，一生懸命働いた結果，自分自身のコーヒー農家を持ったという流れをつかむ。

【E】（語句選択問題：受動態，分詞，動名詞，現在完了，代名詞）

重要 問1 buy は間接目的語の前に for を用いる動詞である。

問2 the man を修飾する speaking（現在分詞）を選ぶ。

問3 〈look forward to —ing〉で「～するのを楽しみに待つ」の意味。

問4 関係代名詞主格のあとの動詞の形を尋ねられている。現在完了の経験の用法で，文の主語は children で複数形なので have を選ぶ。

やや難 問5 代名詞の使い方を答える。3つあるうち，ひとつを one としたら，残り2つは特定されたほかのものなので，the がついている the others とする。

問6 popular（人気のある）の最上級は，the most を前につけて表す。

【F】（整序問題：不定詞，助動詞，不定詞，現在完了，関係代名詞）

問1 A：なぜ今日学校に遅れたのですか？
B：なぜなら私は疲れていたので今朝早く起きられませんでした。
Because I (was too tired to get up early) this morning.

問2 A：あなたは今とても忙しそうですね。
B：私は今夜宿題をしなければいけないのだけど，やるべきことがたくさんあります。
A：あら，宿題を手伝いましょうか。
Well, (shall I help you with your homework)?

問3 A：この自転車はいくらで買ったのか教えてくださいませんか。
B：もちろん。15000円です。
Could (you tell me how much it costs to) buy the bike?

問4 A：なんてすばらしい試合なんだ！彼はあなたの好きな野球選手ですか。
B：はい。彼はメジャーリーグで7年間野球をしています。
He (has played baseball for seven years in) the Major League.

問5 A：私はこの手紙を読める人を探しています。これは中国語で書かれています。
B：田中先生ができると思います。彼女は香港に数年間住んでいました。
I (am looking for someone who can read) this letter.

【G】（文法語法選択問題：動名詞，不定詞，比較，名詞，前置詞，分詞）

（ア）①の an hour ago のような過去の一点を指す時間と現在完了は一緒には使えない。

基本 （イ）②の enjoy の後ろは必ず動名詞をとる。

（ウ）④の CDs は可算名詞なので much ではなく many にする。

（エ）③の with が誤り。人の性質を表す of が入る。

（オ）①の interested が誤り。主語が The news なので，現在分詞の形にして interesting が正解となる。

【H】（語句選択問題：不定詞，分詞，形容詞，名詞）

（ア）「その英語の先生は私たちに『ここで日本語を話してはいけません』と言った。」話法の問題。禁止を表すセリフを言いかえると，不定詞の否定形を用いて「～しないように伝える」という意味で書き換える。

（イ）「戸田先生によって書かれた物語は面白かった。」関係代名詞を用いた文から分詞の文へと書き換える。本は戸田先生によって書かれたので，過去分詞の形にして後置修飾にする。be動詞は不要。

（ウ）「この本は読むのにそんなに難しくはない」→十分読みやすいと考える。形容詞＋ enough

の語順に注意する。

（エ）「私は今，辞書をまったく持っていない。」 not ~ any = no になるので②を選ぶ。

【I】（レシピ読み取り問題：内容吟味）

『私の大好きな料理』

レシピ(2人分)：

A　たまねぎ1個　ベーコン12g　トマト1缶450g　水一杯　オリーブオイル　にんにく

B　長めのパスタ100g　塩スプーン1杯

ステップ1：調理A

1　たまねぎを小さいかけらに切る。(2分)

2　鍋でオリーブオイルを熱し，3分間ベーコンを熱する。

3　たまねぎ，にんにく，トマトと水を加え30分煮込む。

ステップ2：調理B

1　Aを作り始めたら，同時に大きな鍋に水を入れパスタをゆでる。

2　水が沸騰した後，塩を加え10分間長いパスタをゆでる。

3　Aを作り終える時までに，パスタの準備をしておかなければいけない。

ステップ3：混ぜる

1　AとBを一緒に入れ，それらを混ぜる。

2　お好みでチーズやタバスコを加える。

パスタを楽しんで！

評価と感想

クッキングママ：2021年1月16日　私はこのパスタが大好きです！何回も作りました！

空腹ジョン：2021年1月24日　作り方が難しくありません。なぜなら子どもたちが僕のために作ってくれました。とても美味しいのでもう一度作ってと頼みました。

問1　パスタの写真を選ぶ。

問2　ステップ3の前まででどれくらいかかっているかを尋ねられているので，ステップ1と2の時間を足すと35分となる。

問3　ステップ1を参考にすると，たまねぎの調理の前にベーコンを調理しているとわかる。

【J】（会話文問題：内容吟味）

Mathew（以下M）：今どこにいるの？ケイト？ルイス？

Louis（以下L）：ごめんなさい，遅れています。電車は20分後に着くよ。

Kate（以下K）：私は出口で待っているわ，でもマシューを見つけられないの。

M：僕も見つけられない。僕は北口にいるよ。君は南口にいるの？

K：ごめんなさい，この駅の出口はひとつだけだと思っていたわ。

M：南口から中華街まで長くかかると思うので，北口に来てください，ケイト。

L：僕はどうしたらいい？どっちの出口に行けばいい？

M：ルイス，中華街で会おう。君は走ったほうがいいよ。

L：わかった。そこで会おう。

K：わかった。北口に向かっているわ。

問1　マシューとルイスはどこで会うか尋ねられているので，マシューの最後のセリフから中華街とわかる。

問2　なぜマシューとケイトはまだ会えてないのか尋ねられている。お互いに違う出口にいることがわかるので①を選ぶ。

問3　走ったほうがいい理由を答える。ルイスは10:20に到着するため，走ってきてという意味をつかむ。

【K】・【L】　リスニング問題解説省略。

★ワンポイントアドバイス★

問題数が多いので，できる限り多くの種類の問題を解けるように準備しておこう。文法問題も間違いを探して，なぜ間違いなのかを説明できるようマスターしておこう。

＜理科解答＞

1　(1)　③　(2)　④　(3)　⑤　(4)　①　(5)　④

2　(1)　⑥　(2)　⑧　(3)　⑥　(4)　②，④　(5)　②　(6)　④

3　(1)　AとB　②　GとH　⑥　(2)　ソテツ　①　ニンジン　⑤　(3)　③，⑤

(4)　③，⑤，⑥

4　(1)　⑦　(2)　⑤　(3)　②　(4)　⑤　(5)　④　(6)　⑦　(7)　②

5　(1)　⑦　(2)　③　(3)　②　(4)　①

○推定配点○

1　各3点×5　2　(6)　4点　他　各3点×5　3　各4点×6　4　(7)　4点　他　各3点×6　5　各5点×4　計100点

＜理科解説＞

1　（運動とエネルギー―斜面上の台車の運動）

基本　(1)　$\frac{1}{60}$秒ごとに1打点するので，6打点打つのにかかる時間は，$\frac{1}{60}$(s)×6＝$\frac{1}{10}$(s)＝0.1(s)

(2)　ア…それぞれのテープは，3.2cmずつ長くなっていることから，区間E－F間のテープの長さは，12.0＋3.2＝15.2(cm)　イ…斜面の角度を2倍にすると，台車の速さは大きくなるため，同じ時間で移動する距離は長くなるため，A点からE点までの長さは長くなる。

重要　(3)　ア…5.6(cm)÷0.1(s)＝56(cm/s)　イ…テープの長さは一定時間における台車の移動距離を表しているので，テープの長さの変化は台車の速さの変化を表している。台車が斜面を下っているときのテープは長くなっていることから，台車が斜面を下る運動の速さは時間とともに大きくなっている。

(4)　ア…各区間のテープの長さが一定の割合で長くなっていることから，台車の速さは一定の割合で大きくなっていることがわかる。よって，速さと時間は比例の関係にあり，グラフは原点を通る直線となる。　イ　速さは一定の割合で大きくなると，一定時間で進む距離はだんだんと長くなっていく。速さと時間が比例しているとき，移動距離と時間のグラフは放物線の形となる。

重要　(5)　摩擦のない水平面上で台車は等速直線運動をする。　ア…等速直線運動では速さは変化しないため，速さと時間の関係を表すグラフは，横軸と平行になる。　イ…等速直線運動では，移動距離は時間に比例するので，グラフは原点を通る直線となる。

2 (化学変化—銅の酸化と酸化銅の還元)

基本 (1) 銅を空気中で加熱すると，酸素と結びついて酸化銅ができる。酸化銅は黒色の物質で，化学式はCuOで表される。

重要 (2) 表から，銅と物質X(酸化銅)の質量の比は，1.6(g)：2.0(g)＝4：5であることがわかる。よって，物質X3.5gに含まれる銅の質量をx(g)とすると，4：5＝x(g)：3.5(g)　x＝2.8(g)

基本 (3) 銅に起こった酸素と結びつく化学変化を酸化という。還元は酸化物が酸素をうばわれる化学変化，分解は1種類の物質が2種類以上の物質に分かれる化学変化，蒸発は液体が気体になる変化，融解は固体が液体になる状態変化，昇華は固体が気体，または気体が固体になる状態変化である。

(4) 鉄鉱石には鉄の酸化物が含まれ，鉄をとり出すのに還元を利用している。ベーキングパウダーを入れて焼いたケーキがふくらむのは，炭酸水素ナトリウムが加熱によって分解されて二酸化炭素が発生するからである。ワインは水やアルコールの混合物で，加熱して液体を気体にすると，沸点のちがいを利用してそれぞれを分けることができる。

重要 (5) 物質X(酸化銅)と炭素の混合物を加熱すると，酸化銅は酸素をうばわれて銅に，炭素は酸素と結びついて二酸化炭素となる。

やや難 (6) 図4で，炭素の質量が0のときの加熱後の固体はすべて物質X(酸化銅)，炭素の質量が0.3gのときの加熱後の固体はすべて銅なので，酸化銅4.0gと炭素0.3gがちょうど反応して，銅が3.2g残ることがわかる。物質X(酸化銅)4.0gと炭素0.5gの反応では，炭素0.5－0.3＝0.2(g)が反応せずに残る。質量保存の法則より，反応した物質X(酸化銅)と炭素の質量の和と，反応後の銅と二酸化炭素の質量の和は等しくなるので，発生した気体(二酸化炭素)の質量は，4.0＋0.3－3.2＝1.1(g)

3 (植物の種類とその生活—植物の分類)

イネとネギは単子葉類，アブラナとエンドウは双子葉類，マツとスギは裸子植物，スギナとゼンマイはシダ植物，ゼニゴケとスギゴケはコケ植物，ワカメとアオミドロは光合成をする生物のうちで，種子植物・シダ植物・コケ植物以外のもので藻類に分類される。また，図1で，Aは種子植物，Bは胞子でふえる植物，Cは被子植物，Dは裸子植物である。

重要 (1) AとBは，種子でふえる植物(A)か，種子以外でふえる植物(B)かで分類できる。GとHは，子葉の枚数で分類することができ，1枚ならG(単子葉類)，2枚ならH(双子葉類)となる。

(2) ソテツはマツやスギと同じ裸子植物，ニンジンはアブラナやエンドウと同じ双子葉類である。

(3) ゾウリムシとシイタケは光合成をしないので，図1のいずれの分類にも当てはまらない。ハネケイソウ，ミドリムシはIの藻類，ヒノキはDの裸子植物，ハハコグサはHの双子葉類，イヌワラビはEのシダ植物にあてはまる。

重要 (4) ①はスギゴケの雌株にある胞子のう，②はイヌワラビの胞子のう，④はアカマツの雄花のりん片にある花粉のう，⑦はジャガイモの茎の一部であるいもである。

4 (天気の変化—日本の天気・空気中の水蒸気)

基本 (1) 図1は，日本の東の海上に低気圧，西の大陸上に高気圧が見られる「西高東低」とよばれる気圧配置で，冬の特徴的なものである。

重要 (2) 冬の日本の天気に影響を与える気団はシベリア気団で，海洋に比べて温度が低い大陸上で発達した寒冷な高気圧で乾燥している。また，冬の季節風は，大陸から日本列島に向かって北西から吹く。

(3) 蒸し暑い日が続き，局所的に雷やにわか雨が発生しやすいのは夏である。

(4) A地点は1000hPaと960hPaの低気圧の間にあり，ふつう，等圧線は4hPaごとに引かれていることから，A地点の気圧は，1000(hPa)－4(hPa)×2＝992(hPa)

重要 (5) 低気圧の中心付近では，地上付近で中心に向かって風が反時計回りに吹きこみ，上昇気流が起こって雲が発生しやすい。一方，高気圧の中心付近では，下降気流が起こって雲ができにくく，地上付近では中心から時計回りに風が吹き出している。

重要 (6) 図2より，気温20℃での飽和水蒸気量は約17g/m^3，気温11℃での飽和水蒸気量は約10g/m^{3}であることがわかる。露点における飽和水蒸気量は，その空気1m^{3}に含まれる水蒸気量と等しいので，湿度は，10(g/m^3)÷17(g/m^3)×100＝58.8…(％)より，選択肢の中で最も近いものは，⑦の60％である。

やや難 (7) 図2より，気温14℃での飽和水蒸気量は約12g/m^3，気温3℃での飽和水蒸気量は約6g/m^{3}であることがわかる。気温14℃で湿度が70％であることから，この空気1m^{3}中の水蒸気量は，12(g/m^3)×0.7＝8.4(g/m^3)である。気温3℃では1m^{3}中に6gまでしか水蒸気を含むことができないので，この空気を3℃まで冷やしたときに生じる水滴は，8.4−6＝2.4(g)より，選択肢の中で最も近いものは，②の2.5gである。

5 (植物の種類とその生活―光合成と呼吸の関係)

(1) 暗所にある植物は光合成はせず，呼吸だけを行い，酸素を吸収して二酸化炭素を放出している。実験Bで，植物に気体の出入りがあっても目盛りの位置に変化がないことから，植物が吸収する酸素の体積と放出する二酸化炭素の体積が等しいことがわかる。実験Cでは，水酸化カリウム水溶液が二酸化炭素を吸収することから，目盛りが示すのは酸素の体積の変化である。これらのことから，実験Bと実験Cの目盛りから，植物が吸収した酸素の体積は 10−7＝3(mL)

(2) 実験B，D，Fにおいて，植物が呼吸している状態で目盛りの位置の変化がないことから，植物が呼吸において吸収する酸素の体積と，放出する二酸化炭素の体積は等しいことがわかる。

(3) (1)と同様に考えると，各温度における植物の吸収した酸素の体積は，10℃のとき1mL，20℃のとき3mL，30℃のとき5mLであることから，温度が高い方が吸収する酸素の体積が大きいことがわかる。

やや難 (4) 日光の当たるところでは，植物は二酸化炭素を吸収して光合成をして酸素を放出する。呼吸で吸収する酸素と放出する二酸化炭素の体積は等しく，光合成で吸収する二酸化炭素と放出する酸素の体積は等しいので，植物のはたらきによる装置内の気体の体積の増減はないことがわかる。しかし，装置には二酸化炭素を吸収する水酸化カリウム水溶液があるため，植物が呼吸によって放出した二酸化炭素は水酸化カリウム水溶液に吸収され，気体全体の体積は小さくなる。よって，インクは左に移動する。

★ワンポイントアドバイス★

マークシート方式だが，選択肢の数が多いので，読み間違いなどが起こらないように正確に読む練習を重ねておこう。また，実験に関する問題や計算問題の割合も大きいので，苦手分野をつくらないようにしよう。

＜社会解答＞

【1】 Ⅰ ⑦ Ⅱ ③ Ⅲ ⑥ Ⅳ ⑨
【2】 問1 ① 問2 ② 問3 ⑤ 問4 ④
【3】 問1 ③ 問2 ② 問3 ⑤ 問4 ① 問5 ④
【4】 問1 ③ 問2 ② 問3 ④
【5】 問1 ⑤ 問2 ③ 問3 ① 問4 ②
【6】 問1 ② 問2 ⑦ 問3 ① 問4 ②
【7】 問1 ③ 問2 ② 問3 ⑤ 問4 ④ 問5 ④ 問6 ② 問7 ③ 問8 ②
【8】 問1 ① 問2 ④ 問3 ⑤ 問4 ⑤ 問5 ③ 問6 ①
【9】 問1 ④ 問2 ③ 問3 ② 問4 ④ 問5 ①
【10】 問1 ② 問2 ② 問3 ① 問4 ③
【11】 問1 ⑧ 問2 ② 問3 ③

○推定配点○
【1】 各2点×4 【2】 各2点×4 【3】 各2点×5 【4】 各2点×3 【5】 各2点×4
【6】 各2点×4 【7】 各2点×8 【8】 各2点×6 【9】 各2点×5 【10】 各2点×4
【11】 各2点×3 計100点

＜社会解説＞

基本 【1】 (日本の地理―日本の世界遺産に関する問題)

Ⅰ ⑦ 広島の原爆ドーム。広島の原爆は1945年8月6日に，この場所のすぐそばの太田川にかかる橋の上空で爆発した。

Ⅱ ③ 富岡製糸場は群馬県にある。群馬県の富岡に設けられた官営の模範工場で，フランス式の製糸技術を導入した工場。

Ⅲ ⑥ 石見銀山は島根県にある。石見銀山の16世紀の最盛期には，当時の世界に出回った銀の3分の1ほどがここからのものであったとされている。

Ⅳ ⑨ 屋久島には縄文杉の他にも，さまざまな固有の生物が生息している。また，屋久島にある宮之浦岳は九州地方の最高峰である。

【2】 (日本と世界の歴史―満州事変から日中戦争，太平洋戦争に関連する問題)

問1 ① 中国(中華民国)とは，1931年の満州事変以後，険悪な関係になり，1937年の盧溝橋事件で日中戦争がはじまると全面的に戦争状態になり，その状態は1945年に日本が連合国に降伏するまで続く。アメリカ，イギリスとの直接的な戦争状態になるのは1941年の真珠湾攻撃，シンガポール攻撃から。ロシア(当時のソ連)とは1945年8月8日にソ連が日本に宣戦布告をしてきてから戦争状態になる。フランスとは，第二次世界大戦が1939年に始まった後，ドイツに1940年にフランスが降伏すると，日本は中華民国政府を米英が支援するルートを遮断するということでフランス領のインドシナ(ベトナム)にドイツとの同盟関係をもって進出したが，直接フランスとの戦争状態にはなっていない。

問2 ② 真珠湾はハワイのオアフ島にあり，ここに当時のアメリカ海軍の太平洋における最前線基地があった。

問3 ⑤ アメリカが空襲でねらったのは日本の軍需品を生産する工場。もっとも，太平洋戦争の頃の日本では，民間のさまざまなものをつくる工場であっても，戦争に必要な物資の生産に切り替えさせられていた所も多く，ほとんどの工場は何らかの形で軍需物資を生産していたともいえる。

やや難 問4 ④ 岡崎がカ→刈谷がウ→半田がエ→名古屋がイの順。アは小牧，オは豊田，キが豊川，クが田原。

【3】（公民―EUやヨーロッパの政治に関する問題）

問1 ③ EUの加盟国はイギリスが抜けて，現在は27カ国。

重要 問2 ② EUの加盟国のなかで比較的裕福なのは，かつてのEC時代からの加盟国である国々で，ECからEUになり，最近加盟した国々はかつての共産圏の東ヨーロッパの国々で，古くからの加盟国と比べると経済的にさほど裕福ではないところもあり，そのような国々から賃金水準の高い西ヨーロッパの国々への移住や出稼ぎも起こっている。

問3 ⑤ ドイツの首相はアンゲラ・メルケル。ジョンソンはイギリスの首相，マクロンはフランスの大統領，ジュゼッペ・コンテはイタリアの首相，ペドロ・サンチェスはスペインの首相。

問4 ① EC(ヨーロッパ共同体)は1967年にベネルクス三国のオランダ，ベルギー，ルクセンブルクと当時の西ドイツ，フランス，イタリアの6カ国で結成されたもので，それまでのEEC(ヨーロッパ経済共同体)，ECSC(ヨーロッパ石炭鉄鋼共同体)，EURATOM(ヨーロッパ原子力共同体)の3つがもとになってできた。その後1972年以後拡大し，最終的にEUになる前にイギリス，アイルランド，ギリシア，スペイン，ポルトガル，デンマークが加盟し12か国となっていた。

問5 ④ EUの中では原則人の移動は自由にできるが，交通機関が無料というわけではない。

【4】（総合問題―近現代史と公民の総合問題）

問1 ③ 香港で2020年に激化した抗議デモは中国政府が香港への締め付けを強化したことによる。

問2 ② 1840年から42年にかけて起こったアヘン戦争でイギリスに対して中国が香港を割譲し，イギリスは1997年に香港を返還していた。

問3 ④ 香港は中国の九龍半島の先にある小さな島。①のシャントン半島の根元にある大都市がチンタオ，②は長江の河口にあるシャンハイ，③は経済特区になっているアモイ，⑤はハイナン島のそばのチャンチャン。

【5】（地理―オリンピック関連の日本と世界の地理に関連する問題）

問1 ⑤ 東京オリンピックは当初はほぼすべての競技を東京およびその近隣の場所で行う予定であったが，夏の東京の気温の高さが問題となり，急遽IOCがマラソンと競歩の会場を東京ではなく札幌とするように働きかけ，変更となった。

重要 問2 ③ 地球温暖化は温室効果ガスとされる二酸化炭素などが地球上の熱を大気圏外に放出するのを妨げることによって地球上の温度が高くなるもので，大気中の二酸化炭素の濃度が高くなっていることが原因。二酸化炭素の排出量が減れば，温室効果が和らぐことになるので誤り。

基本 問3 ① リオデジャネイロはブラジルの古くからの大都市。現在の首都のブラジリアは内陸部を開発するために意図的に設けられた計画都市。

問4 ② 東京とリオデジャネイロの間の経度差は180度になるので，日本との時差は12時間。日本の東京の方がリオデジャネイロよりも12時間先行しているので，日本で8月1日午前11時であれば，リオデジャネイロは7月31日の午後11時となる。

【6】（日本の歴史―5世紀から12世紀に関する問題）

問1 ② E 5～6世紀→C 6世紀末～7世紀初→B 8世紀中頃→A 8世紀末から9世紀初→D 10世紀末～11世紀前半→F 12世紀後半の順。

問2 ⑦ 桓武天皇は784年に長岡京に遷都するが，その造営の責任者の藤原種継が殺害されたことで794年に平安京へ遷都した。聖武天皇の頃，奈良は政治の争いや伝染病の被害を受け，仏教の力で乱れを鎮め護ってもらうということで，都の東大寺に大仏を造立し，地方の国ごとに国分寺を設けた。聖徳太子の時代の飛鳥文化はガンダーラ芸術などの古代ギリシャの影響も見られる仏教文化。

問3 ① 史料は十七条の憲法で，従来の豪族たちによる政治ではなく，仏教を重視し天皇中心の政治体制をつくろうとしていた。

重要 問4 ② 太閤とは元関白のことで，藤原道長が関白の地位を退き頼通に譲っていたから，道長が太閤と呼ばれている。

【7】 (日本の歴史一平安以降の武士に関する問題)

問1 ③ A 源頼朝は1185年の壇ノ浦の合戦の後，義経を捕らえるという名目で，全国に守護と地頭を設置する。 B 足利義満の時代の1392年に南北朝が合一する。 C 織田信長は1560年の桶狭間の戦いで今川義元を破り台頭した。 D 徳川家康は1590年に小田原の北条氏が滅ぼされると，北条氏の支城であった江戸城に拠点を移し，以後，関ケ原の戦いの後，江戸に幕府を開いた。

問2 ② ア 源実朝が1219年に公暁によって殺害されると，後鳥羽上皇が1221年に北条義時を倒すことを呼びかけ，逆に幕府側が京に攻め上り上皇側が敗れたのが承久の乱。 イ 承久の乱の後，鎌倉幕府が従来の京都守護に代えて新たに朝廷や西国の武士を監視，統制するために設置したのが六波羅探題。 ウ 足利義満が将軍職を1394年に4代の足利義持に譲ったあと，明との国交を1401年に結び，1404年に勘合貿易を始める。 エ 楽市楽座は，織田信長が城下の経済の発達を進めるために，排他的で閉鎖的であった座や市を改め，自由に商業が営めるようにしたもの。

基本 問3 ⑤ X 鎌倉幕府は1192年に頼朝が鎌倉に開き，1333年に新田義貞が鎌倉に攻め込み北条氏が討ち死にや自害によって族滅して終わる。 Y 室町幕府は1338年に足利尊氏が開き，1573年に織田信長が足利義昭を追放し終わる。 Z 江戸幕府は1603年に徳川家康が開き，1867年に徳川慶喜が大政奉還を行って終わる。

問4 ④ 設問の屏風絵は『長篠合戦図屏風』。この屏風は，織田信長，豊臣秀吉，徳川家康が同じ画面に描かれた唯一の絵画とされる。

問5 ④ 右側の武田の軍勢が騎馬で攻めており，左側の織田，徳川の軍勢が鉄砲や馬防柵を使っている。

問6 ② 信長が安土に楽市楽座を布いたのは1577年とされる。

やや難 問7 ③ 信長が活躍した時代は16世紀。ルターが95か条の意見書を発表し宗教改革を始めたのが1517年。この宗教改革の動きに対抗しイエズス会が結成され，日本などにもキリスト教の布教に訪れる。①は紀元前3世紀，②は7世紀，④は18世紀。

問8 ② 参勤交代は大名の格毎にその行列の規模や行程が定められており，大名には多大な出費を強いるものとなっていて，幕府からすると大名をその配下に抑えておくことともに大名の財力を削ぐ働きもあった。

【8】 (日本の歴史一幕末から明治の政治史に関連する問題)

問1 ① ア ペリーは当時のフィルモア大統領の国書を携えて来日したが，この際に太平洋を横断してきたのではなく，はるばる大西洋側からアフリカ大陸の最南端を回りインド洋，東南アジアを通りぬけて日本へとやってきた。 イ 土佐の坂本龍馬と中岡慎太郎の仲介で薩摩藩の西郷隆盛，小松帯刀と長州藩の木戸孝允とが会見し，薩長同盟が成立した。 ウ 民撰議院設立建白書は征韓論で敗れ，政府を離れた板垣退助が藩閥政府を批判し国民が選ぶ議員による議会の開設を求めて政府に出したもの。

重要 問2 ④が正しい。①は開港した港が下田と函館だったのは日米和親条約なので誤り。②も同様。③は日本に関税自主権があるというのが誤り。

問3　⑤　a　徳川慶喜が大政奉還を申しいれた日に朝廷は薩摩藩，長州藩に討幕の密勅を下していた。b　1869年にまず大名が土地と人民を天皇に差し出す版籍奉還を行うが，これは形式的なもので，その後も藩主が知藩事としてその地を実質的には支配していた。その後の1871年の廃藩置県で，この知藩事に代えて新たに中央政府が県令や府知事を送りこみ，完全に藩主の支配がなくなり，中央集権化がなされた。

問4　⑤　伊藤博文は1885年に初代の内閣総理大臣となるが，1888年に枢密院をつくり内閣総理大臣を辞し，憲法作成に取り掛かる。

問5　③　欽定憲法は国家君主が国民に与える形で出す憲法のこと。

問6　①　1889年に黒田清隆内閣の下で定められた衆議院議員選挙法の内容。全国民の1%ほどしか有権者が存在しない，有権者資格の制限が厳しいものであった。

【9】（公民―国際関係に関する問題）

問1　④　日本は戦争による唯一の被爆国であり，核兵器禁止条約に参加することが当然のように期待されてはいたが，アメリカとの安全保障条約の関係もあり，アメリカの核の傘の下に入っているということで，日本はこの条約には不参加の姿勢をとっている。

問2　③　国連の安全保障理事会の常任理事国であるイギリス，フランス，中国は核兵器保有国であり，インドもパキスタンとの関係が非常に悪化した時期に，パキスタンと相次いで核兵器保有を宣言した。ドイツは第二次世界大戦の敗戦国であり，現状では核兵器は保有していない。

やや難　問3　②　核兵器禁止条約は2017年に122か国が賛成して採択され，この条約に正式に署名した国が2020年10月24日に50カ国を超えたのを受け，そこから90日後の2021年1月22日に正式に発効した。現在この条約に批准・調印している国々はほとんどが南米とアフリカの国々で，その他に東南アジアやバングラデシュ，メキシコなど核兵器保有国に隣接する国も一部調印している。

問4　④　核不拡散条約はNPT。CTBTは包括的核実験禁止条約。IAEAは国際原子力機関。

問5　①　非政府組織がNGO。NPOは非営利組織。UNHCRは国連難民高等弁務官事務所，CSRは企業の社会的責任。

【10】（公民―国会と内閣に関連する問題）

問1　②　首相の指名は，衆議院解散後なら特別国会で行うが，衆議院の解散がなく，通常国会が閉会している時ならば臨時国会で行う。

問2　②　1999年の小渕内閣の時代から自民党と公明党の連立政権が誕生。2009年から2012年の民主党政権時代は野党となっていたが，2012年に自民党が与党に復帰する際に再び連立となり今日まで続いている。

問3　①　外交の処理は内閣の仕事だが，条約の承認は国会の仕事。

重要　問4　③　国務大臣は過半数が国会議員であれば，残りは民間からの登用も可能。また国務大臣は任意に首相が任免できる。天皇は国務大臣に関しては認証する形になる。

【11】（公民―内閣と裁判所に関する問題）

問1　⑧　地方自治に関する事柄を扱うのは総務省。

問2　②　二審から三審に進むのが上告。最高裁での判決が問題となっているので，高裁から最高裁へと訴えたものと判断できる。

問3　③　最高裁判所の裁判官にも定年があり，任官後の国民審査で不適切と判断されて退官する場合もあるが，定年で退官する場合もある。

★ワンポイントアドバイス★

試験時間に対して，問題数が多く，読み考えることが求められる設問も多いので，要領よくやることが必要。選択肢で正解がすぐに選べない場合は消去法で正解でないものを消していった方が選びやすいものもある。

＜国語解答＞

一　問一　a ②　b ①　c ①　問二　甲 ⑤　乙 ④　問三 ②　問四 ④
問五 ⑤　問六 ③　問七 ③　問八 ①　問九 ④　問十 ⑤
問十一 ①　問十二 ⑤　問十三 ③　問十四 ②

二　問一 ③　問二 ②　問三 ①　問四 ④　問五 ②　問六 ③・⑤
問七 ①　問八 ②・⑥　問九 ④　問十　X ③　Y ①
問十一　a ⑤　b ②　c ④

三　問一 ②　問二 ②　問三 ③　問四 ④　問五 ③　問六 ⑤　問七 ①
問八 ①

○推定配点○
一　問一～問七・問九　各2点×11　他　各3点×6　二　問一・問四～問八　各3点×8
他　各2点×8　三　問一・問四・問六・問七　各3点×4　他　各2点×4　計100点

＜国語解説＞

一　（論説文―漢字の読み書き，接続語の問題，品詞・用法，熟語，脱文・脱語補充，指示語の問題，語句の意味，段落・文章構成）

問一　a，①「黒板」，③「克明」，④「脱穀」，⑤「渓谷」。　b，「賄う」とは「切り盛りする，費用・人手などを用意する，食事をととのえて出す」といった意味があるが，ここでは「費用を用意する」の意味。　c，②「保障」，③「補償」，④「賞状」，⑤「車掌」。「保証」は「間違いがなく，大丈夫だと認めること」，「保障」は「ある状態や安全が損なわれないように守ること」，「補償」は「損害・費用などを補いつぐなうこと」。

問二　甲，空欄甲の直前では「科学・技術の…考えられている」と通常の役立ち方を示しているが，空欄甲直後では「『役立ち方』はそれだけではありません」と通常ではない役立ち方があることを示唆しているため，逆接の⑤が適当。　乙，空欄乙の前の第七段落では「今はまだ何の役にも立たない純粋な基礎科学」が「そのうちに…生活を豊かにする」ということが述べられており，空欄乙の後の第八段落では，実際に役に立たないと思われていた基礎科学が年月を経て役に立つようになった具体例が挙げられているので，④が適当。

問三　イ「豊かに」は「豊かだ」という形容動詞の連用形の一部である。ア・ウは助詞，エは助詞「にて」の一部，オは副詞。

問四　「通信」の「信」は「情報」，「通」は「伝える」という意味なので，「通信」は「信を通ずる」と下の漢字が上の漢字の目的語になっている。これと同じく，「除湿」は「湿気を取り除く」と下の漢字が上の漢字の目的語になっている。

問五　空欄B直後「これらが無くなっても…感じられるでしょう」，また「物質世界から言えば…なのです」をもとに解答する。なくても生きていけるがないと空しいということ，「無用」と「用」

という言葉が文中にあることから，⑤が適当。「無用の用」とは，「役に立たないと思われているものが，実際は大きな役割を果たしているということ」。

基本 問六　傍線C直前「それが文化の発祥であり」にも注目して解答する。ここの「それ」と傍線Cの「それ」は，どちらも「文化のための行為」である「切手集めや小石集めや貝殻集めなどの趣味」を指すが，「切手集めや小石集めや貝殻集めなど」はあくまで具体例であって，文化のための行為は「趣味」であると言えるので，③が適当。

問七　「蒐集」は「収集」と同義。空欄D直前の「蒐集物の共通する部分と異質な部分に着目して分類する」，空欄D直後の「その各々の分野が…発展しました」にあてはまるのは③のみである。①「考古学」は古いものに限定されてしまうため，「蒐集物」と広範囲のものには当てはまらない。

問八　第六段落前半「趣味と文化の…結び合うことになります」をもとに解答する。選択肢のうち，文化にあたるもので社会性があるものは①・③に絞られるが，③の趣味にあたるものである「競技」は，他人と競うという点で「個人だけの楽しみ」とは言えないので不適当。

問九　「イノベーション」は「技術革新」という意味。②「政治的革命」は「レボリューション」。

問十　第十三段落全体の内容をもとに解答する。特に「詳細な像が撮影できる」，「ケータイのカメラなどに使われ」から撮影技術に関するものと思われるため，⑤が適当。④は撮影とは無関係なうえ，望遠鏡であれば拡大倍率などに触れているはずである。

問十一　第十三段落は「その一例として」と始まっているが，何の一例かというと，第十二段落「『いずれ役に立つ』」という「基礎研究の第四の『役立ち方』」である。第十二段落は「その意味で」と始まっているが，「その意味」の指す内容は第十一段落「基礎研究という…得策」ということである。第十一段落では「いくら…研究費を投じても」とあるため，研究費に関連する①が適当。また，第十段落でも「研究費を保証するよう求めている」と投資の必要性が述べられている。

重要 問十二　第十五段落最終文では「ともすれば…逃すことになる」としているが，その理由は第十一段落に「最初からイノベーション狙いの…得策なのです」と述べられているため，ここをもとに解答する。①，「精神面での豊かさ」は論点ではないため不適当。②，「経済的な利益をあげることができる」ことが目的ではなく，第十二段落では基礎研究を行うことで「技術開発につなげていく」とある通り目的は「技術開発」なので不適当。③，第十四段落のドイツの例で「一時的な成功」にあたるものは見当たらないため不適当。④，「文化としての科学」は論点ではないため不適当。「文化としての科学」は第三段落～第六段落で述べられている，いわば第二の役立ち方においての考え方であるが，傍線Ｉは「第四の『役立ち方』」の中での考え方である。

やや難 問十三　傍線J直後「科学の重要な役割」を具体化したものが，本文最終文の「根本から…求められている」と考えられる。①，「演奏や展示の文化的活動をする」ことの重要性は本文中で述べられていないため不適当。②，「自然を開拓し，改造する」ことについては本文中で述べられていないため不適当。④，「地球上の環境資源を多く発見」することについては本文中で述べられていないため不適当。⑤，「経済利用を拡大する可能性を探す」は，第三段落第一文「『役立ち方』はそれだけではありません」の「それ」が第二段落で述べられている「経済的利得」であるため不適当。経済的に実利があることだけが科学の役割ではないということである。

問十四　周辺に「文化としての科学」という言葉が登場しているのは①・②に絞られるが，①では「人間の証明」と言える根拠が不明であるため不適当。②であれば，直前に「文化こそ社会に生きる人間的行為」と「人間の証明」につながる記述があり，直後の第七段落でも「他方，…文化としての科学という抽象的な概念だけではなく」とそれまでの記述してきた「文化としての科学」とは別のことに触れるということがわかる。

二 (小説―文脈把握，語句の意味，情景・心情，脱文・脱語補充，漢字の読み書き)

問一 「『たとえば』」で始まる一平の発言に「『運動部のエースが…思えない』」とあることや，その後の「素直に認めてしまうなら…マイナー扱いだ」をもとに解答する。つまり，一平が学校というのは「スポーツで健全に…たくさん作ったり」できる人のものだと感じているということである。①,「仲良く」が論点ではなく，メジャー／マイナーという扱われ方が論点であるため不適当。②,「学校設備」はこの話題と無関係であるため不適当。

問二 「てらう」は漢字で「衒う」と書き,「自分にすぐれた知識・才能があるかのように，わざと見せかける。また，知識・才能を見せびらかして誇らしげにふるまう」こと。一般には「奇を衒う」という言い方によく見られるが，それは「気を引くために，奇妙で風変わりなことをする」こと。

基本 問三 「意地」とは,「自分が思ったことをどこまでもやり通そうとする気持ち」。傍線C直後「俺たちが学校の…目標だった」から,「マイナー扱い」をされている自分たちでも「学校の主役になれるような」意義や価値を感じられることがしたかったということである。③は「仲間を作りたかった」が不適当。仲間を作ることが目標ではなく,「学校の主役になれるような…場所を作ることが，…目標だった」のである。

問四 傍線Dの前の「信じられないものを見るように」,「すぐに手作りだとわかったのだろう」から，そもそも立花先輩の所望したような本は最初から実在せず無理難題を言いつけたことが推測される。心情に直結する「はっとした」は驚いたときや気づいたときの表現だが，手渡された本が一平たちの手作りだとわかったことで驚いたものと思われる。①，本は手作りであったため,「探していた本とようやく会えた」わけではなく，不適当。②,「はっとした」心情が反映されていないため不適当。③,「結末を知りたい」根拠は本文中および省略部分のあらすじにないため不適当。⑤,「信じられないものを見るように」から「喜んだ」とまでは言えず,「がっかり」も「はっとした」という表現から受け取られる心情としては不適当。

重要 問五 絵本のあらすじにある「すべてとひきかえに」,「宝石職人自身は…感じることができない」に注目する。傍線Eは「失ったのだと知る」としか記述されていないため，①・④「絶望した」「納得できない」とまでは根拠がなく，不適当。③,「家族や友人…理解した」は「宝石職人自身は…感じることができない」要素が十分に反映されていないため不適当。また「唯一の方法だ」とする根拠はない。⑤,「職人本人以外は…幸せそうに身につける」は「人々が本当に喜ぶ心は得られない」と矛盾するため不適当。

問六 父親の仕事とそれに関連する会話がある「例の新種の…『無駄にはならない』」をもとに解答する。①,「無駄になってもいい」は「『無駄にはならない』」と矛盾するため不適当。②,「たった一人のためになれば」は根拠がなく，不適当。④,「役に立つか立たないかは使う人が決めること」に関する記述はなく，不適当。

問七 「背中を，とん，とやられた」はつまり背中を叩かれたあるいは押されたということと考えられる。「『がんばれよ』」という言葉とともに行われた行為であることから，ポジティブなメッセージと受け取ることができるため，①・④に絞られるが，④は「将来を期待」であれば，傍線Gの前の「『映画部で，映画，撮ってるんだって？』」と部活動の話題には限定しないと思われるため不適当。

問八 父親の仕事とそれに関連する会話がある「例の新種の…『無駄にはならない』」をもとに解答する。「一生を懸ける覚悟でやってきたことが徒労に終わった」としても父は無駄ではないとごく自然に考えていることから，父の偉大さが読み取れる。また，傍線Hの前で一平は父に毛布をかけてやっていることから，「数日ぶりに」帰ってきた父をいたわる気持ちも読み取れる。

問九　立花先輩の涙について「涙の粒がまるで朝露のように光って飛んだ」，「――あ，今のいい」とあることから，一平は美しさを感じていることがわかる。

問十　X，空欄X直前の「一平君の気持ちがよくわかる」から，一平が学校について感じている「『運動部のエースが…思えない』」，「素直に認めてしまうなら…マイナー扱いだ」にあてはまる③が適当。④とするまでの根拠は本文中にない。Y，リュウに関してはあまり記述がないが，「一平君たちの気持ちがだんだん分かってきたみたい」から，一平の気持ちを中心に考える。一平たちは映画の主演をしてほしいがために立花先輩の要求に答えた絵本を作ったので，①が適当。⑤はあくまでも大きな目標である映画作りのための小さな目標にすぎないため不適当。

問十一　a，①「洋服」，②「復習」，③「幸福」，④「副業」。「重複」は「じゅうふく」と誤読しないように注意。b，①「確実」，②「中核」，③「収穫」，④「画策」，⑤「人格」。bは「カクシンをぼかす」という表現であることから，「中心となる大切なところ」という意味の「核心」が適当。「確信」は「信じて疑わないこと」。c，①「戸外」，②「縁故」，③「湖畔」，④「太鼓」，⑤「稽古」。

三　**（古文―口語訳，語句の意味，脱文・脱語補充，指示語の問題，文脈把握，文学史，内容吟味）**

〈口語訳〉　どこであろうと，しばらく旅に出ている間は，目が覚めるような新鮮な感じがする。その辺りの様々な所を見て歩けば，田舎っぽいところや，山里などは，たいそう見慣れないことばかり多いものだ。都へ知らせをしようということで手紙を送り，「その事やあの事は，適宜に，忘れずに」など言いつけるのも，面白いものだ。そのような所でこそ，何事にも自然と気を配るようになるものだ。持っている身の回りの道具まで，よいものは更によく，能力のある人や，顔立ちがいい人も，普段より素晴らしく見える。寺や神社などに，人目を避けてこもっているのも面白い。

問一　「あれ」は「ある・いる」という意味の動詞「あり」の命令形である。直訳すると「どこにでもいろ，どこにでもあれ」という意味になるので，それに最も近い②が適当。①・③・⑤は「あり」の意味からは外れる。④は疑問文を作る「や」「か」などの助詞がないことから，疑問文ではないため不適当。

問二　傍線Bの後に「いと目慣れぬ事のみぞ多かる」とあるので，見慣れないという点から②が適当。

基本　問三　「しばし旅だちたるこそ」と「こそ」の結びになっている(係り結び)ので，已然形の③が適当。①，連体形。②，終止形。④，連用形。⑤，命令形。

問四　本文一行目に「しばし旅だちたるこそ，目さむる心地」，傍線Dの後には「心づかひせらるれ」と心情が描かれているので，「心づかひせらるれ」は普段とは異なる心情であり，やはり旅の中でのことと考えられるため④が適当。

やや難　問五　「持てる調度…見ゆれ」と，あらゆることを面白く感じている様子が見受けられるため，「あらゆること」という意味の③が適当。

問六　「さやうの所」が旅先であることから④・⑤に絞られる。④は「人を見る目」と人についてのみ言及しているが，本文では「持てる調度」と物についても「常よりはをかしとこそ見ゆれ」としているため不適当。

重要　問七　②，「寺で修行したのと同じ価値が生まれる」根拠は本文中にないため不適当。単に様々なものが良く見えるというだけであり，寺については「寺・社などに忍びてこもりたるもをかし」と言及されているが，「こもっているのも面白い」と旅の一環で行う面白さについてのみ述べられている。③，「人と交流」している描写は本文中にないため不適当。手紙を送ることについて述べてはいるが，それは都へ送るものであり，「様々な地域」の人との交流ではない。④・⑤，家族については本文中に言及されていないため不適当。

問八　②・③は随筆。④は軍記物語。⑤は歌集。旅の見聞や感想などを記したものは「紀行文」と呼ばれる。

★ワンポイントアドバイス★

論説文は，キーワードについて筆者がどのように定義しているか，どのような主張をしているかを整理しながら読解しよう。小説は，発言や使われている表現から登場人物の心情を読み取ろう。古文は，語句の意味に注意しつつ，全体を通してどのようなことが描かれているのか正しくとらえよう。

MEMO

大切なことはメモしておこうネ！

2020年度

★★★★★★★★★★★★★★★★★★★★★★★

入　試　問　題

2020年度

椙山女学園高等学校入試問題

【数　学】（45分）　＜満点：100点＞

【注意】［１］　問題の文中の [(1)] ，[(2)(3)] ，などには，特に指示がないかぎり，数字（０～９），符号（±，－），が入ります。(1)，(2)，(3)，…の一つ一つは，これらのいずれか一つに対応します。それらをマーク解答用シートの１，２，３，…で示された解答欄にマークして答えなさい。

例 [(1)(2)(3)] に－83と答えたいとき

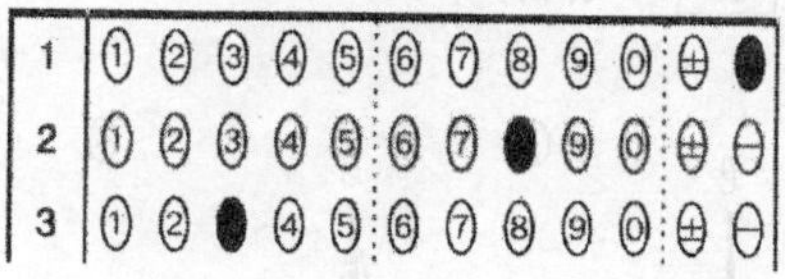

［２］　分数の形で解答する場合，分数の符号は分子につけ，分母につけてはいけません。

例えば $\frac{[(4)(5)]}{[(6)]}$ に $-\frac{4}{5}$ と答えたいときは，$\frac{-4}{5}$ として答えなさい。

また，それ以上約分できない形で答えなさい。

例えば，$\frac{3}{4}$，$\frac{2a+1}{3}$ と答えるところを，$\frac{6}{8}$，$\frac{4a+2}{6}$ のように答えてはいけません。

［３］　小数の形で解答する場合，指定された桁数の一つ下の桁を四捨五入して答えなさい。
また，必要に応じて，指定された桁まで⓪にマークしなさい。
例えば，[(7)].[(8)(9)] に2.5と答えたいときは，2.50として答えなさい。

［４］　根号を含む形で解答する場合，根号の中の自然数が最小となる形で答えなさい。

例えば，$4\sqrt{2}$，$\frac{\sqrt{13}}{2}$ と答えるところを，$2\sqrt{8}$，$\frac{\sqrt{52}}{4}$ のように答えてはいけません。

[1]　次の各問いについて，[(1)] ～ [(21)] に合う数や符号をマークしなさい。

［１］　$3-(-3)^2-6^2\div 3$ を計算すると，[(1)(2)(3)] となる。

［２］　$6a^3b\div\frac{3a^4}{2b^3}\times 3a^3$ を計算すると，[(4)(5)] $a^{[(6)]}b^{[(7)]}$ となる。

［３］　連立方程式 $\begin{cases} 2.5x-y=1.5 \\ 4x+2y=3x+6y+24 \end{cases}$ を解くと，$x=$ [(8)(9)]，$y=\frac{[(10)(11)(12)]}{[(13)]}$ である。

［４］　$\sqrt{18}-2\div\sqrt{18}-\sqrt{2}$ を計算すると，$\frac{[(14)]\sqrt{[(15)]}}{[(16)]}$ となる。

［５］　$\frac{n}{21}$ と $\sqrt{14n}$ がともに整数となるような最も小さい自然数 n は [(17)(18)(19)] である。

［6］ A市では市長選挙が行われ，全体の投票率はA市の有権者の60%であった。そして，当選したBさんは10000票を獲得し，それは投票者の75%を占めていた。A市の有権者の人数は 10000× [⑳] × [㉑] で計算できる。

[⑳]，[㉑] には，以下の①～⑧から適切なものを選びマークしなさい。

なお，[⑳]，[㉑] の解答の順序は問わない。

① $\frac{1}{60}$ ② $\frac{1}{75}$ ③ $\frac{60}{100}$ ④ $\frac{75}{100}$ ⑤ $\frac{100}{60}$ ⑥ $\frac{100}{75}$ ⑦ $\frac{60}{75}$ ⑧ $\frac{75}{60}$

2 次の各問いについて，[㉒] ～ [㉞] に合う数や符号をマークしなさい。

［1］ 下の図について，直線 ℓ を軸として1回転させたときにできる立体の体積が等しいものは，[㉒] と [㉓] である。ただし，[㉒]，[㉓] の解答の順序は問わない。なお，④の図形は扇形である。

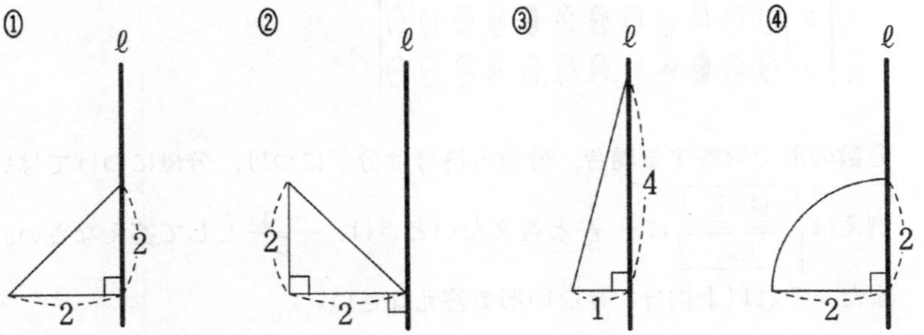

［2］ 右の図のように，円周上に4点A，B，C，Dがあり，線分AC，BDの交点をEとする。AE＝4㎝，CE＝3㎝，BE:DE＝5：3 であるとき，BD＝$\dfrac{\boxed{\text{㉔㉕}}\sqrt{\boxed{\text{㉖}}}}{\boxed{\text{㉗}}}$㎝である。

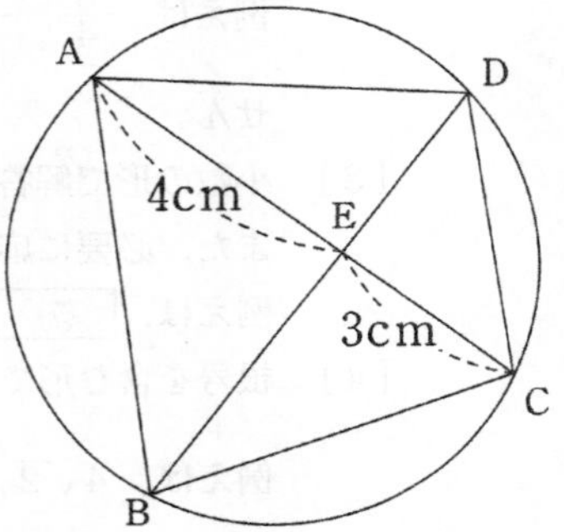

［3］ 右の図について，放物線 $y=2x^2$ と直線が2点A，Bで交わり，直線ABと x 軸との交点をCとする。点Aの x 座標が2，CB：BA＝1：3 であるとき，次の問いに答えなさい。

⑴ 点Bの座標は（ [㉘㉙]，[㉚] ）である。

⑵ 直線ABの式は $y=$ [㉛] $x+$ [㉜] である。

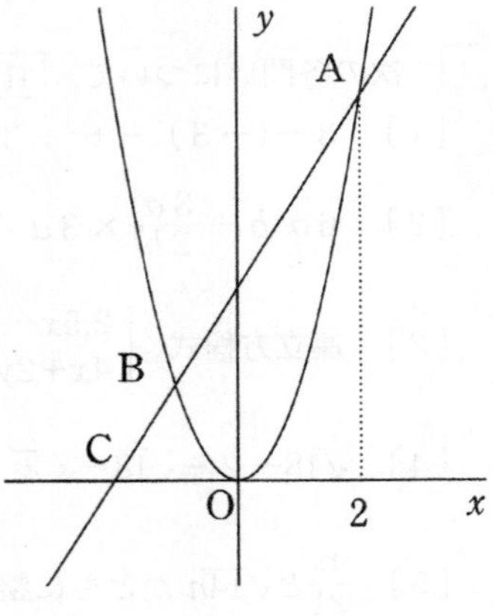

［4］ 下の図について，BD：DC＝4：5，AE：EC＝2：1 とするとき，
AF：FD＝［(33)］：［(34)］である。

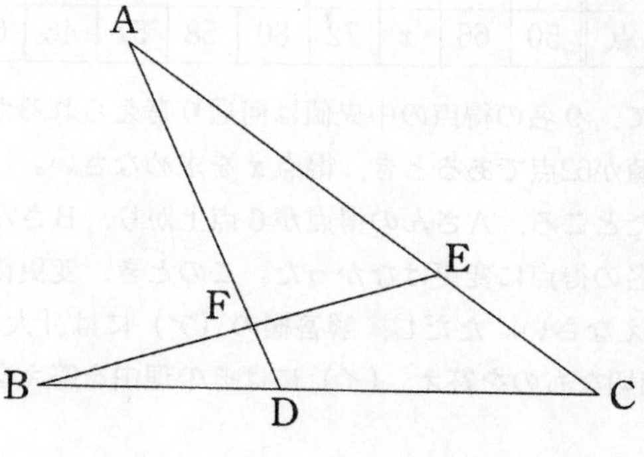

3 下の図のすごろくを次のようなルールで行うとき，スタートからゴールまでちょうどたどりつく確率を求めたい。

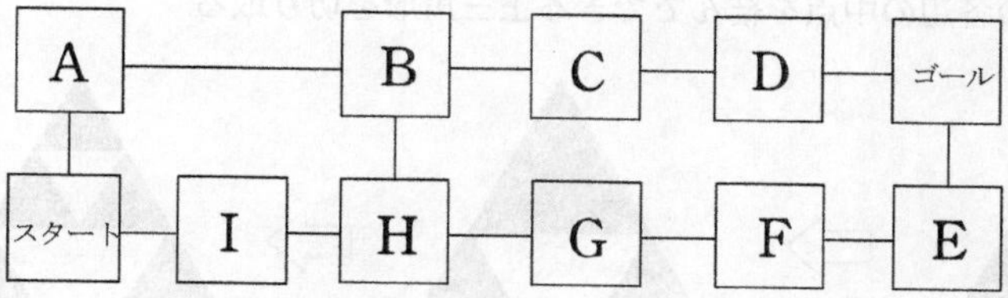

ルール

- さいころを投げ，出た目の数だけマスを進む。ただし，複数個を同時に投げた場合は，出た目の数の和だけマスを進む。
- 「A → B → A」のように，順路を戻ってはいけない。
- 「スタート→ A → B → H → I → スタート」のように，順路を戻らなければ，通ったマスを再び通ってもよい。

このとき，次の確率を求め，［(35)］～［(39)］に合う数をマークしなさい。

［1］ さいころを1個投げ，スタートからゴールまでちょうどたどりつく確率は $\frac{(35)}{(36)}$ である。

［2］ さいころを2個投げ，スタートからゴールまでちょうどたどりつく確率は $\frac{(37)}{(38)(39)}$ である。

これ以降の答えは，すべて記述用の解答用紙に記入すること

4 「絶対値」とは何か。定義にしたがって説明しなさい。

5 次のページのデータは9名の生徒に対し，100点満点で実施したテストの得点をまとめたもので

ある。ただし，x の値は整数とする。このとき，次の各問いに答えなさい。

生徒	A	B	C	D	E	F	G	H	I
得点	50	66	x	72	80	58	57	46	69

［1］ 得点 x の値によって，9名の得点の中央値は何通り考えられるかを求めなさい。

［2］ 9名の得点の平均値が62点であるとき，得点 x を求めなさい。

［3］ 採点基準を変更したところ，Aさんの得点が6点上がり，BさんとCさんの得点がそれぞれ3点下がり，その他6名の得点に変更はなかった。このとき，変更後の得点の平均値が変更前に比べてどうなるかを答えなさい。ただし，解答欄の（ア）には「大きくなる」・「小さくなる」・「変わらない」のうち適切なものを答え，（イ）にはその理由を答えなさい。

6 下の図のような黒い正三角形を図形1として考え，次の操作により黒い面を切り取っていくことで別の図形を作っていく。そして，操作を繰り返すたびにできる図形をそれぞれ図形2，図形3，…とする。

【操作】 黒い正三角形の各辺の中点を結んでできる正三角形を切り取る

図形1　　図形2　　図形3

このとき，次の各問いに答えなさい。

［1］ 図形4を以下の①～⑥から選び答えなさい。

①

②

③

④
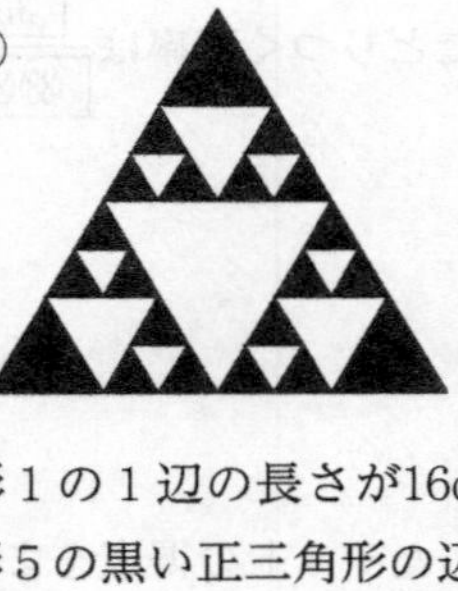

⑤
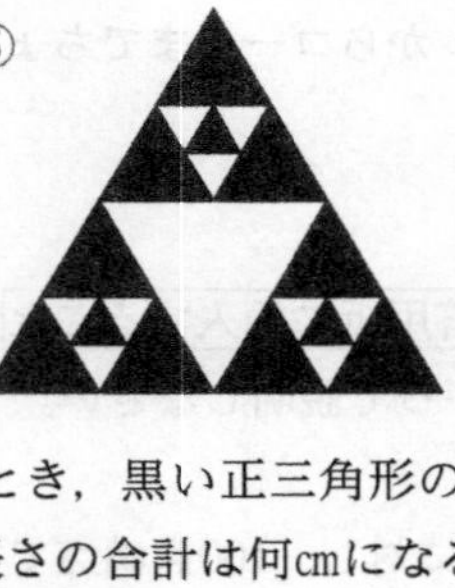

⑥

［2］ 図形1の1辺の長さが16cmのとき，黒い正三角形の辺の長さの合計は48cmとなる。このとき，図形5の黒い正三角形の辺の長さの合計は何cmになるか答えなさい。

【英 語】(50分) <満点:100点>

【注意】 試験開始の10分後から，放送によるリスニングテストがあります。問題は【K】【L】です。

【A】 次の英文を読み，あとの問いに答えなさい。

The oceans are places of great natural beauty, but these days they are polluted by humans. One cause of pollution is plastic waste. Millions of plastic bottles, bags, and other items are washing out to sea. A lot of birds and other creatures mistake plastic items for food. [①]

Restaurants and supermarkets may stop (X) customers plastic straws in the near future. There is a movement to ban plastic straws, and it started with a video. The video shows a sea turtle with a plastic straw stuck in its nose. Many people saw this video and learned about the problems that our garbage creates in nature.

Research shows that about 85% of garbage in the oceans today is plastic. About 8 million tons of plastic is (Y) into the ocean every year. Large pieces of plastic on water in the ocean break down over time. They turn into very small pieces called (ア) <u>microplastics</u>. These plastics are eaten by the sea life and cause many problems. Microplastics finally go into the fish we eat. [②]

〈 * 〉 Interest in the problem has led to changes around the world. In 2018, a coffee company said that it would stop the use of plastic straws in all of its stores by 2020. A fast food company will also change to paper straws at its restaurants in the UK and Ireland. The UK and EU plan to ban the use of all disposable plastic products, including straws. Rio de Janeiro, Brazil has already banned plastic straws and plastic bags. Many restaurants in Japan are thinking about switching to other kinds of straws.

Of course, people's behavior is difficult to change. Some people with disabilities cannot use paper straws, so plastic straws may not disappear. (イ) <u>But straws { ①that ②are ③kind of ④is ⑤the ocean ⑥plastic ⑦just one ⑧polluting }</u>. People also need to think about how they use other plastic products that are difficult to recycle.

In 2019, G20 environment ministers asked countries to reduce single-use plastics. Here is an example that tries to do it in Japan. As you know, Tokyo Olympic and Paralympic Games will be held in 2020. The International Olympic Committee said that Olympic medalists will stand on podiums (Z) of recycled plastic. The IOC said it will work with a Japanese company to collect and reuse plastic to build the podiums. The purpose is to reuse plastic and reduce the environmental damage of the Tokyo Games. [③]

This will be a good chance for people to realize this problem and think about what we can do in our daily lives. To solve this problem, many experts feel that the only answer is to change our habits. All plastic should be recycled. ④ The oceans will thank you for it.

注）ocean 海洋　pollute ～を汚染する　waste 廃棄物　creature 生き物
ban ～を禁止する　turtle カメ　stuck 突き刺さった　garbage ごみ　research 研究
disposable 使い捨ての　including を含めて　switch ～を切り替える　behavior 行動
disability 身体障害　environment minister 環境大臣　reduce ～を減らす
podium 表彰台　committee 委員会　expert 専門家　habit 習慣　possible 可能な

問1　空所（X）（Y）（Z）に入る語を次の［　］内よりそれぞれ1つずつ選び，適切な形に直して答えなさい。

［ make, give, throw ］

問2　【マーク番号1】下線部(ア)のマイクロプラスチックについて，本文の内容と一致するものを次の①～④より1つ選び，番号を答えなさい。

① Fish breaks down the plastic to eat microplastics.
② Microplastics have become more dangerous than before.
③ Microplastics enter the bodies of fish we eat.
④ Many creatures use microplastics to live.

問3【マーク番号2】文章中に次の英文を入れるのに，最も適切な場所を ① ～ ④ より1つ選び，番号を答えなさい。

Even better, buy fewer plastic bottles and use fewer plastic bags.

問4　【マーク番号3】〈＊〉で始まる段落で，各国や各会社が共通してその使用料を減らしたり，禁止しようとしたりしているものは何か，次の①～④より1つ選び，番号を答えなさい。

①使い捨てのプラスチック製品
②プラスチックストロー
③ビニール袋
④ペットボトル

問5　【マーク番号4】下線部(イ)が「しかし，ストローは海を汚染するプラスチックの一種類にすぎない」という意味になるように，｛　｝内の語（句）を並べかえたとき，（※）の位置に入る語（句）の番号を答えなさい。

But straws ｛(　　)(　　)(　　)(　　)(　※　)(　　)(　　)(　　)｝.

But straws ｛ ① that ② are ③ kind of ④ is ⑤ the ocean ⑥ plastic ⑦ just one ⑧ polluting ｝.

問6　【マーク番号5】本文の内容について，正しいものを次の①～⑥より2つ選び，番号を答えなさい。　（注）マーク番号5の列に2か所マークしなさい。3か所以上は無得点となります。

① Plastic items in the ocean usually stay the same size.
② Some customers have started to use their own straws.
③ Some plastic straws are good for the environment.
④ We cannot say that all plastic straws will disappear.
⑤ Recycled plastic will be used to make podiums for Tokyo Olympic in 2020.
⑥ Most experts say we should clean up the garbage right away.

【B】 次の英文を読み，あとの問いに答えなさい。

Potatoes are from South America. People (ア) <u>live</u> there were eating them for many years. It is believed that they were (イ) <u>bring</u> to Europe in the sixteenth century by Spanish people. At first, to most people in Europe, potatoes looked strange. They did not think potatoes were food. They just enjoyed (ウ) <u>look</u> at their flowers.

About two hundred years later, the French government found that people could eat potatoes. The king thought, "If we plant potatoes, we will have more food, and we can save people from hunger." He said to his nobles, "Plant potatoes." The nobles planted them, but they did not eat them. The government even tried to give the common people potatoes to plant, but no one wanted them. At last the government had a good idea! The government planted a lot of potatoes and said to the people, "Don't touch them." During the day many guards watched over the potatoes, but at night they all went home. Soon people began to say to each other, "Why do a lot of guards protect the potatoes so carefully? They must be good to eat. Because (エ)<u>we have no food</u>, let's get some of them and try eating them.

One night, some people went to get those potatoes. They quickly took a few potatoes and ran away with them. After that night a lot of people went to take the potatoes. In a few days, they took all of them. The people ate the potatoes and found they were good. In this way, more and more people began to eat them.

注） hunger 飢餓　noble 貴族　common 一般の　guard 番人　watch over ～を見張る

問1　下線部(ア)(イ)(ウ)の語を文脈に合うように，それぞれ1語の適切な形にかえなさい。

問2　下線部(エ)の英文をほぼ同じ意味の英文になるように，（　）に入る適切な語を答えなさい。

(エ) we have no food. = we (①) have (②) food.

問3　【マーク番号6】本文の内容に関する次の質問の答えとして，適切なものを次の①～④より1つ選び，番号を答えなさい。

Question　What happened after the French government had a good idea?

① The government planted potatoes and they ate all of them in front of the common people.

② The government told the common people not to touch the potatoes planted by the government, so people just saw the flowers of the potatoes.

③ The government told the common people to plant potatoes and people planted them soon.

④ The common people took potatoes and ate them while the guards were not there at night.

問4【マーク番号7】本文の内容と合うものを①～④より1つ選び，番号を答えなさい。

① People in South America grew potatoes to look at their flowers.

② The King asked the nobles to plant potatoes, and they were glad to eat them.
③ People in France didn't know they could eat potatoes before the government said to them, "Don't touch the planted potatoes."
④ People found potatoes weren't good, so potatoes in Europe have not been so popular.

【C】 次の３つの対話文について，あとの問いにそれぞれ答えなさい。

対話１

A：Hello?
B：Hello. This is Yuko. May I speak to Mary, please?
A：I'm sorry, she's out now. ＜ X ＞
B：No, it's OK. Where did she go?
A：She went to school, but I don't know when she comes back.
B：I see. ＜ Y ＞ when she comes home?
A：Sure, I will.
B：Thank you. Goodbye.
A：Bye.

問１ 【マーク番号８】＜X＞に入る適切なものを①～④より１つ選び，番号を答えなさい。
① Can you wait for a while?
② Can I leave a message?
③ Would you like to leave a message?
④ You have the wrong number.

問２ 【マーク番号９】＜Y＞に入る適切なものを①～④より１つ選び，番号を答えなさい。
① Can I call her again　② Do you want me to call you back
③ Can I go to your house　④ Could you tell her to call me back

対話２

A：Oh, you have your own camera. Can I use it?
B：Sure. ＜ X ＞
A：No, I don't. We have a family camera at home. I've wanted my own camera. Did you buy it?
B：No, I didn't. My father gave it to me for my birthday present.
A：I see. ＜ Y ＞
B：Yes, he bought it at the shop next to the station.

問１ 【マーク番号10】＜X＞に入る適切なものを①～④より１つ選び，番号を答えなさい。
① You can use this camera anytime.　② Does your family have a camera?
③ Don't you have a camera?　④ Don't you give it to me?

問２ 【マーク番号11】＜Y＞に入る適切なものを①～④より１つ選び，番号を答えなさい。
① Do you know when he got it?　② Do you know where he got it?
③ Do you know how to use it?　④ Do you know when my birthday is?

対話３

A：I'm getting hungry. I want to eat something.
B：Oh, yes. Shall we go out for lunch?
A：Great! Where do you want to go?
B：< X >
A：I know that shop, but it's far from here. We must be here by one o'clock.
B：Let me think. How about the Italian restaurant on the second corner?
A：< Y >
B：About five minutes on foot.

問１ 【マーク番号12】＜Ｘ＞に入る適切なものを①～④より１つ選び，番号を答えなさい。
① I don't know any restaurants around here.
② The restaurant we often go to is closed today.
③ Let's go to the Japanese restaurant near the City Hall.
④ Would you like to come with me?

問２ 【マーク番号13】＜Ｙ＞に入る適切なものを①～④より１つ選び，番号を答えなさい。
① Why do you go there? ② How long does it take to go there?
③ I'll have a cup of coffee. ④ Can we go there by car?

【D】 次の英文中の［ ］にあとの（ア）～（エ）の４つの文を入れると意味の通る文章が完成する。このときのア～エの順序として最も適切なものを①～④より１つ選び，番号を答えなさい。

問１ 【マーク番号14】
There are a lot of deserts in the world. Some deserts are getting bigger and others are smaller. The world's biggest desert, the Sahara, is getting bigger. [ ] Many people must work together to solve it.
（ア） In other places, people cut down the trees. Because of these things, the soil becomes weak and the desert grows.
（イ） These things make the soil stronger. If the soil becomes stronger, the Sahara might not get bigger.
（ウ） Why are deserts getting bigger? In some places, people farm too much.
（エ） To stop this problem, what can people do? They can plant trees and farm less.

①ウ→ア→エ→イ ②エ→ア→イ→ウ ③ウ→イ→ア→エ ④エ→イ→ウ→ア

問２ 【マーク番号15】
What do you think about the Japanese eating habit? It has been changing very fast. [ ] Though there are many changes, the Japanese should keep their food culture.
（ア） On the other hand, *Washoku* is very popular abroad. Many big cities have Japanese restaurants.
（イ） Many Japanese tend not to cook at home. Instead, they often eat out.

（ウ）So they can have different kinds of meals from many countries such as Chinese, Korean, and so on.

（エ）For example, in New York, there are 700 to 800 restaurants. Many Japanese are working there.

①ア→ウ→イ→エ　②イ→ウ→ア→エ　③ウ→エ→イ→ア　④エ→ア→イ→ウ

【E】 次の日本文の意味になるように，（　）に入る適切な語（句）を①～④より１つ選び，番号を答えなさい。

問１ 【マーク番号16】日本は石油を外国に依存している。

Japan (　) foreign countries for oil.

① comes up with　② runs out of　③ puts together　④ depends on

問２ 【マーク番号17】クリスマスカードを買う代わりに，自分で作ってはどうですか。

Why don't you make your own Christmas cards (　) buying them?

① in case of　② in front of　③ instead of　④ in fact

問３ 【マーク番号18】両親だけでなく姉も私にとても優しい。

Not only my parents (　) my sister is very kind to me.

① that　② so　③ but　④ also

問４ 【マーク番号19】母は私が旅行している間に犬の世話をしてくれた。

My mother (　) my dog while I was traveling.

① looked after　② looked for　③ looked back　④ looked at

問５ 【マーク番号20】１年間に東京ディズニーランドにどのくらい行きますか。

How (　) a year do you go to Tokyo Disneyland?

① times　② often　③ old　④ much

問６ 【マーク番号21】あなたはプールで泳いでいるあの男性を知っていますか。

Do you know that man (　) in the pool?

① swim　② swims　③ swum　④ swimming

【F】 次の(ア) ～（オ）の対話が成り立つよう｛　｝内の語（句）を並べかえたとき，空所（a）（b）に用いる語（句）の番号を答えなさい。ただし文頭に用いる語（句）も小文字で示してある。

(ア)【a：マーク番号22　b：マーク番号23】

A：What are you going to do tomorrow?

B：I'd {① go ② hiking ③ if ④ is ⑤ it ⑥ like ⑦ sunny ⑧ to} tomorrow.

⇒I'd (　)(a)(　)(　)(b)(　)(　)(　) tomorrow.

(イ)【a：マーク番号24　b：マーク番号25】

A：{① could ② me ③ tell ④ the ⑤ the post office ⑥ to ⑦ way ⑧ you}?

⇒ (　)(　)(　)(a)(　)(　)(b)(　)?

B：Sure. Go straight on this street and turn left at the next corner.

(ウ)【a：マーク番号26　b：マーク番号27】

A：What did you think after you worked on Career Day today?

B：I hope ｛ ① will ② a way ③ my experience ④ find ⑤ me ⑥ help ⑦ to ｝ for the future.

⇒ I hope (　　)(　a　)(　　)(　　)(　b　)(　　)(　　) for the future.

（エ）【a：マーク番号28　b：マーク番号29】

A：You look worried.　What's the matter with you?

B：I ｛ ① remember ② I ③ bag ④ don't ⑤ where ⑥ put ⑦ my ｝.

⇒ I (　　)(　　)(　a　)(　　)(　b　)(　　)(　　).

（オ）【a：マーク番号30　b：マーク番号31】

A：Did you go shopping in Tokyo?

B：Yes.　I ｛ ① as ② sister ③ much ④ spent ⑤ as ⑥ money ⑦ my ⑧ half ｝.

⇒ Yes.　I (　　)(　a　)(　　)(　　)(　b　)(　　)(　　)(　　).

【G】 次の（ア）～（オ）の各組の英文のうち，文法・語法的に誤りを含む文を１つ選び，番号を答えなさい。

（ア）【マーク番号32】

① I showed Yumi the books that I bought them.

② My father drinks two cups of coffee every day.

③ Yumi is taller than any other girl in her class.

④ His song is known to everybody all over the world.

（イ）【マーク番号33】

① The roof of the house was covered with snow.

② It is kind for you to lend me your dictionary.

③ He went out of the room without saying goodbye to her.

④ The Earth goes around the Sun.

（ウ）【マーク番号34】

① I can cook as well as my mother.

② Be careful, or you will make mistakes.

③ I felt tired and stopped to take a rest.

④ I'm looking forward to see you again.

（エ）【マーク番号35】

① My brother has been to Australia twice to learn English.

② I have played the piano since I was five years old.

③ I have a friend whose father is a teacher.

④ These questions our teacher gave us yesterday was too difficult to answer.

（オ）【マーク番号36】

① I will go to bed after I finish reading this book.

② Kota helped me with my homework.

③ There is my book on the desk.

④ He has three sons.　One lives in Tokyo and the others live in Osaka.

【H】 次の⑴～⑷の各組の文がほぼ同じ意味になるように，(※)に入る最も適切な語を答えなさい。

⑴ The story which he wrote is very popular in Japan.
　= The story (※)( )( ) is very popular in Japan.

⑵ This building is 100 years old.
　= This building ( )(※) 100 years ago.

⑶ I have listened to many songs. This is the most beautiful song of them all.
　= I ( )(※) listened to such a beautiful song like this.

⑷ Baseball games are very exciting. So I often watch them on TV.
　= Baseball games are ( ) exciting (※) I often watch them on TV.

【I】 次の⑴～⑶の対話の意味が通るように，( )に入る適切な語を答えなさい。ただし，( )内に示した文字で書き始めること。

⑴ A：Tomorrow is your (b), isn't it?
　B：Yes, I'll be fifteen years old.

⑵ A：Do you have any plans after school?
　B：I'm going to go to a (l) and borrow some books.

⑶ A：Are you OK? You look sick.
　B：It's OK. I'll get better soon.
　A：Really? But you should see a (d).

【J】 以下の指示にしたがって，解答しなさい。

あなたは，海外から日本に来る予定の友人に，以下の質問をされました。

質問 ⇒ **Which is the best place for sightseeing in Japan, Hokkaido, Tokyo, Kyoto or Okinawa?**

この質問に対するあなた自身の答えとその理由を英語で書きなさい。
ただし，＜条件＞と＜記入例＞に注意して書きなさい。

＜条件＞
1．( )の中にあなたの答えを書く。
2．文の数は問わないが，20語以上30語以内の英語で書くこと。
3．解答用紙の下線部分の語数を数える。
4．符号 (, . ? !) は語数に含めない。

＜記入例＞
How　is　the　weather ?
Well ,　it's　sunny　today .

＜解答＞ 解答は解答用紙に書くこと。

You should visit ( ).

_____ _____ _____ _____ _____
_____ _____ _____ _____ _____
_____ _____ _____ _____ _____

【K】 これから放送される会話を聞き，そのあとで読まれる⑴⑵の質問に対する答えを，それぞれ次の①～④より１つ選び，番号を答えなさい。会話と質問は通して２回読まれます。

⑴ 【マーク番号37】

① a book ② a present ③ some pictures ④ some pens

⑵ 【マーク番号38】

① She'll swim in the sea.
② She'll draw a picture.
③ She'll give a present to Mr. Wilson.
④ She'll show some pictures to Mr. Wilson.

【L】 【マーク番号39】 （注）マーク番号39の列に３か所マークしなさい。４か所以上は無得点となります。

これから放送される郵便切手についての英文を聞き，その内容と一致するものを３つ選び，番号を答えなさい。英文は通して２回読まれます。

① Before 18th century, people paid money to buy stamps, and someone carried their letters.
② Now we need to buy and put stamps on letters to send them.
③ Since the first stamps were made in the UK in 1840, people around the world have sent letters easily.
④ All pictures on beautiful stamps used by people in the world have been taken in the UK.
⑤ In Japan our stamps have the word "Japan" on them.
⑥ The UK is the only country that has never shown its name on the stamps.

※リスニングテストの放送台本は非公表です。

【理　科】（45分）　＜満点：100点＞

次の[1]～[4]の各問題を解きなさい。解答はマークシートに記入しなさい。

[1] 凸レンズによってできる像を調べるために次のような実験を行った。これについて後の問いに答えなさい。マークシートは [1] ～ [5] にマークしなさい。

【実験】 レンズの両側の等しい距離に焦点がある凸レンズがある。レンズの片側に「椙」の形に光る板を置き，反対側にスクリーンを置いた。図1はその模式図である。スクリーンは透き通っていて，表からでも裏からでも観察できるものである。

図1

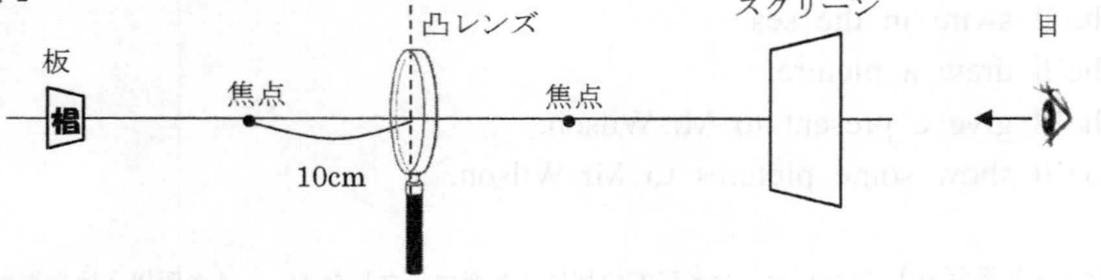

(1) 板の位置と，像のできる位置や大きさについて述べた次の文章で，空欄A～Fにあてはまる語句として正しい組み合わせを①～⑧から1つ選び，[1] にマークしなさい。

> 板が凸レンズの焦点の外側にあるとき，板と（　A　）側に（　B　）ができる。このとき，板をレンズから遠ざけるとだんだん像は（　C　）なり，スクリーンの位置は凸レンズから（　D　）なる。板が凸レンズの焦点の内側にあるとき，板と（　E　）側に（　F　）ができる。

	A	B	C	D	E	F
①	同じ	実像	大きく	遠く	反対	虚像
②	同じ	虚像	大きく	近く	反対	実像
③	反対	実像	小さく	遠く	同じ	虚像
④	反対	虚像	小さく	近く	同じ	実像
⑤	同じ	実像	大きく	近く	反対	虚像
⑥	同じ	虚像	大きく	遠く	反対	実像
⑦	反対	実像	小さく	近く	同じ	虚像
⑧	反対	虚像	小さく	遠く	同じ	実像

(2) 板と凸レンズの場所を固定し，スクリーンを動かして像のでき方を調べた。スクリーン上にハッキリとした像がうつったとき，スクリーンにうつった像は板と同じ大きさであった。次のア，イの組み合わせとして，正しいものを次のページの①～⑨から1つ選び，[2] にマークしなさい。

中心に紙を
貼った凸レンズ

ア：レンズの中心から板までの距離は何cmか。

イ：右図のように，このレンズの中央に光を通さない黒い紙をはると，スクリーンにうつる像にどのような変化が起こるか。

	ア	イ
①	10cm	像が小さくなる
②	10cm	像の一部がうつらなくなる
③	10cm	像が暗く見える

	ア	イ
④	15cm	像が小さくなる
⑤	15cm	像の一部がうつらなくなる
⑥	15cm	像が暗く見える

	ア	イ
⑦	20cm	像が小さくなる
⑧	20cm	像の一部がうつらなくなる
⑨	20cm	像が暗く見える

⑶　レンズとスクリーンの距離が25cmのとき，スクリーンにうつる像を目の方向から観察した。スクリーンにうつった像として正しいものを①～⑥から１つ選び，［3］にマークしなさい。

実物

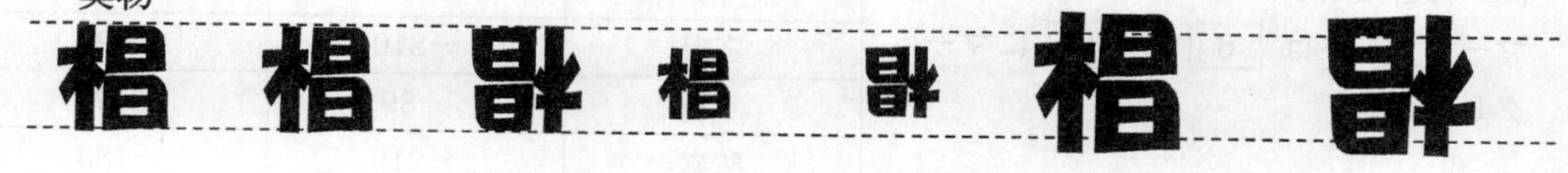

①　②　③　④　⑤　⑥

⑷　この板を鏡の前に置き，後ろからA子さんが観察している。図２はその模式図である。

図２

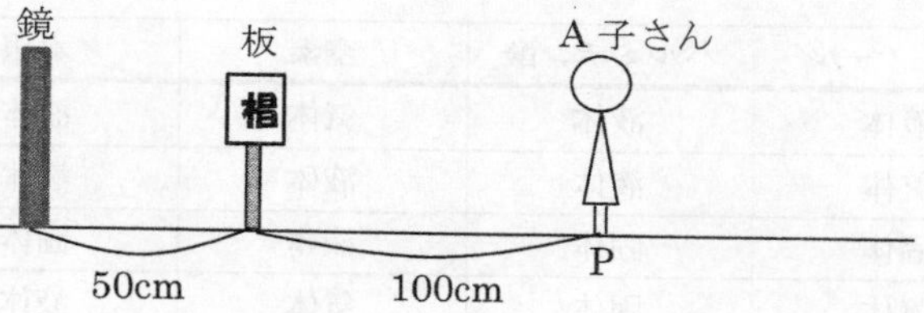

点Pの位置に立って鏡にうつった像を観察するとき，A子さんの位置（点P）から見て像までの距離は何cmか。正しいものを①～±から１つ選び，［4］にマークしなさい。

①150cm　②160cm　③170cm　④180cm　⑤190cm　⑥200cm
⑦210cm　⑧220cm　⑨230cm　⓪240cm　±250cm

⑸　下の図３のように，鏡から200cmの点Qの位置にA子さんが立っている。台の上に置いた鏡は縦の長さが30cmで，A子さんの全身をうつすことができなかった。次のア，イの組み合わせとして，正しいものを次のページの①～⑨から１つ選び，［5］にマークしなさい。

図３

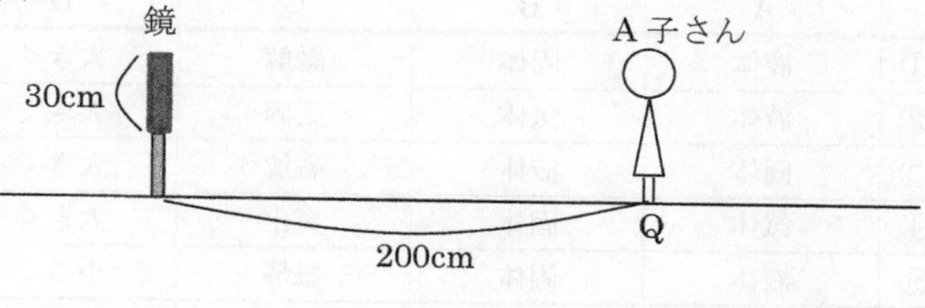

ア：A子さんの身長を150cmとすると，全身をうつすために最低限必要な鏡の大きさは縦何cmか。ただし，横幅には十分な大きさがある鏡であるとする。

イ：点QからA子さんが後ろ（鏡から遠ざかる方向）に１m移動した。A子さんの体が鏡にうつる範囲はどうなるか。

	ア	イ
①	45cm	変わらない
②	45cm	せまくなる
③	45cm	広くなる

	ア	イ
④	75cm	変わらない
⑤	75cm	せまくなる
⑥	75cm	広くなる

	ア	イ
⑦	150cm	変わらない
⑧	150cm	せまくなる
⑨	150cm	広くなる

2 右の表は物質の融点・沸点について示したものである。これについて後の問いに答えなさい。
マークシートは 6 ～ 9 にマークしなさい。

物質	融点（℃）	沸点（℃）
エタノール	−115	78
パルミチン酸	63	390
窒素	−210	−196
水銀	−39	357
酸素	−219	−183

(1) 25℃の部屋で，それぞれの物質は気体・液体・固体のどの状態で存在するか。正しい組み合わせを①～⑥から1つ選び，6 にマークしなさい。

	エタノール	パルミチン酸	窒素	水銀	酸素
①	液体	液体	気体	液体	気体
②	気体	液体	液体	液体	液体
③	固体	固体	液体	固体	液体
④	気体	固体	気体	液体	気体
⑤	液体	固体	気体	液体	気体
⑥	固体	液体	液体	固体	液体

(2) 次の文章を読んで，空欄（A）～（D）にあてはまる語句として正しい組み合わせを①～⑧から1つ選び，7 にマークしなさい。

融点とは，（ A ）が（ B ）に状態変化する温度のことである。波線部の状態変化を（ C ）という。一般にこのとき体積は（ D ）なる。

	A	B	C	D
①	液体	固体	融解	大きく
②	液体	気体	凝固	大きく
③	固体	液体	融解	大きく
④	気体	固体	気化	大きく
⑤	液体	固体	融解	小さく
⑥	液体	気体	凝固	小さく
⑦	固体	液体	融解	小さく
⑧	気体	固体	気化	小さく

⑶　体積50㎤の水と氷がある。質量を比べると，どちらが何g重いか。ただし，水の密度は1.00g/㎤，氷の密度は0.92g/㎤とする。正しいものを①～⑧から1つ選び，［8］にマークしなさい。

①	氷が 0.08g 重い	⑤	水が 0.08g 重い
②	氷が 0.92g 重い	⑥	水が 0.92g 重い
③	氷が 1.5g 重い	⑦	水が 1.5g 重い
④	氷が 4.0g 重い	⑧	水が 4.0g 重い

⑷　液体窒素を使って，実験室（室温 25℃）で実験をした。小さなポリ袋に酸素のみを集め，液体窒素が入ったビーカーに入れた。ポリ袋に起こる変化について説明した文章で，正しいものを次の①～⑦から1つ選び，［9］にマークしなさい。

①酸素が状態変化してポリ袋の内側に固体の酸素が出現する。ポリ袋はパンパンに膨(ふく)らむ。
②酸素が状態変化してポリ袋の内側に液体の酸素が出現する。ポリ袋はパンパンに膨らむ。
③窒素が状態変化してポリ袋の外側に固体の窒素が出現する。ポリ袋はパンパンに膨らむ。
④酸素が状態変化してポリ袋の内側に固体の酸素が出現する。ポリ袋はしぼむ。
⑤酸素が状態変化してポリ袋の内側に液体の酸素が出現する。ポリ袋はしぼむ。
⑥窒素が状態変化してポリ袋の外側に固体の窒素が出現する。ポリ袋はしぼむ。
⑦酸素・窒素ともに状態変化は起こらず，気体のままである。ポリ袋も変化しない。

［3］　消化と吸収について，次の各問いに答えなさい。マークシートは［10］～［15］にマークしなさい。

⑴　消化の最初の段階は歯による。図1はライオン，図2はシマウマの頭部の骨を示している。図中のA～Cの歯の名称として正しい組み合わせを①～⑥から1つ選び，［10］にマークしなさい。

図1

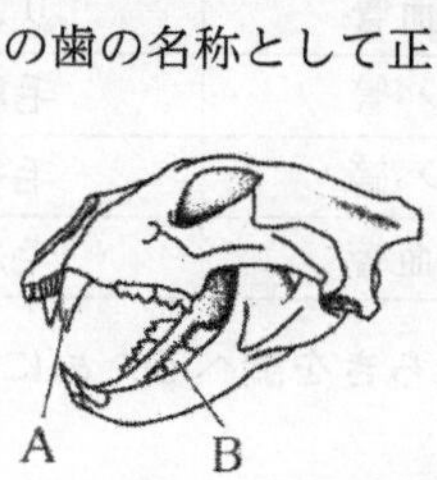

図2

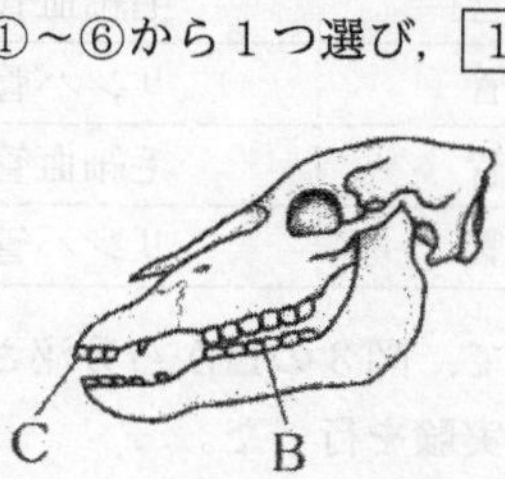

	A	B	C
①	門歯	臼歯	犬歯
②	門歯	犬歯	臼歯
③	臼歯	門歯	犬歯
④	臼歯	犬歯	門歯
⑤	犬歯	門歯	臼歯
⑥	犬歯	臼歯	門歯

⑵　次のページの図3はヒトの消化器官を，図4はある消化器官の一部を，それぞれ模式的に表したものである。図3中のD～Fについて，Dの器官名，Eから出された消化液がはたらく栄養素，Fで作られる消化液の名称の組み合わせとして，正しいものを①～⓪から1つ選び，［11］に

マークしなさい。

図3

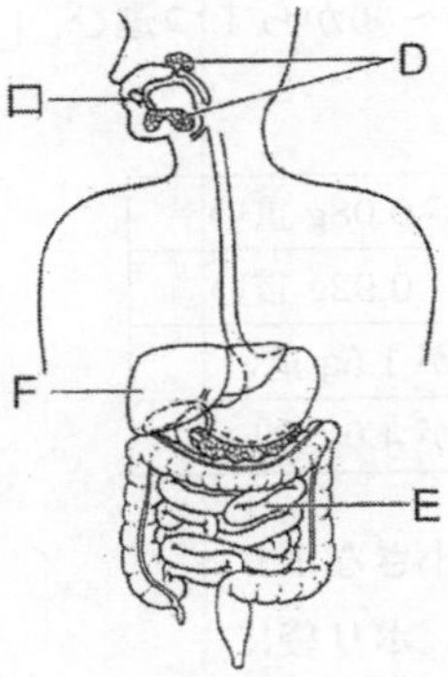

図4

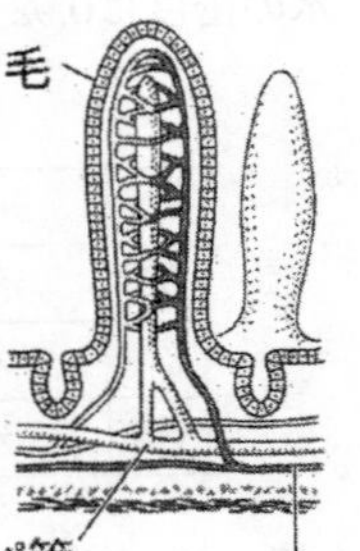

	D	E	F
①	舌	デンプン	すい液
②	舌	タンパク質	胃液
③	舌	脂肪	胆汁
④	舌	デンプンとタンパク質	胃液
⑤	舌	タンパク質と脂肪	すい液

	D	E	F
⑥	だ液せん	デンプン	胃液
⑦	だ液せん	タンパク質	すい液
⑧	だ液せん	脂肪	胆汁
⑨	だ液せん	デンプンとタンパク質	胆汁
⓪	だ液せん	タンパク質と脂肪	すい液

(3) 次の表に示された物質が，図4の柔毛のどの部分に吸収されるか，正しい組み合わせを次の①～⑥から1つ選び，[12] にマークしなさい。

	ブドウ糖	アミノ酸	脂肪酸	モノグリセリド
①	毛細血管	毛細血管	リンパ管	リンパ管
②	毛細血管	リンパ管	毛細血管	リンパ管
③	リンパ管	毛細血管	毛細血管	リンパ管
④	毛細血管	リンパ管	リンパ管	毛細血管
⑤	リンパ管	毛細血管	リンパ管	毛細血管
⑥	リンパ管	リンパ管	毛細血管	毛細血管

(4) ご飯つぶを使って，図3のDから分泌される消化液のはたらきを調べるために，次の【実験手順】に示す内容の実験を行った。
次の【実験手順】の波線部の操作が何かと，実験後の試験管G，Hが何色になっているかの結果の組み合わせとして，正しいものをあとの①～⑧から1つ選び，[13] にマークしなさい。

【実験手順】

1．ご飯つぶを10つぶと水5㎤を乳鉢（にゅうばち）に入れてすりつぶし，2本の試験管G，Hに分けて入れた。

2．試験管G，Hは，図3のDから分泌される消化液を1㎤加えたあと，10分間37℃の湯につけた。

3．試験管Gは，ヨウ素液を少量加えて振り混ぜ，色の様子を観察した。
試験管Hは，ベネジクト液を少量加えて振り混ぜたあと，ある操作を行い，色の様子を観察した。

	ある操作	試験管G	試験管H
①	冷却	褐色	赤褐色
②	冷却	褐色	うすい青色
③	冷却	青紫色	赤褐色
④	冷却	青紫色	うすい青色
⑤	加熱	褐色	赤褐色
⑥	加熱	褐色	うすい青色
⑦	加熱	青紫色	赤褐色
⑧	加熱	青紫色	うすい青色

⑸　前のページの図3のFの特徴やはたらきとして正しくない文を次の①～⑥から1つ選び，14 にマークしなさい。

①Fは，Eで吸収された養分をつくり変えたり，たくわえたりする。
②Fは，様々な化学反応で熱を発生している。
③Fは，エタノールを分解している。
④Fは，消化液をつくり，たくわえている。
⑤Fは，アンモニアを尿素にしている。
⑥Fは，脳以外で人体で最も重い器官である。

⑹　植物は，動物とは異なり，基本的に消化を行わない。しかし，多くの植物にはDから分泌される消化液と同様の成分が含まれることがわかっている。この成分がはたらいている時を，次の①～④から1つ選び，15 にマークしなさい。

①植物が盛んに光合成をして，デンプンを合成するとき。
②植物が酸素を出し，二酸化炭素を吸収しているとき。
③葉から送られた栄養が，根や茎で再びデンプンに合成されるとき。
④葉にたまったデンプンを運びやすくするために分解するとき。

4　地震について，次の各問に答えなさい。マークシートは 16 ～ 22 にマークしなさい。

⑴　図1，2は，静岡県で発生したある地震についての地震計の記録です。図1は震源からの距離が110kmの愛知県新城市，図2は震源からの距離が270kmの奈良県奈良市の記録です。このとき，図中の記号を使って，新城市と奈良市における初期微動継続時間を表した式を，次のページの①～⑥から1つ選び，16 にマークしなさい。

図1
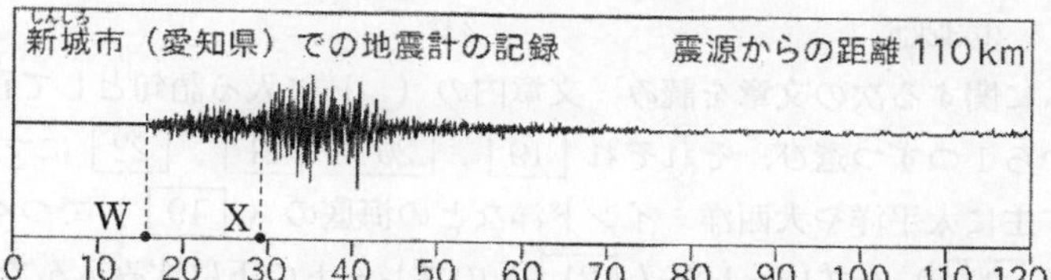

図2
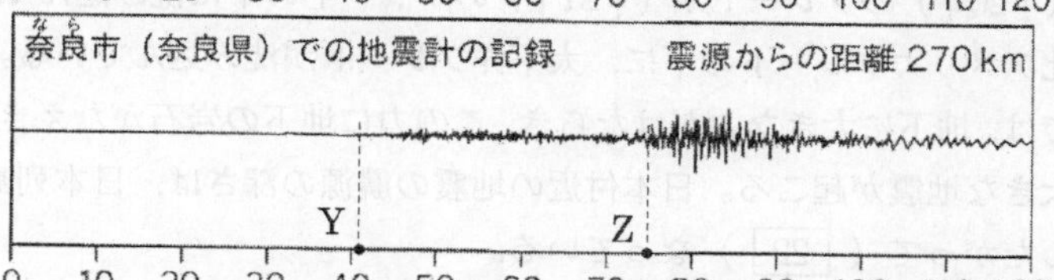

出典　大日本図書　新版理科の世界1より

	新城市の初期微動継続時間	奈良市の初期微動継続時間
①	110÷W－110÷X	270÷Y－270÷Z
②	W÷110＋X	Y÷270＋Z
③	W＋X	W＋X＋Y＋Z
④	Y－W	Y－X
⑤	X－W	Z－Y
⑥	110÷(X－W)	270÷(Z－Y)

(2) 次の表は(1)とは異なる，ある地震で発生したP波とS波がA～Cの各地点に到達した時刻を表したものである。

地点	震源からの距離	P波の到達時刻	S波の到達時刻
A	56km	5時47分57秒	5時48分05秒
B		5時48分03秒	5時48分17秒
C	133km	5時48分08秒	

この地震のS波の速さを，右の①～⑥から1つ選び，17 にマークしなさい。
ただし，P波とS波はそれぞれ一定の速さで伝わるものとする。

	S波
①	2.9 km/s
②	3.5 km/s
③	4.6 km/s

	S波
④	6.0 km/s
⑤	6.4 km/s
⑥	7.0 km/s

(3) 右の図3は，(2)の地震を計測した別のある地点の地震計の記録である。この地点の震源からの距離は何kmと考えられるか。下の①～⑨から1つ選び，18 にマークしなさい。ただし，図3の下の目盛りは一目盛りで2秒を表す。

①6km　④12km　⑦24km
②7km　⑤14km　⑧28km
③8km　⑥16km　⑨32km

図3

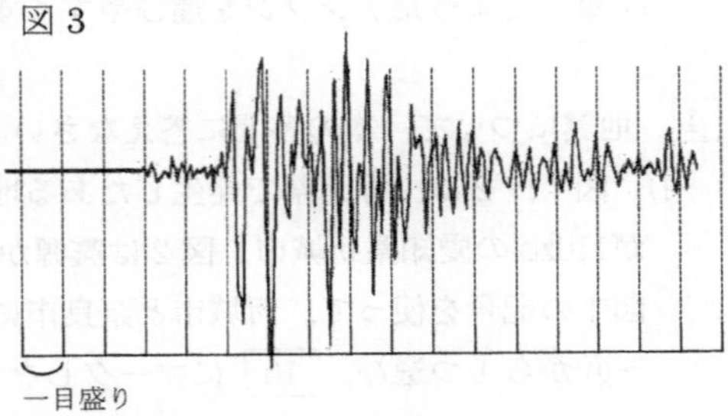

(4) 地震のメカニズムに関する次の文章を読み，文章内の（　）に入る語句として正しいものを下の【語群】①～⑧から1つずつ選び，それぞれ 19 ，20 ，21 ，22 にマークしなさい。

海のプレートは，主に太平洋や大西洋，インド洋などの海底の（ 19 ）でつくられる。日本列島付近では（ 20 ）のプレートが（ 21 ）のプレートの下に沈み込んでいる。例えば，関東地方以北では北アメリカプレートの下に，太平洋プレートが沈み込んでいる。

このような場所では，地下に大きな力がはたらき，この力に地下の岩石がたえきれなくなると，岩石が破壊されて大きな地震が起こる。日本付近の地震の震源の深さは，日本列島の太平洋側から大陸側にいくにしたがって（ 22 ）なっている。

【語群】

①海嶺（かいれい）　②海溝　③海　④陸　⑤高く　⑥低く　⑦浅く　⑧深く

マークシートに解答する問題は以上です。次からの問題は解答用紙に記入しなさい。

次の5～6の各問題を解きなさい。解答は解答用紙に記入しなさい。

5　気体の水への溶解度は，一般に温度が低いほど大きく，温度が高くなると小さくなる。また，温度が一定なら気体の溶解度は圧力に比例する。

(1)　気体の溶解度と圧力との関係を調べる為に次のような実験を行った。

【実験】　炭酸水の入ったビンを用意する。炭酸水は，圧力を加えて水に二酸化炭素を溶かし込んだものであり，ふたを開ける前のビン内部の圧力は４気圧であるとする。この状態からビンのふたを開けると泡が発生した。このとき，ふたを開けたことで泡が出てきた理由を，句読点を含めて50字程度で説明しなさい。ただし実験室は25℃，１気圧であるとする。

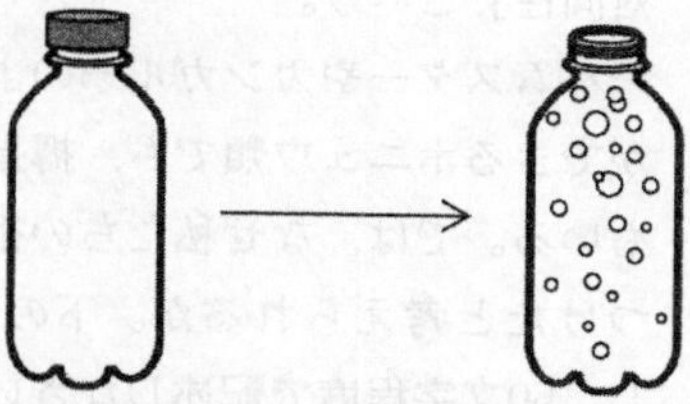

(2)　気体の溶解度は，血液中でも同様に圧力に比例する。地上ではその変化を感じる場面はあまりないが，水中ではその影響が顕著(けんちょ)に表れる場合がある。

地上の大気圧を１気圧とすると，水中では10mもぐると２気圧，20mもぐると３気圧，30mもぐると４気圧がかかり，このような圧力下では血液中への空気の溶解量が増加する。

長時間潜水(せんすい)するスキューバダイビングを行うときは，高圧の酸素ボンベをとりつけて水深に応じた圧力の空気を取り込んでいる。

水深が深い場所へダイビングする際，浮上するときにその速度が速すぎると関節痛・頭痛などさまざまな症状を引き起こす「減圧症（潜水病）」という症状を引き起こす場合がある。これを防ぐために，浮上する際はゆっくり時間をかけて周囲の圧力に体を慣らしながら浮上しなければならない。

この減圧症（潜水病）は，急浮上した場合に急激に圧力が低下することが原因で起こると考えられている。急激に圧力が低下するとなぜ減圧症になるのか説明しなさい。ただし，空気の成分は窒素と酸素で構成されているものとする。

6　以下の問いに答えなさい。

(1)　私たち人類はサルの仲間である。サルの仲間は，はるか昔に食虫類(しょくちゅうるい)というホニュウ類から進化したと言われている。サルの仲間に共通する特徴の１つに「ものをもつことができる。」というものがある。サルの仲間以外にも，前足（手）でものをもつことができるホニュウ類は，ネズミの仲間，カンガルーの仲間などがいる。

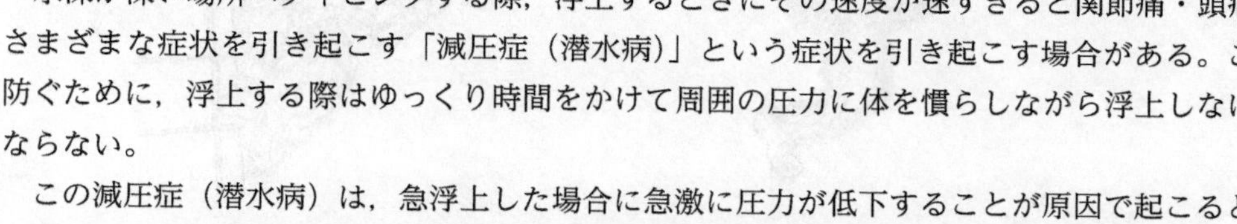

一方で，サルの仲間の前足（手）には，他のホニュウ類にはない特徴があり，それは右の写真のように「親指が他の４本の指と離れて，指先が向かい合う（対向する）」というものである。この特徴は「拇指（ぼし）対向性（たいこうせい）」という。

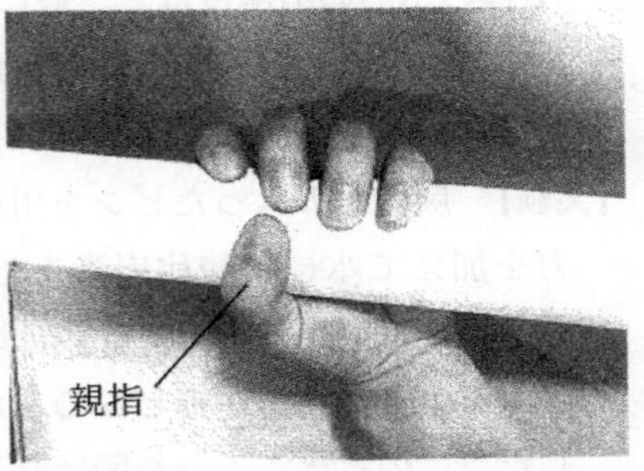

拇指対向性の例

ハムスターやカンガルーのように，ものをもつことができるホニュウ類でも，拇指対向性をもたない動物もいる。では，なぜ私たちの祖先は拇指対向性を身につけたと考えられるか。下のイラストを参考に推論し，50文字程度で記述しなさい。

枝にぶら下がるオランウータン

エサを食べるニホンザルの子ども

(2) 私たちには「平爪（ひらづめ）」という形の爪が生えており，これがサルの仲間の特徴の１つである。サルの仲間以外のホニュウ類の爪には「かぎ爪」や「蹄（ひづめ）」という形がある。下のイラストを参考に，平爪をもつ動物の得意な行動を考えて45文字以内で答えなさい。ただし，かぎ爪と蹄における例文を参考にして，同様の形式で答えなさい。

落ちているエサを拾い食べているところ

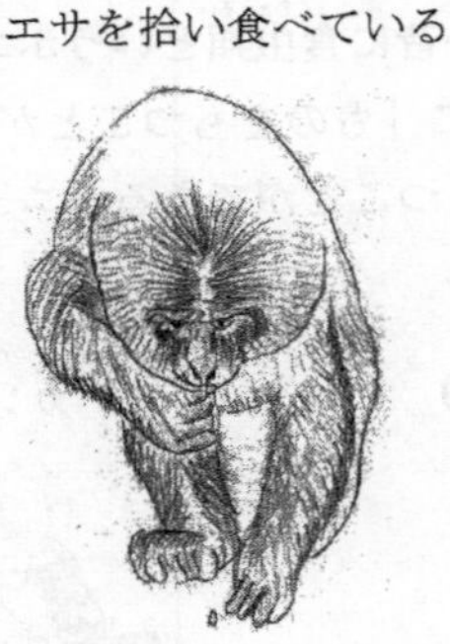

群れの仲間の毛づくろいをしているところ

（例１） ネコの仲間などはかぎ爪をもっており，地面を引っかき陸上での機動力を上昇させる。また鋭くとがっていることから捕食などの武器として使うこともできる。

（例２） 馬などが持つ蹄は，頑丈（がんじょう）なため長距離を移動することや大きな体を支えながら移動することに優れている。

【社　会】（45分）　＜満点：100点＞

【注意】 句読点や記号は字数の中にふくむこと。

【１】 次の新聞記事を読み，問いに答えなさい。

＜記事１＞

（　ａ　）の認定事業になった「世界ジオパーク」が日本に誕生して今年で10年を迎えた。地球の歴史を反映した様々な自然や地形を保全しながら，A)防災や教育，観光などで地域活性化に役立てる。

世界ジオパークは，（　ａ　）の支援を受けて欧州と中国が中心となり2004年に設立された。しかし日本が参加することで，世界ジオパークの幅が広がった。設立の中心になった欧州や中国は比較的安定した大陸に位置する。しかしB)日本は海洋プレートが沈みこむ場所にあり，地震や火山活動が活発だ。安定した大陸の文化だったジオパークに変動帯の文化を持ち込んだのだ。

（2019年６月３日日本経済新聞より一部抜粋，加筆）

問１　【マーク番号１】文中（ａ）について。諸国民の教育，科学，文化の協力と交流を通じて，国際平和と人類の福祉の促進を目的とした国際連合の専門機関は何か。下から１つ選び，番号で答えなさい。

①WTO　②WHO　③UNESCO　④UNCTAD

問２　【マーク番号２】文中下線部Ａ）に関し，災害の被害を減らすため「公助」「共助」「自助」の連携が必要と考えられている。「公助」「共助」「自助」について述べた次の文のうち，「公助」について述べたものをすべて選び，番号で答えなさい。

①近所の人々が話し合って，自主的に防災活動を手伝う。
②自衛隊がヘリコプターを使って被災者を救助する。
③市役所がホームページでハザードマップを公開する。
④通学中，災害にあったため，近くの公園に避難する。

問３　文中下線部Ｂ）に関する下の＜記事２＞を読み，問いに答えなさい。

＜記事２＞

（　ｂ　）で小規模噴火が発生し噴火警戒レベルが３（入山規制）に引き上げられたことを受け，麓（ふもと）の群馬，C)長野両県は八日，それぞれ対策会議を開き，同日朝の段階でけが人や建物への被害がないことを確認した。群馬県嬬恋（つまごい）村と長野原町で降灰が確認された。

（2019年８月８日中日新聞より一部抜粋）

⑴　【マーク番号３】上の＜記事２＞の（ｂ）に入る語句を，下から１つ選び，番号で答えなさい。

①浅間山　②阿蘇山　③桜島　④富士山

⑵　【マーク番号４】次のページの４つの雨温図は，鹿児島市，高松市，長野市，新潟市のいずれかである。文中下線部Ｃ）にある長野市の雨温図をあとから１つ選び，番号で答えなさい。

<雨温図>

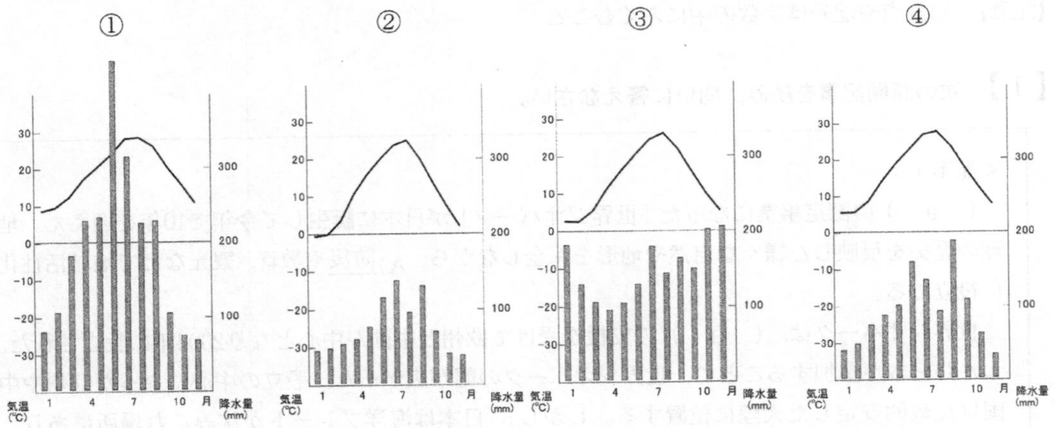

(3) 【マーク番号5】下の<グラフ>は，長野で栽培の盛んなレタスに関する東京中央卸売市場での県別入荷量である。長野県の出荷の特徴を読み取り，その理由を記した文として適切なものを下から1つ選び，番号で答えなさい。

<グラフ>

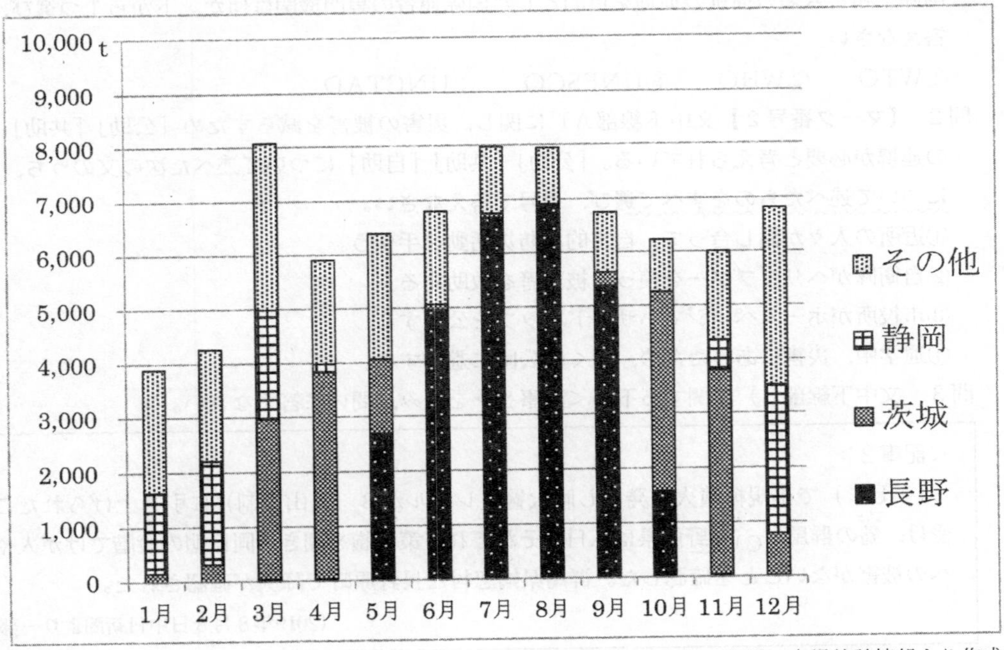

東京都中央卸売市場　市場統計情報より作成

①夏の温暖な気候を利用した促成栽培を行っているため。
②夏の温暖な気候を利用した抑制栽培を行っているため。
③夏の冷涼な気候を利用した促成栽培を行っているため。
④夏の冷涼な気候を利用した抑制栽培を行っているため。

【２】 次の新聞記事を読み，問いに答えなさい。

> ハンセン病元患者家族に対する補償法案の概要がまとまった。国の隔離政策の責任を認め救済に向けて一定の決着を見る。今後は，社会に残る差別や偏見の解消を確実に図る対策が急務だ。元患者家族は今回の補償内容で合意したとはいえ，これまで被った耐え難い人権侵害に比べれば，とても納得できるものではないだろう。それでも救済を前に進めるための決断に違いない。ハンセン病元患者本人を巡っては2001年，（　ａ　）が隔離政策を違憲と認め国に賠償を命じた。当時の小泉純一郎首相が（　ｂ　）を断念して謝罪した。その家族もいわれのない差別や偏見にさらされてきた。元患者と家族として歩む機会を奪われ，就学就職差別，結婚差別など深刻な被害に遭った。
>
> (2019年10月26日中日新聞より一部抜粋)

問１ 【マーク番号６】この記事の内容に関する＜説明文＞の空欄ア・イに入る語句の組み合わせを下から１つ選び，番号で答えなさい。

> ＜説明文＞ （　ア　）の一種である（　イ　）によって，国民の請求権が守られた。

①ア：刑事裁判　イ：行政裁判　　②ア：刑事裁判　イ：弾劾裁判
③ア：民事裁判　イ：行政裁判　　④ア：民事裁判　イ：弾劾裁判

問２ 【マーク番号７】上の記事の訴訟は，第一審で判決が確定した。このことを参考に，記事中の空欄ａ・ｂに当てはまる語句の組み合わせとして適切なものを下から１つ選び，番号で答えなさい。

①ａ：最高裁判所　ｂ：控訴　　②ａ：最高裁判所　ｂ：上告
③ａ：地方裁判所　ｂ：控訴　　④ａ：地方裁判所　ｂ：上告

【３】 次の新聞記事を読み，下線部ａ）の人物に関する説明として適切なものをあとから１つ選び，番号で答えなさい。

> ａ）<u>（　　）フランシスコ</u>は26日，原発はひとたび事故となれば重大な被害を引き起こすとして「完全に安全が保証されるまでは利用すべきではない」と明言した。（　　）庁（バチカン）は原発の是非について立場を明確にしておらず踏み込んだ発言。
>
> ～中略～
>
> 訪日を振り返り，24日の被爆地訪問は「深く胸に刻まれる体験だった」と表明。被爆者の体験を聞くなどしたことにより「とても強く心を動かされた」と語った。広島と長崎の「両方を訪れたかった」とし，自らの希望で両被爆地を訪問したことを明かした。
>
> 原発事故に関し，東京電力福島第１や1986年のチェルノブイリを例に挙げながら，いつでも起こり得ると指摘。「甚大な災害が発生しない保証はない」と強調した。
>
> （　　）は会見で核兵器にも言及。使用だけでなく保有についても「倫理に反する」と改めて非難し，世界で核保有が続けば偶発的な事故や政治指導者の愚行により「人類が滅びかねない」と警鐘を鳴らした。
>
> 欧州の国々が武器の製造，売却などによって経済発展しながら平和についての話し合いをしているのは「偽善だ」とも厳しく批判した。
>
> (2019年11月27日日本経済新聞より一部抜粋)

【マーク番号８】
①下線部ａ）の人物は，カトリックの最高指導者，アテネ大主教である。
②下線部ａ）の人物は，カトリックの最高指導者，ローマ教皇である。
③下線部ａ）の人物は，プロテスタントの最高指導者，アテネ大主教である。
④下線部ａ）の人物は，プロテスタントの最高指導者，ローマ教皇である。

【４】 椙山女学園高等学校の修学旅行では，長崎を訪れる。2019年に出された長崎平和宣言を読み，問いに答えなさい。

今，核兵器を巡る世界情勢はとても危険な状況です。核兵器は役に立つと平然と公言する風潮が再びはびこり始め，アメリカは小型でより使いやすい核兵器の開発を打ち出しました。ロシアは，新型核兵器の開発と配備を表明しました。そのうえ，a)冷戦時代の軍拡競争を終わらせた中距離核戦力（INF）全廃条約は否定され，戦略核兵器を削減する条約（新START）の継続も危機にひんしています。世界から核兵器をなくそうと積み重ねてきた人類の努力の成果が次々と壊され，核兵器が使われる危険性が高まっています。

核兵器がもたらす生き地獄を「繰り返してはならない」という被爆者の必死の思いが世界に届くことはないのでしょうか。

そうではありません。国連にも，多くの国の政府や自治体にも，何より被爆者をはじめとする市民社会にも，同じ思いを持ち，声を上げている人たちは大勢います。

そして，小さな声の集まりである市民社会の力は，これまでにも，世界を動かしてきました。1954年のb)＿＿＿＿を機に世界中に広がった反核運動は，やがて核実験の禁止条約を生み出しました。一昨年の核兵器禁止条約の成立にも市民社会の力が大きな役割を果たしました。私たち一人ひとりの力は，微力ではあっても，決して無力ではないのです。

世界の市民社会の皆さんに呼びかけます。

［ア］。戦争が何をもたらしたのかを知ることは，平和をつくる大切な第一歩です。

c)国を越えて人と人との間に信頼関係をつくり続けましょう。小さな信頼を積み重ねることは，国同士の不信感による戦争を防ぐ力にもなります。

人の痛みがわかることの大切さを子どもたちに伝え続けましょう。それは子どもたちの心に平和の種を植えることになります。

平和のためにできることはたくさんあります。あきらめずに，そして無関心にならずに，地道に「平和の文化」を育て続けましょう。そして，核兵器はいらない，と声を上げましょう。それは，小さな私たち一人ひとりにできる大きな役割だと思います。

すべての国のリーダーの皆さん。被爆地を訪れ，原子雲の下で何が起こったのかを見て，聴いて，感じてください。そして，核兵器がいかに非人道的な兵器なのか，心に焼き付けてください。

核保有国のリーダーの皆さん。d)核拡散防止条約は，来年，成立からちょうど50年を迎えます。核兵器をなくすことを約束し，その義務を負ったこの条約の意味を，すべての核保有国はもう一度思い出すべきです。特にアメリカとロシアには，核超大国の責任として，核兵器を大幅に削減する具体的道筋を，世界に示すことを求めます。

日本政府に訴えます。日本は今，核兵器禁止条約に背を向けています。唯一の戦争被爆国の責任として，一刻も早くe）核兵器禁止条約に署名，批准してください。そのためにも朝鮮半島非核化の動きを捉え，「核の傘」ではなく，「非核の傘」となる北東アジア非核兵器地帯の検討を始めてください。そして何よりもf）「戦争をしない」という決意を込めた日本国憲法の平和の理念と，それを世界に広げるリーダーシップを発揮することを求めます。 (2019年長崎平和宣言より一部抜粋)

問１　【マーク番号９】下線部ａ）の条約が結ばれた年に近い出来事を下から１つ選び，番号で答えなさい。

①サンフランシスコ平和条約が結ばれた。　②ニューディール政策が行われた。
③ベルリンの壁が崩壊した。　④ポツダム宣言を受け入れた。

問２　【マーク番号10】下線部ｂ）に当てはまる出来事を下から１つ選び，番号で答えなさい。

①第４次中東戦争によるオイルショック　②朝鮮戦争による特需
③ビキニ環礁での水爆実験　④広島・長崎への原爆投下

問３　【マーク番号11】下線部ｃ）に当てはまる活動や国際関係として無関係なものを下から１つ選び，番号で答えなさい。

①EU　②PKO　③GDP　④ASEAN

問４　【マーク番号12】下線部ｄ）の条約は，「核兵器国(※)」以外の国への核兵器拡散を防止することを目的にしており，この「核兵器国」は国連安全保障理事会の常任理事国と一致している。下の語群より，核兵器国ではない国を２つ選び，番号で答えなさい。

(※)核兵器国：核拡散防止条約において，1967年１月１日以前に核兵器その他の核爆発装置を製造し，かつ爆発させた５カ国のことをさす言葉。

①イギリス　②インド　③中国　④ドイツ

問５　【マーク番号13】下線部ｅ）についての説明として正しいものを下から１つ選び，番号で答えなさい。

①行政を担当する国会が署名し，立法を担当する内閣が批准する。
②行政を担当する内閣が署名し，立法を担当する国会が批准する。
③立法を担当する国会が署名し，行政を担当する内閣が批准する。
④立法を担当する内閣が署名し，行政を担当する国会が批准する。

問６　【マーク番号14】下線部ｆ）は，憲法第何条に関係が深いか。正しいものを下から１つ選び，番号で答えなさい。

①１条　②９条　③14条　④25条

問７　［ア］には，あなたにも実践できる事柄が世界の人々に呼びかける形式で述べられています。下記の＜条件＞に当てはまる文をあなたなりに考えて15～30字で答えなさい。

＜条件＞
・下線部ｃ）と同じ「～しましょう」など呼びかける形式の一文で述べること ・中学生でも実践できる事柄であること ・宣言文の他の場所で述べられていることとは違う内容の文であること ・すぐ後ろの文とのつながりが明確な文であること

【5】椙山女学園高等学校では，高校3年生の校外学習としてクラスごとに京都や奈良を訪れる。下のコース一覧を見て，問いに答えなさい。

コース	主な見学地
嵐山	大覚寺・A）祇王寺（ぎおうじ）・化野念仏寺など
宇治・伏見	B）宇治平等院鳳凰堂・伏見稲荷など
二条城	東寺・C）二条城・神泉苑など
龍安寺	仁和寺・龍安寺・D）慈照寺（金閣）など
法隆寺	E）法隆寺・興福寺など
東大寺	奈良国立博物館・F）東大寺など

問1　【マーク番号15】下線部A）は，ある人物に関係の深い寺である。ある人物について書かれた以下の文を参考に，ある人物として適切な人物を下からひとり選び，番号で答えなさい。

・藤原氏と同じように娘を天皇のきさきとし，生まれた子どもを天皇にたてた。
・太政大臣となり，一族を朝廷の高い役職や国司につけた。

①源頼朝　②豊臣秀吉　③平清盛　④北条時宗

問2　【マーク番号16】下線部B）を建立した藤原頼通の頃の事柄について述べた文を下から1つ選び，番号で答えなさい。

①新しい仏教として，道元が座禅によってさとりを開く禅宗を伝えた。
②観阿弥と世阿弥によって能が完成し，高度に洗練されたものになった。
③国風文化が花開き，かな文字による源氏物語などの作品が生まれた。
④千利休により，質素と静かさを重んじるわび茶が大成された。

問3　【マーク番号17】【マーク番号18】下線部C）は，大政奉還が行われた場所である。大政奉還が行われた頃に起こった出来事①～④を年代の古い順に並べ替えた時，**2番目と4番目に当たる出来事**を選び，番号で答えなさい。

2番目：【マーク番号17】／4番目：【マーク番号18】

①王政復古の大号令　②薩長同盟　③日米和親条約　④廃藩置県

問4　【マーク番号19】下線部D）を建てた人物を補佐する役職を下から1つ選び，番号で答えなさい。

①管領　②郡司　③執権　④老中

問5　【マーク番号20】下線部E）を建てた人物に最も関係の深い史料を下から1つ選び，番号で答えなさい。

① 所領を質に入れて流したり，売買したりすることは，御家人たちが落ちぶれるもとであるので，今後はいっさいやめよ。

② 倭国王が使者を遣わして朝貢してきた。その手紙のなかには「太陽の昇るところの天子が，太陽の沈むところの天子に手紙を送ります」と書かれていた。皇帝はこれを見て不快

に思い，「今後，野蛮な国からの手紙で無礼なものがあれば，二度と私にとりつぐな」と語った。

③　一　諸国の守護の仕事は，御家人の京都を守る義務を指揮・催促すること，謀叛（むほん）や殺人などの犯罪人をとりしまることである。
　　一　地頭は荘園の年貢をさしおさえてはいけない。

④　倭人の国は多くの国に分かれている。そのなかで最も強い国は，30ほどの小国を従えて，女王の卑弥呼がおさめている。

問６　【マーク番号21】下線部Ｆ）が建立された時代と同じ頃の出来事を，下から１つ選び番号で答えなさい。

①農地を増やすために開墾が奨励され，私有地を持つことが許された。
②太政官制を廃止して，内閣制度を創設した。
③朝廷を監視するために，六波羅探題をおいた。
④上皇が実権を握り，政治を行った。

【６】　椙山女学園高等学校の海外語学研修では，オーストラリア（ブリスベン）・カナダ（トロント）・台湾などを訪れる。この地域に関する問いに答えなさい。

問１　下の表中①～③は，語学研修に訪れるオーストラリア・カナダ・台湾から，日本が輸入している金額と主な品目を示したものである。オーストラリアと台湾のデータに当てはまるものをそれぞれ１つ選び，番号で答えなさい。

	日本の輸入額	日本が輸入している品目
①	4兆3650億円	石炭（36.7%）、液化天然ガス（27.9%）、鉄鉱石（12.8%）、牛肉（4.0%）、銅鉱（2.7%）
②	2兆8478億円	集積回路（38.5%）、一般機械（7.8%）、プラスチック（3.9%）、鉄鋼（3.0%）
③	1兆2262億円	石炭（13.8%）、なたね（10.0%）、豚肉（9.3%）、銅鉱（6.9%）、製材（6.4%）

『データブック　オブ・ザ・ワールド　2019』二宮書店　より

⑴　【マーク番号22】オーストラリア
⑵　【マーク番号23】台湾

問２　オーストラリア・カナダ・台湾の場所を，下の＜記入方法＞を参考に，解答欄の地図中に書き込みなさい。

＜記入方法＞
その国の内側に国名を記入できる場合は，そのまま記入しなさい。
その国の内側に国名を記入できない場合は，他国に重ならないよう〇をつけ，
矢印で国名を示しなさい。
　　＜記入例＞　〇←日本

【７】 椙山女学園高等学校で３年に１度行われる社会科研修では，ドイツ（ベルリン）・ポーランド（クラクフ）・オーストリア（ウィーン）を訪れる。次の文章を読み，問いに答えなさい。

2019年12月，椙山女学園高校の52人の生徒が，ヨーロッパ社会科研修に参加しました。最初の目的地であるドイツの首都ベルリンでは，a)冷戦の象徴であるベルリンの壁をはじめ，様々な資料館を見学し，次の目的地であるb)ポーランドでは，c)アウシュビッツ強制収容所の跡地や，第二次世界大戦でポーランドが隣国であるドイツとソ連とに分割された時に起こった「カティンの森事件」に関する慰霊碑を見学しました。

最終目的地となるd)オーストリアの首都ウィーンでは，昨年愛知県でも展覧会が行われていたクリムトの絵を鑑賞したり，市内で一日自由行動を行い，見聞を広めました。

問１　**【マーク番号24】** 下線部ａ）についての＜説明文＞に当てはまる語句の組み合わせとして正しいものを下から１つ選び，番号で答えなさい。

＜説明文＞
冷戦とは，（　あ　）主義諸国の盟主であるソ連をはじめとする（　い　）側陣営と（　う　）主義諸国の盟主であるアメリカをはじめとする（　え　）側陣営とが激しく対立した状況を表した言葉である。

①あ：資本　い：東　う：社会　え：西
②あ：資本　い：西　う：社会　え：東
③あ：社会　い：東　う：資本　え：西
④あ：社会　い：西　う：資本　え：東

問２　**【マーク番号25】** 下線部ｂ）・下線部ｄ）の国に関して述べた＜説明文＞に当てはまる語句の組み合わせとして正しいものを下から１つ選び，番号で答えなさい。

＜説明文＞　第一次世界大戦は，（　あ　）ことをきっかけにはじまり，第二次界大戦は（　い　）ことをきっかけにはじまった。

①あ：ドイツ軍がポーランドへ侵攻した　　い：オーストリア皇太子夫妻が暗殺された
②あ：ドイツ軍がオーストリアへ侵攻した　　い：ポーランド皇太子夫妻が暗殺された
③あ：オーストリア皇太子夫妻が暗殺された　い：ドイツ軍がポーランドへ侵攻した
④あ：ポーランド皇太子夫妻が暗殺された　　い：ドイツ軍がオーストリアへ侵攻した

問３　**【マーク番号26】** 下線部ｂ）のポーランドの位置として適切なものを次のページの地図から１つ選び，番号で答えなさい。

問４　**【マーク番号27】** 下線部ｃ）のアウシュビッツ強制収容所で最も多くの犠牲者を出した民族がヨーロッパを逃れて建国した国を次のページの地図から１つ選び，番号で答えなさい。

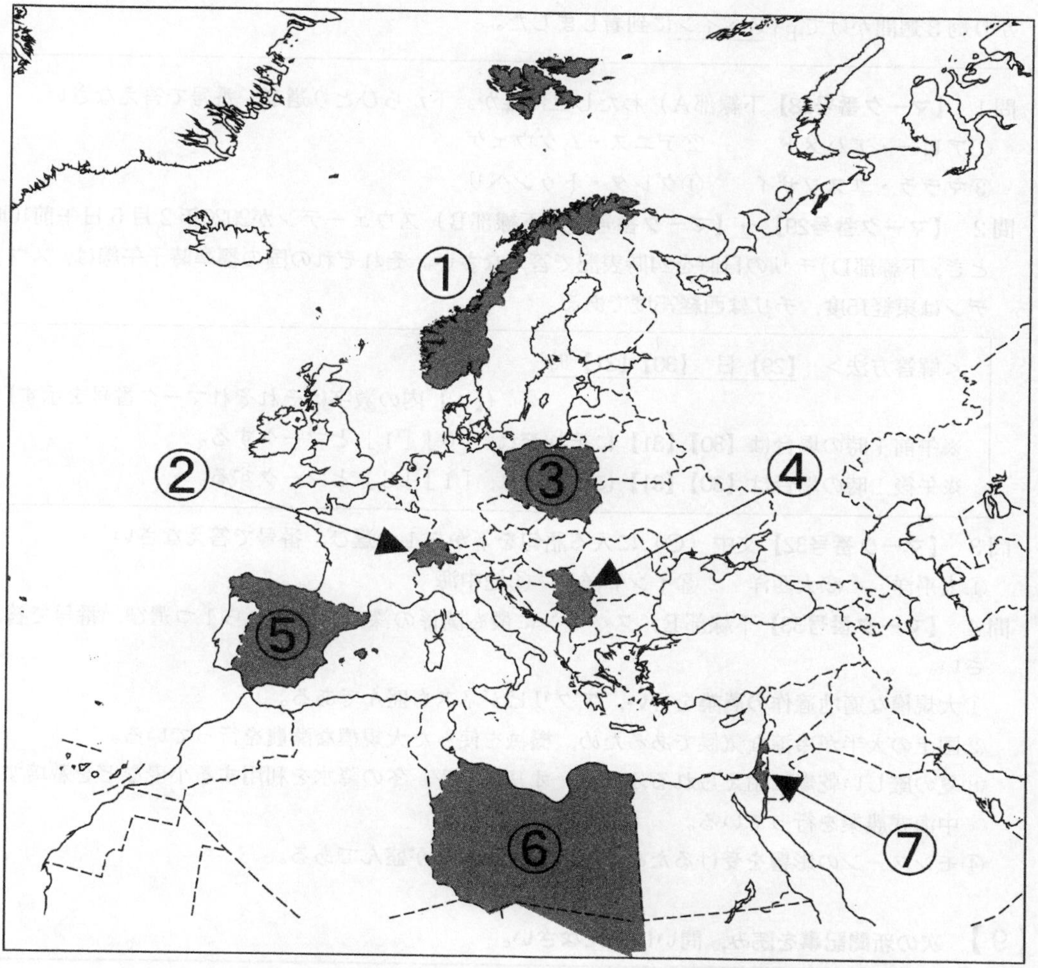

※②④⑦の国は地図中の濃く塗られた部分です。

【8】 次の文章を読み，問いに答えなさい。

A)わたしは，B)スウェーデンの環境活動家です。地球温暖化防止を求めて一人で「学校ストライキ」を始めました。さまざまな国際会議で気候変動に対して行動を起こそうとしない世界のリーダーに対し「私たちを失望させる選択をすれば，決して許さない」と温暖化対策の即時実行を訴え，世界の注目を浴びました。こうして世界的な若者の運動の中心となったことなどから，米誌タイムの「パーソン・オブ・ザ・イヤー（今年の人）」にも，最年少で選ばれました。

わたしは，大量の温室効果ガスを排出する飛行機ではなく，ヨットや電車，電気自動車を利用して移動しています。2019年９月の国連気候行動サミットに出席するために，ヨットでイギリス南部から約２週間かけて（　C　）を横断しアメリカのニューヨークに到着しました。そしてカナダなどを回った後，D)チリで開催予定だった第25回国連気候変動枠組み条約締約会議（COP25）に参加するためアメリカ西部へ移動していました。しかし反政府デモの激化を受けて急きょ開催地が変更されたので，「違う方向へ地球を半周」してしまいました。支援を募ったところ，支援者が見つかり約３週間かけてE)スペインに到着しました。

問１　【マーク番号28】下線部Ａ）わたしとは誰か。下からひとり選び，番号で答えなさい。

①アビー・アハメド　②デニス・ムクウェゲ
③マララ・ユスフザイ　④グレタ・トゥンベリ

問２　【マーク番号29】～【マーク番号31】下線部Ｂ）スウェーデンが2020年２月５日午前10時のとき，下線部Ｄ)チリの日時を24時表記で答えなさい。それぞれの国の標準時子午線は，スウェーデンは東経15度，チリは西経75度である。

＜解答方法＞　【29】日　【30】【31】時

（【　】内の数字はそれぞれマーク番号を示す）

※午前１時の場合は【30】【31】にそれぞれ，「０」「１」とマークする。
※午後１時の場合は【30】【31】にそれぞれ，「１」「３」とマークする。

問３　【マーク番号32】文中（Ｃ）に入る語句を下から１つ選び，番号で答えなさい。

①太平洋　②大西洋　③インド洋　④地中海

問４　【マーク番号33】下線部Ｅ）スペインに最も関係の深い文を下から１つ選び，番号で答えなさい。

①大規模な適地適作の農業を行い，アグリビジネスも盛んである。
②国土の大半が冷涼な気候であるため，機械を使った大規模な酪農を行っている。
③夏の厳しい乾燥に耐えられるぶどう，オリーブや，冬の降水を利用する小麦などを栽培する地中海式農業を行っている。
④モンスーンの影響を受けるため，ジュートの栽培が盛んである。

【９】　次の新聞記事を読み，問いに答えなさい。

６月末に大阪でG20サミットが開かれた。その直前に，都内に87カ国の女性政治家が集まった。国際会議「女性政治指導者サミット」だ。「すべての政策に女性の視点を入れる必要性を認識し，政治での男女の機会均等を促進する」と盛り込んだ宣言をまとめた。しかし20ヶ国・地域の首脳級に加え，招待国や国際機関のトップなど38人の世界のリーダーが集合したが，そのうち女性は３人のみ。集合写真は世界の政界の（　Ａ　）ギャップの現状を如実に表していた。

日本は同サミットのホスト国だったが世界的に見ると女性の政治参画は遅れている。内閣府は17年，全国の女性地方議員4170人にアンケートを実施した。女性地方議員が少ない理由を複数回答で聞くと，「議員活動と家庭生活（子育てや介護等）との両立が難しい」が78.6％でトップだった。「家族や周囲の理解を得づらい」(73.4％)，「政治は男性が行うものという固定的な考え方が強い」（59.1％）も多かった。「男性は仕事，女性は家事・育児」など性別で役割を分ける考え方を「性別役割分業」という。こうした社会の空気が壁だと感じる女性議員は多いようだ。

日本では７月21日に「政治分野における男女共同参画推進法」施行後初の国会議員選挙が行われた。その結果，当選者に占める女性の割合は，（　Ｂ　）％であった。

（2019年７月３日中日新聞，2019年７月15日日本経済新聞の記事を参考に文章を再構成）

問１　（Ａ）について答えなさい。

⑴　（Ａ）には社会的性差を示す英語が当てはまる。これを何というかカタカナで答えなさい。

⑵　職場で足に大きな負担がかかるパンプスやハイヒールを女性にのみ義務づけることは性差別だとし，強制をやめるよう求める「＃ Ku Too」運動が広がっている。これはセクハラ被害を訴えたツイッター上の表記にちなみ，名付けたものであるが，このセクハラ被害をやめるよう求めた運動を何というか。「＃(　X　)too」の（　X　）に入る語句をアルファベットで答えなさい。

問２　**【マーク番号34】** 文中（Ｂ）に入る数字を，下から１つ選び番号で答えなさい。

①9.8　　②22.6　　③40.3　　④47.2

【10】　次の文章は，史上初めて産休（産前・産後の休業）をとったニュージーランドのアーダーン首相へのインタビューである。これを読み，問いに答えなさい。

Ｑ　日本にもいまだかつてない数の外国人労働者がいます。しかし，マイノリティーに対する憎悪や差別がまだあります。日本は多様性や外国人を受け入れることに苦闘しています。日本がａ)より多様性のある多文化社会になるためには何が必要だと思われますか？

Ａ　人々の心の中には，ニュージーランド人としての中心的な価値観となっているものがあると思います。私たちは，本質的には思いやりと共感力を持った人々だと私は信じています。私たちには多様性のある社会を作り上げてきた長い歴史があります。それでも私たちは完璧ではありません。私たちは，決して完璧ではありません。人種差別もあり，差別主義もあり，いじめの問題もあります。しかし，多様性のある国として団結する機会があればあるほど，あらゆる違いをこえて，たたえることもたくさんあり，全員に共通するものもあるということに，気付くことができると分かりました。多様性はとても美しいものです。ニュージーランドにとっては，私たちが何者なのかということを強く感じさせてくれるものです。ｂ)不寛容になることなく，違いをたたえることを可能にしてくれます。ですから，私たちも学んでいるところです。私たちは，完璧ではありません。しかし，コミュニティーどうしが団結できればできるほど，子どもたちに多様な環境で学ぶ機会を与えてあげることができ，結束力のある社会を作り上げるのです。

（2019年９月26日 NHK NEWS WEBより一部抜粋）

問１　**【マーク番号35】** 日本の場合，産休を取得する権利は労働基準法第65条で認められている。この権利と最も関係の深いものを下から１つ選び，番号で答えなさい。

①参政権　　②社会権　　③自由権　　④平等権

問２　**【マーク番号36】** ニュージーランドが属する州名を下から１つ選び，番号で答えなさい。

①アフリカ州　　②オセアニア州　　③北アメリカ州　　④南アメリカ州

問３　文章中の下線部ａ)・ｂ)をあなたの学校で実践しようとした場合，**学校の制度（あり方・しくみ）**がどのようなものでなければならないか，次のページの＜書式＞に従って具体的に述べなさい。

<書式>

（改善したいこと）を可能にするために（学校の制度に関する具体的提案）。

↑

（改善したいこと）の部分には、下線部a）・b）にある語句を使用しないこと

【11】　下記の<式辞>は，令和元年度全国戦没者追悼式における首相式辞の一部抜粋であり，文中下線部にある「戦争」には，太平洋戦争も含まれている。

太平洋戦争のような戦争を二度と繰り返さないため，太平洋戦争にいたるまでの約10年間と向き合い，「太平洋戦争開戦を決断した日本」に対するあなたの考えを，下の<まとめの書式>に従って述べなさい。

<式辞>

戦後，我が国は，平和を重んじる国として，ただ，ひたすらに歩んでまいりました。世界をより良い場とするため，力を尽くしてまいりました。

戦争の惨禍を，二度と繰り返さない。歴史と謙虚に向き合い，どのような世にあっても，この決然たる誓いを貫いてまいります。争いの温床となる様々な課題に真摯に取り組み，万人が心豊かに暮らせる世の中を実現する，そのことに，不断の努力を重ねてまいります。今を生きる世代，明日を生きる世代のために，国の未来を切り拓いてまいります。

（平成30年８月15日　令和元年度全国戦没者追悼式総理大臣式辞より一部抜粋）

<まとめの書式>

「太平洋戦争開戦を決断した日本」に対する私の考え

○私の意見

［A］　下の<年表>から出来事を１つ選ぶ。年号は記入しなくてよい。　は、

［B］　［A］が当時の日本にどのような悪影響を与え、戦争を引き起こしたのか説明する。

という悪影響を日本にもたらした。

○私の結論

当時の日本は［　B　］の悪影響を防ぐため、

［C］　当時の日本のどういう点を反省すべきか、あなたの考えを10～20字で述べる。

べきだった。

＜年表＞

1931 年　満州事変
1932 年　五・一五事件
1933 年　国際連盟を脱退
1934 年　ワシントン海軍軍縮条約を破棄
1936 年　二・二六事件
1938 年　国家総動員法公布
1940 年　日独伊三国同盟締結
　　　　　大政翼賛会の結成

＜記入時の注意＞

- **[A・B・C]**には、それぞれ**同じ内容の言葉を使わない**で答えること。

（不正解の例）

［A］［自動車生産量の増加］　は、
［B］［二酸化炭素の排出量が増加する］　という悪影響を日本にもたらした。
［C］［温暖化の原因物質を出さないようにする］　べきだった。

※［B］の「二酸化炭素」と［C］の「温暖化の原因物質」は同じ内容の言葉なので不正解となる。

ウ　我のみや　夜船は漕ぐと　思へれば
　　沖辺（へ）の方に（沖の方に）　楫（かぢ）の音すなり（舟をこぐ音がするようだ）

問一　『万葉集』が成立した時代と同じ時代に成立した書物を次の中から一つ選び、番号をマークしなさい。【マーク番号25】

①竹取物語　②枕草子　③古事記　④奥の細道　⑤平家物語

問二　遣新羅使とあるが、「新羅」があった場所を次の中から一つ選び、番号をマークしなさい。【マーク番号26】

①沖縄　②台湾　③ベトナム　④朝鮮　⑤樺太（からふと）（サハリン）

問三　遣新羅使の一行が旅の途中に寄った「長門」の国（長州とも言います）は今の何県か。次の中から一つ選び、番号をマークしなさい。【マーク番号27】

①石川県　②山口県　③高知県　④福岡県　⑤鹿児島県

問四　――A「光を清み」の現代語訳としてふさわしいものを次の中から一つ選び、番号をマークしなさい。【マーク番号28】

①光を清めて　②清楚（そ）な光が
③光にさそわれて　④光が澄んでいるので
⑤清らかな光の方をめざして

問五　――B「山の端（は）」の意味としてふさわしいものを次の中から一つ選び、番号をマークしなさい。【マーク番号29】

①山の稜（りょう）線　②山の上空　③山の深奥（しんおう）
④山の麓（ふもと）　⑤山の中腹

問六　ア・イ・ウの歌にこめられた思いとしてふさわしいものを次の中から一つずつ選び、番号をマークしなさい。

【マーク番号ア…30　イ…31　ウ…32】

①苦労して新羅に行く船団を妨げるように漁をする漁船に対し、やむをえないにしても少し迷惑に思う心情。
②月光も漁火（いさりび）もなくなり、暗闇（やみ）の海をゆくのは心細いが、わずかに聞こえる沖の船の音に慰められる気持ち。
③海の近くに山があり、月も美しい長門の国の情景を想像したときに覚える、うっとりとした感動。
④美しい月の光がさす長門の入り江を漕いでいく船の様子が心に残り、それを短歌で表現しようとする思い。
⑤時間の経過とともにあたりは暗くなっていくが、沖の方にちらちら見える光の風情に惹（ひ）かれていく心。
⑥夕なぎの海を照らす月の光が山の端に隠れてしまうことを惜しみ、火をともして慰めようとする気持ち。
⑦自分だけが夜の海で船を漕いでいるので、遭難しても誰も助けてくれないだろう、と予測して覚える恐怖。

問七　『万葉集』の時代は、ひらがなやカタカナがまだない時代で、漢字の発音を利用した「万葉仮名」が用いられていた。次に示した万葉仮名の表記にあたる部分を後の選択肢から一つずつ選び、番号をマークしなさい。

「於伎敝能可多尓」　【マーク番号33】
「安麻能等毛之備」　【マーク番号34】

①光を清み　②水手の声呼び　③浦廻漕ぐかも
④月傾けば　⑤海人のともしび　⑥沖になづさふ
⑦夜船は漕ぐと　⑧沖辺の方に　⑨楫の音すなり

ことにはどのような効果があると述べているか。最もふさわしいものを次の中から一つ選び、番号をマークしなさい。【マーク番号20】

①自分が無意識のうちに心の中で感じ取っていることを改めて知る効果。
②自分の心の中の思いを直接的に相手へ伝えられたと確信する効果。
③自分のことをどう思っているかという他人の心が伝わってしまう効果。
④自分が心の中にしまいこんでいたことを相手と共有できたと感じる効果。
⑤自分が常日頃社会について考えていることを世の中に広く発信する効果。

(2) あなたは何かを「書くこと」によって、どのような効果が得られると考えますか。具体的なあなた自身の経験をふまえて、八十字以上百字以内で書きなさい。【記述式解答用紙に記入】

三 次の問いに答えなさい。

問一 次の（1）～（4）の――部のカタカナを漢字で書きなさい。【記述式解答用紙に記入】

（1）ヘイコウ感覚を養う。
（2）一刻のユウヨもありません。
（3）ライヒンの祝辞を聴きました。
（4）子どもの権利条約は1989年国連総会でサイタクされました。

問二 次のA～Dの文中にある――部の外来語の意味を、後の選択肢から一つずつ選び、番号をマークしなさい。

A その小説の主人公が置かれた境遇にシンパシーを覚えました。【マーク番号21】
B 伝えるためのメディアは、双方向性のものが近年増えている。【マーク番号22】
C 学校としてコンプライアンスできているのかが問われている。【マーク番号23】
D コンピューターに関するリテラシーを磨いて将来に備えたい。【マーク番号24】

①隠喩（ゆ）。　②学術研究報告書。
③媒体。手段。　④同情。共感。共鳴。
⑤法令や倫理の遵守。　⑥要約。要約の印刷物。
⑦ある分野の知識、能力。

四 次の三首は、遣新羅使（しらぎ）が新羅に向かう途中で詠んだ歌で、『万葉集』巻十五に収録されている。読んで、後の問いに答えなさい。

長門（ながと）の浦より船出する夜、月光を仰ぎ観て作る歌三首

ア 月（つく）よみの（お月様の）　A光を清み　夕なぎに　水手（かこ）の声呼び（水夫が声を掛け合い）　浦廻（うらみ）漕ぐかも（入り江沿いに）

イ B山の端に　月傾けば　漁（いざ）りする（魚をとる）　海人（あま）（漁師）のともしび　沖になづさふ（漂う）

④人の心の中の「種」を上手に取り出し植え替えることで、他の人の心の中に言葉の「葉」を茂らせることができるということ。
⑤人の心の奥底に他人が「種」をまくことで、その人にはなかった発想で言葉の「葉」を茂らせ和歌をつくりだせるということ。

問五 ――D「歌を詠まずとも、歌を読むことで人は、自らのうちに歌人（詩人）が生きていることに気が付くはずだと貫之は考えていた」とあるが、なぜ貫之はそのように考えていたのか。最もふさわしいものを次の中から一つ選び、番号をマークしなさい。【マーク番号16】
①歌の作り方をまったく知らなかったとしても、生きているものは皆無条件で歌人であるべきと考えていたから。
②歌のことはわからずとも、絵や音楽を鑑賞してさえいれば、自分の中の芸術性に気付くはずだと感じていたから。
③歌の鑑賞方法をきちんと学ばなくても、多くの歌に触れてさえいれば良さが分かってくると考えていたから。
④誰かの歌に感動するということは、その歌の良さに気付く感性を持っているということだと感じていたから。
⑤生きとし生けるものすべてが歌人なのだとしたら、人間が最上級の歌人でなくてはおかしいと信じていたから。

問六 空欄（E）に当てはまる語句として、最もふさわしいものを次の中から一つ選び、番号をマークしなさい。【マーク番号17】
①どれがじょうずに歌を詠めるのだろうか
②どこで歌を詠んでいるのかはわからない
③すべてが歌を詠んでいるように感じられる
④どのような時にも歌を詠んでいないようだ
⑤すべてのものが歌を詠むわけではない

問七 ――F「世界は言語を超えたもう一つの『コトバ』で満ちている」とあるが、ここで使われている「コトバ」に当てはまらないものを次の中から一つ選び、番号をマークしなさい。【マーク番号18】
①草原のライオンが勇猛に吠える声
②大げさに表現する人間のジェスチャー
③草むらで響きあうコオロギの音色
④山のねぐらへ帰っていくカラスの声
⑤田園を走る機関車が鳴らすとどろき

問八 ――G「沈黙もまた、豊かな意味をもった非言語的なコトバです」とはどのようなことか。その例として最もふさわしいものを次の中から一つ選び、番号をマークしなさい。【マーク番号19】
①何かに集中していて無意識に黙っていることで、相手に不信感を抱かせてしまうことがあるということ。
②作家が一切の活動をやめて静かにしていることで、読者に次回作品をより期待させるということ。
③相手から一方的に言われてしまうことで、反論したいのに言葉が出てこない状況になること。
④自分からは何も言わないことで、相手の言葉にたくさん耳を傾けることができるということ。
⑤あることをあえて言わないことで、よりいっそう強く相手の胸に思いを届けることがあるということ。

問九 本文の内容について、次の問いに答えなさい。
(1) 筆者はこの文章で「詩」を書くことをすすめているが、詩を書くここでの「かはづの声」も単に、生物としての蛙の鳴き声を指すだけではありません。そこには目に見えない、人間が用いる言語にならない何かがある。人間には語られているすべてを理解することはできないが、F世界は言語を超えたもう一つの「コトバ」で満ちている。そしてそれらはすべて歌（詩）に変貌する可能性を有しているというのです。「コトバ」、それは言語の姿をしていない、もう一つの見えない「言葉」です。この一語を自身の哲学の中核に据えたのが、先にふれた※井筒俊彦です。

彼がいう「コトバ」は、非言語的な意味の顕われです。井筒は、沈黙も巨大なエネルギーをたたえたコトバだと考えました。貫之も、世界には人間が言葉で詠う歌と、万物がコトバによって語るもう一つの「歌」があるというのです。

日常生活で私たちは、さまざまなところでコトバにふれています。身ぶり、手ぶり、行動、祈り、あるいはG沈黙もまた、豊かな意味をもった非言語的なコトバです。（若松英輔『詩と出会う 詩と生きる』による）

（注）※「編纂」：多くの材料を集め、またはそれに手を加えて書物の内容をまとめること。

※「井筒俊彦」：哲学者（一九一四～九三）。『意識と本質』において「ながむ」とは「彼方の世界を感じようとすること」だと述べている。

問一 空欄（a）～（c）に当てはまる語の組み合わせとして最もふさわしいものを次の中から一つ選び、番号をマークしなさい。【マーク番号12】

①a 詠む b 読む c 誦む
②a 詠む b 誦む c 読む
③a 読む b 誦む c 詠む
④a 読む b 詠む c 誦む
⑤a 誦む b 読む c 詠む
⑥a 誦む b 詠む c 読む

問二 ――A「優劣」と同じ構成の熟語を次の中から一つ選び、番号をマークしなさい。【マーク番号13】

①撮影 ②幼稚 ③賢者 ④非常 ⑤功罪

問三 ――B「稀代の歌人」の意味として最もふさわしいものを次の中から一つ選び、番号をマークしなさい。【マーク番号14】

①その時代の代表的な風物をよむ歌人
②時代の流行を敏感に取り入れる歌人
③非常に変わった歌をよむ奇抜な歌人
④めったに見られないほど優れた歌人
⑤季語を取り込むのが非常にうまい歌人

問四 ――C「種子と葉が対応している」とはどのようなことか。最もふさわしいものを次の中から一つ選び、番号をマークしなさい。【マーク番号15】

①人の心の中に「種」をまくように何かを印象付けることで、植物の葉を成長させるように言葉の「葉」をつむぎ出すということ。
②人の心にあるものを「種」とたとえて、その種から植物が成長して葉が生い茂るように言葉の「葉」が生み出されるということ。
③人の心にもともと存在する「種」に水をやるように和歌の勉強をすることで、言葉の「葉」が生えるように表現できるということ。

とによってはじめて自分が何を感じ、何を考えていたかを実感することも少なくない。そのなかでも詩を書くという行為は、心のありようを直かに感じ得る営みなのです。

詩は、うまく書く必要はありません。詩は、上手下手、A優劣の世界を超えたところに私たちを導いてくれます。

むしろ、詩はうまく書こうとしない方がよい。うまく書こうとさえしなければ、その人自身の言葉で記され、読む人の心を動かすのです。

〈中略〉

『古今和歌集』の最初に「仮名序」と呼ばれる文章があります。かな文字交じりで書かれた序文ということです。紀貫之（八六八？～九四五）は、その作者であり、B稀代の歌人でもあります。

かな文字交じりは今日では当たり前のことですが、『万葉集』の歌も、もともとは、万葉仮名という独特の漢字仮名で記されていました。また、当時、詩といえばおもに「漢詩」を意味していたのです。

『古今和歌集』は、日本で最初の勅撰和歌集です。国として※編纂した最初の歌集です。そこで「かな文字」による和歌が、正式に認められたのです。このことは、ほとんど言葉の革命といってよいような出来事でした。その「新しい」歌を貫之は「やまとうた」と呼びます。

「仮名序」の最初は、次の一節からはじまります。そこで貫之は、「歌」とは何か、すなわち「詩」とは何であるかを語り始めます。

やまとうたは、人の心を種として、よろづの言の葉とぞなれりける。

「やまとうた」は「倭歌」、あるいは「大和歌」とも書きます。歌は人間のこころにあるものが種子となり、樹木となって生い茂る「言の葉」のようなものだというのです。

ここでC種子と葉が対応しているのを見過ごすことはできません。「言」は「事（出来事・事象）」です。ある出来事が種子となり、それが心のうちで育ち、ある日、木に葉がなるように歌に結実するというのです。種子と葉になぞらえられた表現は、人は誰もが心に内なる詩人を秘めているということを物語っているようにも感じられます。

絵を描くことがなくても、私たちが絵を見て感動するのは、内なる画家が生きているからではないでしょうか。同じことは音楽をめぐってもいうことができ、あらゆる芸術にいい得るように思います。D歌を詠まずとも、歌を読むことで人は、自らのうちに歌人（詩人）が生きていることに気が付くはずだと貫之は考えていたのです。

先の一節には次の言葉が続きます。

世の中にある人、ことわざしげきものなれば、心に思ふことを、見るもの聞くものにつけて言ひ出せるなり。花に鳴く鶯、水に住むかはづの声を聞けば、生きとし生けるもの、いづれか歌をよまざりける。

「しげきもの」は「繁きもの」で、種子と葉に懸っています。人は、日々、さまざまな出来事を生きているので、思い、見て、聞くことを歌に詠う。それと同じく花に鳴く鶯や川に暮らす蛙の声を聞く。そうすると、この世に生きとし生けるもの（　E　）、というのです。

主義国家である日本で生まれた「非常に厄介なゴミ」の問題は、主権者である我々としては他人事ではまったくないですよね。だから危険な廃棄物を処理するための「（　Ｊ　）」などの「具体的な工夫」を学び、理解することが出発点なんだろうと思います。

Ｋ氏　そうですよね。（　Ｋ　）状態に変化したそれはすでに大量に存在していて、その処理にはとてつもない時間と費用がかかり、慎重に作業しなければ命が危険にさらされます。運搬一つとっても大変であることがこの本（問題文とは異なる箇所）に書いてありましたね。でも、目をそらさず考え続ける必要があると、私も認識しています。

Ｊの選択肢　【Ｊ…マーク番号10】
①地下水の流れ
②考古学的発掘
③ガラス固化体
④核爆弾の原料
⑤環境汚染物質

Ｋの選択肢　【Ｋ…マーク番号11】
①放射能が高い
②大きな差がない
③約一〇万年かかる
④良い状態をキープできる
⑤放射性物質がはまりこむ

二　**次の文章を読んで、後の問いに答えなさい。**

言葉は、「言の葉」というように、薬草ととても性質が似ています。それを見て、それが何であるかを知るのも重要ですが、本当に必要な場合はそれを摂りいれることが重要です。

詩も同じではないでしょうか。単に読むだけでなく、それを深く味わうためにいくつかのことをおすすめしたいと思うのです。

「よむ」という言葉には、三つの漢字を当てることができます。たとえば、歌の場合は次のようになります。

歌を「詠む」

歌を「読む」

歌を「誦む」

「詠む」は歌を作ることです。歌を「詠む」ことは「書く」ことでもあります。歌を「詠む」とき人は紙や短冊にそれを書き記します。

「読む」は、読書ですから、紙に書かれた、あるいは現代では印刷されたものを味わうことです。

そして「誦む」は、暗誦という言葉があるように声に出して読み上げることです。

私たちは詩集を「（　ａ　）」ことができます。しかし、詩集は、記された文字を追うだけでなく、その言葉を口に出して「（　ｂ　）」こともできるのです。それだけでなく、私たちは詩を「（　ｃ　）」、すなわち、「書く」人にもなれるのです。

ぜひ、詩を読み、味わうだけでなく、書くことをおすすめしたいのです。書くことをおすすめするのは、書くことによって人は、はじめて自分が何を考えていたかを知ることが少なくないからです。書いているときに、自分の予想を上まわるような言葉が出てくる、自分では思いもしなかったような言葉が自分の筆から現われてくる、そういう経験は、皆さんにも一度ならず、あるのではないでしょうか。

人は、自らの考えていることを書くこともできます。しかし、書くこ

④水に溶けにくいので、地下水と接触した時にも放射性物質の溶けだす量が少なく、運ばれる量も制限されるから。
⑤変質しにくいので、長期間土の中に埋められても良い状態をキープできるから。
⑥人工的なものだけでなく天然のものもあり、両者を混ぜて使うことによって閉じ込める効果が増すから。

問五 ——E このような研究は何のために行われていると考えられるか。次の中から一つ選び、番号をマークしなさい。【マーク番号5】
①液体を固体に変える方法はいろいろあるが、ガラスという形にこだわることに疑問を感じているため。
②危険な廃棄物を人間が生活する地表から離れた地中深くに埋める方法の安全性を確認するため。
③富士山や伊豆大島の火山活動が現在どのような状態にあるのかを詳しく調査するため。
④使用済燃料プールを冷やす電源が失われたことが福島第一発四号機の事故原因である事実を証明するため。
⑤発熱量が多く熱くなっている危険な廃棄物を冷却するのに天然のガラスが最適であることを明らかにするため。

問六 ——F は具体的にどのようなことか。次の中から一つ選び、番号をマークしなさい。【マーク番号6】
①放射性物質の濃度が最も高く、元々の中身もバラエティに富んでいること。
②廃棄物に含まれる放射性物質がエネルギーを出しながら壊れて別の物質になること。
③使用済燃料が数年間冷ました後に再処理され、ガラス固化体に加工されること。
④燃料を取り出した直後の使用済燃料がウラン鉱石よりもはるかに放射能が高くなること。
⑤使用済燃料がウラン鉱石と同じ放射能レベルまで下がるのに約一〇万年かかること。

問七 （G）に入る言葉としてふさわしいものを次の中から一つ選び、番号をマークしなさい。【マーク番号7】
①分解　②生成　③減少　④激化　⑤安定

問八 （H）に入る数字としてふさわしいものを次の中から一つ選び、番号をマークしなさい。【マーク番号8】
①一万　②一〇万　③一〇〇万　④一〇〇〇万　⑤一億

問九 ——I 廃棄物を「再処理」する理由としてふさわしいものを、問題文（I）の内容をふまえて次の中から一つ選び、番号をマークしなさい。【マーク番号9】
①利用できるものと利用できないものとに分けるため。
②本当に正しく処理されたのかどうかを確かめるため。
③使用済燃料プールで冷却可能な状態に整えたいため。
④燃料棒の被覆管等が使えるかどうかを確認するため。
⑤危険なプルトニウムを分離し南極大陸に捨てるため。

問十 次の会話はこの問題の作成に携わってきたJ氏とK氏の会話である。読んで、空欄J・Kに入る本文中の言葉を後の選択肢の中から一つずつ選び、番号をマークしなさい。

J氏 自分が出したゴミは自分で片づけないといけないように、民主して捨てる場合には、使用済燃料がウラン鉱石と同じ放射能レベルまで下がるのに約一〇万年かかる。（楠戸伊緒里『放射性廃棄物の憂鬱』による）

※図５…出典の本における番号。この問題文で使われている図はこの図のみです。

[図5]ウランとガラス固化体の放射能の推移
（濃縮度4.5%の核燃料1MTU相当）

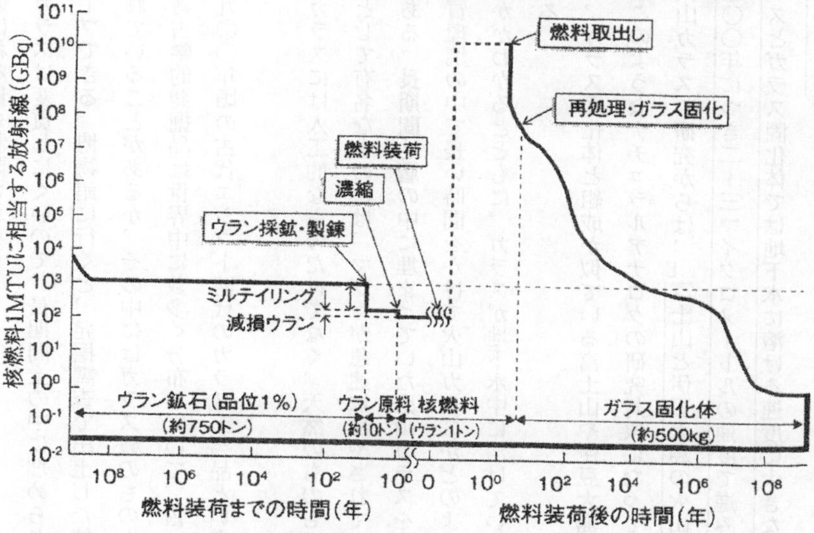

（出典：核燃料サイクル開発機構「わが国における高レベル放射性廃棄物地層処分の技術的信頼性・地層処分研究開発第２次取りまとめ・総論レポート，JNC TN1400 99 - 20」1999）

問一 ——A 核分裂によって生まれる多種多様な放射性物質を何というか。次の中から一つ選び、番号をマークしなさい。【マーク番号1】

①放射性物質　②超ウラン元素　③高レベル廃液
④核分裂生成物　⑤使用済み核燃料

問二 ——B 使用済核燃料の大きな特徴として「長期間激しく発熱すること」が挙げられているが、もう一つの大きな特徴は何か。次の中から一つ選び、番号をマークしなさい。【マーク番号2】

①超ウラン元素に変わること。
②多種多様な放射性物質が生まれること。
③環境汚染物質による風評被害を招くこと。
④使用前よりも格段に放射能が高くなること。
⑤常に冷却しないと事故が起こる発熱量があること。

問三 ——C「ショウ酸」の「ショウ」は次のどの漢字に改められるか。次の中から一つ選び、番号をマークしなさい。【マーク番号3】

①硝　②衝　③省　④症　⑤焼

問四 ——D 高レベル放射性廃液をガラス状に固める理由として当てはまらないものを次の中から一つ選び、番号をマークしなさい。【マーク番号4】

①廃液をそのまま容器に入れておくと、そのうちに容器が腐って孔があき、放射性物質が漏れる恐れがあるから。
②放射性物質があちらこちらに動き回らないように、固体の形にして閉じ込めておきたいから。
③その網目構造の中に放射性物質がはまりこむと外に抜けにくく、他のものよりも閉じ込め能力が高くなるから。

によって運ばれる量も制限される。

また、ガラスは変質しにくいので、長期間土の中に埋められても良い状態をキープできる。博物館に行くと、発掘調査で出土した綺麗な勾玉が展示されていることがあるが、その中にはガラス製のものもある。ガラス製の考古学的発掘品は世界中に数多く分布していて、古いものでは紀元前二九〇〇年頃の古代エジプト時代のガラス工芸品というものまである。

また、ガラスには人工的なものだけでなく、天然のものもある。天然のガラスとして有名なものには、マグマが急速に冷やされてできた火山ガラスがある。長期間地層の中に埋まっていた火山ガラスを調べると、特定の地質環境の中で長い時間をかけて火山ガラスがどのように変質していったかがわかるとともに、ガラスが地下水中に溶けていった速度も推定できる。

そこで、ガラス固化体と組成が似ている富士山や伊豆大島の火山ガラスなどもこのようなナチュラルアナログの研究対象になっている。このような火山ガラスの研究からは、E富士山と伊豆大島の火山ガラスの変質は一〇〇〇年につき二～三マイクロメートルの速度で進み、富士山の火山ガラスとガラス固化体では地下水に溶ける速度に大きな差がないことがわかっている。

（Ⅱ）

放射性廃棄物のもう一つの特徴は、時間の経過とともにF中身がどんどん変わっていくことだ。その中でも高レベル放射性廃棄物は、放射性物質の濃度が最も高く、元々の中身もバラエティに富んでいるので、その変化が一番激しくなる。ここで中身が変わるというのは、たとえば一歩間違えば核爆弾の原料になる危険なウランやプルトニウムでも、悠久の時の流れを経れば、放射能を持たないただの鉛になるというように、劇的で壮大な話である。時の流れとともに、廃棄物に含まれる放射性物質がエネルギーを出しながら壊れて別の物質へと変身しながら次々と移り変わり、それとともに高レベル放射性廃棄物全体の放射能が（ G ）していく。ウラン鉱石の放射能を基準にして、ガラス固化体の放射能が時間とともに変化していく様子を※［図5］に示した。

原子炉から取り出された使用済燃料は、数年間冷ました後に再処理され、ガラス固化体に加工されるが、そのままではガラス固化体が熱すぎて地層処分に悪影響が出るので、さらに三〇年から五〇年の間、中間貯蔵施設で冷却してから地下の処分場に運んで埋設する。

ここで［図5］を利用して、天然のウラン鉱石が持つ放射能と使用済燃料やガラス固化体が持つ放射能を比較してみよう。そうすると、燃料を取り出した直後の使用済燃料は、ウラン鉱石の約（ H ）倍も放射能が高いことがわかる。そして、使用済燃料を再処理してできたガラス固化体が十分に冷めて処分場へ運べるようになった頃には、ガラス固化体の放射能は取り出し直後の使用済燃料が持つ放射能の約一〇〇〇分の一まで減少する。しかし、それでもウラン鉱石の放射能より一万倍ほど高いので、放射能が減ったといってもそれほど安心できない。そして、ガラス固化体の放射能は、数万年経つとウラン鉱石とほぼ同じになる。

もし、使用済燃料をI再処理しないでそのまま地層処分したときには、ウランとプルトニウムの分だけ放射能が増えるので、その分、放射能が高くなる。そういうわけで、使用済燃料を高レベル放射性廃棄物と

【国語】（四五分）〈満点：一〇〇点〉

一　次の文章は、原子力発電で生じた放射性廃棄物の処理方法を研究していた楠戸伊緒里氏の著作『放射性廃棄物の憂鬱（うつ）』からの抜粋である。読んで、後の問いに答えなさい。

（Ⅰ）

　Aウラン原子が核分裂を起こすと、いくつかのより小さな原子に分解して、多種多様な放射性物質が生まれる。核分裂で生じたものを全部まとめて核分裂生成物と呼んでいるが、原発事故の環境汚染物質として問題になった放射性セシウムや放射性ヨウ素も、この核分裂生成物の一種である。

　これとは別に、核分裂で発生した中性子を吸収して、ウランが、より原子番号の大きなプルトニウムなどの超ウラン元素に変わることもある。核分裂生成物も超ウラン元素もすべて放射性物質なので、使用済みの核燃料は、使用前よりも格段に放射能が高くなる。使用済みのウラン燃料には大体、核分裂生成物が三％から五％、プルトニウムが一％、ウラン２３５が一％、ウラン２３８が九三％から九五％の割合で含まれている。

　B使用済核燃料のもう一つの大きな特徴は、長期間激しく発熱することだ。福島第一原発四号機の事故は、津波で使用済燃料プールを冷やすための電源が失われたために起きたが、原子炉で核分裂を終えてから十分に時間が経たない使用済燃料には、常に冷やしていなければ事故が起こるくらいの発熱量がある。それゆえ、使用済燃料は原子力発電所の貯蔵プールで数年間冷やし続けて、ある程度冷ましてから再処理工場に移す。

〈中略１〉

　再処理工場では燃料集合体を切断してCショウ酸に溶かし、溶け残った燃料棒の被覆管を取り除いた後、分離という工程で核燃料として再利用できないものを高レベル廃液として除去して、再利用できるプルトニウムとウランを回収する。

　そして、分離の工程で除去した高レベル廃液は、ステンレス容器中でガラス状に固めて、D高レベル放射性廃棄物のガラス固化体を作る。再処理した時点では、廃液もガラス固化体もまだ発熱量が多く、熱くなっている。ガラス固化体は、直径約四〇センチメートル、高さ約一三〇センチメートルのステンレス容器に約一五〇リットルの廃棄物ガラスが詰まったもので、一本の総重量が約五〇〇キログラムとなる。

〈中略２〉

　高レベル廃液は米国のハンフォードなどで放射能汚染の原因となっている厄介者であるが、この廃液をそのまま容器に入れておくと、そのうちに容器が腐って孔（あな）があき、放射性物質が漏れる恐れがあるので長期間の保管には適さない。液体は固体に比べると環境中で何かと動きやすいので、できるだけ放射性物質があちらこちらに動き回らないように、固体の形にして閉じ込めておきたい。

　液体を固体に変える方法はいろいろあるが、わざわざガラスという形にこだわるのは、ガラスが網の目のような構造をもっていて、その網目の中に放射性物質がはまりこむと外に抜けにくく、他のものよりも閉じ込め能力が高くなるからだ。そして、ガラスは水に溶けにくいので、地下水と接触した時にも放射性物質の溶けだす量が少なく、地下水の流れ

MEMO

大切なことはメモしておこうネ！

2020年度

解 答 と 解 説

《2020年度の配点は解答欄に掲載してあります。》

＜数学解答＞

1 [1] (1) － (2) 1 (3) 8 [2] (4) 1 (5) 2 (6) 2 (7) 4
[3] (8) － (9) 2 (10) － (11) 1 (12) 3 (13) 2
[4] (14) 5 (15) 2 (16) 3 [5] (17) 1 (18) 2 (19) 6
[6] (20) 5 (21) 6

2 [1] (22) 2 (23) 4 [2] (24) 1 (25) 6 (26) 5 (27) 5
[3] (1) (28) － (29) 1 (30) 2 (2) (31) 2 (32) 4
[4] (33) 9 (34) 2

3 [1] (35) 1 (36) 3 [2] (37) 7 (38) 1 (39) 2

4 数直線上で，ある数に対応する点と原点との距離。

5 [1] 3通り [2] 60点 [3] (ア) 変わらない (イ) 変更前に比べて，変更後の9名の得点の合計は変わらないから。

6 [1] ② [2] 243cm

○推定配点○

1 各6点×6　2 [1] 5点 [2] 5点 [3] (1) 4点 (2) 5点 [4] 5点
3 各5点×2　4 5点　5 各５点×3　6 各5点×2　計100点満点

＜数学解説＞

基本 1 （数・式の計算，連立方程式，根号を含む計算，割合の考え方）

[1] $3-(-3)^2-6^2\div3=3-9-36\div3=-6-12=-18$

[2] $6a^3b\times\frac{3a^4}{2b^3}\times3a^3=6a^3b\times\frac{2b^3}{3a^4}\times3a^3=12a^2b^4$

[3] $\begin{cases}2.5x-y=1.5\cdots①\\4x+2y=3x+6y+24\cdots②\end{cases}$ とすると，①より，$5x-2y=3$　$10x-4y=6\cdots①'$　②より，$x-4y=24\cdots②'$　①'－②'より，$9x=-18$　$x=-2$　これを②'に代入して，$-2-4y=24$　$4y=-26$　$y=-\frac{13}{2}$

[4] $\sqrt{18}-2\div\sqrt{18}-\sqrt{2}=3\sqrt{2}-2\div3\sqrt{2}-\sqrt{2}=2\sqrt{2}-\frac{2}{3\sqrt{2}}=2\sqrt{2}-\frac{\sqrt{2}}{3}=\frac{5\sqrt{2}}{3}$

[5] $\frac{n}{21}=\frac{n}{3\times7}$であり，$\sqrt{14n}=\sqrt{2\times7\times n}$より，ともに整数となるような最も小さい自然数$n$は$n=2\times3^2\times7=126$

[6] 割り戻して考えていけばよいので，$10000\div\frac{75}{100}\div\frac{60}{100}=10000\times\frac{100}{60}\times\frac{100}{75}$で，A市の有権者の人数を計算できる。

重要 2 （回転体の体積，円の性質と相似な図形の利用，直線と$y=ax^2$のグラフ，平行線の比）

[1]　①は円すいとなり，その体積は，$2^2\times\pi\times2\times\frac{1}{3}=\frac{8}{3}\pi$　②は円柱から円すいを除いた形となり，その体積は，$2^2\times\pi\times2\times\frac{2}{3}=\frac{16}{3}\pi$　③は円すいとなり，その体積は，$1^2\times\pi\times4\times\frac{1}{3}=\frac{4}{3}\pi$　④は半径が2の球の半分となり，その体積は，$\frac{4\times\pi\times2^3}{3}\times\frac{1}{2}=\frac{16}{3}\pi$　以上より，②と④は等しい。

[2]　BE：DE＝5：3より，BE＝$5x$，DE＝$3x$とおける。△EAB∽△EDCなので，対応する辺の比は等しく，EA：ED＝EB：EC　$4:3x=5x:3$　これを解いて，$15x^2=12$　$x^2=\frac{4}{5}$　$x>0$より，$x=\frac{2}{\sqrt{5}}=\frac{2\sqrt{5}}{5}$　したがって，BD＝$3x+5x=8x=8\times\frac{2\sqrt{5}}{5}=\frac{16\sqrt{5}}{5}$(cm)

[3]　(1)　点Aは$y=2x^2$のグラフ上にあるので，その座標はA(2, 8)となる。よって，CB：BA＝1：3より，点Bのy座標は$8\times\frac{1}{1+3}=2$　これを$y=2x^2$に代入すると，$2=2x^2$　$x^2=1$　点Bのx座標は負なので，$x=-1$　よって，B(−1, 2)

(2)　A(2, 8)，B(−1, 2)より，直線ABの傾きは，$\frac{8-2}{2-(-1)}=2$となり，その式は$y=2x+b$とおける。これにA(2, 8)を代入すると，$8=2\times2+b$　$b=4$　よって，直線ABの式は，$y=2x+4$

[4]　右図のように点Dから辺BEに平行な直線を引き，辺ACとの交点をGとする。BD：DC＝EG：GC＝4：5…①であり，AE：EC＝2：1…②なので，①，②から，AE：EG：GC＝18：4：5　よって，AF：FD＝AE：EG＝18：4＝9：2

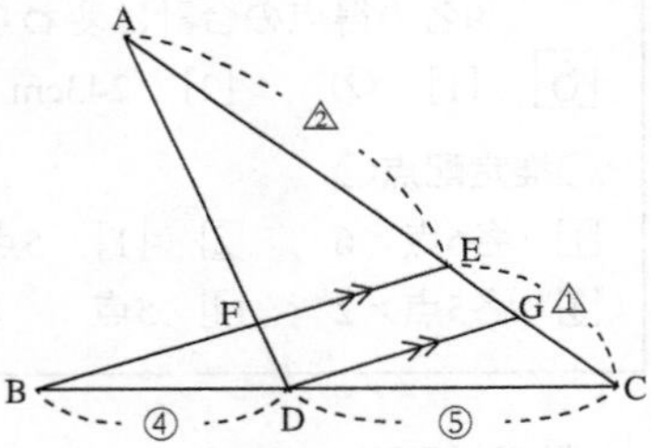

3 （確率）

基本 [1]　5か6の目が出ればよいので，$\frac{2}{6}=\frac{1}{3}$

重要 [2]　さいころを2個投げたときの出る目の数の和は2以上12以下が考えられる。その中で，スタートからゴールまでちょうどたどりつくことのできる目の和は「5, 6, 7, 10, 11, 12」のいずれかである。したがって，2つのさいころをA，Bとすると，それぞれの目の和になる組み合わせは，
「目の和が5」のとき，(A, B)＝(4, 1)，(3, 2)，(2, 3)，(1, 4)
「目の和が6」のとき，(A, B)＝(5, 1)，(4, 2)，(3, 3)，(2, 4)，(1, 5)
「目の和が7」のとき，(A, B)＝(6, 1)，(5, 2)，(4, 3)，(3, 4)，(2, 5)，(1, 6)
「目の和が10」のとき，(A, B)＝(6, 4)，(5, 5)，(4, 6)
「目の和が11」のとき，(A, B)＝(6, 5)，(5, 6)
「目の和が12」のとき，(A, B)＝(6, 6)
以上，4＋5＋6＋3＋2＋1＝21(通り)ある。したがって，さいころを2個投げたときの出る目の組み合わせは全部で36通りなので，求める確率は，$\frac{21}{36}=\frac{7}{12}$

基本 4 （数の性質）

「数直線上におけるある数を示す点と原点との距離」のように同じ内容であれば他でも正解となる。

5 （資料の整理と利用）

［1］ 生徒C以外の8人の得点を小さい順に並べると，「46，50，57，58，66，69，72，80」となる。したがって，生徒Cを加えた9名の得点の中央値は，$x \leqq 58$のとき，中央値は58　$59 \leqq x \leqq 65$のとき，中央値はx　$66 \leqq x$のとき，中央値は66となり，考えられる中央値は，58，x，66の3通り。

［2］ 62点を基準としてそれぞれの点数を考えて，その和をとると0になるので，$(50-62)+(66-62)+(x-62)+(72-62)+(80-62)+(58-62)+(57-62)+(46-62)+(69-62)=0$　$-12+4+(x-62)+10+18+(-4)+(-5)+(-16)+7=0$　$x=60$

［3］ Aさんは＋6点，BさんとCさんはそれぞれ－3点なので，全員の合計点は変化しないことから，平均点も変化しないとわかることを書けばよい。

6 （相似な図形の性質，規則性の発見と数列）

［1］ 黒い正三角形の各辺の中点を結んで，白い三角形ができているものを探す。

［2］ それぞれの図形とその辺の長さの合計を規則を見つけながらまとめてみる。

図形1：1辺16cm，合計$16 \times 3 = 48$cm

図形2：1辺8cmの正三角形が1個加わるので，$48+8 \times 3=72$(cm)

図形3：1辺4cmの正三角形が3個加わるので，$72+(4 \times 3) \times 3=108$(cm)

図形4：1辺2cmの正三角形が$3^2=9$(個)加わるので，$108+(2 \times 3) \times 9=162$(cm)

図形5：1辺1cmの正三角形が$3^3=27$(個)加わるので，$162+(1 \times 3) \times 27=243$(cm)となる。

★ワンポイントアドバイス★

基礎的な力とそれを少し応用する標準レベルの問題で構成されており，難問奇問はない。したがって，教科書や標準レベルの問題集で，基本的な公式や定型問題を1つずつ確認していく勉強を積み重ねよう！

＜英語解答＞

【A】 問1 X giving　Y thrown　Z made　問2 ③　問3 ④　問4 ②
問5 ①　問6 ④，⑤

【B】 問1 (ア) living　(イ) brought　(ウ) looking
問2 ① don't　② any　問3 ④　問4 ③

【C】 対話1 問1 ③　問2 ④　対話2 問1 ③　問2 ②　対話3 問1 ③
問2 ②

【D】 問1 ①　問2 ②

【E】 問1 ④　問2 ③　問3 ③　問4 ①　問5 ②　問6 ④

【F】 (ア) ⑧，③　(イ) ②，⑥　(ウ) ①，⑦　(エ) ⑤，⑥　(オ) ⑧，⑥

【G】 (ア) ①　(イ) ②　(ウ) ④　(エ) ④　(オ) ③

【H】 (1) written [that]　(2) built [made]　(3) never [not]　(4) that

【I】 (1) birthday　(2) library　(3) doctor

【J】 (例) (You should visit) Tokyo. You can find both modern skyscrapers and historical sites like temples and shrines. You can also enjoy shopping and delicious

food. You won't get bored in this big city.(29語)
【K】 リスニング問題解答省略 【L】 リスニング問題解答省略
○推定配点○
【E】,【I】 各1点×9 【J】 5点 他 各2点×43(【F】各完答) 計100点

<英語解説>

【A】 (長文読解問題・紹介文：語句補充，語句解釈，要旨把握，語句整序，内容吟味)

(全訳) 海は大自然の素晴らしい景色の場所ですが，最近人間によって汚染されています。汚染の1つの原因はプラスチック廃棄物です。何百万というプラスチックボトル，袋や他のものが海に流し出されています。たくさんの鳥や他の生き物が食べ物とプラスチックのものを間違えてしまいます。

レストランやスーパーは近い将来お客さんにプラスチックストロー(X)を渡すのをやめるかもしれません。プラスチックストローを禁止する動きがあり，それはあるビデオから始まりました。そのビデオは鼻にプラスチックストローが突き刺さったウミガメを映していました。多くの人たちがこのビデオを見て，私たちのゴミが自然界に問題を引き起こしていることを知りました。

今，海のゴミの85％がプラスチックだと研究により明らかにされています。毎年約8百万トンのプラスチックが海に(Y)放り込まれています。海洋の水の大きなプラスチック片が時が経つにつれて分解されます。それらは(ア)マイクロプラスチックと呼ばれるとても小さな破片に変わります。これらのプラスチックは海の生物により食べられ多くの問題を引き起こします。マイクロプラスチックは最終的に私たちの食べる魚に入り込みます。

〈＊〉世界中でこの問題に対する興味が変化へと導いています。2018年にあるコーヒー会社が2020年までに全ての店舗におけるプラスチックストローの使用をやめると言いました。あるファストフード会社もまたイギリスとアイルランドのレストランで紙のストローに変更するつもりです。イギリスとEU はストローを含む全ての使い捨てのプラスチック製品の使用を禁止する予定です。ブラジルのリオデジャネイロはすでにプラスチックストローとビニール袋を禁止しています。日本の多くのレストランは他の種類のストローに切り替えることを考えています。

もちろん，人の行動を変えるのは難しいことです。身体障害のある人たちには紙のストローを使うことができない人もいるので，プラスチックストローは消えないかもしれません。(イ)しかし，ストローは海を汚染するプラスチックの一種類にすぎません。人々もまた，リサイクルするのが難しい他のプラスチック製品をどのように使うかについて考える必要があります。

2019年にG20の環境大臣は国々に対して1回のみ使用のプラスチックを減らすように求めました。日本でそれをしようと試みている例があります。ご存知の通り，2020年に東京オリンピック，パラリンピックが開かれます。国際オリンピック委員会はオリンピックメダリストたちがリサイクルされたプラスチックで(Z)作られた表彰台に立つだろうと言いました。国際オリンピック委員会は表彰台を作るプラスチックを集めて再利用するために日本のある会社とともに取り組むと言いました。この目的はプラスチックを再利用し，東京オリンピックでの環境ダメージを減らすことです。

これは人々にとってこの問題を理解し，日々の生活で私たちができることについて考えるいい機会になるでしょう。この問題を解決するために，唯一の答えは私たちの習慣を変えることだと多くの専門家たちは感じています。全てのプラスチックはリサイクルされるべきです。④さらにいいのは，プラスチックボトルを買うことを減らし，ビニール袋を使うことを減らしてください。海がみなさんに感謝するでしょう。

基本 問1 （X） stop ~ ing で「~するのをやめる」，〈give＋人＋もの〉は「(人)に(もの)をあげる」の意味。（Y） throw は「~を投げる」で throw / threw / thrown と変化する。〈be動詞＋動詞の過去分詞形〉は「~される」という受け身の意味を表す。（Z） 動詞の過去分詞形は名詞の前後につき「~される，された」の意味を表すことができる。make「~を作る」の過去分詞形は made で前の名詞 podiums を「リサイクルされたプラスチックで作られた表彰台」と説明している。

問2 第3段落第3文目以降を読む。①「魚がマイクロプラスチックを食べるためにプラスチックを壊す」（×） プラスチックは時間とともに壊れてく。②「マイクロプラスチックは以前よりもより危険になってきている」このような記述はない。③「マイクロプラスチックは私たちが食べる魚の体内に入る」（○） 同段落最後の2文参照。④「多くの生き物が生きるためにマイクロプラスチックを使う」（×） このような記述はない。

問3 挿入する文はアドバイスの文。①はプラスチック問題について導入の段落，②は海のプラスチックの現状についての段落，③はオリンピックでの対応についての段落で，アドバイスの流れに合わない。④は私たちにできることについて述べられており，空欄直前直後の文脈に合う。

問4 各文に共通して書かれているのはプラスチックストロー。

問5 （But straws） are just one kind of plastic <u>that</u> is polluting the ocean(.) まずは「ストローはプラスチックの一種類にすぎない」の文を考える。主語が複数なので続くbe動詞は複数形に続く are となる。「一種類にすぎない」は just one kind of で plastic が続く。プラスチックの説明にあたる「海を汚染する」は plastic を先行詞とする関係代名詞 that を使って説明をする。plastic が単数なので that に続く動詞は is となり polluting the ocean とする。〈be動詞＋動詞のing形〉「~している」という進行形の表現。

やや難 問6 ①「海のプラスチックのものは通常同じサイズのままである」（×） 第3段落第3文参照。②「自分のストローを使い始めた客もいる」（×） そのような記述はない。③「環境によいプラスチックストローもある」（×） そのような記述はない。第5段落第2文には「なくならないだろう」とはあるが環境にいいからではない。④「全てのプラスチックストローが消えるだろうとは言うことはできない」（○） 第5段落第2文参照。⑤「リサイクルされたプラスチックは2020年の東京オリンピックの表彰台を作るために使われる」（○） 第6段落4，5文参照。⑥「ほとんどの専門家はすぐにゴミを掃除するべきだと言っている」（×） 最終段落参照。そのような記述はない。

【B】 （長文読解問題・紹介文：語句補充，書き換え，英問英答，内容吟味）

（全訳） ジャガイモは南アメリカ原産のものです。そこに(ア)<u>住んでいる</u>人たちは何年間もそれを食べていました。ジャガイモは16世紀にスペイン人によってヨーロッパに(イ)<u>もたらされた</u>と信じられています。最初はヨーロッパのほとんどの人たちには奇妙に映りました。彼らはジャガイモが食べ物だとは思いませんでした。ただその花を(ウ)<u>見て</u>楽しんでいました。

約200年後，フランス政府はジャガイモが食べられることを発見しました。王様は「もしジャガイモを植えればより多くの食べ物を食べられて，人々を飢餓から救える」と思いました。彼は自分の貴族たちに「ジャガイモを植えよ」と言いました。貴族たちはジャガイモを植えましたが，食べませんでした。政府は一般の人たちに植えるためのジャガイモを与えようとさえしましたが，誰も欲しがりませんでした。ついに政府はいい考えが浮かびました！ 政府が多くのジャガイモを植え，人々に「触るな」と言いました。日中多くの番人がそのジャガイモを見張りましたが，夜はみんな家に帰りました。すぐに人々は「なぜたくさんの番人がそんなに注意深くジャガイモを守っているんだろう？ ジャガイモは食べるのにいいに違いない。(エ)<u>私たちには食べるものがないから</u>，いくつか取って食べてみよう」とお互いに言い始めました。

ある夜，これらのジャガイモを取りに行った人たちがいました。彼らは素早く少しのジャガイモを取り，それを持って逃げました。その夜のあと，多くの人たちがジャガイモを取りに行きました。数日で彼らは全部取ってしまいました。人々はジャガイモを食べ，おいしいことに気がつきました。この方法でより多くの人たちがジャガイモを食べ始めました。

基本 問1 （ア） 動詞のing形は名詞の前後について「～している」の意味を加えることができる。ここでは「そこに住んでいる人」と前の people を修飾している。 （イ） 〈be動詞＋動詞の過去分詞〉で受け身の表現になるので，ここは bring「もたらす，持ってくる」の過去分詞形 brought となる。 （ウ） enjoy ~ ing「～することを楽しむ」

問2 no は名詞について「少しの～もない」と否定の意味となる。not と any は一緒に使われ「どれも，何も～ない」の意味を表す。

問3 「フランス政府がいい案を思いついたあと何が起こりましたか」第2段落第7文から最後までを参照。 ①「政府はジャガイモを植え，一般の人たちの前で全部食べた」(×) ②「政府は一般の人たちに政府が植えたジャガイモに触らないように言ったので人々はただジャガイモの花を見ていた」(×) ③「政府は一般の人たちにジャガイモを植えるように言い，人々はすぐに植えた」(×) ④「一般の人たちは番人がいない夜の間にジャガイモを取って食べた」(○)

問4 ①「南アメリカの人たちはその花を見るためにジャガイモを育てた」(×) 第1段落第2文参照。 ②「王様は貴族たちにジャガイモを植えるように言い，彼らは喜んでそれを食べた」(×) 第2段落第3，4文参照。 ③「政府が『植えられたジャガイモに触るな』という前はフランスの人たちはジャガイモが食べられるものだとは知らなかった」(○) 第1段落第4～6文，第2段落第5文参照。 ④「人々はジャガイモが美味しくないことに気づいたので，ヨーロッパではジャガイモはそれほど人気ではない」(×) 第3段落最後の2文参照。

【C】 （会話文問題：語句補充）

対話1

A：もしもし？

B：もしもし。ユウコです。メアリーはいらっしゃいますか？

A：すみません，今家にいません。(X)伝言はありますか？

B：いいえ，大丈夫です。どこへ行ったんですか？

A：学校へ行ったんですが，いつ帰って来るかはわかりません。

B：わかりました。家に帰ってきたら(Y)電話をするように伝えてくださいますか？

A：もちろん，伝えますよ。

B：ありがとうございます。では。

A：では。

問1 直後の返答から考える。Can you ~?「～してくれませんか」 Can I ~?「～してよいですか」 Would you like to ~?「～したいですか，～しましょうか」 leave a message「伝言を残す」

問2 Could you ~? は「～してくださいますか」という丁寧な依頼。直後のBの返答が I will と「(私が)～します」という表現なので，AがBに依頼していることがわかる。

対話2

A：ああ，自分のカメラを持っているんだね。使っていい？

B：もちろん。(X)カメラを持ってないの？

A：持ってないよ。家に家族のカメラはあるよ。ずっと自分のカメラが欲しいんだ。きみが買ったの？

B：いや，買ってないよ。父が誕生日プレゼントにくれたんだ。

A：なるほど。〈Y〉彼がどこで買ったか知っている？

B：うん，駅の隣のお店で買ったんだ。

問1　直後の返答から空欄には疑問文が入ることがわかる。②の「家族はカメラを持っていますか」はAの発話からも家族のカメラはあることがわかるので合わない。④は「それを私にくれないの？」の意味なので文脈と合わない。

問2　直後の発話では買った場所が述べられている。

対話3

A：お腹が空いてきた。何か食べたい。

B：ああ，そうだね。ランチを食べに行こうか。

A：いいね！　どこに行きたい？

B：〈X〉市役所のそばの日本食レストランに行こう。

A：そのお店は知ってるけどここから遠いよ。1時までにはここにいないといけないんだよ。

B：ちょっと考えさせて。2つ目の角のイタリアンレストランはどう？

A：〈Y〉そこへ行くのにどれくらいかかる？

B：歩いて5分くらい。

問1　直後の発話でそのお店が遠いことを言っているので，具体的な場所を提案されたと考える。

問2　直後の発話でかかる時間を答えているので，How long ～?「どれくらい(の長さ)～？」がふさわしい。

やや難 【D】（文整序問題）

問1「世界にはたくさんの砂漠があります。どんどん大きくなっている砂漠もあれば，小さくなっている砂漠もあります。世界で一番大きな砂漠のサハラ砂漠はどんどん大きくなっています。[(ウ)なぜ砂漠が大きくなっているのでしょうか。一部の地域では人が土地を耕作しすぎています。(ア)他の地域では人は木を切っています。これらのことのせいで土地が弱くなり砂漠が育ちます。(エ)この問題を止めるために人々に何ができるでしょうか。木を植えて，耕作を少なくすることができます。(イ)これらのことが土地をより強くします。もし土地がもっと強くなったらサハラ砂漠は大きくならないかもしれません。]多くの人たちはこれを解決するために一緒に取り組まなくてはなりません」 some と others は「～(する)ものもあり，…(する)ものもある」と呼応して使われることがあるので，(ウ)の some と(ア)の other places が続く。(エ)の this problem が指しているのは(ウ) (ア)の内容。(イ)の these things は(エ)の2文目を指す。文整序問題では代名詞が何を指しているのか，単数か複数かをヒントに読み取る必要がある。

問2「日本人の食生活についてどう思いますか？　これは急速に変わってきています。[(イ)多くの日本人は家で料理をしない傾向にあります。その代わりによく外食をします。(ウ)それなので中国や韓国のような多くの国々の様々な種類の料理を食べることができます。(ア)一方，海外では和食はとても人気です。多くの大都市には日本食レストランがあります。(エ)例えばニューヨークには700から800のレストランがあります。多くの日本人がそこで働いています。]多くの変化があるけれど，日本人は自分たちの食文化を維持するべきです」まずは今の食生活について述べられている(イ)，その外食についての例が(ウ)。so には「だから」の意味がある。(ア)の on the other hand は「これに対して」という対比の表現。海外での日本食について述べられ，(エ)でその具体例が挙げられている。

【E】（語句補充問題）

問1 「～に依存する，頼る」は depend on ～。come up with ～「(考えなど)を思いつく」 run out of ～「～を使い果たす」 put together「～を組み立てる，合わせる」

問2 「～(する)代わりに」は instead of ～。in case of ～「～の場合」 in front of ～「～の前で」 in fact「実際は」

問3 「～だけでなく…も」は not only ～ but (also)…。

問4 「～の世話をする」は look after ～。look for ～「～を探す」 look back「振り返る」 look at ～「～を見る」

問5 「どのくらい(の頻度)」をたずねるのは how often を使う。

問6 動詞のing形は名詞の前後について「～している」の意味を表す。ここでは that man の後ろに swimming を続けて「泳いでいるあの男性」の意味になる。

重要 **【F】（語句整序問題：接続詞，助動詞，不定詞，間接疑問文，比較）**

（ア） (I'd) like <u>to</u> go hiking <u>if</u> it is sunny (tomorrow.) 「もし明日晴れならハイキングに行きたい」〈would like to ＋動詞の原形〉は「～したい」，go hiking で「ハイキングに行く」の意味。接続詞 if は「もし～なら」と仮定や条件を表す。

（イ） Could you tell <u>me</u> the way <u>to</u> the post office(?) 「郵便局までの道を教えてくださいませんか」 Could you tell me ～ は「～を教えてくれませんか」，the way to ～ で「～への道」の意味。道を尋ねるときによく使われる表現。

（ウ） (I hope) my experience <u>will</u> help me <u>to</u> find a way (for the future.) 「この経験が未来への道を見つける私の手助けになることを期待します」〈help ＋人＋ to ＋動詞の原形〉で「(人)が～するのを手伝う」の意味。

（エ） (I) don't remember <u>where</u> I <u>put</u> my bag(.) 「どこにカバンを置いたのか覚えていない」 I don't remember. で始まる文に Where did I put my bag? を組み込んで1文にした間接疑問文。組み込まれた文は〈疑問詞＋主語＋動詞〉の語順になるので where I put my bag となる。

（オ） (I) spent <u>half</u> as much <u>money</u> as my sister(.) 「私は姉の半分のお金を使った」 half as ～ as … は「…の半分の～」の意味。

【G】（正誤問題：関係代名詞，前置詞，動名詞）

（ア） ①「私は由美に私が買った本を見せた」最後の them がいらない。I showed Yumi the books. と I bought them. の2文が関係代名詞 that で1文になったもの。 them が指すのは the books で that の先行詞となっている。

（イ） ② 「私に辞書を貸してくれてるとは親切だ」 for を of にする。〈It is ～ of ＋人＋ to ＋動詞の原形…〉で「(人)が…するとは～だ」の意味で，of の前に入る形容詞はその人に対する話し手の主観的思いを表すものとなる。

（ウ） ④「あなたにまた会うことを楽しみにしています」 see を seeing にする。look forward to ～ ing で「(～すること)を楽しみに待つ」の意味。

（エ） ④「先生が昨日私たちに出した質問は難しくて答えられなかった」 was を were にする。この文の主語は These questions と複数形なので were がふさわしい。These questions were too difficult to answer. と Our teacher gave us these questions yesterday. の2文が1文になったもので，our teacher の前には関係代名詞が省略されており yesterday までは先行詞である these questions を説明する文。

（オ） ③ 「机の上には私の本があります」 My book is on the desk. となる。「～があります」を表す There is[are] の表現は a book や some books などの具体的に特定しない名詞に使うので具体的な my book は合わない。

【H】（書き換え問題：関係代名詞，分詞，受動態，現在完了，接続詞）

(1) (The story) that he wrote [written by him] (is very popular in Japan.) 「彼の書いたこの物語[彼によって書かれたこの物語]は日本でとても人気だ」先行詞が物や人の場合は関係代名詞は that も使える。動詞の過去分詞形は動詞の前後について「～される，された」の意味を表す。 write の過去分詞形は written となる。

(2) (This building) was built [made] (100 years ago.) 「この建物は100年前に建てられた」〈be動詞＋動詞の過去分詞形〉で「～される」の受け身の意味になる。 build「建てる」の過去分詞 built または make「作る」の過去分詞 made が使える。

(3) (I) have never [not] listened to such a beautiful song like this. 「この歌のようにこんなに美しい歌を今まで聞いたことない」 これはつまり「最も美しい歌だ」と同じ意味になる。〈have never [not]＋動詞の過去分詞形〉で「(今まで)～したことがない」の意味。

(4) (Baseball games are) so (exciting) that (I often watch them on TV.) 「野球の試合はとても興奮するからよくテレビで見ます」 so ～ that … で「とても～なので…だ」の意味。

基本 【I】（語い問題）

(1)「明日はあなたの誕生日だよね？」 birthday「誕生日」

(2)「図書館に行って本を借りるつもりです」 library「図書館」

(3)「本当？ でも医者に診てもらった方がいいよ」 see a doctor「医者に診てもらう」

【J】（条件英作文）

質問は「日本で観光に一番いい場所は，北海道，東京，京都，沖縄のどこですか」

解答例は「あなたは東京を訪れるべきです。近代的な高層ビルとお寺や神社のような歴史的な景色の両方を見ることができます。また買い物や美味しい食べ物も楽しめます。この大都市で飽きることはないでしょう」身近なことについて自分の考えやその理由を書けるように，教科書の文などを参考にして練習しておくこと。

【K】 リスニング問題解説省略。

【L】 リスニング問題解説省略。

★ワンポイントアドバイス★

【F】の語句整序問題は解くのに時間がかかってしまうことがあるので，時間配分に十分に気を付けて取り組むこと。表現を知っていれば比較的すぐに解ける問題なので，基本的な文法事項や会話でよく使われる表現を練習しておこう。

＜理科解答＞

1	(1) ⑦	(2) ⑨	(3) ⑥	(4) ⑥	(5) ④			
2	(1) ⑤	(2) ③	(3) ⑧	(4) ⑤				
3	(1) ⑥	(2) ⑨	(3) ①	(4) ⑤	(5) ④	(6) ④		
4	(1) ⑤	(2) ②	(3) ⑧	(4) 19 ①	20 ③	21 ④	22 ⑧	

5 (1) (例) ふたを開けることでビン内部の圧力が急激に低下し，水に溶けることができる二酸化炭素の量が減ったから。 (2) (例) 急激に圧力が低下すると，血液中に溶解で

きる空気の量が急に減って，血管の中で空気が気泡を形成してしまう。これが血液の流れを阻害し，減圧症(潜水病)を引き起こす。

6 (1) (例) 樹上で生活していたので，木の枝をつかんだり，片手で体を支えたりするのに有利だったと考えられるから。 (2) (例) サルの仲間がもつ平爪は，地面に落ちたものを拾ったり，つまむといった細かい作用ができる。

○推定配点○

1～3 各4点×15 4 (4) 各2点×4 他 各4点×3 5～6 各5点×4

計100点

＜理科解説＞

1 (光の性質―凸レンズ・鏡)

重要 (1) 物体が焦点よりも外側にあるとき，物体と反対側に置いたスクリーンに実像がうつる。物体を凸レンズから遠ざけていくと，像は小さくなり，スクリーンの位置はレンズに近づく。物体が焦点よりも内側にあるとき，物体の反対側からレンズをのぞくと，物体と同じ側に虚像が見える。

重要 (2) 物体を焦点距離の2倍の位置に置いたとき，スクリーンに物体と同じ大きさの実像ができる。よって，レンズの中心から板までの距離は，10(cm)×2＝20(cm)である。黒い紙をはらないとき，板のある1点からの光は凸レンズの全面を通過する。そのため，レンズの一部に黒い紙をはっても，レンズを通過する光の量が少なくなるだけなので，像の形や大きさは変わらず，明るさだけが暗くなる。

重要 (3) 板をレンズから焦点距離の2倍離れた20cmの位置に置くと，レンズから20cm離れた位置に置いたスクリーンに同じ大きさの実像がうつる。レンズとスクリーンの距離が25cmとなるのは，板とレンズの距離が20cmよりも近いときなので，スクリーンにうつる像は板よりも大きくなる。また，実像は上下左右が逆になってうつる。

(4) 鏡にうつった板の像は，鏡に対して対称な位置にできるので，A子さんからの距離は，200＋50＋50＝200(cm)である。

(5) 全身をうつすために必要な鏡の最低限の縦の長さは身長の半分である。また，この最低限必要な縦の長さは，鏡との距離が変わっても変化しない。

2 (物質とその変化―状態変化)

基本 (1) 物質は融点以下では固体，融点と沸点の間では液体，沸点以上では気体の状態で存在する。25℃では，エタノールは融点と沸点の間なので液体，パルミチン酸は融点以下なので固体，窒素は沸点以上なので気体，水銀は融点と沸点の間なので液体，酸素は沸点以上なので気体の状態で存在する。

重要 (2) 融点は固体がとけて液体になる温度で，固体が液体になることを融解という。一般に固体が液体になると，質量は変化しないが体積は大きくなる。凝固は液体が固体になること，気化は液体が気体になることである。

重要 (3) 質量(g)＝体積(cm^3)×密度(g/cm^3)より，体積50cm^3の水の質量は50(cm^3)×1.00(g/cm^3)＝50.0(g)，体積50cm^3の氷の質量は50(cm^3)×0.92(g/cm^3)＝46.0(g)である。よって，水のほうが50.0－46.0＝4.0(g)重い。

やや難 (4) 窒素の融点は－210℃，沸点は－196℃なので液体窒素の温度は，－210～－196℃の範囲である。また，酸素の融点は－219℃，沸点は－183℃なので，窒素が液体である温度範囲では酸素は液体の状態で存在する。

3 （動物の体―動物の歯・消化と吸収）

基本 (1)　Aは犬歯で，ライオンのような肉食動物の犬歯はえものをしとめるのに適した形をしている。Bは臼歯で，ライオンのような肉食動物の臼歯は肉をさいたり骨を砕くのに適した形をしていて，シマウマのような草食動物の臼歯は草をすりつぶすのに適した形をしている。Cは門歯で，シマウマのような草食動物の門歯は草をかみ切るのに適した形をしている。

基本 (2)　Dはだ液せんで，だ液をつくって口の中に出す。Eは小腸で，小腸の壁から出される消化酵素はデンプンとタンパク質にはたらく。Fは肝臓で，肝臓でつくられる消化液は胆汁である。胆汁は消化酵素をふくまず，脂肪の消化を助けるはたらき(乳化)をもつ。

重要 (3)　デンプンが分解されてできたブドウ糖とタンパク質が分解されてできたアミノ酸は毛細血管から吸収される。脂肪が分解されてできた脂肪酸とモノグリセリドは，再び脂肪に戻ってリンパ管から吸収される。

(4)　ヨウ素液はデンプンの検出に用いられ，デンプンがあると，青紫色に変化する。ベネジクト液はブドウ糖や麦芽糖の検出に用いられ，ブドウ糖や麦芽糖があると，加熱したときに赤褐色の沈殿が見られる。試験管G，Hでは，ご飯つぶに含まれているデンプンはだ液によってブドウ糖がいくつかつながったものに分解される。そのため，ヨウ素液での反応はなく，色はヨウ素液のもとの色である褐色のままである。また，ベネジクト液では反応があり，赤褐色の沈殿が生じる。

(5)　肝臓では消化液である胆汁をつくっているが，胆汁は肝臓ではなく胆のうにたくわえられる。

(6)　葉でつくられたデンプンは，水にとけやすい形に変えられて，師管を通ってからだの各部に運ばれる。

4 （地震―地震を伝える波）

基本 (1)　初期微動が伝わってから主要動が伝わるまでの時間を初期微動継続時間という。新城市では，Wのときに初期微動が伝わり，Xのときに主要動が伝わっているので，初期微動継続時間は，(X－W)(s)で表される。奈良市では，Yのときに初期微動が伝わり，Zのときに主要動が伝わっているので，初期微動継続時間は，(Z－Y)(s)で表される。

重要 (2)　P波とS波の速さが一定のとき，震源からの距離と初期微動継続時間は比例する。A地点での初期微動継続時間は8秒なので，C地点の初期微動継続時間をx秒とすると，56(km)：8(s)＝133(km)：x(s)　x＝19(秒)となる。よって，C地点にS波が到達した時刻は，5時48分08秒の19秒後の5時48分27秒とわかる。A地点とC地点を比べると，震源からの距離の差は133－56＝77(km)，S波の到達時刻の差は22秒なので，S波の速さは，77(km)÷22(s)＝3.5(km/s)である。

重要 (3)　図3から，初期微動継続時間は4秒であることがわかる。P波とS波の速さが一定のとき，震源からの距離と初期微動継続時間は比例するので，初期微動継続時間が4秒である地点の震源からの距離を$x$kmとすると，56(km)：8(s)＝x(km)：4(s)　x＝28(km)

(4)　海底の山脈を海嶺といい，海のプレートは海嶺でつくられる。日本列島付近では，海のプレートである太平洋プレートやフィリピン海プレートが，陸のプレートである北アメリカプレートやユーラシアプレートの下に沈み込んでいる。地震はプレートの境界付近で発生することが多いので，日本付近の震源の深さは，太平洋側から日本海側にいくにしたがって深くなっている。

5 （溶液とその性質―気体の溶解度）

(1)　ビン内部の圧力は，ふたを開けることで4気圧から1気圧に低下する。温度が一定のとき，気体の溶解度は圧力に比例することから，ふたを開けることで水にとける二酸化炭素の量は，1(気圧)÷4(気圧)＝$\frac{1}{4}$になる。

(2)　水中では深くなるほど圧力が急激に大きくなることから，水中から浮上するとき，浮上する速さが速いと，圧力が急激に小さくなることがわかる。圧力が小さくなると液体である血液中への空気の溶解量が急激に減るため，血液にとけていた空気がとけずに出てきて気泡を形成する。この気泡が血液の流れを阻害することで，必要な酸素が血液によって運ばれにくくなり，減圧症(潜水病)が発症してしまう。

6 (動物のからだ―動物の手と爪)

(1) イラストのオランウータンやニホンザルの子どもに着目すると，向かい合った親指と他の4本の指で何かにつかまることができていることがわかる。

(2) イラストから，左のサルは落ちているものを拾っていて，右のサルは，相手のサルの毛をつまんで毛づくろいをしていることがわかる。

★ワンポイントアドバイス★

問題文を読解し，それをもとに40字を超えるような文章記述問題が出題されていて，知識だけでなく読解力・思考力・表現力を要求されるものの出題もあるので，中学範囲にとらわれず，文章読解を要する問題にも取り組んでいこう。

＜社会解答＞

【1】 問1 ③　問2 ②, ③　問3 (1) ①　(2) ②　(3) ④

【2】 問1 ③　問2 ③　【3】 ②

【4】 問1 ③　問2 ③　問3 ③　問4 ②, ④　問5 ②　問6 ②　問7 戦争体験や被爆体験を語り継ぎましょう。

【5】 問1 ③　問2 ③　問3 ②, ④　問4 ①　問5 ②　問6 ①

【6】 問1 (1) ①　(2) ②

問2 右図参照

【7】 問1 ③　問2 ③　問3 ③

問4 ⑦

【8】 問1 ④　問2 29 ⑤　30 ⓪

31 ④　問3 ②　問4 ③

【9】 問1 (1) ジェンダー　(2) Me

問2 ②

【10】 問1 ②　問2 ②　問3 様々な宗教を受け入れること(を可能にするために)給食のメニューを選択方式にする。

【11】 A 国際連盟脱退　B 日本が世界から孤立する

C 国際協調の姿勢を持ち，各国と積極的に対話す

○推定配点○

【1】 各2点×5(問2完答)　【2】 各2点×2　【3】 2点　【4】 問7 5点 他 各2点×6(問4完答)　【5】 各2点×6(問3完答)　【6】 問2 3点 他 各2点×2　【7】 各2点×4　【8】 各3点×4(問2完答)　【9】 問2 3点 他 各4点×2　【10】 問3 5点 他 各3点×2　【11】 6点　計100点

＜社会解説＞

【1】（総合問題ー地理と公民の総合問題）

問1　③　UNESCOは国連教育科学文化機関の略。WTOは世界貿易機関，WHOは世界保健機関，UNCTADは国連貿易開発会議の略。

問2　②，③　公助は国や自治体が国民や住民を助けるもの。①は共助，④は自助になる。

重要　問3　(1)　①　選択肢はいずれも火山だが，麓が長野県，群馬県になるのは①の浅間山。富士山以外は結構活発に火山活動がみられるが，富士山は最後に噴火したのが江戸時代。　(2)　長野市は中央高地の気候になるので，全般に気温は低めで降水量が少ない②になる。①は鹿児島市，③は新潟市，④は高松市のもの。　(3)　④　レタスはあまり気温が高いのはだめなので夏場は夏でも涼しい長野県で，冬場の寒い時期は温暖な静岡県，春や秋は茨城県と出荷場所が変わる。

【2】（公民ー裁判に関連する問題）

問1　③　犯罪を裁くものではない民事裁判の中で争う一方が国や地方自治体の場合が行政裁判。

重要　問2　③　一審から二審に訴えるのが控訴であり，最高裁判所が一審になることはないので③の組み合わせになる。

【3】（公民ーキリスト教会に関する問題）

②　バチカンにあるのがローマ教皇庁で，ローマ教皇はカトリック教会の最高指導者になる。アテネ大主教はギリシア正教会の最高指導者。ギリシア正教会は東方正教会の一つで，東西ローマ帝国が分かれた際にカトリック教会の源流とは分かれた。

【4】（総合問題ー現代史と公民の総合問題）

やや難　問1　③　INF全廃条約は1987年に調印。ベルリンの壁が壊れたのが1989年。サンフランシスコ平和条約は1951年，ニューディール政策は1933年，ポツダム宣言受諾は1945年。

問2　③　1954年の出来事で反核運動につながるのはビキニ環礁での水爆実験。この際に日本のマグロ漁船の第五福竜丸が被爆し，問題となった。①は1973年，②の朝鮮戦争は1950年～1953年，④は1945年。

問3　③　GDPは国内総生産で経済の規模を示す数値で，世界の国々の協調などとは関係ない。①はヨーロッパ連合，②は国連の平和維持活動，④は東南アジア諸国連合。

問4　②，④　核兵器国は国連の常任理事国と一致とあるので，インドとドイツは異なる。ただし，インドは現在は核兵器を保有している。

重要　問5　②　外国との条約について交渉し署名をするのは内閣の権限だが，条約を承認し批准するのは国会の役割。

問6　②　日本の戦争放棄に関する事柄が明記されているのは憲法の第9条。1条は天皇について，14条は法の下の平等について，25条は生存権についての規定。

やや難　問7　世界の平和につながることで，なおかつ中学生でも実践できそうなことを考える。空欄アの後ろの文にある，「戦争が何をもたらしたのかを知ることは，平和をつくる大切な第一歩です」をヒントにすると，戦争について多くの人が知ることを助けるような内容を考えればよいとわかる。

【5】（日本の歴史ー京都，奈良に関連する問題）

問1　③　天皇と外戚関係になり，自らは太政大臣となって一族を高位につけたのは平清盛。他の選択肢で太政大臣になったのは豊臣秀吉のみ。

問2　③　藤原頼通の時代は11世紀。この頃は平安時代の国風文化の時代。①は鎌倉時代，②は室町時代，④は安土桃山時代。

問3　③　1854年→②　1866年→①　1867円→④　1871年の順。

重要 問4 ① 室町幕府で将軍を補佐するのは管領。斯波氏，畠山氏，細川氏の中から出た。鎌倉幕府で将軍の補佐は執権，江戸幕府では老中もしくは大老。

問5 ② 遣隋使で小野妹子が隋の煬帝に対等関係を求める書簡を渡したことについての記録。①は御成敗式目，③は足利尊氏が御成敗式目に倣って出した建武式目，④は魏志倭人伝の中の邪馬台国に関する記述。

問6 ① 東大寺の大仏造立の詔が出されたのと墾田永年私財法が出されたのが同じ743年。②は明治時代の1885年，③は鎌倉時代の承久の乱の後の1221年，④は院政のことで1086年から。

【6】（地理―オーストラリア，カナダ，台湾に関する問題）

問1 オーストラリアからの輸入が①，台湾が②，カナダが③。台湾は現在ではかなり工業化が進んでいる。

重要 問2 オーストラリアは大陸のほぼ中央を南北に東経135度線が通っているので日本の真南にある。大陸の東西方向でほぼ中央を通るのは南回帰線。カナダは北米大陸の北部で，アメリカとカナダとの国境はほぼ北緯50度になる。台湾は中国の東側に浮かぶ島で，島のほぼ中央に北回帰線が通る。

【7】（世界の歴史―20世紀の世界に関する問題）

問1 ③ 1917年のロシア革命によって誕生するソ連は，史上初の社会主義国で，経済活動の基盤となる生産手段をすべて公有にすることで貧富の差をなくすというのがうたい文句であった。このソ連を中心とする社会主義国が東側と言われ，アメリカを中心とする資本主義国が西側とされた。第二次世界大戦後のヨーロッパで見ると，東西ドイツの分かれ目を中心に東西に分けて考えると大体は当てはまる。

問2 ③ 第一次世界大戦は，1914年に現在のボスニア・ヘルツェゴビナの首都サラエボでオーストリア皇太子夫妻がセルビア人によって暗殺された事件で始まる。第二次世界大戦は，1939年にドイツがポーランドへ軍事侵攻したことで始まる。

問3 ③ ポーランドは③番。①がノルウェー，②がスイス，④がセルビア，⑤がスペイン，⑥がリビア，⑦がイスラエル。

問4 ⑦ イスラエルは第二次世界大戦後にユダヤ人が建国した国。もともとはこの地にユダヤ人の国があったが，古代ローマの時代にユダヤ人が奴隷などとして連れ去られたりした結果，この地のユダヤ人国家は消滅していた。

【8】（地理―環境問題に関連する問題）

重要 問1 ④ グレタ・トゥンベリは，2018年に15歳で「気候のための学校ストライキ」という運動を展開し，知られるようになった。アビー・アハメドはエチオピアの首相で，2019年にエリトリアとエチオピアとの和平を実現させたことでノーベル平和賞を受賞。デニス・ムクウェゲはアフリカのコンゴの医師で，女性への性暴力の防止への働きを評価されて2018年にノーベル平和賞を受賞。マララ・ユフスザイはパキスタン出身の女性運動家で，2014年に17歳で史上最低年齢でノーベル平和賞を受賞。

問2 スウェーデンとチリの間の経度差は90度で，6時間，スウェーデンの時間の方が先行する。したがってスウェーデンで2020年2月5日午前10時のとき，チリはそれから6時間戻した2月5日午前4時となる。

問3 ② イギリスとアメリカの間にあるのは大西洋。

問4 ③ スペインの位置するイベリア半島は地中海に面しており，海沿いの地域の多くは地中海性気候になるので，夏の高温乾燥に耐えられるような果樹の栽培と，冬の降水で育てる小麦栽培を組み合わせた地中海式農業が盛ん。

【9】（公民―女性問題に関する問題）

問1 (1) ジェンダー(Gender)は社会的性差を示す語として一般に使われている。 (2) 「Me too」は「私もそうだ」という英語の表現から転用され，女性へのセクハラ問題などに対しての抗議の運動で使われるようになったもの。「KuToo」は靴(くつ)という言葉と苦痛(くつう)という言葉にかけて使われるようになった。

やや難 問2 ② 2019年の参議院選挙では当選者124人の中で女性は28人で，前回と同数が当選し，その割合は22.6%となった。ちなみに，前回2016年のときも，28人の当選で，このときの改選分121人に占める割合は2019年よりも高い23.1%であった。

【10】（総合問題―「寛容」に関連する地理と公民の問題）

問1 ② 人間が人間らしく生きる権利が社会権でその中に含まれるのが生存権，勤労権，教育を受ける権利。労働条件に関連する権利は勤労権の中に含まれる。

問2 ② ニュージーランドはオーストラリア大陸の南東にある島国でオセアニア州の中に含まれる。

やや難 問3 学校という場において，多様性をみとめ，寛容であるために制度がどのようにあるべきかということを考えさせるもの。宗教の多様性を受け入れることを考えると，食べ物の違いが問題になるので，給食を採用している学校の場合には，献立に関して問題が生じることは考えられる。また，実際にスポーツの大会などで問題になっていることでは宗教の違いから，その競技の際に着用する運動着の種類に幅を持たせる必要が出てくるのもある。同様のものでは制服なども考える必要は出てくる。

やや難 【11】（総合問題―戦争についての歴史，政治の問題）

太平洋戦争のような戦争を二度と繰り返さないため，太平洋戦争に至るまでの約十年ほどの間の出来事と向きあい，「太平洋戦争開戦を決断した日本」について，その十年の間の出来事が日本にどのような悪影響を与え戦争を引き起こしたのかということ，当時の日本のどういう点を反省すべきなのかということを論述させる問題。

与えられている十年間の年表は1931年の満州事変から1940年の大政翼賛会の結成まで。割と多くの選択肢があるが，それぞれの出来事と戦争へどのようにつながるのかの理解，並びにそこから導き出せる教訓のようなものがあるのかを判断することが重要。たとえば，大政翼賛会の結成をあげるなら，政府の方針に対して反対する声を封殺するのではなく，様々な意見を言える場を残し，政府もその声がどのようなものでも耳を傾けるべきであるといったものもあろう。

★ワンポイントアドバイス★

試験時間の割に，読み考えることが求められる問題数が多いので，落ち着きながらもスピードを持って解き進めることが必要。選択肢で正解がすぐに選べない場合は消去法で，正解でないものを消していった方が選びやすいものもある。

＜国語解答＞

一 問一 ④ 問二 ④ 問三 ① 問四 ⑥ 問五 ② 問六 ② 問七 ③
問八 ④ 問九 ① 問十 J ③ K ①

二 問一 ③ 問二 ⑤ 問三 ④ 問四 ② 問五 ④ 問六 ③ 問七 ⑤
問八 ⑤ 問九 (1) ① (2) (例) 私は日記を書くことで，その日にあった出来事を思い出し，その時の気持ちを整理している。この経験から，私は書くことによって，実際の出来事が思い出しやすくなり，気持ちの整理もできる効果が得られると考える。(99字)

三 問一 (1) 平衡 (2) 猶予 (3) 来賓 (4) 採択
問二 A ④ B ③ C ⑤ D ⑦

四 問一 ③ 問二 ④ 問三 ② 問四 ④ 問五 ① 問六 ア ④
イ ⑤ ウ ② 問七 「於伎敝能可多尓」 ⑧ 「案麻能等毛之備」 ⑤

○推定配点○

一 問一・問三 各2点×2 他 各3点×9 二 問二・問三 各2点×2 問九 (2) 8点
他 各3点×7 三 各2点×8 四 各2点×10 計100点

＜国語解説＞

一 (説明文一大意・要旨，内容吟味，文脈把握，脱文・脱語補充，漢字の読み書き)

基本 問一 直後の文に「核分裂で生じたものを全部まとめて核分裂生成物と呼んでいる」とある。

問二 傍線部Bに「もう一つの大きな特徴」とあるので，これより前に「使用済核燃料」の一つ目の特徴が書かれている。直前の段落の「使用済みの核燃料は，使用前よりも格段に放射能が高くなる」が，「もう一つの大きな特徴」にあたる。

問三 「硝酸」は無色で刺激臭のある液体。「硝」を使った熟語は他に「硝石」「硝煙」などがある。

問四 「高レベル廃液は」で始まる段落に①・②，「液体を固体に」で始まる段落に③・④，「また，ガラスは変質しにくい」で始まる段落に⑤の内容が書かれている。「また，ガラスには人工的なもの」で始まる段落で「人工的なもの」だけでなく「天然のガラス」についても述べているが，「両者を混ぜて使う」とは述べていないので，⑥は当てはまらない。

やや難 問五 傍線部Eは，富士山などの天然の火山ガラスとガラス固化体では「地下水に溶ける速度に大きな差がない」と言っている。使用済核燃料という危険な廃棄物をガラス固化体にして地下に埋設するにあたって，天然の火山ガラスと比較して安全性を確認するための研究だと推測できる。

重要 問六 傍線部Fの「中身がどんどん変わっていく」について，同じ段落で「ここで中身が変わるというのは，たとえば一歩間違えば核爆弾の原料になる危険なウランやプルトニウムでも，悠久の時の流れを経れば，放射能を持たないただの鉛になる」という例を挙げ，その後で「時の流れとともに，廃棄物に含まれる放射性物質がエネルギーを出しながら壊れて別の物質へと変身しながら次々と移り変わり」と言い換えている。この内容を述べているものを選ぶ。

問七 同じ文の文脈「廃棄物に含まれる放射性物質が……別の物質へと変身しながら次々と移り変わ」るとともに「高レベル放射性廃棄物全体の放射能が」どうなるのかを考える。同じ段落の「危険なウランやプルトニウムでも，悠久の時の流れを経れば，放射能を持たないただの鉛になる」という例に着目する。「放射能を持たない」ようになるというのであるから，③の「減少」がふさわしい。

問八 同じ段落の「ガラス固化体の放射能は取り出し直後の使用済燃料が持つ放射能の約一〇〇〇分の一まで減少する。しかし，それでもウラン鉱石の放射能より一万倍ほど高い」から，取り出し直後の使用済燃料はウラン鉱石の約1000万倍放射能が高いとわかる。また，[図5]の縦軸からウラン鉱石とガラス固化体の放射線の数値を読み取って判断することもできる。ウラン鉱石は10^3で，ガラス固化体の燃料取出し時は10^{10}で，その差は10^7の1000万倍となる。

やや難 問九 「問題文(Ⅰ)の内容をふまえて」とあるので，「問題文(Ⅰ)」で「再処理」について述べている部分を探す。「再処理工場では」で始まる段落に「再処理工場では……分離という工程で核燃料として再利用できないものを高レベル廃液として除去して，再利用できるプルトニウムとウランを回収する」とある。再利用できるものと再利用できないものを分離すると述べている①を選ぶ。

重要 問十 J 前後の文脈から，「危険な廃棄物を処理するための」「『具体的な工夫』」にあたるものを選ぶ。「原子炉から」で始まる段落に「使用済燃料は……再処理され，ガラス固化体に加工される」とあり，その後「中間貯蔵施設で冷却してから地下の処分場に運んで埋設する」とある。「ガラス固化体に加工」することが「工夫」にあたる。 K 空欄Kの後の「それ」は，「大量に存在していて，その処理にはとてつもない時間と費用がかかり，慎重に作業しなければ命が危険にさらされ」るもので，J氏の言う「危険な廃棄物」を指し示す。「危険な廃棄物」を「放射性廃棄物の」で始まる段落で「高レベル放射性廃棄物」と言っていることから，どのような「状態」なのかを考える。

二 （随筆一内容吟味，文脈把握，脱文・脱語補充，語句の意味，熟語，作文）

基本 問一 前の「『詠む』は」「『読む』は」「そして『誦む』は」で始まるそれぞれの段落の説明に注目する。aには，直後の文の「詩集は，記された文字を追うだけでなく」から，紙に書かれたものを味わうという意味の語が，bには，直前の「口に出して」から，声に出して読み上げる意味の「誦む」が，cには，直後の「すなわち，『書く』」から，歌を作るという意味の語が当てはまる。

基本 問二 「優劣」は，反対の意味を重ねる構成で，同じ構成の熟語は⑤の「功罪」。

問三 「稀代」は，「希代」とも書く。同じ文の「紀貫之」を意味していることから判断する。

問四 傍線部Cについて，一つ後の文で「ある出来事が種子となり，それが心のうちで育ち，ある日，木に葉がなるように歌に結実する」と説明している。

問五 傍線部Dの「歌を詠まずとも，歌を読むことで人は，自らのうちに歌人(詩人)が生きていることに気が付く」の「自らのうちに歌人が生きている」はどういうことかを考える。その歌の良さに気づく感性を持っているということを表現している。

問六 （ E ）は，「やまとうた」の「世の中にある人」で始まる部分の「いづれか歌をよまざりける」に相当する。「誰が歌を詠まないだろうか，いや，すべてが歌を詠んでいる」という口語訳になる。

問七 同じ段落の「生物として」や，「世の中にある人」の文章の「生きとし生けるもの」に着目する。ここでの「コトバ」は生物のものなので，無生物が発しているものは当てはまらない。

重要 問八 「沈黙」について，直前の段落で「沈黙も巨大なエネルギーをたたえたコトバ」と同様の内容を述べている。「豊かな意味」や「巨大なエネルギー」に通じるものを選ぶ。

やや難 問九 (1) 「詩」を書くことについて述べている部分を探す。「ぜひ，詩を」で始まる段落で「書くことをおすすめするのは，書くことによって人は，はじめて自分が何を考えていたかを知ることが少なくないから」と，「詩」を書く効果について述べている。

(2) 八十字以上百字以内という字数指定なので，二文程度でまとめよう。一文目に「書くこと」に関する「あなた」自身の具体的な経験を書き，二文目に「書くこと」によって得られた効果を書くとまとめやすい。日記や手紙，読書や映画の感想文，旅行記などの題材が考えられる。

三 (漢字の読み書き，語句の意味)

問一 (1) つりあいがとれていること。「衡」を使った熟語は，他に「均衡」「度量衡」などがある。 (2) 決断や実行をためらうこと。 (3) 式などに招かれて来た人。「賓」を使った熟語は，他に「国賓」「主賓」などがある。 (4) いくつかの中から選んで取り上げること。「採」の訓読みは「と(る)」。「択」を使った熟語は，他に「選択」「二者択一」などがある。

問二 ①はメタファー，②はアカデミックリサーチレポート，⑥はサマリー。

四 (古文―主題・表題，語句の意味，口語訳，文学史)

〈口語訳〉 長門の裏から船出をする夜に，月光を仰ぎ見て作る歌三首

ア 月よみの 光を清み 夕なぎに 水手の声呼び 浦廻漕ぐかも(お月様の光が澄んでいるので，波がおさまる夕なぎに，入江沿いで水夫が声を掛け合い舟を漕いでいる)

イ 山の端に 月傾けば 漁りする 海人のともしび 沖になづさふ(山の稜線に月がかかれば，魚をとる漁師の灯が沖に漂う)

ウ 我のみや 夜船は漕ぐと 思へれば 沖辺の方に 楫の音すなり(夜船を漕いでいるのは私たちだけだろうかと思っていたら，沖の方に舟をこぐ音がするようだ)

基本 問一 『万葉集』が成立したのは奈良時代で，同じ時代に成立した書物は③の「古事記」。

問二 「新羅」は，古代朝鮮の国。四世紀に成立したが，九三五年に高句麗に滅ぼされた。

問三 「長門」は現在の山口県西部。①は加賀・能登，③は土佐，④は筑前，⑤は薩摩。

やや難 問四 「名詞＋を＋形容詞の語幹＋み」の形で，「み」は理由の意味を表す。

問五 山と空とが接して見える山側。空側は「山際(やまぎは)」。

重要 問六 ア 「月よみの光を清み」で長門の入り江の美しい情景を表し，その中を行く船の様子を描写している。 イ 「山の端に 月傾けば」で，だんだん暗くなっていく時間の経過を表している。 ウ 「夜船」からは真っ暗な中で船を漕ぐ情景が浮かぶ。自分たちだけが船を漕いでいるような気がしていたが，「沖辺の方に楫の音」がするのが聞こえたときの思いを詠んでいる。

問七 「於伎敝能可多尓」の「於」は「お」，「敝」は「へ(べ)」の音を表す。「案麻能等毛之備」の「等毛之備」は「ともしび」を表す。

★ワンポイントアドバイス★

漢字の読み書きをはじめ，語句の意味，文学史や万葉仮名など幅広い知識が要求されている。ふだんから知識を確実なものにしておくことで解答の時間が短縮でき，作文の時間が確保できる。

解答用紙集

○月×日　△曜日　天気（合格日和）

◆ご利用のみなさまへ
＊解答用紙の公表を行っていない学校につきましては、弊社の責任において、解答用紙を制作いたしました。
＊編集上の理由により一部縮小掲載した解答用紙がございます。
＊編集上の理由により一部実物と異なる形式の解答用紙がございます。

人間の最も偉大な力とは、その一番の弱点を克服したところから生まれてくるものである。 ―カール・ヒルティ―

東京学参株式会社

椙山女学園高等学校　2024年度

◇数学◇

※152%に拡大していただくと，解答欄は実物大になります。

記入方法　1. 記入は必ず**黒鉛筆またはシャープペンシル**で、( ) の中を正確にぬりつぶしてください。
2. 訂正する場合は、消しゴムできれいに消してください。
3. 解答用紙を汚したり、折り曲げたりしないでください。
4. ⊕⊖の欄については、数学の解答で必要がある場合のみマークしてください。

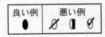

良い例	悪い例
●	∅ ◑ ✓

解答番号	解答記入欄	解答番号	解答記入欄	解答番号	解答記入欄	解答番号	解答記入欄
1	① ② ③ ④ ⑤ ⑥ ⑦ ⑧ ⑨ ⓪ ⊕ ⊖	21	① ② ③ ④ ⑤ ⑥ ⑦ ⑧ ⑨ ⓪ ⊕ ⊖	41	① ② ③ ④ ⑤ ⑥ ⑦ ⑧ ⑨ ⓪ ⊕ ⊖	61	① ② ③ ④ ⑤ ⑥ ⑦ ⑧ ⑨ ⓪ ⊕ ⊖
2	① ② ③ ④ ⑤ ⑥ ⑦ ⑧ ⑨ ⓪ ⊕ ⊖	22	① ② ③ ④ ⑤ ⑥ ⑦ ⑧ ⑨ ⓪ ⊕ ⊖	42	① ② ③ ④ ⑤ ⑥ ⑦ ⑧ ⑨ ⓪ ⊕ ⊖	62	① ② ③ ④ ⑤ ⑥ ⑦ ⑧ ⑨ ⓪ ⊕ ⊖
3	① ② ③ ④ ⑤ ⑥ ⑦ ⑧ ⑨ ⓪ ⊕ ⊖	23	① ② ③ ④ ⑤ ⑥ ⑦ ⑧ ⑨ ⓪ ⊕ ⊖	43	① ② ③ ④ ⑤ ⑥ ⑦ ⑧ ⑨ ⓪ ⊕ ⊖	63	① ② ③ ④ ⑤ ⑥ ⑦ ⑧ ⑨ ⓪ ⊕ ⊖
4	① ② ③ ④ ⑤ ⑥ ⑦ ⑧ ⑨ ⓪ ⊕ ⊖	24	① ② ③ ④ ⑤ ⑥ ⑦ ⑧ ⑨ ⓪ ⊕ ⊖	44	① ② ③ ④ ⑤ ⑥ ⑦ ⑧ ⑨ ⓪ ⊕ ⊖	64	① ② ③ ④ ⑤ ⑥ ⑦ ⑧ ⑨ ⓪ ⊕ ⊖
5	① ② ③ ④ ⑤ ⑥ ⑦ ⑧ ⑨ ⓪ ⊕ ⊖	25	① ② ③ ④ ⑤ ⑥ ⑦ ⑧ ⑨ ⓪ ⊕ ⊖	45	① ② ③ ④ ⑤ ⑥ ⑦ ⑧ ⑨ ⓪ ⊕ ⊖	65	① ② ③ ④ ⑤ ⑥ ⑦ ⑧ ⑨ ⓪ ⊕ ⊖
6	① ② ③ ④ ⑤ ⑥ ⑦ ⑧ ⑨ ⓪ ⊕ ⊖	26	① ② ③ ④ ⑤ ⑥ ⑦ ⑧ ⑨ ⓪ ⊕ ⊖	46	① ② ③ ④ ⑤ ⑥ ⑦ ⑧ ⑨ ⓪ ⊕ ⊖	66	① ② ③ ④ ⑤ ⑥ ⑦ ⑧ ⑨ ⓪ ⊕ ⊖
7	① ② ③ ④ ⑤ ⑥ ⑦ ⑧ ⑨ ⓪ ⊕ ⊖	27	① ② ③ ④ ⑤ ⑥ ⑦ ⑧ ⑨ ⓪ ⊕ ⊖	47	① ② ③ ④ ⑤ ⑥ ⑦ ⑧ ⑨ ⓪ ⊕ ⊖	67	① ② ③ ④ ⑤ ⑥ ⑦ ⑧ ⑨ ⓪ ⊕ ⊖
8	① ② ③ ④ ⑤ ⑥ ⑦ ⑧ ⑨ ⓪ ⊕ ⊖	28	① ② ③ ④ ⑤ ⑥ ⑦ ⑧ ⑨ ⓪ ⊕ ⊖	48	① ② ③ ④ ⑤ ⑥ ⑦ ⑧ ⑨ ⓪ ⊕ ⊖	68	① ② ③ ④ ⑤ ⑥ ⑦ ⑧ ⑨ ⓪ ⊕ ⊖
9	① ② ③ ④ ⑤ ⑥ ⑦ ⑧ ⑨ ⓪ ⊕ ⊖	29	① ② ③ ④ ⑤ ⑥ ⑦ ⑧ ⑨ ⓪ ⊕ ⊖	49	① ② ③ ④ ⑤ ⑥ ⑦ ⑧ ⑨ ⓪ ⊕ ⊖	69	① ② ③ ④ ⑤ ⑥ ⑦ ⑧ ⑨ ⓪ ⊕ ⊖
10	① ② ③ ④ ⑤ ⑥ ⑦ ⑧ ⑨ ⓪ ⊕ ⊖	30	① ② ③ ④ ⑤ ⑥ ⑦ ⑧ ⑨ ⓪ ⊕ ⊖	50	① ② ③ ④ ⑤ ⑥ ⑦ ⑧ ⑨ ⓪ ⊕ ⊖	70	① ② ③ ④ ⑤ ⑥ ⑦ ⑧ ⑨ ⓪ ⊕ ⊖
11	① ② ③ ④ ⑤ ⑥ ⑦ ⑧ ⑨ ⓪ ⊕ ⊖	31	① ② ③ ④ ⑤ ⑥ ⑦ ⑧ ⑨ ⓪ ⊕ ⊖	51	① ② ③ ④ ⑤ ⑥ ⑦ ⑧ ⑨ ⓪ ⊕ ⊖	71	① ② ③ ④ ⑤ ⑥ ⑦ ⑧ ⑨ ⓪ ⊕ ⊖
12	① ② ③ ④ ⑤ ⑥ ⑦ ⑧ ⑨ ⓪ ⊕ ⊖	32	① ② ③ ④ ⑤ ⑥ ⑦ ⑧ ⑨ ⓪ ⊕ ⊖	52	① ② ③ ④ ⑤ ⑥ ⑦ ⑧ ⑨ ⓪ ⊕ ⊖	72	① ② ③ ④ ⑤ ⑥ ⑦ ⑧ ⑨ ⓪ ⊕ ⊖
13	① ② ③ ④ ⑤ ⑥ ⑦ ⑧ ⑨ ⓪ ⊕ ⊖	33	① ② ③ ④ ⑤ ⑥ ⑦ ⑧ ⑨ ⓪ ⊕ ⊖	53	① ② ③ ④ ⑤ ⑥ ⑦ ⑧ ⑨ ⓪ ⊕ ⊖	73	① ② ③ ④ ⑤ ⑥ ⑦ ⑧ ⑨ ⓪ ⊕ ⊖
14	① ② ③ ④ ⑤ ⑥ ⑦ ⑧ ⑨ ⓪ ⊕ ⊖	34	① ② ③ ④ ⑤ ⑥ ⑦ ⑧ ⑨ ⓪ ⊕ ⊖	54	① ② ③ ④ ⑤ ⑥ ⑦ ⑧ ⑨ ⓪ ⊕ ⊖	74	① ② ③ ④ ⑤ ⑥ ⑦ ⑧ ⑨ ⓪ ⊕ ⊖
15	① ② ③ ④ ⑤ ⑥ ⑦ ⑧ ⑨ ⓪ ⊕ ⊖	35	① ② ③ ④ ⑤ ⑥ ⑦ ⑧ ⑨ ⓪ ⊕ ⊖	55	① ② ③ ④ ⑤ ⑥ ⑦ ⑧ ⑨ ⓪ ⊕ ⊖	75	① ② ③ ④ ⑤ ⑥ ⑦ ⑧ ⑨ ⓪ ⊕ ⊖
16	① ② ③ ④ ⑤ ⑥ ⑦ ⑧ ⑨ ⓪ ⊕ ⊖	36	① ② ③ ④ ⑤ ⑥ ⑦ ⑧ ⑨ ⓪ ⊕ ⊖	56	① ② ③ ④ ⑤ ⑥ ⑦ ⑧ ⑨ ⓪ ⊕ ⊖	76	① ② ③ ④ ⑤ ⑥ ⑦ ⑧ ⑨ ⓪ ⊕ ⊖
17	① ② ③ ④ ⑤ ⑥ ⑦ ⑧ ⑨ ⓪ ⊕ ⊖	37	① ② ③ ④ ⑤ ⑥ ⑦ ⑧ ⑨ ⓪ ⊕ ⊖	57	① ② ③ ④ ⑤ ⑥ ⑦ ⑧ ⑨ ⓪ ⊕ ⊖	77	① ② ③ ④ ⑤ ⑥ ⑦ ⑧ ⑨ ⓪ ⊕ ⊖
18	① ② ③ ④ ⑤ ⑥ ⑦ ⑧ ⑨ ⓪ ⊕ ⊖	38	① ② ③ ④ ⑤ ⑥ ⑦ ⑧ ⑨ ⓪ ⊕ ⊖	58	① ② ③ ④ ⑤ ⑥ ⑦ ⑧ ⑨ ⓪ ⊕ ⊖	78	① ② ③ ④ ⑤ ⑥ ⑦ ⑧ ⑨ ⓪ ⊕ ⊖
19	① ② ③ ④ ⑤ ⑥ ⑦ ⑧ ⑨ ⓪ ⊕ ⊖	39	① ② ③ ④ ⑤ ⑥ ⑦ ⑧ ⑨ ⓪ ⊕ ⊖	59	① ② ③ ④ ⑤ ⑥ ⑦ ⑧ ⑨ ⓪ ⊕ ⊖	79	① ② ③ ④ ⑤ ⑥ ⑦ ⑧ ⑨ ⓪ ⊕ ⊖
20	① ② ③ ④ ⑤ ⑥ ⑦ ⑧ ⑨ ⓪ ⊕ ⊖	40	① ② ③ ④ ⑤ ⑥ ⑦ ⑧ ⑨ ⓪ ⊕ ⊖	60	① ② ③ ④ ⑤ ⑥ ⑦ ⑧ ⑨ ⓪ ⊕ ⊖	80	① ② ③ ④ ⑤ ⑥ ⑦ ⑧ ⑨ ⓪ ⊕ ⊖

椙山女学園高等学校　2024年度　◇英語◇

※152%に拡大していただくと，解答欄は実物大になります。

記入方法
1．記入は必ず**黒鉛筆またはシャープペンシル**で，⓪の中を正確にぬりつぶしてください。
2．訂正する場合は、消しゴムできれいに消してください。
3．解答用紙を汚したり、折り曲げたりしないでください。
4．⊕⊖の欄については、数学の解答で必要がある場合のみマークしてください。

良い例	悪い例
●	⊘ ◐ ✓

解答番号	解答記入欄	解答番号	解答記入欄	解答番号	解答記入欄	解答番号	解答記入欄
1	① ② ③ ④ ⑤ ⑥ ⑦ ⑧ ⑨ ⓪ ⊕ ⊖	21	① ② ③ ④ ⑤ ⑥ ⑦ ⑧ ⑨ ⓪ ⊕ ⊖	41	① ② ③ ④ ⑤ ⑥ ⑦ ⑧ ⑨ ⓪ ⊕ ⊖	61	① ② ③ ④ ⑤ ⑥ ⑦ ⑧ ⑨ ⓪ ⊕ ⊖
2	① ② ③ ④ ⑤ ⑥ ⑦ ⑧ ⑨ ⓪ ⊕ ⊖	22	① ② ③ ④ ⑤ ⑥ ⑦ ⑧ ⑨ ⓪ ⊕ ⊖	42	① ② ③ ④ ⑤ ⑥ ⑦ ⑧ ⑨ ⓪ ⊕ ⊖	62	① ② ③ ④ ⑤ ⑥ ⑦ ⑧ ⑨ ⓪ ⊕ ⊖
3	① ② ③ ④ ⑤ ⑥ ⑦ ⑧ ⑨ ⓪ ⊕ ⊖	23	① ② ③ ④ ⑤ ⑥ ⑦ ⑧ ⑨ ⓪ ⊕ ⊖	43	① ② ③ ④ ⑤ ⑥ ⑦ ⑧ ⑨ ⓪ ⊕ ⊖	63	① ② ③ ④ ⑤ ⑥ ⑦ ⑧ ⑨ ⓪ ⊕ ⊖
4	① ② ③ ④ ⑤ ⑥ ⑦ ⑧ ⑨ ⓪ ⊕ ⊖	24	① ② ③ ④ ⑤ ⑥ ⑦ ⑧ ⑨ ⓪ ⊕ ⊖	44	① ② ③ ④ ⑤ ⑥ ⑦ ⑧ ⑨ ⓪ ⊕ ⊖	64	① ② ③ ④ ⑤ ⑥ ⑦ ⑧ ⑨ ⓪ ⊕ ⊖
5	① ② ③ ④ ⑤ ⑥ ⑦ ⑧ ⑨ ⓪ ⊕ ⊖	25	① ② ③ ④ ⑤ ⑥ ⑦ ⑧ ⑨ ⓪ ⊕ ⊖	45	① ② ③ ④ ⑤ ⑥ ⑦ ⑧ ⑨ ⓪ ⊕ ⊖	65	① ② ③ ④ ⑤ ⑥ ⑦ ⑧ ⑨ ⓪ ⊕ ⊖
6	① ② ③ ④ ⑤ ⑥ ⑦ ⑧ ⑨ ⓪ ⊕ ⊖	26	① ② ③ ④ ⑤ ⑥ ⑦ ⑧ ⑨ ⓪ ⊕ ⊖	46	① ② ③ ④ ⑤ ⑥ ⑦ ⑧ ⑨ ⓪ ⊕ ⊖	66	① ② ③ ④ ⑤ ⑥ ⑦ ⑧ ⑨ ⓪ ⊕ ⊖
7	① ② ③ ④ ⑤ ⑥ ⑦ ⑧ ⑨ ⓪ ⊕ ⊖	27	① ② ③ ④ ⑤ ⑥ ⑦ ⑧ ⑨ ⓪ ⊕ ⊖	47	① ② ③ ④ ⑤ ⑥ ⑦ ⑧ ⑨ ⓪ ⊕ ⊖	67	① ② ③ ④ ⑤ ⑥ ⑦ ⑧ ⑨ ⓪ ⊕ ⊖
8	① ② ③ ④ ⑤ ⑥ ⑦ ⑧ ⑨ ⓪ ⊕ ⊖	28	① ② ③ ④ ⑤ ⑥ ⑦ ⑧ ⑨ ⓪ ⊕ ⊖	48	① ② ③ ④ ⑤ ⑥ ⑦ ⑧ ⑨ ⓪ ⊕ ⊖	68	① ② ③ ④ ⑤ ⑥ ⑦ ⑧ ⑨ ⓪ ⊕ ⊖
9	① ② ③ ④ ⑤ ⑥ ⑦ ⑧ ⑨ ⓪ ⊕ ⊖	29	① ② ③ ④ ⑤ ⑥ ⑦ ⑧ ⑨ ⓪ ⊕ ⊖	49	① ② ③ ④ ⑤ ⑥ ⑦ ⑧ ⑨ ⓪ ⊕ ⊖	69	① ② ③ ④ ⑤ ⑥ ⑦ ⑧ ⑨ ⓪ ⊕ ⊖
10	① ② ③ ④ ⑤ ⑥ ⑦ ⑧ ⑨ ⓪ ⊕ ⊖	30	① ② ③ ④ ⑤ ⑥ ⑦ ⑧ ⑨ ⓪ ⊕ ⊖	50	① ② ③ ④ ⑤ ⑥ ⑦ ⑧ ⑨ ⓪ ⊕ ⊖	70	① ② ③ ④ ⑤ ⑥ ⑦ ⑧ ⑨ ⓪ ⊕ ⊖
11	① ② ③ ④ ⑤ ⑥ ⑦ ⑧ ⑨ ⓪ ⊕ ⊖	31	① ② ③ ④ ⑤ ⑥ ⑦ ⑧ ⑨ ⓪ ⊕ ⊖	51	① ② ③ ④ ⑤ ⑥ ⑦ ⑧ ⑨ ⓪ ⊕ ⊖	71	① ② ③ ④ ⑤ ⑥ ⑦ ⑧ ⑨ ⓪ ⊕ ⊖
12	① ② ③ ④ ⑤ ⑥ ⑦ ⑧ ⑨ ⓪ ⊕ ⊖	32	① ② ③ ④ ⑤ ⑥ ⑦ ⑧ ⑨ ⓪ ⊕ ⊖	52	① ② ③ ④ ⑤ ⑥ ⑦ ⑧ ⑨ ⓪ ⊕ ⊖	72	① ② ③ ④ ⑤ ⑥ ⑦ ⑧ ⑨ ⓪ ⊕ ⊖
13	① ② ③ ④ ⑤ ⑥ ⑦ ⑧ ⑨ ⓪ ⊕ ⊖	33	① ② ③ ④ ⑤ ⑥ ⑦ ⑧ ⑨ ⓪ ⊕ ⊖	53	① ② ③ ④ ⑤ ⑥ ⑦ ⑧ ⑨ ⓪ ⊕ ⊖	73	① ② ③ ④ ⑤ ⑥ ⑦ ⑧ ⑨ ⓪ ⊕ ⊖
14	① ② ③ ④ ⑤ ⑥ ⑦ ⑧ ⑨ ⓪ ⊕ ⊖	34	① ② ③ ④ ⑤ ⑥ ⑦ ⑧ ⑨ ⓪ ⊕ ⊖	54	① ② ③ ④ ⑤ ⑥ ⑦ ⑧ ⑨ ⓪ ⊕ ⊖	74	① ② ③ ④ ⑤ ⑥ ⑦ ⑧ ⑨ ⓪ ⊕ ⊖
15	① ② ③ ④ ⑤ ⑥ ⑦ ⑧ ⑨ ⓪ ⊕ ⊖	35	① ② ③ ④ ⑤ ⑥ ⑦ ⑧ ⑨ ⓪ ⊕ ⊖	55	① ② ③ ④ ⑤ ⑥ ⑦ ⑧ ⑨ ⓪ ⊕ ⊖	75	① ② ③ ④ ⑤ ⑥ ⑦ ⑧ ⑨ ⓪ ⊕ ⊖
16	① ② ③ ④ ⑤ ⑥ ⑦ ⑧ ⑨ ⓪ ⊕ ⊖	36	① ② ③ ④ ⑤ ⑥ ⑦ ⑧ ⑨ ⓪ ⊕ ⊖	56	① ② ③ ④ ⑤ ⑥ ⑦ ⑧ ⑨ ⓪ ⊕ ⊖	76	① ② ③ ④ ⑤ ⑥ ⑦ ⑧ ⑨ ⓪ ⊕ ⊖
17	① ② ③ ④ ⑤ ⑥ ⑦ ⑧ ⑨ ⓪ ⊕ ⊖	37	① ② ③ ④ ⑤ ⑥ ⑦ ⑧ ⑨ ⓪ ⊕ ⊖	57	① ② ③ ④ ⑤ ⑥ ⑦ ⑧ ⑨ ⓪ ⊕ ⊖	77	① ② ③ ④ ⑤ ⑥ ⑦ ⑧ ⑨ ⓪ ⊕ ⊖
18	① ② ③ ④ ⑤ ⑥ ⑦ ⑧ ⑨ ⓪ ⊕ ⊖	38	① ② ③ ④ ⑤ ⑥ ⑦ ⑧ ⑨ ⓪ ⊕ ⊖	58	① ② ③ ④ ⑤ ⑥ ⑦ ⑧ ⑨ ⓪ ⊕ ⊖	78	① ② ③ ④ ⑤ ⑥ ⑦ ⑧ ⑨ ⓪ ⊕ ⊖
19	① ② ③ ④ ⑤ ⑥ ⑦ ⑧ ⑨ ⓪ ⊕ ⊖	39	① ② ③ ④ ⑤ ⑥ ⑦ ⑧ ⑨ ⓪ ⊕ ⊖	59	① ② ③ ④ ⑤ ⑥ ⑦ ⑧ ⑨ ⓪ ⊕ ⊖	79	① ② ③ ④ ⑤ ⑥ ⑦ ⑧ ⑨ ⓪ ⊕ ⊖
20	① ② ③ ④ ⑤ ⑥ ⑦ ⑧ ⑨ ⓪ ⊕ ⊖	40	① ② ③ ④ ⑤ ⑥ ⑦ ⑧ ⑨ ⓪ ⊕ ⊖	60	① ② ③ ④ ⑤ ⑥ ⑦ ⑧ ⑨ ⓪ ⊕ ⊖	80	① ② ③ ④ ⑤ ⑥ ⑦ ⑧ ⑨ ⓪ ⊕ ⊖

椙山女学園高等学校　2024年度

◇理科◇

※152％に拡大していただくと，解答欄は実物大になります。

記入方法
1．記入は必ず**黒鉛筆またはシャープペンシル**で、() の中を正確にぬりつぶしてください。
2．訂正する場合は、消しゴムできれいに消してください。
3．解答用紙を汚したり、折り曲げたりしないでください。
4．⊕⊖の欄については、数学の解答で必要がある場合のみマークしてください。

良い例	悪い例
●	Ø ◑ ✓

解答番号	解答記入欄	解答番号	解答記入欄	解答番号	解答記入欄	解答番号	解答記入欄
1	① ② ③ ④ ⑤ ⑥ ⑦ ⑧ ⑨ ⓪ ⊕ ⊖	21	① ② ③ ④ ⑤ ⑥ ⑦ ⑧ ⑨ ⓪ ⊕ ⊖	41	① ② ③ ④ ⑤ ⑥ ⑦ ⑧ ⑨ ⓪ ⊕ ⊖	61	① ② ③ ④ ⑤ ⑥ ⑦ ⑧ ⑨ ⓪ ⊕ ⊖
2	① ② ③ ④ ⑤ ⑥ ⑦ ⑧ ⑨ ⓪ ⊕ ⊖	22	① ② ③ ④ ⑤ ⑥ ⑦ ⑧ ⑨ ⓪ ⊕ ⊖	42	① ② ③ ④ ⑤ ⑥ ⑦ ⑧ ⑨ ⓪ ⊕ ⊖	62	① ② ③ ④ ⑤ ⑥ ⑦ ⑧ ⑨ ⓪ ⊕ ⊖
3	① ② ③ ④ ⑤ ⑥ ⑦ ⑧ ⑨ ⓪ ⊕ ⊖	23	① ② ③ ④ ⑤ ⑥ ⑦ ⑧ ⑨ ⓪ ⊕ ⊖	43	① ② ③ ④ ⑤ ⑥ ⑦ ⑧ ⑨ ⓪ ⊕ ⊖	63	① ② ③ ④ ⑤ ⑥ ⑦ ⑧ ⑨ ⓪ ⊕ ⊖
4	① ② ③ ④ ⑤ ⑥ ⑦ ⑧ ⑨ ⓪ ⊕ ⊖	24	① ② ③ ④ ⑤ ⑥ ⑦ ⑧ ⑨ ⓪ ⊕ ⊖	44	① ② ③ ④ ⑤ ⑥ ⑦ ⑧ ⑨ ⓪ ⊕ ⊖	64	① ② ③ ④ ⑤ ⑥ ⑦ ⑧ ⑨ ⓪ ⊕ ⊖
5	① ② ③ ④ ⑤ ⑥ ⑦ ⑧ ⑨ ⓪ ⊕ ⊖	25	① ② ③ ④ ⑤ ⑥ ⑦ ⑧ ⑨ ⓪ ⊕ ⊖	45	① ② ③ ④ ⑤ ⑥ ⑦ ⑧ ⑨ ⓪ ⊕ ⊖	65	① ② ③ ④ ⑤ ⑥ ⑦ ⑧ ⑨ ⓪ ⊕ ⊖
6	① ② ③ ④ ⑤ ⑥ ⑦ ⑧ ⑨ ⓪ ⊕ ⊖	26	① ② ③ ④ ⑤ ⑥ ⑦ ⑧ ⑨ ⓪ ⊕ ⊖	46	① ② ③ ④ ⑤ ⑥ ⑦ ⑧ ⑨ ⓪ ⊕ ⊖	66	① ② ③ ④ ⑤ ⑥ ⑦ ⑧ ⑨ ⓪ ⊕ ⊖
7	① ② ③ ④ ⑤ ⑥ ⑦ ⑧ ⑨ ⓪ ⊕ ⊖	27	① ② ③ ④ ⑤ ⑥ ⑦ ⑧ ⑨ ⓪ ⊕ ⊖	47	① ② ③ ④ ⑤ ⑥ ⑦ ⑧ ⑨ ⓪ ⊕ ⊖	67	① ② ③ ④ ⑤ ⑥ ⑦ ⑧ ⑨ ⓪ ⊕ ⊖
8	① ② ③ ④ ⑤ ⑥ ⑦ ⑧ ⑨ ⓪ ⊕ ⊖	28	① ② ③ ④ ⑤ ⑥ ⑦ ⑧ ⑨ ⓪ ⊕ ⊖	48	① ② ③ ④ ⑤ ⑥ ⑦ ⑧ ⑨ ⓪ ⊕ ⊖	68	① ② ③ ④ ⑤ ⑥ ⑦ ⑧ ⑨ ⓪ ⊕ ⊖
9	① ② ③ ④ ⑤ ⑥ ⑦ ⑧ ⑨ ⓪ ⊕ ⊖	29	① ② ③ ④ ⑤ ⑥ ⑦ ⑧ ⑨ ⓪ ⊕ ⊖	49	① ② ③ ④ ⑤ ⑥ ⑦ ⑧ ⑨ ⓪ ⊕ ⊖	69	① ② ③ ④ ⑤ ⑥ ⑦ ⑧ ⑨ ⓪ ⊕ ⊖
10	① ② ③ ④ ⑤ ⑥ ⑦ ⑧ ⑨ ⓪ ⊕ ⊖	30	① ② ③ ④ ⑤ ⑥ ⑦ ⑧ ⑨ ⓪ ⊕ ⊖	50	① ② ③ ④ ⑤ ⑥ ⑦ ⑧ ⑨ ⓪ ⊕ ⊖	70	① ② ③ ④ ⑤ ⑥ ⑦ ⑧ ⑨ ⓪ ⊕ ⊖
11	① ② ③ ④ ⑤ ⑥ ⑦ ⑧ ⑨ ⓪ ⊕ ⊖	31	① ② ③ ④ ⑤ ⑥ ⑦ ⑧ ⑨ ⓪ ⊕ ⊖	51	① ② ③ ④ ⑤ ⑥ ⑦ ⑧ ⑨ ⓪ ⊕ ⊖	71	① ② ③ ④ ⑤ ⑥ ⑦ ⑧ ⑨ ⓪ ⊕ ⊖
12	① ② ③ ④ ⑤ ⑥ ⑦ ⑧ ⑨ ⓪ ⊕ ⊖	32	① ② ③ ④ ⑤ ⑥ ⑦ ⑧ ⑨ ⓪ ⊕ ⊖	52	① ② ③ ④ ⑤ ⑥ ⑦ ⑧ ⑨ ⓪ ⊕ ⊖	72	① ② ③ ④ ⑤ ⑥ ⑦ ⑧ ⑨ ⓪ ⊕ ⊖
13	① ② ③ ④ ⑤ ⑥ ⑦ ⑧ ⑨ ⓪ ⊕ ⊖	33	① ② ③ ④ ⑤ ⑥ ⑦ ⑧ ⑨ ⓪ ⊕ ⊖	53	① ② ③ ④ ⑤ ⑥ ⑦ ⑧ ⑨ ⓪ ⊕ ⊖	73	① ② ③ ④ ⑤ ⑥ ⑦ ⑧ ⑨ ⓪ ⊕ ⊖
14	① ② ③ ④ ⑤ ⑥ ⑦ ⑧ ⑨ ⓪ ⊕ ⊖	34	① ② ③ ④ ⑤ ⑥ ⑦ ⑧ ⑨ ⓪ ⊕ ⊖	54	① ② ③ ④ ⑤ ⑥ ⑦ ⑧ ⑨ ⓪ ⊕ ⊖	74	① ② ③ ④ ⑤ ⑥ ⑦ ⑧ ⑨ ⓪ ⊕ ⊖
15	① ② ③ ④ ⑤ ⑥ ⑦ ⑧ ⑨ ⓪ ⊕ ⊖	35	① ② ③ ④ ⑤ ⑥ ⑦ ⑧ ⑨ ⓪ ⊕ ⊖	55	① ② ③ ④ ⑤ ⑥ ⑦ ⑧ ⑨ ⓪ ⊕ ⊖	75	① ② ③ ④ ⑤ ⑥ ⑦ ⑧ ⑨ ⓪ ⊕ ⊖
16	① ② ③ ④ ⑤ ⑥ ⑦ ⑧ ⑨ ⓪ ⊕ ⊖	36	① ② ③ ④ ⑤ ⑥ ⑦ ⑧ ⑨ ⓪ ⊕ ⊖	56	① ② ③ ④ ⑤ ⑥ ⑦ ⑧ ⑨ ⓪ ⊕ ⊖	76	① ② ③ ④ ⑤ ⑥ ⑦ ⑧ ⑨ ⓪ ⊕ ⊖
17	① ② ③ ④ ⑤ ⑥ ⑦ ⑧ ⑨ ⓪ ⊕ ⊖	37	① ② ③ ④ ⑤ ⑥ ⑦ ⑧ ⑨ ⓪ ⊕ ⊖	57	① ② ③ ④ ⑤ ⑥ ⑦ ⑧ ⑨ ⓪ ⊕ ⊖	77	① ② ③ ④ ⑤ ⑥ ⑦ ⑧ ⑨ ⓪ ⊕ ⊖
18	① ② ③ ④ ⑤ ⑥ ⑦ ⑧ ⑨ ⓪ ⊕ ⊖	38	① ② ③ ④ ⑤ ⑥ ⑦ ⑧ ⑨ ⓪ ⊕ ⊖	58	① ② ③ ④ ⑤ ⑥ ⑦ ⑧ ⑨ ⓪ ⊕ ⊖	78	① ② ③ ④ ⑤ ⑥ ⑦ ⑧ ⑨ ⓪ ⊕ ⊖
19	① ② ③ ④ ⑤ ⑥ ⑦ ⑧ ⑨ ⓪ ⊕ ⊖	39	① ② ③ ④ ⑤ ⑥ ⑦ ⑧ ⑨ ⓪ ⊕ ⊖	59	① ② ③ ④ ⑤ ⑥ ⑦ ⑧ ⑨ ⓪ ⊕ ⊖	79	① ② ③ ④ ⑤ ⑥ ⑦ ⑧ ⑨ ⓪ ⊕ ⊖
20	① ② ③ ④ ⑤ ⑥ ⑦ ⑧ ⑨ ⓪ ⊕ ⊖	40	① ② ③ ④ ⑤ ⑥ ⑦ ⑧ ⑨ ⓪ ⊕ ⊖	60	① ② ③ ④ ⑤ ⑥ ⑦ ⑧ ⑨ ⓪ ⊕ ⊖	80	① ② ③ ④ ⑤ ⑥ ⑦ ⑧ ⑨ ⓪ ⊕ ⊖

相山女学園高等学校　2024年度

◇社会◇

※152％に拡大していただくと，解答欄は実物大になります。

記入方法
1．記入は必ず**黒鉛筆またはシャープペンシル**で，() の中を正確にぬりつぶしてください。
2．訂正する場合は，消しゴムできれいに消してください。
3．解答用紙を汚したり，折り曲げたりしないでください。
4．⊕⊖の欄については，数学の解答で必要がある場合のみマークしてください。

良い例	悪い例
●	⊘ ◐ ✓

解答番号	解答記入欄	解答番号	解答記入欄	解答番号	解答記入欄	解答番号	解答記入欄
1	① ② ③ ④ ⑤ ⑥ ⑦ ⑧ ⑨ ⓪ ⊕ ⊖	21	① ② ③ ④ ⑤ ⑥ ⑦ ⑧ ⑨ ⓪ ⊕ ⊖	41	① ② ③ ④ ⑤ ⑥ ⑦ ⑧ ⑨ ⓪ ⊕ ⊖	61	① ② ③ ④ ⑤ ⑥ ⑦ ⑧ ⑨ ⓪ ⊕ ⊖
2	① ② ③ ④ ⑤ ⑥ ⑦ ⑧ ⑨ ⓪ ⊕ ⊖	22	① ② ③ ④ ⑤ ⑥ ⑦ ⑧ ⑨ ⓪ ⊕ ⊖	42	① ② ③ ④ ⑤ ⑥ ⑦ ⑧ ⑨ ⓪ ⊕ ⊖	62	① ② ③ ④ ⑤ ⑥ ⑦ ⑧ ⑨ ⓪ ⊕ ⊖
3	① ② ③ ④ ⑤ ⑥ ⑦ ⑧ ⑨ ⓪ ⊕ ⊖	23	① ② ③ ④ ⑤ ⑥ ⑦ ⑧ ⑨ ⓪ ⊕ ⊖	43	① ② ③ ④ ⑤ ⑥ ⑦ ⑧ ⑨ ⓪ ⊕ ⊖	63	① ② ③ ④ ⑤ ⑥ ⑦ ⑧ ⑨ ⓪ ⊕ ⊖
4	① ② ③ ④ ⑤ ⑥ ⑦ ⑧ ⑨ ⓪ ⊕ ⊖	24	① ② ③ ④ ⑤ ⑥ ⑦ ⑧ ⑨ ⓪ ⊕ ⊖	44	① ② ③ ④ ⑤ ⑥ ⑦ ⑧ ⑨ ⓪ ⊕ ⊖	64	① ② ③ ④ ⑤ ⑥ ⑦ ⑧ ⑨ ⓪ ⊕ ⊖
5	① ② ③ ④ ⑤ ⑥ ⑦ ⑧ ⑨ ⓪ ⊕ ⊖	25	① ② ③ ④ ⑤ ⑥ ⑦ ⑧ ⑨ ⓪ ⊕ ⊖	45	① ② ③ ④ ⑤ ⑥ ⑦ ⑧ ⑨ ⓪ ⊕ ⊖	65	① ② ③ ④ ⑤ ⑥ ⑦ ⑧ ⑨ ⓪ ⊕ ⊖
6	① ② ③ ④ ⑤ ⑥ ⑦ ⑧ ⑨ ⓪ ⊕ ⊖	26	① ② ③ ④ ⑤ ⑥ ⑦ ⑧ ⑨ ⓪ ⊕ ⊖	46	① ② ③ ④ ⑤ ⑥ ⑦ ⑧ ⑨ ⓪ ⊕ ⊖	66	① ② ③ ④ ⑤ ⑥ ⑦ ⑧ ⑨ ⓪ ⊕ ⊖
7	① ② ③ ④ ⑤ ⑥ ⑦ ⑧ ⑨ ⓪ ⊕ ⊖	27	① ② ③ ④ ⑤ ⑥ ⑦ ⑧ ⑨ ⓪ ⊕ ⊖	47	① ② ③ ④ ⑤ ⑥ ⑦ ⑧ ⑨ ⓪ ⊕ ⊖	67	① ② ③ ④ ⑤ ⑥ ⑦ ⑧ ⑨ ⓪ ⊕ ⊖
8	① ② ③ ④ ⑤ ⑥ ⑦ ⑧ ⑨ ⓪ ⊕ ⊖	28	① ② ③ ④ ⑤ ⑥ ⑦ ⑧ ⑨ ⓪ ⊕ ⊖	48	① ② ③ ④ ⑤ ⑥ ⑦ ⑧ ⑨ ⓪ ⊕ ⊖	68	① ② ③ ④ ⑤ ⑥ ⑦ ⑧ ⑨ ⓪ ⊕ ⊖
9	① ② ③ ④ ⑤ ⑥ ⑦ ⑧ ⑨ ⓪ ⊕ ⊖	29	① ② ③ ④ ⑤ ⑥ ⑦ ⑧ ⑨ ⓪ ⊕ ⊖	49	① ② ③ ④ ⑤ ⑥ ⑦ ⑧ ⑨ ⓪ ⊕ ⊖	69	① ② ③ ④ ⑤ ⑥ ⑦ ⑧ ⑨ ⓪ ⊕ ⊖
10	① ② ③ ④ ⑤ ⑥ ⑦ ⑧ ⑨ ⓪ ⊕ ⊖	30	① ② ③ ④ ⑤ ⑥ ⑦ ⑧ ⑨ ⓪ ⊕ ⊖	50	① ② ③ ④ ⑤ ⑥ ⑦ ⑧ ⑨ ⓪ ⊕ ⊖	70	① ② ③ ④ ⑤ ⑥ ⑦ ⑧ ⑨ ⓪ ⊕ ⊖
11	① ② ③ ④ ⑤ ⑥ ⑦ ⑧ ⑨ ⓪ ⊕ ⊖	31	① ② ③ ④ ⑤ ⑥ ⑦ ⑧ ⑨ ⓪ ⊕ ⊖	51	① ② ③ ④ ⑤ ⑥ ⑦ ⑧ ⑨ ⓪ ⊕ ⊖	71	① ② ③ ④ ⑤ ⑥ ⑦ ⑧ ⑨ ⓪ ⊕ ⊖
12	① ② ③ ④ ⑤ ⑥ ⑦ ⑧ ⑨ ⓪ ⊕ ⊖	32	① ② ③ ④ ⑤ ⑥ ⑦ ⑧ ⑨ ⓪ ⊕ ⊖	52	① ② ③ ④ ⑤ ⑥ ⑦ ⑧ ⑨ ⓪ ⊕ ⊖	72	① ② ③ ④ ⑤ ⑥ ⑦ ⑧ ⑨ ⓪ ⊕ ⊖
13	① ② ③ ④ ⑤ ⑥ ⑦ ⑧ ⑨ ⓪ ⊕ ⊖	33	① ② ③ ④ ⑤ ⑥ ⑦ ⑧ ⑨ ⓪ ⊕ ⊖	53	① ② ③ ④ ⑤ ⑥ ⑦ ⑧ ⑨ ⓪ ⊕ ⊖	73	① ② ③ ④ ⑤ ⑥ ⑦ ⑧ ⑨ ⓪ ⊕ ⊖
14	① ② ③ ④ ⑤ ⑥ ⑦ ⑧ ⑨ ⓪ ⊕ ⊖	34	① ② ③ ④ ⑤ ⑥ ⑦ ⑧ ⑨ ⓪ ⊕ ⊖	54	① ② ③ ④ ⑤ ⑥ ⑦ ⑧ ⑨ ⓪ ⊕ ⊖	74	① ② ③ ④ ⑤ ⑥ ⑦ ⑧ ⑨ ⓪ ⊕ ⊖
15	① ② ③ ④ ⑤ ⑥ ⑦ ⑧ ⑨ ⓪ ⊕ ⊖	35	① ② ③ ④ ⑤ ⑥ ⑦ ⑧ ⑨ ⓪ ⊕ ⊖	55	① ② ③ ④ ⑤ ⑥ ⑦ ⑧ ⑨ ⓪ ⊕ ⊖	75	① ② ③ ④ ⑤ ⑥ ⑦ ⑧ ⑨ ⓪ ⊕ ⊖
16	① ② ③ ④ ⑤ ⑥ ⑦ ⑧ ⑨ ⓪ ⊕ ⊖	36	① ② ③ ④ ⑤ ⑥ ⑦ ⑧ ⑨ ⓪ ⊕ ⊖	56	① ② ③ ④ ⑤ ⑥ ⑦ ⑧ ⑨ ⓪ ⊕ ⊖	76	① ② ③ ④ ⑤ ⑥ ⑦ ⑧ ⑨ ⓪ ⊕ ⊖
17	① ② ③ ④ ⑤ ⑥ ⑦ ⑧ ⑨ ⓪ ⊕ ⊖	37	① ② ③ ④ ⑤ ⑥ ⑦ ⑧ ⑨ ⓪ ⊕ ⊖	57	① ② ③ ④ ⑤ ⑥ ⑦ ⑧ ⑨ ⓪ ⊕ ⊖	77	① ② ③ ④ ⑤ ⑥ ⑦ ⑧ ⑨ ⓪ ⊕ ⊖
18	① ② ③ ④ ⑤ ⑥ ⑦ ⑧ ⑨ ⓪ ⊕ ⊖	38	① ② ③ ④ ⑤ ⑥ ⑦ ⑧ ⑨ ⓪ ⊕ ⊖	58	① ② ③ ④ ⑤ ⑥ ⑦ ⑧ ⑨ ⓪ ⊕ ⊖	78	① ② ③ ④ ⑤ ⑥ ⑦ ⑧ ⑨ ⓪ ⊕ ⊖
19	① ② ③ ④ ⑤ ⑥ ⑦ ⑧ ⑨ ⓪ ⊕ ⊖	39	① ② ③ ④ ⑤ ⑥ ⑦ ⑧ ⑨ ⓪ ⊕ ⊖	59	① ② ③ ④ ⑤ ⑥ ⑦ ⑧ ⑨ ⓪ ⊕ ⊖	79	① ② ③ ④ ⑤ ⑥ ⑦ ⑧ ⑨ ⓪ ⊕ ⊖
20	① ② ③ ④ ⑤ ⑥ ⑦ ⑧ ⑨ ⓪ ⊕ ⊖	40	① ② ③ ④ ⑤ ⑥ ⑦ ⑧ ⑨ ⓪ ⊕ ⊖	60	① ② ③ ④ ⑤ ⑥ ⑦ ⑧ ⑨ ⓪ ⊕ ⊖	80	① ② ③ ④ ⑤ ⑥ ⑦ ⑧ ⑨ ⓪ ⊕ ⊖

相山女学園高等学校　　2024年度

◇国語◇

※152%に拡大していただくと，解答欄は実物大になります。

記入方法
1. 記入は必ず**黒鉛筆またはシャープペンシル**で、⓪の中を正確にぬりつぶしてください。
2. 訂正する場合は、消しゴムできれいに消してください。
3. 解答用紙を汚したり、折り曲げたりしないでください。
4. ⊕⊖の欄については、数学の解答で必要がある場合のみマークしてください。

良い例	悪い例
●	

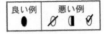

解答番号	解答記入欄	解答番号	解答記入欄	解答番号	解答記入欄	解答番号	解答記入欄
1	① ② ③ ④ ⑤ ⑥ ⑦ ⑧ ⑨ ⓪ ⊕ ⊖	21	① ② ③ ④ ⑤ ⑥ ⑦ ⑧ ⑨ ⓪ ⊕ ⊖	41	① ② ③ ④ ⑤ ⑥ ⑦ ⑧ ⑨ ⓪ ⊕ ⊖	61	① ② ③ ④ ⑤ ⑥ ⑦ ⑧ ⑨ ⓪ ⊕ ⊖
2	① ② ③ ④ ⑤ ⑥ ⑦ ⑧ ⑨ ⓪ ⊕ ⊖	22	① ② ③ ④ ⑤ ⑥ ⑦ ⑧ ⑨ ⓪ ⊕ ⊖	42	① ② ③ ④ ⑤ ⑥ ⑦ ⑧ ⑨ ⓪ ⊕ ⊖	62	① ② ③ ④ ⑤ ⑥ ⑦ ⑧ ⑨ ⓪ ⊕ ⊖
3	① ② ③ ④ ⑤ ⑥ ⑦ ⑧ ⑨ ⓪ ⊕ ⊖	23	① ② ③ ④ ⑤ ⑥ ⑦ ⑧ ⑨ ⓪ ⊕ ⊖	43	① ② ③ ④ ⑤ ⑥ ⑦ ⑧ ⑨ ⓪ ⊕ ⊖	63	① ② ③ ④ ⑤ ⑥ ⑦ ⑧ ⑨ ⓪ ⊕ ⊖
4	① ② ③ ④ ⑤ ⑥ ⑦ ⑧ ⑨ ⓪ ⊕ ⊖	24	① ② ③ ④ ⑤ ⑥ ⑦ ⑧ ⑨ ⓪ ⊕ ⊖	44	① ② ③ ④ ⑤ ⑥ ⑦ ⑧ ⑨ ⓪ ⊕ ⊖	64	① ② ③ ④ ⑤ ⑥ ⑦ ⑧ ⑨ ⓪ ⊕ ⊖
5	① ② ③ ④ ⑤ ⑥ ⑦ ⑧ ⑨ ⓪ ⊕ ⊖	25	① ② ③ ④ ⑤ ⑥ ⑦ ⑧ ⑨ ⓪ ⊕ ⊖	45	① ② ③ ④ ⑤ ⑥ ⑦ ⑧ ⑨ ⓪ ⊕ ⊖	65	① ② ③ ④ ⑤ ⑥ ⑦ ⑧ ⑨ ⓪ ⊕ ⊖
6	① ② ③ ④ ⑤ ⑥ ⑦ ⑧ ⑨ ⓪ ⊕ ⊖	26	① ② ③ ④ ⑤ ⑥ ⑦ ⑧ ⑨ ⓪ ⊕ ⊖	46	① ② ③ ④ ⑤ ⑥ ⑦ ⑧ ⑨ ⓪ ⊕ ⊖	66	① ② ③ ④ ⑤ ⑥ ⑦ ⑧ ⑨ ⓪ ⊕ ⊖
7	① ② ③ ④ ⑤ ⑥ ⑦ ⑧ ⑨ ⓪ ⊕ ⊖	27	① ② ③ ④ ⑤ ⑥ ⑦ ⑧ ⑨ ⓪ ⊕ ⊖	47	① ② ③ ④ ⑤ ⑥ ⑦ ⑧ ⑨ ⓪ ⊕ ⊖	67	① ② ③ ④ ⑤ ⑥ ⑦ ⑧ ⑨ ⓪ ⊕ ⊖
8	① ② ③ ④ ⑤ ⑥ ⑦ ⑧ ⑨ ⓪ ⊕ ⊖	28	① ② ③ ④ ⑤ ⑥ ⑦ ⑧ ⑨ ⓪ ⊕ ⊖	48	① ② ③ ④ ⑤ ⑥ ⑦ ⑧ ⑨ ⓪ ⊕ ⊖	68	① ② ③ ④ ⑤ ⑥ ⑦ ⑧ ⑨ ⓪ ⊕ ⊖
9	① ② ③ ④ ⑤ ⑥ ⑦ ⑧ ⑨ ⓪ ⊕ ⊖	29	① ② ③ ④ ⑤ ⑥ ⑦ ⑧ ⑨ ⓪ ⊕ ⊖	49	① ② ③ ④ ⑤ ⑥ ⑦ ⑧ ⑨ ⓪ ⊕ ⊖	69	① ② ③ ④ ⑤ ⑥ ⑦ ⑧ ⑨ ⓪ ⊕ ⊖
10	① ② ③ ④ ⑤ ⑥ ⑦ ⑧ ⑨ ⓪ ⊕ ⊖	30	① ② ③ ④ ⑤ ⑥ ⑦ ⑧ ⑨ ⓪ ⊕ ⊖	50	① ② ③ ④ ⑤ ⑥ ⑦ ⑧ ⑨ ⓪ ⊕ ⊖	70	① ② ③ ④ ⑤ ⑥ ⑦ ⑧ ⑨ ⓪ ⊕ ⊖
11	① ② ③ ④ ⑤ ⑥ ⑦ ⑧ ⑨ ⓪ ⊕ ⊖	31	① ② ③ ④ ⑤ ⑥ ⑦ ⑧ ⑨ ⓪ ⊕ ⊖	51	① ② ③ ④ ⑤ ⑥ ⑦ ⑧ ⑨ ⓪ ⊕ ⊖	71	① ② ③ ④ ⑤ ⑥ ⑦ ⑧ ⑨ ⓪ ⊕ ⊖
12	① ② ③ ④ ⑤ ⑥ ⑦ ⑧ ⑨ ⓪ ⊕ ⊖	32	① ② ③ ④ ⑤ ⑥ ⑦ ⑧ ⑨ ⓪ ⊕ ⊖	52	① ② ③ ④ ⑤ ⑥ ⑦ ⑧ ⑨ ⓪ ⊕ ⊖	72	① ② ③ ④ ⑤ ⑥ ⑦ ⑧ ⑨ ⓪ ⊕ ⊖
13	① ② ③ ④ ⑤ ⑥ ⑦ ⑧ ⑨ ⓪ ⊕ ⊖	33	① ② ③ ④ ⑤ ⑥ ⑦ ⑧ ⑨ ⓪ ⊕ ⊖	53	① ② ③ ④ ⑤ ⑥ ⑦ ⑧ ⑨ ⓪ ⊕ ⊖	73	① ② ③ ④ ⑤ ⑥ ⑦ ⑧ ⑨ ⓪ ⊕ ⊖
14	① ② ③ ④ ⑤ ⑥ ⑦ ⑧ ⑨ ⓪ ⊕ ⊖	34	① ② ③ ④ ⑤ ⑥ ⑦ ⑧ ⑨ ⓪ ⊕ ⊖	54	① ② ③ ④ ⑤ ⑥ ⑦ ⑧ ⑨ ⓪ ⊕ ⊖	74	① ② ③ ④ ⑤ ⑥ ⑦ ⑧ ⑨ ⓪ ⊕ ⊖
15	① ② ③ ④ ⑤ ⑥ ⑦ ⑧ ⑨ ⓪ ⊕ ⊖	35	① ② ③ ④ ⑤ ⑥ ⑦ ⑧ ⑨ ⓪ ⊕ ⊖	55	① ② ③ ④ ⑤ ⑥ ⑦ ⑧ ⑨ ⓪ ⊕ ⊖	75	① ② ③ ④ ⑤ ⑥ ⑦ ⑧ ⑨ ⓪ ⊕ ⊖
16	① ② ③ ④ ⑤ ⑥ ⑦ ⑧ ⑨ ⓪ ⊕ ⊖	36	① ② ③ ④ ⑤ ⑥ ⑦ ⑧ ⑨ ⓪ ⊕ ⊖	56	① ② ③ ④ ⑤ ⑥ ⑦ ⑧ ⑨ ⓪ ⊕ ⊖	76	① ② ③ ④ ⑤ ⑥ ⑦ ⑧ ⑨ ⓪ ⊕ ⊖
17	① ② ③ ④ ⑤ ⑥ ⑦ ⑧ ⑨ ⓪ ⊕ ⊖	37	① ② ③ ④ ⑤ ⑥ ⑦ ⑧ ⑨ ⓪ ⊕ ⊖	57	① ② ③ ④ ⑤ ⑥ ⑦ ⑧ ⑨ ⓪ ⊕ ⊖	77	① ② ③ ④ ⑤ ⑥ ⑦ ⑧ ⑨ ⓪ ⊕ ⊖
18	① ② ③ ④ ⑤ ⑥ ⑦ ⑧ ⑨ ⓪ ⊕ ⊖	38	① ② ③ ④ ⑤ ⑥ ⑦ ⑧ ⑨ ⓪ ⊕ ⊖	58	① ② ③ ④ ⑤ ⑥ ⑦ ⑧ ⑨ ⓪ ⊕ ⊖	78	① ② ③ ④ ⑤ ⑥ ⑦ ⑧ ⑨ ⓪ ⊕ ⊖
19	① ② ③ ④ ⑤ ⑥ ⑦ ⑧ ⑨ ⓪ ⊕ ⊖	39	① ② ③ ④ ⑤ ⑥ ⑦ ⑧ ⑨ ⓪ ⊕ ⊖	59	① ② ③ ④ ⑤ ⑥ ⑦ ⑧ ⑨ ⓪ ⊕ ⊖	79	① ② ③ ④ ⑤ ⑥ ⑦ ⑧ ⑨ ⓪ ⊕ ⊖
20	① ② ③ ④ ⑤ ⑥ ⑦ ⑧ ⑨ ⓪ ⊕ ⊖	40	① ② ③ ④ ⑤ ⑥ ⑦ ⑧ ⑨ ⓪ ⊕ ⊖	60	① ② ③ ④ ⑤ ⑥ ⑦ ⑧ ⑨ ⓪ ⊕ ⊖	80	① ② ③ ④ ⑤ ⑥ ⑦ ⑧ ⑨ ⓪ ⊕ ⊖

相山女学園高等学校　2023年度　◇数学◇

※152％に拡大していただくと，解答欄は実物大になります。

記入方法
1．記入は必ず**黒鉛筆またはシャープペンシル**で，0 の中を正確にぬりつぶしてください。
2．訂正する場合は，消しゴムできれいに消してください。
3．解答用紙を汚したり，折り曲げたりしないでください。
4．⊕⊖の欄については，数学の解答で必要がある場合のみマークしてください。

良い例	悪い例
●	⊘ ◐ ⊘

解答番号	解答記入欄	解答番号	解答記入欄	解答番号	解答記入欄	解答番号	解答記入欄
1	① ② ③ ④ ⑤ ⑥ ⑦ ⑧ ⑨ ⓪ ⊕ ⊖	21	① ② ③ ④ ⑤ ⑥ ⑦ ⑧ ⑨ ⓪ ⊕ ⊖	41	① ② ③ ④ ⑤ ⑥ ⑦ ⑧ ⑨ ⓪ ⊕ ⊖	61	① ② ③ ④ ⑤ ⑥ ⑦ ⑧ ⑨ ⓪ ⊕ ⊖
2	① ② ③ ④ ⑤ ⑥ ⑦ ⑧ ⑨ ⓪ ⊕ ⊖	22	① ② ③ ④ ⑤ ⑥ ⑦ ⑧ ⑨ ⓪ ⊕ ⊖	42	① ② ③ ④ ⑤ ⑥ ⑦ ⑧ ⑨ ⓪ ⊕ ⊖	62	① ② ③ ④ ⑤ ⑥ ⑦ ⑧ ⑨ ⓪ ⊕ ⊖
3	① ② ③ ④ ⑤ ⑥ ⑦ ⑧ ⑨ ⓪ ⊕ ⊖	23	① ② ③ ④ ⑤ ⑥ ⑦ ⑧ ⑨ ⓪ ⊕ ⊖	43	① ② ③ ④ ⑤ ⑥ ⑦ ⑧ ⑨ ⓪ ⊕ ⊖	63	① ② ③ ④ ⑤ ⑥ ⑦ ⑧ ⑨ ⓪ ⊕ ⊖
4	① ② ③ ④ ⑤ ⑥ ⑦ ⑧ ⑨ ⓪ ⊕ ⊖	24	① ② ③ ④ ⑤ ⑥ ⑦ ⑧ ⑨ ⓪ ⊕ ⊖	44	① ② ③ ④ ⑤ ⑥ ⑦ ⑧ ⑨ ⓪ ⊕ ⊖	64	① ② ③ ④ ⑤ ⑥ ⑦ ⑧ ⑨ ⓪ ⊕ ⊖
5	① ② ③ ④ ⑤ ⑥ ⑦ ⑧ ⑨ ⓪ ⊕ ⊖	25	① ② ③ ④ ⑤ ⑥ ⑦ ⑧ ⑨ ⓪ ⊕ ⊖	45	① ② ③ ④ ⑤ ⑥ ⑦ ⑧ ⑨ ⓪ ⊕ ⊖	65	① ② ③ ④ ⑤ ⑥ ⑦ ⑧ ⑨ ⓪ ⊕ ⊖
6	① ② ③ ④ ⑤ ⑥ ⑦ ⑧ ⑨ ⓪ ⊕ ⊖	26	① ② ③ ④ ⑤ ⑥ ⑦ ⑧ ⑨ ⓪ ⊕ ⊖	46	① ② ③ ④ ⑤ ⑥ ⑦ ⑧ ⑨ ⓪ ⊕ ⊖	66	① ② ③ ④ ⑤ ⑥ ⑦ ⑧ ⑨ ⓪ ⊕ ⊖
7	① ② ③ ④ ⑤ ⑥ ⑦ ⑧ ⑨ ⓪ ⊕ ⊖	27	① ② ③ ④ ⑤ ⑥ ⑦ ⑧ ⑨ ⓪ ⊕ ⊖	47	① ② ③ ④ ⑤ ⑥ ⑦ ⑧ ⑨ ⓪ ⊕ ⊖	67	① ② ③ ④ ⑤ ⑥ ⑦ ⑧ ⑨ ⓪ ⊕ ⊖
8	① ② ③ ④ ⑤ ⑥ ⑦ ⑧ ⑨ ⓪ ⊕ ⊖	28	① ② ③ ④ ⑤ ⑥ ⑦ ⑧ ⑨ ⓪ ⊕ ⊖	48	① ② ③ ④ ⑤ ⑥ ⑦ ⑧ ⑨ ⓪ ⊕ ⊖	68	① ② ③ ④ ⑤ ⑥ ⑦ ⑧ ⑨ ⓪ ⊕ ⊖
9	① ② ③ ④ ⑤ ⑥ ⑦ ⑧ ⑨ ⓪ ⊕ ⊖	29	① ② ③ ④ ⑤ ⑥ ⑦ ⑧ ⑨ ⓪ ⊕ ⊖	49	① ② ③ ④ ⑤ ⑥ ⑦ ⑧ ⑨ ⓪ ⊕ ⊖	69	① ② ③ ④ ⑤ ⑥ ⑦ ⑧ ⑨ ⓪ ⊕ ⊖
10	① ② ③ ④ ⑤ ⑥ ⑦ ⑧ ⑨ ⓪ ⊕ ⊖	30	① ② ③ ④ ⑤ ⑥ ⑦ ⑧ ⑨ ⓪ ⊕ ⊖	50	① ② ③ ④ ⑤ ⑥ ⑦ ⑧ ⑨ ⓪ ⊕ ⊖	70	① ② ③ ④ ⑤ ⑥ ⑦ ⑧ ⑨ ⓪ ⊕ ⊖
11	① ② ③ ④ ⑤ ⑥ ⑦ ⑧ ⑨ ⓪ ⊕ ⊖	31	① ② ③ ④ ⑤ ⑥ ⑦ ⑧ ⑨ ⓪ ⊕ ⊖	51	① ② ③ ④ ⑤ ⑥ ⑦ ⑧ ⑨ ⓪ ⊕ ⊖	71	① ② ③ ④ ⑤ ⑥ ⑦ ⑧ ⑨ ⓪ ⊕ ⊖
12	① ② ③ ④ ⑤ ⑥ ⑦ ⑧ ⑨ ⓪ ⊕ ⊖	32	① ② ③ ④ ⑤ ⑥ ⑦ ⑧ ⑨ ⓪ ⊕ ⊖	52	① ② ③ ④ ⑤ ⑥ ⑦ ⑧ ⑨ ⓪ ⊕ ⊖	72	① ② ③ ④ ⑤ ⑥ ⑦ ⑧ ⑨ ⓪ ⊕ ⊖
13	① ② ③ ④ ⑤ ⑥ ⑦ ⑧ ⑨ ⓪ ⊕ ⊖	33	① ② ③ ④ ⑤ ⑥ ⑦ ⑧ ⑨ ⓪ ⊕ ⊖	53	① ② ③ ④ ⑤ ⑥ ⑦ ⑧ ⑨ ⓪ ⊕ ⊖	73	① ② ③ ④ ⑤ ⑥ ⑦ ⑧ ⑨ ⓪ ⊕ ⊖
14	① ② ③ ④ ⑤ ⑥ ⑦ ⑧ ⑨ ⓪ ⊕ ⊖	34	① ② ③ ④ ⑤ ⑥ ⑦ ⑧ ⑨ ⓪ ⊕ ⊖	54	① ② ③ ④ ⑤ ⑥ ⑦ ⑧ ⑨ ⓪ ⊕ ⊖	74	① ② ③ ④ ⑤ ⑥ ⑦ ⑧ ⑨ ⓪ ⊕ ⊖
15	① ② ③ ④ ⑤ ⑥ ⑦ ⑧ ⑨ ⓪ ⊕ ⊖	35	① ② ③ ④ ⑤ ⑥ ⑦ ⑧ ⑨ ⓪ ⊕ ⊖	55	① ② ③ ④ ⑤ ⑥ ⑦ ⑧ ⑨ ⓪ ⊕ ⊖	75	① ② ③ ④ ⑤ ⑥ ⑦ ⑧ ⑨ ⓪ ⊕ ⊖
16	① ② ③ ④ ⑤ ⑥ ⑦ ⑧ ⑨ ⓪ ⊕ ⊖	36	① ② ③ ④ ⑤ ⑥ ⑦ ⑧ ⑨ ⓪ ⊕ ⊖	56	① ② ③ ④ ⑤ ⑥ ⑦ ⑧ ⑨ ⓪ ⊕ ⊖	76	① ② ③ ④ ⑤ ⑥ ⑦ ⑧ ⑨ ⓪ ⊕ ⊖
17	① ② ③ ④ ⑤ ⑥ ⑦ ⑧ ⑨ ⓪ ⊕ ⊖	37	① ② ③ ④ ⑤ ⑥ ⑦ ⑧ ⑨ ⓪ ⊕ ⊖	57	① ② ③ ④ ⑤ ⑥ ⑦ ⑧ ⑨ ⓪ ⊕ ⊖	77	① ② ③ ④ ⑤ ⑥ ⑦ ⑧ ⑨ ⓪ ⊕ ⊖
18	① ② ③ ④ ⑤ ⑥ ⑦ ⑧ ⑨ ⓪ ⊕ ⊖	38	① ② ③ ④ ⑤ ⑥ ⑦ ⑧ ⑨ ⓪ ⊕ ⊖	58	① ② ③ ④ ⑤ ⑥ ⑦ ⑧ ⑨ ⓪ ⊕ ⊖	78	① ② ③ ④ ⑤ ⑥ ⑦ ⑧ ⑨ ⓪ ⊕ ⊖
19	① ② ③ ④ ⑤ ⑥ ⑦ ⑧ ⑨ ⓪ ⊕ ⊖	39	① ② ③ ④ ⑤ ⑥ ⑦ ⑧ ⑨ ⓪ ⊕ ⊖	59	① ② ③ ④ ⑤ ⑥ ⑦ ⑧ ⑨ ⓪ ⊕ ⊖	79	① ② ③ ④ ⑤ ⑥ ⑦ ⑧ ⑨ ⓪ ⊕ ⊖
20	① ② ③ ④ ⑤ ⑥ ⑦ ⑧ ⑨ ⓪ ⊕ ⊖	40	① ② ③ ④ ⑤ ⑥ ⑦ ⑧ ⑨ ⓪ ⊕ ⊖	60	① ② ③ ④ ⑤ ⑥ ⑦ ⑧ ⑨ ⓪ ⊕ ⊖	80	① ② ③ ④ ⑤ ⑥ ⑦ ⑧ ⑨ ⓪ ⊕ ⊖

相山女学園高等学校　2023年度

◇英語◇

※152％に拡大していただくと，解答欄は実物大になります。

記入方法
1. 記入は必ず**黒鉛筆またはシャープペンシル**で、() の中を正確にぬりつぶしてください。
2. 訂正する場合は、消しゴムできれいに消してください。
3. 解答用紙を汚したり、折り曲げたりしないでください。
4. ⊕⊖の欄については、数学の解答で必要がある場合のみマークしてください。

良い例	悪い例
●	⊘ ◐ ✓

解答番号	解答記入欄	解答番号	解答記入欄	解答番号	解答記入欄	解答番号	解答記入欄
1	① ② ③ ④ ⑤ ⑥ ⑦ ⑧ ⑨ ⓪ ⊕ ⊖	21	① ② ③ ④ ⑤ ⑥ ⑦ ⑧ ⑨ ⓪ ⊕ ⊖	41	① ② ③ ④ ⑤ ⑥ ⑦ ⑧ ⑨ ⓪ ⊕ ⊖	61	① ② ③ ④ ⑤ ⑥ ⑦ ⑧ ⑨ ⓪ ⊕ ⊖
2	① ② ③ ④ ⑤ ⑥ ⑦ ⑧ ⑨ ⓪ ⊕ ⊖	22	① ② ③ ④ ⑤ ⑥ ⑦ ⑧ ⑨ ⓪ ⊕ ⊖	42	① ② ③ ④ ⑤ ⑥ ⑦ ⑧ ⑨ ⓪ ⊕ ⊖	62	① ② ③ ④ ⑤ ⑥ ⑦ ⑧ ⑨ ⓪ ⊕ ⊖
3	① ② ③ ④ ⑤ ⑥ ⑦ ⑧ ⑨ ⓪ ⊕ ⊖	23	① ② ③ ④ ⑤ ⑥ ⑦ ⑧ ⑨ ⓪ ⊕ ⊖	43	① ② ③ ④ ⑤ ⑥ ⑦ ⑧ ⑨ ⓪ ⊕ ⊖	63	① ② ③ ④ ⑤ ⑥ ⑦ ⑧ ⑨ ⓪ ⊕ ⊖
4	① ② ③ ④ ⑤ ⑥ ⑦ ⑧ ⑨ ⓪ ⊕ ⊖	24	① ② ③ ④ ⑤ ⑥ ⑦ ⑧ ⑨ ⓪ ⊕ ⊖	44	① ② ③ ④ ⑤ ⑥ ⑦ ⑧ ⑨ ⓪ ⊕ ⊖	64	① ② ③ ④ ⑤ ⑥ ⑦ ⑧ ⑨ ⓪ ⊕ ⊖
5	① ② ③ ④ ⑤ ⑥ ⑦ ⑧ ⑨ ⓪ ⊕ ⊖	25	① ② ③ ④ ⑤ ⑥ ⑦ ⑧ ⑨ ⓪ ⊕ ⊖	45	① ② ③ ④ ⑤ ⑥ ⑦ ⑧ ⑨ ⓪ ⊕ ⊖	65	① ② ③ ④ ⑤ ⑥ ⑦ ⑧ ⑨ ⓪ ⊕ ⊖
6	① ② ③ ④ ⑤ ⑥ ⑦ ⑧ ⑨ ⓪ ⊕ ⊖	26	① ② ③ ④ ⑤ ⑥ ⑦ ⑧ ⑨ ⓪ ⊕ ⊖	46	① ② ③ ④ ⑤ ⑥ ⑦ ⑧ ⑨ ⓪ ⊕ ⊖	66	① ② ③ ④ ⑤ ⑥ ⑦ ⑧ ⑨ ⓪ ⊕ ⊖
7	① ② ③ ④ ⑤ ⑥ ⑦ ⑧ ⑨ ⓪ ⊕ ⊖	27	① ② ③ ④ ⑤ ⑥ ⑦ ⑧ ⑨ ⓪ ⊕ ⊖	47	① ② ③ ④ ⑤ ⑥ ⑦ ⑧ ⑨ ⓪ ⊕ ⊖	67	① ② ③ ④ ⑤ ⑥ ⑦ ⑧ ⑨ ⓪ ⊕ ⊖
8	① ② ③ ④ ⑤ ⑥ ⑦ ⑧ ⑨ ⓪ ⊕ ⊖	28	① ② ③ ④ ⑤ ⑥ ⑦ ⑧ ⑨ ⓪ ⊕ ⊖	48	① ② ③ ④ ⑤ ⑥ ⑦ ⑧ ⑨ ⓪ ⊕ ⊖	68	① ② ③ ④ ⑤ ⑥ ⑦ ⑧ ⑨ ⓪ ⊕ ⊖
9	① ② ③ ④ ⑤ ⑥ ⑦ ⑧ ⑨ ⓪ ⊕ ⊖	29	① ② ③ ④ ⑤ ⑥ ⑦ ⑧ ⑨ ⓪ ⊕ ⊖	49	① ② ③ ④ ⑤ ⑥ ⑦ ⑧ ⑨ ⓪ ⊕ ⊖	69	① ② ③ ④ ⑤ ⑥ ⑦ ⑧ ⑨ ⓪ ⊕ ⊖
10	① ② ③ ④ ⑤ ⑥ ⑦ ⑧ ⑨ ⓪ ⊕ ⊖	30	① ② ③ ④ ⑤ ⑥ ⑦ ⑧ ⑨ ⓪ ⊕ ⊖	50	① ② ③ ④ ⑤ ⑥ ⑦ ⑧ ⑨ ⓪ ⊕ ⊖	70	① ② ③ ④ ⑤ ⑥ ⑦ ⑧ ⑨ ⓪ ⊕ ⊖
11	① ② ③ ④ ⑤ ⑥ ⑦ ⑧ ⑨ ⓪ ⊕ ⊖	31	① ② ③ ④ ⑤ ⑥ ⑦ ⑧ ⑨ ⓪ ⊕ ⊖	51	① ② ③ ④ ⑤ ⑥ ⑦ ⑧ ⑨ ⓪ ⊕ ⊖	71	① ② ③ ④ ⑤ ⑥ ⑦ ⑧ ⑨ ⓪ ⊕ ⊖
12	① ② ③ ④ ⑤ ⑥ ⑦ ⑧ ⑨ ⓪ ⊕ ⊖	32	① ② ③ ④ ⑤ ⑥ ⑦ ⑧ ⑨ ⓪ ⊕ ⊖	52	① ② ③ ④ ⑤ ⑥ ⑦ ⑧ ⑨ ⓪ ⊕ ⊖	72	① ② ③ ④ ⑤ ⑥ ⑦ ⑧ ⑨ ⓪ ⊕ ⊖
13	① ② ③ ④ ⑤ ⑥ ⑦ ⑧ ⑨ ⓪ ⊕ ⊖	33	① ② ③ ④ ⑤ ⑥ ⑦ ⑧ ⑨ ⓪ ⊕ ⊖	53	① ② ③ ④ ⑤ ⑥ ⑦ ⑧ ⑨ ⓪ ⊕ ⊖	73	① ② ③ ④ ⑤ ⑥ ⑦ ⑧ ⑨ ⓪ ⊕ ⊖
14	① ② ③ ④ ⑤ ⑥ ⑦ ⑧ ⑨ ⓪ ⊕ ⊖	34	① ② ③ ④ ⑤ ⑥ ⑦ ⑧ ⑨ ⓪ ⊕ ⊖	54	① ② ③ ④ ⑤ ⑥ ⑦ ⑧ ⑨ ⓪ ⊕ ⊖	74	① ② ③ ④ ⑤ ⑥ ⑦ ⑧ ⑨ ⓪ ⊕ ⊖
15	① ② ③ ④ ⑤ ⑥ ⑦ ⑧ ⑨ ⓪ ⊕ ⊖	35	① ② ③ ④ ⑤ ⑥ ⑦ ⑧ ⑨ ⓪ ⊕ ⊖	55	① ② ③ ④ ⑤ ⑥ ⑦ ⑧ ⑨ ⓪ ⊕ ⊖	75	① ② ③ ④ ⑤ ⑥ ⑦ ⑧ ⑨ ⓪ ⊕ ⊖
16	① ② ③ ④ ⑤ ⑥ ⑦ ⑧ ⑨ ⓪ ⊕ ⊖	36	① ② ③ ④ ⑤ ⑥ ⑦ ⑧ ⑨ ⓪ ⊕ ⊖	56	① ② ③ ④ ⑤ ⑥ ⑦ ⑧ ⑨ ⓪ ⊕ ⊖	76	① ② ③ ④ ⑤ ⑥ ⑦ ⑧ ⑨ ⓪ ⊕ ⊖
17	① ② ③ ④ ⑤ ⑥ ⑦ ⑧ ⑨ ⓪ ⊕ ⊖	37	① ② ③ ④ ⑤ ⑥ ⑦ ⑧ ⑨ ⓪ ⊕ ⊖	57	① ② ③ ④ ⑤ ⑥ ⑦ ⑧ ⑨ ⓪ ⊕ ⊖	77	① ② ③ ④ ⑤ ⑥ ⑦ ⑧ ⑨ ⓪ ⊕ ⊖
18	① ② ③ ④ ⑤ ⑥ ⑦ ⑧ ⑨ ⓪ ⊕ ⊖	38	① ② ③ ④ ⑤ ⑥ ⑦ ⑧ ⑨ ⓪ ⊕ ⊖	58	① ② ③ ④ ⑤ ⑥ ⑦ ⑧ ⑨ ⓪ ⊕ ⊖	78	① ② ③ ④ ⑤ ⑥ ⑦ ⑧ ⑨ ⓪ ⊕ ⊖
19	① ② ③ ④ ⑤ ⑥ ⑦ ⑧ ⑨ ⓪ ⊕ ⊖	39	① ② ③ ④ ⑤ ⑥ ⑦ ⑧ ⑨ ⓪ ⊕ ⊖	59	① ② ③ ④ ⑤ ⑥ ⑦ ⑧ ⑨ ⓪ ⊕ ⊖	79	① ② ③ ④ ⑤ ⑥ ⑦ ⑧ ⑨ ⓪ ⊕ ⊖
20	① ② ③ ④ ⑤ ⑥ ⑦ ⑧ ⑨ ⓪ ⊕ ⊖	40	① ② ③ ④ ⑤ ⑥ ⑦ ⑧ ⑨ ⓪ ⊕ ⊖	60	① ② ③ ④ ⑤ ⑥ ⑦ ⑧ ⑨ ⓪ ⊕ ⊖	80	① ② ③ ④ ⑤ ⑥ ⑦ ⑧ ⑨ ⓪ ⊕ ⊖

相山女学園高等学校　2023年度　◇理科◇

※152%に拡大していただくと，解答欄は実物大になります。

記入方法
1．記入は必ず**黒鉛筆またはシャープペンシル**で，⬯の中を正確にぬりつぶしてください。
2．訂正する場合は、消しゴムできれいに消してください。
3．解答用紙を汚したり、折り曲げたりしないでください。
4．⊕⊖の欄については、数学の解答で必要がある場合のみマークしてください。

良い例	悪い例
●	⊘ ◐ ⊘

解答番号	解答記入欄	解答番号	解答記入欄	解答番号	解答記入欄	解答番号	解答記入欄
1	① ② ③ ④ ⑤ ⑥ ⑦ ⑧ ⑨ ⓪ ⊕ ⊖	21	① ② ③ ④ ⑤ ⑥ ⑦ ⑧ ⑨ ⓪ ⊕ ⊖	41	① ② ③ ④ ⑤ ⑥ ⑦ ⑧ ⑨ ⓪ ⊕ ⊖	61	① ② ③ ④ ⑤ ⑥ ⑦ ⑧ ⑨ ⓪ ⊕ ⊖
2	① ② ③ ④ ⑤ ⑥ ⑦ ⑧ ⑨ ⓪ ⊕ ⊖	22	① ② ③ ④ ⑤ ⑥ ⑦ ⑧ ⑨ ⓪ ⊕ ⊖	42	① ② ③ ④ ⑤ ⑥ ⑦ ⑧ ⑨ ⓪ ⊕ ⊖	62	① ② ③ ④ ⑤ ⑥ ⑦ ⑧ ⑨ ⓪ ⊕ ⊖
3	① ② ③ ④ ⑤ ⑥ ⑦ ⑧ ⑨ ⓪ ⊕ ⊖	23	① ② ③ ④ ⑤ ⑥ ⑦ ⑧ ⑨ ⓪ ⊕ ⊖	43	① ② ③ ④ ⑤ ⑥ ⑦ ⑧ ⑨ ⓪ ⊕ ⊖	63	① ② ③ ④ ⑤ ⑥ ⑦ ⑧ ⑨ ⓪ ⊕ ⊖
4	① ② ③ ④ ⑤ ⑥ ⑦ ⑧ ⑨ ⓪ ⊕ ⊖	24	① ② ③ ④ ⑤ ⑥ ⑦ ⑧ ⑨ ⓪ ⊕ ⊖	44	① ② ③ ④ ⑤ ⑥ ⑦ ⑧ ⑨ ⓪ ⊕ ⊖	64	① ② ③ ④ ⑤ ⑥ ⑦ ⑧ ⑨ ⓪ ⊕ ⊖
5	① ② ③ ④ ⑤ ⑥ ⑦ ⑧ ⑨ ⓪ ⊕ ⊖	25	① ② ③ ④ ⑤ ⑥ ⑦ ⑧ ⑨ ⓪ ⊕ ⊖	45	① ② ③ ④ ⑤ ⑥ ⑦ ⑧ ⑨ ⓪ ⊕ ⊖	65	① ② ③ ④ ⑤ ⑥ ⑦ ⑧ ⑨ ⓪ ⊕ ⊖
6	① ② ③ ④ ⑤ ⑥ ⑦ ⑧ ⑨ ⓪ ⊕ ⊖	26	① ② ③ ④ ⑤ ⑥ ⑦ ⑧ ⑨ ⓪ ⊕ ⊖	46	① ② ③ ④ ⑤ ⑥ ⑦ ⑧ ⑨ ⓪ ⊕ ⊖	66	① ② ③ ④ ⑤ ⑥ ⑦ ⑧ ⑨ ⓪ ⊕ ⊖
7	① ② ③ ④ ⑤ ⑥ ⑦ ⑧ ⑨ ⓪ ⊕ ⊖	27	① ② ③ ④ ⑤ ⑥ ⑦ ⑧ ⑨ ⓪ ⊕ ⊖	47	① ② ③ ④ ⑤ ⑥ ⑦ ⑧ ⑨ ⓪ ⊕ ⊖	67	① ② ③ ④ ⑤ ⑥ ⑦ ⑧ ⑨ ⓪ ⊕ ⊖
8	① ② ③ ④ ⑤ ⑥ ⑦ ⑧ ⑨ ⓪ ⊕ ⊖	28	① ② ③ ④ ⑤ ⑥ ⑦ ⑧ ⑨ ⓪ ⊕ ⊖	48	① ② ③ ④ ⑤ ⑥ ⑦ ⑧ ⑨ ⓪ ⊕ ⊖	68	① ② ③ ④ ⑤ ⑥ ⑦ ⑧ ⑨ ⓪ ⊕ ⊖
9	① ② ③ ④ ⑤ ⑥ ⑦ ⑧ ⑨ ⓪ ⊕ ⊖	29	① ② ③ ④ ⑤ ⑥ ⑦ ⑧ ⑨ ⓪ ⊕ ⊖	49	① ② ③ ④ ⑤ ⑥ ⑦ ⑧ ⑨ ⓪ ⊕ ⊖	69	① ② ③ ④ ⑤ ⑥ ⑦ ⑧ ⑨ ⓪ ⊕ ⊖
10	① ② ③ ④ ⑤ ⑥ ⑦ ⑧ ⑨ ⓪ ⊕ ⊖	30	① ② ③ ④ ⑤ ⑥ ⑦ ⑧ ⑨ ⓪ ⊕ ⊖	50	① ② ③ ④ ⑤ ⑥ ⑦ ⑧ ⑨ ⓪ ⊕ ⊖	70	① ② ③ ④ ⑤ ⑥ ⑦ ⑧ ⑨ ⓪ ⊕ ⊖
11	① ② ③ ④ ⑤ ⑥ ⑦ ⑧ ⑨ ⓪ ⊕ ⊖	31	① ② ③ ④ ⑤ ⑥ ⑦ ⑧ ⑨ ⓪ ⊕ ⊖	51	① ② ③ ④ ⑤ ⑥ ⑦ ⑧ ⑨ ⓪ ⊕ ⊖	71	① ② ③ ④ ⑤ ⑥ ⑦ ⑧ ⑨ ⓪ ⊕ ⊖
12	① ② ③ ④ ⑤ ⑥ ⑦ ⑧ ⑨ ⓪ ⊕ ⊖	32	① ② ③ ④ ⑤ ⑥ ⑦ ⑧ ⑨ ⓪ ⊕ ⊖	52	① ② ③ ④ ⑤ ⑥ ⑦ ⑧ ⑨ ⓪ ⊕ ⊖	72	① ② ③ ④ ⑤ ⑥ ⑦ ⑧ ⑨ ⓪ ⊕ ⊖
13	① ② ③ ④ ⑤ ⑥ ⑦ ⑧ ⑨ ⓪ ⊕ ⊖	33	① ② ③ ④ ⑤ ⑥ ⑦ ⑧ ⑨ ⓪ ⊕ ⊖	53	① ② ③ ④ ⑤ ⑥ ⑦ ⑧ ⑨ ⓪ ⊕ ⊖	73	① ② ③ ④ ⑤ ⑥ ⑦ ⑧ ⑨ ⓪ ⊕ ⊖
14	① ② ③ ④ ⑤ ⑥ ⑦ ⑧ ⑨ ⓪ ⊕ ⊖	34	① ② ③ ④ ⑤ ⑥ ⑦ ⑧ ⑨ ⓪ ⊕ ⊖	54	① ② ③ ④ ⑤ ⑥ ⑦ ⑧ ⑨ ⓪ ⊕ ⊖	74	① ② ③ ④ ⑤ ⑥ ⑦ ⑧ ⑨ ⓪ ⊕ ⊖
15	① ② ③ ④ ⑤ ⑥ ⑦ ⑧ ⑨ ⓪ ⊕ ⊖	35	① ② ③ ④ ⑤ ⑥ ⑦ ⑧ ⑨ ⓪ ⊕ ⊖	55	① ② ③ ④ ⑤ ⑥ ⑦ ⑧ ⑨ ⓪ ⊕ ⊖	75	① ② ③ ④ ⑤ ⑥ ⑦ ⑧ ⑨ ⓪ ⊕ ⊖
16	① ② ③ ④ ⑤ ⑥ ⑦ ⑧ ⑨ ⓪ ⊕ ⊖	36	① ② ③ ④ ⑤ ⑥ ⑦ ⑧ ⑨ ⓪ ⊕ ⊖	56	① ② ③ ④ ⑤ ⑥ ⑦ ⑧ ⑨ ⓪ ⊕ ⊖	76	① ② ③ ④ ⑤ ⑥ ⑦ ⑧ ⑨ ⓪ ⊕ ⊖
17	① ② ③ ④ ⑤ ⑥ ⑦ ⑧ ⑨ ⓪ ⊕ ⊖	37	① ② ③ ④ ⑤ ⑥ ⑦ ⑧ ⑨ ⓪ ⊕ ⊖	57	① ② ③ ④ ⑤ ⑥ ⑦ ⑧ ⑨ ⓪ ⊕ ⊖	77	① ② ③ ④ ⑤ ⑥ ⑦ ⑧ ⑨ ⓪ ⊕ ⊖
18	① ② ③ ④ ⑤ ⑥ ⑦ ⑧ ⑨ ⓪ ⊕ ⊖	38	① ② ③ ④ ⑤ ⑥ ⑦ ⑧ ⑨ ⓪ ⊕ ⊖	58	① ② ③ ④ ⑤ ⑥ ⑦ ⑧ ⑨ ⓪ ⊕ ⊖	78	① ② ③ ④ ⑤ ⑥ ⑦ ⑧ ⑨ ⓪ ⊕ ⊖
19	① ② ③ ④ ⑤ ⑥ ⑦ ⑧ ⑨ ⓪ ⊕ ⊖	39	① ② ③ ④ ⑤ ⑥ ⑦ ⑧ ⑨ ⓪ ⊕ ⊖	59	① ② ③ ④ ⑤ ⑥ ⑦ ⑧ ⑨ ⓪ ⊕ ⊖	79	① ② ③ ④ ⑤ ⑥ ⑦ ⑧ ⑨ ⓪ ⊕ ⊖
20	① ② ③ ④ ⑤ ⑥ ⑦ ⑧ ⑨ ⓪ ⊕ ⊖	40	① ② ③ ④ ⑤ ⑥ ⑦ ⑧ ⑨ ⓪ ⊕ ⊖	60	① ② ③ ④ ⑤ ⑥ ⑦ ⑧ ⑨ ⓪ ⊕ ⊖	80	① ② ③ ④ ⑤ ⑥ ⑦ ⑧ ⑨ ⓪ ⊕ ⊖

相山女学園高等学校　　2023年度

◇社会◇

※152％に拡大していただくと，解答欄は実物大になります。

記入方法
1．記入は必ず**黒鉛筆またはシャープペンシル**で、() の中を正確にぬりつぶしてください。
2．訂正する場合は、消しゴムできれいに消してください。
3．解答用紙を汚したり、折り曲げたりしないでください。
4．⊕⊖の欄については、数学の解答で必要がある場合のみマークしてください。

良い例	悪い例
●	⊘ ◐ ⊘

解答番号	解答記入欄	解答番号	解答記入欄	解答番号	解答記入欄	解答番号	解答記入欄
1	①②③④⑤⑥⑦⑧⑨⓪⊕⊖	21	①②③④⑤⑥⑦⑧⑨⓪⊕⊖	41	①②③④⑤⑥⑦⑧⑨⓪⊕⊖	61	①②③④⑤⑥⑦⑧⑨⓪⊕⊖
2	①②③④⑤⑥⑦⑧⑨⓪⊕⊖	22	①②③④⑤⑥⑦⑧⑨⓪⊕⊖	42	①②③④⑤⑥⑦⑧⑨⓪⊕⊖	62	①②③④⑤⑥⑦⑧⑨⓪⊕⊖
3	①②③④⑤⑥⑦⑧⑨⓪⊕⊖	23	①②③④⑤⑥⑦⑧⑨⓪⊕⊖	43	①②③④⑤⑥⑦⑧⑨⓪⊕⊖	63	①②③④⑤⑥⑦⑧⑨⓪⊕⊖
4	①②③④⑤⑥⑦⑧⑨⓪⊕⊖	24	①②③④⑤⑥⑦⑧⑨⓪⊕⊖	44	①②③④⑤⑥⑦⑧⑨⓪⊕⊖	64	①②③④⑤⑥⑦⑧⑨⓪⊕⊖
5	①②③④⑤⑥⑦⑧⑨⓪⊕⊖	25	①②③④⑤⑥⑦⑧⑨⓪⊕⊖	45	①②③④⑤⑥⑦⑧⑨⓪⊕⊖	65	①②③④⑤⑥⑦⑧⑨⓪⊕⊖
6	①②③④⑤⑥⑦⑧⑨⓪⊕⊖	26	①②③④⑤⑥⑦⑧⑨⓪⊕⊖	46	①②③④⑤⑥⑦⑧⑨⓪⊕⊖	66	①②③④⑤⑥⑦⑧⑨⓪⊕⊖
7	①②③④⑤⑥⑦⑧⑨⓪⊕⊖	27	①②③④⑤⑥⑦⑧⑨⓪⊕⊖	47	①②③④⑤⑥⑦⑧⑨⓪⊕⊖	67	①②③④⑤⑥⑦⑧⑨⓪⊕⊖
8	①②③④⑤⑥⑦⑧⑨⓪⊕⊖	28	①②③④⑤⑥⑦⑧⑨⓪⊕⊖	48	①②③④⑤⑥⑦⑧⑨⓪⊕⊖	68	①②③④⑤⑥⑦⑧⑨⓪⊕⊖
9	①②③④⑤⑥⑦⑧⑨⓪⊕⊖	29	①②③④⑤⑥⑦⑧⑨⓪⊕⊖	49	①②③④⑤⑥⑦⑧⑨⓪⊕⊖	69	①②③④⑤⑥⑦⑧⑨⓪⊕⊖
10	①②③④⑤⑥⑦⑧⑨⓪⊕⊖	30	①②③④⑤⑥⑦⑧⑨⓪⊕⊖	50	①②③④⑤⑥⑦⑧⑨⓪⊕⊖	70	①②③④⑤⑥⑦⑧⑨⓪⊕⊖
11	①②③④⑤⑥⑦⑧⑨⓪⊕⊖	31	①②③④⑤⑥⑦⑧⑨⓪⊕⊖	51	①②③④⑤⑥⑦⑧⑨⓪⊕⊖	71	①②③④⑤⑥⑦⑧⑨⓪⊕⊖
12	①②③④⑤⑥⑦⑧⑨⓪⊕⊖	32	①②③④⑤⑥⑦⑧⑨⓪⊕⊖	52	①②③④⑤⑥⑦⑧⑨⓪⊕⊖	72	①②③④⑤⑥⑦⑧⑨⓪⊕⊖
13	①②③④⑤⑥⑦⑧⑨⓪⊕⊖	33	①②③④⑤⑥⑦⑧⑨⓪⊕⊖	53	①②③④⑤⑥⑦⑧⑨⓪⊕⊖	73	①②③④⑤⑥⑦⑧⑨⓪⊕⊖
14	①②③④⑤⑥⑦⑧⑨⓪⊕⊖	34	①②③④⑤⑥⑦⑧⑨⓪⊕⊖	54	①②③④⑤⑥⑦⑧⑨⓪⊕⊖	74	①②③④⑤⑥⑦⑧⑨⓪⊕⊖
15	①②③④⑤⑥⑦⑧⑨⓪⊕⊖	35	①②③④⑤⑥⑦⑧⑨⓪⊕⊖	55	①②③④⑤⑥⑦⑧⑨⓪⊕⊖	75	①②③④⑤⑥⑦⑧⑨⓪⊕⊖
16	①②③④⑤⑥⑦⑧⑨⓪⊕⊖	36	①②③④⑤⑥⑦⑧⑨⓪⊕⊖	56	①②③④⑤⑥⑦⑧⑨⓪⊕⊖	76	①②③④⑤⑥⑦⑧⑨⓪⊕⊖
17	①②③④⑤⑥⑦⑧⑨⓪⊕⊖	37	①②③④⑤⑥⑦⑧⑨⓪⊕⊖	57	①②③④⑤⑥⑦⑧⑨⓪⊕⊖	77	①②③④⑤⑥⑦⑧⑨⓪⊕⊖
18	①②③④⑤⑥⑦⑧⑨⓪⊕⊖	38	①②③④⑤⑥⑦⑧⑨⓪⊕⊖	58	①②③④⑤⑥⑦⑧⑨⓪⊕⊖	78	①②③④⑤⑥⑦⑧⑨⓪⊕⊖
19	①②③④⑤⑥⑦⑧⑨⓪⊕⊖	39	①②③④⑤⑥⑦⑧⑨⓪⊕⊖	59	①②③④⑤⑥⑦⑧⑨⓪⊕⊖	79	①②③④⑤⑥⑦⑧⑨⓪⊕⊖
20	①②③④⑤⑥⑦⑧⑨⓪⊕⊖	40	①②③④⑤⑥⑦⑧⑨⓪⊕⊖	60	①②③④⑤⑥⑦⑧⑨⓪⊕⊖	80	①②③④⑤⑥⑦⑧⑨⓪⊕⊖

相山女学園高等学校　2023年度　◇国語◇

※152％に拡大していただくと，解答欄は実物大になります。

記入方法
1．記入は必ず**黒鉛筆またはシャープペンシル**で，⓪の中を正確にぬりつぶしてください。
2．訂正する場合は，消しゴムできれいに消してください。
3．解答用紙を汚したり，折り曲げたりしないでください。
4．⊕⊖の欄については，数学の解答で必要がある場合のみマークしてください。

良い例	悪い例
●	⊘ ◐ ⊘

解答番号	解答記入欄	解答番号	解答記入欄	解答番号	解答記入欄	解答番号	解答記入欄
1	① ② ③ ④ ⑤ ⑥ ⑦ ⑧ ⑨ ⓪ ⊕ ⊖	21	① ② ③ ④ ⑤ ⑥ ⑦ ⑧ ⑨ ⓪ ⊕ ⊖	41	① ② ③ ④ ⑤ ⑥ ⑦ ⑧ ⑨ ⓪ ⊕ ⊖	61	① ② ③ ④ ⑤ ⑥ ⑦ ⑧ ⑨ ⓪ ⊕ ⊖
2	① ② ③ ④ ⑤ ⑥ ⑦ ⑧ ⑨ ⓪ ⊕ ⊖	22	① ② ③ ④ ⑤ ⑥ ⑦ ⑧ ⑨ ⓪ ⊕ ⊖	42	① ② ③ ④ ⑤ ⑥ ⑦ ⑧ ⑨ ⓪ ⊕ ⊖	62	① ② ③ ④ ⑤ ⑥ ⑦ ⑧ ⑨ ⓪ ⊕ ⊖
3	① ② ③ ④ ⑤ ⑥ ⑦ ⑧ ⑨ ⓪ ⊕ ⊖	23	① ② ③ ④ ⑤ ⑥ ⑦ ⑧ ⑨ ⓪ ⊕ ⊖	43	① ② ③ ④ ⑤ ⑥ ⑦ ⑧ ⑨ ⓪ ⊕ ⊖	63	① ② ③ ④ ⑤ ⑥ ⑦ ⑧ ⑨ ⓪ ⊕ ⊖
4	① ② ③ ④ ⑤ ⑥ ⑦ ⑧ ⑨ ⓪ ⊕ ⊖	24	① ② ③ ④ ⑤ ⑥ ⑦ ⑧ ⑨ ⓪ ⊕ ⊖	44	① ② ③ ④ ⑤ ⑥ ⑦ ⑧ ⑨ ⓪ ⊕ ⊖	64	① ② ③ ④ ⑤ ⑥ ⑦ ⑧ ⑨ ⓪ ⊕ ⊖
5	① ② ③ ④ ⑤ ⑥ ⑦ ⑧ ⑨ ⓪ ⊕ ⊖	25	① ② ③ ④ ⑤ ⑥ ⑦ ⑧ ⑨ ⓪ ⊕ ⊖	45	① ② ③ ④ ⑤ ⑥ ⑦ ⑧ ⑨ ⓪ ⊕ ⊖	65	① ② ③ ④ ⑤ ⑥ ⑦ ⑧ ⑨ ⓪ ⊕ ⊖
6	① ② ③ ④ ⑤ ⑥ ⑦ ⑧ ⑨ ⓪ ⊕ ⊖	26	① ② ③ ④ ⑤ ⑥ ⑦ ⑧ ⑨ ⓪ ⊕ ⊖	46	① ② ③ ④ ⑤ ⑥ ⑦ ⑧ ⑨ ⓪ ⊕ ⊖	66	① ② ③ ④ ⑤ ⑥ ⑦ ⑧ ⑨ ⓪ ⊕ ⊖
7	① ② ③ ④ ⑤ ⑥ ⑦ ⑧ ⑨ ⓪ ⊕ ⊖	27	① ② ③ ④ ⑤ ⑥ ⑦ ⑧ ⑨ ⓪ ⊕ ⊖	47	① ② ③ ④ ⑤ ⑥ ⑦ ⑧ ⑨ ⓪ ⊕ ⊖	67	① ② ③ ④ ⑤ ⑥ ⑦ ⑧ ⑨ ⓪ ⊕ ⊖
8	① ② ③ ④ ⑤ ⑥ ⑦ ⑧ ⑨ ⓪ ⊕ ⊖	28	① ② ③ ④ ⑤ ⑥ ⑦ ⑧ ⑨ ⓪ ⊕ ⊖	48	① ② ③ ④ ⑤ ⑥ ⑦ ⑧ ⑨ ⓪ ⊕ ⊖	68	① ② ③ ④ ⑤ ⑥ ⑦ ⑧ ⑨ ⓪ ⊕ ⊖
9	① ② ③ ④ ⑤ ⑥ ⑦ ⑧ ⑨ ⓪ ⊕ ⊖	29	① ② ③ ④ ⑤ ⑥ ⑦ ⑧ ⑨ ⓪ ⊕ ⊖	49	① ② ③ ④ ⑤ ⑥ ⑦ ⑧ ⑨ ⓪ ⊕ ⊖	69	① ② ③ ④ ⑤ ⑥ ⑦ ⑧ ⑨ ⓪ ⊕ ⊖
10	① ② ③ ④ ⑤ ⑥ ⑦ ⑧ ⑨ ⓪ ⊕ ⊖	30	① ② ③ ④ ⑤ ⑥ ⑦ ⑧ ⑨ ⓪ ⊕ ⊖	50	① ② ③ ④ ⑤ ⑥ ⑦ ⑧ ⑨ ⓪ ⊕ ⊖	70	① ② ③ ④ ⑤ ⑥ ⑦ ⑧ ⑨ ⓪ ⊕ ⊖
11	① ② ③ ④ ⑤ ⑥ ⑦ ⑧ ⑨ ⓪ ⊕ ⊖	31	① ② ③ ④ ⑤ ⑥ ⑦ ⑧ ⑨ ⓪ ⊕ ⊖	51	① ② ③ ④ ⑤ ⑥ ⑦ ⑧ ⑨ ⓪ ⊕ ⊖	71	① ② ③ ④ ⑤ ⑥ ⑦ ⑧ ⑨ ⓪ ⊕ ⊖
12	① ② ③ ④ ⑤ ⑥ ⑦ ⑧ ⑨ ⓪ ⊕ ⊖	32	① ② ③ ④ ⑤ ⑥ ⑦ ⑧ ⑨ ⓪ ⊕ ⊖	52	① ② ③ ④ ⑤ ⑥ ⑦ ⑧ ⑨ ⓪ ⊕ ⊖	72	① ② ③ ④ ⑤ ⑥ ⑦ ⑧ ⑨ ⓪ ⊕ ⊖
13	① ② ③ ④ ⑤ ⑥ ⑦ ⑧ ⑨ ⓪ ⊕ ⊖	33	① ② ③ ④ ⑤ ⑥ ⑦ ⑧ ⑨ ⓪ ⊕ ⊖	53	① ② ③ ④ ⑤ ⑥ ⑦ ⑧ ⑨ ⓪ ⊕ ⊖	73	① ② ③ ④ ⑤ ⑥ ⑦ ⑧ ⑨ ⓪ ⊕ ⊖
14	① ② ③ ④ ⑤ ⑥ ⑦ ⑧ ⑨ ⓪ ⊕ ⊖	34	① ② ③ ④ ⑤ ⑥ ⑦ ⑧ ⑨ ⓪ ⊕ ⊖	54	① ② ③ ④ ⑤ ⑥ ⑦ ⑧ ⑨ ⓪ ⊕ ⊖	74	① ② ③ ④ ⑤ ⑥ ⑦ ⑧ ⑨ ⓪ ⊕ ⊖
15	① ② ③ ④ ⑤ ⑥ ⑦ ⑧ ⑨ ⓪ ⊕ ⊖	35	① ② ③ ④ ⑤ ⑥ ⑦ ⑧ ⑨ ⓪ ⊕ ⊖	55	① ② ③ ④ ⑤ ⑥ ⑦ ⑧ ⑨ ⓪ ⊕ ⊖	75	① ② ③ ④ ⑤ ⑥ ⑦ ⑧ ⑨ ⓪ ⊕ ⊖
16	① ② ③ ④ ⑤ ⑥ ⑦ ⑧ ⑨ ⓪ ⊕ ⊖	36	① ② ③ ④ ⑤ ⑥ ⑦ ⑧ ⑨ ⓪ ⊕ ⊖	56	① ② ③ ④ ⑤ ⑥ ⑦ ⑧ ⑨ ⓪ ⊕ ⊖	76	① ② ③ ④ ⑤ ⑥ ⑦ ⑧ ⑨ ⓪ ⊕ ⊖
17	① ② ③ ④ ⑤ ⑥ ⑦ ⑧ ⑨ ⓪ ⊕ ⊖	37	① ② ③ ④ ⑤ ⑥ ⑦ ⑧ ⑨ ⓪ ⊕ ⊖	57	① ② ③ ④ ⑤ ⑥ ⑦ ⑧ ⑨ ⓪ ⊕ ⊖	77	① ② ③ ④ ⑤ ⑥ ⑦ ⑧ ⑨ ⓪ ⊕ ⊖
18	① ② ③ ④ ⑤ ⑥ ⑦ ⑧ ⑨ ⓪ ⊕ ⊖	38	① ② ③ ④ ⑤ ⑥ ⑦ ⑧ ⑨ ⓪ ⊕ ⊖	58	① ② ③ ④ ⑤ ⑥ ⑦ ⑧ ⑨ ⓪ ⊕ ⊖	78	① ② ③ ④ ⑤ ⑥ ⑦ ⑧ ⑨ ⓪ ⊕ ⊖
19	① ② ③ ④ ⑤ ⑥ ⑦ ⑧ ⑨ ⓪ ⊕ ⊖	39	① ② ③ ④ ⑤ ⑥ ⑦ ⑧ ⑨ ⓪ ⊕ ⊖	59	① ② ③ ④ ⑤ ⑥ ⑦ ⑧ ⑨ ⓪ ⊕ ⊖	79	① ② ③ ④ ⑤ ⑥ ⑦ ⑧ ⑨ ⓪ ⊕ ⊖
20	① ② ③ ④ ⑤ ⑥ ⑦ ⑧ ⑨ ⓪ ⊕ ⊖	40	① ② ③ ④ ⑤ ⑥ ⑦ ⑧ ⑨ ⓪ ⊕ ⊖	60	① ② ③ ④ ⑤ ⑥ ⑦ ⑧ ⑨ ⓪ ⊕ ⊖	80	① ② ③ ④ ⑤ ⑥ ⑦ ⑧ ⑨ ⓪ ⊕ ⊖

相山女学園高等学校　　2022年度

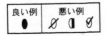

※152%に拡大していただくと，解答欄は実物大になります。

記入方法　1．記入は必ず**黒鉛筆またはシャープペンシル**で、() の中を正確にぬりつぶしてください。
2．訂正する場合は、消しゴムできれいに消してください。
3．解答用紙を汚したり、折り曲げたりしないでください。
4．⊕⊖の欄については、数学の解答で必要がある場合のみマークしてください。

良い例	悪い例
●	Ø ◐ Ø

解答番号	解答記入欄	解答番号	解答記入欄	解答番号	解答記入欄	解答番号	解答記入欄
1	① ② ③ ④ ⑤ ⑥ ⑦ ⑧ ⑨ ⓪ ⊕ ⊖	21	① ② ③ ④ ⑤ ⑥ ⑦ ⑧ ⑨ ⓪ ⊕ ⊖	41	① ② ③ ④ ⑤ ⑥ ⑦ ⑧ ⑨ ⓪ ⊕ ⊖	61	① ② ③ ④ ⑤ ⑥ ⑦ ⑧ ⑨ ⓪ ⊕ ⊖
2	① ② ③ ④ ⑤ ⑥ ⑦ ⑧ ⑨ ⓪ ⊕ ⊖	22	① ② ③ ④ ⑤ ⑥ ⑦ ⑧ ⑨ ⓪ ⊕ ⊖	42	① ② ③ ④ ⑤ ⑥ ⑦ ⑧ ⑨ ⓪ ⊕ ⊖	62	① ② ③ ④ ⑤ ⑥ ⑦ ⑧ ⑨ ⓪ ⊕ ⊖
3	① ② ③ ④ ⑤ ⑥ ⑦ ⑧ ⑨ ⓪ ⊕ ⊖	23	① ② ③ ④ ⑤ ⑥ ⑦ ⑧ ⑨ ⓪ ⊕ ⊖	43	① ② ③ ④ ⑤ ⑥ ⑦ ⑧ ⑨ ⓪ ⊕ ⊖	63	① ② ③ ④ ⑤ ⑥ ⑦ ⑧ ⑨ ⓪ ⊕ ⊖
4	① ② ③ ④ ⑤ ⑥ ⑦ ⑧ ⑨ ⓪ ⊕ ⊖	24	① ② ③ ④ ⑤ ⑥ ⑦ ⑧ ⑨ ⓪ ⊕ ⊖	44	① ② ③ ④ ⑤ ⑥ ⑦ ⑧ ⑨ ⓪ ⊕ ⊖	64	① ② ③ ④ ⑤ ⑥ ⑦ ⑧ ⑨ ⓪ ⊕ ⊖
5	① ② ③ ④ ⑤ ⑥ ⑦ ⑧ ⑨ ⓪ ⊕ ⊖	25	① ② ③ ④ ⑤ ⑥ ⑦ ⑧ ⑨ ⓪ ⊕ ⊖	45	① ② ③ ④ ⑤ ⑥ ⑦ ⑧ ⑨ ⓪ ⊕ ⊖	65	① ② ③ ④ ⑤ ⑥ ⑦ ⑧ ⑨ ⓪ ⊕ ⊖
6	① ② ③ ④ ⑤ ⑥ ⑦ ⑧ ⑨ ⓪ ⊕ ⊖	26	① ② ③ ④ ⑤ ⑥ ⑦ ⑧ ⑨ ⓪ ⊕ ⊖	46	① ② ③ ④ ⑤ ⑥ ⑦ ⑧ ⑨ ⓪ ⊕ ⊖	66	① ② ③ ④ ⑤ ⑥ ⑦ ⑧ ⑨ ⓪ ⊕ ⊖
7	① ② ③ ④ ⑤ ⑥ ⑦ ⑧ ⑨ ⓪ ⊕ ⊖	27	① ② ③ ④ ⑤ ⑥ ⑦ ⑧ ⑨ ⓪ ⊕ ⊖	47	① ② ③ ④ ⑤ ⑥ ⑦ ⑧ ⑨ ⓪ ⊕ ⊖	67	① ② ③ ④ ⑤ ⑥ ⑦ ⑧ ⑨ ⓪ ⊕ ⊖
8	① ② ③ ④ ⑤ ⑥ ⑦ ⑧ ⑨ ⓪ ⊕ ⊖	28	① ② ③ ④ ⑤ ⑥ ⑦ ⑧ ⑨ ⓪ ⊕ ⊖	48	① ② ③ ④ ⑤ ⑥ ⑦ ⑧ ⑨ ⓪ ⊕ ⊖	68	① ② ③ ④ ⑤ ⑥ ⑦ ⑧ ⑨ ⓪ ⊕ ⊖
9	① ② ③ ④ ⑤ ⑥ ⑦ ⑧ ⑨ ⓪ ⊕ ⊖	29	① ② ③ ④ ⑤ ⑥ ⑦ ⑧ ⑨ ⓪ ⊕ ⊖	49	① ② ③ ④ ⑤ ⑥ ⑦ ⑧ ⑨ ⓪ ⊕ ⊖	69	① ② ③ ④ ⑤ ⑥ ⑦ ⑧ ⑨ ⓪ ⊕ ⊖
10	① ② ③ ④ ⑤ ⑥ ⑦ ⑧ ⑨ ⓪ ⊕ ⊖	30	① ② ③ ④ ⑤ ⑥ ⑦ ⑧ ⑨ ⓪ ⊕ ⊖	50	① ② ③ ④ ⑤ ⑥ ⑦ ⑧ ⑨ ⓪ ⊕ ⊖	70	① ② ③ ④ ⑤ ⑥ ⑦ ⑧ ⑨ ⓪ ⊕ ⊖
11	① ② ③ ④ ⑤ ⑥ ⑦ ⑧ ⑨ ⓪ ⊕ ⊖	31	① ② ③ ④ ⑤ ⑥ ⑦ ⑧ ⑨ ⓪ ⊕ ⊖	51	① ② ③ ④ ⑤ ⑥ ⑦ ⑧ ⑨ ⓪ ⊕ ⊖	71	① ② ③ ④ ⑤ ⑥ ⑦ ⑧ ⑨ ⓪ ⊕ ⊖
12	① ② ③ ④ ⑤ ⑥ ⑦ ⑧ ⑨ ⓪ ⊕ ⊖	32	① ② ③ ④ ⑤ ⑥ ⑦ ⑧ ⑨ ⓪ ⊕ ⊖	52	① ② ③ ④ ⑤ ⑥ ⑦ ⑧ ⑨ ⓪ ⊕ ⊖	72	① ② ③ ④ ⑤ ⑥ ⑦ ⑧ ⑨ ⓪ ⊕ ⊖
13	① ② ③ ④ ⑤ ⑥ ⑦ ⑧ ⑨ ⓪ ⊕ ⊖	33	① ② ③ ④ ⑤ ⑥ ⑦ ⑧ ⑨ ⓪ ⊕ ⊖	53	① ② ③ ④ ⑤ ⑥ ⑦ ⑧ ⑨ ⓪ ⊕ ⊖	73	① ② ③ ④ ⑤ ⑥ ⑦ ⑧ ⑨ ⓪ ⊕ ⊖
14	① ② ③ ④ ⑤ ⑥ ⑦ ⑧ ⑨ ⓪ ⊕ ⊖	34	① ② ③ ④ ⑤ ⑥ ⑦ ⑧ ⑨ ⓪ ⊕ ⊖	54	① ② ③ ④ ⑤ ⑥ ⑦ ⑧ ⑨ ⓪ ⊕ ⊖	74	① ② ③ ④ ⑤ ⑥ ⑦ ⑧ ⑨ ⓪ ⊕ ⊖
15	① ② ③ ④ ⑤ ⑥ ⑦ ⑧ ⑨ ⓪ ⊕ ⊖	35	① ② ③ ④ ⑤ ⑥ ⑦ ⑧ ⑨ ⓪ ⊕ ⊖	55	① ② ③ ④ ⑤ ⑥ ⑦ ⑧ ⑨ ⓪ ⊕ ⊖	75	① ② ③ ④ ⑤ ⑥ ⑦ ⑧ ⑨ ⓪ ⊕ ⊖
16	① ② ③ ④ ⑤ ⑥ ⑦ ⑧ ⑨ ⓪ ⊕ ⊖	36	① ② ③ ④ ⑤ ⑥ ⑦ ⑧ ⑨ ⓪ ⊕ ⊖	56	① ② ③ ④ ⑤ ⑥ ⑦ ⑧ ⑨ ⓪ ⊕ ⊖	76	① ② ③ ④ ⑤ ⑥ ⑦ ⑧ ⑨ ⓪ ⊕ ⊖
17	① ② ③ ④ ⑤ ⑥ ⑦ ⑧ ⑨ ⓪ ⊕ ⊖	37	① ② ③ ④ ⑤ ⑥ ⑦ ⑧ ⑨ ⓪ ⊕ ⊖	57	① ② ③ ④ ⑤ ⑥ ⑦ ⑧ ⑨ ⓪ ⊕ ⊖	77	① ② ③ ④ ⑤ ⑥ ⑦ ⑧ ⑨ ⓪ ⊕ ⊖
18	① ② ③ ④ ⑤ ⑥ ⑦ ⑧ ⑨ ⓪ ⊕ ⊖	38	① ② ③ ④ ⑤ ⑥ ⑦ ⑧ ⑨ ⓪ ⊕ ⊖	58	① ② ③ ④ ⑤ ⑥ ⑦ ⑧ ⑨ ⓪ ⊕ ⊖	78	① ② ③ ④ ⑤ ⑥ ⑦ ⑧ ⑨ ⓪ ⊕ ⊖
19	① ② ③ ④ ⑤ ⑥ ⑦ ⑧ ⑨ ⓪ ⊕ ⊖	39	① ② ③ ④ ⑤ ⑥ ⑦ ⑧ ⑨ ⓪ ⊕ ⊖	59	① ② ③ ④ ⑤ ⑥ ⑦ ⑧ ⑨ ⓪ ⊕ ⊖	79	① ② ③ ④ ⑤ ⑥ ⑦ ⑧ ⑨ ⓪ ⊕ ⊖
20	① ② ③ ④ ⑤ ⑥ ⑦ ⑧ ⑨ ⓪ ⊕ ⊖	40	① ② ③ ④ ⑤ ⑥ ⑦ ⑧ ⑨ ⓪ ⊕ ⊖	60	① ② ③ ④ ⑤ ⑥ ⑦ ⑧ ⑨ ⓪ ⊕ ⊖	80	① ② ③ ④ ⑤ ⑥ ⑦ ⑧ ⑨ ⓪ ⊕ ⊖

椙山女学園高等学校　2022年度　◇英語◇

※152％に拡大していただくと，解答欄は実物大になります。

記入方法
1. 記入は必ず**黒鉛筆またはシャープペンシル**で、() の中を正確にぬりつぶしてください。
2. 訂正する場合は、消しゴムできれいに消してください。
3. 解答用紙を汚したり、折り曲げたりしないでください。
4. ⊕⊖ の欄については、数学の解答で必要がある場合のみマークしてください。

良い例	悪い例
●	⊘ ◐ ☑

解答番号	解答記入欄	解答番号	解答記入欄	解答番号	解答記入欄	解答番号	解答記入欄
1	① ② ③ ④ ⑤ ⑥ ⑦ ⑧ ⑨ ⓪ ⊕ ⊖	21	① ② ③ ④ ⑤ ⑥ ⑦ ⑧ ⑨ ⓪ ⊕ ⊖	41	① ② ③ ④ ⑤ ⑥ ⑦ ⑧ ⑨ ⓪ ⊕ ⊖	61	① ② ③ ④ ⑤ ⑥ ⑦ ⑧ ⑨ ⓪ ⊕ ⊖
2	① ② ③ ④ ⑤ ⑥ ⑦ ⑧ ⑨ ⓪ ⊕ ⊖	22	① ② ③ ④ ⑤ ⑥ ⑦ ⑧ ⑨ ⓪ ⊕ ⊖	42	① ② ③ ④ ⑤ ⑥ ⑦ ⑧ ⑨ ⓪ ⊕ ⊖	62	① ② ③ ④ ⑤ ⑥ ⑦ ⑧ ⑨ ⓪ ⊕ ⊖
3	① ② ③ ④ ⑤ ⑥ ⑦ ⑧ ⑨ ⓪ ⊕ ⊖	23	① ② ③ ④ ⑤ ⑥ ⑦ ⑧ ⑨ ⓪ ⊕ ⊖	43	① ② ③ ④ ⑤ ⑥ ⑦ ⑧ ⑨ ⓪ ⊕ ⊖	63	① ② ③ ④ ⑤ ⑥ ⑦ ⑧ ⑨ ⓪ ⊕ ⊖
4	① ② ③ ④ ⑤ ⑥ ⑦ ⑧ ⑨ ⓪ ⊕ ⊖	24	① ② ③ ④ ⑤ ⑥ ⑦ ⑧ ⑨ ⓪ ⊕ ⊖	44	① ② ③ ④ ⑤ ⑥ ⑦ ⑧ ⑨ ⓪ ⊕ ⊖	64	① ② ③ ④ ⑤ ⑥ ⑦ ⑧ ⑨ ⓪ ⊕ ⊖
5	① ② ③ ④ ⑤ ⑥ ⑦ ⑧ ⑨ ⓪ ⊕ ⊖	25	① ② ③ ④ ⑤ ⑥ ⑦ ⑧ ⑨ ⓪ ⊕ ⊖	45	① ② ③ ④ ⑤ ⑥ ⑦ ⑧ ⑨ ⓪ ⊕ ⊖	65	① ② ③ ④ ⑤ ⑥ ⑦ ⑧ ⑨ ⓪ ⊕ ⊖
6	① ② ③ ④ ⑤ ⑥ ⑦ ⑧ ⑨ ⓪ ⊕ ⊖	26	① ② ③ ④ ⑤ ⑥ ⑦ ⑧ ⑨ ⓪ ⊕ ⊖	46	① ② ③ ④ ⑤ ⑥ ⑦ ⑧ ⑨ ⓪ ⊕ ⊖	66	① ② ③ ④ ⑤ ⑥ ⑦ ⑧ ⑨ ⓪ ⊕ ⊖
7	① ② ③ ④ ⑤ ⑥ ⑦ ⑧ ⑨ ⓪ ⊕ ⊖	27	① ② ③ ④ ⑤ ⑥ ⑦ ⑧ ⑨ ⓪ ⊕ ⊖	47	① ② ③ ④ ⑤ ⑥ ⑦ ⑧ ⑨ ⓪ ⊕ ⊖	67	① ② ③ ④ ⑤ ⑥ ⑦ ⑧ ⑨ ⓪ ⊕ ⊖
8	① ② ③ ④ ⑤ ⑥ ⑦ ⑧ ⑨ ⓪ ⊕ ⊖	28	① ② ③ ④ ⑤ ⑥ ⑦ ⑧ ⑨ ⓪ ⊕ ⊖	48	① ② ③ ④ ⑤ ⑥ ⑦ ⑧ ⑨ ⓪ ⊕ ⊖	68	① ② ③ ④ ⑤ ⑥ ⑦ ⑧ ⑨ ⓪ ⊕ ⊖
9	① ② ③ ④ ⑤ ⑥ ⑦ ⑧ ⑨ ⓪ ⊕ ⊖	29	① ② ③ ④ ⑤ ⑥ ⑦ ⑧ ⑨ ⓪ ⊕ ⊖	49	① ② ③ ④ ⑤ ⑥ ⑦ ⑧ ⑨ ⓪ ⊕ ⊖	69	① ② ③ ④ ⑤ ⑥ ⑦ ⑧ ⑨ ⓪ ⊕ ⊖
10	① ② ③ ④ ⑤ ⑥ ⑦ ⑧ ⑨ ⓪ ⊕ ⊖	30	① ② ③ ④ ⑤ ⑥ ⑦ ⑧ ⑨ ⓪ ⊕ ⊖	50	① ② ③ ④ ⑤ ⑥ ⑦ ⑧ ⑨ ⓪ ⊕ ⊖	70	① ② ③ ④ ⑤ ⑥ ⑦ ⑧ ⑨ ⓪ ⊕ ⊖
11	① ② ③ ④ ⑤ ⑥ ⑦ ⑧ ⑨ ⓪ ⊕ ⊖	31	① ② ③ ④ ⑤ ⑥ ⑦ ⑧ ⑨ ⓪ ⊕ ⊖	51	① ② ③ ④ ⑤ ⑥ ⑦ ⑧ ⑨ ⓪ ⊕ ⊖	71	① ② ③ ④ ⑤ ⑥ ⑦ ⑧ ⑨ ⓪ ⊕ ⊖
12	① ② ③ ④ ⑤ ⑥ ⑦ ⑧ ⑨ ⓪ ⊕ ⊖	32	① ② ③ ④ ⑤ ⑥ ⑦ ⑧ ⑨ ⓪ ⊕ ⊖	52	① ② ③ ④ ⑤ ⑥ ⑦ ⑧ ⑨ ⓪ ⊕ ⊖	72	① ② ③ ④ ⑤ ⑥ ⑦ ⑧ ⑨ ⓪ ⊕ ⊖
13	① ② ③ ④ ⑤ ⑥ ⑦ ⑧ ⑨ ⓪ ⊕ ⊖	33	① ② ③ ④ ⑤ ⑥ ⑦ ⑧ ⑨ ⓪ ⊕ ⊖	53	① ② ③ ④ ⑤ ⑥ ⑦ ⑧ ⑨ ⓪ ⊕ ⊖	73	① ② ③ ④ ⑤ ⑥ ⑦ ⑧ ⑨ ⓪ ⊕ ⊖
14	① ② ③ ④ ⑤ ⑥ ⑦ ⑧ ⑨ ⓪ ⊕ ⊖	34	① ② ③ ④ ⑤ ⑥ ⑦ ⑧ ⑨ ⓪ ⊕ ⊖	54	① ② ③ ④ ⑤ ⑥ ⑦ ⑧ ⑨ ⓪ ⊕ ⊖	74	① ② ③ ④ ⑤ ⑥ ⑦ ⑧ ⑨ ⓪ ⊕ ⊖
15	① ② ③ ④ ⑤ ⑥ ⑦ ⑧ ⑨ ⓪ ⊕ ⊖	35	① ② ③ ④ ⑤ ⑥ ⑦ ⑧ ⑨ ⓪ ⊕ ⊖	55	① ② ③ ④ ⑤ ⑥ ⑦ ⑧ ⑨ ⓪ ⊕ ⊖	75	① ② ③ ④ ⑤ ⑥ ⑦ ⑧ ⑨ ⓪ ⊕ ⊖
16	① ② ③ ④ ⑤ ⑥ ⑦ ⑧ ⑨ ⓪ ⊕ ⊖	36	① ② ③ ④ ⑤ ⑥ ⑦ ⑧ ⑨ ⓪ ⊕ ⊖	56	① ② ③ ④ ⑤ ⑥ ⑦ ⑧ ⑨ ⓪ ⊕ ⊖	76	① ② ③ ④ ⑤ ⑥ ⑦ ⑧ ⑨ ⓪ ⊕ ⊖
17	① ② ③ ④ ⑤ ⑥ ⑦ ⑧ ⑨ ⓪ ⊕ ⊖	37	① ② ③ ④ ⑤ ⑥ ⑦ ⑧ ⑨ ⓪ ⊕ ⊖	57	① ② ③ ④ ⑤ ⑥ ⑦ ⑧ ⑨ ⓪ ⊕ ⊖	77	① ② ③ ④ ⑤ ⑥ ⑦ ⑧ ⑨ ⓪ ⊕ ⊖
18	① ② ③ ④ ⑤ ⑥ ⑦ ⑧ ⑨ ⓪ ⊕ ⊖	38	① ② ③ ④ ⑤ ⑥ ⑦ ⑧ ⑨ ⓪ ⊕ ⊖	58	① ② ③ ④ ⑤ ⑥ ⑦ ⑧ ⑨ ⓪ ⊕ ⊖	78	① ② ③ ④ ⑤ ⑥ ⑦ ⑧ ⑨ ⓪ ⊕ ⊖
19	① ② ③ ④ ⑤ ⑥ ⑦ ⑧ ⑨ ⓪ ⊕ ⊖	39	① ② ③ ④ ⑤ ⑥ ⑦ ⑧ ⑨ ⓪ ⊕ ⊖	59	① ② ③ ④ ⑤ ⑥ ⑦ ⑧ ⑨ ⓪ ⊕ ⊖	79	① ② ③ ④ ⑤ ⑥ ⑦ ⑧ ⑨ ⓪ ⊕ ⊖
20	① ② ③ ④ ⑤ ⑥ ⑦ ⑧ ⑨ ⓪ ⊕ ⊖	40	① ② ③ ④ ⑤ ⑥ ⑦ ⑧ ⑨ ⓪ ⊕ ⊖	60	① ② ③ ④ ⑤ ⑥ ⑦ ⑧ ⑨ ⓪ ⊕ ⊖	80	① ② ③ ④ ⑤ ⑥ ⑦ ⑧ ⑨ ⓪ ⊕ ⊖

椙山女学園高等学校　2022年度

◇理科◇

※152%に拡大していただくと，解答欄は実物大になります。

記入方法
1．記入は必ず**黒鉛筆またはシャープペンシル**で、◯の中を正確にぬりつぶしてください。
2．訂正する場合は、消しゴムできれいに消してください。
3．解答用紙を汚したり、折り曲げたりしないでください。
4．⊕⊖の欄については、数学の解答で必要がある場合のみマークしてください。

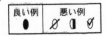

良い例	悪い例
●	∅ ◐ ∅

解答番号	解答記入欄	解答番号	解答記入欄	解答番号	解答記入欄	解答番号	解答記入欄
1	1 2 3 4 5 6 7 8 9 0 + −	21	1 2 3 4 5 6 7 8 9 0 + −	41	1 2 3 4 5 6 7 8 9 0 + −	61	1 2 3 4 5 6 7 8 9 0 + −
2	1 2 3 4 5 6 7 8 9 0 + −	22	1 2 3 4 5 6 7 8 9 0 + −	42	1 2 3 4 5 6 7 8 9 0 + −	62	1 2 3 4 5 6 7 8 9 0 + −
3	1 2 3 4 5 6 7 8 9 0 + −	23	1 2 3 4 5 6 7 8 9 0 + −	43	1 2 3 4 5 6 7 8 9 0 + −	63	1 2 3 4 5 6 7 8 9 0 + −
4	1 2 3 4 5 6 7 8 9 0 + −	24	1 2 3 4 5 6 7 8 9 0 + −	44	1 2 3 4 5 6 7 8 9 0 + −	64	1 2 3 4 5 6 7 8 9 0 + −
5	1 2 3 4 5 6 7 8 9 0 + −	25	1 2 3 4 5 6 7 8 9 0 + −	45	1 2 3 4 5 6 7 8 9 0 + −	65	1 2 3 4 5 6 7 8 9 0 + −
6	1 2 3 4 5 6 7 8 9 0 + −	26	1 2 3 4 5 6 7 8 9 0 + −	46	1 2 3 4 5 6 7 8 9 0 + −	66	1 2 3 4 5 6 7 8 9 0 + −
7	1 2 3 4 5 6 7 8 9 0 + −	27	1 2 3 4 5 6 7 8 9 0 + −	47	1 2 3 4 5 6 7 8 9 0 + −	67	1 2 3 4 5 6 7 8 9 0 + −
8	1 2 3 4 5 6 7 8 9 0 + −	28	1 2 3 4 5 6 7 8 9 0 + −	48	1 2 3 4 5 6 7 8 9 0 + −	68	1 2 3 4 5 6 7 8 9 0 + −
9	1 2 3 4 5 6 7 8 9 0 + −	29	1 2 3 4 5 6 7 8 9 0 + −	49	1 2 3 4 5 6 7 8 9 0 + −	69	1 2 3 4 5 6 7 8 9 0 + −
10	1 2 3 4 5 6 7 8 9 0 + −	30	1 2 3 4 5 6 7 8 9 0 + −	50	1 2 3 4 5 6 7 8 9 0 + −	70	1 2 3 4 5 6 7 8 9 0 + −
11	1 2 3 4 5 6 7 8 9 0 + −	31	1 2 3 4 5 6 7 8 9 0 + −	51	1 2 3 4 5 6 7 8 9 0 + −	71	1 2 3 4 5 6 7 8 9 0 + −
12	1 2 3 4 5 6 7 8 9 0 + −	32	1 2 3 4 5 6 7 8 9 0 + −	52	1 2 3 4 5 6 7 8 9 0 + −	72	1 2 3 4 5 6 7 8 9 0 + −
13	1 2 3 4 5 6 7 8 9 0 + −	33	1 2 3 4 5 6 7 8 9 0 + −	53	1 2 3 4 5 6 7 8 9 0 + −	73	1 2 3 4 5 6 7 8 9 0 + −
14	1 2 3 4 5 6 7 8 9 0 + −	34	1 2 3 4 5 6 7 8 9 0 + −	54	1 2 3 4 5 6 7 8 9 0 + −	74	1 2 3 4 5 6 7 8 9 0 + −
15	1 2 3 4 5 6 7 8 9 0 + −	35	1 2 3 4 5 6 7 8 9 0 + −	55	1 2 3 4 5 6 7 8 9 0 + −	75	1 2 3 4 5 6 7 8 9 0 + −
16	1 2 3 4 5 6 7 8 9 0 + −	36	1 2 3 4 5 6 7 8 9 0 + −	56	1 2 3 4 5 6 7 8 9 0 + −	76	1 2 3 4 5 6 7 8 9 0 + −
17	1 2 3 4 5 6 7 8 9 0 + −	37	1 2 3 4 5 6 7 8 9 0 + −	57	1 2 3 4 5 6 7 8 9 0 + −	77	1 2 3 4 5 6 7 8 9 0 + −
18	1 2 3 4 5 6 7 8 9 0 + −	38	1 2 3 4 5 6 7 8 9 0 + −	58	1 2 3 4 5 6 7 8 9 0 + −	78	1 2 3 4 5 6 7 8 9 0 + −
19	1 2 3 4 5 6 7 8 9 0 + −	39	1 2 3 4 5 6 7 8 9 0 + −	59	1 2 3 4 5 6 7 8 9 0 + −	79	1 2 3 4 5 6 7 8 9 0 + −
20	1 2 3 4 5 6 7 8 9 0 + −	40	1 2 3 4 5 6 7 8 9 0 + −	60	1 2 3 4 5 6 7 8 9 0 + −	80	1 2 3 4 5 6 7 8 9 0 + −

相山女学園高等学校　2022年度

◇社会◇

※152％に拡大していただくと，解答欄は実物大になります。

記入方法
1．記入は必ず**黒鉛筆またはシャープペンシル**で、() の中を正確にぬりつぶしてください。
2．訂正する場合は、消しゴムできれいに消してください。
3．解答用紙を汚したり、折り曲げたりしないでください。
4．⊕⊖の欄については、数学の解答で必要がある場合のみマークしてください。

良い例	悪い例
●	∅ ◐ ♂

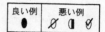

解答番号	解答記入欄	解答番号	解答記入欄	解答番号	解答記入欄	解答番号	解答記入欄
1	①②③④⑤⑥⑦⑧⑨⓪⊕⊖	21	①②③④⑤⑥⑦⑧⑨⓪⊕⊖	41	①②③④⑤⑥⑦⑧⑨⓪⊕⊖	61	①②③④⑤⑥⑦⑧⑨⓪⊕⊖
2	①②③④⑤⑥⑦⑧⑨⓪⊕⊖	22	①②③④⑤⑥⑦⑧⑨⓪⊕⊖	42	①②③④⑤⑥⑦⑧⑨⓪⊕⊖	62	①②③④⑤⑥⑦⑧⑨⓪⊕⊖
3	①②③④⑤⑥⑦⑧⑨⓪⊕⊖	23	①②③④⑤⑥⑦⑧⑨⓪⊕⊖	43	①②③④⑤⑥⑦⑧⑨⓪⊕⊖	63	①②③④⑤⑥⑦⑧⑨⓪⊕⊖
4	①②③④⑤⑥⑦⑧⑨⓪⊕⊖	24	①②③④⑤⑥⑦⑧⑨⓪⊕⊖	44	①②③④⑤⑥⑦⑧⑨⓪⊕⊖	64	①②③④⑤⑥⑦⑧⑨⓪⊕⊖
5	①②③④⑤⑥⑦⑧⑨⓪⊕⊖	25	①②③④⑤⑥⑦⑧⑨⓪⊕⊖	45	①②③④⑤⑥⑦⑧⑨⓪⊕⊖	65	①②③④⑤⑥⑦⑧⑨⓪⊕⊖
6	①②③④⑤⑥⑦⑧⑨⓪⊕⊖	26	①②③④⑤⑥⑦⑧⑨⓪⊕⊖	46	①②③④⑤⑥⑦⑧⑨⓪⊕⊖	66	①②③④⑤⑥⑦⑧⑨⓪⊕⊖
7	①②③④⑤⑥⑦⑧⑨⓪⊕⊖	27	①②③④⑤⑥⑦⑧⑨⓪⊕⊖	47	①②③④⑤⑥⑦⑧⑨⓪⊕⊖	67	①②③④⑤⑥⑦⑧⑨⓪⊕⊖
8	①②③④⑤⑥⑦⑧⑨⓪⊕⊖	28	①②③④⑤⑥⑦⑧⑨⓪⊕⊖	48	①②③④⑤⑥⑦⑧⑨⓪⊕⊖	68	①②③④⑤⑥⑦⑧⑨⓪⊕⊖
9	①②③④⑤⑥⑦⑧⑨⓪⊕⊖	29	①②③④⑤⑥⑦⑧⑨⓪⊕⊖	49	①②③④⑤⑥⑦⑧⑨⓪⊕⊖	69	①②③④⑤⑥⑦⑧⑨⓪⊕⊖
10	①②③④⑤⑥⑦⑧⑨⓪⊕⊖	30	①②③④⑤⑥⑦⑧⑨⓪⊕⊖	50	①②③④⑤⑥⑦⑧⑨⓪⊕⊖	70	①②③④⑤⑥⑦⑧⑨⓪⊕⊖
11	①②③④⑤⑥⑦⑧⑨⓪⊕⊖	31	①②③④⑤⑥⑦⑧⑨⓪⊕⊖	51	①②③④⑤⑥⑦⑧⑨⓪⊕⊖	71	①②③④⑤⑥⑦⑧⑨⓪⊕⊖
12	①②③④⑤⑥⑦⑧⑨⓪⊕⊖	32	①②③④⑤⑥⑦⑧⑨⓪⊕⊖	52	①②③④⑤⑥⑦⑧⑨⓪⊕⊖	72	①②③④⑤⑥⑦⑧⑨⓪⊕⊖
13	①②③④⑤⑥⑦⑧⑨⓪⊕⊖	33	①②③④⑤⑥⑦⑧⑨⓪⊕⊖	53	①②③④⑤⑥⑦⑧⑨⓪⊕⊖	73	①②③④⑤⑥⑦⑧⑨⓪⊕⊖
14	①②③④⑤⑥⑦⑧⑨⓪⊕⊖	34	①②③④⑤⑥⑦⑧⑨⓪⊕⊖	54	①②③④⑤⑥⑦⑧⑨⓪⊕⊖	74	①②③④⑤⑥⑦⑧⑨⓪⊕⊖
15	①②③④⑤⑥⑦⑧⑨⓪⊕⊖	35	①②③④⑤⑥⑦⑧⑨⓪⊕⊖	55	①②③④⑤⑥⑦⑧⑨⓪⊕⊖	75	①②③④⑤⑥⑦⑧⑨⓪⊕⊖
16	①②③④⑤⑥⑦⑧⑨⓪⊕⊖	36	①②③④⑤⑥⑦⑧⑨⓪⊕⊖	56	①②③④⑤⑥⑦⑧⑨⓪⊕⊖	76	①②③④⑤⑥⑦⑧⑨⓪⊕⊖
17	①②③④⑤⑥⑦⑧⑨⓪⊕⊖	37	①②③④⑤⑥⑦⑧⑨⓪⊕⊖	57	①②③④⑤⑥⑦⑧⑨⓪⊕⊖	77	①②③④⑤⑥⑦⑧⑨⓪⊕⊖
18	①②③④⑤⑥⑦⑧⑨⓪⊕⊖	38	①②③④⑤⑥⑦⑧⑨⓪⊕⊖	58	①②③④⑤⑥⑦⑧⑨⓪⊕⊖	78	①②③④⑤⑥⑦⑧⑨⓪⊕⊖
19	①②③④⑤⑥⑦⑧⑨⓪⊕⊖	39	①②③④⑤⑥⑦⑧⑨⓪⊕⊖	59	①②③④⑤⑥⑦⑧⑨⓪⊕⊖	79	①②③④⑤⑥⑦⑧⑨⓪⊕⊖
20	①②③④⑤⑥⑦⑧⑨⓪⊕⊖	40	①②③④⑤⑥⑦⑧⑨⓪⊕⊖	60	①②③④⑤⑥⑦⑧⑨⓪⊕⊖	80	①②③④⑤⑥⑦⑧⑨⓪⊕⊖

相山女学園高等学校　　2022年度

◇国語◇

※152%に拡大していただくと，解答欄は実物大になります。

記入方法　1．記入は必ず**黒鉛筆またはシャープペンシル**で、() の中を正確にぬりつぶしてください。
2．訂正する場合は、消しゴムできれいに消してください。
3．解答用紙を汚したり、折り曲げたりしないでください。
4．⊕⊖の欄については、数学の解答で必要がある場合のみマークしてください。

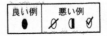

良い例	悪い例
●	⌀ ◐ ⊘

解答番号	解答記入欄	解答番号	解答記入欄	解答番号	解答記入欄	解答番号	解答記入欄
1	① ② ③ ④ ⑤ ⑥ ⑦ ⑧ ⑨ ⓪ ⊕ ⊖	21	① ② ③ ④ ⑤ ⑥ ⑦ ⑧ ⑨ ⓪ ⊕ ⊖	41	① ② ③ ④ ⑤ ⑥ ⑦ ⑧ ⑨ ⓪ ⊕ ⊖	61	① ② ③ ④ ⑤ ⑥ ⑦ ⑧ ⑨ ⓪ ⊕ ⊖
2	① ② ③ ④ ⑤ ⑥ ⑦ ⑧ ⑨ ⓪ ⊕ ⊖	22	① ② ③ ④ ⑤ ⑥ ⑦ ⑧ ⑨ ⓪ ⊕ ⊖	42	① ② ③ ④ ⑤ ⑥ ⑦ ⑧ ⑨ ⓪ ⊕ ⊖	62	① ② ③ ④ ⑤ ⑥ ⑦ ⑧ ⑨ ⓪ ⊕ ⊖
3	① ② ③ ④ ⑤ ⑥ ⑦ ⑧ ⑨ ⓪ ⊕ ⊖	23	① ② ③ ④ ⑤ ⑥ ⑦ ⑧ ⑨ ⓪ ⊕ ⊖	43	① ② ③ ④ ⑤ ⑥ ⑦ ⑧ ⑨ ⓪ ⊕ ⊖	63	① ② ③ ④ ⑤ ⑥ ⑦ ⑧ ⑨ ⓪ ⊕ ⊖
4	① ② ③ ④ ⑤ ⑥ ⑦ ⑧ ⑨ ⓪ ⊕ ⊖	24	① ② ③ ④ ⑤ ⑥ ⑦ ⑧ ⑨ ⓪ ⊕ ⊖	44	① ② ③ ④ ⑤ ⑥ ⑦ ⑧ ⑨ ⓪ ⊕ ⊖	64	① ② ③ ④ ⑤ ⑥ ⑦ ⑧ ⑨ ⓪ ⊕ ⊖
5	① ② ③ ④ ⑤ ⑥ ⑦ ⑧ ⑨ ⓪ ⊕ ⊖	25	① ② ③ ④ ⑤ ⑥ ⑦ ⑧ ⑨ ⓪ ⊕ ⊖	45	① ② ③ ④ ⑤ ⑥ ⑦ ⑧ ⑨ ⓪ ⊕ ⊖	65	① ② ③ ④ ⑤ ⑥ ⑦ ⑧ ⑨ ⓪ ⊕ ⊖
6	① ② ③ ④ ⑤ ⑥ ⑦ ⑧ ⑨ ⓪ ⊕ ⊖	26	① ② ③ ④ ⑤ ⑥ ⑦ ⑧ ⑨ ⓪ ⊕ ⊖	46	① ② ③ ④ ⑤ ⑥ ⑦ ⑧ ⑨ ⓪ ⊕ ⊖	66	① ② ③ ④ ⑤ ⑥ ⑦ ⑧ ⑨ ⓪ ⊕ ⊖
7	① ② ③ ④ ⑤ ⑥ ⑦ ⑧ ⑨ ⓪ ⊕ ⊖	27	① ② ③ ④ ⑤ ⑥ ⑦ ⑧ ⑨ ⓪ ⊕ ⊖	47	① ② ③ ④ ⑤ ⑥ ⑦ ⑧ ⑨ ⓪ ⊕ ⊖	67	① ② ③ ④ ⑤ ⑥ ⑦ ⑧ ⑨ ⓪ ⊕ ⊖
8	① ② ③ ④ ⑤ ⑥ ⑦ ⑧ ⑨ ⓪ ⊕ ⊖	28	① ② ③ ④ ⑤ ⑥ ⑦ ⑧ ⑨ ⓪ ⊕ ⊖	48	① ② ③ ④ ⑤ ⑥ ⑦ ⑧ ⑨ ⓪ ⊕ ⊖	68	① ② ③ ④ ⑤ ⑥ ⑦ ⑧ ⑨ ⓪ ⊕ ⊖
9	① ② ③ ④ ⑤ ⑥ ⑦ ⑧ ⑨ ⓪ ⊕ ⊖	29	① ② ③ ④ ⑤ ⑥ ⑦ ⑧ ⑨ ⓪ ⊕ ⊖	49	① ② ③ ④ ⑤ ⑥ ⑦ ⑧ ⑨ ⓪ ⊕ ⊖	69	① ② ③ ④ ⑤ ⑥ ⑦ ⑧ ⑨ ⓪ ⊕ ⊖
10	① ② ③ ④ ⑤ ⑥ ⑦ ⑧ ⑨ ⓪ ⊕ ⊖	30	① ② ③ ④ ⑤ ⑥ ⑦ ⑧ ⑨ ⓪ ⊕ ⊖	50	① ② ③ ④ ⑤ ⑥ ⑦ ⑧ ⑨ ⓪ ⊕ ⊖	70	① ② ③ ④ ⑤ ⑥ ⑦ ⑧ ⑨ ⓪ ⊕ ⊖
11	① ② ③ ④ ⑤ ⑥ ⑦ ⑧ ⑨ ⓪ ⊕ ⊖	31	① ② ③ ④ ⑤ ⑥ ⑦ ⑧ ⑨ ⓪ ⊕ ⊖	51	① ② ③ ④ ⑤ ⑥ ⑦ ⑧ ⑨ ⓪ ⊕ ⊖	71	① ② ③ ④ ⑤ ⑥ ⑦ ⑧ ⑨ ⓪ ⊕ ⊖
12	① ② ③ ④ ⑤ ⑥ ⑦ ⑧ ⑨ ⓪ ⊕ ⊖	32	① ② ③ ④ ⑤ ⑥ ⑦ ⑧ ⑨ ⓪ ⊕ ⊖	52	① ② ③ ④ ⑤ ⑥ ⑦ ⑧ ⑨ ⓪ ⊕ ⊖	72	① ② ③ ④ ⑤ ⑥ ⑦ ⑧ ⑨ ⓪ ⊕ ⊖
13	① ② ③ ④ ⑤ ⑥ ⑦ ⑧ ⑨ ⓪ ⊕ ⊖	33	① ② ③ ④ ⑤ ⑥ ⑦ ⑧ ⑨ ⓪ ⊕ ⊖	53	① ② ③ ④ ⑤ ⑥ ⑦ ⑧ ⑨ ⓪ ⊕ ⊖	73	① ② ③ ④ ⑤ ⑥ ⑦ ⑧ ⑨ ⓪ ⊕ ⊖
14	① ② ③ ④ ⑤ ⑥ ⑦ ⑧ ⑨ ⓪ ⊕ ⊖	34	① ② ③ ④ ⑤ ⑥ ⑦ ⑧ ⑨ ⓪ ⊕ ⊖	54	① ② ③ ④ ⑤ ⑥ ⑦ ⑧ ⑨ ⓪ ⊕ ⊖	74	① ② ③ ④ ⑤ ⑥ ⑦ ⑧ ⑨ ⓪ ⊕ ⊖
15	① ② ③ ④ ⑤ ⑥ ⑦ ⑧ ⑨ ⓪ ⊕ ⊖	35	① ② ③ ④ ⑤ ⑥ ⑦ ⑧ ⑨ ⓪ ⊕ ⊖	55	① ② ③ ④ ⑤ ⑥ ⑦ ⑧ ⑨ ⓪ ⊕ ⊖	75	① ② ③ ④ ⑤ ⑥ ⑦ ⑧ ⑨ ⓪ ⊕ ⊖
16	① ② ③ ④ ⑤ ⑥ ⑦ ⑧ ⑨ ⓪ ⊕ ⊖	36	① ② ③ ④ ⑤ ⑥ ⑦ ⑧ ⑨ ⓪ ⊕ ⊖	56	① ② ③ ④ ⑤ ⑥ ⑦ ⑧ ⑨ ⓪ ⊕ ⊖	76	① ② ③ ④ ⑤ ⑥ ⑦ ⑧ ⑨ ⓪ ⊕ ⊖
17	① ② ③ ④ ⑤ ⑥ ⑦ ⑧ ⑨ ⓪ ⊕ ⊖	37	① ② ③ ④ ⑤ ⑥ ⑦ ⑧ ⑨ ⓪ ⊕ ⊖	57	① ② ③ ④ ⑤ ⑥ ⑦ ⑧ ⑨ ⓪ ⊕ ⊖	77	① ② ③ ④ ⑤ ⑥ ⑦ ⑧ ⑨ ⓪ ⊕ ⊖
18	① ② ③ ④ ⑤ ⑥ ⑦ ⑧ ⑨ ⓪ ⊕ ⊖	38	① ② ③ ④ ⑤ ⑥ ⑦ ⑧ ⑨ ⓪ ⊕ ⊖	58	① ② ③ ④ ⑤ ⑥ ⑦ ⑧ ⑨ ⓪ ⊕ ⊖	78	① ② ③ ④ ⑤ ⑥ ⑦ ⑧ ⑨ ⓪ ⊕ ⊖
19	① ② ③ ④ ⑤ ⑥ ⑦ ⑧ ⑨ ⓪ ⊕ ⊖	39	① ② ③ ④ ⑤ ⑥ ⑦ ⑧ ⑨ ⓪ ⊕ ⊖	59	① ② ③ ④ ⑤ ⑥ ⑦ ⑧ ⑨ ⓪ ⊕ ⊖	79	① ② ③ ④ ⑤ ⑥ ⑦ ⑧ ⑨ ⓪ ⊕ ⊖
20	① ② ③ ④ ⑤ ⑥ ⑦ ⑧ ⑨ ⓪ ⊕ ⊖	40	① ② ③ ④ ⑤ ⑥ ⑦ ⑧ ⑨ ⓪ ⊕ ⊖	60	① ② ③ ④ ⑤ ⑥ ⑦ ⑧ ⑨ ⓪ ⊕ ⊖	80	① ② ③ ④ ⑤ ⑥ ⑦ ⑧ ⑨ ⓪ ⊕ ⊖

相山女学園高等学校　2021年度

◇数学◇

※151％に拡大していただくと，解答欄は実物大になります。

記入方法
1．記入は必ず黒鉛筆またはシャープペンシルで、⓪の中を正確にぬりつぶしてください。
2．訂正する場合は、消しゴムできれいに消してください。
3．解答用紙を汚したり、折り曲げたりしないでください。
4．⊕⊖の欄については、数学の解答で必要がある場合のみマークしてください。

良い例	悪い例
●	Ø ◐ Ø

解答番号	解答記入欄											
1	①	②	③	④	⑤	⑥	⑦	⑧	⑨	⓪	⊕	⊖
2	①	②	③	④	⑤	⑥	⑦	⑧	⑨	⓪	⊕	⊖
3	①	②	③	④	⑤	⑥	⑦	⑧	⑨	⓪	⊕	⊖
4	①	②	③	④	⑤	⑥	⑦	⑧	⑨	⓪	⊕	⊖
5	①	②	③	④	⑤	⑥	⑦	⑧	⑨	⓪	⊕	⊖
6	①	②	③	④	⑤	⑥	⑦	⑧	⑨	⓪	⊕	⊖
7	①	②	③	④	⑤	⑥	⑦	⑧	⑨	⓪	⊕	⊖
8	①	②	③	④	⑤	⑥	⑦	⑧	⑨	⓪	⊕	⊖
9	①	②	③	④	⑤	⑥	⑦	⑧	⑨	⓪	⊕	⊖
10	①	②	③	④	⑤	⑥	⑦	⑧	⑨	⓪	⊕	⊖
11	①	②	③	④	⑤	⑥	⑦	⑧	⑨	⓪	⊕	⊖
12	①	②	③	④	⑤	⑥	⑦	⑧	⑨	⓪	⊕	⊖
13	①	②	③	④	⑤	⑥	⑦	⑧	⑨	⓪	⊕	⊖
14	①	②	③	④	⑤	⑥	⑦	⑧	⑨	⓪	⊕	⊖
15	①	②	③	④	⑤	⑥	⑦	⑧	⑨	⓪	⊕	⊖
16	①	②	③	④	⑤	⑥	⑦	⑧	⑨	⓪	⊕	⊖
17	①	②	③	④	⑤	⑥	⑦	⑧	⑨	⓪	⊕	⊖
18	①	②	③	④	⑤	⑥	⑦	⑧	⑨	⓪	⊕	⊖
19	①	②	③	④	⑤	⑥	⑦	⑧	⑨	⓪	⊕	⊖
20	①	②	③	④	⑤	⑥	⑦	⑧	⑨	⓪	⊕	⊖
21	①	②	③	④	⑤	⑥	⑦	⑧	⑨	⓪	⊕	⊖
22	①	②	③	④	⑤	⑥	⑦	⑧	⑨	⓪	⊕	⊖
23	①	②	③	④	⑤	⑥	⑦	⑧	⑨	⓪	⊕	⊖
24	①	②	③	④	⑤	⑥	⑦	⑧	⑨	⓪	⊕	⊖
25	①	②	③	④	⑤	⑥	⑦	⑧	⑨	⓪	⊕	⊖
26	①	②	③	④	⑤	⑥	⑦	⑧	⑨	⓪	⊕	⊖
27	①	②	③	④	⑤	⑥	⑦	⑧	⑨	⓪	⊕	⊖
28	①	②	③	④	⑤	⑥	⑦	⑧	⑨	⓪	⊕	⊖
29	①	②	③	④	⑤	⑥	⑦	⑧	⑨	⓪	⊕	⊖
30	①	②	③	④	⑤	⑥	⑦	⑧	⑨	⓪	⊕	⊖
31	①	②	③	④	⑤	⑥	⑦	⑧	⑨	⓪	⊕	⊖
32	①	②	③	④	⑤	⑥	⑦	⑧	⑨	⓪	⊕	⊖
33	①	②	③	④	⑤	⑥	⑦	⑧	⑨	⓪	⊕	⊖
34	①	②	③	④	⑤	⑥	⑦	⑧	⑨	⓪	⊕	⊖
35	①	②	③	④	⑤	⑥	⑦	⑧	⑨	⓪	⊕	⊖
36	①	②	③	④	⑤	⑥	⑦	⑧	⑨	⓪	⊕	⊖
37	①	②	③	④	⑤	⑥	⑦	⑧	⑨	⓪	⊕	⊖
38	①	②	③	④	⑤	⑥	⑦	⑧	⑨	⓪	⊕	⊖
39	①	②	③	④	⑤	⑥	⑦	⑧	⑨	⓪	⊕	⊖
40	①	②	③	④	⑤	⑥	⑦	⑧	⑨	⓪	⊕	⊖
41	①	②	③	④	⑤	⑥	⑦	⑧	⑨	⓪	⊕	⊖
42	①	②	③	④	⑤	⑥	⑦	⑧	⑨	⓪	⊕	⊖
43	①	②	③	④	⑤	⑥	⑦	⑧	⑨	⓪	⊕	⊖
44	①	②	③	④	⑤	⑥	⑦	⑧	⑨	⓪	⊕	⊖
45	①	②	③	④	⑤	⑥	⑦	⑧	⑨	⓪	⊕	⊖
46	①	②	③	④	⑤	⑥	⑦	⑧	⑨	⓪	⊕	⊖
47	①	②	③	④	⑤	⑥	⑦	⑧	⑨	⓪	⊕	⊖
48	①	②	③	④	⑤	⑥	⑦	⑧	⑨	⓪	⊕	⊖
49	①	②	③	④	⑤	⑥	⑦	⑧	⑨	⓪	⊕	⊖
50	①	②	③	④	⑤	⑥	⑦	⑧	⑨	⓪	⊕	⊖
51	①	②	③	④	⑤	⑥	⑦	⑧	⑨	⓪	⊕	⊖
52	①	②	③	④	⑤	⑥	⑦	⑧	⑨	⓪	⊕	⊖
53	①	②	③	④	⑤	⑥	⑦	⑧	⑨	⓪	⊕	⊖
54	①	②	③	④	⑤	⑥	⑦	⑧	⑨	⓪	⊕	⊖
55	①	②	③	④	⑤	⑥	⑦	⑧	⑨	⓪	⊕	⊖
56	①	②	③	④	⑤	⑥	⑦	⑧	⑨	⓪	⊕	⊖
57	①	②	③	④	⑤	⑥	⑦	⑧	⑨	⓪	⊕	⊖
58	①	②	③	④	⑤	⑥	⑦	⑧	⑨	⓪	⊕	⊖
59	①	②	③	④	⑤	⑥	⑦	⑧	⑨	⓪	⊕	⊖
60	①	②	③	④	⑤	⑥	⑦	⑧	⑨	⓪	⊕	⊖
61	①	②	③	④	⑤	⑥	⑦	⑧	⑨	⓪	⊕	⊖
62	①	②	③	④	⑤	⑥	⑦	⑧	⑨	⓪	⊕	⊖
63	①	②	③	④	⑤	⑥	⑦	⑧	⑨	⓪	⊕	⊖
64	①	②	③	④	⑤	⑥	⑦	⑧	⑨	⓪	⊕	⊖
65	①	②	③	④	⑤	⑥	⑦	⑧	⑨	⓪	⊕	⊖
66	①	②	③	④	⑤	⑥	⑦	⑧	⑨	⓪	⊕	⊖
67	①	②	③	④	⑤	⑥	⑦	⑧	⑨	⓪	⊕	⊖
68	①	②	③	④	⑤	⑥	⑦	⑧	⑨	⓪	⊕	⊖
69	①	②	③	④	⑤	⑥	⑦	⑧	⑨	⓪	⊕	⊖
70	①	②	③	④	⑤	⑥	⑦	⑧	⑨	⓪	⊕	⊖
71	①	②	③	④	⑤	⑥	⑦	⑧	⑨	⓪	⊕	⊖
72	①	②	③	④	⑤	⑥	⑦	⑧	⑨	⓪	⊕	⊖
73	①	②	③	④	⑤	⑥	⑦	⑧	⑨	⓪	⊕	⊖
74	①	②	③	④	⑤	⑥	⑦	⑧	⑨	⓪	⊕	⊖
75	①	②	③	④	⑤	⑥	⑦	⑧	⑨	⓪	⊕	⊖
76	①	②	③	④	⑤	⑥	⑦	⑧	⑨	⓪	⊕	⊖
77	①	②	③	④	⑤	⑥	⑦	⑧	⑨	⓪	⊕	⊖
78	①	②	③	④	⑤	⑥	⑦	⑧	⑨	⓪	⊕	⊖
79	①	②	③	④	⑤	⑥	⑦	⑧	⑨	⓪	⊕	⊖
80	①	②	③	④	⑤	⑥	⑦	⑧	⑨	⓪	⊕	⊖

相山女学園高等学校　2021年度

◇英語◇

※151％に拡大していただくと，解答欄は実物大になります。

記入方法
1. 記入は必ず黒鉛筆またはシャープペンシルで、⓪の中を正確にぬりつぶしてください。
2. 訂正する場合は、消しゴムできれいに消してください。
3. 解答用紙を汚したり、折り曲げたりしないでください。
4. ⊕⊖の欄については、数学の解答で必要がある場合のみマークしてください。

良い例	悪い例
●	∅ ◑ ∀

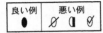

解答番号	解答記入欄	解答番号	解答記入欄	解答番号	解答記入欄	解答番号	解答記入欄
1	① ② ③ ④ ⑤ ⑥ ⑦ ⑧ ⑨ ⓪ ⊕ ⊖	21	① ② ③ ④ ⑤ ⑥ ⑦ ⑧ ⑨ ⓪ ⊕ ⊖	41	① ② ③ ④ ⑤ ⑥ ⑦ ⑧ ⑨ ⓪ ⊕ ⊖	61	① ② ③ ④ ⑤ ⑥ ⑦ ⑧ ⑨ ⓪ ⊕ ⊖
2	① ② ③ ④ ⑤ ⑥ ⑦ ⑧ ⑨ ⓪ ⊕ ⊖	22	① ② ③ ④ ⑤ ⑥ ⑦ ⑧ ⑨ ⓪ ⊕ ⊖	42	① ② ③ ④ ⑤ ⑥ ⑦ ⑧ ⑨ ⓪ ⊕ ⊖	62	① ② ③ ④ ⑤ ⑥ ⑦ ⑧ ⑨ ⓪ ⊕ ⊖
3	① ② ③ ④ ⑤ ⑥ ⑦ ⑧ ⑨ ⓪ ⊕ ⊖	23	① ② ③ ④ ⑤ ⑥ ⑦ ⑧ ⑨ ⓪ ⊕ ⊖	43	① ② ③ ④ ⑤ ⑥ ⑦ ⑧ ⑨ ⓪ ⊕ ⊖	63	① ② ③ ④ ⑤ ⑥ ⑦ ⑧ ⑨ ⓪ ⊕ ⊖
4	① ② ③ ④ ⑤ ⑥ ⑦ ⑧ ⑨ ⓪ ⊕ ⊖	24	① ② ③ ④ ⑤ ⑥ ⑦ ⑧ ⑨ ⓪ ⊕ ⊖	44	① ② ③ ④ ⑤ ⑥ ⑦ ⑧ ⑨ ⓪ ⊕ ⊖	64	① ② ③ ④ ⑤ ⑥ ⑦ ⑧ ⑨ ⓪ ⊕ ⊖
5	① ② ③ ④ ⑤ ⑥ ⑦ ⑧ ⑨ ⓪ ⊕ ⊖	25	① ② ③ ④ ⑤ ⑥ ⑦ ⑧ ⑨ ⓪ ⊕ ⊖	45	① ② ③ ④ ⑤ ⑥ ⑦ ⑧ ⑨ ⓪ ⊕ ⊖	65	① ② ③ ④ ⑤ ⑥ ⑦ ⑧ ⑨ ⓪ ⊕ ⊖
6	① ② ③ ④ ⑤ ⑥ ⑦ ⑧ ⑨ ⓪ ⊕ ⊖	26	① ② ③ ④ ⑤ ⑥ ⑦ ⑧ ⑨ ⓪ ⊕ ⊖	46	① ② ③ ④ ⑤ ⑥ ⑦ ⑧ ⑨ ⓪ ⊕ ⊖	66	① ② ③ ④ ⑤ ⑥ ⑦ ⑧ ⑨ ⓪ ⊕ ⊖
7	① ② ③ ④ ⑤ ⑥ ⑦ ⑧ ⑨ ⓪ ⊕ ⊖	27	① ② ③ ④ ⑤ ⑥ ⑦ ⑧ ⑨ ⓪ ⊕ ⊖	47	① ② ③ ④ ⑤ ⑥ ⑦ ⑧ ⑨ ⓪ ⊕ ⊖	67	① ② ③ ④ ⑤ ⑥ ⑦ ⑧ ⑨ ⓪ ⊕ ⊖
8	① ② ③ ④ ⑤ ⑥ ⑦ ⑧ ⑨ ⓪ ⊕ ⊖	28	① ② ③ ④ ⑤ ⑥ ⑦ ⑧ ⑨ ⓪ ⊕ ⊖	48	① ② ③ ④ ⑤ ⑥ ⑦ ⑧ ⑨ ⓪ ⊕ ⊖	68	① ② ③ ④ ⑤ ⑥ ⑦ ⑧ ⑨ ⓪ ⊕ ⊖
9	① ② ③ ④ ⑤ ⑥ ⑦ ⑧ ⑨ ⓪ ⊕ ⊖	29	① ② ③ ④ ⑤ ⑥ ⑦ ⑧ ⑨ ⓪ ⊕ ⊖	49	① ② ③ ④ ⑤ ⑥ ⑦ ⑧ ⑨ ⓪ ⊕ ⊖	69	① ② ③ ④ ⑤ ⑥ ⑦ ⑧ ⑨ ⓪ ⊕ ⊖
10	① ② ③ ④ ⑤ ⑥ ⑦ ⑧ ⑨ ⓪ ⊕ ⊖	30	① ② ③ ④ ⑤ ⑥ ⑦ ⑧ ⑨ ⓪ ⊕ ⊖	50	① ② ③ ④ ⑤ ⑥ ⑦ ⑧ ⑨ ⓪ ⊕ ⊖	70	① ② ③ ④ ⑤ ⑥ ⑦ ⑧ ⑨ ⓪ ⊕ ⊖
11	① ② ③ ④ ⑤ ⑥ ⑦ ⑧ ⑨ ⓪ ⊕ ⊖	31	① ② ③ ④ ⑤ ⑥ ⑦ ⑧ ⑨ ⓪ ⊕ ⊖	51	① ② ③ ④ ⑤ ⑥ ⑦ ⑧ ⑨ ⓪ ⊕ ⊖	71	① ② ③ ④ ⑤ ⑥ ⑦ ⑧ ⑨ ⓪ ⊕ ⊖
12	① ② ③ ④ ⑤ ⑥ ⑦ ⑧ ⑨ ⓪ ⊕ ⊖	32	① ② ③ ④ ⑤ ⑥ ⑦ ⑧ ⑨ ⓪ ⊕ ⊖	52	① ② ③ ④ ⑤ ⑥ ⑦ ⑧ ⑨ ⓪ ⊕ ⊖	72	① ② ③ ④ ⑤ ⑥ ⑦ ⑧ ⑨ ⓪ ⊕ ⊖
13	① ② ③ ④ ⑤ ⑥ ⑦ ⑧ ⑨ ⓪ ⊕ ⊖	33	① ② ③ ④ ⑤ ⑥ ⑦ ⑧ ⑨ ⓪ ⊕ ⊖	53	① ② ③ ④ ⑤ ⑥ ⑦ ⑧ ⑨ ⓪ ⊕ ⊖	73	① ② ③ ④ ⑤ ⑥ ⑦ ⑧ ⑨ ⓪ ⊕ ⊖
14	① ② ③ ④ ⑤ ⑥ ⑦ ⑧ ⑨ ⓪ ⊕ ⊖	34	① ② ③ ④ ⑤ ⑥ ⑦ ⑧ ⑨ ⓪ ⊕ ⊖	54	① ② ③ ④ ⑤ ⑥ ⑦ ⑧ ⑨ ⓪ ⊕ ⊖	74	① ② ③ ④ ⑤ ⑥ ⑦ ⑧ ⑨ ⓪ ⊕ ⊖
15	① ② ③ ④ ⑤ ⑥ ⑦ ⑧ ⑨ ⓪ ⊕ ⊖	35	① ② ③ ④ ⑤ ⑥ ⑦ ⑧ ⑨ ⓪ ⊕ ⊖	55	① ② ③ ④ ⑤ ⑥ ⑦ ⑧ ⑨ ⓪ ⊕ ⊖	75	① ② ③ ④ ⑤ ⑥ ⑦ ⑧ ⑨ ⓪ ⊕ ⊖
16	① ② ③ ④ ⑤ ⑥ ⑦ ⑧ ⑨ ⓪ ⊕ ⊖	36	① ② ③ ④ ⑤ ⑥ ⑦ ⑧ ⑨ ⓪ ⊕ ⊖	56	① ② ③ ④ ⑤ ⑥ ⑦ ⑧ ⑨ ⓪ ⊕ ⊖	76	① ② ③ ④ ⑤ ⑥ ⑦ ⑧ ⑨ ⓪ ⊕ ⊖
17	① ② ③ ④ ⑤ ⑥ ⑦ ⑧ ⑨ ⓪ ⊕ ⊖	37	① ② ③ ④ ⑤ ⑥ ⑦ ⑧ ⑨ ⓪ ⊕ ⊖	57	① ② ③ ④ ⑤ ⑥ ⑦ ⑧ ⑨ ⓪ ⊕ ⊖	77	① ② ③ ④ ⑤ ⑥ ⑦ ⑧ ⑨ ⓪ ⊕ ⊖
18	① ② ③ ④ ⑤ ⑥ ⑦ ⑧ ⑨ ⓪ ⊕ ⊖	38	① ② ③ ④ ⑤ ⑥ ⑦ ⑧ ⑨ ⓪ ⊕ ⊖	58	① ② ③ ④ ⑤ ⑥ ⑦ ⑧ ⑨ ⓪ ⊕ ⊖	78	① ② ③ ④ ⑤ ⑥ ⑦ ⑧ ⑨ ⓪ ⊕ ⊖
19	① ② ③ ④ ⑤ ⑥ ⑦ ⑧ ⑨ ⓪ ⊕ ⊖	39	① ② ③ ④ ⑤ ⑥ ⑦ ⑧ ⑨ ⓪ ⊕ ⊖	59	① ② ③ ④ ⑤ ⑥ ⑦ ⑧ ⑨ ⓪ ⊕ ⊖	79	① ② ③ ④ ⑤ ⑥ ⑦ ⑧ ⑨ ⓪ ⊕ ⊖
20	① ② ③ ④ ⑤ ⑥ ⑦ ⑧ ⑨ ⓪ ⊕ ⊖	40	① ② ③ ④ ⑤ ⑥ ⑦ ⑧ ⑨ ⓪ ⊕ ⊖	60	① ② ③ ④ ⑤ ⑥ ⑦ ⑧ ⑨ ⓪ ⊕ ⊖	80	① ② ③ ④ ⑤ ⑥ ⑦ ⑧ ⑨ ⓪ ⊕ ⊖

相山女学園高等学校　2021年度

◇理科◇

※151％に拡大していただくと，解答欄は実物大になります。

記入方法 1．記入は必ず黒鉛筆またはシャープペンシルで、() の中を正確にぬりつぶしてください。
2．訂正する場合は、消しゴムできれいに消してください。
3．解答用紙を汚したり、折り曲げたりしないでください。
4．⊕⊖の欄については、数学の解答で必要がある場合のみマークしてください。

良い例	悪い例
●	⊘ ◐ ⊘

解答番号	解答記入欄	解答番号	解答記入欄	解答番号	解答記入欄	解答番号	解答記入欄
1	① ② ③ ④ ⑤ ⑥ ⑦ ⑧ ⑨ ⓪ ⊕ ⊖	21	① ② ③ ④ ⑤ ⑥ ⑦ ⑧ ⑨ ⓪ ⊕ ⊖	41	① ② ③ ④ ⑤ ⑥ ⑦ ⑧ ⑨ ⓪ ⊕ ⊖	61	① ② ③ ④ ⑤ ⑥ ⑦ ⑧ ⑨ ⓪ ⊕ ⊖
2	① ② ③ ④ ⑤ ⑥ ⑦ ⑧ ⑨ ⓪ ⊕ ⊖	22	① ② ③ ④ ⑤ ⑥ ⑦ ⑧ ⑨ ⓪ ⊕ ⊖	42	① ② ③ ④ ⑤ ⑥ ⑦ ⑧ ⑨ ⓪ ⊕ ⊖	62	① ② ③ ④ ⑤ ⑥ ⑦ ⑧ ⑨ ⓪ ⊕ ⊖
3	① ② ③ ④ ⑤ ⑥ ⑦ ⑧ ⑨ ⓪ ⊕ ⊖	23	① ② ③ ④ ⑤ ⑥ ⑦ ⑧ ⑨ ⓪ ⊕ ⊖	43	① ② ③ ④ ⑤ ⑥ ⑦ ⑧ ⑨ ⓪ ⊕ ⊖	63	① ② ③ ④ ⑤ ⑥ ⑦ ⑧ ⑨ ⓪ ⊕ ⊖
4	① ② ③ ④ ⑤ ⑥ ⑦ ⑧ ⑨ ⓪ ⊕ ⊖	24	① ② ③ ④ ⑤ ⑥ ⑦ ⑧ ⑨ ⓪ ⊕ ⊖	44	① ② ③ ④ ⑤ ⑥ ⑦ ⑧ ⑨ ⓪ ⊕ ⊖	64	① ② ③ ④ ⑤ ⑥ ⑦ ⑧ ⑨ ⓪ ⊕ ⊖
5	① ② ③ ④ ⑤ ⑥ ⑦ ⑧ ⑨ ⓪ ⊕ ⊖	25	① ② ③ ④ ⑤ ⑥ ⑦ ⑧ ⑨ ⓪ ⊕ ⊖	45	① ② ③ ④ ⑤ ⑥ ⑦ ⑧ ⑨ ⓪ ⊕ ⊖	65	① ② ③ ④ ⑤ ⑥ ⑦ ⑧ ⑨ ⓪ ⊕ ⊖
6	① ② ③ ④ ⑤ ⑥ ⑦ ⑧ ⑨ ⓪ ⊕ ⊖	26	① ② ③ ④ ⑤ ⑥ ⑦ ⑧ ⑨ ⓪ ⊕ ⊖	46	① ② ③ ④ ⑤ ⑥ ⑦ ⑧ ⑨ ⓪ ⊕ ⊖	66	① ② ③ ④ ⑤ ⑥ ⑦ ⑧ ⑨ ⓪ ⊕ ⊖
7	① ② ③ ④ ⑤ ⑥ ⑦ ⑧ ⑨ ⓪ ⊕ ⊖	27	① ② ③ ④ ⑤ ⑥ ⑦ ⑧ ⑨ ⓪ ⊕ ⊖	47	① ② ③ ④ ⑤ ⑥ ⑦ ⑧ ⑨ ⓪ ⊕ ⊖	67	① ② ③ ④ ⑤ ⑥ ⑦ ⑧ ⑨ ⓪ ⊕ ⊖
8	① ② ③ ④ ⑤ ⑥ ⑦ ⑧ ⑨ ⓪ ⊕ ⊖	28	① ② ③ ④ ⑤ ⑥ ⑦ ⑧ ⑨ ⓪ ⊕ ⊖	48	① ② ③ ④ ⑤ ⑥ ⑦ ⑧ ⑨ ⓪ ⊕ ⊖	68	① ② ③ ④ ⑤ ⑥ ⑦ ⑧ ⑨ ⓪ ⊕ ⊖
9	① ② ③ ④ ⑤ ⑥ ⑦ ⑧ ⑨ ⓪ ⊕ ⊖	29	① ② ③ ④ ⑤ ⑥ ⑦ ⑧ ⑨ ⓪ ⊕ ⊖	49	① ② ③ ④ ⑤ ⑥ ⑦ ⑧ ⑨ ⓪ ⊕ ⊖	69	① ② ③ ④ ⑤ ⑥ ⑦ ⑧ ⑨ ⓪ ⊕ ⊖
10	① ② ③ ④ ⑤ ⑥ ⑦ ⑧ ⑨ ⓪ ⊕ ⊖	30	① ② ③ ④ ⑤ ⑥ ⑦ ⑧ ⑨ ⓪ ⊕ ⊖	50	① ② ③ ④ ⑤ ⑥ ⑦ ⑧ ⑨ ⓪ ⊕ ⊖	70	① ② ③ ④ ⑤ ⑥ ⑦ ⑧ ⑨ ⓪ ⊕ ⊖
11	① ② ③ ④ ⑤ ⑥ ⑦ ⑧ ⑨ ⓪ ⊕ ⊖	31	① ② ③ ④ ⑤ ⑥ ⑦ ⑧ ⑨ ⓪ ⊕ ⊖	51	① ② ③ ④ ⑤ ⑥ ⑦ ⑧ ⑨ ⓪ ⊕ ⊖	71	① ② ③ ④ ⑤ ⑥ ⑦ ⑧ ⑨ ⓪ ⊕ ⊖
12	① ② ③ ④ ⑤ ⑥ ⑦ ⑧ ⑨ ⓪ ⊕ ⊖	32	① ② ③ ④ ⑤ ⑥ ⑦ ⑧ ⑨ ⓪ ⊕ ⊖	52	① ② ③ ④ ⑤ ⑥ ⑦ ⑧ ⑨ ⓪ ⊕ ⊖	72	① ② ③ ④ ⑤ ⑥ ⑦ ⑧ ⑨ ⓪ ⊕ ⊖
13	① ② ③ ④ ⑤ ⑥ ⑦ ⑧ ⑨ ⓪ ⊕ ⊖	33	① ② ③ ④ ⑤ ⑥ ⑦ ⑧ ⑨ ⓪ ⊕ ⊖	53	① ② ③ ④ ⑤ ⑥ ⑦ ⑧ ⑨ ⓪ ⊕ ⊖	73	① ② ③ ④ ⑤ ⑥ ⑦ ⑧ ⑨ ⓪ ⊕ ⊖
14	① ② ③ ④ ⑤ ⑥ ⑦ ⑧ ⑨ ⓪ ⊕ ⊖	34	① ② ③ ④ ⑤ ⑥ ⑦ ⑧ ⑨ ⓪ ⊕ ⊖	54	① ② ③ ④ ⑤ ⑥ ⑦ ⑧ ⑨ ⓪ ⊕ ⊖	74	① ② ③ ④ ⑤ ⑥ ⑦ ⑧ ⑨ ⓪ ⊕ ⊖
15	① ② ③ ④ ⑤ ⑥ ⑦ ⑧ ⑨ ⓪ ⊕ ⊖	35	① ② ③ ④ ⑤ ⑥ ⑦ ⑧ ⑨ ⓪ ⊕ ⊖	55	① ② ③ ④ ⑤ ⑥ ⑦ ⑧ ⑨ ⓪ ⊕ ⊖	75	① ② ③ ④ ⑤ ⑥ ⑦ ⑧ ⑨ ⓪ ⊕ ⊖
16	① ② ③ ④ ⑤ ⑥ ⑦ ⑧ ⑨ ⓪ ⊕ ⊖	36	① ② ③ ④ ⑤ ⑥ ⑦ ⑧ ⑨ ⓪ ⊕ ⊖	56	① ② ③ ④ ⑤ ⑥ ⑦ ⑧ ⑨ ⓪ ⊕ ⊖	76	① ② ③ ④ ⑤ ⑥ ⑦ ⑧ ⑨ ⓪ ⊕ ⊖
17	① ② ③ ④ ⑤ ⑥ ⑦ ⑧ ⑨ ⓪ ⊕ ⊖	37	① ② ③ ④ ⑤ ⑥ ⑦ ⑧ ⑨ ⓪ ⊕ ⊖	57	① ② ③ ④ ⑤ ⑥ ⑦ ⑧ ⑨ ⓪ ⊕ ⊖	77	① ② ③ ④ ⑤ ⑥ ⑦ ⑧ ⑨ ⓪ ⊕ ⊖
18	① ② ③ ④ ⑤ ⑥ ⑦ ⑧ ⑨ ⓪ ⊕ ⊖	38	① ② ③ ④ ⑤ ⑥ ⑦ ⑧ ⑨ ⓪ ⊕ ⊖	58	① ② ③ ④ ⑤ ⑥ ⑦ ⑧ ⑨ ⓪ ⊕ ⊖	78	① ② ③ ④ ⑤ ⑥ ⑦ ⑧ ⑨ ⓪ ⊕ ⊖
19	① ② ③ ④ ⑤ ⑥ ⑦ ⑧ ⑨ ⓪ ⊕ ⊖	39	① ② ③ ④ ⑤ ⑥ ⑦ ⑧ ⑨ ⓪ ⊕ ⊖	59	① ② ③ ④ ⑤ ⑥ ⑦ ⑧ ⑨ ⓪ ⊕ ⊖	79	① ② ③ ④ ⑤ ⑥ ⑦ ⑧ ⑨ ⓪ ⊕ ⊖
20	① ② ③ ④ ⑤ ⑥ ⑦ ⑧ ⑨ ⓪ ⊕ ⊖	40	① ② ③ ④ ⑤ ⑥ ⑦ ⑧ ⑨ ⓪ ⊕ ⊖	60	① ② ③ ④ ⑤ ⑥ ⑦ ⑧ ⑨ ⓪ ⊕ ⊖	80	① ② ③ ④ ⑤ ⑥ ⑦ ⑧ ⑨ ⓪ ⊕ ⊖

相山女学園高等学校　　2021年度

◇社会◇

※151％に拡大していただくと，解答欄は実物大になります。

記入方法
1．記入は必ず黒鉛筆またはシャープペンシルで、⓪の中を正確にぬりつぶしてください。
2．訂正する場合は、消しゴムできれいに消してください。
3．解答用紙を汚したり、折り曲げたりしないでください。
4．⊕⊖の欄については、数学の解答で必要がある場合のみマークしてください。

良い例	悪い例
●	⊘ ◐ ⊘

解答番号	解答記入欄	解答番号	解答記入欄	解答番号	解答記入欄	解答番号	解答記入欄
1	① ② ③ ④ ⑤ ⑥ ⑦ ⑧ ⑨ ⓪ ⊕ ⊖	21	① ② ③ ④ ⑤ ⑥ ⑦ ⑧ ⑨ ⓪ ⊕ ⊖	41	① ② ③ ④ ⑤ ⑥ ⑦ ⑧ ⑨ ⓪ ⊕ ⊖	61	① ② ③ ④ ⑤ ⑥ ⑦ ⑧ ⑨ ⓪ ⊕ ⊖
2	① ② ③ ④ ⑤ ⑥ ⑦ ⑧ ⑨ ⓪ ⊕ ⊖	22	① ② ③ ④ ⑤ ⑥ ⑦ ⑧ ⑨ ⓪ ⊕ ⊖	42	① ② ③ ④ ⑤ ⑥ ⑦ ⑧ ⑨ ⓪ ⊕ ⊖	62	① ② ③ ④ ⑤ ⑥ ⑦ ⑧ ⑨ ⓪ ⊕ ⊖
3	① ② ③ ④ ⑤ ⑥ ⑦ ⑧ ⑨ ⓪ ⊕ ⊖	23	① ② ③ ④ ⑤ ⑥ ⑦ ⑧ ⑨ ⓪ ⊕ ⊖	43	① ② ③ ④ ⑤ ⑥ ⑦ ⑧ ⑨ ⓪ ⊕ ⊖	63	① ② ③ ④ ⑤ ⑥ ⑦ ⑧ ⑨ ⓪ ⊕ ⊖
4	① ② ③ ④ ⑤ ⑥ ⑦ ⑧ ⑨ ⓪ ⊕ ⊖	24	① ② ③ ④ ⑤ ⑥ ⑦ ⑧ ⑨ ⓪ ⊕ ⊖	44	① ② ③ ④ ⑤ ⑥ ⑦ ⑧ ⑨ ⓪ ⊕ ⊖	64	① ② ③ ④ ⑤ ⑥ ⑦ ⑧ ⑨ ⓪ ⊕ ⊖
5	① ② ③ ④ ⑤ ⑥ ⑦ ⑧ ⑨ ⓪ ⊕ ⊖	25	① ② ③ ④ ⑤ ⑥ ⑦ ⑧ ⑨ ⓪ ⊕ ⊖	45	① ② ③ ④ ⑤ ⑥ ⑦ ⑧ ⑨ ⓪ ⊕ ⊖	65	① ② ③ ④ ⑤ ⑥ ⑦ ⑧ ⑨ ⓪ ⊕ ⊖
6	① ② ③ ④ ⑤ ⑥ ⑦ ⑧ ⑨ ⓪ ⊕ ⊖	26	① ② ③ ④ ⑤ ⑥ ⑦ ⑧ ⑨ ⓪ ⊕ ⊖	46	① ② ③ ④ ⑤ ⑥ ⑦ ⑧ ⑨ ⓪ ⊕ ⊖	66	① ② ③ ④ ⑤ ⑥ ⑦ ⑧ ⑨ ⓪ ⊕ ⊖
7	① ② ③ ④ ⑤ ⑥ ⑦ ⑧ ⑨ ⓪ ⊕ ⊖	27	① ② ③ ④ ⑤ ⑥ ⑦ ⑧ ⑨ ⓪ ⊕ ⊖	47	① ② ③ ④ ⑤ ⑥ ⑦ ⑧ ⑨ ⓪ ⊕ ⊖	67	① ② ③ ④ ⑤ ⑥ ⑦ ⑧ ⑨ ⓪ ⊕ ⊖
8	① ② ③ ④ ⑤ ⑥ ⑦ ⑧ ⑨ ⓪ ⊕ ⊖	28	① ② ③ ④ ⑤ ⑥ ⑦ ⑧ ⑨ ⓪ ⊕ ⊖	48	① ② ③ ④ ⑤ ⑥ ⑦ ⑧ ⑨ ⓪ ⊕ ⊖	68	① ② ③ ④ ⑤ ⑥ ⑦ ⑧ ⑨ ⓪ ⊕ ⊖
9	① ② ③ ④ ⑤ ⑥ ⑦ ⑧ ⑨ ⓪ ⊕ ⊖	29	① ② ③ ④ ⑤ ⑥ ⑦ ⑧ ⑨ ⓪ ⊕ ⊖	49	① ② ③ ④ ⑤ ⑥ ⑦ ⑧ ⑨ ⓪ ⊕ ⊖	69	① ② ③ ④ ⑤ ⑥ ⑦ ⑧ ⑨ ⓪ ⊕ ⊖
10	① ② ③ ④ ⑤ ⑥ ⑦ ⑧ ⑨ ⓪ ⊕ ⊖	30	① ② ③ ④ ⑤ ⑥ ⑦ ⑧ ⑨ ⓪ ⊕ ⊖	50	① ② ③ ④ ⑤ ⑥ ⑦ ⑧ ⑨ ⓪ ⊕ ⊖	70	① ② ③ ④ ⑤ ⑥ ⑦ ⑧ ⑨ ⓪ ⊕ ⊖
11	① ② ③ ④ ⑤ ⑥ ⑦ ⑧ ⑨ ⓪ ⊕ ⊖	31	① ② ③ ④ ⑤ ⑥ ⑦ ⑧ ⑨ ⓪ ⊕ ⊖	51	① ② ③ ④ ⑤ ⑥ ⑦ ⑧ ⑨ ⓪ ⊕ ⊖	71	① ② ③ ④ ⑤ ⑥ ⑦ ⑧ ⑨ ⓪ ⊕ ⊖
12	① ② ③ ④ ⑤ ⑥ ⑦ ⑧ ⑨ ⓪ ⊕ ⊖	32	① ② ③ ④ ⑤ ⑥ ⑦ ⑧ ⑨ ⓪ ⊕ ⊖	52	① ② ③ ④ ⑤ ⑥ ⑦ ⑧ ⑨ ⓪ ⊕ ⊖	72	① ② ③ ④ ⑤ ⑥ ⑦ ⑧ ⑨ ⓪ ⊕ ⊖
13	① ② ③ ④ ⑤ ⑥ ⑦ ⑧ ⑨ ⓪ ⊕ ⊖	33	① ② ③ ④ ⑤ ⑥ ⑦ ⑧ ⑨ ⓪ ⊕ ⊖	53	① ② ③ ④ ⑤ ⑥ ⑦ ⑧ ⑨ ⓪ ⊕ ⊖	73	① ② ③ ④ ⑤ ⑥ ⑦ ⑧ ⑨ ⓪ ⊕ ⊖
14	① ② ③ ④ ⑤ ⑥ ⑦ ⑧ ⑨ ⓪ ⊕ ⊖	34	① ② ③ ④ ⑤ ⑥ ⑦ ⑧ ⑨ ⓪ ⊕ ⊖	54	① ② ③ ④ ⑤ ⑥ ⑦ ⑧ ⑨ ⓪ ⊕ ⊖	74	① ② ③ ④ ⑤ ⑥ ⑦ ⑧ ⑨ ⓪ ⊕ ⊖
15	① ② ③ ④ ⑤ ⑥ ⑦ ⑧ ⑨ ⓪ ⊕ ⊖	35	① ② ③ ④ ⑤ ⑥ ⑦ ⑧ ⑨ ⓪ ⊕ ⊖	55	① ② ③ ④ ⑤ ⑥ ⑦ ⑧ ⑨ ⓪ ⊕ ⊖	75	① ② ③ ④ ⑤ ⑥ ⑦ ⑧ ⑨ ⓪ ⊕ ⊖
16	① ② ③ ④ ⑤ ⑥ ⑦ ⑧ ⑨ ⓪ ⊕ ⊖	36	① ② ③ ④ ⑤ ⑥ ⑦ ⑧ ⑨ ⓪ ⊕ ⊖	56	① ② ③ ④ ⑤ ⑥ ⑦ ⑧ ⑨ ⓪ ⊕ ⊖	76	① ② ③ ④ ⑤ ⑥ ⑦ ⑧ ⑨ ⓪ ⊕ ⊖
17	① ② ③ ④ ⑤ ⑥ ⑦ ⑧ ⑨ ⓪ ⊕ ⊖	37	① ② ③ ④ ⑤ ⑥ ⑦ ⑧ ⑨ ⓪ ⊕ ⊖	57	① ② ③ ④ ⑤ ⑥ ⑦ ⑧ ⑨ ⓪ ⊕ ⊖	77	① ② ③ ④ ⑤ ⑥ ⑦ ⑧ ⑨ ⓪ ⊕ ⊖
18	① ② ③ ④ ⑤ ⑥ ⑦ ⑧ ⑨ ⓪ ⊕ ⊖	38	① ② ③ ④ ⑤ ⑥ ⑦ ⑧ ⑨ ⓪ ⊕ ⊖	58	① ② ③ ④ ⑤ ⑥ ⑦ ⑧ ⑨ ⓪ ⊕ ⊖	78	① ② ③ ④ ⑤ ⑥ ⑦ ⑧ ⑨ ⓪ ⊕ ⊖
19	① ② ③ ④ ⑤ ⑥ ⑦ ⑧ ⑨ ⓪ ⊕ ⊖	39	① ② ③ ④ ⑤ ⑥ ⑦ ⑧ ⑨ ⓪ ⊕ ⊖	59	① ② ③ ④ ⑤ ⑥ ⑦ ⑧ ⑨ ⓪ ⊕ ⊖	79	① ② ③ ④ ⑤ ⑥ ⑦ ⑧ ⑨ ⓪ ⊕ ⊖
20	① ② ③ ④ ⑤ ⑥ ⑦ ⑧ ⑨ ⓪ ⊕ ⊖	40	① ② ③ ④ ⑤ ⑥ ⑦ ⑧ ⑨ ⓪ ⊕ ⊖	60	① ② ③ ④ ⑤ ⑥ ⑦ ⑧ ⑨ ⓪ ⊕ ⊖	80	① ② ③ ④ ⑤ ⑥ ⑦ ⑧ ⑨ ⓪ ⊕ ⊖

椙山女学園高等学校　2021年度

◇国語◇

※151％に拡大していただくと，解答欄は実物大になります。

記入方法
1．記入は必ず黒鉛筆またはシャープペンシルで、⓪の中を正確にぬりつぶしてください。
2．訂正する場合は、消しゴムできれいに消してください。
3．解答用紙を汚したり、折り曲げたりしないでください。
4．⊕⊖の欄については、数学の解答で必要がある場合のみマークしてください。

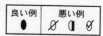

良い例	悪い例
●	∅ ◐ ⊘

解答番号	解答記入欄	解答番号	解答記入欄	解答番号	解答記入欄	解答番号	解答記入欄
1	① ② ③ ④ ⑤ ⑥ ⑦ ⑧ ⑨ ⓪ ⊕ ⊖	21	① ② ③ ④ ⑤ ⑥ ⑦ ⑧ ⑨ ⓪ ⊕ ⊖	41	① ② ③ ④ ⑤ ⑥ ⑦ ⑧ ⑨ ⓪ ⊕ ⊖	61	① ② ③ ④ ⑤ ⑥ ⑦ ⑧ ⑨ ⓪ ⊕ ⊖
2	① ② ③ ④ ⑤ ⑥ ⑦ ⑧ ⑨ ⓪ ⊕ ⊖	22	① ② ③ ④ ⑤ ⑥ ⑦ ⑧ ⑨ ⓪ ⊕ ⊖	42	① ② ③ ④ ⑤ ⑥ ⑦ ⑧ ⑨ ⓪ ⊕ ⊖	62	① ② ③ ④ ⑤ ⑥ ⑦ ⑧ ⑨ ⓪ ⊕ ⊖
3	① ② ③ ④ ⑤ ⑥ ⑦ ⑧ ⑨ ⓪ ⊕ ⊖	23	① ② ③ ④ ⑤ ⑥ ⑦ ⑧ ⑨ ⓪ ⊕ ⊖	43	① ② ③ ④ ⑤ ⑥ ⑦ ⑧ ⑨ ⓪ ⊕ ⊖	63	① ② ③ ④ ⑤ ⑥ ⑦ ⑧ ⑨ ⓪ ⊕ ⊖
4	① ② ③ ④ ⑤ ⑥ ⑦ ⑧ ⑨ ⓪ ⊕ ⊖	24	① ② ③ ④ ⑤ ⑥ ⑦ ⑧ ⑨ ⓪ ⊕ ⊖	44	① ② ③ ④ ⑤ ⑥ ⑦ ⑧ ⑨ ⓪ ⊕ ⊖	64	① ② ③ ④ ⑤ ⑥ ⑦ ⑧ ⑨ ⓪ ⊕ ⊖
5	① ② ③ ④ ⑤ ⑥ ⑦ ⑧ ⑨ ⓪ ⊕ ⊖	25	① ② ③ ④ ⑤ ⑥ ⑦ ⑧ ⑨ ⓪ ⊕ ⊖	45	① ② ③ ④ ⑤ ⑥ ⑦ ⑧ ⑨ ⓪ ⊕ ⊖	65	① ② ③ ④ ⑤ ⑥ ⑦ ⑧ ⑨ ⓪ ⊕ ⊖
6	① ② ③ ④ ⑤ ⑥ ⑦ ⑧ ⑨ ⓪ ⊕ ⊖	26	① ② ③ ④ ⑤ ⑥ ⑦ ⑧ ⑨ ⓪ ⊕ ⊖	46	① ② ③ ④ ⑤ ⑥ ⑦ ⑧ ⑨ ⓪ ⊕ ⊖	66	① ② ③ ④ ⑤ ⑥ ⑦ ⑧ ⑨ ⓪ ⊕ ⊖
7	① ② ③ ④ ⑤ ⑥ ⑦ ⑧ ⑨ ⓪ ⊕ ⊖	27	① ② ③ ④ ⑤ ⑥ ⑦ ⑧ ⑨ ⓪ ⊕ ⊖	47	① ② ③ ④ ⑤ ⑥ ⑦ ⑧ ⑨ ⓪ ⊕ ⊖	67	① ② ③ ④ ⑤ ⑥ ⑦ ⑧ ⑨ ⓪ ⊕ ⊖
8	① ② ③ ④ ⑤ ⑥ ⑦ ⑧ ⑨ ⓪ ⊕ ⊖	28	① ② ③ ④ ⑤ ⑥ ⑦ ⑧ ⑨ ⓪ ⊕ ⊖	48	① ② ③ ④ ⑤ ⑥ ⑦ ⑧ ⑨ ⓪ ⊕ ⊖	68	① ② ③ ④ ⑤ ⑥ ⑦ ⑧ ⑨ ⓪ ⊕ ⊖
9	① ② ③ ④ ⑤ ⑥ ⑦ ⑧ ⑨ ⓪ ⊕ ⊖	29	① ② ③ ④ ⑤ ⑥ ⑦ ⑧ ⑨ ⓪ ⊕ ⊖	49	① ② ③ ④ ⑤ ⑥ ⑦ ⑧ ⑨ ⓪ ⊕ ⊖	69	① ② ③ ④ ⑤ ⑥ ⑦ ⑧ ⑨ ⓪ ⊕ ⊖
10	① ② ③ ④ ⑤ ⑥ ⑦ ⑧ ⑨ ⓪ ⊕ ⊖	30	① ② ③ ④ ⑤ ⑥ ⑦ ⑧ ⑨ ⓪ ⊕ ⊖	50	① ② ③ ④ ⑤ ⑥ ⑦ ⑧ ⑨ ⓪ ⊕ ⊖	70	① ② ③ ④ ⑤ ⑥ ⑦ ⑧ ⑨ ⓪ ⊕ ⊖
11	① ② ③ ④ ⑤ ⑥ ⑦ ⑧ ⑨ ⓪ ⊕ ⊖	31	① ② ③ ④ ⑤ ⑥ ⑦ ⑧ ⑨ ⓪ ⊕ ⊖	51	① ② ③ ④ ⑤ ⑥ ⑦ ⑧ ⑨ ⓪ ⊕ ⊖	71	① ② ③ ④ ⑤ ⑥ ⑦ ⑧ ⑨ ⓪ ⊕ ⊖
12	① ② ③ ④ ⑤ ⑥ ⑦ ⑧ ⑨ ⓪ ⊕ ⊖	32	① ② ③ ④ ⑤ ⑥ ⑦ ⑧ ⑨ ⓪ ⊕ ⊖	52	① ② ③ ④ ⑤ ⑥ ⑦ ⑧ ⑨ ⓪ ⊕ ⊖	72	① ② ③ ④ ⑤ ⑥ ⑦ ⑧ ⑨ ⓪ ⊕ ⊖
13	① ② ③ ④ ⑤ ⑥ ⑦ ⑧ ⑨ ⓪ ⊕ ⊖	33	① ② ③ ④ ⑤ ⑥ ⑦ ⑧ ⑨ ⓪ ⊕ ⊖	53	① ② ③ ④ ⑤ ⑥ ⑦ ⑧ ⑨ ⓪ ⊕ ⊖	73	① ② ③ ④ ⑤ ⑥ ⑦ ⑧ ⑨ ⓪ ⊕ ⊖
14	① ② ③ ④ ⑤ ⑥ ⑦ ⑧ ⑨ ⓪ ⊕ ⊖	34	① ② ③ ④ ⑤ ⑥ ⑦ ⑧ ⑨ ⓪ ⊕ ⊖	54	① ② ③ ④ ⑤ ⑥ ⑦ ⑧ ⑨ ⓪ ⊕ ⊖	74	① ② ③ ④ ⑤ ⑥ ⑦ ⑧ ⑨ ⓪ ⊕ ⊖
15	① ② ③ ④ ⑤ ⑥ ⑦ ⑧ ⑨ ⓪ ⊕ ⊖	35	① ② ③ ④ ⑤ ⑥ ⑦ ⑧ ⑨ ⓪ ⊕ ⊖	55	① ② ③ ④ ⑤ ⑥ ⑦ ⑧ ⑨ ⓪ ⊕ ⊖	75	① ② ③ ④ ⑤ ⑥ ⑦ ⑧ ⑨ ⓪ ⊕ ⊖
16	① ② ③ ④ ⑤ ⑥ ⑦ ⑧ ⑨ ⓪ ⊕ ⊖	36	① ② ③ ④ ⑤ ⑥ ⑦ ⑧ ⑨ ⓪ ⊕ ⊖	56	① ② ③ ④ ⑤ ⑥ ⑦ ⑧ ⑨ ⓪ ⊕ ⊖	76	① ② ③ ④ ⑤ ⑥ ⑦ ⑧ ⑨ ⓪ ⊕ ⊖
17	① ② ③ ④ ⑤ ⑥ ⑦ ⑧ ⑨ ⓪ ⊕ ⊖	37	① ② ③ ④ ⑤ ⑥ ⑦ ⑧ ⑨ ⓪ ⊕ ⊖	57	① ② ③ ④ ⑤ ⑥ ⑦ ⑧ ⑨ ⓪ ⊕ ⊖	77	① ② ③ ④ ⑤ ⑥ ⑦ ⑧ ⑨ ⓪ ⊕ ⊖
18	① ② ③ ④ ⑤ ⑥ ⑦ ⑧ ⑨ ⓪ ⊕ ⊖	38	① ② ③ ④ ⑤ ⑥ ⑦ ⑧ ⑨ ⓪ ⊕ ⊖	58	① ② ③ ④ ⑤ ⑥ ⑦ ⑧ ⑨ ⓪ ⊕ ⊖	78	① ② ③ ④ ⑤ ⑥ ⑦ ⑧ ⑨ ⓪ ⊕ ⊖
19	① ② ③ ④ ⑤ ⑥ ⑦ ⑧ ⑨ ⓪ ⊕ ⊖	39	① ② ③ ④ ⑤ ⑥ ⑦ ⑧ ⑨ ⓪ ⊕ ⊖	59	① ② ③ ④ ⑤ ⑥ ⑦ ⑧ ⑨ ⓪ ⊕ ⊖	79	① ② ③ ④ ⑤ ⑥ ⑦ ⑧ ⑨ ⓪ ⊕ ⊖
20	① ② ③ ④ ⑤ ⑥ ⑦ ⑧ ⑨ ⓪ ⊕ ⊖	40	① ② ③ ④ ⑤ ⑥ ⑦ ⑧ ⑨ ⓪ ⊕ ⊖	60	① ② ③ ④ ⑤ ⑥ ⑦ ⑧ ⑨ ⓪ ⊕ ⊖	80	① ② ③ ④ ⑤ ⑥ ⑦ ⑧ ⑨ ⓪ ⊕ ⊖

相山女学園高等学校　　2020年度

◇数学◇

※151％に拡大していただくと，解答欄は実物大になります。

記入方法
1．記入は必ず黒鉛筆またはシャープペンシルで、⓪の中を正確にぬりつぶしてください。
2．訂正する場合は、消しゴムできれいに消してください。
3．解答用紙を汚したり、折り曲げたりしないでください。
4．⊕⊖の欄については、数学の解答で必要がある場合のみマークしてください。

良い例	悪い例
●	Ø ◐ Ø

解答番号	解答記入欄	解答番号	解答記入欄	解答番号	解答記入欄	解答番号	解答記入欄
1	① ② ③ ④ ⑤ ⑥ ⑦ ⑧ ⑨ ⓪ ⊕ ⊖	21	① ② ③ ④ ⑤ ⑥ ⑦ ⑧ ⑨ ⓪ ⊕ ⊖	41	① ② ③ ④ ⑤ ⑥ ⑦ ⑧ ⑨ ⓪ ⊕ ⊖	61	① ② ③ ④ ⑤ ⑥ ⑦ ⑧ ⑨ ⓪ ⊕ ⊖
2	① ② ③ ④ ⑤ ⑥ ⑦ ⑧ ⑨ ⓪ ⊕ ⊖	22	① ② ③ ④ ⑤ ⑥ ⑦ ⑧ ⑨ ⓪ ⊕ ⊖	42	① ② ③ ④ ⑤ ⑥ ⑦ ⑧ ⑨ ⓪ ⊕ ⊖	62	① ② ③ ④ ⑤ ⑥ ⑦ ⑧ ⑨ ⓪ ⊕ ⊖
3	① ② ③ ④ ⑤ ⑥ ⑦ ⑧ ⑨ ⓪ ⊕ ⊖	23	① ② ③ ④ ⑤ ⑥ ⑦ ⑧ ⑨ ⓪ ⊕ ⊖	43	① ② ③ ④ ⑤ ⑥ ⑦ ⑧ ⑨ ⓪ ⊕ ⊖	63	① ② ③ ④ ⑤ ⑥ ⑦ ⑧ ⑨ ⓪ ⊕ ⊖
4	① ② ③ ④ ⑤ ⑥ ⑦ ⑧ ⑨ ⓪ ⊕ ⊖	24	① ② ③ ④ ⑤ ⑥ ⑦ ⑧ ⑨ ⓪ ⊕ ⊖	44	① ② ③ ④ ⑤ ⑥ ⑦ ⑧ ⑨ ⓪ ⊕ ⊖	64	① ② ③ ④ ⑤ ⑥ ⑦ ⑧ ⑨ ⓪ ⊕ ⊖
5	① ② ③ ④ ⑤ ⑥ ⑦ ⑧ ⑨ ⓪ ⊕ ⊖	25	① ② ③ ④ ⑤ ⑥ ⑦ ⑧ ⑨ ⓪ ⊕ ⊖	45	① ② ③ ④ ⑤ ⑥ ⑦ ⑧ ⑨ ⓪ ⊕ ⊖	65	① ② ③ ④ ⑤ ⑥ ⑦ ⑧ ⑨ ⓪ ⊕ ⊖
6	① ② ③ ④ ⑤ ⑥ ⑦ ⑧ ⑨ ⓪ ⊕ ⊖	26	① ② ③ ④ ⑤ ⑥ ⑦ ⑧ ⑨ ⓪ ⊕ ⊖	46	① ② ③ ④ ⑤ ⑥ ⑦ ⑧ ⑨ ⓪ ⊕ ⊖	66	① ② ③ ④ ⑤ ⑥ ⑦ ⑧ ⑨ ⓪ ⊕ ⊖
7	① ② ③ ④ ⑤ ⑥ ⑦ ⑧ ⑨ ⓪ ⊕ ⊖	27	① ② ③ ④ ⑤ ⑥ ⑦ ⑧ ⑨ ⓪ ⊕ ⊖	47	① ② ③ ④ ⑤ ⑥ ⑦ ⑧ ⑨ ⓪ ⊕ ⊖	67	① ② ③ ④ ⑤ ⑥ ⑦ ⑧ ⑨ ⓪ ⊕ ⊖
8	① ② ③ ④ ⑤ ⑥ ⑦ ⑧ ⑨ ⓪ ⊕ ⊖	28	① ② ③ ④ ⑤ ⑥ ⑦ ⑧ ⑨ ⓪ ⊕ ⊖	48	① ② ③ ④ ⑤ ⑥ ⑦ ⑧ ⑨ ⓪ ⊕ ⊖	68	① ② ③ ④ ⑤ ⑥ ⑦ ⑧ ⑨ ⓪ ⊕ ⊖
9	① ② ③ ④ ⑤ ⑥ ⑦ ⑧ ⑨ ⓪ ⊕ ⊖	29	① ② ③ ④ ⑤ ⑥ ⑦ ⑧ ⑨ ⓪ ⊕ ⊖	49	① ② ③ ④ ⑤ ⑥ ⑦ ⑧ ⑨ ⓪ ⊕ ⊖	69	① ② ③ ④ ⑤ ⑥ ⑦ ⑧ ⑨ ⓪ ⊕ ⊖
10	① ② ③ ④ ⑤ ⑥ ⑦ ⑧ ⑨ ⓪ ⊕ ⊖	30	① ② ③ ④ ⑤ ⑥ ⑦ ⑧ ⑨ ⓪ ⊕ ⊖	50	① ② ③ ④ ⑤ ⑥ ⑦ ⑧ ⑨ ⓪ ⊕ ⊖	70	① ② ③ ④ ⑤ ⑥ ⑦ ⑧ ⑨ ⓪ ⊕ ⊖
11	① ② ③ ④ ⑤ ⑥ ⑦ ⑧ ⑨ ⓪ ⊕ ⊖	31	① ② ③ ④ ⑤ ⑥ ⑦ ⑧ ⑨ ⓪ ⊕ ⊖	51	① ② ③ ④ ⑤ ⑥ ⑦ ⑧ ⑨ ⓪ ⊕ ⊖	71	① ② ③ ④ ⑤ ⑥ ⑦ ⑧ ⑨ ⓪ ⊕ ⊖
12	① ② ③ ④ ⑤ ⑥ ⑦ ⑧ ⑨ ⓪ ⊕ ⊖	32	① ② ③ ④ ⑤ ⑥ ⑦ ⑧ ⑨ ⓪ ⊕ ⊖	52	① ② ③ ④ ⑤ ⑥ ⑦ ⑧ ⑨ ⓪ ⊕ ⊖	72	① ② ③ ④ ⑤ ⑥ ⑦ ⑧ ⑨ ⓪ ⊕ ⊖
13	① ② ③ ④ ⑤ ⑥ ⑦ ⑧ ⑨ ⓪ ⊕ ⊖	33	① ② ③ ④ ⑤ ⑥ ⑦ ⑧ ⑨ ⓪ ⊕ ⊖	53	① ② ③ ④ ⑤ ⑥ ⑦ ⑧ ⑨ ⓪ ⊕ ⊖	73	① ② ③ ④ ⑤ ⑥ ⑦ ⑧ ⑨ ⓪ ⊕ ⊖
14	① ② ③ ④ ⑤ ⑥ ⑦ ⑧ ⑨ ⓪ ⊕ ⊖	34	① ② ③ ④ ⑤ ⑥ ⑦ ⑧ ⑨ ⓪ ⊕ ⊖	54	① ② ③ ④ ⑤ ⑥ ⑦ ⑧ ⑨ ⓪ ⊕ ⊖	74	① ② ③ ④ ⑤ ⑥ ⑦ ⑧ ⑨ ⓪ ⊕ ⊖
15	① ② ③ ④ ⑤ ⑥ ⑦ ⑧ ⑨ ⓪ ⊕ ⊖	35	① ② ③ ④ ⑤ ⑥ ⑦ ⑧ ⑨ ⓪ ⊕ ⊖	55	① ② ③ ④ ⑤ ⑥ ⑦ ⑧ ⑨ ⓪ ⊕ ⊖	75	① ② ③ ④ ⑤ ⑥ ⑦ ⑧ ⑨ ⓪ ⊕ ⊖
16	① ② ③ ④ ⑤ ⑥ ⑦ ⑧ ⑨ ⓪ ⊕ ⊖	36	① ② ③ ④ ⑤ ⑥ ⑦ ⑧ ⑨ ⓪ ⊕ ⊖	56	① ② ③ ④ ⑤ ⑥ ⑦ ⑧ ⑨ ⓪ ⊕ ⊖	76	① ② ③ ④ ⑤ ⑥ ⑦ ⑧ ⑨ ⓪ ⊕ ⊖
17	① ② ③ ④ ⑤ ⑥ ⑦ ⑧ ⑨ ⓪ ⊕ ⊖	37	① ② ③ ④ ⑤ ⑥ ⑦ ⑧ ⑨ ⓪ ⊕ ⊖	57	① ② ③ ④ ⑤ ⑥ ⑦ ⑧ ⑨ ⓪ ⊕ ⊖	77	① ② ③ ④ ⑤ ⑥ ⑦ ⑧ ⑨ ⓪ ⊕ ⊖
18	① ② ③ ④ ⑤ ⑥ ⑦ ⑧ ⑨ ⓪ ⊕ ⊖	38	① ② ③ ④ ⑤ ⑥ ⑦ ⑧ ⑨ ⓪ ⊕ ⊖	58	① ② ③ ④ ⑤ ⑥ ⑦ ⑧ ⑨ ⓪ ⊕ ⊖	78	① ② ③ ④ ⑤ ⑥ ⑦ ⑧ ⑨ ⓪ ⊕ ⊖
19	① ② ③ ④ ⑤ ⑥ ⑦ ⑧ ⑨ ⓪ ⊕ ⊖	39	① ② ③ ④ ⑤ ⑥ ⑦ ⑧ ⑨ ⓪ ⊕ ⊖	59	① ② ③ ④ ⑤ ⑥ ⑦ ⑧ ⑨ ⓪ ⊕ ⊖	79	① ② ③ ④ ⑤ ⑥ ⑦ ⑧ ⑨ ⓪ ⊕ ⊖
20	① ② ③ ④ ⑤ ⑥ ⑦ ⑧ ⑨ ⓪ ⊕ ⊖	40	① ② ③ ④ ⑤ ⑥ ⑦ ⑧ ⑨ ⓪ ⊕ ⊖	60	① ② ③ ④ ⑤ ⑥ ⑦ ⑧ ⑨ ⓪ ⊕ ⊖	80	① ② ③ ④ ⑤ ⑥ ⑦ ⑧ ⑨ ⓪ ⊕ ⊖

※102％に拡大していただくと，解答欄は実物大になります。

4

5

[1]	通り	[2]	点

[3]	（ア）	
	（イ）	

6

[1]		[2]	cm

※151％に拡大していただくと，解答欄は実物大になります。

記入方法
1．記入は必ず黒鉛筆またはシャープペンシルで、⓪の中を正確にぬりつぶしてください。
2．訂正する場合は、消しゴムできれいに消してください。
3．解答用紙を汚したり、折り曲げたりしないでください。
4．⊕⊖の欄については、数学の解答で必要がある場合のみマークしてください。

良い例	悪い例
●	Ø ◑ ⊘

解答番号	解答記入欄	解答番号	解答記入欄	解答番号	解答記入欄	解答番号	解答記入欄
1	① ② ③ ④ ⑤ ⑥ ⑦ ⑧ ⑨ ⓪ ⊕ ⊖	21	① ② ③ ④ ⑤ ⑥ ⑦ ⑧ ⑨ ⓪ ⊕ ⊖	41	① ② ③ ④ ⑤ ⑥ ⑦ ⑧ ⑨ ⓪ ⊕ ⊖	61	① ② ③ ④ ⑤ ⑥ ⑦ ⑧ ⑨ ⓪ ⊕ ⊖
2	① ② ③ ④ ⑤ ⑥ ⑦ ⑧ ⑨ ⓪ ⊕ ⊖	22	① ② ③ ④ ⑤ ⑥ ⑦ ⑧ ⑨ ⓪ ⊕ ⊖	42	① ② ③ ④ ⑤ ⑥ ⑦ ⑧ ⑨ ⓪ ⊕ ⊖	62	① ② ③ ④ ⑤ ⑥ ⑦ ⑧ ⑨ ⓪ ⊕ ⊖
3	① ② ③ ④ ⑤ ⑥ ⑦ ⑧ ⑨ ⓪ ⊕ ⊖	23	① ② ③ ④ ⑤ ⑥ ⑦ ⑧ ⑨ ⓪ ⊕ ⊖	43	① ② ③ ④ ⑤ ⑥ ⑦ ⑧ ⑨ ⓪ ⊕ ⊖	63	① ② ③ ④ ⑤ ⑥ ⑦ ⑧ ⑨ ⓪ ⊕ ⊖
4	① ② ③ ④ ⑤ ⑥ ⑦ ⑧ ⑨ ⓪ ⊕ ⊖	24	① ② ③ ④ ⑤ ⑥ ⑦ ⑧ ⑨ ⓪ ⊕ ⊖	44	① ② ③ ④ ⑤ ⑥ ⑦ ⑧ ⑨ ⓪ ⊕ ⊖	64	① ② ③ ④ ⑤ ⑥ ⑦ ⑧ ⑨ ⓪ ⊕ ⊖
5	① ② ③ ④ ⑤ ⑥ ⑦ ⑧ ⑨ ⓪ ⊕ ⊖	25	① ② ③ ④ ⑤ ⑥ ⑦ ⑧ ⑨ ⓪ ⊕ ⊖	45	① ② ③ ④ ⑤ ⑥ ⑦ ⑧ ⑨ ⓪ ⊕ ⊖	65	① ② ③ ④ ⑤ ⑥ ⑦ ⑧ ⑨ ⓪ ⊕ ⊖
6	① ② ③ ④ ⑤ ⑥ ⑦ ⑧ ⑨ ⓪ ⊕ ⊖	26	① ② ③ ④ ⑤ ⑥ ⑦ ⑧ ⑨ ⓪ ⊕ ⊖	46	① ② ③ ④ ⑤ ⑥ ⑦ ⑧ ⑨ ⓪ ⊕ ⊖	66	① ② ③ ④ ⑤ ⑥ ⑦ ⑧ ⑨ ⓪ ⊕ ⊖
7	① ② ③ ④ ⑤ ⑥ ⑦ ⑧ ⑨ ⓪ ⊕ ⊖	27	① ② ③ ④ ⑤ ⑥ ⑦ ⑧ ⑨ ⓪ ⊕ ⊖	47	① ② ③ ④ ⑤ ⑥ ⑦ ⑧ ⑨ ⓪ ⊕ ⊖	67	① ② ③ ④ ⑤ ⑥ ⑦ ⑧ ⑨ ⓪ ⊕ ⊖
8	① ② ③ ④ ⑤ ⑥ ⑦ ⑧ ⑨ ⓪ ⊕ ⊖	28	① ② ③ ④ ⑤ ⑥ ⑦ ⑧ ⑨ ⓪ ⊕ ⊖	48	① ② ③ ④ ⑤ ⑥ ⑦ ⑧ ⑨ ⓪ ⊕ ⊖	68	① ② ③ ④ ⑤ ⑥ ⑦ ⑧ ⑨ ⓪ ⊕ ⊖
9	① ② ③ ④ ⑤ ⑥ ⑦ ⑧ ⑨ ⓪ ⊕ ⊖	29	① ② ③ ④ ⑤ ⑥ ⑦ ⑧ ⑨ ⓪ ⊕ ⊖	49	① ② ③ ④ ⑤ ⑥ ⑦ ⑧ ⑨ ⓪ ⊕ ⊖	69	① ② ③ ④ ⑤ ⑥ ⑦ ⑧ ⑨ ⓪ ⊕ ⊖
10	① ② ③ ④ ⑤ ⑥ ⑦ ⑧ ⑨ ⓪ ⊕ ⊖	30	① ② ③ ④ ⑤ ⑥ ⑦ ⑧ ⑨ ⓪ ⊕ ⊖	50	① ② ③ ④ ⑤ ⑥ ⑦ ⑧ ⑨ ⓪ ⊕ ⊖	70	① ② ③ ④ ⑤ ⑥ ⑦ ⑧ ⑨ ⓪ ⊕ ⊖
11	① ② ③ ④ ⑤ ⑥ ⑦ ⑧ ⑨ ⓪ ⊕ ⊖	31	① ② ③ ④ ⑤ ⑥ ⑦ ⑧ ⑨ ⓪ ⊕ ⊖	51	① ② ③ ④ ⑤ ⑥ ⑦ ⑧ ⑨ ⓪ ⊕ ⊖	71	① ② ③ ④ ⑤ ⑥ ⑦ ⑧ ⑨ ⓪ ⊕ ⊖
12	① ② ③ ④ ⑤ ⑥ ⑦ ⑧ ⑨ ⓪ ⊕ ⊖	32	① ② ③ ④ ⑤ ⑥ ⑦ ⑧ ⑨ ⓪ ⊕ ⊖	52	① ② ③ ④ ⑤ ⑥ ⑦ ⑧ ⑨ ⓪ ⊕ ⊖	72	① ② ③ ④ ⑤ ⑥ ⑦ ⑧ ⑨ ⓪ ⊕ ⊖
13	① ② ③ ④ ⑤ ⑥ ⑦ ⑧ ⑨ ⓪ ⊕ ⊖	33	① ② ③ ④ ⑤ ⑥ ⑦ ⑧ ⑨ ⓪ ⊕ ⊖	53	① ② ③ ④ ⑤ ⑥ ⑦ ⑧ ⑨ ⓪ ⊕ ⊖	73	① ② ③ ④ ⑤ ⑥ ⑦ ⑧ ⑨ ⓪ ⊕ ⊖
14	① ② ③ ④ ⑤ ⑥ ⑦ ⑧ ⑨ ⓪ ⊕ ⊖	34	① ② ③ ④ ⑤ ⑥ ⑦ ⑧ ⑨ ⓪ ⊕ ⊖	54	① ② ③ ④ ⑤ ⑥ ⑦ ⑧ ⑨ ⓪ ⊕ ⊖	74	① ② ③ ④ ⑤ ⑥ ⑦ ⑧ ⑨ ⓪ ⊕ ⊖
15	① ② ③ ④ ⑤ ⑥ ⑦ ⑧ ⑨ ⓪ ⊕ ⊖	35	① ② ③ ④ ⑤ ⑥ ⑦ ⑧ ⑨ ⓪ ⊕ ⊖	55	① ② ③ ④ ⑤ ⑥ ⑦ ⑧ ⑨ ⓪ ⊕ ⊖	75	① ② ③ ④ ⑤ ⑥ ⑦ ⑧ ⑨ ⓪ ⊕ ⊖
16	① ② ③ ④ ⑤ ⑥ ⑦ ⑧ ⑨ ⓪ ⊕ ⊖	36	① ② ③ ④ ⑤ ⑥ ⑦ ⑧ ⑨ ⓪ ⊕ ⊖	56	① ② ③ ④ ⑤ ⑥ ⑦ ⑧ ⑨ ⓪ ⊕ ⊖	76	① ② ③ ④ ⑤ ⑥ ⑦ ⑧ ⑨ ⓪ ⊕ ⊖
17	① ② ③ ④ ⑤ ⑥ ⑦ ⑧ ⑨ ⓪ ⊕ ⊖	37	① ② ③ ④ ⑤ ⑥ ⑦ ⑧ ⑨ ⓪ ⊕ ⊖	57	① ② ③ ④ ⑤ ⑥ ⑦ ⑧ ⑨ ⓪ ⊕ ⊖	77	① ② ③ ④ ⑤ ⑥ ⑦ ⑧ ⑨ ⓪ ⊕ ⊖
18	① ② ③ ④ ⑤ ⑥ ⑦ ⑧ ⑨ ⓪ ⊕ ⊖	38	① ② ③ ④ ⑤ ⑥ ⑦ ⑧ ⑨ ⓪ ⊕ ⊖	58	① ② ③ ④ ⑤ ⑥ ⑦ ⑧ ⑨ ⓪ ⊕ ⊖	78	① ② ③ ④ ⑤ ⑥ ⑦ ⑧ ⑨ ⓪ ⊕ ⊖
19	① ② ③ ④ ⑤ ⑥ ⑦ ⑧ ⑨ ⓪ ⊕ ⊖	39	① ② ③ ④ ⑤ ⑥ ⑦ ⑧ ⑨ ⓪ ⊕ ⊖	59	① ② ③ ④ ⑤ ⑥ ⑦ ⑧ ⑨ ⓪ ⊕ ⊖	79	① ② ③ ④ ⑤ ⑥ ⑦ ⑧ ⑨ ⓪ ⊕ ⊖
20	① ② ③ ④ ⑤ ⑥ ⑦ ⑧ ⑨ ⓪ ⊕ ⊖	40	① ② ③ ④ ⑤ ⑥ ⑦ ⑧ ⑨ ⓪ ⊕ ⊖	60	① ② ③ ④ ⑤ ⑥ ⑦ ⑧ ⑨ ⓪ ⊕ ⊖	80	① ② ③ ④ ⑤ ⑥ ⑦ ⑧ ⑨ ⓪ ⊕ ⊖

※126％に拡大していただくと，解答欄は実物大になります。

A	問1	X	Y	Z
B	問1	(ア)	(イ)	(ウ)
	問2	①	②	
H		(1)	(2)	(3)
		(4)		
I		(1)	(2)	(3)

J

You should visit (   ).

20

30

相山女学園高等学校　　2020年度

◇理科◇

※151％に拡大していただくと，解答欄は実物大になります。

記入方法
1．記入は必ず黒鉛筆またはシャープペンシルで、⬯の中を正確にぬりつぶしてください。
2．訂正する場合は、消しゴムできれいに消してください。
3．解答用紙を汚したり、折り曲げたりしないでください。
4．⊕⊖の欄については、数学の解答で必要がある場合のみマークしてください。

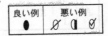

良い例	悪い例
●	⌀ ◐ ⌀

解答番号	解答記入欄	解答番号	解答記入欄	解答番号	解答記入欄	解答番号	解答記入欄
1	① ② ③ ④ ⑤ ⑥ ⑦ ⑧ ⑨ ⓪ ⊕ ⊖	21	① ② ③ ④ ⑤ ⑥ ⑦ ⑧ ⑨ ⓪ ⊕ ⊖	41	① ② ③ ④ ⑤ ⑥ ⑦ ⑧ ⑨ ⓪ ⊕ ⊖	61	① ② ③ ④ ⑤ ⑥ ⑦ ⑧ ⑨ ⓪ ⊕ ⊖
2	① ② ③ ④ ⑤ ⑥ ⑦ ⑧ ⑨ ⓪ ⊕ ⊖	22	① ② ③ ④ ⑤ ⑥ ⑦ ⑧ ⑨ ⓪ ⊕ ⊖	42	① ② ③ ④ ⑤ ⑥ ⑦ ⑧ ⑨ ⓪ ⊕ ⊖	62	① ② ③ ④ ⑤ ⑥ ⑦ ⑧ ⑨ ⓪ ⊕ ⊖
3	① ② ③ ④ ⑤ ⑥ ⑦ ⑧ ⑨ ⓪ ⊕ ⊖	23	① ② ③ ④ ⑤ ⑥ ⑦ ⑧ ⑨ ⓪ ⊕ ⊖	43	① ② ③ ④ ⑤ ⑥ ⑦ ⑧ ⑨ ⓪ ⊕ ⊖	63	① ② ③ ④ ⑤ ⑥ ⑦ ⑧ ⑨ ⓪ ⊕ ⊖
4	① ② ③ ④ ⑤ ⑥ ⑦ ⑧ ⑨ ⓪ ⊕ ⊖	24	① ② ③ ④ ⑤ ⑥ ⑦ ⑧ ⑨ ⓪ ⊕ ⊖	44	① ② ③ ④ ⑤ ⑥ ⑦ ⑧ ⑨ ⓪ ⊕ ⊖	64	① ② ③ ④ ⑤ ⑥ ⑦ ⑧ ⑨ ⓪ ⊕ ⊖
5	① ② ③ ④ ⑤ ⑥ ⑦ ⑧ ⑨ ⓪ ⊕ ⊖	25	① ② ③ ④ ⑤ ⑥ ⑦ ⑧ ⑨ ⓪ ⊕ ⊖	45	① ② ③ ④ ⑤ ⑥ ⑦ ⑧ ⑨ ⓪ ⊕ ⊖	65	① ② ③ ④ ⑤ ⑥ ⑦ ⑧ ⑨ ⓪ ⊕ ⊖
6	① ② ③ ④ ⑤ ⑥ ⑦ ⑧ ⑨ ⓪ ⊕ ⊖	26	① ② ③ ④ ⑤ ⑥ ⑦ ⑧ ⑨ ⓪ ⊕ ⊖	46	① ② ③ ④ ⑤ ⑥ ⑦ ⑧ ⑨ ⓪ ⊕ ⊖	66	① ② ③ ④ ⑤ ⑥ ⑦ ⑧ ⑨ ⓪ ⊕ ⊖
7	① ② ③ ④ ⑤ ⑥ ⑦ ⑧ ⑨ ⓪ ⊕ ⊖	27	① ② ③ ④ ⑤ ⑥ ⑦ ⑧ ⑨ ⓪ ⊕ ⊖	47	① ② ③ ④ ⑤ ⑥ ⑦ ⑧ ⑨ ⓪ ⊕ ⊖	67	① ② ③ ④ ⑤ ⑥ ⑦ ⑧ ⑨ ⓪ ⊕ ⊖
8	① ② ③ ④ ⑤ ⑥ ⑦ ⑧ ⑨ ⓪ ⊕ ⊖	28	① ② ③ ④ ⑤ ⑥ ⑦ ⑧ ⑨ ⓪ ⊕ ⊖	48	① ② ③ ④ ⑤ ⑥ ⑦ ⑧ ⑨ ⓪ ⊕ ⊖	68	① ② ③ ④ ⑤ ⑥ ⑦ ⑧ ⑨ ⓪ ⊕ ⊖
9	① ② ③ ④ ⑤ ⑥ ⑦ ⑧ ⑨ ⓪ ⊕ ⊖	29	① ② ③ ④ ⑤ ⑥ ⑦ ⑧ ⑨ ⓪ ⊕ ⊖	49	① ② ③ ④ ⑤ ⑥ ⑦ ⑧ ⑨ ⓪ ⊕ ⊖	69	① ② ③ ④ ⑤ ⑥ ⑦ ⑧ ⑨ ⓪ ⊕ ⊖
10	① ② ③ ④ ⑤ ⑥ ⑦ ⑧ ⑨ ⓪ ⊕ ⊖	30	① ② ③ ④ ⑤ ⑥ ⑦ ⑧ ⑨ ⓪ ⊕ ⊖	50	① ② ③ ④ ⑤ ⑥ ⑦ ⑧ ⑨ ⓪ ⊕ ⊖	70	① ② ③ ④ ⑤ ⑥ ⑦ ⑧ ⑨ ⓪ ⊕ ⊖
11	① ② ③ ④ ⑤ ⑥ ⑦ ⑧ ⑨ ⓪ ⊕ ⊖	31	① ② ③ ④ ⑤ ⑥ ⑦ ⑧ ⑨ ⓪ ⊕ ⊖	51	① ② ③ ④ ⑤ ⑥ ⑦ ⑧ ⑨ ⓪ ⊕ ⊖	71	① ② ③ ④ ⑤ ⑥ ⑦ ⑧ ⑨ ⓪ ⊕ ⊖
12	① ② ③ ④ ⑤ ⑥ ⑦ ⑧ ⑨ ⓪ ⊕ ⊖	32	① ② ③ ④ ⑤ ⑥ ⑦ ⑧ ⑨ ⓪ ⊕ ⊖	52	① ② ③ ④ ⑤ ⑥ ⑦ ⑧ ⑨ ⓪ ⊕ ⊖	72	① ② ③ ④ ⑤ ⑥ ⑦ ⑧ ⑨ ⓪ ⊕ ⊖
13	① ② ③ ④ ⑤ ⑥ ⑦ ⑧ ⑨ ⓪ ⊕ ⊖	33	① ② ③ ④ ⑤ ⑥ ⑦ ⑧ ⑨ ⓪ ⊕ ⊖	53	① ② ③ ④ ⑤ ⑥ ⑦ ⑧ ⑨ ⓪ ⊕ ⊖	73	① ② ③ ④ ⑤ ⑥ ⑦ ⑧ ⑨ ⓪ ⊕ ⊖
14	① ② ③ ④ ⑤ ⑥ ⑦ ⑧ ⑨ ⓪ ⊕ ⊖	34	① ② ③ ④ ⑤ ⑥ ⑦ ⑧ ⑨ ⓪ ⊕ ⊖	54	① ② ③ ④ ⑤ ⑥ ⑦ ⑧ ⑨ ⓪ ⊕ ⊖	74	① ② ③ ④ ⑤ ⑥ ⑦ ⑧ ⑨ ⓪ ⊕ ⊖
15	① ② ③ ④ ⑤ ⑥ ⑦ ⑧ ⑨ ⓪ ⊕ ⊖	35	① ② ③ ④ ⑤ ⑥ ⑦ ⑧ ⑨ ⓪ ⊕ ⊖	55	① ② ③ ④ ⑤ ⑥ ⑦ ⑧ ⑨ ⓪ ⊕ ⊖	75	① ② ③ ④ ⑤ ⑥ ⑦ ⑧ ⑨ ⓪ ⊕ ⊖
16	① ② ③ ④ ⑤ ⑥ ⑦ ⑧ ⑨ ⓪ ⊕ ⊖	36	① ② ③ ④ ⑤ ⑥ ⑦ ⑧ ⑨ ⓪ ⊕ ⊖	56	① ② ③ ④ ⑤ ⑥ ⑦ ⑧ ⑨ ⓪ ⊕ ⊖	76	① ② ③ ④ ⑤ ⑥ ⑦ ⑧ ⑨ ⓪ ⊕ ⊖
17	① ② ③ ④ ⑤ ⑥ ⑦ ⑧ ⑨ ⓪ ⊕ ⊖	37	① ② ③ ④ ⑤ ⑥ ⑦ ⑧ ⑨ ⓪ ⊕ ⊖	57	① ② ③ ④ ⑤ ⑥ ⑦ ⑧ ⑨ ⓪ ⊕ ⊖	77	① ② ③ ④ ⑤ ⑥ ⑦ ⑧ ⑨ ⓪ ⊕ ⊖
18	① ② ③ ④ ⑤ ⑥ ⑦ ⑧ ⑨ ⓪ ⊕ ⊖	38	① ② ③ ④ ⑤ ⑥ ⑦ ⑧ ⑨ ⓪ ⊕ ⊖	58	① ② ③ ④ ⑤ ⑥ ⑦ ⑧ ⑨ ⓪ ⊕ ⊖	78	① ② ③ ④ ⑤ ⑥ ⑦ ⑧ ⑨ ⓪ ⊕ ⊖
19	① ② ③ ④ ⑤ ⑥ ⑦ ⑧ ⑨ ⓪ ⊕ ⊖	39	① ② ③ ④ ⑤ ⑥ ⑦ ⑧ ⑨ ⓪ ⊕ ⊖	59	① ② ③ ④ ⑤ ⑥ ⑦ ⑧ ⑨ ⓪ ⊕ ⊖	79	① ② ③ ④ ⑤ ⑥ ⑦ ⑧ ⑨ ⓪ ⊕ ⊖
20	① ② ③ ④ ⑤ ⑥ ⑦ ⑧ ⑨ ⓪ ⊕ ⊖	40	① ② ③ ④ ⑤ ⑥ ⑦ ⑧ ⑨ ⓪ ⊕ ⊖	60	① ② ③ ④ ⑤ ⑥ ⑦ ⑧ ⑨ ⓪ ⊕ ⊖	80	① ② ③ ④ ⑤ ⑥ ⑦ ⑧ ⑨ ⓪ ⊕ ⊖

※120％に拡大していただくと，解答欄は実物大になります。

1～4はすべてマークシートに解答しなさい

5

(1)

50

(2)

6

(1)

50

(2)

45

相山女学園高等学校　2020年度

◇社会◇

※151％に拡大していただくと，解答欄は実物大になります。

記入方法
1．記入は必ず黒鉛筆またはシャープペンシルで、() の中を正確にぬりつぶしてください。
2．訂正する場合は、消しゴムできれいに消してください。
3．解答用紙を汚したり、折り曲げたりしないでください。
4．⊕⊖の欄については、数学の解答で必要がある場合のみマークしてください。

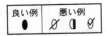

良い例	悪い例
●	Ø ◐ Ø

解答番号	解答記入欄	解答番号	解答記入欄	解答番号	解答記入欄	解答番号	解答記入欄
1	① ② ③ ④ ⑤ ⑥ ⑦ ⑧ ⑨ ⓪ ⊕ ⊖	21	① ② ③ ④ ⑤ ⑥ ⑦ ⑧ ⑨ ⓪ ⊕ ⊖	41	① ② ③ ④ ⑤ ⑥ ⑦ ⑧ ⑨ ⓪ ⊕ ⊖	61	① ② ③ ④ ⑤ ⑥ ⑦ ⑧ ⑨ ⓪ ⊕ ⊖
2	① ② ③ ④ ⑤ ⑥ ⑦ ⑧ ⑨ ⓪ ⊕ ⊖	22	① ② ③ ④ ⑤ ⑥ ⑦ ⑧ ⑨ ⓪ ⊕ ⊖	42	① ② ③ ④ ⑤ ⑥ ⑦ ⑧ ⑨ ⓪ ⊕ ⊖	62	① ② ③ ④ ⑤ ⑥ ⑦ ⑧ ⑨ ⓪ ⊕ ⊖
3	① ② ③ ④ ⑤ ⑥ ⑦ ⑧ ⑨ ⓪ ⊕ ⊖	23	① ② ③ ④ ⑤ ⑥ ⑦ ⑧ ⑨ ⓪ ⊕ ⊖	43	① ② ③ ④ ⑤ ⑥ ⑦ ⑧ ⑨ ⓪ ⊕ ⊖	63	① ② ③ ④ ⑤ ⑥ ⑦ ⑧ ⑨ ⓪ ⊕ ⊖
4	① ② ③ ④ ⑤ ⑥ ⑦ ⑧ ⑨ ⓪ ⊕ ⊖	24	① ② ③ ④ ⑤ ⑥ ⑦ ⑧ ⑨ ⓪ ⊕ ⊖	44	① ② ③ ④ ⑤ ⑥ ⑦ ⑧ ⑨ ⓪ ⊕ ⊖	64	① ② ③ ④ ⑤ ⑥ ⑦ ⑧ ⑨ ⓪ ⊕ ⊖
5	① ② ③ ④ ⑤ ⑥ ⑦ ⑧ ⑨ ⓪ ⊕ ⊖	25	① ② ③ ④ ⑤ ⑥ ⑦ ⑧ ⑨ ⓪ ⊕ ⊖	45	① ② ③ ④ ⑤ ⑥ ⑦ ⑧ ⑨ ⓪ ⊕ ⊖	65	① ② ③ ④ ⑤ ⑥ ⑦ ⑧ ⑨ ⓪ ⊕ ⊖
6	① ② ③ ④ ⑤ ⑥ ⑦ ⑧ ⑨ ⓪ ⊕ ⊖	26	① ② ③ ④ ⑤ ⑥ ⑦ ⑧ ⑨ ⓪ ⊕ ⊖	46	① ② ③ ④ ⑤ ⑥ ⑦ ⑧ ⑨ ⓪ ⊕ ⊖	66	① ② ③ ④ ⑤ ⑥ ⑦ ⑧ ⑨ ⓪ ⊕ ⊖
7	① ② ③ ④ ⑤ ⑥ ⑦ ⑧ ⑨ ⓪ ⊕ ⊖	27	① ② ③ ④ ⑤ ⑥ ⑦ ⑧ ⑨ ⓪ ⊕ ⊖	47	① ② ③ ④ ⑤ ⑥ ⑦ ⑧ ⑨ ⓪ ⊕ ⊖	67	① ② ③ ④ ⑤ ⑥ ⑦ ⑧ ⑨ ⓪ ⊕ ⊖
8	① ② ③ ④ ⑤ ⑥ ⑦ ⑧ ⑨ ⓪ ⊕ ⊖	28	① ② ③ ④ ⑤ ⑥ ⑦ ⑧ ⑨ ⓪ ⊕ ⊖	48	① ② ③ ④ ⑤ ⑥ ⑦ ⑧ ⑨ ⓪ ⊕ ⊖	68	① ② ③ ④ ⑤ ⑥ ⑦ ⑧ ⑨ ⓪ ⊕ ⊖
9	① ② ③ ④ ⑤ ⑥ ⑦ ⑧ ⑨ ⓪ ⊕ ⊖	29	① ② ③ ④ ⑤ ⑥ ⑦ ⑧ ⑨ ⓪ ⊕ ⊖	49	① ② ③ ④ ⑤ ⑥ ⑦ ⑧ ⑨ ⓪ ⊕ ⊖	69	① ② ③ ④ ⑤ ⑥ ⑦ ⑧ ⑨ ⓪ ⊕ ⊖
10	① ② ③ ④ ⑤ ⑥ ⑦ ⑧ ⑨ ⓪ ⊕ ⊖	30	① ② ③ ④ ⑤ ⑥ ⑦ ⑧ ⑨ ⓪ ⊕ ⊖	50	① ② ③ ④ ⑤ ⑥ ⑦ ⑧ ⑨ ⓪ ⊕ ⊖	70	① ② ③ ④ ⑤ ⑥ ⑦ ⑧ ⑨ ⓪ ⊕ ⊖
11	① ② ③ ④ ⑤ ⑥ ⑦ ⑧ ⑨ ⓪ ⊕ ⊖	31	① ② ③ ④ ⑤ ⑥ ⑦ ⑧ ⑨ ⓪ ⊕ ⊖	51	① ② ③ ④ ⑤ ⑥ ⑦ ⑧ ⑨ ⓪ ⊕ ⊖	71	① ② ③ ④ ⑤ ⑥ ⑦ ⑧ ⑨ ⓪ ⊕ ⊖
12	① ② ③ ④ ⑤ ⑥ ⑦ ⑧ ⑨ ⓪ ⊕ ⊖	32	① ② ③ ④ ⑤ ⑥ ⑦ ⑧ ⑨ ⓪ ⊕ ⊖	52	① ② ③ ④ ⑤ ⑥ ⑦ ⑧ ⑨ ⓪ ⊕ ⊖	72	① ② ③ ④ ⑤ ⑥ ⑦ ⑧ ⑨ ⓪ ⊕ ⊖
13	① ② ③ ④ ⑤ ⑥ ⑦ ⑧ ⑨ ⓪ ⊕ ⊖	33	① ② ③ ④ ⑤ ⑥ ⑦ ⑧ ⑨ ⓪ ⊕ ⊖	53	① ② ③ ④ ⑤ ⑥ ⑦ ⑧ ⑨ ⓪ ⊕ ⊖	73	① ② ③ ④ ⑤ ⑥ ⑦ ⑧ ⑨ ⓪ ⊕ ⊖
14	① ② ③ ④ ⑤ ⑥ ⑦ ⑧ ⑨ ⓪ ⊕ ⊖	34	① ② ③ ④ ⑤ ⑥ ⑦ ⑧ ⑨ ⓪ ⊕ ⊖	54	① ② ③ ④ ⑤ ⑥ ⑦ ⑧ ⑨ ⓪ ⊕ ⊖	74	① ② ③ ④ ⑤ ⑥ ⑦ ⑧ ⑨ ⓪ ⊕ ⊖
15	① ② ③ ④ ⑤ ⑥ ⑦ ⑧ ⑨ ⓪ ⊕ ⊖	35	① ② ③ ④ ⑤ ⑥ ⑦ ⑧ ⑨ ⓪ ⊕ ⊖	55	① ② ③ ④ ⑤ ⑥ ⑦ ⑧ ⑨ ⓪ ⊕ ⊖	75	① ② ③ ④ ⑤ ⑥ ⑦ ⑧ ⑨ ⓪ ⊕ ⊖
16	① ② ③ ④ ⑤ ⑥ ⑦ ⑧ ⑨ ⓪ ⊕ ⊖	36	① ② ③ ④ ⑤ ⑥ ⑦ ⑧ ⑨ ⓪ ⊕ ⊖	56	① ② ③ ④ ⑤ ⑥ ⑦ ⑧ ⑨ ⓪ ⊕ ⊖	76	① ② ③ ④ ⑤ ⑥ ⑦ ⑧ ⑨ ⓪ ⊕ ⊖
17	① ② ③ ④ ⑤ ⑥ ⑦ ⑧ ⑨ ⓪ ⊕ ⊖	37	① ② ③ ④ ⑤ ⑥ ⑦ ⑧ ⑨ ⓪ ⊕ ⊖	57	① ② ③ ④ ⑤ ⑥ ⑦ ⑧ ⑨ ⓪ ⊕ ⊖	77	① ② ③ ④ ⑤ ⑥ ⑦ ⑧ ⑨ ⓪ ⊕ ⊖
18	① ② ③ ④ ⑤ ⑥ ⑦ ⑧ ⑨ ⓪ ⊕ ⊖	38	① ② ③ ④ ⑤ ⑥ ⑦ ⑧ ⑨ ⓪ ⊕ ⊖	58	① ② ③ ④ ⑤ ⑥ ⑦ ⑧ ⑨ ⓪ ⊕ ⊖	78	① ② ③ ④ ⑤ ⑥ ⑦ ⑧ ⑨ ⓪ ⊕ ⊖
19	① ② ③ ④ ⑤ ⑥ ⑦ ⑧ ⑨ ⓪ ⊕ ⊖	39	① ② ③ ④ ⑤ ⑥ ⑦ ⑧ ⑨ ⓪ ⊕ ⊖	59	① ② ③ ④ ⑤ ⑥ ⑦ ⑧ ⑨ ⓪ ⊕ ⊖	79	① ② ③ ④ ⑤ ⑥ ⑦ ⑧ ⑨ ⓪ ⊕ ⊖
20	① ② ③ ④ ⑤ ⑥ ⑦ ⑧ ⑨ ⓪ ⊕ ⊖	40	① ② ③ ④ ⑤ ⑥ ⑦ ⑧ ⑨ ⓪ ⊕ ⊖	60	① ② ③ ④ ⑤ ⑥ ⑦ ⑧ ⑨ ⓪ ⊕ ⊖	80	① ② ③ ④ ⑤ ⑥ ⑦ ⑧ ⑨ ⓪ ⊕ ⊖

※125%に拡大していただくと，解答欄は実物大になります。

【4】問7

【6】

問2 ○を使ってその場所を示す場合、○の大きさはこの文に使われた○程度の大きさとする。

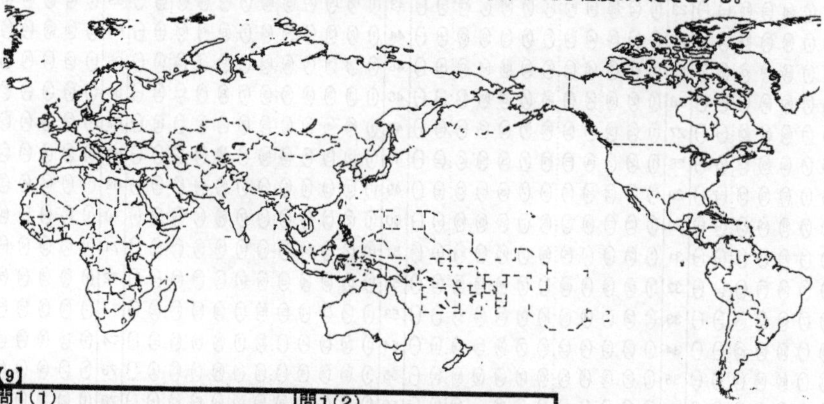

【9】

問1（1）	問1（2）

【10】

問3（改善したいこと）
（学校の制度に関する具体的な提案）

【11】

A

は、

B

という悪影響を日本にもたらした。

C 当時の日本は、［B］の悪影響を防ぐため、

べきだった。

相山女学園高等学校　2020年度

◇国語◇

※151％に拡大していただくと，解答欄は実物大になります。

記入方法
1．記入は必ず黒鉛筆またはシャープペンシルで、⓪の中を正確にぬりつぶしてください。
2．訂正する場合は、消しゴムできれいに消してください。
3．解答用紙を汚したり、折り曲げたりしないでください。
4．⊕⊖の欄については、数学の解答で必要がある場合のみマークしてください。

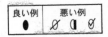

良い例	悪い例
●	⊘ ◐ ⊘

解答番号	解答記入欄	解答番号	解答記入欄	解答番号	解答記入欄	解答番号	解答記入欄
1	①②③④⑤⑥⑦⑧⑨⓪⊕⊖	21	①②③④⑤⑥⑦⑧⑨⓪⊕⊖	41	①②③④⑤⑥⑦⑧⑨⓪⊕⊖	61	①②③④⑤⑥⑦⑧⑨⓪⊕⊖
2	①②③④⑤⑥⑦⑧⑨⓪⊕⊖	22	①②③④⑤⑥⑦⑧⑨⓪⊕⊖	42	①②③④⑤⑥⑦⑧⑨⓪⊕⊖	62	①②③④⑤⑥⑦⑧⑨⓪⊕⊖
3	①②③④⑤⑥⑦⑧⑨⓪⊕⊖	23	①②③④⑤⑥⑦⑧⑨⓪⊕⊖	43	①②③④⑤⑥⑦⑧⑨⓪⊕⊖	63	①②③④⑤⑥⑦⑧⑨⓪⊕⊖
4	①②③④⑤⑥⑦⑧⑨⓪⊕⊖	24	①②③④⑤⑥⑦⑧⑨⓪⊕⊖	44	①②③④⑤⑥⑦⑧⑨⓪⊕⊖	64	①②③④⑤⑥⑦⑧⑨⓪⊕⊖
5	①②③④⑤⑥⑦⑧⑨⓪⊕⊖	25	①②③④⑤⑥⑦⑧⑨⓪⊕⊖	45	①②③④⑤⑥⑦⑧⑨⓪⊕⊖	65	①②③④⑤⑥⑦⑧⑨⓪⊕⊖
6	①②③④⑤⑥⑦⑧⑨⓪⊕⊖	26	①②③④⑤⑥⑦⑧⑨⓪⊕⊖	46	①②③④⑤⑥⑦⑧⑨⓪⊕⊖	66	①②③④⑤⑥⑦⑧⑨⓪⊕⊖
7	①②③④⑤⑥⑦⑧⑨⓪⊕⊖	27	①②③④⑤⑥⑦⑧⑨⓪⊕⊖	47	①②③④⑤⑥⑦⑧⑨⓪⊕⊖	67	①②③④⑤⑥⑦⑧⑨⓪⊕⊖
8	①②③④⑤⑥⑦⑧⑨⓪⊕⊖	28	①②③④⑤⑥⑦⑧⑨⓪⊕⊖	48	①②③④⑤⑥⑦⑧⑨⓪⊕⊖	68	①②③④⑤⑥⑦⑧⑨⓪⊕⊖
9	①②③④⑤⑥⑦⑧⑨⓪⊕⊖	29	①②③④⑤⑥⑦⑧⑨⓪⊕⊖	49	①②③④⑤⑥⑦⑧⑨⓪⊕⊖	69	①②③④⑤⑥⑦⑧⑨⓪⊕⊖
10	①②③④⑤⑥⑦⑧⑨⓪⊕⊖	30	①②③④⑤⑥⑦⑧⑨⓪⊕⊖	50	①②③④⑤⑥⑦⑧⑨⓪⊕⊖	70	①②③④⑤⑥⑦⑧⑨⓪⊕⊖
11	①②③④⑤⑥⑦⑧⑨⓪⊕⊖	31	①②③④⑤⑥⑦⑧⑨⓪⊕⊖	51	①②③④⑤⑥⑦⑧⑨⓪⊕⊖	71	①②③④⑤⑥⑦⑧⑨⓪⊕⊖
12	①②③④⑤⑥⑦⑧⑨⓪⊕⊖	32	①②③④⑤⑥⑦⑧⑨⓪⊕⊖	52	①②③④⑤⑥⑦⑧⑨⓪⊕⊖	72	①②③④⑤⑥⑦⑧⑨⓪⊕⊖
13	①②③④⑤⑥⑦⑧⑨⓪⊕⊖	33	①②③④⑤⑥⑦⑧⑨⓪⊕⊖	53	①②③④⑤⑥⑦⑧⑨⓪⊕⊖	73	①②③④⑤⑥⑦⑧⑨⓪⊕⊖
14	①②③④⑤⑥⑦⑧⑨⓪⊕⊖	34	①②③④⑤⑥⑦⑧⑨⓪⊕⊖	54	①②③④⑤⑥⑦⑧⑨⓪⊕⊖	74	①②③④⑤⑥⑦⑧⑨⓪⊕⊖
15	①②③④⑤⑥⑦⑧⑨⓪⊕⊖	35	①②③④⑤⑥⑦⑧⑨⓪⊕⊖	55	①②③④⑤⑥⑦⑧⑨⓪⊕⊖	75	①②③④⑤⑥⑦⑧⑨⓪⊕⊖
16	①②③④⑤⑥⑦⑧⑨⓪⊕⊖	36	①②③④⑤⑥⑦⑧⑨⓪⊕⊖	56	①②③④⑤⑥⑦⑧⑨⓪⊕⊖	76	①②③④⑤⑥⑦⑧⑨⓪⊕⊖
17	①②③④⑤⑥⑦⑧⑨⓪⊕⊖	37	①②③④⑤⑥⑦⑧⑨⓪⊕⊖	57	①②③④⑤⑥⑦⑧⑨⓪⊕⊖	77	①②③④⑤⑥⑦⑧⑨⓪⊕⊖
18	①②③④⑤⑥⑦⑧⑨⓪⊕⊖	38	①②③④⑤⑥⑦⑧⑨⓪⊕⊖	58	①②③④⑤⑥⑦⑧⑨⓪⊕⊖	78	①②③④⑤⑥⑦⑧⑨⓪⊕⊖
19	①②③④⑤⑥⑦⑧⑨⓪⊕⊖	39	①②③④⑤⑥⑦⑧⑨⓪⊕⊖	59	①②③④⑤⑥⑦⑧⑨⓪⊕⊖	79	①②③④⑤⑥⑦⑧⑨⓪⊕⊖
20	①②③④⑤⑥⑦⑧⑨⓪⊕⊖	40	①②③④⑤⑥⑦⑧⑨⓪⊕⊖	60	①②③④⑤⑥⑦⑧⑨⓪⊕⊖	80	①②③④⑤⑥⑦⑧⑨⓪⊕⊖

※106％に拡大していただくと，解答欄は実物大になります。

三

問一

（１）

（２）

（３）

（４）

二

問　九

（２）

100　80　60　40　20

東京学参の
中学校別入試過去問題シリーズ

＊出版校は一部変更することがあります。一覧にない学校はお問い合わせください。

東京ラインナップ

あ 青山学院中等部(L04)
麻布中学(K01)
桜蔭中学(K02)
お茶の水女子大附属中学(K07)
か 海城中学(K09)
開成中学(M01)
学習院中等科(M03)
慶應義塾中等部(K04)
啓明学園中学(N29)
晃華学園中学(N13)
攻玉社中学(L11)
国学院大久我山中学
（一般・CC）(N22)
（ＳＴ）(N23)
駒場東邦中学(L01)
さ 芝中学(K16)
芝浦工業大附属中学(M06)
城北中学(M05)
女子学院中学(K03)
巣鴨中学(M02)
成蹊中学(N06)
成城中学(K28)
成城学園中学(L05)
青稜中学(K23)
創価中学(N14)★
た 玉川学園中学部(N17)
中央大附属中学(N08)
筑波大附属中学(K06)
筑波大附属駒場中学(L02)
帝京大中学(N16)
東海大菅生高中等部(N27)
東京学芸大附属竹早中学(K08)
東京都市大付属中学(L13)
桐朋中学(N03)
東洋英和女学院中学部(K15)
豊島岡女子学園中学(M12)
な 日本大第一中学(M14)
日本大第三中学(N19)
日本大第二中学(N10)
は 雙葉中学(K05)
法政大学中学(N11)
本郷中学(M08)
ま 武蔵中学(N01)
明治大付属中野中学(N05)
明治大付属八王子中学(N07)
明治大付属明治中学(K13)
ら 立教池袋中学(M04)
わ 和光中学(N21)
早稲田中学(K10)
早稲田実業学校中等部(K11)
早稲田大高等学院中学部(N12)

神奈川ラインナップ

あ 浅野中学(O04)
栄光学園中学(O06)
か 神奈川大附属中学(O08)
鎌倉女学院中学(O27)
関東学院六浦中学(O31)
慶應義塾湘南藤沢中等部(O07)
慶應義塾普通部(O01)
さ 相模女子大中学部(O32)
サレジオ学院中学(O17)
逗子開成中学(O22)
聖光学院中学(O11)
清泉女学院中学(O20)
洗足学園中学(O18)
捜真女学校中学部(O29)
た 桐蔭学園中等教育学校(O02)
東海大付属相模高中等部(O24)
桐光学園中学(O16)
な 日本大中学(O09)
は フェリス女学院中学(O03)
法政大第二中学(O19)
や 山手学院中学(O15)
横浜隼人中学(O26)

千・埼・茨・他ラインナップ

あ 市川中学(P01)
浦和明の星女子中学(Q06)
か 海陽中等教育学校
（入試Ｉ・Ⅱ）(T01)
（特別給費生選抜）(T02)
久留米大附設中学(Y04)
さ 栄東中学（東大・難関大）(Q09)
栄東中学（東大特待）(Q10)
狭山ヶ丘高校付属中学(Q01)
芝浦工業大柏中学(P14)
渋谷教育学園幕張中学(P09)
城北埼玉中学(Q07)
昭和学院秀英中学(P05)
清真学園中学(S01)
西南学院中学(Y02)
西武学園文理中学(Q03)
西武台新座中学(Q02)
専修大松戸中学(P13)
た 筑紫女学園中学(Y03)
千葉日本大第一中学(P07)
千葉明徳中学(P12)
東海大付属浦安高中等部(P06)
東邦大付属東邦中学(P08)
東洋大附属牛久中学(S02)
獨協埼玉中学(Q08)
な 長崎日本大中学(Y01)
成田高校付属中学(P15)
は 函館ラ・サール中学(X01)
日出学園中学(P03)
福岡大附属大濠中学(Y05)
北嶺中学(X03)
細田学園中学(Q04)
や 八千代松陰中学(P10)
ら ラ・サール中学(Y07)
立命館慶祥中学(X02)
立教新座中学(Q05)
わ 早稲田佐賀中学(Y06)

公立中高一貫校ラインナップ

北海道 市立札幌開成中等教育学校(J22)
宮城 宮城県仙台二華・古川黎明中学校(J17)
市立仙台青陵中等教育学校(J33)
山形 県立東桜学館・致道館中学校(J27)
茨城 茨城県立中学・中等教育学校(J09)
栃木 県立宇都宮東・佐野・矢板東高校附属中学校(J11)
群馬 県立中央・市立四ツ葉学園中等教育学校・
市立太田中学校(J10)
埼玉 市立浦和中学校(J06)
県立伊奈学園中学校(J31)
さいたま市立大宮国際中等教育学校(J32)
川口市立高等学校附属中学校(J35)
千葉 県立千葉・東葛飾中学校(J07)
市立稲毛国際中等教育学校(J25)
東京 区立九段中等教育学校(J21)
都立大泉高等学校附属中学校(J28)
都立両国高等学校附属中学校(J01)
都立白鷗高等学校附属中学校(J02)
都立富士高等学校附属中学校(J03)
都立三鷹中等教育学校(J29)
都立南多摩中等教育学校(J30)
都立武蔵高等学校附属中学校(J04)
都立立川国際中等教育学校(J05)
都立小石川中等教育学校(J23)
都立桜修館中等教育学校(J24)
神奈川 川崎市立川崎高等学校附属中学校(J26)
県立平塚・相模原中等教育学校(J08)
横浜市立南高等学校附属中学校(J20)
横浜サイエンスフロンティア高校附属中学校(J34)
広島 県立広島中学校(J16)
県立三次中学校(J37)
徳島 県立城ノ内中等教育学校・富岡東・川島中学校(J18)
愛媛 県立今治東・松山西中等教育学校(J19)
福岡 福岡県立中学校・中等教育学校(J12)
佐賀 県立香楠・致遠館・唐津東・武雄青陵中学校(J13)
宮崎 県立五ヶ瀬中等教育学校・宮崎西・都城泉ヶ丘高校附属中学校(J15)
長崎 県立長崎東・佐世保北・諫早高校附属中学校(J14)

公立中高一貫校
「適性検査対策」
問題集シリーズ

総合編 / 作文問題編 / 資料問題編 / 数と図形編 / 生活と科学編 / 実力確認テスト編

私立中・高スクールガイド
THE（ザ） 私立
私立中学＆高校の学校生活がわかる！

東京学参の
高校別入試過去問題シリーズ

＊出版校は一部変更することがあります。一覧にない学校はお問い合わせください。

東京ラインナップ

あ 愛国高校(A59)
青山学院高等部(A16)★
桜美林高校(A37)
お茶の水女子大附属高校(A04)
か 開成高校(A05)★
共立女子第二高校(A40)★
慶應義塾女子高校(A13)
啓明学園高校(A68)★
国学院高校(A30)
国学院大久我山高校(A31)
国際基督教大高校(A06)
小平錦城高校(A61)★
駒澤大高校(A32)
さ 芝浦工業大附属高校(A35)
修徳高校(A52)
城北高校(A21)
専修大附属高校(A28)
創価高校(A66)★
た 拓殖大第一高校(A53)
立川女子高校(A41)
玉川学園高等部(A56)
中央大高校(A19)
中央大杉並高校(A18)★
中央大附属高校(A17)
筑波大附属高校(A01)
筑波大附属駒場高校(A02)
帝京大高校(A60)
東海大菅生高校(A42)
東京学芸大附属高校(A03)
東京農業大第一高校(A39)
桐朋高校(A15)
都立青山高校(A73)★
都立国立高校(A76)★
都立国際高校(A80)★
都立国分寺高校(A78)★
都立新宿高校(A77)★
都立墨田川高校(A81)★
都立立川高校(A75)★
都立戸山高校(A72)★
都立西高校(A71)★
都立八王子東高校(A74)★
都立日比谷高校(A70)★
な 日本大櫻丘高校(A25)
日本大第一高校(A50)
日本大第三高校(A48)
日本大第二高校(A27)
日本大鶴ヶ丘高校(A26)
日本大豊山高校(A23)
は 八王子学園八王子高校(A64)
法政大高校(A29)
ま 明治学院高校(A38)
明治学院東村山高校(A49)
明治大付属中野高校(A33)
明治大付属八王子高校(A67)
明治大付属明治高校(A34)★
明法高校(A63)
わ 早稲田実業学校高等部(A09)
早稲田大高等学院(A07)

神奈川ラインナップ

あ 麻布大附属高校(B04)
アレセイア湘南高校(B24)
か 慶應義塾高校(A11)
神奈川県公立高校特色検査(B00)
さ 相洋高校(B18)
た 立花学園高校(B23)
桐蔭学園高校(B01)
東海大付属相模高校(B03)★
桐光学園高校(B11)
な 日本大高校(B06)
日本大藤沢高校(B07)
は 平塚学園高校(B22)
藤沢翔陵高校(B08)
法政大国際高校(B17)
法政大第二高校(B02)★
や 山手学院高校(B09)
横須賀学院高校(B20)
横浜商科大高校(B05)
横浜市立横浜サイエンスフロンティア高校(B70)
横浜翠陵高校(B14)
横浜清風高校(B10)
横浜創英高校(B21)
横浜隼人高校(B16)
横浜富士見丘学園高校(B25)

千葉ラインナップ

あ 愛国学園大附属四街道高校(C26)
我孫子二階堂高校(C17)
市川高校(C01)★
か 敬愛学園高校(C15)
さ 芝浦工業大柏高校(C09)
渋谷教育学園幕張高校(C16)★
翔凜高校(C34)
昭和学院秀英高校(C23)
専修大松戸高校(C02)
た 千葉英和高校(C18)
千葉敬愛高校(C05)
千葉経済大附属高校(C27)
千葉日本大第一高校(C06)★
千葉明徳高校(C20)
千葉黎明高校(C24)
東海大付属浦安高校(C03)
東京学館高校(C14)
東京学館浦安高校(C31)
な 日本体育大柏高校(C30)
日本大習志野高校(C07)
は 日出学園高校(C08)
や 八千代松陰高校(C12)
ら 流通経済大付属柏高校(C19)★

埼玉ラインナップ

あ 浦和学院高校(D21)
大妻嵐山高校(D04)★
か 開智高校(D08)
開智未来高校(D13)★
春日部共栄高校(D07)
川越東高校(D12)
慶應義塾志木高校(A12)
さ 埼玉栄高校(D09)
栄東高校(D14)
狭山ヶ丘高校(D24)
昌平高校(D23)
西武学園文理高校(D10)
西武台高校(D06)
た 東京農業大第三高校(D18)
は 武南高校(D05)
本庄東高校(D20)
や 山村国際高校(D19)
ら 立教新座高校(A14)
わ 早稲田大本庄高等学院(A10)

北関東・甲信越ラインナップ

あ 愛国学園大附属龍ヶ崎高校(E07)
宇都宮短大附属高校(E24)
か 鹿島学園高校(E08)
霞ヶ浦高校(E03)
共愛学園高校(E31)
甲陵高校(E43)
国立高等専門学校(A00)
さ 作新学院高校
（トップ英進・英進部）(E21)
（情報科学・総合進学部）(E22)
常総学院高校(E04)
た 中越高校(R03)＊
土浦日本大高校(E01)
東洋大附属牛久高校(E02)
な 新潟青陵高校(R02)
新潟明訓高校(R04)
日本文理高校(R01)
は 白鴎大足利高校(E25)
ま 前橋育英高校(E32)
や 山梨学院高校(E41)

中京圏ラインナップ

あ 愛知高校(F02)
愛知啓成高校(F09)
愛知工業大名電高校(F06)
愛知みずほ大瑞穂高校(F25)
暁高校（3年制）(F50)
鶯谷高校(F60)
栄徳高校(F29)
桜花学園高校(F14)
岡崎城西高校(F34)
か 岐阜聖徳学園高校(F62)
岐阜東高校(F61)
享栄高校(F18)
さ 桜丘高校(F36)
至学館高校(F19)
椙山女学園高校(F10)
鈴鹿高校(F53)
星城高校(F27)★
誠信高校(F33)
清林館高校(F16)★
た 大成高校(F28)
大同大大同高校(F30)
高田高校(F51)
滝高校(F03)★
中京高校(F63)
中京大附属中京高校(F11)★
中部大春日丘高校(F26)★
中部大第一高校(F32)
津田学園高校(F54)
東海高校(F04)★
東海学園高校(F20)
東邦高校(F12)
同朋高校(F22)
豊田大谷高校(F35)
な 名古屋高校(F13)
名古屋大谷高校(F23)
名古屋経済大市邨高校(F08)
名古屋経済大高蔵高校(F05)
名古屋女子大高校(F24)
名古屋たちばな高校(F21)
日本福祉大付属高校(F17)
人間環境大附属岡崎高校(F37)
は 光ヶ丘女子高校(F38)
誉高校(F31)
ま 三重高校(F52)
名城大附属高校(F15)

宮城ラインナップ

さ 尚絅学院高校(G02)
聖ウルスラ学院英智高校(G01)★
聖和学園高校(G05)
仙台育英学園高校(G04)
仙台城南高校(G06)
仙台白百合学園高校(G12)
た 東北学院高校(G03)★
東北学院榴ヶ岡高校(G08)
東北高校(G11)
東北生活文化大高校(G10)
常盤木学園高校(G07)
は 古川学園高校(G13)
ま 宮城学院高校(G09)★

北海道ラインナップ

さ 札幌光星高校(H06)
札幌静修高校(H09)
札幌第一高校(H01)
札幌北斗高校(H04)
札幌龍谷学園高校(H08)
は 北海高校(H03)
北海学園札幌高校(H07)
北海道科学大高校(H05)
ら 立命館慶祥高校(H02)

★はリスニング音声データのダウンロード付き。

都道府県別 公立高校入試過去問 シリーズ

- 全国47都道府県別に出版
- 最近数年間の検査問題収録
- リスニングテスト音声対応

公立高校入試対策 問題集シリーズ

- 目標得点別・公立入試の数学（基礎編）
- 実戦問題演習・公立入試の数学（実力錬成編）
- 実戦問題演習・公立入試の英語（基礎編・実力錬成編）
- 形式別演習・公立入試の国語
- 実戦問題演習・公立入試の理科
- 実戦問題演習・公立入試の社会

高校入試特訓問題集 シリーズ

- 英語長文難関攻略33選（改訂版）
- 英語長文テーマ別難関攻略30選
- 英文法難関攻略20選
- 英語難関徹底攻略33選
- 古文完全攻略63選（改訂版）
- 国語融合問題完全攻略30選
- 国語長文難関徹底攻略30選
- 国語知識問題完全攻略13選
- 数学の図形と関数・グラフの融合問題完全攻略272選
- 数学難関徹底攻略700選
- 数学の難問80選
- 数学　思考力―規則性とデータの分析と活用―

〈ダウンロードコンテンツについて〉

本問題集のダウンロードコンテンツ、弊社ホームページで配信しております。現在ご利用いただけるのは「2025年度受験用」に対応したもので、**2025年3月末日**までダウンロード可能です。弊社ホームページにアクセスの上、ご利用ください。
※配信期間が終了いたしますと、ご利用いただけませんのでご了承ください。

高校別入試過去問題シリーズ
相山女学園高等学校　2025年度
ISBN978-4-8141-3043-6

[発行所] 東京学参株式会社
〒153-0043　東京都目黒区東山2-6-4

書籍の内容についてのお問い合わせは右のQRコードから ⇒

※書籍の内容についてのお電話でのお問い合わせ、本書の内容を超えたご質問には対応できませんのでご了承ください。

2024年7月4日　初版